रामचन्द्र शुक्ल

कल, आज और कल

रामचन्द्र शुक्ल

कल, आज और कल

सम्पादक
अभय कुमार ठाकुर

वाणी प्रकाशन
प्रकाशन के उत्कृष्टतम 60 वर्ष

vaniprakashan.com

सजिल्द पहला संस्करण : 2023

वाणी प्रकाशन

4695, 21-ए, दरियागंज, नयी दिल्ली-110 002

फ़ोन : +91 11 23273167, 23275710

शाखाएँ

अशोक राजपथ, पटना-800 004, बिहार

कॉफ़ी हाउस कैम्पस, महात्मा गांधी मार्ग, इलाहाबाद-211 001, उत्तर प्रदेश

महात्मा गांधी अन्तरराष्ट्रीय हिन्दी विश्वविद्यालय, वर्धा-442 001, महाराष्ट्र

36/ए, शेक्सपियर सरणी, रानी बिरला गर्ल्स कॉलेज के पास, कोलकाता-700 017, प. बंगाल

sales@vaniprakashan.in
vaniprakashan@gmail.com

Ramchandra Shukla : Kal, Aaj Aur Kal
Edited by Abhay Kumar Thakur

ISBN : 978-93-5775-171-1
Criticism/Social Discourse

मूल्य : ₹ 750

आर. टेक ऑफ़सेट प्रिंटर्स, दिल्ली-110 032 में मुद्रित

वाणी प्रकाशन का लोगो मक़बूल फ़िदा हुसेन की कूची से

भूमिका

आचार्य शुक्ल पर अनेक किताबें लिखी गयी हैं, साथ ही अनेक पत्रिकाओं के विशेषांक भी उन पर केन्द्रित हैं। उसके बाद इस पुस्तक की आवश्यकता क्यों है? जहाँ तक मेरी जानकारी है, अब तक की सभी पुस्तकों में उनकी रचनाओं और उन पर लिखी गयी आलोचना दोनों को एक साथ रखकर देखने का नियोजन नहीं किया गया है। यह पुस्तक इस दिशा में एक प्रयास भर है। आचार्य शुक्ल ने अपने रचनाकर्म में हमेशा इस बात पर बल दिया है कि प्रत्यक्ष जीवन से अलग साहित्य की स्वायत्त दुनिया की बात करना बेमानी है। रचना और आलोचना दोनों ही वास्तविक जीवन से उपजते हैं, अतः उन्हें एक साथ रखना दूर की कौड़ी नहीं है, खासकर ऐसे रचनाकार के लिए जो एक साथ कवि, आलोचक, विचारक सब कुछ था।

इसी योजना के अनुरूप पुस्तक दो खंडों में नियोजित है। प्रथक खंड : 'सृजन की मनोभूमि' में न केवल आचार्य शुक्ल के कुछ प्रमुख निबन्धों को शामिल किया गया है, बल्कि 'मलिक मुहम्मद जायसी', 'महाकवि सूरदास', 'गोस्वामी तुलसीदास', 'बिहारीलाल', 'घन आनंद' और 'भारतेन्दु हरिश्चन्द्र' नामक व्यावहारिक आलोचना के उन महत्त्वपूर्ण लेखों को भी शामिल किया गया है, जो आज भी हिन्दी साहित्य में मानदंड के रूप में स्थापित है। ऐसा नहीं है कि अन्य रचनाओं या कालखंड के सम्बन्ध में उनके विचार प्रासंगिक नहीं है, बल्कि स्थानाभाव के कारण कुछ प्रतिनिधि रचनाओं को ही जगह दी गयी है, जो उनकी रचनादृष्टि और जीवन दृष्टि को प्रमुखता से उजागर करते हैं। इस सम्बन्ध में इस बात की ओर संकेत करना जरूरी है कि व्यावहारिक आलोचना सम्बन्धी लेख ज्यों के त्यों नहीं रखे गये हैं, बल्कि उन्हें संक्षिप्त रूप में लिया गया है। हिन्दी साहित्य के सुधी पाठक भली-भाँति जानते हैं कि आचार्य शुक्ल ने 'जायसी', 'सूरदास' और 'तुलसीदास' पर विस्तृत विद्वतापूर्ण

लेख लिखे हैं, इनके संक्षिप्त रूप केवल उन पाठकों के लिए हैं, जो सीमित कलेवर में उनकी रचनादृष्टि को समझना चाहते हैं।

द्वितीय खंड–'विरुद्धों का सामंजस्य' शीर्षक से संकलित किया गया है। इसमें आचार्य शुक्ल के समय से लेकर अब तक उनके रचनाकर्म की समीक्षा से सम्बन्धित कुछ प्रतिनिधि लेखों को लिया गया है। ये लेख अलग-अलग समय पर लिखे गये हैं, अतः उनमें आन्तरिक संगति ढूँढ़ना व्यर्थ की कवायद होगी। हालाँकि हिन्दी साहित्य के विद्यार्थी होने के नाते यह बात बहुत आश्वस्त नहीं करती है कि जिस रचनाकार ने प्रत्यक्ष जीवन और रचना के अन्तर्सम्बन्धों पर इतना अधिक बल दिया है, उनसे सम्बन्धित आलोचना का बड़ा भाग इससे कहीं दूर है। पूजा और भर्त्सना के ध्रुवीय छोड़ों पर स्थित शुक्ल सम्बन्धी अधिकांश विमर्श तयशुदा खाँचों में फिट की गयी प्रतीत होती है। बहुत कम संख्या में लेखों को शामिल करने का यह भी एक कारण रहा है। लेखों का अनुक्रम भी रचनाकारों की वरिष्ठता के क्रम में नहीं है, बल्कि विषय की क्रमबद्धता के अनुरूप है।

यहाँ यह रेखांकित करना आवश्यक प्रतीत होता है कि आचार्य शुक्ल के रचनात्मक मानस का निर्माण भारतीय नवजागरण और स्वतन्त्रता आन्दोलन की पृष्ठभूमि में हुआ है। अतः उनके मानदंड वैचारिक आग्रह एवं मूल्यबोध इसी कालखंड की उपज है, जो भारतीय समाज के लिए सर्वाधिक सक्रिय कालखंड था। ऐसे समय में व्यक्तिगत अंतस्साधना, रहस्यात्मकता और उक्ति वैचित्र्य के लिए अवकाश नहीं था। अतः उनके सम्पूर्ण रचनाकर्म को इस पृष्ठभूमि में देखने की आवश्यकता है। लगभग अस्सी वर्षों के कालखंड में अलग-अलग पीढ़ी के रचनाकारों द्वारा लिखित इन लेखों में यदि विरुद्धों का सामंजस्य नजर आये, तो यह स्वाभाविक ही है। इन सभी रचनाकारों के प्रति कृतज्ञता प्रकट करता हूँ, क्योंकि ये लेख ही इस पुस्तक के प्राणतत्त्व हैं।

–अभय कुमार ठाकुर

वाराणसी

5 अगस्त 2023

अनुक्रम

खण्ड-1

सृजन की मनोभूमि

भाव या मनोविकार

अनुभूति के द्वन्द्व ही से प्राणी के जीवन का आरम्भ होता है। उच्च प्राणी मनुष्य भी केवल एक जोड़ी अनुभूति लेकर इस संसार में आता है। बच्चे के छोटे-से हृदय में पहले सुख और दुःख की सामान्य अनुभूति भरने के लिए जगह होती है। पेट का भरा या खाली रहना ही ऐसी अनुभूति के लिए पर्याप्त होता है। जीवन के आरम्भ में इन्हीं दोनों के चिह्न हँसना और रोना देखे जाते हैं पर ये अनुभूतियाँ बिल्कुल सामान्य रूप में रहती हैं; विशेष-विशेष विषयों की ओर विशेष-विशेष रूपों में ज्ञानपूर्वक उन्मुख नहीं होतीं।

नाना विषयों के बोध का विधान होने पर ही उनसे सम्बन्ध रखने वाली इच्छा की अनेकरूपता के अनुसार अनुभूति के भिन्न-भिन्न योग संघटित होते हैं जो भाव या मनोविकार कहलाते हैं। अतः हम कह सकते हैं कि सुख और दुःख की मूल अनुभूति ही विषय-भेद के अनुसार प्रेम, हास, उत्साह, आश्चर्य, क्रोध, भय, करुणा, घृणा इत्यादि मनोविकारों का जटिल रूप धारण करती है। जैसे, यदि शरीर में कहीं सूई चुभने की पीड़ा हो तो केवल सामान्य दुःख होगा; पर यदि साथ ही यह ज्ञान हो जाय कि सूई चुभाने वाला कोई व्यक्ति है तो उस दुःख की भावना कई मानसिक और शारीरिक वृत्तियों के साथ संश्लिष्ट होकर उस मनोविकार की योजना करेगी जिसे क्रोध कहते हैं। जिस बच्चे को पहले अपने ही दुःख का ज्ञान होता था, बढ़ने पर असंलक्ष्यक्रम अनुमान द्वारा उसे और बालकों का कष्ट या रोना देखकर भी एक विशेष प्रकार का दुःख होने लगता है जिसे दया या करुणा कहते हैं। इसी प्रकार जिस पर अपना वश न हो ऐसे कारण से पहुँचाने वाले भावी अनिष्ट के निश्चय से जो दुःख होता है वह भय कहलाता है। बहुत छोटे बच्चे को, जिसे यह निश्चयात्मिका बुद्धि नहीं होती, भय कुछ भी नहीं होता। यहाँ तक कि उसे मारने के लिए

हाथ उठायें तो भी वह विचलित न होगा; क्योंकि वह निश्चय नहीं कर सकता कि इस हाथ उठाने का परिणाम दुःख होगा।

मनोविकारों या भावों की अनुभूतियाँ परस्पर तथा सुख या दुःख की मूल अनुभूति से ऐसी ही भिन्न होती हैं जैसे रासायनिक मिश्रण परस्पर तथा अपने संयोजक द्रव्यों से भिन्न होते हैं। विषय-बोध की विभिन्नता तथा उससे सम्बन्ध रखने वाली इच्छाओं की विभिन्नता के अनुसार मनोविकारों की अनेकरूपता का विकास होता है। हानि या दुःख के कारण में हानि या दुःख पहुँचाने की चेतन वृत्ति का पता पाने पर हमारा काम उस मूल अनुभूति से नहीं चल सकता जिसे दुःख कहते हैं, बल्कि उसके योग से संघटित क्रोध नामक जटिल भाव की आवश्यकता होती है। जब हमारी इन्द्रियाँ दूर से आती हुई क्लेशकारिणी बातों का पता देने लगती हैं, जब हमारा अन्तःकरण हमें भावी आपदा का निश्चय कराने लगता है; तब हमारा काम दुःख मात्र से नहीं चलता। बल्कि भागने या बचने की प्रेरणा करने वाले भय से चल सकता है। इसी प्रकार अच्छी लगने वाली वस्तु या व्यक्ति के प्रति जो सुखानुभूति होती है उसी तक प्रयत्नवान् प्राणी नहीं रह सकता, बल्कि उसकी प्राप्ति, रक्षा या संयोग की प्रेरणा करने वाले लोभ या प्रेम के वशीभूत होता है।

अपने मूल रूपों में सुख और दुःख दोनों की अनुभूतियाँ कुछ बँधी हुई शारीरिक क्रियाओं की ही प्रेरणा प्रवृत्ति के रूप में करती हैं। उनकी भावना, इच्छा और प्रयत्न की अनेकरूपता का स्फुरण नहीं होता। विशुद्ध सुख की अनुभूति होने पर हम बहुत करेंगे—दाँत निकालकर हँसेंगे, कूदेंगे या सुख पहुँचाने वाली वस्तु से लगे रहेंगे; इसी प्रकार शुद्ध दुःख में हम बहुत करेंगे—हाथ-पैर पटकेंगे, रोयेंगे या दुःख पहुँचाने वाली वस्तु से हटेंगे—पर हम चाहे कितना ही उछल-कूदकर हँसें, कितना ही हाथ-पैर पटककर रोयें, इस हँसने या रोने को प्रयत्न नहीं कह सकते। ये सुख और दुःख के अनिवार्य लक्षण मात्र हैं जो किसी प्रकार की इच्छा का पता नहीं देते। इच्छा के बिना कोई शारीरिक क्रिया प्रयत्न नहीं कहला सकती।

शरीर-धर्म मात्र के प्रकाश से बहुत थोड़े भावों की निर्दिष्ट और पूर्ण व्यंजना हो सकती है। उदाहरण के लिए कम्प को लीजिए। कम्प शीत की संवेदना से भी हो सकता है, भय से भी, क्रोध से भी और प्रेम के वेग से भी। अतः जब तक भागना, छिपना या मारना-झपटना इत्यादि प्रयत्नों के द्वारा इच्छा के स्वरूप का पता न लगेगा तब तक भय या क्रोध की सत्ता पूर्णतया व्यक्त न होगी।

सभ्य जातियों के बीच इन प्रयत्नों का स्थान बहुत कुछ शब्दों ने लिया है। मुँह से निकले हुए वचन ही अधिकतर भिन्न-भिन्न प्रकार की इच्छाओं का पता देकर भावों की व्यंजना किया करते हैं। इसी से साहित्य-मीमांसकों ने अनुभाव के अन्तर्गत आश्रय की उक्तियों को विशेष स्थान दिया है।

क्रोधी चाहे किसी ओर झपटे या न झपटे, उसका यह कहना है कि 'मैं उसे पीस डालूँगा' क्रोध की व्यंजना के लिए काफी होता है। इसी प्रकार लोभी चाहे लपके या न लपके, उसका यह कहना ही कि 'कहीं वह वस्तु हमें मिल जाती!' उसके लोभ का पता देने के लिए बहुत है। वीर रस की जैसी अच्छी और परिष्कृत अनुभूति उत्साहपूर्ण उक्तियों द्वारा होती है वैसी तत्परता के साथ हथियार चलाने और रणक्षेत्र में उछलने-कूदने के वर्णन में नहीं। बात यह है कि भावों द्वारा प्रेरित प्रयत्न या व्यापार परिमित होते हैं। पर वाणी के प्रसार की कोई सीमा नहीं। उक्तियों में जितनी नवीनता और अनेकरूपता आ सकती है या भावों का जितना अधिक वेग व्यंजित हो सकता है उतना अनुभाव कहलाने वाले व्यापारों द्वारा नहीं। क्रोध के वास्तविक व्यापार तोड़ना-फोड़ना, मारना-पीटना इत्यादि ही हुआ करते हैं; पर क्रोध की उक्ति चाहे जहाँ तक बढ़ सकती है। 'किसी को धूल में मिला देना, चटनी कर डालना, किसी का घर खोदकर तालाब बना डालना' तो मामूली बात है। यही बात सब भावों के सम्बन्ध में समझिए।

समस्त मानव-जीवन के प्रवर्तक भाव या मनोविकार ही होते हैं। मनुष्य की प्रवृत्तियों की तह में अनेक प्रकार के भाव ही प्रेरक के रूप में पाये जाते हैं। शील या चरित्र का मूल भी भावों के विशेष प्रकार के संगठन में ही समझना चाहिए। लोक-रक्षा, और लोक-रंजन की सारी व्यवस्था का ढाँचा इन्हीं पर ठहराया गया है। धर्म-शासन, राज-शासन, मत-शासन—सब में इनसे पूरा काम लिया गया है। इनका सदुपयोग भी हुआ है और दुरुपयोग भी। जिस प्रकार लोक-कल्याण के व्यापक उद्देश्य की सिद्धि के लिए मनुष्य के मनोविकार काम में लाये गये हैं, उसी प्रकार किसी सम्प्रदाय या संस्था के संकुचित और परिमित विधान की सफलता के लिए भी।

सब प्रकार के शासन में—चाहे धर्म-शासन हो, चाहे राज-शासन, या सम्प्रदाय-शासन—मनुष्य-जाति के भय और लोभ से पूरा काम लिया गया है। दण्ड का भय और अनुग्रह का लोभ दिखाते हुए राज-शासन तथा नरक का भय और स्वर्ग का लोभ दिखाते हुए धर्म-शासन और मत-शासन चलते आ

रहे हैं। इनके द्वारा भय और लोभ का प्रवर्तन उचित सीमा के बाहर भी प्रायः हुआ है और होता रहता है। जिस प्रकार शासकवर्ग अपनी रक्षा और स्वार्थ-सिद्धि के लिए भी इनसे काम लेते आये हैं उसी प्रकार धर्म-प्रवर्तक और आचार्य आपके स्वरूप-वैचित्र्य की रक्षा और अपने प्रभाव की प्रतिष्ठा के लिए भी। शासकवर्ग अपने अन्याय और अत्याचार के विरोध की शान्ति के लिए भी डराते और ललचाते आये हैं। मत-प्रवर्तक अपने द्वेष और संकुचित विचारों के प्रचार के लिए भी जनता को कँपाते और लपकाते आये हैं। एक जाति को मूर्ति-पूजा करते देख दूसरी जाति के मत-प्रवर्तक ने उसे गुनाहों में दाखिल किया है। एक सम्प्रदाय को भस्म और रुद्राक्ष धारण करते देख दूसरे सम्प्रदाय के प्रचारक ने उसके दर्शन तक में पाप लगाया है। भाव-क्षेत्र अत्यन्त पवित्र क्षेत्र है। उसे इस प्रकार गन्दा करना लोक के प्रति भारी अपराध समझना चाहिए।

शासन की पहुँच प्रवृत्ति और निवृत्ति की बाहरी व्यवस्था तक ही होती है। उनके मूल या मर्म तक उनकी गति नहीं होती। भीतरी या सच्ची प्रवृत्ति-निवृत्ति को जागरित रखने वाली शक्ति कविता है जो धर्म-क्षेत्र में शक्ति-भावना को जगाती रहती है। भक्ति धर्म की रसात्मक अनुभूति है। अपने मंगल और लोक के मंगल का संगम उसी के भीतर दिखाई पड़ता है। इस संगम के लिए प्रकृति के क्षेत्र के बीच मनुष्य को अपने हृदय के प्रसार का अभ्यास करना चाहिए। जिस प्रकार ज्ञान नर सत्ता के प्रसार के लिए है, उसी प्रकार हृदय भी। रागात्मिका वृत्ति के प्रसार के बिना विश्व के साथ जीवन का प्रकृत सामंजस्य घटित नहीं हो सकता। जब मनुष्य के सुख और आनन्द का मेल शेष प्रकृति के सुख-सौन्दर्य के साथ हो जायगा, जब उसकी रक्षा का भाव तृण-गुल्म, वृक्ष-लता, पशु-पक्षी, कीट-पतंग, सबकी रक्षा के भाव के साथ समन्वित हो जायगा, तब उसके अवतार का उद्देश्य पूर्ण हो जायगा और वह जगत् का सच्चा प्रतिनिधि हो जायगा। काव्य योग की साधना इसी भूमि पर पहुँचाने के लिए है। सच्चे कवियों की वाणी बराबर पुकारती आ रही है।

विधि के बनाये जीव जेते हैं जहाँ के तहाँ
खेलत फिरत तिन्हैं खेलन फिरन देव

—ठाकुर

श्रद्धा-भक्ति

किसी मनुष्य में जन-साधारण से विशेष गुण व शक्ति का विकास देख उसके सम्बन्ध में जो एक स्थायी आनन्द-पद्धति हृदय में स्थापित हो जाती है उसे श्रद्धा कहते हैं। श्रद्धा महत्त्व की आनन्दपूर्ण स्वीकृति के साथ-साथ पूज्य बुद्धि का संचार है। यदि हमें निश्चय हो जायगा कि कोई मनुष्य बड़ा वीर, बड़ा सज्जन, बड़ा गुणी, बड़ा दानी, बड़ा विद्वान्, बड़ा परोपकारी वा बड़ा धर्मात्मा है तो वह हमारे आनन्द का एक विषय हो जायगा। हम उसका नाम आने पर प्रशंसा करने लगेंगे, उसे सामने देख आदर से सिर नवायेंगे; किसी प्रकार का स्वार्थ न रहने पर भी हम सदा उसका भला चाहेंगे, उसकी बढ़ती से प्रसन्न होंगे और अपनी पोषित आनन्द-पद्धति में व्याघात पहुँचने के कारण उसकी निन्दा न सह सकेंगे। इससे सिद्ध होता है कि जिन कर्मों के प्रति श्रद्धा होती है उनका होना संसार को वांछित है। यही विश्वकामना श्रद्धा की प्रेरणा का मूल है।

प्रेम और श्रद्धा में अन्तर यह है कि प्रेम स्वाधीन कार्यों पर उतना निर्भर नहीं–कभी-कभी किसी का रूप मात्र, जिसे उसका कुछ भी हाथ नहीं; उसके प्रति प्रेम उत्पन्न होने का कारण होता है। पर श्रद्धा ऐसी नहीं है। किसी की सुन्दर आँख या नाक देखकर उसके प्रति श्रद्धा नहीं उत्पन्न होगी, प्रीति उत्पन्न हो सकती है। प्रेम के लिए इतना ही बस है कि कोई मनुष्य हमें अच्छा लगे; पर श्रद्धा के लिए आवश्यक यह है कि मनुष्य किसी बात में बढ़ा हुआ होने के कारण हमारे सम्मान का पात्र हो। श्रद्धा का व्यापार-स्थल विस्तृत है, प्रेम का एकान्त है। प्रेम में घनत्व अधिक है और श्रद्धा में विस्तार। किसी मनुष्य से प्रेम रखने वाले दो ही एक मिलेंगे, पर उस पर श्रद्धा रखने वाले सैकड़ों, हजारों, लाखों क्या करोड़ों मिल सकते हैं। सच पूछिए तो इसी श्रद्धा के आश्रय से उन कर्मों के महत्त्व का भाव दृढ़ होता है जिन्हें धर्म कहते हैं और जिनमें

मनुष्य-समाज की स्थिति है। कर्ता से बढ़कर कर्म का स्मारक दूसरा नहीं। कर्म की क्षमता प्राप्त करने के लिए बार-बार कर्ता ही की ओर आँख उठती है। कर्मों से कर्ता की स्थिति को जो मनोहरता प्राप्त हो जाती है उस पर मुग्ध होकर बहुत से प्राणी उन कर्मों की ओर प्रेरित होते हैं। कर्ता अपने सत्कर्म द्वारा एक विस्तृत क्षेत्र में मनुष्य की सद्वृत्तियों के आकर्षण का एक शक्ति-केन्द्र हो जाता है। जिस समाज में किसी ऐसे ज्योतिष्मान् शक्ति-केन्द्र का उदय होता है, उस समाज में भिन्न-भिन्न हृदयों से शुभ भावनाएँ मेघ-खण्डों के समान उठकर तथा एक ओर और एक साथ अग्रसर होने के कारण परस्पर मिलकर, इतनी घनी हो जाती हैं कि उनकी घटा-सी उमड़ पड़ती है और मंगल की ऐसी वर्षा होती है कि सारे दुःख और क्लेश बह जाते हैं।

हमारे अन्तःकरण में प्रिय के आदर्श रूप का संघटन उसके शरीर या व्यक्ति मात्र के आश्रय से हो सकता है, पर श्रद्धेय के आदर्श रूप का संघटन उसके फैलाये हुए कर्म-तन्तु के उपादान से होता है। प्रिय का चिन्तन हम आँख मूँदे हुए, संसार को भुलाकर, करते हैं, पर श्रद्धेय का चिन्तन हम आँख खोले हुए, संसार का कुछ अंश सामने रखकर करते हैं। यदि प्रेम स्वप्न है तो श्रद्धा जागरण है। प्रेमी प्रिय को अपने लिए और अपने को प्रिय के लिए संसार से अलग करना चाहता है। प्रेम में केवल दो पक्ष होते हैं, श्रद्धा में तीन। प्रेम में कोई मध्यस्थ नहीं, पर श्रद्धा में मध्यस्थ अपेक्षित है। प्रेमी और प्रिय के बीच कोई और वस्तु अनिवार्य नहीं, पर श्रद्धालु और श्रद्धेय के बीच कोई वस्तु चाहिए। इस बात का स्मरण रखने से यह पहचानना उतना कठिन न रह जायगा कि किसी के प्रति किसी का कोई आनन्दान्तर्गत भाव प्रेम है या श्रद्धा। यदि किसी कवि का काव्य बहुत अच्छा लगा, किसी चित्रकार का बनाया चित्र बहुत सुन्दर जँचा और हमारे चित्त में उस कवि या चित्रकार के प्रति एक सुहृद्-भाव उत्पन्न हुआ तो वह श्रद्धा है; क्योंकि यह काव्य या चित्ररूप मध्यस्थ द्वारा प्राप्त हुआ है।

प्रेम का कारण बहुत कुछ अनिर्दिष्ट और अज्ञात होता है; पर श्रद्धा का कारण निर्दिष्ट और ज्ञात होता है। कभी-कभी केवल एक साथ रहते-रहते दो प्राणियों में यह भाव उत्पन्न हो जाता है कि वे बराबर साथ रहें; उनका साथ कभी न छूटे। प्रेमी प्रिय के सम्पूर्ण जीवन-क्रम के सतत साक्षात्कार का अभिलाषी होता है। वह उसका उठना, बैठना, चलना-फिरना, सोना, खाना-पीना सब कुछ देखना चाहता है। संसार में बहुत से लोग उठते-बैठते, चलते-फिरते हैं,

पर सबका उठना-बैठना, चलना-फिरना उसको वैसा अच्छा नहीं लगता। प्रेमी प्रिय के जीवन को अपने जीवन से मिलाकर एक निराला मिश्रण तैयार करना चाहता है। वह दो से एक करना चाहता है। सारांश यह है कि श्रद्धा में दृष्टि पहले कर्मों पर से होती हुई श्रद्धेय तक पहुँचती है और प्रीति में प्रिय पर से होती हुई उसके कर्मों आदि पर आ जाती है। एक में व्यक्ति को कर्मों द्वारा मनोहरता प्राप्त होती है; दूसरी में कर्मों को व्यक्ति द्वारा। एक में कर्म प्रधान है, दूसरी में व्यक्ति।

किसी के रूप को स्वयं देखकर हम तुरन्त मोहित होकर उससे प्रेम कर सकते हैं, पर उसके रूप की प्रशंसा किसी दूसरे से सुनकर चट हमारा प्रेम नहीं उमड़ पड़ेगा। कुछ काल तक हमारा भाव लोभ के रूप में रहेगा, पीछे वह प्रेम में परिणत हो सकता है। बात यह है कि प्रेम एकमात्र अपने ही अनुभव पर निर्भर रहता है; पर श्रद्धा अपनी सामाजिक विशेषता के कारण दूसरों के अनुभव पर भी जगती है। रूप की भावना का बहुत कुछ सम्बन्ध व्यक्तिगत रुचि से होता है। अतः किसी के रूप और हमारे बीच यदि तीसरा व्यक्ति आया तो इस व्यापार में सामाजिकता आ गयी; क्योंकि हमें उस समय यह ध्यान हुआ कि उस रूप से एक तीसरे व्यक्ति को आनन्द या सुख मिला और हमें भी मिल सकता है। जब तक हम किसी के रूप का बखान सुनकर 'वाह-वाह' करते जायेंगे तब तक हम एक प्रकार के लोभी अथवा रीझने वाले या कद्रदान ही कहलायेंगे, पर जब हम उसके दर्शन के लिए आकुल होंगे, उसे बराबर अपने सामने ही रखना चाहेंगे, तब प्रेम को सूत्रपात समझा जायेगा। श्रद्धा-भाजन पर श्रद्धावान् अपना किसी प्रकार अधिकार नहीं चाहता, पर प्रेमी प्रिय के हृदय पर अपना अधिकार चाहता है।

श्रद्धा एक सामाजिक भाव है, इससे अपनी श्रद्धा के बदले में हम श्रद्धेय से अपने लिए कोई बात नहीं चाहते। श्रद्धा धारण करते हुए हम अपने को उस समाज में समझते हैं जिसके किसी अंश पर—चाहे हम व्यष्टि रूप में उसके अन्तर्गत न भी हों—जान-बूझकर उसने कोई शुभ प्रभाव डाला। श्रद्धा स्वयं ऐसे कर्मों के प्रतिकार में होती है जिसका शुभ प्रभाव अकेले हम पर नहीं, बल्कि सारे मनुष्य समाज पर पड़ सकता है। श्रद्धा एक ऐसी आनन्दपूर्ण कृतज्ञता है जिसे हम केवल समाज के प्रतिनिधिरूप में प्रकट करते हैं। सदाचार पर श्रद्धा और अत्याचार पर क्रोध या घृणा प्रकट करने के लिए समाज ने प्रत्येक व्यक्ति को प्रतिनिधित्व प्रदान कर रखा है। यह काम उसने इतना भारी समझा है कि

उसका भार सारे मनुष्यों को बाँट दिया है, दो-चार माननीय लोगों के ही सिर पर नहीं छोड़ रखा है। जिस समाज में सदाचार पर श्रद्धा और अत्याचार पर क्रोध प्रकट करने के लिए जितने ही अधिक लोग तत्पर पाये जायेंगे उतना ही वह समाज जाग्रत समझा जायगा। श्रद्धा की सामाजिक विशेषता एक इसी बात से समझ लीजिए कि जिस पर हम श्रद्धा रखते हैं उस पर चाहते हैं कि और लोग भी श्रद्धा रखें पर जिस पर हमारा प्रेम होता है उससे और दस-पाँच आदमी प्रेम रखें—इसकी हमें परवा क्या, इच्छा ही नहीं होती; क्योंकि हम प्रिय पर लोभवश एक प्रकार का अनन्य अधिकार या इजारा चाहते हैं। श्रद्धालु अपने भाव में संसार को भी सम्मिलित करना चाहते हैं, पर प्रेमी नहीं।

जब तक समष्टि-रूप में हमें संसार के लक्ष्य का बोध नहीं होता और हमारे अन्तःकरण में सामान्य आदर्शों की स्थापना नहीं होती तब तक हमें श्रद्धा का अनुभव नहीं होता। बच्चों में कृतज्ञता का भाव पाया जाता है पर सदाचार के प्रति उस कृतज्ञता का नहीं, जिसे श्रद्धा कहते हैं। अपने साथ किये जाने वाले जिस व्यवहार के लिए वे कृतज्ञ होते हैं उसी को दूसरों के साथ होते कर्ता के प्रति कृतज्ञ होना वे देर में सीखते हैं—उस समय सीखते हैं जब वे अपने को किसी समुदाय का अंग समझने लगते हैं। अपने साथ या किसी विशेष मनुष्य के साथ किये जाने वाले व्यवहार के लिए जो कृतज्ञता होती है वह श्रद्धा नहीं है। श्रद्धालु की दृष्टि सामान्य की ओर होनी चाहिए, विशेष की ओर नहीं। अपने सम्बन्धी के प्रति किसी को कोई उपकार करते देख यदि हम कहें कि उस पर हमारी श्रद्धा हो गयी है तो यह हमारा पाखण्ड है, हम झूठ-मूठ अपने को ऐसे उच्च भाव का धारणकर्ता प्रकट करते हैं। पर उसी सज्जन को दस-पाँच और ऐसे आदमियों के साथ जब हम उपकार करते देखें जिन्हें हम जानते तक नहीं और इस प्रकार हमारी दृष्टि विशेष से सामान्य की ओर हो जाये, तब यदि हमारे चित्त में उसके प्रति पहले से कहीं अधिक कृतज्ञता या पूज्य-बुद्धि का उदय हो तो हम श्रद्धालु की उच्च पदवी के अधिकारी हो सकते हैं। सामान्य रूप में हम किसी के गुण या शक्ति का विचार सारे संसार से सम्बद्ध करके करते हैं। अपने से या किसी विशेष प्राणी से सम्बद्ध करके नहीं। हम देखते हैं कि किसी मनुष्य में कोई गुण या शक्ति है जिसका प्रयोग वह चाहे जहाँ और जिसके प्रति कर सकता है।

श्रद्धा का मूल-तत्त्व है दूसरे का महत्त्व स्वीकारना। अतः जिनकी स्वार्थबद्ध दृष्टि अपने से आगे नहीं जा सकती अथवा अभिमान के कारण जिन्हें अपनी ही बड़ाई के अनुभव की लत लग गयी है उनकी इतनी समाई नहीं कि वे श्रद्धा ऐसे पवित्र भाव को धारण करें। स्वार्थियों और अभिमानियों के हृदय में श्रद्धा नहीं टिक सकती। उनका अन्तःकरण इतना संकुचित और मलिन होता है कि वे दूसरों की कृति का यथार्थ मूल्य नहीं परख सकते।

स्थूल रूप से श्रद्धा तीन प्रकार की कही जा सकती है–

1. प्रतिभा-सम्बन्धिनी
2. शील-सम्बन्धिनी, और
3. साधन-संपत्ति-सम्बन्धिनी।

प्रतिभा से मेरा अभिप्राय अन्तःकरण की उस उद्‌भाविक क्रिया से है जिसके द्वारा कला, विज्ञान आदि नाना क्षेत्रों में नयी-नयी बातें या कृतियाँ उपस्थित की जाती हैं। यह ग्रहण और धारणा-शक्ति से भिन्न है, जिसके द्वारा इधर-उधर से प्राप्त ज्ञान (विद्वत्ता) संचित किया जाता है। कला-सम्बन्धिनी श्रद्धा के लिए श्रद्धालु में थोड़ी बहुत मार्मिक निपुणता चाहिए, इससे उसका अभाव कोई भारी त्रुटि नहीं, वह क्षम्य है। यदि किसी उत्तम काव्य या चित्र की विशेषता न समझने के कारण हम कवि या चित्रकार पर श्रद्धा न कर सकें तो यह हमारा अनाड़ीपन है—हमारे रुचि-संस्कार की त्रुटि है। इसका उपाय यही है कि समाज कला-सम्बन्धिनी मर्मज्ञता के प्रचार की व्यवस्था करे, जिससे विविध कलाओं के सामान्य आदर्श की स्थापना जन-समूह में हो जाये। पर इतना होने पर भी कला-सम्बन्धिनी रुचि की विभिन्नता थोड़ी-बहुत आवश्य रहेगी। अश्रद्धालु रुचि का नाम लेकर ईर्ष्या या अहंकार के दोषारोपण से बच जाया करेंगे।

पर शील-सम्बन्धिनी श्रद्धा प्रत्येक व्यक्ति का कर्तव्य है। शील या धर्म के सामान्य लक्षण संसार के प्रत्येक सभ्य जन-समुदाय में प्रतिष्ठित हैं। धर्म ही से मनुष्य-समाज की स्थिति है; अतः उसके सम्बन्ध में किसी प्रकार का रुचि-भेद, मत-भेद आदि नहीं। सदाचारी के प्रति यदि हम श्रद्धा नहीं रखते तो समाज के प्रति अपने कर्तव्य का पालन नहीं करते। यदि किसी को दूसरों के कल्याण के लिए भारी स्वार्थ-त्याग करते देख हमारे मुँह से 'धन्य-धन्य' भी न निकला तो हम समाज के किसी काम के न ठहरे, समाज को हमसे कोई आशा नहीं, हम समाज में रहने योग्य नहीं। किसी कर्म में प्रवृत्त होने से पहले यह स्वीकार करना आवश्यक होता है कि वह कर्म या तो हमारे लिए या

समाज के लिए अच्छा है। इस प्रकार की स्वीकृति कर्म की पहली तैयारी है। श्रद्धा द्वारा हम यह आनन्दपूर्वक स्वीकार करते हैं कि कर्म के अमुक-अमुक दृष्टान्त धर्म के हैं, अतः श्रद्धा धर्म की पहली सीढ़ी है। धर्म के इस प्रथम सोपान पर प्रत्येक मनुष्य को रहना चाहिए, जिसमें जब कभी अवसर आये तब वह कर्म-रूपी दूसरे सोपान पर हो जाय।

अब रह गयी साधन-सम्पत्ति-सम्बन्धिनी श्रद्धा की बात। यहाँ पर साधन-सम्पन्नता का ठीक-ठीक भाव समझ लेना आवश्यक है। साधन-सम्पत्ति का अनुपयोग भी हो सकता है, सदुपयोग भी हो सकता है और दुरुपयोग भी हो सकता है। किसी को पद्य रचने की अच्छी अभ्यास-सम्पन्नता है। यदि शिक्षा द्वारा उसके भाव उन्नत हैं, वह सहृदय है तो वह अपनी इस सम्पन्नता का उपयोग मनोहर उच्च भाव-पूर्ण काव्य प्रस्तुत करने में कर सकता है; यदि उसकी अवस्था ऐसी नहीं है तो वह या तो साधारण, भाव-शून्य गद्य की गीतिका, शिखरिणी आदि नाना छन्दों में परिणत करेगा या अपनी भद्दी और कुरुचिपूर्ण भावनाओं को छन्दोबद्ध करेगा। उसके इस कृत्य पर श्रद्धा रखने वाले भी बहुत मिल जायेंगे। ऐसे व्यक्ति के प्रति जो श्रद्धा होती है वह साधन-सम्पन्नता पर ही होती है, साध्य की पूर्णता पर नहीं।

देशी कारीगरी, चित्रकारी, संगीत आदि में नियम-पालन के अभ्यास द्वारा प्राप्त इस साधन-सम्पन्नता पर ही इधर बहुत दिनों से अधिक ध्यान दिया जाने लगा था और मानव-हृदय पर इन मनोहारिणी कलाओं के प्रभाव का बहुत कम विचार होने लगा था। बहुत से पुराने मकानों की कारीगरी देखिए तो उनमें बहुत सा काम गिचपिच किया हुआ दिखाई देगा, ऐसे महीन बेल-बूटों की भिन्न-भिन्न पटरियाँ दीवारों में जमाई हुई मिलेंगी जो बिना आँख को पास ले जाकर सटाए स्पष्ट न जान पड़ेंगी। सारे मकान को एक बार में देखने से इन सबों का सम्मिलित प्रभाव दृष्टि और मन पर क्या पड़ेगा, इसका कुछ भी विचार बनाने वालों ने नहीं किया, यह स्पष्ट दिखाई पड़ेगा। ऐसे कामों में अभ्यास का तथा समय और श्रम के व्यय (या अपव्यय) का पूरा परिचय मिलता है; पर विचार और सहृदयतापूर्वक उनके उपयोग का बहुत कम। समझने की बात है कि इमारत हाथ पर लेकर देखने की चीज़ नहीं है, दस-पाँच हाथ दूर पर खड़े होकर देखने की चीज़ है।

चित्रकारी की दशा भी इसी प्रकार की हो गयी थी। राधा-कृष्ण कदम्ब के नीचे खड़े हैं। कदम्ब की एक-एक पत्ती अलग-अलग बारीकी के साथ बनी

दिखाई पड़ती है। राधा की चुनरी की एक-एक बूटी बड़ी सावधानी और मेहनत के साथ बनायी गयी है। देखने वाले को यह नहीं जान पड़ता कि वह कुछ दूर पर खड़ा होकर कदम्ब और राधा-कृष्ण को एक साथ देख रहा है, बल्कि यह जान पड़ता है कि कभी तो पत्तियाँ गिनने के लिए वह पेड़ पर चढ़ता है और कभी नमूना लेने के लिए चुनरी हाथ में लेता है। ऐसी रचनाओं के प्रति यदि श्रद्धा प्रकट की जायगी तो वह अभ्यास, श्रम और बारीकी अर्थात् साधन-सम्पन्नता के विचार से होगी, साध्य की पूर्णता अर्थात् कला के विचार से नहीं, जिसका उद्देश्य मानव-हृदय पर मधुर प्रभाव डालता है।

संगीत के पेच-पाँच देखकर भी हठयोग याद आता है। जिस समय कोई कलावंत पक्का गाना गाने के लिए आठ अँगुल मुँह फैलाता है और 'आ आ' करके विकल होता है, उस समय बड़े-बड़े धीरों का धैर्य छूट जाता है—दिन-दिन भर चुपचाप बैठे रहने वाले बड़े-बड़े आलसियों का आसन डिग जाता है। जो संगीत नाद की मधुर गति द्वारा मन में माधुर्य का संचार करने के लिए था वह इन पक्के लोगों के हाथ में पड़कर केवल स्वरग्राम की लम्बी-चौड़ी कवायद हो गया। श्रद्धालुओं के अन्तःकरण की मार्मिकता इतनी स्तब्ध हो गयी कि एक खर-श्वान के गले से भी इस लम्बी कवायद को ठीक उतरते देख उनके मुँह से 'वाह-वाह', 'ओहो हो' निकलने लगा। काव्य पर शब्दालंकार आदि का इतना बोझ लादा गया कि उसका सारा रूप ही छिप गया। बात यह हुई कि इन विविध कलाओं के जितने अभ्यासगम्य और श्रमसाध्य अंग थे, वे तो हद से बाहर घसीटे गये और जितने सहृदयता से सम्बन्ध रखने वाले थे उन पर ध्यान ही न रहा। यदि ये कलाएँ मूर्तिमान रूप धारण करके सामने आतीं तो दिखाई पड़ता कि किसी को जलोदर हुआ है, किसी को फीलपाँव! इनकी दशा सोने और रत्नों से जड़ी गुठली धारदार तलवार की-सी हो गयी।

किसी मनुष्य में बहुत अधिक शारीरिक बल देख उस पर जन साधारण की श्रद्धा होती है और होनी चाहिए। प्रो. राममूर्ति की मोटर रोकते, लोहे की मोटे-मोटे सीकड़े तोड़ते, छाती पर 40 मन का पत्थर रखते, हाथी खड़ा करते और गाड़ी दौड़ाते देख उनके शारीरिक बल के कारण उन पर श्रद्धा होती है। अब इस सम्पन्नता का वे सदुपयोग भी कर सकते हैं, दुरुपयोग भी कर सकते हैं और अनुपयोग भी कर सकते हैं। वे इसके द्वारा किसी भारी संकट से अपनी या दूसरे की रक्षा भी कर सकते हैं और किसी निरपराध को पीड़ित भी कर सकते हैं पर हमारी श्रद्धा बिना सदुपयोग या दुरुपयोग की सम्भावना

की कल्पना किये शुभ-साधन-सम्पन्नता ही पर होती है, कोरे विद्वानों के प्रति जो श्रद्धा होती है वह भी साधन-सम्पन्नता ही पर होती है। उसके उपयोग की निपुणता या प्रतिभा पर निर्भर नहीं होती। विद्वत्ता किसी विषय की बहुत सी बातों की जानकारी का नाम है, जिसका संचय बहुत कष्ट, श्रम और धारणा से होता है। यह बात विद्वान् की प्रतिभा पर निर्भर है कि वह ज्ञान या भंडारी और उपयोग-कर्ता दोनों हो—अर्थात् वह उत्तम चिन्तक, वक्ता, लेखक, अन्वेषक या कवि भी होकर उस संचित साधन का उपयोग करे और अपने मूल विचारों का प्रभावपूर्ण प्रकाश करे। यदि विद्वान् में प्रतिभा नहीं है—यह शक्ति नहीं है—तो वह अपनी संचित जानकारी को कला-कुशल और प्रतिभाशाली लेखकों या तत्त्वान्वेषकों के सामने रख दे कि वे उससे आवश्यकतानुसार काम लें। इस रीति से उसकी विद्वत्ता सामाजिक उपयोग में आ जायेगी।

भिन्न-भिन्न मानसिक संस्कार के लोगों में किसी विषय से सम्बन्ध रखने वाली श्रद्धा भिन्न-भिन्न मात्र की हुआ करती है। यदि किसी को शारीरिक बल, साहस या चतुराई पर अत्यन्त अधिक श्रद्धा है तो वह इनका दुरुपयोग देखकर भी बनी रह सकती है। अत्याचारियों के बल, डाकुओं के साहस और लम्पटों की चालाकी की तारीफ संसार में थोड़ी-बहुत होती ही है। एक बात और है। यदि किसी पर किसी एक विषय में अत्यन्त अधिक श्रद्धा है तो उसकी अन्य विषयों की त्रुटियों पर ध्यान नहीं जाता और कभी ध्यान भी जाता है तो वे भी सुहावनी लगती हैं। कोई प्रतिभाशाली कवि विलासप्रिय, मद्यप या सनकी है तो जो अत्यन्त काव्य-प्रेमी होंगे उनकी घृणा को उसके ये दुर्गुण पूर्ण रूप से आकर्षित न कर सकेंगे। यहाँ तक कि उसके इन दुर्गुणों की चर्चा भी वे बड़ी रुचि के साथ करेंगे और सुनेंगे। बात यह है कि मनुष्य का अन्तःकरण एक है। उसकी एक साथ दो परस्पर-विरुद्ध स्थितियाँ नहीं हो सकतीं। इस प्रकार की मानसिक स्तब्धता को श्रद्धान्धता कह सकते हैं। यद्यपि श्रद्धान्ध समाज में उतना अनर्थकारी नहीं हो सकता, उतना अपराधी नहीं ठहराया जा सकता, जितना मदान्ध, क्रोधान्ध या ईर्ष्यान्ध, पर उसकी श्रद्धा के बढ़ते-बढ़ते क्रियमाण रूप धारण करने पर और शील-सम्बन्धिनी चेतना को बिल्कुल जवाब मिल जाने पर समाज के अनिष्ट में ब्याज से सहायता पहुँच सकती है।

यदि किसी अपव्ययी और मद्यप कवि पर अत्यन्त श्रद्धालु होकर कोई उसकी आर्थिक सहायता करता जाता है तो वह उस अन्याय और उपद्रव का थोड़ा-बहुत उत्तरदाता अवश्य होता है जो कवि जी अपने सहवर्तियों के बीच

करने में समर्थ होते हैं। यदि किसी पहलवान के बल पर प्रसन्न होकर कोई उसे हलवा-पूरी खाने के लिए कुछ महीना बाँधता है तो उसके गुंडेपन के कारण लोगों की पहुँची हुई पीड़ा के दोष का वह कम-से-कम उतना भाग अवश्य पा सकता है जितना इन्द्रकृत हत्या की बँटाई के समय बहुतों को मिला था। उद्देश्य के अभाव के बल से यद्यपि इन श्रद्धालुओं पर दोष उतना सटीक नहीं लग सकता, पर समाज की दृष्टि में वे दान के पात्रता-सम्बन्धी अविवेक के अभियोग से नहीं बच सकते।

अब यहाँ पर यह प्रश्न उठता है कि शील, कला और साधन-सम्पत्ति श्रद्धा के इन तीनों विषयों में से किसका ध्यान मनुष्य को पहले होना चाहिए और किसका पीछे। इसका बेधड़क यही उत्तर दिया जा सकता है कि जन साधारण के लिए शील का ही सबसे पहले ध्यान होना स्वाभाविक है; क्योंकि उसका सम्बन्ध मनुष्य मात्र की सामान्य स्थिति रक्षा से है। उसके अभाव में समाज या उस आधार की स्थिति ही नहीं रह सकती जिसमें कलाओं की उपयोगिता या मनोहारिता का प्रसार और साधन-सम्पत्ति की प्रचुरता का वितरण और व्यवहार होता है।

दूसरों की श्रद्धा संसार में एक अत्यन्त वांछनीय वस्तु है, क्योंकि वह एक प्रकार का ऐसा परकीय निश्चय या विश्वास है जिसके सहारे स्वकीय कार्य सुगम होता है—जीवन की कठिनता कम होती है। जिस पर लोगों की अश्रद्धा होती है—उसके लिए व्यवहार के सब सीधे और सुगम मार्ग बन्द हो जाते हैं—उसे या तो काँटों पर या ढाई कोस नौ दिन में चलना पड़ता है। पर जो किसी प्रकार दूसरों की श्रद्धा सम्पादित कर लेता है, उसके पैर रखने के लिए फूलों की पंखुड़ियाँ—आजकल लाल बनातें बिछाई जाती हैं। समाज में ये वस्तुएँ सच्चे गुणियों और परोपकारियों के लिए हैं पर इन्हें छीनने और चुराने की ताक में बहुत से चोर, चाई और लुटेरे रहते हैं जो इनके द्वारा स्वार्थ-साधन करना या अपनी तुच्छ मानसिक वृत्तियों को तृप्त करना चाहते हैं। इनसे समाज को हर घड़ी सावधान रहना चाहिए। इन्हें सामाजिक दण्ड देने के लिए उसे सदा सन्नद्ध रहना चाहिए। ये अनेक रूपों में दिखाई पड़ते हैं। कोई गेरुआ वस्त्र लपेटे धर्म का डंका पीटता दिखाई देता है, कोई देश-हितैषिता का लम्बा चोगा पहने देशोद्धार की पुकार करता पाया जाता है।

मनुष्य किसी ओर तीन प्रकार से प्रवृत्त होता है—मन से, वचन से और कर्म से। इनमें से मन तो देखने-दिखाने की चीज़ नहीं। वाणी और कार्यप्रणाली

की नकल की जाती है। और बड़ी सफाई से की जाती है। हितोपदेश के गदहे ने तो बाघ की खाल ही ओढ़ी थी, पर ये लोग बाघ की बोली भी बोल लेते हैं। कहीं-कहीं केवल वचन ही से काम निकल जाता है। एक दिन मैं काशी की एक गली से जा रहा था। एक ठठेरी की दुकान पर कुछ परदेशी यात्री किसी बरतन का मोल-भाव कर रहे थे और कह रहे थे कि इतना नहीं, इतना लो तो लें। इतने ही में सौभाग्यवश दुकानदार जी को ब्रह्मज्ञानियों के वाक्य याद आ गये और उन्होंने चट कहा—"माया छोड़ो और इसे ले लो।" सोचिए तो, काशी ऐसा पुण्य-क्षेत्र! वहाँ न माया छोड़ी जायेगी तो कहाँ छोड़ी जायेगी। थोड़े दिन हुए, किसी लेखक ने कहीं पढ़ा कि प्रतिभाशाली लोग कुछ उग्रता और पागलपन लिए होते हैं। तब से वे बराबर अपने में इन दोनों शुभ लक्षणों की स्थापना के यत्न में लगे रहते हैं। सुनते हैं कि पहले में वे कुछ कृतकार्य भी हुए हैं, पर पागलपन की नकल करना कुछ हँसी-खेल नहीं; भूल-चूक से कुछ समझदारी की बातें मुँह से निकल ही जाती हैं।

जैसे और सब विद्याओं की, वैसी ही पर-श्रद्धाकर्षण की विद्या की भी आजकल खूब उन्नति हुई है। आश्चर्य नहीं कि इसके लिए कुछ दिनों में एक अलग विद्यालय खुले। श्रद्धा के यथार्थ कारण का जितना ही अभाव हो, आकर्षण हो, अपनी विद्या में उतना ही दक्ष समझना चाहिए। आजकल सार्वजनिक उद्योगों की बड़ी धूम रहा करती है और बहुत से लोग निराहार परोपकार-व्रत करते सुने जाते हैं। ऊपर कहा जा चुका है कि पर-श्रद्धा के सहारे कार्य में सुगमता आती है, अतः किसी कार्य-साधना के लिए जो लोग प्रयत्न द्वारा दूसरों के हृदय में श्रद्धा उत्पन्न करते हैं वे उस कार्य के अनुसार चतुर, नीति-कुशल, धूर्त या पाखण्डी कहे जाते हैं, पर संसार में बहुत ऐसे लोग भी होते हैं जिन्हें अपने ऊपर परायी श्रद्धा के चिन्तन से जो एक प्रकार का आनन्द मिलता है उसकी लत पड़ जाती है। वे पर-श्रद्धा को मनोरंजन या मानसिक भोग-विलास की एक सामग्री समझते हैं। वे परायी श्रद्धा केवल इसी निमित्त चाहते हैं, और किसी उद्देश्य से नहीं। ऐसे पर-श्रद्धाभिलाषियों को मानसिक दुर्व्यसन रहता है और वे उसी प्रकार दुर्व्यसनी कहे जा सकते हैं जिस प्रकार शराबी, गँजेड़ी और चंडूबाज आदि। पर समाज की श्रद्धा ऐसे अपव्यय के लिए नहीं है, प्रयोगजन के लिए है। ऐसे लोग अपनी धुन में कभी-कभी बड़े-बड़े सार्वजनिक कार्य भी छोड़ बैठते हैं जिनका होना उन्हें इतना अभीष्ट नहीं होता जितना अपने द्वारा होना। ये लोग पहचाने इस प्रकार जाते हैं

कि उन कार्यों से अपने नाम का वियोग घड़ी भर भी नहीं सह सकते, यहाँ तक कि यदि वे दूसरों को कोई ऐसा कार्य हाथ में लेते देखते हैं जिसमें समाज के साधुवाद की सम्भावना होती है तो इनका पेट फूलने लगता है और ये या तो गुप्त रूप से उसमें विघ्न की व्यवस्था करते हैं या कम से कम उसके महत्त्व को बहुत कम करके दिखाया करते हैं। दूसरी पहचान यह है कि वे लोग ऐसे ही काम ठानते हैं जिनका नाम और आडम्बर बड़ा होता है।

ऊपर कहा जा चुका है कि श्रद्धावान् अपनी श्रद्धा द्वारा श्रद्धेय में कोई ऐसा परिवर्तन उपस्थित नहीं करना चाहता जिसका अपने लिए कोई अनुकूल फल हो। श्रद्धावान् श्रद्धेय को प्रसन्न करने की इच्छा कर सकता है, पर उस प्रसन्नता से आप कोई लाभ उठाने की नहीं। श्रद्धा न्याय-बुद्धि के पलड़े पर तुली हुई एक वस्तु है जो दूसरे पलड़े पर रखे हुए श्रद्धेय के गुण, कर्म आदि के हिसाब से होती है। श्रद्धा सत्कर्म या सद्गुण ही का मूल्य है जिससे और किसी प्रकार का सौदा नहीं हो सकता; पर जबकि इस व्यापार युग में ज्ञान बिकता है, न्याय बिकता है, धर्म बिकता है—तब श्रद्धा ऐसे भाव क्यों न बिके? पर असली भाव तो इस लेन-देन के व्यवहार के लिए उपस्थित नहीं किये जा सकते। खैर, नकली सही। एक भाव पर दूसरे की कलई करके हम बाजार में क्यों न जायें? अपनी भीरुता या चापलूसी को हम 'श्रद्धा-श्रद्धा' कहकर गलियों और संवाद-पत्रों में क्यों न पुकारें? ऐसे झूठे श्रद्धावानों से घिरकर झूठे श्रद्धा-पात्र सच्चे श्रद्धा-पात्रों को क्यों न मात करें, जबकि आजकल झूठे मोती सच्चे मोतियों को मात करते हैं?

कला-कुशल या सदाचारी अपने चारों ओर प्रसन्नता देखना चाहता है; अतः अपनी श्रद्धा द्वारा हम अपनी प्रसन्नता का निश्चय मात्र कराते हैं। हमारी प्रसन्नता से उसे अपनी सामर्थ्य का बोध हो जाता है और उसका उत्साह बढ़ता है। इस प्रकार अपनी श्रद्धा द्वारा हम भी समाज का मंगल साधन करते हैं। दूसरे की श्रद्धा का श्रद्धेय पर इतना ही प्रभाव पड़ना चाहिए, इससे अधिक नहीं। यदि हमारी श्रद्धा के कारण वह हमें किसी प्रकार का लाभ पहुँचाना चाहता है तो वह हमारी श्रद्धा को खुशामद समझता है और हमारा अपमान करता है। श्रद्धा में याचकता का भाव लेश-मात्र भी नहीं है। श्रद्धा द्वारा हम अपने हृदय का परिचय मात्र देते हैं कि उसमें मार्मिकता या धर्म-भाव है—सात्त्विक आचरण या प्रतिभा की कला में प्रसन्न होने की क्षमता है। यदि हमें किसी पर श्रद्धा है तो हमें उसके पास जाकर यह कहने की आवश्यकता नहीं है

कि 'महाराज मेरी यह श्रद्धा स्वीकार हो।' इस प्रकार की स्वीकृति की हमें कोई आवश्यकता नहीं। हम अपनी श्रद्धा लिए अपने घर बैठे रह सकते हैं। या उसे इस रीति से प्रकट कर सकते हैं जिस पर श्रद्धेय का कोई वश नहीं। यदि हमें किसी सुलेखक पर श्रद्धा है और वह हमसे रुष्ट है तो भी हम उसका सच्चा चित्र और चरित्र छाप सकते हैं। इसका स्वत्व हमें समाज द्वारा प्राप्त है—इसका हक हमें कानूनन हासिल है पर वहीं यदि हम उस सुलेखक से प्रेम करने चलें, उसके साथ-साथ लगे फिरें और हरदम उसे घेरे रहें तो वह हमें हटा सकता है। श्रद्धा प्रदर्शित करने का जितना विस्तृत सामाजिक अधिकार हमें प्राप्त है उतना उसके विपरीत भाव अश्रद्धा या घृणा प्रकट करने का नहीं, क्योंकि श्रद्धा यदि हमने भूल से या स्वार्थवश प्रकट की तो किसी को उतनी हानि नहीं, पर यदि घृणा भूल से या द्वेष-वश प्रकट की तो व्यर्थ का असन्तोष और दुःख फैल सकता है।

ऊपर कहा जा चुका है कि श्रद्धा के विषय तीन हैं—शील, प्रतिभा और साधन-सम्पत्ति। शील या धर्म से समाज की स्थिति, प्रतिभा से रंजन और साधन-सम्पत्ति से शील-साधन और प्रतिभा-विकास दोनों की सम्भावना है। श्रद्धेय समाज की स्थिति या सुख का विधान करता है और समाज उसकी स्थिति और सुख का विधान करता है। समाज अपने श्रद्धालु प्रतिनिधियों को कभी तो उसे आपत्ति से बचाने के लिए भेजता है—कभी कुछ भेंट उसके सामने रखने के लिए। श्रद्धावश जो दान दिया जाता है वह उसी प्रकार की भेंट है। सच्चा दान दो प्रकार का होता है—एक वह जो दया-वश दिया जाता है, दूसरा वह जो श्रद्धा-वश दिया जाता है। पण्डितों, विद्वानों और धार्मिकों को जो दान दिया जाता है वह दया-वश दिया जाता है। अन्धों, लूलों और लँगड़ों को जो दान दिया जाता है वह श्रद्धा-वश दिया जाता है। श्रद्धा सामर्थ्य के प्रति होती है और दया असामर्थ्य के प्रति। जन-साधारण अपनी दया द्वारा केवल असामर्थ्य के उपस्थित परिणामों का, कुछ स्थान के बीच और कुछ काल तक के लिए निवारण कर सकते हैं, अतः श्रद्धा द्वारा वे ऐसे असाधारण जनों को अपने वित्तानुसार थोड़ी-थोड़ी शक्ति दान करते हैं जो असामर्थ्य के कारणों के निराकरण में समर्थ होते हैं।

श्रद्धा-वश दान में उपयोगिता का तत्त्व छिपा हुआ है। स्मृतियों में श्रद्धा-वश दान पर बड़ा जोर दिया गया है और ऐसे दान के विषय में पात्रापात्र का विचार भी खूब किया गया है। विद्या-दान में रत विद्वानों को, परोपकार

में रत कर्मवीरों को, मानवज्ञान की वृद्धि में तत्पर तत्त्वान्वेषकों को जो अभाव हो उसे हमें समाज की भूख समझनी चाहिए। इन्हें जो कुछ हम श्रद्धावश देते हैं, वह ठीक समाज के दुरुस्त पेट में जाता है, जहाँ से रस-रूप में उसका संचार अंग-अंग में होता है। इसके विरुद्ध स्वार्थियों, अन्यायियों आदि को जो कुछ दिया जाता है वह समाज के अंग में उसी प्रकार नहीं लगता जिस प्रकार अतिसार या संग्रहणी वाले को खिलाया हुआ अन्न। भारतवर्ष में श्रद्धा का सम्बन्ध दान के साथ इतना गहरा समझा जाता है कि अश्रद्धापूर्वक दिया हुआ दान निष्फल माना जाता है; इसी से शुष्क प्रथानुसरण के रूप में भी यदि कुछ दिया जाता है तो श्रद्धा का नाम ले लिया जाता है। पण्डों-पुरोहितों को देते हुए यजमान भी कहता है कि 'महाराज! इतनी ही श्रद्धा है' और पण्डे-पुरोहित भी कहते हैं कि 'जितनी श्रद्धा हो उतना दो', यद्यपि इन पण्डों और पुरोहितों के सम्बन्ध में सदा यह निश्चय नहीं रहता कि वे बड़े विद्वान्, बड़े धार्मिक या बड़े परोपकारी हैं। मनोविकार के उपयुक्त विषयों के निश्चय में कभी-कभी बुद्धि की भी थोड़ी बहुत आवश्यकता होती है क्योंकि एक ही व्यक्ति के प्रति किसी को श्रद्धा होती है और किसी को अश्रद्धा। इसका कारण घृणा के अन्तर्गत अच्छी तरह दिखाया गया है।

श्रद्धा और प्रेम के योग का नाम भक्ति है। जब पूज्य भाव की वृद्धि के साथ श्रद्धाभाजन से सामीप्य-लाभ की प्रवृत्ति हो, उसकी सत्ता के कई रूपों के साक्षात्कार की वासना हो, तब हृदय में भक्ति का प्रादुर्भाव समझना चाहिए। जब श्रद्धेय के दर्शन, श्रवण, कीर्तन, ध्यान आदि से आनन्द का अनुभव होने लगे, जब उससे सम्बन्ध रखने वाले श्रद्धा के विषयों के अतिरिक्त बातों की ओर भी मन आकर्षित होने लगे, तब भक्ति-रस का संचार समझना चाहिए। जब श्रद्धेय का उठना, बैठना, चलना, फिरना, हँसना, बोलना, क्रोध करना आदि भी हमें अच्छा लगने लगे तब हम समझ लें कि हम उसके भक्त हो गये। भक्ति की अवस्था प्राप्त होने पर हम अपने जीवन-क्रम का थोड़ा या बहुत अंश उसे अर्पित करने को प्रस्तुत होते हैं और उसके जीवन-क्रम पर भी अपना कुछ प्रभाव रखना चाहते हैं। कभी हम अर्पण करते हैं और कभी याचना करते हैं। सारांश यह कि भक्ति द्वारा हम भक्ति-भाजन से विशेष घनिष्ठ सम्बन्ध स्थापित करते हैं—उसकी सत्ता में विशेष रूप से योग देना चाहते हैं। किसी के प्रति श्रद्धा धारण करके हम बहुत करेंगे तो समय-समय पर उसकी प्रशंसा करेंगे, उसकी निन्दा करने वालों से झगड़ा करेंगे या कभी

कुछ उपहार लेकर उपस्थित होंगे, पर जिसके प्रति हमारी अनन्य भक्ति हो जायगी वह अपने जीवन के बहुत से अवसरों पर हमें अपने साथ देख सकता है। वह अपने बहुत से उद्योगों में हमारा योगदान पा सकता है। भक्त वे ही कहला सकते हैं जो अपने जीवन का बहुत अंश स्वार्थ (परिवार व शारीरिक सुख आदि) से विभक्त करके किसी के आश्रय से किसी ओर लगा सकते हैं इसी का नाम है आत्मनिवेदन।

महात्माओं के ऊपर श्रद्धा करके हम उन्हें जीवन-शक्ति द्वारा उपार्जित कोई फल अर्पित कर सकते हैं, पर उनके भक्त होकर हम अपने जीवन ही के कुछ अंश को अर्पित कर देते हैं। किसी वीरव्रती महात्मा पर बहुत श्रद्धालु होकर हम आर्थिक सहायता द्वारा उसके लिए कुछ सुभीता कर सकते हैं, अपने वचनों से उसे प्रसन्न और उत्साहित कर सकते हैं, पर उसके भक्त बनकर हम अपने शारीरिक बल को उसका शारीरिक बल बनाएँगे, अपनी जानकारी और चतुराई को उसकी जानकारी और चतुराई बनाएँगे, अपनी वाग्मिता को उसकी वाग्मिता बनाएँगे, अपनी तत्परता को उसकी तत्परता बनाएँगे, यहाँ तक कि जो कुछ हमसे होगा उसे हम उसका कर डालेंगे और इसी प्रकार उसके जीवन में अपने जीवन का योग देकर उसके सामाजिक महत्त्व या प्रभाव को बढ़ाएँगे और उसके थोड़े-बहुत हम भी भागी होंगे। श्रद्धा द्वारा हम दूसरे के महत्त्व के किसी अंश के अधिकारी नहीं हो सकते, पर भक्ति द्वारा हो सकते हैं। यहाँ तक कि दूसरे की भक्ति करके हम तीसरे की भक्ति के अधिकारी हो सकते हैं। राम पर अनन्य भक्ति करके हनुमान, अन्य राम-भक्तों की भक्ति के अधिकारी हुए।

श्रद्धालु महत्त्व को स्वीकार करता है, पर भक्त महत्त्व की ओर अग्रसर होता है। श्रद्धालु अपने जीवन-क्रम को ज्यों-का-त्यों छोड़ता है; पर भक्त उसकी काट-छाँट में लग जाता है। अपने आचरण द्वारा दूसरों की भक्ति के अधिकारी होकर ही संसार के बड़े-बड़े महात्मा समाज के कल्याण-साधन में समर्थ हुए हैं। गुरु गोविन्द सिंह को यदि केवल दण्डवत् करने वाले और गद्दी पर भेंट चढ़ाने वाले श्रद्धालु ही मिलते, दिन-रात साथ रहने वाले—अपने सारे जीवन को अर्पित करने वाले—भक्त न मिलते तो वे अन्याय-दमन में कभी समर्थ न होते। इससे भक्ति के सामाजिक महत्त्व को, इसकी लोक-हितकारिणी शक्ति को स्वीकार करने में किसी को आगा-पीछा नहीं हो सकता। सामाजिक महत्त्व के लिए आवश्यक है कि या तो आकर्षित करो या आकर्षित हो।

जैसे इस आकर्षण-विधान के बिना अणुओं द्वारा व्यक्त पिण्डों का आविर्भाव नहीं हो सकता, वैसे ही मानव-जीवन की विशद अभिव्यक्ति भी नहीं हो सकती।

भक्ति में किसी ऐसे सान्निध्य की प्रवृत्ति होती है जिसके द्वारा हमारे महत्त्व के अनुकूल गति का प्रसार और प्रतिकूल गति का संकोच होता है। इस प्रकार का सामीप्य लाभ करके हम अपने ऊपर पहरा बिठा देते हैं—अपने को ऐसे स्वच्छ आदर्श के सामने कर देते हैं जिससे हमारे कर्मों का प्रतिबिम्ब ठीक-ठीक दिखाई पड़ता है। जिसे अपनी वास्तविक क्षुद्रता का परिज्ञान अरुचिकर होगा वह सापेक्षिकता के भय से ऐसे महत्त्वादर्श का सामीप्य कभी न चाहेगा, दूर-दूर भागा फिरेगा। 'हमीं-हम' वाले 'तुम भी' नहीं सह सकते, 'तुम्हीं-तुम' की क्या बात है? ऐसे लोग तो स्वयं अपने लिए भक्त ढूँढ़ने निकलते हैं। भक्ति के लिए दैन्य अर्थात् दूसरे के महत्त्व के साथ अपने लघुत्व की भावना पहली बात है। इस भावना को जब हम मुक्त हृदय से मुग्ध होकर धारण करेंगे और दूसरे पर श्रद्धा कर लेंगे, तब हम उसके महत्त्व के सतत साक्षात्कार के लिए—अनेक रूपों में परिचय के लिए—उसके सामीप्य की इच्छा करते हुए इस श्रद्धा में प्रेम का भी मिश्रण करेंगे और अपने बहुत से क्रिया-कलाप को अपने पूज्य-प्रेम-पात्र के अधीन करके स्वयं महत्त्व के अभ्यास में प्रवृत्त होंगे। जन-साधारण के लिए इस प्रकार के आश्रय द्वारा महत्त्व-प्राप्ति सुगम होती है। जो उच्च पथ पहले कष्टकर और श्रम-साध्य जान पड़ता है वही भक्ति के बल से मनोहर लगने लगता है।

व्यक्ति-सम्बन्ध-हीन सिद्धान्त-मार्ग निश्चयात्मिका बुद्धि को चाहे व्यक्त हों, पर प्रवर्तक मन को अव्यक्त रहते हैं। वे मनोरंजनकारी तभी लगते हैं, जब किसी व्यक्ति के जीवन-क्रम के रूप में देखे जाते हैं। शील की विभूतियाँ अनन्त रूपों में दिखाई पड़ती हैं। मनुष्य जाति ने जब से होश सँभाला, तब से वह इन अनन्त रूपों को महात्माओं के आचरणों तथा आख्यानों और चरित्र-सम्बन्धी पुस्तकों में देखती चली आ रही है। जब इन रूपों पर मनुष्य मोहित होता है, तब सात्त्विक शील की ओर आप से आप आकर्षित होता है। शून्य सिद्धान्त-वाक्यों में कोई आकर्षण शक्ति या प्रवृत्तिकारिणी क्षमता नहीं होती 'सदा सत्य बोलो', 'दूसरों की भलाई करो', 'क्षमा करना सीखो'—ऐसे-ऐसे सिद्धान्त-वाक्य किसी को बार-बार बकते सुन वैसा ही क्रोध आता है जैसे किसी बेहूदे की बात सुनकर। जो इस प्रकार की बातें करता चला जाये उससे चट कहना चाहिए—'बस चुप रहो, तुम्हें बोलने की तमीज नहीं, तुम बच्चों या

कोल-भीलों के पास जाओ। ये बातें हम पहले से जानते हैं। मानव-जीवन के बीच हम इसके सौन्दर्य का विकास देखना चाहते हैं। यदि तुम्हें दिखाने की प्रतिभा या शक्ति हो तो दिखाओ, नहीं तो चुपचाप अपना रास्ता लो।' गुण प्रत्यक्ष नहीं होता, उसके आश्रय और परिणाम प्रत्यक्ष होते हैं। अनुभावात्मक मन को आकर्षित करने वाले आश्रय और परिणाम हैं, गुण नहीं। ये ही अनुभूति के विषय हैं। अनुभूति पर प्रवृत्ति और निवृत्ति निर्भर हैं। अनुभूति मन की पहली क्रिया है, संकल्प-विकल्प दूसरी। अतः सिद्धान्त-पथों के सम्बन्ध में जो आनन्दानुभव करने की बातें हैं, जो अच्छी लगने की बातें हैं, वे पथिकों में तथा उनके चारों ओर पायी जायेंगी। सत्पथ के दीपक उन्हीं के हाथ में हैं—या वे ही सत्पथ के दीपक हैं। सत्त्वोन्मुख प्राणियों के लिए ऐसे पथिकों के सामीप्य-लाभ की कामना करना स्वाभाविक ही है।

सामीप्य से अभिप्राय केवल किसी के साथ-साथ बना रहना नहीं है। श्रवण, कीर्तन और स्मरण आदि भी सामीप्य ही के विधान हैं। बाह्य और आभ्यन्तर दोनों प्रयत्नों से सामीप्य की सिद्धि होती है। स्मरण द्वारा हम अपने आराध्य को—उसके कर्म-क्षेत्र को अपने अन्तःकरण के सामने उपस्थित करते हैं। यहाँ पर यह कहा जा सकता है कि जब हम इष्ट के कर्म-क्षेत्र को सामने लाते हैं तब उसमें ऐसे लोग भी तो आ जाते हैं जिन पर हमारी कुछ भी भक्ति नहीं। हाँ, आते अवश्य हैं। इनके द्वारा हमारे इष्ट के स्वरूप का पूर्ण विकास दिखाई पड़ता है—इनके बीच उनका (इष्ट का) रंग और खुल पड़ता है। यदि राम हमारे काम के हैं तो रावण भी हमारे काम का है। एक में हम अपने लिए प्रवृत्ति का क्रम पाते हैं, दूसरे में निवृत्ति का। जीवन में इस निवृत्ति और प्रवृत्ति का प्रवाह साथ-साथ चलता है। दुराचारी भी यदि अपने दुराचार का फल संसार के सामने पूर्ण रूप से भोग लेता है तो समाज के लिए उपयोगी ठहर जाता है। राम के हाथ से मारे जाने से रावण का जीवन भी सार्थक हो गया। यदि पापी अपने पाप का फल एकान्त में या आत्मा में ही भोगकर चला जाता है तो वह अपने जीवन की सामाजिक उपयोगिता की एकमात्र सम्भावना को भी नष्ट कर देता है। इसी से बहुत से प्रायश्चित्तों के विधान में किये हुए पापों का सबके समक्ष कथन आवश्यक होता है।

पाप का फल छिपाने वाला पाप छिपाने वाले से अधिक अपराधी है पर ऐसे बहुत से लोग होते हैं जो किसी का घर जलाते हाथ जलता है तो कहते हैं कि होम करते जला है। दुराचारियों के जीवन का सामाजिक

उपयोग करने के लिए ही संसार में धर्म की मर्यादा स्थापित करने के लिए ही—श्रीकृष्ण ने अर्जुन को युद्ध में प्रवृत्त किया। यदि अधर्म में तत्पर कौरवों का नाश न होता और पाण्डव जीवन भर मारे-मारे ही फिरते तो संसार में अन्याय और अधर्म की ऐसी लीक खिंच जाती जो मिटाने से न मिटती। जिस समाज में सुख और वैभव के रंग में रँगी अधर्म की ऐसी लीक दिखाई पड़े उसमें रक्षा करने वाली आत्मा का अभाव तथा विश्वात्मा की विशेष कला के अवतार की आवश्यकता समझनी चाहिए, क्योंकि भगवान श्रीकृष्ण ने कहा है—

यदा यदा हि धर्मस्य ग्लानिर्भवति भारत।
अभ्युत्थानमधर्मस्य तदात्मानं सृजाम्यहम्॥

यदि कहीं पाप है, अन्याय है, अत्याचार है तो उनका आशुफल उत्पन्न करना और संसार के समक्ष रखना, लोक-रक्षा का कार्य है। अपने ऊपर किये जाने वाले अत्याचार और अन्याय का फल ईश्वर के ऊपर छोड़ना व्यक्तिगत आत्मोन्नति के लिए चाहे श्रेष्ठ हो; पर यदि अन्यायी या अत्याचारी अपना हाथ नहीं खींचता है तो लोक-संग्रह की दृष्टि से वह उसी प्रकार आलस्य या कायरपन है जिस प्रकार अपने ऊपर किये हुए, उपकार का कुछ भी बदला न देना कृतघ्नता है।

अब भगवद्भक्ति को लीजिए। ऊपर जो कुछ कहा गया उससे स्पष्ट हो गया होगा कि मनुष्य की भक्ति के आधार क्या-क्या हैं। मनुष्य विश्व-विधान का एक क्षुद्र चेतन अंश है। उसमें धर्म, अधर्म, दया, निष्ठुरता आदि से भाव विश्व के उतने ही अंश से सम्बन्ध रखते हैं जितने के भीतर उसे कार्य करना है। यह कार्य और कुछ नहीं, अपनी समष्टि-स्थिति और सुख-सन्तोष का प्रयत्न मात्र है। अपने कार्यक्षेत्र के बाहर यदि वह अपने इन भावों का सामंजस्य ढूँढ़ता है तो नहीं पाता है—कहीं उसे 'जीवो जीवस्य जीवनम्' का सिद्धान्त चलता दिखाई पड़ता है, कहीं लाठी और भैंस का। वह सोचता है कि इन बातों का अनुसरण मनुष्य-समाज में भी जान-बूझकर क्यों न किया जाय, यह नहीं सोचता कि मनुष्य-जाति की स्थिति इन अवस्थाओं में बहुत आगे बढ़ी है और चेतना की श्रेणी में उसके आगे की और कोई भूमि उसे दिखाई नहीं पड़ रही है। वह दया को निरर्थक समझ अपने अन्तःकरण का एक अंग ही खण्डित करना चाहता है। वह किसी को काना देखकर अपनी भी एक आँख फोड़ने चलता है। कुछ दिन पहले की सभ्यता मनुष्य जीवन को देवतुल्य

बनाने में थी; अब मर्कटतुल्य और मत्स्यतुल्य बनाने में समझी जाने लगी है। पर यह सभ्यता जड़त्व और नाश की ओर ले जाने वाली है। जब हृदय की कुछ उदात्त प्रवृत्तियाँ बोझ मालूम होने लगी हैं तब और प्राणियों की अपेक्षा अपने अन्तःकरण की पूर्णता का गर्व मनुष्य जाति कब तक कर सकती है? उसके मार्मिक अंग की व्यापकता के ह्रास और स्तब्धता की वृद्धि के भयंकर परिणाम का अभास योरप दे रहा है। अन्तःकरण की जितनी वृत्तियाँ हैं उनमें से कोई निरर्थक नहीं—सबका उपयोग है। इनमें से किसी की शक्ति फालतू नहीं। यदि मनुष्य इनमें से किसी को निष्क्रिय करने का अभ्यास डालेगा तो अपनी पूर्णता को खोयेगा और अपनी स्थिति को जोखिम में डालेगा।

मिट्टी के ढेले, गुलाब के पौधे, कुत्ते और बिल्ली की अपेक्षा मनुष्य अपने में अंशी का अधिक अंश समझता है—उस सर्वात्मा का अधिक अंश समझता है—विश्व-विधान जिसकी नित्य क्रिया है; अतः स्थिति रक्षा-विधान की जो-जो बातें अपने में हैं उनका अभाव उससे अंशी या सर्व में मानते नहीं बनता। दया, दाक्षिण्य, प्रेम, क्रोध आदि अपनी आशात्मा में देखते हुए सर्वात्मा में उनके अभाव की धारणा मनुष्य करे तो कैसे करे? अतः ज्ञान क्षेत्र में ईश्वर की खोज हम उतने ही घेरे में करेंगे जितने में इन्द्रियों की सहायता लेकर बुद्धि पहुँचती है और कर्म-क्षेत्र में उसकी भावना हम उसे उतने ही भावों में परिमित करके करेंगे जितने की हमारे मन में जगह है। हम हैं, हम समझते हैं कि हम हैं और हम चाहते हैं कि हम रहें, ऐसी अवस्था में हम अपने स्थिति-रक्षा-सम्बन्धी भावों को परमावस्था पर पहुँचाकर ही उस परम-भावमय की भावना करेंगे। हम उसे धर्ममय, दयामय, प्रेममय मानेंगे और यह प्रेम उसी रूप का होगा जिस रूप में उसका व्यवहार मनुष्य-जाति में दिखाई पड़ता है—जिस रूप में मनुष्य जाति को उसकी आवश्यकता पड़ती है। अत्याचारी से पीड़ित होकर मनुष्य उसके कोप का आह्वान करता है, आपद्ग्रस्त होकर उसकी दया का भिखारी होता है, सुख से सम्पन्न होकर उसके धन्यवाद के लिए हाथ उठाता है, भक्ति से पूर्ण होकर उसके आश्रय की वांक्षा करता है। ये ही व्यवहार वह मनुष्यों के साथ भी करता है।

अपने व्यवहार-पथ में आश्रय-प्राप्ति के निमित्त मनुष्य के लिए ईश्वर की स्वानुरूप भावना ही सम्भव है। स्वानुभूति द्वारा ही वह उस परमानुभूति की धारणा कर सकता है। इसी से भर्तृहरि ने 'स्वानुभूत्यैकसाराय' कहकर नमस्कार किया है। यदि चिन्मय में अपनी इतनी अनुभूति का भी निश्चय मनुष्य को

न हो वह प्रार्थना आदि क्यों करने जाय? कुत्ते प्रार्थना क्यों नहीं करते? उनमें धर्म की प्रतिष्ठा नहीं है—अर्थात् वे चेतना की उस भूमि तक नहीं पहुँचे हैं जिसमें समष्टि स्थिति की रक्षा से सम्बन्ध रखने वालों का संचार होता। वे यह नहीं जानते कि एक-दूसरे को काटने दौड़ने से कुक्कुर-समाज की उन्नति और वृद्धि नहीं हो सकती। समष्टि-रक्षा या धर्म की ओर प्रवृत्त करने वाले दया आदि भाव उन्हें प्राप्त नहीं हैं। उनमें स्वार्थ का भाव है, परमार्थ का भाव नहीं। 'धर्मो रक्षति रक्षितः' की धारणा उन्हें नहीं होती। जहाँ धर्म-भाव है वहीं ईश्वर की भावना है। जिन प्राणियों में जिन भावों का विकास नहीं हुआ है उनमें उनकी चरितार्थता की आवश्यकता प्रकृति नहीं समझती।

भक्ति का स्थान मानव-हृदय है—वहीं श्रद्धा और प्रेम के संयोग से उसका प्रादुर्भाव होता है। अतः मनुष्य की श्रद्धा के जो विषय ऊपर कहे जा चुके हैं उन्हीं को परमात्मा में अत्यन्त विशद रूप में देखकर ही उसका मन खिंचता है और वह उस विशद रूप-विशिष्ट का सामीप्य चाहता है, उसके हृदय में जो सौन्दर्य का भाव है, जो शील का भाव है, जो उदारता का भाव है, जो शक्ति का भाव है, उसे वह अत्यन्त पूर्ण रूप में परमात्मा में देखता है और ऐसे पूर्ण पुरुष की भावना से उसका हृदय गद्गद हो जाता है और उसका धर्म-पथ आनन्द से जगमगा उठता है। धर्म-क्षेत्र या व्यवहार-पथ में वह अपने मतलब भर ही ईश्वरता से प्रयोजन रखता है। राम, कृष्ण, आदि अवतारों में परमात्मा की विशेष कला देख एक हिन्दू के हृदय की सारी शुभ और आनन्दमयी वृत्तियाँ उनकी ओर दौड़ पड़ती हैं, उनके प्रेम, श्रद्धा आदि को बड़ा भारी अवलम्ब मिल जाता है। उसके सारे जीवन में एक अपूर्व माधुर्य और बल का संचार हो जाता है। उसके सामीप्य का आनन्द लेने के लिए कभी वह उनके अलौकिक रूप-सौन्दर्य की भावना करता है, कभी उनकी बाल-लीला के चिन्तन से विनोद प्राप्त करता है, कभी धर्म-बलपूर्ण उनके निर्मल चरित्र का गान करता है, कभी सिर झुकाकर वन्दना करता है—यहाँ तक कि जब जी में आता है, प्रेम से भरा उलाहना भी देता है। यह हृदय द्वारा अर्थात् आनन्द अनुभव करते हुए धर्म में प्रवृत्त होने का सुगम मार्ग है। भक्ति हृदय से की जाती है। बुद्धि से भक्ति करना ऐसे ही है जैसे नाक से खाना और कान से सूँघना। हमारे यहाँ भक्ति-विधान के अन्तर्गत श्रवण, कीर्तन, स्मरण, सेवा, अर्चन, वन्दन, दास्य, सख्य और आत्म-निवेदन ये नौ बातें ली गयी हैं। जैसा कि ऊपर कहा जा चुका है, कोरी श्रद्धा में याचकता का भाव नहीं है, जब प्रेम

के साथ उसका संयोग होता है तभी इस भाव की प्राप्ति होती है। श्रद्धावान् श्रद्धेय पर अपने निमित्त किसी प्रकार का प्रभाव डालना नहीं चाहता, पर भक्त दाक्षिण्य चाहता है।

रामलीला, कृष्णलीला आदि सामीप्य-सिद्धि के विधान हैं। सामीप्य की कामना, भक्तवर रसखान ने बड़ी मार्मिकता से इस प्रकार प्रकट की है—

> मानुष हों तो वही 'रसखान'
> बसौं सँग गोकुल गाँव के ग्वारन।
> जो पसु हों तो कहा बस मेरो,
> चरौं नित नन्द के धेनु मझारन।
> पाहन हों तो वही गिरि को,
> जो किये हरि छत्र पुरन्दर-धारन।
> जो खग हों तो बसेरो करौ,
> मिलि कलिन्दी-कूल कदम्ब के डारन॥

रामलीला द्वारा लोग वर्ष में एक बार आकर पूज्यदेव की आदर्श मानव लीला का माधुर्य देखते हैं। जिस समय दूर-दूर के गाँवों के लोग एक मैदान में आकर इकट्ठे होते हैं तथा एक ओर जटा मुकुटधारी विजयी राम-लक्ष्मण की मधुर कीर्ति देखते हैं और दूसरी ओर तीरों से बिंधा रावण का विशाल शरीर जलता देखते हैं, उस समय वे धर्म के सौन्दर्य पर लुब्ध और अधर्म की घोरता पर क्षुब्ध हो जाते हैं। इसी प्रकार जब कृष्णलीला में जीवन की प्रफुल्लता के साथ धर्म-रक्षा के अलौकिक बल का विकास देखते हैं, तब हमारी जीवन-धारणा की अभिलाषा दूनी-चौगुनी हो जाती है। हिन्दू-जाति इन्हीं की भक्ति के बल से इनकी प्रतिकूल अवस्थाओं के बीच अपना स्वतन्त्र अस्तित्व बचाती चलती चली आयी है—इन्हीं की अद्भुत आकर्षणशक्ति से वह इधर-उधर ढलने नहीं पायी है। राम और कृष्ण को बिना आँसू बहाये छोड़ना हिन्दू-जाति के लिए सहज नहीं था, क्योंकि वे अवतार अलग टीले पर खड़े होकर उपदेश देने वाले नहीं थे, बल्कि मानव जीवन में पूर्ण रूप से सम्मिलित होकर उसके एक-एक अंग की मनोहरता दिखाने वाले थे। मंगल के अवसरों पर उनके गीत गाये जाते हैं। विमाताओं की कुटिलता की, बड़ों के आदर की, दुष्टों के दमन की, जीवन की, कष्ट की, घर की, वन सम्पद की, विपद की जहाँ चर्चा होती है, वहाँ इनका स्मरण किया जाता है।

संसार से तटस्थ रहकर शान्ति-सुखपूर्वक लोक-व्यवहार सम्बन्धी उपदेश देने वालों का उतना अधिक महत्त्व हिन्दू धर्म में नहीं है, जितना संसार के भीतर घुसकर उसके व्यवहारों के बीच सात्त्विक विभूति की ज्योति जगाने वालों का है। हमारे यहाँ उपदेशक ईश्वर के अवतार नहीं माने गये हैं। अपने जीवन द्वारा कर्म-सौन्दर्य संघटित करने वाले ही अवतार कहे गये हैं। कर्म-सौन्दर्य के योग से उनके स्वरूप में इतना माधुर्य आ गया है कि हमारा हृदय आप से आप उनकी ओर खिंचा पड़ता है। जो कुछ हम करते हैं—खेलना कूदना, हँसना, बोलना, क्रोध करना, शोक करना, प्रेम करना, विनोद करना, उन सबमें सौन्दर्य लाते हुए जिन्हें देखेंगे उन्हीं की ओर ढल सकते हैं। वे हमें दूर से रास्ता दिखाने वाले नहीं हैं, आप रास्ते में चलकर हमें अपने पीछे लगाने क्या खींचने वाले हैं, जो उसके स्वरूप पर मोहित न हो वह निस्सन्देह जड़ है।

सुनि सीतापति सील सुभाउ।
मोद न मन, तन पुलक, नयन जल सो नर खेहर खाउ॥

जो उनका नाम सुनकर पुलकित होता है, जो उनके स्वरूप पर मोहित होता है, उसके सुधरने की बहुत कुछ आशा हो सकती है। जो संसार या मनुष्यत्व का सर्वथा त्याग न कर दे, उनके लिए शुद्ध सात्त्विक जीवन का यही मार्ग है। रागों के सम्पूर्ण दमन की अपेक्षा रागों का परिष्कार ज्यादा काम में आने वाली बात है। निर्लिप्त रहकर दूसरों का गला काटने वालों से लिप्त होकर दूसरों की भलाई करने वाले लोक-कल्याण के विचार से कहीं अच्छे हैं।

जनता के सम्पूर्ण जीवन का स्पर्श करने वाला क्षात्र-धर्म के इसी व्यापकत्व के कारण हमारे मुख्य अवतार राम और कृष्ण क्षत्रिय हैं। क्षात्र-धर्म ऐकान्तिक नहीं है। उसका सम्बन्ध लोक रक्षा से है। 'कोई राजा होगा तो अपने घर का होगा' इससे बढ़कर झूठ शायद ही कोई मिले। झूठे खिताबों के द्वारा यह कभी सच नहीं की जा सकती। कर्म-सौन्दर्य की योजना क्षात्र-जीवन में जितने रूप में सम्भव है, उतने रूपों में और किसी जीवन में नहीं। शक्ति के साथ क्षमा, वैभव के साथ विनय, पराक्रम के साथ रूप-माधुर्य, तेज के साथ कोमलता, सुख-भोग के साथ परदुःखकातरता; प्रताप के साथ कठिन धर्म-पथ का अवलम्बन इत्यादि कर्म-सौन्दर्य में जो मधुर आकर्षण है वह अधिक व्यापक, अधिक मर्मस्पर्शी और अधिक स्पष्ट है। मनुष्य की सम्पूर्ण रागात्मिका वृत्तियों को उत्कर्ष पर ले जाने और विशुद्ध करने की सामर्थ्य उसमें है।

संसार में मनुष्य की समान वृत्ति कभी नहीं हो सकती। इसी बात को भूलकर जो उपदेश दिये जाया करते हैं वे पाखण्ड के अन्तर्गत आते हैं। वृत्तियों की भिन्नता के बीच से जो मार्ग निकल सकेगा वही लोक-रक्षा का मार्ग होगा—वही धर्म का चलता हुआ मार्ग होगा जिसमें शिष्टों के आदर, दीनों पर दया, दुष्टों के दमन आदि जीवन के अनेक रूपों का सौन्दर्य दिखाई पड़ेगा, वही सर्वाङ्गपूर्ण लोक-धर्म का मार्ग होगा। क्षात्र-धर्म पालन की आवश्यकता संसार में सब दिन बनी रहेगी। कोई व्यापार-युग उसे नहीं हटा सकता। किसी अनाथ अबला पर अत्याचार करने पर एक क्रूर पिशाच को हम उद्यत देख रहे हैं। समझाना-बुझाना या तो व्यर्थ है अथवा उसका समय ही नहीं है। ऐसी दशा में यदि उस अबला की रक्षा इष्ट है, तो हमें चटपट उस कर्म में प्रवृत्त होना होगा जिससे उस दुष्ट को बाधा पहुँचे। उस समय का हमारा क्रोध कितना सुन्दर और अक्रोध कितना गर्हित होगा!

करुणा

जब बच्चे को सम्बन्धज्ञान कुछ-कुछ होने लगता है तभी दुःख से उस भेद की नींव पड़ जाती है जिसे करुणा कहते हैं। बच्चा पहले परखता है कि जैसे हम हैं वैसे ही ये और प्राणी भी हैं और बिना किसी विवेचना-क्रम के स्वाभाविक प्रवृत्ति द्वारा, वह अपने अनुभवों का आरोप दूसरे प्राणियों पर करता है। फिर कार्य-कारण-सम्बन्ध से अभ्यस्त होने पर दूसरों के दुःख के कारण या कार्य को देखकर उनके दुःख का अनुमान करता है और स्वयं एक प्रकार का दुःख अनुभव करता है। प्रायः देखा जाता है कि जब माँ झूठमूठ 'ऊँ-ऊँ' करके रोने लगती है, तब कोई-कोई बच्चे भी रो पड़ते हैं। इसी प्रकार जब उसके किसी भी भाई या बहिन को कोई मारने उठता है तब वे कुछ चंचल हो उठते हैं।

दुःख की श्रेणी में प्रवृत्ति के विचार से करुणा का उल्टा क्रोध है। क्रोध जिसके प्रति उत्पन्न होता है उसकी हानि की चेष्टा की जाती है। करुणा जिसके प्रति उत्पन्न होती है उसकी भलाई का उद्योग किया जाता है। किसी पर प्रसन्न होकर भी लोग उसकी भलाई करते हैं। इस प्रकार पात्र की भलाई की उत्तेजना दुःख और आनन्द दोनों की श्रेणियों में रखी गयी है। आनन्द की श्रेणी में ऐसा कोई शुद्ध मनोविकार नहीं है, जो पात्र की हानि की उत्तेजना करे, पर दुःख की श्रेणी में ऐसा मनोविकार है जो पात्र की भलाई की उत्तेजना करता है। लोभ से, जिसे मैंने आनन्द की श्रेणी में रखा है, चाहे कभी-कभी और व्यक्तियों या वस्तुओं की हानि पहुँच जाय पर जिसे जिस व्यक्ति या वस्तु का लोभ होगा, उसकी हानि वह कभी न करेगा। लोभी महमूद ने सोमनाथ को तोड़ा, पर भीतर से जो जवाहरात निकले उनको खूब सँभालकर रखा। नूरजहाँ के रूप में लोभी जहाँगीर ने शेर अफगन को मरवाया, पर नूरजहाँ को बड़े चैन से रखा।

ऊपर कहा जा चुका है कि मनुष्य ज्यों ही समाज में प्रवेश करता है, उसके सुख और दुःख का बहुत सा अंश दूसरे की क्रिया या अवस्था पर अवलम्बित

हो जाता है और उसके मनोविकारों के प्रवाह तथा जीवन के विस्तार के लिए अधिक क्षेत्र हो जाता है। वह दूसरों के दुःख से दुखी और दूसरों के सुख से सुखी होने लगता है। अब देखना यह है कि दूसरों के दुःख से दुखी होने का नियम जितना व्यापक है क्या उतना ही दूसरों के सुख से सुखी होने का भी। मैं समझता हूँ, नहीं। हम अज्ञात-कुल-शील मनुष्य के दुःख को देखकर भी दुखी होते हैं। किसी दुखी मनुष्य को सामने देख हम अपना दुखी होना तब तक के लिए बन्द नहीं रखते जब तक कि यह न मालूम हो जाय कि वह कौन है, कहाँ रहता है और कैसा है; यह और बात है कि यह जानकर कि जिसे पीड़ा पहुँच रही है उसने कोई भारी अपराध या अत्याचार किया है हमारी दया दूर या कम हो जाय। ऐसे अवसर पर हमारे ध्यान के सामने वह अपराध या अत्याचार आ जाता है और उस अपराधी या अत्याचारी का वर्तमान क्लेश हमारे क्रोध की तुष्टि या साधक हो जाता है।

सारांश यह है कि करुणा की प्राप्ति के लिए पात्र में दुःख के अतिरिक्त और किसी विशेषता की अपेक्षा नहीं। पर आनन्दित हम ऐसे ही आदमी के सुख को देखकर होते हैं जो या तो हमारा सुहृद या सम्बन्धी हो अथवा अत्यन्त सज्जन, शीलवान् या चरित्रवान् होने के कारण समाज का मित्र या हितकारी हो। यों ही किसी अज्ञात व्यक्ति का लाभ या कल्याण सुनने से हमारे हृदय में किसी प्रकार के आनन्द का उदय नहीं होता। इससे प्रकट है कि दूसरों के दुःख से दुखी होने का नियम बहुत व्यापक है और दूसरों के सुख से सुखी होने का नियम उसकी अपेक्षा परिमित है। इसके अतिरिक्त दूसरों को सुखी देखकर जो आनन्द होता है उसका न तो कोई अलग नाम रखा गया है और न उनमें वेग या प्रेरणा होती है। पर दूसरों के दुःख के परिज्ञान से जो दुःख होता है, वह करुणा, दया आदि नामों से पुकारा जाता है और अपने कारण को दूर करने की उत्तेजना करता है।

जबकि अज्ञात व्यक्ति के दुःख पर दया बराबर उत्पन्न होती है तो जिस व्यक्ति के साथ हमारा अधिक संसर्ग होता है, जिसके गुणों से हम अच्छी तरह परिचित रहते हैं, जिसका रूप हमें भला मालूम होता है उसके उतने ही दुःख पर हमें अवश्य अधिक करुणा होगी। किसी भोली-भाली सुन्दरी रमणी को, किसी सच्चरित्र परोपकारी महात्मा को, किसी अपने भाई-बन्धु को दुःख में देख, हमें अधिक व्याकुलता होगी। करुणा की तीव्रता का सापेक्ष विधान जीवन-निर्वाह की सुगमता और कार्य-विभाग की पूर्णता के उद्देश्य से समझना चाहिए।

मनुष्य की प्रकृति में शील और सात्त्विकता का आदि संस्थापक यही मनोविकार है। मनुष्य की सज्जनता या दुर्जनता अन्य प्राणियों के साथ उसके सम्बन्ध या संसर्ग द्वारा ही व्यक्त होती है। यदि कोई मनुष्य जन्म से ही किसी निर्जन स्थान में अपना निर्वाह करे तो उसका कोई कर्म सज्जनता या दुर्जनता की कोटि में न आयगा। उसके सब कर्म निर्लिप्त होंगे। संसार में प्रत्येक प्राणी के जीवन का उद्देश्य दुःख की निवृत्ति और सुख की प्राप्ति है। अतः सबके उद्देश्य को एक साथ जोड़ने से संसार का उद्देश्य सुख का स्थापन और दुःख का निराकरण हुआ। अतः जिन कर्मों से संसार के इस उद्देश्य के साधन हों वे उत्तम हैं। प्रत्येक प्राणी के लिए उससे भिन्न प्राणी संसार है। जिन कर्मों से दूसरे के वास्तविक सुख का साधन और दुःख की निवृत्ति हो वे शुभ और सात्त्विक हैं तथा जिस अन्तःकरणवृत्ति से इन कर्मों से प्रवृत्ति हो वह सात्त्विक है। कृपा या अनुग्रह से भी दूसरों के सुख की योजना की जाती है, पर एक तो कृपा-अनुग्रह में आत्म-भाव छिपा रहता है और उसकी प्रेरणा से पहुँचाया हुआ सुख एक प्रकार का प्रतिकार है। दूसरी बात यह है कि नवीन सुख की योजना की अपेक्षा प्राप्त दुःख की निवृत्ति की आवश्यकता अत्यन्त अधिक है।

दूसरे के उपस्थित दुःख का अनुभव अपनी तीव्रता के कारण मनोविकारों की श्रेणी में माना जाता है पर अपने भावी आचरण द्वारा दूसरे के सम्भाव्य दुःख का ध्यान या अनुमान, शील या साधारण सद्वृत्ति के अन्तर्गत समझा जाता है। बोलचाल की भाषा में तो 'शील' शब्द से चित्त की कोमलता या मुरौवत ही का भाव समझा जाता है, जैसे 'उनकी आँखों में शील नहीं है', 'शील तोड़ना अच्छा नहीं'। दूसरों का दुःख दूर करना और दूसरों को दुःख न पहुँचाना इन दोनों बातों का निर्वाह करने वाला नियम न पालने का दोषी हो सकता है, पर दुःखशीलता या दुर्भाव का नहीं। ऐसा मनुष्य झूठ बोल सकता है, पर ऐसा नहीं जिससे किसी का कोई काम बिगड़े या जी दुखे। यदि वह किसी अवसर पर बड़ों की कोई बात न मानेगा तो इसलिए कि वह उसे ठीक नहीं जँचती या वह उसके अनुकूल चलने में असमर्थ है, इसलिए नहीं कि बड़ों का अकारण जी दुखे।

मेरे विचार में तो 'सदा सत्य बोलना', 'बड़ों का कहना मानना' ये नियम के अन्तर्गत हैं, शील या सद्भाव के अन्तर्गत नहीं। झूठ बोलने से बहुधा बड़े-बड़े अनर्थ हो जाते हैं, इसी से उसका अभ्यास रोकने के लिए यह नियम कर दिया गया कि किसी अवस्था में झूठ बोला ही न जाय। पर मनोरंजन,

खुशामद और शिष्टाचार आदि के बहाने संसार में बहुत सा झूठ बोला जाता है जिस पर कोई समाज कुपित नहीं होता। किसी-किसी अवस्था में तो धर्मग्रन्थों में झूठ बोलने की इजाजत तक दे दी गयी है, विशेषतः जब इस नियम भंग द्वारा अन्तःकरण की किसी उच्च और उदार वृत्ति का साधन होता हो। यदि किसी के झूठ बोलने से कोई निरपराध और निःसहाय व्यक्ति अनुचित दण्ड से बच जाय तो ऐसा झूठ बोलना बुरा नहीं बतलाया गया है क्योंकि नियम शील या सद्वृत्ति का साधक है, समकक्ष नहीं। मनोवेग-वर्जित सदाचार दम्भ या झूठी कवायद है। मनुष्य के अन्तःकरण में सात्त्विकता की ज्योति जगाने वाली यही करुणा है। इसी से जैन और बौद्धधर्म में इसको बड़ी प्रधानता दी गयी है और गोस्वामी तुलसीदास जी ने भी कहा है—

पर उपकार सरिस न भलाई। पर पीड़ा सम नहिं अधमाई॥

यह बात स्थिर और निर्विवाद है कि श्रद्धा का विषय किसी-न-किसी रूप में सात्त्विक शील ही होता है। अतः करुणा और सात्त्विकता का सम्बन्ध इस बात से और भी सिद्ध होता है कि किसी पुरुष को दूसरे पर करुणा करते देख तीसरे को करुणा करने वाले पर श्रद्धा उत्पन्न होती है। किसी प्राणी में और किसी मनोवेग को देख श्रद्धा नहीं उत्पन्न होती। किसी को क्रोध, भय, ईर्ष्या, घृणा, आनन्द आदि करते देख लोग, उस पर श्रद्धा नहीं कर बैठते। क्रिया में तत्पर करने वाली प्राणियों की आदि अन्तःकरण वृत्ति मन या मनोवेग है। अतः इन मनोवेगों में जो श्रद्धा का विषय हो वही सात्त्विकता का आदि संस्थापक ठहरा। दूसरी बात यह भी ध्यान देने की है कि मनुष्य के आचरण के प्रवर्तक भाव या मनोविकार ही होते हैं, बुद्धि नहीं। बुद्धि दो वस्तुओं के रूपों को अलग-अलग दिखला देगी, यह मनुष्य के मन के वेग या प्रवृत्ति पर है कि वह उनमें से किसी एक को चुनकर कार्य में प्रवृत्त हो। यदि विचार कर देखा जाय तो स्मृति, अनुमान बुद्धि आदि अन्तःकरण की सारी वृत्तियाँ केवल मनोवेगों की सहायक हैं, वे भावों या मनोवेगों के लिए उपयुक्त विषय मात्र ढूँढ़ती हैं। मनुष्य की प्रवृत्ति पर भाव को और भावना को तीव्र करने वाले कवियों का प्रभाव प्रकट ही है।

प्रिय के वियोग से जो दुःख होता है उसमें कभी-कभी दया या करुणा का भी कुछ अंश मिला रहता है। ऊपर कहा जा चुका है कि करुणा का विषय दूसरे का दुःख है। अतः प्रिय के वियोग में इस विषय की भावना किस प्रकार होती है, यह देखना है। प्रत्यक्ष निश्चय कराता है और परोक्ष अनिश्चय

में डालता है। प्रिय व्यक्ति के सामने रहने से उसके सुख का जो निश्चय होता रहता है, वह उसके दूर होने से अनिश्चय में परिवर्तित हो जाता है। अतः प्रिय के वियोग पर उत्पन्न करुणा का विषय प्रिय के सुख का निश्चय है। जो करुणा हमें साधारणजनों के वास्तविक दुःख के परिज्ञान से होती है, वही करुणा हमें प्रियजनों के सुख के अनिश्चय मात्र से होती है। साधारण जनों का तो हमें दुःख असह्य होता है, पर प्रियजनों के सुख का अनिश्चय ही। अनिश्चय बात पर सुखी या दुखी होना ज्ञानवादियों के निकट अज्ञान है, इसी से इस प्रकार के दुःख या करुणा को किसी-किसी प्रांतिक भाषा में 'मोह' भी कहते हैं। सारांश यह कि प्रिय से वियोग-जनित दुःख में जो करुणा का अंश रहता है उसका विषय प्रिय के सुख का अनिश्चय है। राम-जानकी के वन चले जाने पर कौशल्या उनके सुख के अनिश्चय पर इस प्रकार दुखी होती हैं—

बन को निकरि गये दोउ भाई।
सावन गरजै, भादो बरसै, पवन चले पुरवाई।
कौन बिरिछ तर भीजत ह्वै हैं राम लखन दोउ भाई। *(—गीतावली)*

प्रेमी को यह विश्वास कभी नहीं होता कि उसके प्रिय के सुख का ध्यान जितना वह रखता है उतना संसार में और भी कोई रख सकता है। श्रीकृष्ण गोकुल से मथुरा चले गये जहाँ सब प्रकार का सुख-वैभव था; पर यशोदा इसी सोच में मरती रहीं कि—

प्रात समय उठि माखन रोटी को बिन माँगे दैहै ?
को मेरे बालक कुँवर कान्ह को छिन-छिन आगे लैहै ?

और उद्धव से कहती हैं—

सँदेसो देवकी सों कहियो।
हौं तो धाय, तिहारे सुत की कृपा करत ही रहियो॥
उबटन, तेल और तातो जल देखत ही भजि जाते।
जोइ जोइ माँगत सोइ सोइ देती क्रम-क्रम करि कै न्हाते॥
तुम तो टेब जानतिहि ह्वै हौ तऊ मोहि कहि आवै।
प्रात उठत मेरे लाल लड़ैतनि माखन रोटी भावै॥
अब यह सूर मोहि निसि बासर बड़ी रहत जिय सोच।
अब मेरे अलकलड़ैते लालन ह्वै है करत सँकोच॥

वियोग की दशा में गहरे प्रेमियों को प्रिय के सुख का अनिश्चय ही नहीं, कभी-कभी घोर अनिष्ट की आशंका तक होती है; जैसे एक पति-वियोगिनी सन्देह करती है—

नदी किनारे धुआँ उठत है, मैं जानूँ कुछ होय।
जिसके कारण मैं जली, वही न जलता होय॥

शुद्ध वियोग का दुःख केवल प्रिय के अलग हो जाने की भावना से उत्पन्न क्षोभ या विषाद है जिसमें प्रिय के दुःख आदि की कोई भावना नहीं रहती।

जिस व्यक्ति से किसी की घनिष्ठता और प्रीति होती है वह उसके जीवन के बहुत से व्यापारों तथा मनोवृत्तियों का आधार होता है। उसके जीवन का बहुत सा अंश उसी के सम्बन्ध द्वारा व्यक्त होता है। मनुष्य अपने लिए संसार आप बनाता है। संसार तो कहने-सुनने के लिए है, वास्तव में किसी मनुष्य का संसार तो वे ही लोग हैं जिनसे उसका संसर्ग या व्यवहार है। अतः ऐसे लोगों में से किसी का दूर होना उसके संसार के एक प्रधान अंश का कट जाना या जीवन के एक अंश का खण्डित हो जाना है। किसी प्रिय या सुहृदय के चिरवियोग या मृत्यु के शोक के साथ करुणा या दया का भाव मिलकर चित्त को बहुत व्याकुल करता है। किसी के मरने पर उसके प्राणी उसके साथ किये हुए अन्याय या कुव्यवहार तथा उसकी इच्छा-पूर्ति करने में अपनी त्रुटियों का स्मरण कर और यह सोचकर कि उसकी आत्मा को सन्तुष्ट करने की भावना सब दिन के लिए जाती रही, बहुत अधीर और विकल होते हैं।

सामाजिक जीवन की स्थिति और पुष्टि के लिए करुणा का प्रसार आवश्यक है। समाजशास्त्र के पश्चिमी ग्रन्थकार कहा करें कि समाज में एक-दूसरे की सहायता अपनी-अपनी रक्षा के विचार से की जाती है; यदि ध्यान से देखा जाय तो कर्म-क्षेत्र में परस्पर सहायता की सच्ची उत्तेजना देने वाली किसी-न-किसी रूप में करुणा ही दिखाई देगी। मेरा यह कहना नहीं कि परस्पर की सहायता का परिणाम प्रत्येक का कल्याण नहीं है। मेरे कहने का अभिप्राय है कि संसार में एक-दूसरे की सहायता विवेचना द्वारा निश्चित इस प्रकार के दूरस्थ परिणाम पर दृष्टि रखकर नहीं की जाती बल्कि मन को स्वतः प्रवृत्त करने वाली प्रेरणा से की जाती है। दूसरे की सहायता करने से अपनी रक्षा की भी सम्भावना है, इस बात या उद्देश्य का ध्यान प्रत्येक, विशेषकर सच्चे सहायक को तो नहीं रहता। ऐसे विस्तृत उद्देश्यों का ध्यान तो विश्वात्मा स्वयं रखती है; वह उसे प्राणियों की बुद्धि ऐसी चंचल और मुंडे-मुंडे भिन्न वस्तु के

भरोसे नहीं छोड़ती। किस युग में और किस प्रकार मनुष्यों ने समाज-रक्षा के लिए एक-दूसरे की सहायता करने की गोष्ठी की होगी, यह समाजशास्त्र के बहुत से वक्ता लोग ही जानते होंगे। यदि परस्पर सहायता की प्रवृत्ति पुरखों की उस पुरानी पंचायत ही के कारण होती और यदि उसका उद्देश्य वहीं तक होता जहाँ तक समाजशास्त्र के वक्ता बतलाते हैं, तो हमारी दया मोटे, मुस्टंडे और समर्थ लोगों पर जितनी होती उतनी दीन, अशक्त और अपाहिज लोगों पर नहीं, जिनसे समाज को उतना लाभ नहीं। पर इसका बिल्कुल उल्टा देखने में आता है। दुखी व्यक्ति जितना ही असहाय और असमर्थ होगा उतनी ही अधिक उसके प्रति हमारी करुणा होगी। एक अनाथ अबला को मार खाते देख हमें जितनी करुणा होगी उतनी एक सिपाही या पहलवान को पिटते देख नहीं। इससे स्पष्ट है कि परस्पर साहाय्य के जो व्यापक उद्देश्य हैं उनको धारण करने वाला मनुष्य का छोटा-सा अन्तःकरण नहीं, विश्वात्मा है।

दूसरों के, विशेषतया अपने परिचितों के, थोड़े क्लेश या शोक पर जो वेगरहित दुःख होता है, उसे सहानुभूति कहते हैं। शिष्टाचार में इस शब्द का प्रयोग इतना अधिक होने लगा है कि यह निकम्मा-सा हो गया है। अब प्रायः इस शब्द से हृदय का कोई सच्चा भाव नहीं समझा जाता है। सहानुभूति के तार, सहानुभूति की चिट्ठियाँ लोग यों ही भेजा करते हैं। यह छद्म-शिष्टता मनुष्य के व्यवहार-क्षेत्र से सच्चाई के अंश को क्रमशः चरती जा रही है।

करुणा अपने बीज अपने आलम्बन या पात्र में नहीं फेंकती है, अर्थात् जिस पर करुणा की जाती है वह बदले में करुणा करने वाले पर भी करुणा नहीं करता—जैसा कि क्रोध और प्रेम में होता है—बल्कि कृतज्ञ होता अथवा श्रद्धा या प्रीति करता है। बहुत सी औपन्यासिक कथाओं में यह बात दिखाई गयी है कि युवतियाँ दुष्टों के हाथ से अपना उद्धार करने वाले युवकों के प्रेम में फँस गयी हैं। कोमल भावों की योजना में दक्ष बंगला के उपन्यास-लेखक करुणा और प्रीति के मेल से बड़े ही प्रभावोत्पादक दृश्य उपस्थित करते हैं।

मनुष्य के प्रत्यक्ष ज्ञान में देश और काल की परिमिति अत्यन्त संकुचित होती है। मनुष्य जिस वस्तु को जिस समय और जिस स्थान पर देखता है उसकी उसी समय और उसी स्थान की अवस्था का अनुभव उसे होता है। पर स्मृति, अनुमान या दूसरों से प्राप्त ज्ञान के सहारे मनुष्य का ज्ञान इस परिमिति को लाँघता हुआ अपना देशकाल-सम्बन्धी विस्तार बढ़ाता है। प्रस्तुत विषय के सम्बन्ध में उपयुक्त भाव प्राप्त करने के लिए यह विस्तार कभी-कभी

आवश्यक होता है। मनोविकारों की उपयुक्तता कभी-कभी इस विस्तार पर निर्भर रहती है। किसी मार खाते हुए अपराधी के विलाप पर हमें दया आती है, पर जब हम सुनते हैं कि कई बार वह बड़े-बड़े अपराध कर चुका है, इससे आगे भी ऐसे ही अत्याचार करेगा, तो हमें अपनी दया की अनुपयुक्तता मालूम हो जाती है। ऊपर कहा जा चुका है कि स्मृति और अनुमान आदि भावों या मनोविकारों के केवल सहायक हैं अर्थात् प्रकारान्तर से वे उनके लिए विषय उपस्थित करते हैं। वे कभी तो आप से आप विषयों को मन के सामने लाते हैं, कभी किसी विषय के सामने आने पर उससे सम्बन्ध (पूर्वापर व कार्य-कारण-सम्बन्ध) रखने वाले और बहुत से विषय उपस्थित करते हैं जो कभी तो सब के सब एक ही भाव के विषय होते हैं और उस प्रत्यक्ष विषय से उत्पन्न भाव को तीव्र करते हैं; कभी भिन्न-भिन्न भावों के विषय से उत्पन्न भावों को परिवर्तित या धीमा करते हैं। इससे यह स्पष्ट है कि मनोवेग या भावों को मन्द या दूर करने वाली, स्मृति, अनुमान या बुद्धि आदि कोई दूसरी अन्तःकरण-वृत्ति नहीं है, मन का दूसरा भाव या वेग ही है।

मनुष्य की सजीवता मनोवेग या प्रवृत्ति में, भावों की तत्परता में है। नीतिज्ञों और धार्मिकों का मनोविकारों को दूर करने का उपदेश घोर पाखण्ड है। इस विषय में कवियों का प्रयत्न सच्चा है जो मनोविकारों पर सान ही नहीं चढ़ाते बल्कि उन्हें परिमार्जित करते हुए सृष्टि के पदार्थों के साथ उनके उपयुक्त सम्बन्ध-निर्वाह पर जोर देते हैं। यदि मनोवेग न हो तो स्मृति, अनुमान बुद्धि आदि के रहते भी मनुष्य बिल्कुल जड़ है। प्रचलित सभ्यता और जीवन की कठिनता से मनुष्य अपने इन मनोवेगों के मारने और अशक्त करने पर विवश होता जाता है और इस प्रकार उसके जीवन का स्वाद निकलता जाता है। वन, नदी, पर्वत आदि को देख आनन्दित होने के लिए अब उसके हृदय में उतनी जगह नहीं। दुराचार पर उसे क्रोध या घृणा होती है। पर झूठे शिष्टाचार के अनुसार उसे दुराचारी की मुँह पर प्रशंसा करनी पड़ती है। जीवन-निर्वाह की कठिनता से उत्पन्न स्वार्थ की शुष्क प्रेरणा के कारण उसे दूसरे के दुःख की ओर ध्यान देने, उस पर दया करने और उसके दुःख की निवृत्ति का सुख प्राप्त करने की फुर्सत नहीं। इस प्रकार मनुष्य हृदय को दबाकर केवल क्रूर आवश्यकता और कृत्रिम नियमों के अनुसार ही चलने पर विवश और कठपुतली-सा जड़ होता जाता है। उसकी भावुकता का नाश होता जाता है। पाखण्डी लोग मनोवेगों का सच्चा निर्वाह न देख, हताश हो मुँह

बनाकर कहने लगे हैं—"करुणा छोड़ो, प्रेम छोड़ो आनन्द छोड़ो। बस, हाथ-पैर हिलाओ, काम करो।"

यह ठीक है कि मनोवेग उत्पन्न होना और बात है और मनोवेग के अनुसार व्यवहार करना और बात; पर अनुसारी परिणाम के निरन्तर अभाव से मनोवेगों का अभ्यास भी घटने लगता है। यदि कोई मनुष्य आवश्यकतावश कोई निष्ठुर कार्य अपने ऊपर ले ले तो पहले दो-चार बार उसे दया उत्पन्न होगी; पर जब बार-बार दया की प्रेरणा के अनुसार कोई परिणाम वह उपस्थित न कर सकेगा तब धीरे-धीरे उसका दया का अभ्यास कम होने लगेगा यहाँ तक कि उसकी दया की वृत्ति ही मारी जायेगी।

बहुत से ऐसे अवसर आ पड़ते हैं जिनमें करुणा आदि मनोवेगों के अनुसार काम नहीं किया जा सकता। पर ऐसे अवसरों की संख्या का बहुत बढ़ना ठीक नहीं है। जीवन में मनोवेगों के अनुसार परिणामों का विरोध प्रायः तीन वस्तुओं से होता है—

1. आवश्यकता, 2. नियम और 3. न्याय।

हमारा कोई नौकर बहुत बुड्ढा और कार्य करने में अशक्त हो गया है जिससे हमारे काम में हर्ज होता है। हमें उसकी अवस्था पर दया तो आती है पर आवश्यकता के अनुरोध से उसे अलग करना पड़ता है। किसी दुष्ट अफसर के कुवाक्य पर क्रोध तो आता है पर मातहत लोग आवश्यकता के वश उस क्रोध के अनुसार कार्य करने की कौन कहे, उसका चिह्न तक नहीं प्रकट होने देते। यदि कहीं पर यह नियम है कि इतना रुपया देकर लोग कोई कार्य करने पायें तो जो व्यक्ति रुपया वसूल करने पर नियुक्त होगा वह किसी ऐसे दीन अकिंचन को देख जिसके पास एक पैसा भी न होगा, दया तो करेगा पर नियम के वशीभूत हो उसे वह उस कार्य के करने से रोकेगा। राजा हरिश्चन्द्र ने अपनी रानी शैव्या से अपने ही मृत पुत्र के कफन का टुकड़ा फड़वा नियम का अद्भुत पालन किया था। पर यह समझ रखना चाहिए कि यदि शैव्या के स्थान पर कोई दूसरी स्त्री होती तो राजा हरिश्चन्द्र के उस नियम-पालन का उतना महत्त्व न दिखाई पड़ता; करुणा ही लोगों की श्रद्धा को अपनी ओर अधिक खींचती है। करुणा का विषय दूसरे का दुःख है, अपना दुःख नहीं। आत्मीय जनों का दुःख एक प्रकार से अपना ही दुःख है। इससे राजा हरिश्चन्द्र के नियम-पालन का जितना स्वार्थ से विरोध था उतना करुणा से नहीं।

न्याय और करुणा का विरोध प्रायः सुनने में आता है। न्याय से ठीक प्रतिकार का भाव समझा जाता है। यदि किसी ने हमसे 1000 रु. उधार लिए तो न्याय यह है कि वह हमें 1000 रु. लौटा दे। यदि किसी ने कोई अपराध किया तो न्याय यह है कि उसको दण्ड मिले। यदि 1000 रु. लेने के उपरान्त उस व्यक्ति पर कोई आपत्ति पड़ी और उसकी दशा अत्यन्त शोचनीय हो गयी तो न्याय पालने के विचार का विरोध करुणा कर सकती है। इसी प्रकार यदि अपराधी मनुष्य बहुत रोता, गिड़गिड़ाता और कान पकड़ता है तथा पूर्ण दण्ड की अवस्था में अपने परिवार की घोर दुर्दशा का वर्णन करता है, तो न्याय के पूर्ण निर्वाह का विरोध करुणा कर सकती है। ऐसी अवस्थाओं में करुणा करने का सारा अधिकार विपक्षी अर्थात् जिसका रुपया चाहिए या जिसका अपराध किया गया है, उसको है, न्यायकर्ता या तीसरे व्यक्ति को नहीं। जिसने अपनी कमाई के 1000 रु. अलग किये या अपराध द्वारा जो क्षति-ग्रस्त हुआ विश्वात्मा उसी के हाथ में करुणा ऐसी उच्च सद्वृत्ति के पालन का शुभ अवसर देती है। करुणा सेंत का सौदा नहीं है। यदि न्यायकर्ता को करुणा है तो वह उसकी शान्ति पृथक् रूप से कर सकता है, जैसे ऊपर लिखे मामले में वह चाहे तो दुखिया ऋणी को हजार-पाँच सौ अपने पास से दे दे या दण्डित व्यक्ति तथा उसके परिवार की और प्रकार से सहायता कर दे। उसके लिए भी करुणा का द्वार खुला है।

लोभ और प्रीति

जिस प्रकार का सुख या आनन्द देने वाली वस्तु के सम्बन्ध में मन की ऐसी स्थिति को जिसमें उस वस्तु के अभाव की भावना होते ही प्राप्ति, सान्निध्य या रक्षा की प्रबल इच्छा जग पड़े, लोभ कहते हैं। दूसरे की वस्तु का लोभ करके उसे लोग लेना चाहते हैं, अपनी वस्तु का लोभ करके उसे लोग देना या नष्ट होने देना नहीं चाहते। प्राप्य या प्राप्त सुख के अभाव या अभाव-कल्पना के बिना लोभ की अभिव्यक्ति नहीं होती। अतः इसके सुखात्मक और दुःखात्मक दोनों पक्ष हैं। जब लोभ अप्रांप्य के लिए होता है तब तो दुःख स्पष्ट ही रहता है। प्राप्य के सम्बन्ध में दुःख का अंग निहित रहता है और अभाव के निश्चय या आशंका मात्र पर व्यक्त हो जाता है। कोई सुखद वस्तु पास में रहने पर भी मन में इस इच्छा का बीज रहता है कि उसका अभाव न हो। पर अभाव का जब तक ध्यान नहीं होता तब तक इस वासना का कहीं पता नहीं रहता। हम बैठे-बैठे किसी वस्तु का आनन्द ले रहे हैं। उस आनन्द के अभाव से जो दुःख होगा उसका कुछ भी ध्यान हमारे मन में नहीं है। इसी बीच में कोई आकर उस वस्तु को ले जाना चाहता है; तब हम उससे कुछ व्यग्र होकर कहते हैं 'अभी रहने दो।' इसके पहले कोरे आनन्द के अभाव में इच्छा का कहीं पता न था कि वह वस्तु हटाई न जाय।

विशिष्ट वस्तु या व्यक्ति के प्रति होने पर लोभ वह सात्त्विक रूप प्राप्त करता है, जिसे प्रीति या प्रेम कहते हैं। जहाँ लोभ सामान्य या जाति के प्रति होता है वहाँ वह लोभ ही रहता है, जहाँ पर किसी जाति के एक ही विशेष व्यक्ति के प्रति होता है वहाँ 'रुचि' या 'प्रीति' का पद प्राप्त करता है। लोभ सामान्योन्मुख होता है और प्रेम विशेषोन्मुख। कहीं कोई अच्छी चीज़ सुनकर दौड़ पड़ना लोभ है। किसी विशेष वस्तु पर इस प्रकार मुग्ध रहना कि उससे कितनी अच्छी-अच्छी वस्तुओं के सामने आने पर भी उस विशेष वस्तु से प्रकृति

न हटे, रुचि या प्रेम है। किसी स्त्री या पुरुष के रूप की प्रशंसा सुनते ही पहला भाव लोभ का होगा। किसी को हमने बहुत सुन्दर देखा और लुभा गये, उसके पीछे दूसरे को उससे भी सुन्दर देखा तो उस पर लुभा गये। जब तक प्रवृत्ति का यह व्यभिचार रहेगा, तब तक हम रूप-लोभी ही माने जायेंगे। जब हमारा लोभ किसी एक ही व्यक्ति पर स्थिर हो जायगा, हमारी वृत्ति एकनिष्ठ हो जायगी, तब हम प्रेमी कहे जाने के अधिकारी होंगे, पर साधारणतः मन की ललक यदि वस्तु के प्रति है तो जो लोभ और किसी प्राणी या मनुष्य के प्रति होती है वह प्रीति कहलाती है।

लोभ का प्रथम संवेदनात्मक अवयव है किसी वस्तु का बहुत अच्छा लगना, उससे बहुत सुख या आनन्द का अनुभव होना। अतः वह आनन्दस्वरूप है। इसी से किसी अच्छी वस्तु को देखकर लुभा जाना कहा जाता है। पर केवल इस अवस्था में लोभ की पूरी अभिव्यक्ति नहीं होती। कोई वस्तु हमें बहुत अच्छी लगी, किसी वस्तु से हमें बहुत सुख या आनन्द मिला, इतने ही पर दुनिया में यह नहीं कहा जाता कि हमने लोभ किया। जब संवेदनात्मक अवयव के साथ इच्छात्मक अवयव का संयोग होगा अर्थात् जब उस वस्तु को प्राप्त करने की, दूर न करने की, नष्ट न होने देने की इच्छा प्रकट होगी तभी हमारा लोभ लोगों पर खुलेगा। इच्छा लोभ या प्रीति का ऐसा आवश्यक अंग है कि यदि किसी को कोई बहुत अच्छा और प्रिय लगता है तो लोग कहते हैं कि 'वह उसे चाहता है'।

भूखे रहने पर सबको पेड़ा अच्छा लगता है, पर चौबे जी पेट भर भोजन के ऊपर भी पेड़े पर हाथ फेरते हैं। अतः हम कह सकते हैं कि चौबे जी को मिष्टान्न में अधिक रुचि है। यह अभिरुचि भी लोभ की चेष्टाएँ उत्पन्न करती है। इन्द्रियों के विषय-भेद से अभिरुचि के विषय भी भिन्न-भिन्न हो सकते हैं। कमल का फूल और रमणी का सुन्दर मुख अच्छा लगता है। वीणा की तान और अपनी तारीफ अच्छी लगती है, जूही और केसर की गन्ध अच्छी लगती है, रबड़ी और मालपुआ अच्छा लगता है, मुलायम गद्दा अच्छा लगता है। ये सब वस्तुएँ तो आपको आनन्द देती हैं, इससे इनकी प्राप्ति की इच्छा बहुत सीधी-सादी और स्वाभाविक कही जा सकती है। पर जिससे इन सब वस्तुओं की प्राप्ति सुलभ होती है उसमें चाहे आनन्द देने वाली स्वतः कोई बात न हो, पर उसकी प्राप्ति की इच्छा होती है। उसका लोभ होता है। रुपये के रूप, रस, गन्ध आदि में कोई आकर्षण नहीं होता, पर जिस वेग से

मनुष्य उस पर टूटते हैं उस वेग से भौंरे कमल पर और कौए मांस पर भी न टूटते होंगे। यहाँ तक कि 'लोभी' शब्द से साधारणतः रुपये-पैसे का लोभी, धन का लोभी समझा जाता है। एक धातुखण्ड के गर्भ में कितने प्रकार के सुख और आनन्द मनुष्य समझता है। पर यह समझ इतनी पुरानी पड़ गयी है कि इसकी ओर हमारा ध्यान अब प्रायः नहीं रहता। धन संचय करने में बहुतों का लक्ष्य धन ही रहता है, उससे प्राप्य सुख नहीं। वे बड़े से बड़े सुख के बदले में या कठिन से कठिन कष्ट निवारण के लिए थोड़ा-सा धन अलग करना नहीं चाहते। उनके लिए साधन ही साध्य हो जाता है।

स्थिति भेद से प्रिय या अच्छी लगने वाली वस्तु के सम्बन्ध में इच्छा दो प्रकार की होती है–

1. प्राप्ति या सान्निध्य की इच्छा।
2. दूर न करने या नष्ट न होने देने की इच्छा।

प्राप्ति या सान्निध्य की इच्छा भी दो प्रकार की हो सकती है–

1. इतने सम्पर्क की इच्छा जितनी और किसी का न हो।
2. इतने सम्पर्क की इच्छा जितनी सब कोई या बहुत से लोग एक साथ रख सकते हों।

इसमें से प्रथम प्रतिषेधात्मक होने के कारण प्रायः विरोधग्रस्त होती है, इससे उस पर समाज का ध्यान अधिक रहता है। कोई वस्तु हमें अच्छी लगती है, लगा करे, दूसरों को इससे क्या? पर जब हम उस वस्तु की ओर हाथ बढ़ाएँगे या औरों को उसकी ओर हाथ बढ़ाने न देंगे तब बहुत से लोगों का ध्यान हमारे इस कृत्य पर जायगा, जिनमें से कुछ हाथ थामने वाले और मुँह लटकाने वाले भी निकल सकते हैं। हमारे लोभ की शिकायत ऐसे ही लोग अधिक करते पाये जायेंगे। दूसरों के लोभ की निन्दा जैसी अच्छी लोभी कर सकते हैं वैसी और लोग नहीं। माँगने पर न पाने वाले और न देने वाले दोनों इसमें प्रवृत्त होते हैं। एक कहता है 'वह बड़ा लोभी है, देता नहीं' दूसरा कहता है 'वह बड़ा लोभी है, बराबर माँगा करता है'। रहीम दोनों को लोभी, दोनों को बुरा कहते हैं–

रहिमन वे नर मर चुके जे कहुँ माँगन जाहिं–
उनते पहले वे मुए जिन मुख निकसत 'नाहिं'॥

ऐसा उस समय होता है जब एक ही वस्तु के सम्बन्ध में एक ओर तो प्राप्त करने और दूसरी ओर दूर न करने की इच्छा बिम्ब-प्रतिबिम्ब रूप से दो

व्यक्तियों में होती है। इसके अतिरिक्त एक ही वस्तु को प्राप्त करने की इच्छा यदि संयोग से कई प्राणियों के चित्त में हुई तो भी विरोध का पूरा विधान होता है। सारांश यह कि दोनों अवस्थाओं में लोभ का लक्ष्य एक होने पर लोभी एक-दूसरे को बहुत व्याकुल करते हैं।

प्राप्ति की प्रतिषेधात्मक इच्छा की सदोषता और निर्दोषता लोभ के विषय पर निर्भर रहती है। लोभ के विषय दो प्रकार के होते हैं—सामान्य और विशेष। अच्छा खाना, अच्छा कपड़ा, अच्छा घर तथा धन, जिससे ये सब वस्तुएँ सुलभ होती हैं, सबको भाता है, सबको उसकी प्राप्ति की आकांक्षा है। ये लोभ के सामान्य विषय हुए जिन पर प्रायः मनुष्य मात्र का लक्ष्य रहता है, अतः इनके प्रति जो लोभ होता है उस पर बहुत लोगों का ध्यान जाता है। पर यदि किसी को गुलाब जामुन या विशेष बूटी की छींट बहुत अच्छी लगे और वह उसे प्राप्त करना या न देना चाहे तो उसके इस लोभ पर बहुत कम लोगों का ध्यान जायगा और जिसका ध्यान जायगा भी उन्हें वह खटकेगा नहीं। ऐसे लोभ को वे रुचि कहेंगे। सबको जिसकी हाय-हाय होती है, सब जिसको पाना या रखना चाहते हैं, वह बहुत से लोगों को एक मैदान में लाकर खड़ा किया करता है जहाँ एक-दूसरे की गतिविधि का निरीक्षण और अवरोध बड़ी कड़ी नज़र और पूरी मुस्तैदी से होता है।

यदि मनुष्य समाज में सबके लोभ के लक्ष्य भिन्न-भिन्न होते तो लोभ को बुरा कहनेवाले कहीं न मिलते। यदि एक साथ रहने वाले दस आदमियों में से कोई गाय बहुत चाहता, कोई घोड़ा, कोई कपड़ा, कोई ईंट, कोई पत्थर, कोई सोना, कोई चाँदी, कोई ताँबा; और इन वस्तुओं में से किसी को शेष सब वस्तुओं को प्राप्त कराने की कृत्रिम शक्ति न दी जाती, तो एक के लोभ से दूसरे को कोई कष्ट न पहुँचता और दूसरी बात यह होती कि लोभ का एक बुरा लक्षण जो असन्तोष है, उसकी भी एक सीमा हो जाती—कोई कितनी गायें रखता, कितने घोड़े बाँधता, कहाँ तक सोना-चाँदी इकट्ठा करता। पर विनिमय की कठिनता दूर करने के लिए मनुष्यों ने कुछ धातुओं में सब आवश्यक वस्तुएँ प्राप्त कराने का कृत्रिम गुण आरोपित किया जिसमें मनुष्य मात्र की सांसारिक इच्छा और प्रयत्न का लक्ष्य एक हो गया, सबकी टकटकी टके की ओर लग गयी।

लक्ष्य की इस एकता से समाज में एक-दूसरे की आँखों में खटकने वाले की वृद्धि हुई। जब एक ही को चाहने वाले बहुत से हो गये तब एक ही

चाह को दूसरे कहाँ तक पसन्द करते हैं? लक्ष्मी की मूर्ति, धातुमयी हो गयी, उपासक सब पत्थर के हो गये, धीरे-धीरे यह दशा आयी कि जो बातें पारस्परिक प्रेम की दृष्टि से, धर्म की दृष्टि से की जाती थीं, वे भी रुपये-पैसे की दृष्टि से होने लगीं। आजकल तो बहुत सी बातें धातु के ठीकरों पर ठहरा दी गयी हैं। पैसे से राज-सम्मान की प्राप्ति, विद्या की प्राप्ति और न्याय की प्राप्ति होती है, जिसके पास कुछ रुपया है, बड़े-बड़े विद्यालयों में अपने लड़कों को भेज सकते हैं, न्यायालयों में फीस देकर अपने मुकदमे दाखिल कर सकते हैं, और महँगे वकील-बैरिस्टर करके बढ़िया खासा निर्णय करा सकते हैं। अत्यन्त भीरु और कायर होकर बहादुर कहला सकते हैं, राजधर्म; आचार्यधर्म, वीरधर्म सब पर सोने का पानी फिर गया, सब टकाधर्म हो गये। धन की पैठ मनुष्य के सब कार्य-क्षेत्रों में करा देने से उसके प्रभाव को इतना विस्तृत कर देने से, ब्राह्मणधर्म और क्षात्र धर्म का लोप हो गया; केवल वणिग्धर्म रह गया।

व्यापारनीति राजनीति का प्रधान अंग हो गयी। बड़े-बड़े राज्य माल की बिक्री के लिए लड़ने वाले सौदागर हो गये। जिस समय क्षात्र-धर्म की प्रतिष्ठा थी, एक राज्य दूसरे राज्य पर कभी-कभी विजय-कीर्ति की कामना से डंके की चोट पर चढ़ाई करता था। अब सदा एक-दूसरे देशों का चुपचाप दबे पाँव धन हरण करने की ताक में लगा रहता है। इसी से भिन्न-भिन्न राज्यों की परस्पर सम्बन्ध-समस्या इतनी जटिल हो गयी है। कोई-कोई देश लोभवश इतना अधिक माल तैयार करते हैं कि उसे किसी देश के गले मढ़ने की फिक्र में दिन-रात मरते रहते हैं। जब तक यह व्यापारोन्माद दूर न होगा तब तक इस पृथ्वी पर सुख-शान्ति न होगी। दूर वह अवश्य होगा। क्षात्रधर्म की संसार में एक बार फिर प्रतिष्ठा होगी, चोरी का बदला डकैती से लिया जायगा।

सामान्य-विषयगत प्रतिषेधात्मक लोभ में भी लोभदृष्टि जितनी ही संकुचित होती है, उसके भीतर जितनी ही कम वस्तुएँ आती हैं, उतना ही उसका दोष कम होता है। अच्छे भोजन की सबको चाह होती है। अतः उसे बहुत चाहने वाला लोभी कहला सकता है, पर अच्छे भोजनों में से यदि किसी को मिठाई की चाह अधिक रहे, तो उसका दोष कम और मिठाइयों में से यदि केवल गुलाबजामुन की अधिक चाह रहे तो और कम क्या कुछ भी न समझा जायगा। इसी प्रकार जहाँ एक ही वस्तु बहुत प्रकार की रखी हुई है वहाँ भी यदि कोई एक किसी को बहुत पसन्द आ जाय और वह उसे लेना चाहे तो उसकी गिनती लोभियों में न होगी। विश्वामित्र को वशिष्ठ की गाय बहुत पसन्द

आयी और वे उसके बदले में बहुत सी गायें देने के लिए तैयार हो गये पर वशिष्ठ ने अपनी गाय नहीं दी। इसके लिए लड़-भिड़कर भी न वशिष्ठ लोभी कहलाये, न विश्वामित्र। इसी प्रकार एक नवाब साहब को बाबू हरिश्चन्द्र का एक अलबम बहुत पसन्द आया था। ये लोभ के विशेष विषय के उदाहरण हैं। इसके प्रति जो लोभ होता है उसके अवसर इतने कम होते हैं कि उनके स्वभाव या अधिक अभ्यास का अनुमान नहीं किया जा सकता। पर किसी की अच्छी चीज़ देखते ही जिसके मुँह में पानी आ जाता है, बराबर खरी-खोटी सुना करते हैं। एक लोभ से दूसरे लोभ का निवारण भी होता है जिससे लोभी में अन्य वस्तुओं के त्याग का साहस आता है। विशेष विषयगत लोभ यदि बहुत प्रबल और सच्चा हुआ तो लोभी के त्याग का विस्तार बहुत बड़ा होता है। लोभ तो उसे एक विशेष और निर्दिष्ट वस्तु से है, अतः उसके अतिरिक्त अन्य अनेक वस्तुओं का त्याग वह उसके लिए कर सकता है। विश्वामित्र एक गाय के लिए अपना सारा राजपाट देने को तैयार हो गये थे। अन्य का त्याग अनन्य और सच्चे लोभ की पहचान है।

यहाँ तक तो प्राप्ति की प्रतिषेधात्मक इच्छा वाले लोभ की बात हुई जिसका प्रायः विरोध होता है। अब प्राप्ति की उस इच्छा का विचार करता हूँ जिसे एक ही वस्तु के सम्बन्ध में बहुत से लोग बिना किसी विरोध के रख सकते हैं, जिस लोभ से दूसरे को कोई बाधा या कष्ट पहुँचता है उसी को पहले एक—प्रायः जिसे बाधा या कष्ट होता है—बुरा कहता है, फिर दूसरा, फिर तीसरा, इस प्रकार बहुत से बुरा कहने वाले हो जाते हैं। सारांश यह कि जो लोग दूसरे की सुख शान्ति या स्वच्छन्दता के बाधक होते हैं, अधिकतर वही निंद्य समझे जाते हैं। उपवन की शोभा सबको लुभाती है। यदि कोई नित्य किसी के बगीचे में जाकर टहला करे तो उसका क्या जाता है? यदि इस किसी वस्तु पर लुभाकर उससे उतना ही सम्पर्क रखना चाहते हैं जितना सब लोग एक साथ रख सकते हैं, तो हमारा लोभ किसी की आँखों में नहीं खटक सकता। बगीचे को आँख से एक साथ बहुत लोग देख सकते हैं, पर उसमें के फल नहीं खा सकते। जहाँ देखने का दाम लगता है या कुछ आदमियों का देखना बिना बन्द किये देखा नहीं जा सकता, वहाँ दृष्टि-सम्पर्क की इच्छा भी मुश्किल में डाल देती है। पर जहाँ एक की इच्छा दूसरे की इच्छा का बाधक न होकर साधक होती है, वहाँ एक ही वस्तु का लोभ रखने वाले बहुत से लोग बड़े सद्भाव के साथ रहते हैं। लुटेरे या डाकू इसी प्रकार दल-बद्ध होकर काम करते हैं।

किसी को कोई स्थान बहुत प्रिय हो जाता है और वह हानि और कष्ट उठाकर भी वहाँ से नहीं जाना चाहता। हम कह सकते हैं कि उसे उस स्थान का पूरा लोभ है। जन्म-भूमि का प्रेम, स्वदेशप्रेम यदि वास्तव में अन्तःकरण का कोई भाव है तो स्थान के लोभ के अतिरिक्त और कुछ नहीं है। इस लोभ के लक्षणों से शून्य देशप्रेम कोरी बकवाद या फैशन के लिए गढ़ा हुआ शब्द है। यदि किसी को अपने देश से प्रेम है तो उसे अपने देश के मनुष्य, पशु पक्षी, लता, गुल्म, पेड़, पत्ते, वन, पर्वत, नदी, निर्झर सबसे प्रेम होगा, सबको वह चाहभरी दृष्टि से देखेगा, सबकी सुध करके वह विदेश में आँसू बहायेगा। जो यह भी नहीं जानते कि कोयल किस चिड़िया का नाम है, जो यह भी नहीं सुनते कि चातक कहाँ चिल्लाता है, जो आँख भर यह भी नहीं देखते कि आम प्रणय-सौरभपूर्ण मंजरियों से कैसे लदे हुए हैं; जो यह भी नहीं झाँकते कि किसानों के झोंपड़ों के भीतर क्या हो रहा है, वे यदि दस बने-ठने मित्रों के बीच प्रत्येक भारतवासी की औसत आमदनी का परता बताकर देशप्रेम का दावा करें तो उनसे पूछना चाहिए कि, "भाइयो! बिना परिचय का यह प्रेम कैसा? जिनके सुख-दुःख के तुम कभी साथी न हुए उन्हें तुम सुखी देखना चाहते हो, यह समझते नहीं बनता। उनसे कोसों दूर बैठे-बैठे, पड़े-पड़े या खड़े-खड़े, तुम विलायती बोली में अर्थशास्त्र की दुहाई दिया करो, पर प्रेम का नाम उसके साथ न घसीटो। प्रेम हिसाब-किताब की बात नहीं है। हिसाब-किताब करने वाले भाड़े पर भी मिल सकते हैं पर प्रेम करने वाले नहीं। हिसाब-किताब से देश की दशा का ज्ञान मात्र हो सकता है। हित-चिन्तन और हित-साधन की प्रवृत्ति इस ज्ञान से भिन्न है। वह मन के वेग पर निर्भर है, उसका सम्बन्ध लोभ या प्रेम से है जिसके बिना आवश्यक त्याग का उत्साह हो ही नहीं सकता। जिसे ब्रज की भूमि से प्रेम होगा वह इस प्रकार कहेगा–

> नैनन सों रसखान जबै ब्रज के बन बाग तड़ाग निहारौ।
> केतिक ये कलधौत के धाम करील के कुन्जन ऊपर बारौ॥

रसखान तो किसी की 'लकुटी अरु कामरिया' पर तीनों पुरों का राजसिंहासन तक त्यागने को तैयार थे, पर देशप्रेम की दुहाई देने वालों में से कितने अपने किसी थके-माँदे भाई के फटे-पुराने कपड़ों और धूल भरे पैरों पर रीझकर या कम-से-कम न खीझकर, बिना मन मैला किये कमरे की फर्श भी

मैली होने देंगे? मोटे आदमियो! तुम जरा-सा दुबले हो जाते–अपने अन्देशे से ही सही–तो न जाने कितनी ठठरियों पर मांस चढ़ जाता।

अब पूछिए कि जिनमें यह देशप्रेम नहीं है उनमें वह किसी प्रकार हो भी सकता है? हाँ, हो सकता है–परिचय से, सान्निध्य से। जिस प्रकार लोभ से सान्निध्य की इच्छा उत्पन्न होती है उसी प्रकार सान्निध्य से भी लोभ या प्रेम की प्रतिष्ठा होती है। जिनके बीच हम रहते हैं, जिन्हें हम बराबर आँखों से देखते हैं, जिनकी बातें हम बराबर सुनते रहते हैं, जिनका हमारा हर घड़ी का साथ हो जाता है; सारांश यह है कि जिनके सान्निध्य का हमें अभ्यास पड़ जाता है, उनके प्रति लोभ या राग हो जाता है। जिस स्थान पर कोई बहुत दिनों तक रह जाता है, उसे छोड़ते हुए दुःख होता है। पशु और बालक भी जिनके साथ अधिक रहते हैं उन्हें परच जाते हैं। यह 'परचना' परिचय से निकला है। परिचय प्रेम का प्रवर्तक है। बिना परिचय के प्रेम नहीं हो सकता। यदि देशप्रेम के लिए हृदय में जगह करनी है तो देश के स्वरूप से परिचित और अभ्यस्त हो जाओ। बाहर निकलो तो आँखें खोलकर देखो कि खेत कैसे लहलहा रहे हैं, नाले झाड़ियों के बीच से कैसे बह रहे हैं, टेसू के फूलों से वनस्थली कैसी लाल हो रही है; चौपायों के झुण्ड चरते हैं, चरवाहे तान लड़ा रहे हैं, अमराइयों के बीच में गाँव झाँक रहे हैं। उनमें घुसो, देखो क्या हो रहा है। जो मिलें उनसे दो-दो बातें करो; उनके साथ किसी पेड़ की छाया के नीचे घड़ी-आध-घड़ी बैठ जाओ और समझो कि ये सब हमारे हैं। इस प्रकार जब देश का रूप तुम्हारी आँखों में समा जायगा; तुम उसके अंगप्रत्यंग से परिचित हो जाओगे, तब तुम्हारे अन्तःकरण में इस इच्छा का उदय होगा कि वह हमसे कभी न छूटे; वह सदा हरा-भरा और फूला-फला रहे; उसके धन-धान्य की वृद्धि हो, उसके सब प्राणी सुखी रहें। यह तो वर्तमान प्रेमसूत्र हुआ। अतीत की ओर दृष्टि फैलाओ। राम, कृष्ण, भीम, अर्जुन, विक्रम, कालिदास, भवभूति इत्यादि का स्मरण करो जिससे यह सब नाम तुम्हारे हो जायें। इनके नाते भी यह भूमि और इस भूमि के निवासी तुम्हें प्रिय होंगे।

पर आजकल इस प्रकार का परिचय बाबुओं की लज्जा का एक विषय हो रहा है। वे देश के स्वरूप से अनजान रहने या बनने में अपनी बड़ी शान समझते हैं। मैं अपने एक लखनवी दोस्त के साथ साँची का स्तूप देखने गया। यह स्तूप एक बहुत सुन्दर छोटी-सी पहाड़ी के ऊपर है, नीचे एक छोटा-सा जंगल है जिसमें महुए के पेड़ भी बहुत से हैं। संयोग से उन दिनों पुरातत्त्व विभाग का

कैम्प पड़ा हुआ था। रात हो जाने से हम लोग उस दिन स्तूप नहीं देख सके। सवेरे देखने का विचार करके नीचे उतर रहे थे। वसन्त का समय था। महुए चारों ओर टपक रहे थे। मेरे मुँह से निकला—"महुओं की कैसी मीठी महक आ रही है।" इस पर लखनवी महाशय ने मुझे रोककर कहा, "यहाँ महुए-सहुए का नाम न लीजिए, लोग देहाती समझेंगे।" मैं चुप हो गया, समझ गया कि महुए का नाम जानने से बाबूपन में बड़ा भारी बट्टा लगता है।

आरम्भ में ही कहा जा चुका है कि प्रवृत्ति-भेद से प्रिय वस्तु के सम्बन्ध में इच्छा दो प्रकार की होती है—प्राप्ति या सान्निध्य की इच्छा तथा दूर न करने या कष्ट न होने देने की इच्छा। प्राप्ति या सान्निध्य की इच्छा का विचार तो हो चुका। अब रक्षा की इच्छा का अन्वेषण करना है। रक्षा की इच्छा भी दो प्रकार की होती है—

1. स्वायत्त रक्षा की इच्छा अर्थात् अपने अधिकार में रखने की इच्छा।
2. स्व-निरपेक्ष रक्षा की इच्छा अर्थात् केवल बने रहने देने की इच्छा।

स्वायत्त रखने की इच्छा प्रायः अनन्य उपयोग या उपभोग की वासना से सम्बद्ध रहती है। इससे वह कभी-कभी लोगों को खटकती है और लोग उसका विरोध करते हैं। कोई बहुत मीठे आम का पेड़ है जिसका फल सब लोग खाते हैं और जिसकी रखवाली सब लोग करते हैं। यदि उनमें से कोई एक अकेले उसकी रखवाली करने चले और किसी को पास न आने दे, तो सब लोग मिलकर विरोध करेंगे। पर कभी-कभी स्वायत्त रखने की इच्छा अन्य द्वारा यथेष्ट रक्षा के उस अविश्वास के कारण होती है जो लोभ या प्रीति की अधिकता से उत्पन्न होता है। ऐसी दशा में यदि संरक्ष्य वस्तु के उपयोग या उपभोग आदि से औरों को कोई बाधा नहीं पहुँचती है तो किसी एक का उसे अपनी रक्षा में रखना दूसरे को बुरा नहीं लगता।

यदि लोभ की वस्तु ऐसी है जिससे सबको सुख और आनन्द है तो उस पर जितना ही अधिक ध्यान रहेगा, रक्षा के भाव की एकता के कारण, परस्पर मेल की उतनी ही प्रवृत्ति होगी। यदि दस आदमियों में से सबकी यही इच्छा है कि कोई मन्दिर बना रहे; गिरने-पड़ने न पाये अथवा और अधिक उन्नत और सुसज्जित हो, तो यह सम्मिलित इच्छा ऐक्य-सूत्र होगी। मिलकर कोई कार्य करने से उसका साधन अधिक या सुगम होता है, यह बतलाना 'पर उपदेश कुशल' नीतिज्ञों का काम है, मेरे विचार का विषय नहीं। मेरा उद्देश्य तो मनुष्य की स्वाभाविक प्रवृत्तियों की छानबीन है जो निश्चयात्मिका वृत्ति से

भिन्न है। मुझे तो यह कहना है कि इन-इन अवस्थाओं में मेल की प्रवृत्ति होती है। अब मेल से क्या-क्या लाभ होते हैं, यह तो न जाने कितने झगड़ालू बताते हैं और न जाने कितने लोग सुनकर झगड़ा करते हैं।

लोभ का सबसे प्रशस्त वह रूप है जो रक्षा-मात्र की इच्छा का प्रवर्तक होता है, जो मन में यही वासना उत्पन्न करता है कि कोई चीज़ बनी रहे, चाहे वह हमारे किसी उपयोग में आये या न आये। इस लोभ में दोष का लेश उसी अवस्था में आ सकता है जबकि वह वस्तु ऐसी हो जिससे किसी को कोई बाधा या हानि पहुँचती हो। कोई सुन्दर कृष्णसार मृग नित्य आकर खेती की हानि किया करता है। उसके सौन्दर्य पर मुग्ध होकर उसकी रक्षा चाहने वाला यदि बराबर उसकी रक्षा में प्रवृत्त रहेगा तो बहुतों से उसकी अनबन हो सकती है। वह लोभ धन्य है जिससे किसी के लोभ का विरोध नहीं और लोभ की जो वस्तु अपने सब लोभियों को एक-दूसरे का लोभी बनाये रहती है, वह भी परम पूज्य है। घर का प्रेम, पुर या ग्राम का प्रेम, देश का प्रेम इसी पवित्र लोभ के क्रमशः विस्तृत रूप हैं। मनुष्य के प्रयत्नों की पहुँच बहुत परिमित होती है। अतः जो प्रेम-क्षेत्र जितना निकटस्थ होगा उसमें उतने ही अधिक प्रयत्न की आवश्यकता होती है और जो जितना ही दूर होगा, प्रयत्नों का उतना ही कम अंश उसके लिए आवश्यक होगा। सबसे अधिक घर की रक्षा का फिर पुर या ग्राम की रक्षा का और फिर देश की रक्षा का ध्यान जन-साधारण के लिए स्वाभाविक है। पर जिनकी दृष्टि बहुत व्यापक होती है, जिनके अन्तःकरण में परार्थ को छोड़ स्वार्थ के लिए अलग जगह नहीं होती, वे इस क्रम का विपर्यय कर दिखाते हैं। वे देश की रक्षा के लिए अवसर पड़ने पर घर का लोभ क्या, प्राण तक का लोभ छोड़ देते हैं। पर ऐसे लोग विरले होते हैं। सबसे ऐसी आशा नहीं की जा सकती।

अब घर का प्रेम, पुर का प्रेम, देश का प्रेम, कहाँ तक विरोध-शून्य होता है, यह भी देखिए। इनका अविरोध परिमित होता है—"घर के भीतर, पुर या ग्राम के भीतर" ही उसके होने का निश्चय रहता है। घर के बाहर, पुर या ग्राम के बाहर, देश के बाहर विरोध करने वाले मिल सकते हैं। एक घर की रक्षा दूसरे घरवालों से, एक पुर की रक्षा दूसरे पुरवालों से और एक देश की रक्षा दूसरे देशवालों से करनी पड़ती है।

जिनकी आत्मा समस्त भेदभाव को भेदकर अत्यन्त उत्कर्ष पर पहुँची हुई होती है, वे सारे संसार की रक्षा चाहते हैं—जिस स्थिति में भूमण्डल के समस्त

प्राणी, कीट-पतंग से लेकर मनुष्य तक सुखपूर्वक रह सकते हैं, उसके अभिलाषी होते हैं, ऐसे लोग विरोध के परे होते हैं। उनसे जो विरोध रखें वे सारे संसार के विरोधी हैं, वे लोक के कण्टक हैं।

कोई वस्तु हमें बराबर सुख या आनन्द देती रहे और कोई वस्तु बनी रहे, इन्हीं दो भावों के लेकर स्वायत्त की रक्षा की इच्छा और स्वनिरपेक्ष रक्षा की इच्छा—ये दो विभाग पहले किये गये हैं। अतः पहली को यदि हम अपने सुख की रक्षा की इच्छा कहें तो बहुत अनुचित न होगा। वस्तु के दूसरे के पास जाने से या नष्ट हो जाने से हमें सुख का आनन्द न मिल सकेगा, इसी से हम उसकी रक्षा के लिए व्यग्र होते हैं। यदि ऐसी वस्तु को कोई उठाये लिए जाता हो और वह बीच में नष्ट हो जाय, तो हमें दुःख न होगा; क्योंकि जब चीज़ हमारे हाथ से निकल गयी, हमें वह सुख या आनन्द दे नहीं सकती, तब वह चाहे रहे, चाहे नष्ट हो। यहाँ तक कि यदि ले जाने के प्रति हमें क्रोध होगा या ईर्ष्या होगी तब हम प्रसन्न होंगे। जहाँ वस्तु-रक्षा की इच्छा होगी वहाँ यह बात न होगी। हम किसी देश में उस वस्तु का नाश न चाहेंगे। किसी पुराने काजी के पास दो स्त्रियाँ एक बच्चे को लेकर लड़ती हुई आयीं। एक कहती थी कि बच्चा मेरा है, दूसरी कहती थी मेरा। काजी साहब ने परीक्षा के विचार से कहा—"अच्छा, तुम दोनों को बच्चा काटकर आधा-आधा बाँट दिया जायगा।" इतना सुनते ही दोनों में से एक स्त्री घबराकर बोल उठी—"जाने दीजिए, बच्चा मुझे न चाहिए, उसी को दे दीजिए।" काजी साहब समझ गये कि बच्चा इसी का है। वह स्त्री बच्चे की माँ थी, अतः उसे उसका सच्चा लोभ था।

अब तक लोभ के सम्बन्ध में जो कुछ कहा गया वह उसका व्यापक अर्थ लेकर। पर जैसा पहले कहा जा चुका है, 'लोभ' शब्द कहने से आजकल प्रायः धन के लोभ की भावना होती है, प्राप्ति या रक्षा की उस इच्छा की ओर ध्यान जाता है जो जीवन-निर्वाह की सामग्रियों के प्रति होती है। धन से अनेक सुखों की प्राप्ति और अनेक कष्टों का निवारण होता है अथवा यों कहिए कि धन के बिना संसार में रहना सम्भव नहीं। संसार में जो इतने लोग धन इकट्ठा करते दिखाई देते हैं उनमें से कुछ तो घोर कष्ट के निवारण के लिए, कुछ अधिक सुख की प्राप्ति के लिए, कुछ भविष्य में सुख के अभाव या कष्ट की शंका से और कुछ बिना किसी उद्देश्य-भावना के। इनमें से प्रथम श्रेणी के लोग तो धन की जितनी प्रबल इच्छा करें, उसके लिए चाहे जितना

आतुर हों, लोभी नहीं कहला सकते। धन के बिना जिन्हें पेट भर अन्न नहीं मिलता, जो शीत और ताप से अपने शरीर की रक्षा नहीं कर सकते, उन्हें जो लोभी कहें वे बड़े भारी लोभी और बड़े भारी क्रूर हैं। दूसरी श्रेणी के लोगों पर से लोभ के आरोप की सम्भावना क्रमशः बढ़ते-बढ़ते चौथी श्रेणी के लोगों पर जाकर निश्चय कोटि की पहुँच जाती है। कष्ट-निवारण की इच्छा, अधिक सुख प्राप्ति की इच्छा, सुखाभाव या कष्ट की आशंका—ये तीनों धन और उसकी प्राप्ति की इच्छा के बीच ओट या व्यवधान के रूप में रहती हैं। जहाँ इन तीनों में से कोई परदा नहीं रहता वहाँ शुद्ध धन-लोभी की जघन्य मूर्ति साक्षात् दिखाई पड़ती है।

धन की कितनी इच्छा लोभ के लक्षणों तक पहुँचती है, इसका निर्णय कठिन है। पर किसी मनोविकार की उचित सीमा का अतिक्रमण प्रायः वहाँ समझा जाता है जहाँ और मनोवृत्तियाँ दब जाती हैं या उनके लिए बहुत कम स्थान रह जाता है और मनोवेगों के आधिक्य से लोभ के आधिक्य में विशेषता यह होती है कि लोग स्वविषयान्वेषी होने के कारण अपनी स्थिति और वृद्धि का आधार आप खड़ा करता रहता है, जिससे असन्तोष की प्रतिष्ठा के साथ-ही-साथ और वृत्तियों के लिए स्थायी अनावकाश हो जाता है और मनोविकारों में यह बात नहीं होती। क्रोध को ही लीजिए। क्रोध कुछ बातों पर आता है, पर उन बातों को ढूँढ़ने में प्रवृत्त नहीं होता। क्रोधी स्वभाव का मनुष्य ऐसी बातों पर चिढ़ जाता है जिनसे और लोग नहीं चिढ़ते, पर वह सदा इस फेर में नहीं घूमा करता कि कोई बात चिढ़ने को मिले। क्रोध में आगबबूला होने वाले तुरन्त करुणा से आर्द्र और लज्जा से पानी-पानी हुए भी देखे जाते हैं। क्रोध आदि में अन्य वृत्तियों का जो बोध हो जाता है वह प्रायः क्षणिक होता है, पर लोभ द्वारा स्थायी हो जाता है। बात यह है कि लोभ का प्रथम अवयव सुखात्मक होने के कारण लोभी को विषय की ओर बराबर प्रवृत्त रखता है। धन का लोभी धन पाकर लोभ से निवृत्त नहीं हो जाता; या तो भले-बुरे का सब विचार छोड़ रक्षा में तत्पर दिखाई देता है या और अधिक प्राप्ति में। इस प्रकार लोभ से अन्यमुख वृत्तियों का जो स्तम्भन होता है, वह स्वभावान्तर्गत हो जाता है। अस्तु, स्थूल रूप से उद्धत लोभ के दो उग्र लक्षण कहे जा सकते हैं—

(1) असन्तोष

(2) अन्य वृत्तियों का दमन।

लोभ चाहे जिस वस्तु का हो, जब बहुत बढ़ जाता है तब उस वस्तु की प्राप्ति, सान्निध्य या उपभोग से जी नहीं भरता। मनुष्य चाहता है कि वह बार-बार मिले या बराबर मिलता रहे। धन का लोभ जब रोग होकर चित्त में घर कर लेता है तब प्राप्ति होने पर भी और प्राप्ति की इच्छा बराबर जगी रहती है। जिससे मनुष्य सदा आतुर और प्राप्त के आनन्द से विमुख रहता है। जितना नहीं है उतने के पीछे जितना है उतने से प्रसन्न होने का उसे कभी अवसर ही नहीं मिलता। उसका सारा अन्तःकरण सदा अभावमय रहता है। उसके लिए जो है, वह भी नहीं है। असन्तोष अभाव-कल्पना से उत्पन्न दुःख है, अतः जिस किसी में यह अभाव-कल्पना स्वाभाविक हो जाती है, सुख से उसका नाता सब दिनों के लिए टूट जाता है। न किसी को देखकर वह प्रसन्न होता है और न उसे देखकर कोई प्रसन्न होता है। इसी से सन्तोष सात्त्विक जीवन का एक अंग बतलाया गया है। भक्तवर तुलसीदास जी सन्तोष-वृत्ति की वांछा इस प्रकार करते हैं–

कबहुँक हौं यहि रहनि रहौंगो?
यथालाभ सन्तोष सदा काहू सों कछू न चहौंगो।

पर जिस स्थिति से कोई कष्ट या कठिनता हो उससे असन्तुष्ट रहना गृहस्थ का धर्म है क्योंकि ऐसे असन्तोष से जिस प्रयत्न की प्रेरणा होती है वह एक अच्छे फल के निमित्त होता है। ऐसे असन्तोष का अभाव आलस्य-सूचक होता है। पर प्राप्ति की जो इच्छा व्यसन के रूप में होती है उसका निरसन ही ठीक है।

धन का जो लोभ मानसिक व्याधि या व्यसन के रूप में होता है उसका प्रभाव अन्तःकरण की शेष वृत्तियों पर यह होता है कि वे अनभ्यास से कुण्ठित हो जाती हैं। जो लोभ मान-अपमान के भावों को, करुणा और दया के भाव को, न्याय-अन्याय के भाव को, यहाँ तक कि अपने कष्ट-निवारण या सुखभोग की इच्छा तक को दबा दे, वह मनुष्यता कहाँ तक रहने देगा? जो अनाथ विधवा का सर्वस्वहरण करने के लिए कुर्क अमीन लेकर चढ़ाई करते हैं, जो अभिमानी धनिकों की दुतकार सुनकर त्योरी पर बल नहीं आने देते, जो मिट्टी में रुपया गाड़कर न आप खाते और न दूसरों को खाने देते हैं, परिजनों का कष्ट-क्रन्दन सुनकर भी रुपये गिनने में लगे रहते हैं, वे अधमरे होकर जीते हैं। उनका आधा अन्तःकरण मारा गया समझिए। जो किसी के लिए नहीं जीते उनका जीना न जीना बराबर है।

लोभियों का दमन योगियों के दमन से किसी प्रकार कम नहीं होता। लोभ के बल से वे काम और क्रोध को जीतते हैं, सुख की वासना का त्याग करते हैं, मान-अपमान में समान भाव रखते हैं। अब और चाहिए क्या? जिससे वे कुछ पाने की आशा रखते हैं, वह यदि उन्हें दस गालियाँ भी देता है तो उनकी आकृति पर न रोष का कोई चिह्न प्रकट होता है और न मन में ग्लानि होती है। न उन्हें मक्खी चूसने में घृणा होती है और न रक्त चूसने में दया। सुन्दर से सुन्दर रूप देखकर वे अपनी एक कौड़ी भी नहीं भूलते। करुण से करुण स्वर सुनकर वे अपना एक पैसा भी किसी के यहाँ नहीं छोड़ते। तुच्छ से तुच्छ व्यक्ति के सामने हाथ फैलाने में वे लज्जित नहीं होते। क्रोध, दया, घृणा, लज्जा आदि करने से क्या मिलता है कि वे करने जायँ? जिस बात से उन्हें कुछ मिलता नहीं जबकि उसके लिए उनके मन के किसी कोने में जगह नहीं होती, तब जिस बात से पास का कुछ जाता है, वह बात उन्हें कैसी लगती होगी; यह यों ही समझा जा सकता है। जिस बात में कुछ लगे वह उनके किसी काम की नहीं, चाहे वह कष्ट-निवारण हो या सुख-प्राप्ति, धर्म हो या न्याय। वे शरीर सुखाते हैं; अच्छे भोजन, अच्छे वस्त्र आदि की आकांक्षा नहीं करते। लोभ के अंकुश से अपनी सम्पूर्ण इन्द्रियों को वश में रखते हैं। लोभियो! तुम्हारा अक्रोध, तुम्हारा इन्द्रिय-निग्रह, तुम्हारा मानापमान-समता, तुम्हारा तप अनुकरणीय है; तुम्हारी निष्ठुरता, तुम्हारी निर्लज्जता, तुम्हारा अविवेक; तुम्हारा अन्याय विगर्हणीय है। तुम धन्य हो! तुम्हें धिक्कार है!!

पक्के लोभी लक्ष्य-भ्रष्ट नहीं होते, कच्चे हो जाते हैं। किसी वस्तु को लेने के लिए कई आदमी खींचतान कर रहे हैं। उनमें से एक क्रोध में आकर उस वस्तु को नष्ट कर देता है। उसे पक्का लोभी नहीं कह सकते, क्योंकि क्रोध ने उसके लोभ को दबा दिया, वह लक्ष्य-भ्रष्ट हो गया।

अब एक प्राणी के प्रति दूसरे प्राणी के लोभ का प्रसंग सामने आता है, जिसे प्रीति या प्रेम कहते हैं। यद्यपि किसी व्यक्ति की ओर प्रवृत्ति भी जब तक एकनिष्ठ न हो, लोभ ही कही जा सकती है, पर साधारण बोल-चाल में वस्तु के प्रति मन की जो ललक होती है उसे 'लोभ' और किसी व्यक्ति के प्रति जो ललक होती है उसे 'प्रेम' कहते हैं। वस्तु और व्यक्ति के विषय-भेद से लोभ के स्वरूप और प्रवृत्ति में बहुत कुछ भेद पड़ जाता है, इससे व्यक्ति के लोभ को अलग नाम दिया गया है। पर मूल में लोभ और प्रेम दोनों एक ही हैं, इसका पता हमारी भाषा ही देती है। किसी रूपवान् या रूपवती को

देखकर उस पर 'लुभा जाना' बराबर कहा जाता है। अंग्रेज़ी के प्रेम-वाचक शब्द 'लव' (Love) सैक्सन के 'लुफु' (Lufu) और लैटिन के 'लुबेट' (Lubet) का सम्बन्ध संस्कृत के 'लोभ' शब्द वा लुभ् धातु से स्पष्ट लक्षित होता है।

किसी व्यक्ति का लोभ वस्तु के लोभ से कितना विलक्षण होता है, अब यह देखना चाहिए। विलक्षणता का सबसे बड़ा कारण है दोनों में मनस्तत्त्व का विधान। जो लुब्ध होता है उसके भी हृदय होता है, जिस पर वह लुब्ध होता है उसके भी। अतः किसी व्यक्ति का लोभी उस व्यक्ति से केवल बाह्य सम्पर्क रखकर ही तुष्ट नहीं हो सकता; उसके हृदय का सम्पर्क भी चाहता है। अतः मनुष्य का मनुष्य के साथ जितना गूढ़, जटिल और व्यापक सम्बन्ध हो सकता है उतना वस्तु के साथ नहीं। वस्तु-लोभ के आश्रय और आलम्बन, इन दो पक्षों में भिन्न-भिन्न कोटि की सत्ताएँ रहती हैं। पर प्रेम एक ही कोटि की दो सत्ताओं का योग है, इससे कहीं अधिक गूढ़ और पूर्ण होता है।

वस्तु के भीतर लोभी चेतना का कोई विधान नहीं देखता जिस पर प्रभाव डालने का वह प्रयत्न करे, पर प्रेमी की अन्तर्वृत्ति पर प्रभाव डालने में तत्पर रहा करता है। प्रभाव डालने की यह वासना प्रेम उत्पन्न होने के साथ ही जगती है और बढ़ी चली जाती है। वस्तु पर लुब्ध होकर कोई इस चिन्ता में नहीं पड़ता कि उस वस्तु को मालूम हो जाये कि वह उस पर लुब्ध है। पर किसी पर लुब्ध या प्रेमासक्त होते ही प्रेमी इस बात के लिए आतुर होने लगता है कि प्रिय को उसके प्रेम की सूचना मिल जाय। उसे इस बात की चिन्ता रहती है कि प्रिय को भी उससे प्रेम हो गया है, कम-से-कम उसके प्रेम का पता लग गया है या नहीं—

> वा निरमोहिनि रूप की रासि जऊ उर हेतु न ठानति ह्वै है।
> बारहि बार बिलोकि घरी घरी सूरत तो पहिचानति ह्वै है।
> ठाकुर या मन को परतीति है, जो पै सनेह न मानति ह्वैहै।
> आवत हैं नित मेरे लिए इतनो तो विशेष कै जानति ह्वै है।

इस प्रवृत्ति के मूल में कई बातें दिखाई पड़ती हैं। पहली बात तो तुष्टि का विधान है। लोभी या प्रेमी सान्निध्य या सम्पर्क द्वारा तुष्ट होना चाहता है। वस्तु के सान्निध्य या सम्पर्क के लिए तो वस्तु की ओर से किसी प्रकार की स्वीकृति या प्रयत्न की अपेक्षा नहीं। पर किसी चेतन प्राणी से प्रेम करके कोई उसके सान्निध्य या सम्पर्क की इच्छा न उत्पन्न कर ले। दूसरी बात यह है कि प्रेम का पूर्ण विकास तभी होता है जब दो हृदय एक-दूसरे की ओर

क्रमशः खिंचते हुए मिल जाते हैं। इस अन्तर्योग के बिना प्रेम की सफलता नहीं मानी जा सकती। अतः प्रिय को अपने प्रेम की सूचना देना उसके मन को अपने मन से मिलाने के लिए न्योता देना है।

अपने प्रेम की सूचना देने के उपरान्त प्रेमी प्रिय के हृदय में अपनी ओर कुछ भावों की प्रतिष्ठा चाहता है। पहले कहा जा चुका है कि सहसा उत्पन्न लोभ या प्रीति का प्रथम संवेदनात्मक अवयव है 'अच्छा लगना'। वस्तु के सम्बन्ध में तो उसी वस्तु का अच्छा लगना काफी होता है। लोभियों को इस फेर में नहीं पड़ना पड़ता कि कोई वस्तु उन्हें अच्छी लग रही है उसे वे भी अच्छे लगें पर प्रेमी यह चाहने लगता है कि जिस प्रकार प्रिय मुझे अच्छा लगता है उसी प्रकार मैं भी प्रिय को अच्छा लगूँ। वह अपना सारा अच्छापन किसी-न-किसी बहाने उसके सामने रखना चाहता है। यह बराबर देखने में आता है कि जब कभी किसी नवयुवक का चित्त किसी युवती की ओर आकर्षित होता है तब ऐसे स्थानों पर जाते समय जहाँ उसके दिखाई पड़ने की सम्भावना होती है, उसका ध्यान कपड़े-लत्ते की सफाई और सजावट की ओर कुछ अधिक हो जाता है। सामने होने पर बातचीत और चेष्टा में भी एक खास ढब देखा जाता है। अवसर पड़ने पर चित्त की कोमलता, सुशीलता, वीरता, निपुणता इत्यादि का भी प्रदर्शन होता है। प्रेमी को जिस घड़ी यह पता चलता है कि प्रिय का चित्त भी उसकी ओर थोड़ा-बहुत खिंचा है उसी घड़ी से वह लोभ की ऊपरी सतह से और गहरे में जाकर प्रेम के आनन्द-लोक में मग्न हो जाता है।

एक-दूसरे की ओर आकर्षित दो हृदयों के योग से जीवन में एक नया रस उत्पन्न हो जाता है या दूनी सजीवता आ जाती है। आनन्द की सम्भावना भी बहुत अधिक बढ़ जाती है और दुःख की भी। प्रिय के हृदय का आनन्द प्रेमी के हृदय का आनन्द हो जाता है। अतः एक ओर तो प्रिय के आनन्द का मेल हो जाने से प्रेमी संसार की नाना वस्तुओं में कई गुने अधिक आनन्द का अनुभव करने लगता है; दूसरी ओर प्रिय के अभाव में उन्हीं वस्तुओं में उसके लिए आनन्द बहुत कम या कुछ भी नहीं रह जाता है। वियोग की दशा में तो वे वस्तुएँ उलटा दुःख देने लगती हैं। होते-होते यहाँ तक होता है कि प्रेमी के लिए प्रिय के आनन्द से अलग आनन्द रह ही नहीं जाता। प्रिय के आनन्द में ही वह अपना आनन्द ढूँढ़ा करता है। दो हृदयों की यह अभिन्नता अखिल जीवन की एकता के अनुभव-पथ का द्वार है, प्रेम का यह एक रहस्यपूर्ण महत्त्व है।

प्रेम का अभाव एकान्त भी होता है और लोक-जीवन के नाना क्षेत्रों में भी दिखाई पड़ता है। एकान्त प्रभाव उस अन्तर्मुख प्रेम में देखा जाता है जो प्रेमी को लोक के कर्म क्षेत्र से खींचकर केवल दो प्रणियों के एक छोटे-से संसार में बन्द कर देता है। उसका उठना-बैठना, चलना-फिरना, मरना-जीना, सब उसी घेरे के भीतर होता है। वह उस घेरे के बाहर कोई प्रभाव उत्पन्न करने के उद्देश्य से कुछ भी नहीं करता। उसमें जो साहस, धीरता, दृढ़ता, कष्ट-सहिष्णुता आदि दिखाई देती है वह प्रेम-मार्ग के बीच प्रेमोन्माद के रूप में, लोक के बीच कर्तव्य के रूप में नहीं। सारांश यह कि इस प्रकार के प्रेम का क्षेत्र सामाजिक और पारिवारिक जीवन से विच्छिन होता है। उसमें प्रियपक्ष का प्रबल राग जीवन के अन्य सब पक्षों से पूर्ण विराग की प्रतिष्ठा कर देता है। फ़ारसी के साहित्य में ऐसे ही ऐकांतिक और लोक-बाह्य प्रेम की प्रधानता है। भारतीय साहित्य में गोपियों के प्रेम को प्रायः यही स्वरूप दिया गया है। भक्ति-मार्ग में प्रायः यही ऐकांतिक और अनन्य प्रेम लिया गया है; क्योंकि यह एक ऐसा राग है जिसके प्रभाव से विराग की साधना आप से आप, बिना किसी मानसिक प्रयत्न के हो जाती है।

प्रेम का दूसरा स्वरूप वह है जो अपना मधुर और रंजनकारी प्रकाश जीवन-यात्रा के नाना पथों पर फेंकता है। प्रेमी जगत् के बीच अपने अस्तित्व की रमणीयता का अनुभव आप भी करता है और अपने प्रिय को भी कराना चाहता है। प्रेम के दिव्य प्रभाव से उसे अपने आसपास चारों ओर सौन्दर्य की आभा फैली दिखाई पड़ती है, जिसके बीच वह बड़े उत्साह और प्रफुल्लता के साथ अपना कर्म-सौन्दर्य प्रदर्शित करता है। वह प्रिय को अपने समग्र जीवन का सौन्दर्य जगत् के बीच दिखाना चाहता है। यह प्रवृत्ति इस बात का पूरा संकेत करती है कि मनुष्य की अन्तःप्रवृत्ति में जाकर प्रेम का जो विकास हुआ है वह सृष्टि के बीच सौन्दर्य-विधान की प्रेरणा करने वाले एक दिव्य शक्ति के रूप में। मनुष्य का प्रेम-सौन्दर्य, वस्तु-सौन्दर्य, कर्म-सौन्दर्य, वाक्-सौन्दर्य, सब—देखना और दिखाना चाहता है। वीरता के पुराने जमाने में युवक योद्धा यह समझकर कि गढ़ी की ऊँची अट्टालिका के गवाक्षों से हमारी प्रेयसी झाँकती होगी, किस सौन्दर्य-भावनापूर्ण उमंग के साथ रणक्षेत्र में उतरता था। कर्म का सबसे अधिक विकट क्षेत्र युद्ध है। इससे आर्य जाति के वीरकाल के काव्यों में शृंगार और वीर का अत्यन्त समन्वय पाया जाता है। जिस प्रकार यूरोपीय साहित्य में वीर धर्म का एक युग रहा है, उसी प्रकार हमारे हिन्दी-साहित्य में भी। उस काल की कविता का प्रसंग अधिकतर 'युद्ध और प्रेम' (Love And War) ही पाया जाता है।

भारतीय प्रबन्ध काव्यों की मूल प्रवृत्ति लोक-जीवन के संश्लिष्ट प्रेम के वर्णन की ओर ही रही। आदि कवि वाल्मीकि ने राम और सीता के प्रेम का विकास मिथिला या अयोध्या के महलों और बगीचों में न दिखाकर दण्डकारण्य के विस्तृत कर्मक्षेत्र के बीच दिखाया है। उनका प्रेम जीवन-यात्रा के मार्ग में माधुर्य फैलाने वाला है; उससे अलग किसी कोने में चौकड़ी या आहें भराने वाला नहीं; उसके प्रभाव से वनचर्या में एक अद्‌भुत रमणीयता आ गयी है। सारे कँटीले पथ प्रसूनमय हो गये हैं, सम्पूर्ण कर्म-क्षेत्र एक मधुर ज्योति से जगमगा उठा है। कोमलांगी सीता अपने प्रिय पति की विशाल भुजाओं और कन्धे के ऊपर निकली हुई धनुष की वक्रकोटि पर मुग्ध निविड़ और निर्जन काननों में निश्शंक विचर रही हैं। खर-दूषण की राक्षसी सेना कोलाहल करती आ रही है। राम कुछ मुस्कराकर एक बार प्रेमभरी दृष्टि से सीता की ओर देखते हैं, फिर वीरदर्प से राक्षसों की ओर दृष्टि फेरकर अपना धनुष चढ़ाते हैं। उस वीरदर्प में कितनी उमंग, कितना उत्साह, कितना माधुर्य रहा होगा! सीता-हरण होने पर राम का वियोग जो सामने आता है वह भी चारपाई पर करवटें बदलने वाला नहीं है, समुद्र पार कराकर पृथ्वी का भार उतारने वाला है।

उस ऐकान्तिक प्रेम की अपेक्षा जो प्रेमी को एक घेरे में उसी प्रकार बन्द कर देता है जिस प्रकार कोई मर्ज मरीज को एक कोठरी में डाल देता है, हम उस प्रेम का अधिक मान करते हैं जो संजीवन-रस के रूप में प्रेमी के सारे जीवन-पथ को रमणीय और सुन्दर कर देता है, उसके सारे कर्मक्षेत्र को अपनी ज्योति से जगमगा देता है। जो प्रेम जीवन की नीरसता हटाकर उसमें सरलता ला दे, वह प्रेम धन्य है। जिस प्रेम का रंजनकारी प्रभाव विद्वान् की बुद्धि, कवि की प्रतिभा, चित्रकार की कला, उद्योगी की तत्परता, वीर के उत्साह तक बराबर फैली दिखाई दे उसे हम भगवान् का अनुग्रह समझते हैं। भगवद्‌भक्ति के लिए हम तो प्रेम की यही पद्धति समीचीन मानते हैं। जबकि प्रिय के सम्बन्ध से न जाने कितनी वस्तुएँ प्रिय हो जाती हैं, तब उस परम प्रिय के सम्बन्ध से सारा जगत् प्रिय हो सकता है। शुद्ध भक्ति-मार्ग में जगत् से विरक्ति का स्थान हम ढूँढ़ते हैं और नहीं पाते हैं। भक्तिराग की वह दिव्य भूमि है जिसके भीतर सारा चराचर जगत् आ जाता है। जो भक्त इस जगत् को ब्रह्म की ही व्यक्त सत्ता या विभूति समझेगा, भगवान् के लोकपालक और लोकरंजक स्वरूप पर मुग्ध रहेगा, वह अपने स्नेह, अपनी दया, अपनी सहानुभूति को लोक में और फैलायेगा कि चारों ओर से खींच लेगा? हम तो जगत् के बीच हृदय के

सम्यक् प्रसार में ही भक्ति का प्रकृत लक्षण देखते हैं, क्योंकि राम की ओर ले जाने वाला रास्ता इसी संसार से होता हुआ गया है।

जब कोई रामभक्त पुत्र-कलत्र, भाई-बन्धु का राग छोड़ने, कर्मपथ से मुँह मोड़ने और जगत् का नाता तोड़ने का उपदेश देता है तब मेरी समझ जवाब देने लगती है। मेरे देखने में तो वही रामभक्त-सा लगता है जो अपने पुत्र-कलत्र, भाई-बहिन, माता-पिता से स्नेह का व्यवहार करता है, रास्ते में चीटियाँ बचाता है, किसी प्राणी का दुःख देख आँसू बहाता हुआ रुक जाता है, किसी दीन पर निष्ठुर अत्याचार होते देख क्रोध से तिलमिलाता हुआ अत्याचारी का हाथ थामने के लिए कूद पड़ता है, बालकों की क्रीड़ा देख विनोद से पूर्ण हो जाता है, लहलहाती हुई हरियाली देख लहलहा उठता है और खिले हुए फूलों को देख खिल जाता है। जो यह सब देख 'मुझसे क्या प्रयोजन'? कहकर विरक्त या उदासीन रहेगा—क्रोध, करुणा, स्नेह, आनन्द आदि को पास तक न फटकने देगा—उसे मैं ज्ञानी, ध्यानी, संयमी चाहे जो कहूँ भक्त कदापि न कह सकूँगा। 'राम का नाता' सारे संसार से नाता जोड़ता है, तोड़ता नहीं। लोकमंगल की प्रेरणा द्वारा भक्त अपने 'नेह का नाता' संसार से निभाता हुआ राम से जोड़ने का प्रयत्न करता है। इस सम्बन्ध-निर्वाह में जो बाधक हों भक्त के लिए वे अवश्य त्याज्य हैं, चाहे वे अपने सुहृद और स्नेही परिजन ही क्यों न हों, क्योंकि—

नाते सबै राम के मनियत सुहृद् सुसेव्य जहाँ लौं।

ऐकान्तिक और लोकबद्ध प्रेम के इन दो स्वरूपों का परिचय हो चुका। अब हम प्रेमी और प्रिय, इन दो पक्षों की पारस्परिक स्थिति पर कुछ विचार करना चाहते हैं। प्रेम कहीं तो दोनों पक्षों में युगपद् होता है अर्थात् आरम्भ ही से सम रहता है; कहीं पहले एक में उत्पन्न होकर फिर दूसरे में होता है और कहीं एक ही में उत्पन्न होकर रह जाता है, दूसरे में होता ही नहीं अर्थात् विषम ही रह जाता है। पहले कहा जा चुका है कि किसी के प्रति प्रेम का प्रादुर्भाव होते ही प्रेमी उसे अपने प्रेम का परिचय देने के लिए आतुर होता है। यह आतुरता तुल्यानुराग की प्रतिष्ठा के लिए होती है जिसके बिना प्रेम सफल नहीं जान पड़ता। तुल्यानुराग के प्रयत्न की भी एक बँधी हुई पद्धति दिखाई पड़ती है।

दूसरों की ओर द्रवित करने वाली हृदय की दो कोमल वृत्तियाँ हैं—करुणा और प्रेम। इसमें से प्रेम का पात्र होने के लिए भिन्न-भिन्न प्रकार की विशिष्टता

अपेक्षित होती है। इससे दूसरे के हृदय में प्रेम उत्पन्न कर सकने का निश्चय किसी को जल्दी नहीं हो सकता। पर दया का पात्र होने के लिए केवल दुःख या पीड़ा का प्रदर्शन ही पर्याप्त होता है। दया का क्षेत्र अत्यन्त विस्तृत है। दया मनुष्य-मात्र का धर्म है और प्राणी-मात्र उसके अधिकारी हैं। दया यह नहीं देखने जाती कि दुखी या पीड़ित कौन और कैसा है? इसी से प्रेमी कभी तो यह चेष्टा करता दिखाई पड़ता है कि वह भी प्रिय को अच्छा लगे और कभी ऐसे उपायों का अवलम्बन करता है जिससे प्रिय के हृदय में उसके ऊपर दया उत्पन्न हो। दया उत्पन्न करके वह प्रिय के अन्तस में प्रेम की भूमिका बाँधना चाहता है। वह समझता है कि दया उत्पन्न होगी तो धीरे-धीरे प्रेम भी उत्पन्न हो जायेगा। वह वियोग की अपनी दारुण वेदना प्रिय के कानों तक बराबर पहुँचाता रहता है।

यह न समझना चाहिए कि प्रिय के हृदय में दया उत्पन्न करने की यह चाह तुल्यानुराग की प्रतिष्ठा के पूर्व तक ही रहती है। वह प्रेम-मार्ग की एक सामान्य प्रवृत्ति जो प्रेमी के हृदय में सदा बनी रहती है। बात यह है कि जिस प्रकार दूसरे के हृदय में प्रेम उत्पन्न की जरूरत होती है, उसी प्रकार बराबर बनाये रखने की भी। प्रेम की रखवाली करने के लिए प्रेमी प्रिय के हृदय में दया को बराबर जगाता रहता है। दया या करुणा का भाव जाग्रत रखने की इस प्रवृत्ति का प्रकर्ष फ़ारसी या उर्दू की शायरी में विशेष रूप से पाया जाता है। वहाँ प्रेमी जीते-जी यार के कूचे में अपनी कब्र बनवाते हैं, उस कूचे के कुत्तों के नाम अपनी हड्डियाँ वक्फ करते हैं और बार-बार मरकर अपना हाल सुनाया करते हैं। मरण से बढ़कर करुणा का विषय और क्या हो सकता है? शत्रु तक का मरना सुनकर सहानुभूति के एक-आध शब्द मुँह से निकल आते हैं। प्रिय के मुख से निकले हुए सहानुभूति के शब्द-सा प्रिय संसार में कोई शब्द नहीं हो सकता। 'बेचारा बहुत अच्छा था' प्रिय के मुँह से इस प्रकार के कुछ शब्दों की सम्भावना पर ही आंशिक लोग अपने मर जाने की कल्पना बड़े आनन्द से किया करते हैं। जबकि सहानुभूति के एक शब्द का इतना मोल है तब अश्रु का तो कोई मोल ही नहीं हो सकता; प्राण के बदले में भी वह सस्ता ही जँचेगा। यदि प्रेमी को यह निश्चित हो जाय कि मर जाने पर प्रिय की आँखों में आयी हुई आँसू की बूँद वह देख सकेगा तो वह अपना शरीर छोड़ने के लिए तैयार हो सकता है।

यह कहा जा चुका है कि तुल्यानुराग की प्रतिष्ठा हो जाने पर ही प्रेम को पूर्ण तुष्टि और सफलता प्राप्त होती है। हमारे साहित्य के पुराने आचार्यों ने एक पक्ष की प्रीति को रसाभास के अन्तर्गत लिया है। जब तक तुल्यानुराग की सम्भावना रहती है या प्रिय-पक्ष की विरक्ति और उदासीनता का प्रमाण सामने नहीं रहता तब तक रस में त्रुटि नहीं मानी जाती। प्रेमी का तिरस्कार करता हुआ प्रिय जब अन्य में अनुरक्त पाया जाता है तब उसकी विरक्ति का पक्का प्रमाण सामने आ जाता है। ऐसी दशा में भी बने रहने वाले प्रेम की चर्चा काव्यों में मिलती है। फ़ारसी और उर्दू की शायरी में आशिकों की अक्सर यह शिकायत रहती है कि "माशूक गैरों से मिला करता है और हमारी ओर ताकता तक नहीं।" कृष्ण के मथुरा चले जाने पर गोपियों की शिकायत भी कुछ इस ढंग की हो गयी थी।

रस और रसाभास की बात छोड़ हमें प्रेम के स्वरूप पर विचार करना है, जिसमें प्रेमी तो प्रेम में विह्वल रहता है और प्रिय उसकी ओर ध्यान ही नहीं देता या बराबर उसका तिरस्कार करता जाता है। क्या ऐसा प्रेम कोई प्रेम ही नहीं है? यह नहीं कहा जा सकता। प्रेमी तो प्रेम कर चुका, उसका कोई प्रभाव प्रिय पर पड़े या न पड़े। उसके प्रेम में कोई कसर नहीं। प्रिय यदि उससे प्रेम करके उसकी आत्मा को तुष्ट नहीं करता तो इसमें उसका क्या दोष? तुष्टि का विधान न होने से प्रेम के स्वरूप की पूर्णता में कोई त्रुटि नहीं आ सकती। जहाँ तक ऐसे प्रेम के साथ तुष्टि की कामना या अतृप्ति का क्षोभ लगा दिखाई पड़ता है, वहाँ तक तो उसका उत्कर्ष प्रकट नहीं होता; पर जहाँ आत्मतुष्टि की वासना विरत हो जाती है या पहले ही से नहीं रहती, वहाँ प्रेम का अत्यन्त निखरा हुआ निर्मल और विशुद्ध रूप दिखाई पड़ता है। ऐसे प्रेम की अविचल प्रतिष्ठा उच्च भूमि पर होती है जहाँ सामान्य हृदयों की पहुँच नहीं हो सकती। इस उच्च भूमि पर पहुँचा हुआ प्रेमी प्रिय से कुछ भी नहीं चाहता है, केवल यही चाहता है—प्रिय से नहीं, ईश्वर से—कि हमारा प्रिय बना रहे और हमें ऐसा ही प्रिय रहे। इसी उच्च दशा का अनुभव करती हुई सूर की गोपियाँ कहती हैं—

जहँ जहँ रहौ राज करौ तहँ तहँ लेहु कोटि सिर भार।
यह असीस हम देति सूर सुनु 'न्हात खसै जनि बार'॥

ऐसे प्रेमी के लिए प्रिय की तुष्टि या सुख से अलग अपनी कोई तुष्टि या सुख रह ही नहीं जाता। प्रिय का सुख-सन्तोष ही उसका सुख-सन्तोष हो

जाता है। बंकिम बाबू की 'दुर्गेशनंदिनी' में आयशा का जगत सिंह पर अनुराग इसी उच्च भूमि पर लाकर छोड़ा गया है। जिस दिन से उसे जगत सिंह और तिलोत्तमा के प्रेम का पता चलता है उसी दिन से वह अपने प्रेम को भौतिक कामनाओं से मुक्त करने लगती है और अन्त में तिलोत्तमा के साथ जगत सिंह का विवाह कराकर पूर्ण शान्ति के साथ प्रेम के विशुद्ध मानस लोक में प्रवेश करती है।

प्रेमी यदि अपने प्रेम का कोई प्रभाव प्रिय पर न देखे तो उसके सामने प्रेम की यही उच्च भूमि दिखाई पड़ती है। सान्निध्य या सम्पर्क की कामना के त्याग द्वारा वह प्रेम रक्षा और शान्ति लाभ कर सकता है। यदि उसमें यह क्षमता न होगी तो प्रतिवर्तन (Reaction) द्वारा घोर मानसिक विप्लव और पतन की आशंका रहेगी, ईर्ष्या आदि बुरे भावों के संचार के लिए रास्ता खुल जायगा। यहाँ तक कि समय-समय पर क्रोध का दौरा और प्रेम का स्थान बैर ले लेगा।

प्रेम-काव्यों में प्रायः रूप-लोभ ही प्रेम का प्रवर्तक दिखाया जाता है। किसी के उत्कृष्ट रूप-गुण पर कोई मुग्ध होता है और उसका प्रेमी बन जाता है। पर प्रेम का एक और कारण, जो रूप-गुण से सर्वथा स्वतन्त्र और उनकी अपेक्षा अधिक निश्चित प्रभाव वाला होता है, साहचर्य है। देशप्रेम के अन्तर्गत इसका उल्लेख हो चुका है। किसी अरब को उसकी रेगिस्तानी जन्मभूमि से ले जाकर कश्मीर के हरे-भरे मैदान में रख दें तो भी वह अपने देश के वियोग में रोया करेगा। इसी प्रकार जिन मनुष्यों के बीच कोई बचपन से या बहुत दिनों से रहता चला जाता है, उनके प्रति उसके हृदय में एक स्थायी प्रेम होता है। इस साहचर्यगत प्रेम में विशेषता यह होती है कि इसका वेग साहचर्य-काल में तो कुछ अवसरों पर ही रह-रहकर व्यक्त होता है, पर विच्छेद काल में बराबर उमड़ा रहता है। भाई-बहिन, पिता-पुत्र, इष्ट-मित्र से लेकर चिर-परिचित, पशु-पक्षी और वृक्ष तक का प्रेम इसी ढंग का होता है। रूप-गुण की भावना से उत्पन्न प्रेम भी आगे चलकर कुछ दिनों में यह साहचर्यजन्य स्वरूप प्राप्त करता है। अतः प्रेम के स्वरूप का महत्त्व बराबर ध्यान में रहना चाहिए।

लोभ या प्रेम की सबसे बड़ी विलक्षणता का उल्लेख करके अब हम यह निबन्ध समाप्त करते हैं। यही एक ऐसा भाव है जिसकी व्यंजना हँसकर भी की जाती है और रोकर भी; जिसके व्यंजक दीर्घ निःश्वास और अश्रु भी होते हैं तथा हर्षपुलक और उछल-कूद भी। इसके विस्तृत शासन के भीतर आनन्दात्मक और दुःखात्मक दोनों प्रकार के मनोविकार आ जाते हैं। साहित्य के आचार्यों ने

शृंगार के दो पक्ष कर दिये हैं—संयोग पक्ष और वियोग पक्ष। कोई और भाव ऐसा नहीं है जो आलम्बन के रहने पर तो एक प्रकार की मनोवृत्तियाँ और चेष्टाएँ उत्पन्न करे और न रहने पर बिल्कुल दूसरे प्रकार की। कुछ और भाव भी लोभ या प्रेम का-सा स्थायित्व प्राप्त करते हैं—जैसे, क्रोध बहुत दिनों तक टिका रह जाने पर द्वेष या वैर का रूप धारण करता है और जुगुप्सा', घृणा या विरक्ति का—पर यह विशेषता और किसी में नहीं पायी जाती। मनुष्य की अन्तर्वृत्तियों पर लोभ या प्रेम के शासन का यही विस्तार दीर्घ देखकर लोगों ने शृंगार को 'रसराज' कहा है।

कविता क्या है?

मनुष्य अपने भावों, विचारों और व्यापारों के लिए दूसरों के भावों, विचारों और व्यापारों के साथ कहीं मिलाता और कहीं लड़ाता हुआ अन्त तक चला चलता है और इसी को जीना कहता है। जिस अनन्त रूपात्मक क्षेत्र में यह व्यवसाय चलता रहता है उसका नाम है जगत्। जब तक कोई अपनी पृथक् सत्ता की भावना को ऊपर किये इस क्षेत्र के नाना रूपों और व्यापारों को अपने योगक्षेम, हानि-लाभ, सुख-दुःख आदि से सम्बद्ध करके देखता रहता है तब तक उसका हृदय एक प्रकार से बद्ध रहता है। इन रूपों और व्यापारों के सामने जब कभी वह अपनी पृथक् सत्ता की धारणा से छूटकर—अपने आपको बिल्कुल भूलकर—विशुद्ध अनुभूति मात्र रह जाता है, तब वह मुक्त-हृदय हो जाता है। जिस प्रकार आत्मा की मुक्तावस्था ज्ञान-दशा कहलाती है उसी प्रकार हृदय की यह मुक्तावस्था रस-दशा कहलाती है। हृदय की इस मुक्ति की साधना के लिए मनुष्य की वाणी जो शब्द-विधान करती आयी है, उसे कविता कहते हैं। इस साधना को हम भावयोग कहते हैं और कर्मयोग और ज्ञानयोग का समकक्ष मानते हैं।

कविता मनुष्य के हृदय को स्वार्थ-सम्बन्धों के संकुचित मण्डल से ऊपर उठाकर लोक-सामान्य भाव-भूमि पर ले जाती है। जहाँ जगत् की नाना गतियों के मार्मिक स्वरूप का साक्षात्कार और शुद्ध अनुभूतियों का संचार होता है। इस भूमि पर पहुँचे हुए मनुष्य को कुछ काल के लिए अपना पता नहीं रहता। वह अपनी सत्ता को लोक-सत्ता में लीन किये रहता है। उसकी अनुभूति सबकी अनुभूति होती है या हो सकती है। इस अनुभूति-योग के अभ्यास से हमारे मनोविकारों का परिष्कार तथा शेष सृष्टि के साथ हमारे रागात्मक सम्बन्ध की रक्षा और निर्वाह होता है। जिस प्रकार जगत् अनेकरूपात्मक है उसी प्रकार हमारा हृदय भी अनेक भावात्मक है। इस अनेक भावों का व्यायाम और

परिष्कार तभी समझा जा सकता है जबकि इन सबका प्रकृत सामंजस्य जगत् के भिन्न-भिन्न रूपों, व्यापारों तथा तथ्यों के साथ हो जाय। इन्हीं भावों के सूत्र से मनुष्य-जाति जगत् के साथ तादात्म्य का अनुभव चिरकाल से करती चली आयी है। जिन रूपों और व्यापारों से मनुष्य आदिम युगों से ही परिचित है, जिन रूपों और व्यापारों को सामने पाकर वह नर-जीवन के आरम्भ से ही लुब्ध और क्षुब्ध होता आ रहा है, उनका हमारे भावों के साथ मूल या सीधा सम्बन्ध है। अतः काव्य के प्रयोजन के लिए हम उन्हें मूल रूप और मूल व्यापार कह सकते हैं। इस विशाल विश्व के प्रत्यक्ष से अप्रत्यक्ष और गूढ़ से गूढ़ तथ्यों को भावों के विषय या आलम्बन बनाने के लिए इन्हीं मूल रूपों और मूल व्यापारों में परिणत करना पड़ता है। जब तक वे इन मूल मार्मिक रूपों में नहीं लाये जाते तब तक उन पर काव्य दृष्टि नहीं पड़ती।

वन, पर्वत, नदी, नाले, निर्झर, कछार, पटपर, चट्टान, वृक्ष, लता, झाड़, फूल, शाखा, पशु, पक्षी, आकाश, मेघ, नक्षत्र, समुद्र, इत्यादि ऐसे ही चिर-सहचर रूप हैं। खेत, ढुर्री, हल, झोंपड़े, चौपाये इत्यादि भी कुछ कम पुराने नहीं हैं। इसी प्रकार पानी का बहना, सूखे पत्तों का झड़ना, बिजली का चमकना, घटा का घिरना, नदी का उमड़ना, मेह का बरसना, कुहरे का छाना, डर से भागना, लोभ से लपकना, छीनना, झपटना, नदी या दलदल से बाँह पकड़कर निकालना, हाथ से खिलाना, आग में झोंकना, गला काटना ऐसे व्यापारों का भी मनुष्य-जाति के भावों के साथ अत्यन्त प्राचीन साहचर्य है। ऐसे आदिम रूपों और व्यापारों में, वंशानुगत वासना की दीर्घ-परम्परा के प्रभाव से, भावों के उद्बोधन की गहरी शक्ति संचित है; अतः इनके द्वारा जैसा रस-परिपाक सम्भव है वैसा कल-कारखाने, गोदाम, स्टेशन, इंजिन, हवाई जहाज ऐसी वस्तुओं तथा अनाथालय के लिए चेक काटना, सर्वस्वहरण के लिए जाली दस्तावेज बनाना, मोटर की चरखी घुमाना या इंजिन में कोयला झोंकना आदि व्यापारों द्वारा नहीं।

सभ्यता के आवरण और कविता

सभ्यता की वृद्धि के साथ-साथ ज्यों-ज्यों मनुष्यों के व्यापार बहुरूपी और जटिल होते गये त्यों-त्यों उसके मूल रूप बहुत कुछ आच्छन्न होते गये। भावों के आदिम और सीधे लक्ष्यों के अतिरिक्त और-और लक्ष्यों की स्थापना होती गयी; वासनाजन्य मूल व्यापारों के सिवा बुद्धि द्वारा निश्चित व्यापारों का विधान बढ़ता गया। इस प्रकार बहुत से ऐसे व्यापारों से मनुष्य घिरता गया जिनके

साथ उसके भावों का सीधा लगाव नहीं। जैसे आदि में भय का लक्ष्य अपने शरीर और अपनी सन्तति ही की रक्षा तक था, पर पीछे गाय, बैल, अन्न आदि की रक्षा आवश्यक हुई, यहाँ तक कि होते-होते धन, मान, अधिकार, प्रभुत्व इत्यादि अनेक बातों की रक्षा की चिन्ता ने घर किया और रक्षा के उपाय भी वासना-जन्य प्रवृत्ति से भिन्न प्रकार के होने लगे। इसी प्रकार क्रोध, घृणा, लोभ आदि अन्य भावों के विषय भी अपने मूल रूपों से भिन्न रूप धारण करने लगे। कुछ भावों के विषय तो अमूर्त तक होने लगे, जैसे कीर्ति की लालसा। ऐसे भावों को ही बौद्धदर्शन में 'अरूपराग' कहते हैं।

भावों के विषयों और उनके द्वारा प्रेरित व्यापारों में जटिलता आने पर भी उनका सम्बन्ध मूल विषयों और मूल व्यापारों से भीतर-भीतर बना है और बराबर बना रहेगा। किसी का कुटिल भाई उसे सम्पत्ति से एकदम वंचित रखने के लिए वकीलों की सलाह से एक नया दस्तावेज तैयार करता है। इसकी खबर पाकर वह क्रोध से नाच उठता है। प्रयत्क्ष व्यावहारिक दृष्टि से तो उसके क्रोध का विषय है वह दस्तावेज या कागज का टुकड़ा। पर उस कागज के टुकड़े के भीतर वह देखता है कि उसे और उसकी सन्तति को अन्न-वस्त्र न मिलेगा। उसके क्रोध का प्रकृत विषय न तो वह कागज का टुकड़ा है और न उस पर लिखे हुए काले-काले अक्षर। ये तो सभ्यता के आवरण मात्र हैं। अतः उसके क्रोध में और कुत्ते के क्रोध में जिसके सामने का भोजन कोई दूसरा कुत्ता छीन रहा है, काव्य-दृष्टि से कोई भेद नहीं है—भेद है केवल विषय का थोड़ा रूप बदलकर आने का। इसी रूप बदलने का नाम है सभ्यता। इस रूप बदलने से होता यह है कि क्रोध आदि को भी अपना रूप कुछ बदलना पड़ता है, वह भी कुछ सभ्यता के साथ अच्छे कपड़े-लत्ते पहनकर समाज में आता है जिससे मार-पीट, छीन-खसोट आदि भद्दे समझे जाने वाले व्यापारों का कुछ निवारण होता है।

पर यह प्रच्छन्न रूप वैसा मर्मस्पर्शी नहीं हो सकता। इसी से प्रच्छन्नता का उद्घाटन कवि-कर्म का एक मुख्य अंग है। ज्यों-ज्यों सभ्यता बढ़ती जायेगी त्यों-त्यों कवियों के लिए यह काम बढ़ता जायेगा। मनुष्य के हृदय की वृत्तियों से सीधा सम्बन्ध रखने वाले रूपों और व्यापारों को प्रत्यक्ष करने के लिए उसे बहुत से पर्दों को हटाना पड़ेगा। इससे यह स्पष्ट है कि ज्यों-ज्यों हमारी वृत्तियों पर सभ्यता के नये-नये आवरण चढ़ते जायेंगे त्यों-त्यों एक ओर तो कविता की आवश्यकता बढ़ती जायेगी, दूसरी ओर कवि-कर्म कठिन होता जायेगा।

ऊपर जिस क्रुद्ध व्यक्ति का उदाहरण दिया गया है, वह यदि क्रोध से छुट्टी पाकर अपने भाई के मन में दया का संचार करना चाहेगा तो क्षोभ के साथ उससे कहेगा, "भाई! तुम यह सब इसीलिए न कर रहे हो कि पक्की हवेली में बैठकर हलवा-पूरी खाओ, मैं बैठा सूखे चने चबाऊँ; तुम्हारे लड़के दोपहर को भी दुशाले ओढ़कर निकलें और मेरे बच्चे रात को भी ठण्ड से काँपते रहें।" यह हुआ प्राकृत रूप का प्रत्यक्षीकरण। इसमें सभ्यता के बहुत से आवरणों को हटाकर वे मूल गोचर रूप सामने रखे गये हैं जिनसे हमारे भावों का सीधा लगाव है और जो इस कारण भावों को उत्तेजित करने में अधिक समर्थ हैं। कोई बात जब इस रूप में आयेगी तभी उसे काव्य के उपयुक्त रूप प्राप्त होगा। "तुमने हमें नुकसान पहुँचाने के लिए जाली दस्तावेज बनाया" इस वाक्य में रसात्मकता नहीं। इसी बात को ध्यान में रखकर ध्वनिकार ने कहा है—"नहि कवेरितिवृत्तमात्र निर्वहिणात्मपदलाभः।"

देश की वर्तमान दशा के वर्णन में यदि हम केवल इस प्रकार के वाक्य कहते जायें कि "हम मूर्ख, बलहीन और आलसी हो गये हैं, हमारा धन विदेश चला जाता है, रुपये का डेढ़ पाव घी बिकता है; स्त्री-शिक्षा का अभाव है" तो ये छन्दोबद्ध होकर भी काव्य पद के अधिकारी न होंगे। सारांश यह है कि काव्य के लिए अनेक स्थलों पर हमें भावों के विषयों के मूल और आदिम रूपों तक जाना होगा जो मूर्त और गोचर होंगे। जब तक भावों से सीधा और पुराना लगाव रखने वाले मूर्त और गोचर रूप न मिलेंगे तब तक काव्य का वास्तविक ढाँचा खड़ा न हो सकेगा। भावों के अमूर्त विषयों की तह में भी मूर्त और गोचर रूप छिपे मिलेंगे, जैसे, यशोलिप्सा में कुछ दूर भीतर चलकर उस आनन्द के उपभोग की प्रवृत्ति छिपी हुई पायी जायेगी जो अपनी तारीफ कान में पड़ने से हुआ करता है।

काव्य में अर्थग्रहण मात्र से काम नहीं चलता, बिम्बग्रहण अपेक्षित होता है। यह बिम्बग्रहण निर्दिष्ट, गोचर और मूर्त विषय का ही हो सकता है। 'रुपये का डेढ़ पाव घी मिलता है' इस कथन से कल्पना में यदि कोई बिम्ब या मूर्ति उपस्थित होगी तो वह तराजू लिए हुए बनिये की होगी जिससे हमारे करुण भाव का कोई लगाव न होगा। बहुत कम लोगों को घी खाने को मिलता है, अधिकतर लोग रूखी-सूखी खाकर रहते हैं, इस तथ्य तक हम अर्थग्रहण परम्परा द्वारा इस चक्कर के साथ पहुँचते हैं—एक रुपये का बहुत कम घी मिलता है, इससे रुपयेवाले ही घी खा सकते हैं, पर रुपये वाले बहुत कम हैं, इससे अधिकांश जनता घी नहीं खा सकती, रूखी-सूखी खाकर रहती है।

हृदय पर नित्य प्रभाव रखने वाले रूपों और व्यापारों की भावना को सामने लाकर कविता बाह्य प्रकृति के साथ मनुष्य की अन्तःप्रकृति का सामंजस्य घटित करती हुई उसकी भावात्मक सत्ता के प्रकार का प्रसार करती है। यदि अपने भावों को समेटकर मनुष्य अपने हृदय को शेष सृष्टि से किनारे कर ले या स्वार्थ की पशुवृत्ति में ही लिप्त रखे तो उसकी मनुष्यता कहाँ रहेगी? यदि वह लहलहाते हुए खेतों और जंगलों, हरी घास के बीच घूम-घूमकर बहते हुए नालों, काली चट्टानों पर चाँदी की तरह ढलते हुए झरनों, मंजरियों से लदी हुई अमराइयों और पटपर के बीच खड़ी झाड़ियों को देख क्षण भर लीन न हुआ, यदि कलरव करते हुए पक्षियों के आनन्दोत्सव में उसने योग न दिया, यदि खिले हुए फूलों को देख वह न खिला, यदि सुन्दर रूप सामने पाकर अपनी भीतरी कुरूपता का उसने विसर्जन न किया, यदि दीन-दुःखी का आर्तनाद सुन वह न पसीजा, यदि अनाथों और अबलाओं पर अत्याचार होते देख क्रोध से न तिलमिलाया, यदि किसी बेढब और विनोद पूर्ण दृश्य या उक्ति पर न हँसा, तो उसके जीवन में क्या रह गया? इस विश्वकाव्य की रस-धारा में जो थोड़ी देर के लिए निमग्न न हुआ उसके जीवन को मरुस्थल की यात्रा ही समझना चाहिए।

काव्य दृष्टि कहीं तो 1. नरक्षेत्र के भीतर रहती है 2. कहीं मनुष्येतर बाह्य सृष्टि के, और 3. कहीं समस्त चराचर के।

1. पहले नरक्षेत्र को लेते हैं। संसार में अधिकतर कविता इसी क्षेत्र के भीतर हुई है। नरत्व की बाह्य प्रकृति और अन्तःप्रकृति के नाना सम्बन्धों और पारस्परिक विधानों का संकलन या उद्भावना ही काव्यों में—मुक्तक हों या प्रबन्ध—अधिकतर पायी जाती है।

प्राचीन महाकाव्यों और खण्डकाव्यों के मार्ग में यद्यपि शेष दो क्षेत्र भी बीच-बीच में पड़ जाते हैं पर मुख्य यात्रा नरक्षेत्र के भीतर ही होती है। वाल्मीकि रामायण में यद्यपि बीच-बीच में ऐसे विशद वर्णन बहुत कुछ मिलते हैं, जिनमें कवि की मुग्ध दृष्टि प्रधानतः मनुष्येतर बाह्य प्रकृति के रूप-जाल में फँसी पायी जाती है, पर उसका प्रधान विषय लोकचरित ही है और प्रबन्ध-काव्यों के सम्बन्ध में भी यही बात कही जा सकती है। रहे मुक्तक या फुटकल पद्य, वे भी अधिकतर मनुष्य ही की भीतरी-बाहरी वृत्तियों से सम्बन्ध रखते हैं।

साहित्य-शास्त्र की रस-निरूपण-पद्धति में आलम्बनों के बीच बाह्य प्रकृति को स्थान ही नहीं मिला है। वह उद्‌दीपन मात्र मानी गयी है। शृंगार के उद्दीपन रूप में जो प्राकृतिक दृश्य लाये जाते हैं; उनके प्रति रतिभाव नहीं होता, नायक या नायिका के प्रति होता है। वे दूसरे के प्रति उत्पन्न प्रीति को उद्दीपित करने वाले होते हैं; स्वयं प्रीति के पात्र या आलम्बन नहीं होते। संयोग में वे सुख बढ़ाते हैं और वियोग में काटने दौड़ते हैं। जिस भावोद्रेक और जिस ब्यौरे के साथ नायक और नायिका के रूप में वर्णन किया जाता है, उस भावोद्रेक और उस ब्यौरे के साथ उनका नहीं। कहीं-कहीं तो उनके नाम गिनाकर ही काम चला लिया जाता है।

मनुष्यों के रूप, व्यापार या मनोवृत्तियों के सादृश्य, साधर्म्य की दृष्टि से जो प्राकृतिक वस्तु-व्यापार आदि लाये जाते हैं उनका स्थान भी गौण ही समझना चाहिए। वे नर-सम्बन्धी भावना को ही तीव्र करने के लिए रखे जाते हैं।

2. मनुष्येतर बाह्य प्रकृति का आलम्बन के रूप में ग्रहण हमारे यहाँ संस्कृति के प्राचीन प्रबन्ध-क़ाव्यों के बीच-बीच में ही पाया जाता है। वहाँ प्रकृति का ग्रहण आलम्बन के रूप में हुआ है, इसका पता वर्णन की प्रणाली से लग जाता है। पहले कह आये हैं कि किसी वर्णन में आयी हुई वस्तुओं का मन में ग्रहण दो प्रकार का हो सकता है—बिम्बग्रहण और अर्थग्रहण। किसी ने कहा 'कमल'। अब इस 'कमल' पद का ग्रहण कोई इस प्रकार भी कर सकता है कि ललाई लिए हुए सफेद पंखुड़ियों और झुके हुए नाल आदि के सहित एक फूल की मूर्ति मन में थोड़ी देर के लिए आ जाय कुछ देर बनी रहे; और इस प्रकार भी कर सकता है कि कोई चित्र उपस्थित न हो; केवल पद का अर्थ मात्र समझकर काम चला लिया जाय। काव्य के दृश्य-चित्रण में पहले प्रकार का संकेत-ग्रहण अपेक्षित होता है और व्यवहार तथा शास्त्र चर्चा में दूसरे प्रकार का। बिम्बग्रहण वही होता है जहाँ कवि अपने सूक्ष्म निरीक्षण द्वारा वस्तुओं के अंग-प्रत्यंग, वर्ण, आकृति तथा उनके आसपास की परिस्थिति का परस्पर संश्लिष्ट विवरण देता है। बिना अनुराग के ऐसे सूक्ष्म ब्योरों पर न दृष्टि जा ही सकती है, न रम ही सकती है। अतः जहाँ ऐसा पूर्ण और संश्लिष्ट चित्रण मिले, वहाँ समझना चाहिए कि कवि ने बाह्य प्रकृति को आलम्बन के रूप में ग्रहण किया है। उदाहरण के लिए वाल्मीकि का यह हेमन्त वर्णन लीजिए—

अवश्याय-निपातेन किञ्चित्प्रक्लिन्नशाद्वला।
वनानां शोभते भूमिर्निविष्टतरुणातपा॥
स्पृशंतु विपुलं शीतमुद्रकं द्विरदः सुखम्।
अत्यन्ततृषितो वन्यः प्रतिसंहरते करम्॥
अवश्याय-तमोनद्धा नीहार-तमसावृताः।
प्रसुप्ता इव लक्ष्यंते विपुष्पा वनराजयः॥
वाष्पसन्छन्नसलिला रुतविज्ञेयसारसाः।
हिमार्द्र बालकैस्तीरैः सरितो भाँति सांप्रतम्॥
जरा-जर्जरितेः पद्मैः शीर्णकेशरकर्णिकैः।
नालशेषैर्हिमध्वस्तैर्न भाँति कमलाकरः॥

(वन की भूमि जिसकी हरी-हरी घास ओस गिरने से कुछ-कुछ नीली हो गयी है, तरुण धूप के पड़ने से कैसी शोभा दे रही है। अत्यन्त प्यासा जंगली हाथी बहुत शीतल जल के स्पर्श से अपनी सूँड़ सिकोड़ लेता है। बिना फूल के वन-समूह कुहरे के अन्धकार में सोये से जान पड़ते हैं। नदियाँ, जिनका जल कुहरे से ढका हुआ है और जिनमें सारस पक्षियों का पता केवल उनके शब्द से लगता है, हिम से आर्द्र बालू के तटों से ही पहचानी जाती है। कमल, जिनके पत्ते जीर्ण होकर झड़ गये हैं, जिनकी केसर-कर्णिकाएँ टूट-फूटकर छितरा गयी हैं, पाले से ध्वस्त होकर नाल मात्र खड़े हैं।)

मनुष्येतर बाह्य प्रकृति का इसी रूप में ग्रहण कुमारसम्भव के आरम्भ तथा रघुवंश के बीच-बीच में मिलता है। नाटक यद्यपि मनुष्य ही की भीतरी-बाहरी प्रवृत्तियों के प्रदर्शन के लिए लिखे जाते हैं और भवभूति अपने मार्मिक और तीव्र अन्तर्वृत्ति विधान के लिए ही प्रसिद्ध हैं, पर उनके 'उत्तररामचरित' में कहीं-कहीं बाह्य प्रकृति के बहुत ही सांग और संश्लिष्ट खण्ड-चित्र पाये जाते हैं। पर मनुष्येतर बाह्य प्रकृति की जो प्रधानता मेघदूत में मिली है, वह संस्कृत के और किसी काव्य में नहीं। 'पूर्वमेघ' तो वहाँ तक प्रकृति की ही एक मनोहर झाँकी या भारत भूमि के स्वरूप का ही मधुर ध्यान है। जो इस स्वरूप के ध्यान में अपने को भूलकर कभी-कभी मग्न हुआ करता है वह घूम-घूमकर वक्तृता दे या न दे, चन्दा इकट्ठा करे या न करे, देशवासियों की आमदनी का औसत निकाले या न निकाले, सच्चा देशप्रेमी है। मेघदूत न कल्पना की क्रीड़ा है, न कला की विचित्रता। वह है प्राचीन भारत के सबसे भावुक हृदय की अपनी प्यारी भूमि की रूप-माधुरी पर सीधी-सादी प्रेम-दृष्टि।

अनन्त रूपों में प्रकृति हमारे सामने आती है—कहीं मधुर, सुसज्जित या सुन्दर रूप में, कहीं रूखे, बेडौल या कर्कश रूप में, कहीं भव्य, विशाल या विचित्र रूप में, कहीं उग्र, कराल या भयंकर रूप में। सच्चे कवि का हृदय उसके इन सब रूपों में लीन होता है, क्योंकि उसके अनुराग का कारण अपना खास सुख-भोग नहीं, बल्कि चिरसाहचर्य द्वारा प्रतिष्ठित वासना है। जो केवल प्रफुल्ल-प्रसून के सौरभ-संचार, मकरन्द-लोलुप, मधुप-गुंजार, कोकिल-कूजित निकुंज और शीतल सुख-स्पर्श समीर इत्यादि की चर्चा किया करते हैं; वे विषयी या भोगलिप्सु हैं। इसी प्रकार जो केवल मुक्ताभास हिमबिन्दु मण्डित मरकताभ शाद्वल-जल, अत्यन्त विशाल गिरिशिखर से गिरते हुए जल प्रताप के गम्भीर गर्त से उठी हुई सीकर-नीहारिका के बीच विविध वर्णस्फुरण की विशालता, भव्यता और विचित्रता में ही अपने हृदय के लिए कुछ पाते हैं, वे तमाशबीन हैं—सच्चे भावुक या सहृदय नहीं। प्रकृति के साधारण-असाधारण सब प्रकार के रूपों में रमनेवाले वर्णन हमें वाल्मीकि, कालिदास, भवभूति आदि संस्कृत के प्राचीन कवियों में मिलते हैं। पिछले खेवे के कवियों में मुक्तक-रचना में तो अधिकतर प्राकृतिक वस्तुओं का अलग-अलग उल्लेख मात्र उद्दीपन की दृष्टि से किया गया है। प्रबन्ध-रचना में जो थोड़ा-बहुत संश्लिष्ट चित्रण किया है वह प्रकृति की विशेष रूप-विभूति को लेकर ही। अंग्रेज़ी के पिछले कवियों में वर्ड्सवर्थ की दृष्टि सामान्य, चिरपरिचित, सीधे-सादे प्रशान्त और मधुर दृश्यों की ओर रहती थी, पर शैली की असाधारण, भव्य और विशाल की ओर।

साहचर्य-संभूत रस के प्रभाव से सामान्य सीधे-सादे चिरपरिचित दृश्यों में कितने माधुर्य की अनुभूति होती है। पुराने कवि कालिदास ने वर्षा के प्रथम जल से सिक्त तुरन्त की जोती हुई धरती तथा उसके पास बिखरी हुई भोली चितवन वाली ग्रामवनिताओं में, साफ-सुथरे ग्रामचैत्यों और कथा-कोविद ग्रामवृद्धों में इसी प्रकार के माधुर्य का अनुभव किया था। आज भी इसका अनुभव लोग करते हैं। बाल्य या कौमार अवस्था में जिस पेड़ के नीचे हम अपनी मण्डली के साथ बैठा करते थे; चिड़चिड़ी बुढ़िया की जिस झोंपड़ी के पास से होकर हम आते-जाते थे, उसकी मधुर स्मृति हमारी भावना को बराबर लीन किया करती है। बुड्ढी की झोंपड़ी में न कोई चमक-दमक थी, न कला-कौशल का वैचित्र्य। मिट्टी की दीवारों पर फूँस का छप्पर पड़ा था, नींव के किनारे चढ़ी हुई मिट्टी पर सत्यानाशी के नीलाभ हरित कँटीले, कटावदार पौधे खड़े थे। जिनके पीले फूलों के गोल सम्पुटों के बीच लाल-लाल बिन्दियाँ झलकती थीं।

सारांश यह कि केवल असाधारणत्व की रुचि सच्ची सहृदयता की पहचान नहीं है। शोभा और सौन्दर्य की भावना के साथ जिनमें मनुष्य-जाति के उस समय के पुराने सहचरों की वंश-परम्परागत स्मृति वासना के रूप में बनी हुई है, जब वह प्रकृति के खुले क्षेत्र में विचरती थी, वे ही पूरे सहृदय भावुक कहे जा सकते हैं। वन्य और ग्रामीण दोनों प्रकार के जीवन प्राचीन हैं; दोनों पेड़-पौधों, पशु-पक्षियों, नदी-नालों और पर्वत मैदानों के बीच व्यतीत होते हैं, अतः प्रकृति के अधिक रूपों के साथ सम्बन्ध रखते हैं। हम पेड़-पौधों और पशु-पक्षियों से सम्बन्ध तोड़कर बड़े-बड़े नगरों में आ बसे, पर उनके बिना रहा नहीं जाता। हम उन्हें हर वक्त पास न रखकर एक घेरे में बन्द करते हैं और कभी-कभी मन बहलाने के लिए उनके पास चले जाते हैं। हमारा साथ उनसे भी छोड़ते नहीं बनता। कबूतर हमारे घर के छज्जों के नीचे सुख से सोते हैं, गौरैये हमारे घर के भीतर आ बैठते हैं, बिल्ली अपना हिस्सा या तो म्यावँ-म्यावँ करते माँगती है या चोरी से ले जाती है, कुत्ते घर की रखवाली करते हैं, और वासुदेव जी कभी-कभी दीवार फोड़कर निकल पड़ते हैं। बरसात के दिनों में जब सुर्खी-चूने की कड़ाई की परवा न कर हरी-हरी घास पुरानी छत पर निकलने लगती है, तब हमें उसके प्रेम का अनुभव होता है। वह मानो हमें ढूँढ़ती हुई जाती है और कहती है कि "तुम हमसे क्यों दूर-दूर भागे फिरते हो?"

जो केवल अपने विलास या शरीर-सुख की सामग्री ही प्रकृति में ढूँढ़ा करते हैं उनमें उस रागात्मक 'सत्त्व' की कमी है जो व्यक्त सत्ता मात्र के साथ एकता की अनुभूति में लीन करके हृदय के व्यापकत्व का आभास देता है। सम्पूर्ण सत्ताएँ एक ही परम सत्ता और सम्पूर्ण भाव एक ही परम भाव के अन्तर्भूत हैं। अतः बुद्धि की क्रिया से हमारा ज्ञान जिस अद्वैत भूमि पर पहुँचता है उसी भूमि तक हमारा भावात्मक हृदय भी इस सत्त्व-रस के प्रभाव से पहुँचता है। इस प्रकार अन्त में जाकर दोनों पक्षों की वृत्तियों का समन्वय हो जाता है। इस समन्वय के बिना मनुष्यत्व की साधना पूरी नहीं हो सकती।

मार्मिक तथ्य

मनुष्येतर प्रकृति के बीच के रूप-व्यापार कुछ भीतरी भावों या तथ्यों की भी व्यंजना करते हैं। पशु-व्यापार के सुख, हर्ष-विषाद, राग-द्वेष, तोष-क्षोभ, कृपा-क्रोध इत्यादि भावों की व्यंजना जो उनकी आकृति, चेष्टा, शब्द आदि से होती है, वह तो प्रायः बहुत प्रत्यक्ष होती है। कवियों को उन पर अपने

भावों का आरोप करने की आवश्यकता प्रायः नहीं होती। तथ्यों का आरोप या सम्भावना अलबत्ता वे कभी-कभी किया करते हैं। पर इस प्रकार का आरोप कभी-कभी कथन को, 'काव्य' के क्षेत्र से घसीटकर 'सूक्ति' या 'सुभाषित' के क्षेत्र में डाल देता है। जैसे, "कौवे सबेरा होते ही क्यों चिल्लाने लगते हैं? वे समझते हैं कि सूर्य अन्धकार का नाश करता बढ़ा आ रहा है, कहीं धोखे से हमारा भी नाश न कर दे।" यह सूक्ति मात्र है, काव्य नहीं। जहाँ तथ्य केवल आरोपित या सम्भावित रहते हैं वहाँ वे अलंकार रूप में ही रहते हैं। पर जिन तथ्यों का आभास हमें पशु-पक्षियों के रूप, व्यापार या परिस्थिति में ही मिलता है वे हमारे भावों के विषय वास्तव में हो सकते हैं। मनुष्य सारी पृथ्वी छेंकता चला जा रहा है। जंगल कट-कट कर खेत, गाँव और नगर बनते चले जा रहे हैं। पशु-पक्षियों का भाग छिनता चला जा रहा है। उनके सब ठिकानों पर हमारा निष्ठुर अधिकार होता चला जा रहा है। वे कहाँ जायें? कुछ तो हमारी गुलामी करते हैं। कुछ हमारी बस्ती के भीतर या आस-पास रहते हैं और छीन-झपटकर अपना हक ले जाते हैं। हम उनके साथ बराबर ऐसा ही व्यवहार करते हैं, मानो उन्हें जीने का कोई अधिकार ही नहीं है। इन तथ्यों का सच्चा आभास हमें उनकी परिस्थिति से मिलता है। अतः उनमें से किसी की चेष्टा-विशेष में इन तथ्यों की मार्मिक व्यंजना की प्रतीति काव्यानुभूति के अन्तर्गत होगी। यदि कोई बंदर हमारे सामने से कोई खाने-पीने की चीज़ उठा ले जाये और किसी पेड़ के ऊपर बैठा-बैठा हमें घुड़की दे, तो काव्य-दृष्टि से हमें ऐसा मालूम हो सकता है कि—

> देते हैं घुड़की यह अर्थ-ओज-भरी हरि
> "जीने का हमारा अधिकार क्या न गया रह?
> पर प्रतिषेध के प्रसार बीच तेरे नर!
> क्रीड़ामय जीवन-उपाय है हमारा यह।
> दानी जो हमारे रहे, वे भी दास तेरे हुए
> उनकी उदारता भी सकता नहीं तू सह।
> फूली फली उमंग उपकार की तू।
> छेंकता है जाता, हम जायें कहाँ, तू ही कह!"

पेड़-पौधे, लता-गुल्म आदि भी इसी प्रकार कुछ भावों या तथ्यों की व्यंजना करते हैं जो कभी-कभी कुछ गूढ़ होती है। सामान्य दृष्टि भी वर्षा की

झड़ी के पीछे उनके हर्ष और उल्लास को, ग्रीष्म के प्रचण्ड आतप में उनकी शिथिलता और म्लानता को, शिशिर के कठोर शासन में उनकी दीनता को, मधुकाल में उनके रसोन्माद, उमंग और ह्रास को, प्रबल वात के झकोरों में उनकी विकलता को, प्रकाश के प्रति उनकी ललक को देख सकती है। इसी प्रकार भावुकों के समक्ष वे अपनी रूपचेष्टा आदि द्वारा कुछ मार्मिक तथ्यों की भी व्यंजना करते हैं। हमारे यहाँ के पुराने अन्योक्तिकारो ने कहीं-कहीं इस व्यंजना की ओर ध्यान दिया है। कहीं-कहीं का मतलब यह है कि बहुत जगह उन्होंने अपनी भावना का आरोप किया है, उनकी रूपचेष्टा या परिस्थिति से तथ्य-चयन नहीं। पर उनकी विशेष-विशेष परिस्थितियों की ओर भावुकता से ध्यान देने पर बहुत से मार्मिक तथ्य सामने आते हैं। कोसों तक फैले, कड़ी धूप में तपते मैदान के बीच एक अकेला वटवृक्ष दूर तक छाया फैलाये खड़ा है। हवा के झोंकों से उसकी टहनियाँ और पत्ते हिल-हिल कर मानो बुला रहे हैं। इस धूप से व्याकुल होकर उसकी ओर बढ़ते हैं। देखते हैं, उनकी जड़ के पास एक गाय बैठी आँखें मूँदे जुगाली कर रही है। हम लोग भी उसी के पास आराम से जा बैठते हैं इतने में एक कुत्ता जीभ बाहर निकाले हाँफता हुआ उस छाया के नीचे आता है और हममें से कोई उठकर उसे छड़ी लेकर भगाने लगता है। इस परिस्थिति को देख हममें से कोई भावुक पुरुष उस पेड़ को इस प्रकार सम्बोधन करे तो कर सकता है—

काया की न छाया यह केवल तुम्हारी द्रुम
अंतस के मर्म का प्रकाश यह छाया है।
भरी है इसी में वह स्वर्ग-स्वप्न-धरा अभी।
जिसमें न पूरा-पूरा नर बह पाया है।
शान्तिसार शीतल प्रसार यह छाया धन्य!
प्रीति सा पसारे इसे कैसी हरी काया है।
हे नर! तू प्यारा इस तरु का स्वरूप देख,
देख फिर घोर रूप तूने जो कमाया है।

ऊपर नरक्षेत्र और मनुष्येतर सजीव सृष्टि के क्षेत्र का उल्लेख हुआ है। काव्यदृष्टि कभी तो इन पर अलग-अलग रहती है कभी समष्टि-रूप में समस्त जीवन-क्षेत्र पर। कहने की आवश्यकता नहीं कि विच्छिन्न दृष्टि की अपेक्षा समष्टि-दृष्टि में अधिक व्यापकता और गम्भीरता रहती है। काव्य का अनुशीलन

करने वाले मात्र जानते हैं कि काव्य-सृष्टि सजीव दृष्टि तक ही बद्ध नहीं रहती है। वह प्रकृति के उस भाग की ओर भी जाती है जो निर्जीव या जड़ कहलाता है। भूमि, चट्टान, नाले, टीले, मैदान, समुद्र, आकाश, मेघ, नक्षत्र इत्यादि की रूप-गति आदि से भी हम सौन्दर्य, माधुर्य, भीषणता, भव्यता, विचित्रता, उदासी उदारता, सम्पन्नता इत्यादि की भावना प्राप्त करते हैं। कड़कड़ाती धूप के पीछे उमड़ी हुई घटा की श्यामल स्निग्धता का अनुभव मनुष्य क्या पशु-पक्षी; पेड़-पौधे तक करते हैं। अपने इधर-उधर हरी-भरी लहलहाती प्रफुल्लता को विधान करती हुई नदी की अविराम जीवन-धारा में हम द्रवीभूत औदार्य का दर्शन करते हैं। पर्वत की ऊँची चोटियों में विशालता और भव्यता का, बात-बिलोड़ित जल-प्रसार में क्षोभ और आकुलता का विकीर्णधन-खण्ड-मण्डित, रस्मि-रंजित सान्ध्य-दिगंचल में चमत्कार पूर्ण सौन्दर्य का, ताप से तिलमिलाती धरा पर धूल झोंकते हुए अन्धड़ के प्रचण्ड झोंकों में उग्रता और उच्छृंखलता का, बिजली की कँपाने वाली कड़क और ज्वालामुखी के ज्वलन्त स्फोट में भीषणता का आभास मिलता है। ये सब विश्वरूपी महाकाव्य की भावनाएँ या कल्पनाएँ हैं। स्वार्थ-भूमि से परे पहुँचे हुए सच्चे अनुभूति-योगी या कवि इनके द्रष्टा मात्र होते हैं।

जड़ जगत् के भीतर पाये जाने वाले रूप, व्यापार या परिस्थितियाँ अपने मार्मिक तथ्यों की भी व्यंजना करती हैं। जीवन में तथ्यों के साथ उनके साम्य का बहुत अच्छा मार्मिक उद्घाटन कहीं-कहीं हमारे यहाँ के अन्योक्तिकारों ने किया है। जैसे, इधर नरक्षेत्र के बीच देखते हैं तो सुख-समृद्धि और सम्पन्नता की दशा में दिन-रात घेरे रहने वाले स्तुति का खासा कोलाहल खड़ा करने वाले, विपत्ति और दुर्दिन में पास नहीं फटकते; उधर जड़ जगत् के भीतर देखते हैं तो भरे हुए सरोवर के किनारे जो पक्षी बराबर कलरव करते रहते हैं, वे उसके सूखने पर अपना-अपना रास्ता लेते हैं।

> कोलाहल सुनि खगन के, सरवर! जनि अनुरागि।
> ये सब स्वारथ के सखा, दुर्दिन दैहैं त्यागि॥
> दुर्दिन दैहैं त्यागि, तोय तेरो जब जैहैं।
> दूरहिं ते तजि आस, पास कोऊ नहिं ऐहैं॥

इसी प्रकार सूक्ष्म और मार्मिक दृष्टि वालों को और गूढ़ व्यंजना भी मिल सकती है। अपने इधर-उधर हरियाली और प्रफुल्लता का विधान करने के लिए यह

आवश्यक है कि नदी कुछ काल तक एक बँधी हुई मर्यादा के भीतर बहती रहे। वर्षा की उमड़ी हुई उच्छृंखलता में पोषित हरियाली और प्रफुल्लता का ध्वंस सामने आता है। पर यह उच्छृंखलता और ध्वंस अल्पकालिक होता है। इसके द्वारा आगे के लिए पोषण की नयी शक्ति का संचय होता है। उच्छृंखलता नदी की स्थायी वृत्ति नहीं है। नदी के इस स्वरूप के भीतर सूक्ष्म मार्मिक दृष्टि लोकगति के स्वरूप का साक्षात्कार करती है। लोकजीवन की धारा जब एक बँधे मार्ग पर कुछ काल तक अबाध गति से चलने पाती है तभी सभ्यता के किसी रूप का पूर्ण विकास और उसके भीतर सुख-शान्ति की प्रतिष्ठा होती है। जब जीवन-प्रवाह क्षीण और शाक्त पड़ने लगता है और गहरी विषमता आने लगती है तब नयी शक्ति का प्रवाह फूट पड़ता है जिसमें वेग की उच्छृंखलता के सामने बहुत कुछ ध्वंस भी होता है। पर यह उच्छृंखल वेग जीवन का या जगत् का नित्य स्वरूप नहीं है।

3. पहले कहा जा चुका है कि नरक्षेत्र के भीतर बद्ध रहने वाली काव्य-दृष्टि की अपेक्षा सम्पूर्ण जीवन-क्षेत्र और समस्त चराचर के क्षेत्र से मार्मिक तथ्यों का चयन करने वाली दृष्टि उत्तरोत्तर अधिक व्यापक और गम्भीर कही जायेगी। जब कभी हमारी भावना का प्रसार इतना विस्तीर्ण और व्यापक होता है कि हम अनन्त व्यक्ति सत्ता के भीतर नरसत्ता के स्थान का अनुभव करते हैं तब हमारी पार्थक्य-बुद्धि का परिहार हो जाता है। उस समय हमारा हृदय ऐसी उच्च भूमि पर पहुँचा रहता है जहाँ उसकी वृत्ति प्रशान्त और गम्भीर हो जाती है। उसकी अनुभूति का विषय ही कुछ बदल जाता है।

तथ्य चाहे नरक्षेत्र के ही हों, चाहे अधिक व्यापक क्षेत्र के हों, कुछ प्रत्यक्ष होते हैं और कुछ गूढ़। जो तथ्य हमारे किसी भाव को उत्पन्न करे उसे उस भाव का आलम्बन कहना चाहिए। ऐसे रसात्मक तथ्य आरम्भ में ज्ञानेन्द्रियाँ उपस्थित करती हैं। फिर ज्ञानेन्द्रियों द्वारा प्राप्त सामग्री से भावना या कल्पना उनकी योजना करती है। अतः यह कहा जा सकता है कि ज्ञान ही भावों में संचार के लिए मार्ग खोलता है। ज्ञान-प्रसार के भीतर ही भाव-प्रसार होता है। आरम्भ में मनुष्य की चेतन सत्ता अधिकतर इन्द्रियज ज्ञान की समष्टि के रूप में ही रही। फिर ज्यों-ज्यों अन्तःकरण का विकास होता गया और सभ्यता बढ़ती गयी त्यों-त्यों मनुष्य का ज्ञान बुद्धि व्यवसायात्मक होता गया है। अब मनुष्य का ज्ञानक्षेत्र बुद्धिव्यवसायात्मक या विचारात्मक होकर बहुत ही विस्तृत हो गया है। अतः उसके विस्तार के साथ हमें अपने हृदय का विस्तार

भी बढ़ाना पड़ेगा। विचारों की क्रिया से, वैज्ञानिक विवेचन और अनुसंधान द्वारा उद्घाटित परिस्थितियों और तथ्यों के मर्मस्पर्शी पक्ष का मूर्त और सजीव चित्रण भी—उसका इस रूप में प्रत्यक्षीकरण भी कि वह हमारे किसी भाव का आलम्बन हो सके—कवियों का काम और उच्च काव्य का एक लक्षण होगा। कहने की आवश्यकता नहीं कि इन तथ्यों और परिस्थितियों के मार्मिक रूप न जाने कितनी बातों की तह में छिपे होंगे।

काव्य और व्यवहार

भावों या मनोविकारों के विवेचन में हम कह चुके हैं कि मनुष्य को कर्म में प्रवृत्त करने वाली मूल वृत्ति भावात्मिका है। केवल तर्क-बुद्धि या विवेचना के बल से हम किसी कार्य में प्रवृत्त नहीं होते। जहाँ जटिल बुद्धि-व्यापार के अन्तर में किसी कर्म का अनुष्ठान देखा जाता है वहाँ भी तह में कोई भाव या वासना छिपी रहती है। चाणक्य जिस समय अपनी नीति की सफलता के लिए किसी निष्ठुर व्यापार में प्रवृत्त दिखाई पड़ता है उस समय वह दया, करुणा आदि सब मनोविकारों या भावों से परे दिखाई पड़ता है। पर थोड़ा अन्तर्दृष्टि गड़ाकर देखने से कौटिल्य को नचाने वाली डोर का छोर भी अन्तःकरण के रागात्मक खण्ड की ओर मिलेगा। प्रतिज्ञा-पूर्ति की आनन्द भावना और नन्दवंश के प्रति क्रोध या वैर की वासना बारी-बारी से उस डोर को हिलाती हुई मिलेगी। अर्वाचीन राष्ट्रनीति के गुरु-घण्टाल जिस समय अपनी किसी गहरी चाल से किसी देश की निरपराध जनता का सर्वनाश करते हैं, उस समय वे दया आदि दुर्बलताओं से निर्लिप्त, केवल बुद्धि के कठपुतले दिखाई पड़ते हैं। पर उनके भीतर यदि छानबीन की जाय तो कभी अपने देशवासियों के सुख की उत्कण्ठा, कभी अन्य जाति के प्रति घोर विद्वेष, कभी अपनी जातीय श्रेष्ठता का नया या पुराना घमण्ड, इशारे करता हुआ मिलेगा।

बात यह है कि केवल इस बात को जानकर ही हम किसी काम को करने या न करने के लिए तैयार नहीं होते कि वह काम अच्छा है या बुरा, लाभदायक है या हानिकारक। जब उसकी या उसके परिणाम की कोई ऐसी बात हमारी भावना में आती है जो आह्लाद, क्रोध, करुणा, भय, उत्कण्ठा आदि का संचार कर देती है तभी हम उस काम को करने या न करने के लिए उद्यत होते हैं। शुद्ध-ज्ञान या विवेक में कर्म की उत्तेजना नहीं होती। कर्म-प्रवृत्ति के लिए मन में कुछ वेग का आना आवश्यक है। यदि किसी जनसमुदाय के

बीच कहा जाय कि अमुक देश तुम्हारा इतना रुपया प्रतिवर्ष उठा ले जाता है तो सम्भव है कि उस पर कुछ प्रभाव न पड़े। पर यदि दारिद्र्य और अकाल का भीषण और करुण दृश्य दिखाया जाय, पेट की ज्वाला से जले हुए कंकाल कल्पना के सम्मुख रखे जायें और भूख में तड़पते हुए बालक के पास बैठी हुई माता का आर्त-क्रन्दन सुनाया जाय तो बहुत से लोग क्रोध और करुणा से व्याकुल हो उठेंगे और इस दशा को दूर करने का यदि उपाय नहीं तो संकल्प अवश्य करेंगे। पहले ढंग की बात कहना राजनीतिक या अर्थशास्त्री का काम है और पिछले प्रकार का दृश्य भावना में लाना कवि का। अतः यह धारणा कि काव्य व्यवहार का बाधक है, उसके अनुशीलन से अकर्मण्यता आती है, ठीक नहीं। कविता तो भाव-प्रसार द्वारा कर्मण्य के लिए कर्मक्षेत्र का और विस्तार कर देती है।

उक्त धारणा का आधार यदि कुछ हो सकता है तो यही कि जो भावुक या सहृदय होते हैं अथवा काव्य के अनुशीलन से जिनके भाव-प्रसार का क्षेत्र विस्तृत हो जाता है, उनकी वृत्तियाँ उतनी स्वार्थबद्ध नहीं रह सकतीं। कभी-कभी वे दूसरों का जी दुखाने के डर से, आत्मगौरव या कुलगौरव या जातिगौरव के ध्यान से अथवा जीवन के किसी पक्ष की उत्कर्ष-भावना में नग्न होकर अपने लाभ के कर्म में अतत्पर या उससे विरत देखे जाते हैं। अतः अर्थागम से हृष्ट, 'स्वकार्य साधयेत्' के अनुयायी काशी के ज्योतिषी और कर्मकाण्डी, कानपुर के बनिए और दलाल, कचहरियों के अमले और मुख्तार ऐसों को कार्य-भ्रंशकारी, मूर्ख, निरे निठल्ले या खब्त-उल-हवास समझ सकते हैं। जिनकी भावना किसी बात के मार्मिक पक्ष का चित्रानुभव करने में तत्पर रहती है, जिनके भाव चराचर के बीच किसी की भी आलम्बनोपयुक्त रूप या दशा में पाते ही उसकी ओर दौड़ पड़ते हैं, वे सदा अपने लाभ के ध्यान से या स्वार्थ-बुद्धि द्वारा ही परिचालित नहीं होते। उसकी यही विशेषता अर्थपरायणों को—अपने काम से काम रखने वालों को—एक त्रुटि-सी जान पड़ती है। कवि और भावुक हाथ-पैर न हिलाते हों, यह बात नहीं है। पर अर्थियों के निकट उनकी बहुत सी क्रियाओं का कोई अर्थ नहीं होता।

मनुष्यता की उच्च भूमि

मनुष्य की चेष्टाओं और कर्मकलाप से भावों का मूल-सम्बन्ध निरूपित हो चुका है और यह भी दिखाया जा चुका है कि कविता इन भावों या मनोविकारों

के क्षेत्र में विस्तृत करती हुई इनका प्रसार करती है। पशुत्व से मनुष्यत्व में जिस प्रकार अधिक ज्ञानप्रसार की विशेषता है उसी प्रकार अधिक भाव-प्रसार की भी। पशुओं के प्रेम की पहुँच प्रायः अपने जोड़े बच्चों या खिलाने-पिलाने वालों तक ही होती है। इसी प्रकार उनका क्रोध भी अपने सताने वालों तक ही जाता है स्वर्ग या पशुमात्र को सताने वालों तक नहीं पहुँचता। पर मनुष्य में ज्ञान-प्रसार के साथ भाव-प्रसार भी क्रमशः बढ़ता गया है। अपने परिजनों, अपने सम्बन्धियों, अपने पड़ोसियों, अपने देशवासियों क्या मनुष्य मात्र और प्राणिमात्र तक से प्रेम करने भर की जगह उसके हृदय में बन गयी है। मनुष्य की त्योरी मनुष्य को ही सताने वाले पर नहीं चढ़ती, गाय-बैल और कुत्ते-बिल्ली को सताने वाले पर भी चढ़ती है। पशु की वेदना देखकर भी उनके नेत्र सजल होते हैं। बन्दर को शायद बन्दरिया के मुँह में ही सौन्दर्य दिखाई पड़ता होगा; पर मनुष्य पशु-पक्षी, फूल-पत्ते और रेत-पत्थर में भी सौन्दर्य पाकर मुग्ध होता है। इस हृदय-प्रसार का स्मारक स्तम्भ काव्य है जिसकी उत्तेजना से हमारे जीवन में एक नया जीवन आ जाता है। हम सृष्टि के सौन्दर्य को देखकर रसमग्न होने लगते हैं, कोई निष्ठुर कार्य हमें असह्य होने लगता है, हमें जान पड़ता है कि हमारा जीवन कई गुना बढ़कर सारे संसार में व्याप्त हो गया है।

कवि-वाणी के प्रसार से हम संसार के सुख-दुःख, आनन्द-क्लेश आदि का शुद्ध स्वार्थमुक्त रूप में अनुभव करते हैं। इस प्रकार के अनुभव के अभ्यास से हृदय का बन्धन खुलता है और मनुष्यता की उच्च भूमि की प्राप्ति होती है। किसी अर्थपिशाच कृपण को देखिए, जिसने केवल अर्थलोभ के वशीभूत होकर क्रोध, दया, श्रद्धा, भक्ति, आत्माभिमान आदि भावों को एकदम दबा दिया है और संसार के मार्मिक पक्ष से मुँह मोड़ लिया है। न सृष्टि के किसी रूप-माधुर्य को देख वह पैसों का हिसाब-किताब भूल कभी मुग्ध होता है, न किसी दीन-दुनिया को देख कभी करुणा से द्रवीभूत होता है, न कोई अपमान-सूचक बात सुनकर क्रुद्ध या क्षुब्ध होता है। यदि उससे किसी लोमहर्षण अत्याचार की बात कही जाये तो वह मनुष्य धर्मानुसर क्रोध या घृणा प्रकट करने के स्थान पर रुखाई के साथ कहेगा कि "जाने दो, हमसे क्या मतलब; चलो अपना काम देखें।" यह महा भयानक मानसिक रोग है। इससे मनुष्य आधा मर जाता है। इसी प्रकार किसी महाक्रूर पुलिस कर्मचारी को जाकर देखिए जिसका हृदय पत्थर के समान जड़ और कठोर हो गया है, जिसे दूसरे के दुःख और क्लेश की भावना स्वप्न में भी नहीं होती है। ऐसों को सामने पाकर स्वभावतः यह मन में आता है कि क्या इनकी भी कोई दवा है? इनकी दवा कविता है।

कविता ही हृदय को प्रकृत दशा में लाती है और जगत् के बीच क्रमशः उसका अधिकाधिक प्रसार करती हुई उसे मनुष्यत्व की उच्च भूमि पर ले जाती है। भावयोग की सबसे उच्च कक्षा पर पहुँचे हुए मनुष्य का जगत् के साथ पूर्ण तादात्म्य हो जाता है, उसकी अलग भावसत्ता नहीं रह जाती, उसका हृदय विश्व-हृदय हो जाता है। उसकी अश्रुधारा में जगत् की अश्रुधारा का, उसके हास-विलास में जगत् के आनन्द-नृत्य का, उसके गर्जन-तर्जन का आभास मिलता है।

भावना या कल्पना

इस निबन्ध के आरम्भ में ही हम काव्यानुशीलन को भावयोग कह आये हैं और उसे कर्मयोग और ज्ञानयोग के समकक्ष बता आये हैं। यहाँ पर अब यह कहने की आवश्यकता प्रतीत होती है कि 'उपासना' भावयोग का ही एक अंग है। पुराने धार्मिक लोग उपासना का अर्थ 'ध्यान' ही लिया करते हैं। जो वस्तु हमसें अलग है, हमसे दूर प्रतीत होती है, उसकी मूर्ति मन में लाकर उसके सामीप्य का अनुभव करना ही उपासना है। साहित्य वाले इसी को 'भावना' कहते हैं और आजकल के लोग 'कल्पना'। जिस प्रकार भक्ति के लिए उपासना या ध्यान की आवश्यकता होती है उसी प्रकार और भावों के प्रवर्तन के लिए भी भावना या कल्पना अपेक्षित होती है। जिनकी भावना या कल्पना शिथिल या अशक्त होती है, किसी कविता या सरस उक्ति को पढ़-सुनकर उनके हृदय में मार्मिकता होते हुए भी वैसी अनुभूति नहीं होती। बात यह है कि उनके अन्तःकरण में चटपट वह सजीव और स्पष्ट मूर्ति-विधान नहीं होता जो भावों को परिचालित कर देता है। कुछ कवि किसी बात के सारे मार्मिक अंगों का पूरे ब्यौरे के साथ चित्रण कर देते हैं, पाठक या श्रोता की कल्पना के लिए बहुत कम काम छोड़ते हैं और कुछ कवि कुछ मार्मिक खण्ड रखते हैं जिन्हें पाठक की तत्पर कल्पना आप से आप पूर्ण करती है।

कल्पना दो प्रकार की होती है—विधायक और ग्राहक! कवि में विधायक कल्पना अपेक्षित होती है और श्रोता या पाठक में अधिकतर ग्राहक। अधिकतर कहने का अभिप्राय यह है जहाँ कवि पूर्ण चित्रण नहीं करता वहाँ पाठक या श्रोता को भी अपनी ओर से कुछ मूर्ति-विधान करना पड़ता है। योरोपीय साहित्य-मीमांसा में कल्पना को बहुत प्रधानता दी गयी है। है भी यह काव्य का अनिवार्य साधन, पर है साधन ही, साध्य नहीं, जैसा कि उपर्युक्त विवेचन

से स्पष्ट है। किसी प्रसंग के अन्तर्गत कैसा ही विचित्र मूर्ति विधान हो पर यदि उसमें उपर्युक्त भाव संचार की क्षमता नहीं है तो वह काव्य के अन्तर्गत न होगा।

मनोरंजन

प्रायः सुनने में आता है कि कविता का उद्देश्य मनोरंजन है। पर जैसा कि हम पहले कह आये हैं कविता का अन्तिम लक्ष्य जगत् के मार्मिक पक्षों का प्रत्यक्षीकरण करके उनके साथ मनुष्य-हृदय का सामंजस्य-स्थापन है। इतने गम्भीर उद्देश्य के स्थान पर केवल मनोरंजन का हल्का उद्देश्य सामने रखकर जो कविता का पठन-पाठन या विचार करते हैं, वे रास्ते ही में रह जाने वाले पथिक के समान हैं। कविता पढ़ते समय मनोरंजन अवश्य होता है, पर उसके उपरान्त कुछ और भी होता है और वही सब कुछ है। मनोरंजन वह शक्ति है जिससे कविता अपना प्रभाव जमाने के लिए मनुष्य की चित्तवृत्ति को स्थिर किये रहती है, इधर-उधर जाने नहीं देती। अच्छी से अच्छी बात को भी कभी-कभी जो केवल कान से सुन भर लेते हैं, उनकी ओर उनका मनोयोग नहीं होता। केवल यही कहकर कि 'परोपकार करो', 'दूसरों पर दया करो', 'चोरी करना महापाप है', हमें यह आशा कदापि न करनी चाहिए कि कोई अपकारी उपकारी, कोई क्रूर दयावान् या कोई चोर साधु हो जायेगा। क्योंकि ऐसे वाक्यों के अर्थ की पहुँच हृदय तक होती ही नहीं, वह ऊपर ही ऊपर रह जाता है। ऐसे वाक्यों द्वारा सूचित व्यापारों का मानव-जीवन के बीच कोई मार्मिक चित्र सामने न पाकर हृदय उनकी अनुभूति की ओर प्रवृत्त ही नहीं होता।

पर कविता अपनी मनोरंजन-शक्ति द्वारा पढ़ने या सुनने वाले का चित्त रमाये रहती है, जीवन-पट पर उक्त कर्मों की सुन्दरता या विरूपता अंकित करके हृदय के मर्मस्थलों का स्पर्श करती है। मनुष्य के कुछ कर्मों में जिस प्रकार दिव्य सौन्दर्य और माधुर्य होता है, उसी प्रकार कुछ कर्मों में भीषण कुरूपता और भद्दापन होता है। इसी सौन्दर्य या कुरूपता का प्रभाव मनुष्य के हृदय पर पड़ता है और इस सौन्दर्य या कुरूपता का सम्यक् प्रत्यक्षीकरण कविता ही कर सकती है।

कविता की इसी रमाने वाली शक्ति को देखकर जगन्नाथ पण्डितराज ने रमणीयता का पल्ला पकड़ा और उसे काव्य का साध्य स्थिर किया तथा योरोपीय समीक्षकों के 'आनन्द' को काव्य का परम लक्ष्य ठहराया। इस प्रकार मार्ग को ही अन्तिम गन्तव्य स्थल मान लेने के कारण बड़ा गड़बड़झाला हुआ।

मनोरंजन या आनन्द तो बहुत सी बातों में हुआ करता है। किस्सा-कहानी सुनने में भी तो पूरा मनोरंजन होता है, लोग रात-रात भर सुनते रह जाते हैं। पर क्या कहानी सुनना और कविता सुनना एक ही बात है? हम रसात्मक कथाओं या आख्यानों की बात नहीं कहते हैं; केवल घटना वैचित्र्य पूर्ण कहानियों की बात कहते हैं। कविता और कहानी का अन्तर स्पष्ट है। कविता सुनने वाला किसी भाव में मग्न रहता है और कभी-कभी बार-बार एक ही पद्य सुनना चाहता है। पर कहानी सुनने वाला आगे की घटना के लिए आकुल रहता है। कविता सुनने वाला कहता है, ''जरा फिर तो कहिए।'' कहानी सुनने वाला कहता है, ''हाँ! तब क्या हुआ।''

मन को अनुरंजित करना, उसे सुख या आनन्द पहुँचाना ही यदि कविता का अन्तिम लक्ष्य माना जाय तो कविता भी केवल विलास की एक सामग्री हुई। परन्तु क्या कोई कह सकता है कि वाल्मीकि ऐसे मुनि और तुलसीदास ऐसे भक्त ने केवल इतना ही समझकर श्रम किया कि लोगों को समय काटने का एक अच्छा सहारा मिल जायेगा? क्या इससे गम्भीर कोई उद्देश्य उनका न था? खेद के साथ कहना पड़ता है कि बहुत दिनों से बहुत से लोग कविता को विलास की सामग्री समझते आ रहे हैं। हिन्दी के रीति-काल के कवि तो मानो राजाओं-महाराजाओं की कामवासना को उत्तेजित करने के लिए ही रखे जाते थे। एक प्रकार के कविराज तो रईसों के मुँह में मकरध्वज रस झोंकते थे, दूसरे प्रकार के कविराज कान में मकरध्वज रस की पिचकारी देते थे, पीछे से तो ग्रीष्मोपचार आदि के नुस्खे भी कवि लोग तैयार करने लगे। गर्मी के मौसम के लिए एक कवि जी व्यवस्था करते हैं।

सीतल गुलाबजल भरि चहबच्चन में,
डार कै कमलदल न्हायबे को धँसिए।
कालिदास अंग-अंग अगर अतर संग,
केसर उसीर नीर घनसार धँसिए।
जेठ में गोविन्द लाल चन्दन के चहलन,
भरि-भरि गोकुल के महलन बसिए।

इसी प्रकार शिशिर के मसाले सुनिए–

गुलगुली गिलमैं, गलीचा हैं, गुनीजन हैं,
चिक हैं, चिराकैं हैं, चिरागन की माला हैं।

कहै पदमाकर है गजक गजा हू सजी,
सज्जा हैं, सुरा हैं, सुराही हैं सुप्याला हैं।
शिशिर के पाला को न व्यापत कसाला तिन्हैं,
जिनके अधीन एते उदित मसाला हैं।

सौन्दर्य

सौन्दर्य बाहर की कोई वस्तु नहीं है, मन के भीतर की वस्तु है। योरोपीय कला समीक्षा की यह एक बड़ी ऊँची उड़ान या बड़ी दूर की कौड़ी समझी गयी है। पर वास्तव में यह भाषा के गड़बड़झाले के सिवा और कुछ नहीं है। जैसे, वीरकर्म से पृथक् वीरत्व कोई पदार्थ नहीं वैसे ही सुन्दर वस्तु से पृथक् सौन्दर्य कोई पदार्थ नहीं। कुछ रूप-रंग की वस्तुएँ ऐसी होती हैं जो हमारे मन में आते ही थोड़ी देर के लिए हमारी सत्ता पर ऐसा अधिकार कर लेती हैं कि उसका ज्ञान ही हवा हो जाता है और हम उन वस्तुओं की भावना के रूप में ही परिणत हो जाते हैं। हमारी अन्तसत्ता की यही तदाकार-परिणति सौन्दर्य की अनुभूति है। इसके विपरीत कुछ रूप-रंग की वस्तुएँ ऐसी होती हैं जिनकी प्रतीति या जिनकी भावना हमारे मन में कुछ देर टिकने ही नहीं पाती और एक मानसिक आपत्ति-सी जान पड़ती है। जिस वस्तु के प्रत्यक्ष ज्ञान या भावना से तदाकार परिणति जितनी ही अधिक होगी, उतनी ही वह वस्तु हमारे लिए सुन्दर कही जायेगी। इस विवेचन से स्पष्ट है कि भीतर-बाहर का भेद व्यर्थ है। जो भीतर है वही बाहर है।

यही बाहर हँसता-खेलता, रोता-गाता, खिलता-मुरझाता जगत् भीतर भी है, जिसे हम मन कहते हैं। जिस प्रकार यह जगत् रूपमय और गतिमय है उसी प्रकार मन भी। मन भी रूपगति का संघात ही है। रूप मन और इन्द्रियों द्वारा संघटित है या मन और इन्द्रियाँ रूपों द्वारा, इससे यहाँ प्रयोजन नहीं। हमें तो केवल यही कहना है कि हमें अपने मन का और अपनी सत्ता का बोध रूपात्मक ही होता है।

किसी वस्तु के प्रत्यक्ष ज्ञान या भावना से हमारी अपनी सत्ता के क्रोध का जितना ही अधिक तिरोभाव और हमारे मन की उस वस्तु के रूप में जितनी ही पूर्ण परिणति होगी उतनी ही बढ़ी हुई हमारी सौन्दर्य की अनुभूति कही जायेगी। जिस प्रकार की रूपरेखा या वर्ण-विन्यास से किसी की तदाकार परिणति होती है, उसी प्रकार की रूपरेखा या वर्ण-विन्यास उसके लिए सुन्दर है।

मनुष्यता की सामान्य भूमि पर पहुँची हुई संसार की सब सभ्य जातियों में सौन्दर्य के सामान्य आदर्श प्रतिष्ठित हैं। भेद अधिकतर अनुभूति की मात्रा में पाया जाता है। न सुन्दर को कोई एकबारगी कुरूप कहता है और न बिल्कुल कुरूप को सुन्दर। जैसा कि कहा जा चुका है, सौन्दर्य का दर्शन मनुष्य मनुष्य ही में नहीं करता, प्रत्युत् पल्लव-गुंफित पुष्पहास में, पक्षियों के पक्षजाल में, सिन्दूरीराभ सान्ध्य दिगंचल के हिरण्य-मेखला-मण्डित धन-खण्ड में, तुषारावृत्त तुंग-गिरि-शिखर में, चन्द्रकिरण से झलझलाते निर्झर में और न जाने कितनी वस्तुओं में वह सौन्दर्य की झलक पाता है।

जिस सौन्दर्य की भावना में मग्न होकर मनुष्य अपनी पृथक् सत्ता की प्रतीति का विसर्जन करता है वह अवश्य एक दिव्य विभूति है। भक्त लोग अपनी उपासना या ध्यान में इसी विभूति का अवलम्बन करते हैं। तुलसी और सूर ऐसे सगुणोपासक भक्त राम और कृष्ण की सौन्दर्य-भावना में मग्न होकर ऐसी मंगल-दशा का अनुभव कर गये हैं जिसके सामने कैवल्य या मुक्ति की कामना का कहीं पता नहीं लगता।

कविता केवल वस्तुओं के ही रंग-रूप में सौन्दर्य की छटा नहीं दिलाती, प्रत्युत् कर्म और मनोवृत्ति के भी अत्यन्त मार्मिक दृश्य सामने रखती है। वह जिस प्रकार विकसित कमल, रमणी के मुखमण्डल आदि का सौन्दर्य मन में लाती है उसी प्रकार उदारता, वीरता, त्याग, दया, प्रेमोत्कर्ष इत्यादि कर्मों और मनोवृत्तियों का सौन्दर्य भी मन में जगाती है। जिस प्रकार वह शव को नोचते हुए कुत्तों और श्रृगालों के बीभत्स व्यापार की झलक दिखाती है उसी प्रकार क्रूरों की हिंसावृत्ति और दुष्टों की ईर्ष्या आदि की कुरूपता से भी क्षुब्ध करती है। इस कुरूपता का अवस्थान सौन्दर्य को पूर्ण और स्पष्ट अभिव्यक्ति के लिए ही समझना चाहिए। जिन मनोवृत्तियों का अधिकतर बुरा रूप हम संसार में देखा करते हैं उनका भी रूप सुन्दर कविता ढूँढ़कर दिखाती है। दशवदन-निधनकारी राम के क्रोध के सौन्दर्य पर कौन मोहित न होगा?

जो कविता रमणी के रूपमाधुर्य से हमें तृप्त करती है वही उसकी अन्तर्वृत्ति की सुन्दरता का आभास देकर हमें मुग्ध करती है। जिस बंकिम की लेखनी ने गढ़ पर बैठी हुई राजकुमारी तिलोत्तमा के अंग-प्रत्यंग की सुषमा को अंकित किया है उसी ने नवाब-नन्दिनी आयशा के अन्तस् की अपूर्व सात्विकी ज्योति की झलक दिखाकर पाठकों को चमत्कृत किया है। जिस प्रकार बाह्य प्रकृति के

बीच वन, पर्वत, नदी-निर्झर आदि की रूप-विभूति से हम सौन्दर्य-मग्न होते हैं उसी प्रकार अन्तःप्रकृति में दया, दाक्षिण्य, श्रद्धा, भक्ति आदि वृत्तियों की स्निग्ध शीतल आभा में सौन्दर्य लहराता हुआ पाते हैं। यदि कहीं बाह्य और आभ्यन्तर दोनों सौन्दर्य का योग दिखाई पड़े तो फिर क्या कहना है? यदि किसी अत्यन्त सुन्दर पुरुष की धीरता, वीरता, सत्यप्रियता आदि अथवा किसी अत्यन्त रूपवती स्त्री की सुशीलता, कोमलता और प्रेम-परायणता आदि भी सामने रख दी जाय तो सौन्दर्य की भावना सर्वांग पूर्ण हो जाती है।

सुन्दर और कुरूप—काव्य में बस ये ही दो पक्ष हैं। भला-बुरा, शुभ-अशुभ, पाप-पुण्य, मंगल-अमंगल, अनुपयोगी-उपयोगी से सब शब्द काव्यक्षेत्र के बाहर के हैं। ये नीति, धर्म, व्यवहार, अर्थशास्त्र आदि के शब्द हैं। शुद्ध काव्य-क्षेत्र में न कोई बात भली कही जाती है न बुरी, न शुभ, न अशुभ, न उपयोगी, न अनुपयोगी। सब बातें केवल दो रूपों में दिखाई जाती हैं—सुन्दर और असुन्दर। जिसे धार्मिक शुभ या मंगल कहता है, कवि उसके सौन्दर्य-पक्ष पर आप ही मुग्ध रहता है और दूसरों को भी मुग्ध करता है। जिसे धर्मज्ञ अपनी दृष्टि के अनुसार शुभ या मंगल समझता है, उसी को कवि अपनी दृष्टि के अनुसार सुन्दर कहता है। दृष्टिभेद अवश्य है। धार्मिक की दृष्टि जीव के कल्याण, परलोक में सुख, भवबन्धन से मोक्ष आदि की ओर होती है; पर कवि की दृष्टि इन सब बातों की ओर नहीं रहती। वह उधर देखता है जिधर सौन्दर्य दिखाई पड़ता है। इतनी-सी बात ध्यान में रखने से ऐसे-ऐसे झमेलों में पड़ने की आवश्यकता बहुत कुछ दूर हो जाती है कि 'कला में सत्-असत्, धर्माधर्म का विचार होना चाहिए या नहीं', 'कवि को उपदेशक बनना चाहिए या नहीं।'

कवि की दृष्टि तो सौन्दर्य की ओर जाती है चाहे वह जहाँ हो—वस्तुओं के रूप-रंग में अथवा मनुष्यों के मन, वचन और कर्म में। उत्कर्ष-साधन के लिए, प्रभाव की वृद्धि के लिए, कवि लोग कई प्रकार के सौन्दर्यों का मेल भी किया करते हैं। राम की रूपमाधुरी और रावण की विकरालता भीतर का प्रतिबिम्ब-सी जान पड़ती है। मनुष्य के भीतरी-बाहरी सौन्दर्य के साथ चारों ओर की प्रकृति के सौन्दर्य को भी मिला देने से वर्णन का प्रभाव कभी-कभी बहुत बढ़ जाता है। चित्रकूट ऐसे रम्य स्थान में राम और भरत ऐसे रूपवानों की रम्य अन्तःप्रकृति की छटा का क्या कहना है!

चमत्कारवाद

काव्य के सम्बन्ध में 'चमत्कार', 'अनूठापन' आदि शब्द बहुत दिनों से लाये जाते हैं। चमत्कार मनोरंजन की सामग्री है, इसमें सन्देह नहीं, इसमें जो लोग मनोरंजन को ही काव्य का लक्ष्य समझते हैं, वे यदि कविता में चमत्कार ही ढूँढ़ा करें तो कोई आश्चर्य की बात नहीं। पर जो लोग इससे ऊँचा और गम्भीर लक्ष्य समझते हैं वे चमत्कार मात्र को काव्य नहीं मान सकते। चमत्कार से हमारा अभिप्राय यहाँ प्रस्तुत वस्तु के अद्‌भुतत्व या वैलक्षण्य से नहीं जो अद्‌भुत रस के आलम्बन में होता है। 'चमत्कार' से हमारा तात्पर्य उक्ति के चमत्कार से है, जिसके अन्तर्गत वर्ण-विन्यास की विशेषता (जैसे, अनुप्रास में), शब्दों की क्रीड़ा (जैसे श्लेष, यमक आदि में), वाक्य की वक्रता या वचनभंगी (जैसे, काव्यर्थात्पत्ति, परिसंख्या, विरोधाभास, असंगति इत्यादि में), तथा अप्रस्तुत वस्तुओं का अद्‌भुतत्व अथवा प्रस्तुत वस्तुओं के साथ उनके सादृश्य का सम्बन्ध की अनहोनी या दूरारूढ़ कल्पना (जैसे उत्प्रेक्षा, अतिशयोक्ति आदि में) इत्यादि बातें आती हैं।

चमत्कार का प्रयोग भावुक कवि भी करते हैं, पर किसी भाव की अनुभूति को तीव्र करने के लिए। जिस रूप या जिस मात्रा में भाव की स्थिति है उसी रूप और उसी मात्रा में उसकी व्यंजना के लिए प्रायः कवियों की व्यंजना का कुछ असामान्य ढंग पकड़ना पड़ता है। बातचीत में भी देखा जाता है कि कभी-कभी हम किसी को मूर्ख न कहकर 'बैल' कह देते हैं। इसका मतलब यही है कि उसकी मूर्खता की जितनी गहरी भावना मन में है वह 'मूर्ख' शब्द से नहीं व्यक्त होती। इसी बात को देखकर कुछ लोगों ने यह निश्चय किया कि यही चमत्कार या उक्तिवैचित्र्य ही काव्य का नित्य लक्षण है। इसी निश्चय के अनुसार कोई वाक्य, चाहे वह कितना ही मर्मस्पर्शी हो, यदि उक्तिवैचित्र्य शून्य है तो काव्य के अन्तर्गत न होगा और कोई वाक्य जिसमें किसी भय या कर्म-विचार की व्यंजना कुछ भी न हो पर उक्तिवैचित्र्य हो, वह खासा काव्य कहा जायेगा। उदाहरण के लिए पद्‌माकर का यह सीधा-सादा वाक्य लीजिए—

"नैन नचाय कही मुसुकाय 'लला फिर अइयो खेलन होरी'।"

अथवा मण्डन का यह सवैया जीलिए—

अलि! हौं तो गयी जमुना-जल को,
सो कहा कहौं, वीर! विपत्ति परी।
घहराय कै कारी घटा उनई,

इतनेई में गागर सीस धरी॥
रपट्यो पग, घाट चढ़्यौ न गयो,
कवि मण्डन ह्वै कै विहाल गिरी।
चिरजीवहु नन्द को बारी अरी,
गहि बाँह गरीब ने ठाढ़ी करी॥

इसी प्रकार ठाकुर की यह अत्यन्त स्वाभाविक वितर्क-व्यंजना देखिए–

वा निरमोहिन रूप की रासि जऊ उर हेतु न ठानति ह्वैहै।
बारहिं बार बिलोक घरी-घरी सूरति तो पहिचानति ह्वैहै।
ठाकुर या मन को परतीति है, जो पै सनेह न मानति ह्वैहै।
आवत है नित मेरे लिए, इतनों तो विशेष कै जानति ह्वैहै।

मण्डन ने प्रेम-गोपन को जो वचन कहलाये हैं, वे ऐसे ही हैं जैसे जल्दी में स्वभावतः मुँह से निकल पड़ते हैं। उनमें विदग्धता की अपेक्षा स्वाभाविकता कहीं अधिक झलक रही है। ठाकुर के सवैए में भी अपने प्रेम का परिचय देने के लिए आतुर नये प्रेमी के चित्त के वितर्क की बड़े सीधे-सादे शब्दों में, बिना किसी वैचित्र्य या लोकोत्तर या चमत्कार के, व्यंजना की गयी है। क्या कोई सहृदय वैचित्र्य के अभाव के कारण कह सकता है कि इनमें काव्यत्व नहीं है?

अब इनके सामने उन केवल चमत्कार वाली उक्तियों का विचार कीजिए जिनमें कहीं कोई कवि किसी राजा की कीर्ति की धवलता चारों ओर फैलती देख यह आशंका प्रकट करता है कि कहीं मेरी स्त्री के बाल भी सफेद न हो जायें अथवा प्रभात होने पर कौवों के काँव-काँव का कारण यह भय बताता है कि कालिमा या अन्धकार का नाश करने में प्रवृत्त सूर्य कहीं उन्हें काला देख उनका भी नाश न कर दे। भोज-प्रबन्ध तथा और-और सुभाषित संग्रहों में इस प्रकार की उक्तियाँ भरी पड़ी हैं। केशव की रामचन्द्रिका में ऐसे पद्य हैं जिनमें अलंकारों की भद्दी भरती के चमत्कार के सिवा हृदय को स्पर्श करने वाली या किसी भावना में मग्न करने वाली कोई बात न मिलेगी। उदाहरण के लिए पताका और पंचवटी के ये वर्णन लीजिए–

पताका

अति सुन्दर अति साधु! थिर न रहति पल आधु।
परम तपोमय मानि। दण्डंधारिणी जानि॥

बेर भयानक सी अति लगै। अर्क समूह जहाँ जगमगै।
पाण्डव की प्रतिमा सम लेखौ। अर्जुन भीम महामति देखौ।
है सुभगा सम दीपति पूरी। सिंदुर औ तिलकावलि रूरी।
राजति है यह ज्यौं कुलकन्या। धाय विराजित है संग धन्या॥

क्या कोई भावुक इन उक्तियों को शुद्ध काव्य कह सकता है? क्या यह उसके मर्म का स्पर्श कर सकता है।

ऊपर दिये अवतरणों में हम स्पष्ट देखते हैं कि किसी उक्ति की तह में उसके प्रवर्तक के रूप में यदि कोई भाव या मार्मिक अन्तर्वृत्ति छिपी है तो चाहे वैचित्र्य हो या न हो काव्य की सरसता बराबर पायी जायेगी; यदि कोरा वैचित्र्य या चमत्कार ही चमत्कार है तो थोड़ी देर के लिए कुछ कुतूहल या मन-बहलाव चाहे हो जाय पर काव्य को लीन करने वाली सरसता न पायी जायगी। केवल कुतूहल तो बालवृत्ति है। कविता सुनना और तमाशा देखना एक ही बात नहीं है। यदि सब प्रकार की कविता में केवल आश्चर्य या कुतूहल का ही संचार मानें तब तो अलग-अलग स्थायी भावों की रसरूप में अनुभूति और भिन्न-भिन्न भावों के आश्रयों के साथ तादात्म्य का कहीं प्रयोजन ही नहीं रह जाता है।

यह बात ठीक है कि हृदय पर जो प्रभाव पड़ता है, उसके मर्म का जो स्पर्श होता है, वह उक्ति ही के द्वारा। पर उक्ति के लिए यह आवश्यक नहीं कि वह सदा विचित्र, अद्भुत या लोकोत्तर हो—ऐसी हो जो सुनने में नहीं आया करती या जिसमें बड़ी दूर की सूझ होती है। ऐसी उक्ति जिसे सुनते ही मन किसी भाव या मार्मिक भावना (जैसे प्रस्तुत वस्तु का सौन्दर्य आदि) में लीन न होकर एकबारगी कथन के अनूठे ढंग वर्ण-विन्यास या पद-प्रयोग की विशेषता, दूर की सूझ, कवि की चातुरी या निपुणता इत्यादि का विचार करने लगे, वह काव्य नहीं, सूक्ति है। बहुत से लोग काव्य और सूक्ति को एक ही समझा करते हैं। पर इन दोनों का भेद सदा ध्यान में रहना चाहिए। जो उक्ति हृदय में कोई भाव जागरित कर दे या उसे प्रस्तुत या तथ्य की मार्मिक भावना में लीन कर दे, वह तो है काव्य। जो उक्ति केवल कथन के ढंग के अनूठेपन, रचना-वैचित्र्य, चमत्कार, कवि के श्रम या निपुणता के विचार में ही प्रवृत्त करे, वह है सूक्ति।

किसी उक्ति में रसात्मकता और चमत्कार दोनों हों तो प्रधानता का विचार करके सूक्ति या काव्य का निर्णय हो सकता है। जहाँ उक्ति में अनूठापन अधिक मात्रा में होने पर भी उसकी तह में रहने वाला भाव आच्छन्न नहीं हो जाता, वहाँ भी काव्य ही माना जायगा। जैसे, देव का यह सवैया लीजिए—

साँसन में ही समीर गयो अरु आँसुन ही सब नीर गयो ढरि।
तेज गयो गुन लै अपने अरु भूमि गयी तन की तनुता करि॥
देव जियै मिलिबेई की आस कै, आसहु पास अकास रह्यो भरि।
जा दिन तें मुख फेरि हरे हँसि हेरि हियो जो लिए हरि जू हरि॥

सवैये का अर्थ यह है कि वियोग में उस नायिका के शरीर को संघटित करने वाले पंचभूत धीरे-धीरे निकलते जा रहे हैं। वायु दीर्घ निःश्वासों के द्वारा निकल गयी, जलतत्त्व सारा आँसुओं ही आँसुओं में ढल गया, तेज भी न रह गया—शरीर की सारी दीप्ति या कान्ति जाती रही, पार्थिव तत्त्व के निकल जाने से शरीर भी क्षीण हो गया; अब तो उसके चारों ओर आकाश ही आकाश रह गया है—चारों ओर शून्य दिखाई पड़ रहा है। जिस दिन से श्रीकृष्ण ने उसकी ओर मुँह फेरकर ताका है और मन्द-मन्द हँसकर उसके मन को हर लिया है, उसी दिन से उनकी यह दशा है।

इस वर्णन में देव जी ने विरह की भिन्न-भिन्न दशाओं में चार भूतों को निकलने की बड़ी सटीक उद्‍भावना की है। आकाश का अस्तित्व भी बड़ी निपुणता से चरितार्थ किया है। यमक, अनुप्रास आदि भी हैं। सारांश यह कि उनकी उक्ति में एक पूरी सावयव कल्पना है, मजमून की पूरी बन्दिश है, पूरा चमत्कार या अनूठापन है। पर इस चमत्कार के बीच में भी विरह वेदना स्पष्ट झलक रही है, उसकी चकाचौंध में अदृश्य नहीं हो गयी है। इसी प्रकार मतिराम के इस सवैए की पिछली दो पंक्तियों में वर्षा के रूपक का जो व्यंग्य चमत्कार है वह भाव-सबलता के साथ अनूठे ढंग से गुम्फित है—

दोऊ अनन्द सों आँगन माँझ
बिराजैं असाढ़ की साँझ सुहाई।
प्यारी के बूझत और तिया को
अचानक नाम लियो रसिकाई।
आयी उनै मुँह में हँसी, कोहि

तिया पुनि चाप सी भौंह चढ़ाई।
आँखिन ते गिरे आँसू के बूँद,
सुहास गयो उड़ि हंस की नाई॥

इसके विरुद्ध बिहारी की उन उक्तियों में जिनमें विरहिणी के शरीर के पास ले जाते शीशी का गुलाबजल सूख जाता है, उसके विरह-ताप की लपट के मारे माघ के महीने में भी पड़ोसियों का रहना कठिन हो जाता है, कृशता के कारण विरहिणी साँस खींचने के साथ दो-चार हाथ पीछे और साँस छोड़ने के साथ दो-चार हाथ आगे उड़ जाती है, अत्युक्ति का एक बड़ा तमाशा ही खड़ा किया गया है। कहाँ यह सब मजाक, कहाँ विरह की वेदना।

यह कहा जा चुका है कि उमड़ते हुए भाव की प्रेरणा के अक्सर कथन के ढंग में कुछ वक्रता आ जाती है। ऐसी वक्रता काव्य की प्रक्रिया के भीतर रहती है। उसका अनूठापन भाव-विधान के बाहर की वस्तु नहीं। उदाहरण के लिए दास जी की यह विरहदशा सूचक उक्तियाँ लीजिए—

अब तौ बिहारी के वे बानक गये री,
तेरी तन दुति-केसर को नैन कसमीर भो।
श्रौन तब बानी स्वाति-बूदंन के चातक भे,
साँसन को भरिबो द्रुपदजा को चीर भो॥
हिय को हरष मरु धरनि को नीर भो, री!
जियरो मनोभव-शरन को तुनीर भो।
एरी! बेगि करिकै मिलापु थिर थापु,
न तौ आपु अब चहत अतनु को सरीर भो॥

ऐसी ही भाव-प्रेरित वक्रता द्विजदेव की इस मनोहर उक्ति में है—

तू जो कही, सखि! लोना सरूप,
सो मो अँखियान को लोनी गयी लगि।

प्रेम के स्फुरण की विलक्षण अनुभूति नायिका को हो रही है—कभी आँसू आते हैं, कभी अपनी दशा पर आप अचरज होता है, कभी हल्की-सी हँसी भी आ जाती है कि अच्छी बला मैंने मोल ली। इसी बीच अपनी अन्तरंग सखी को समाने पाकर किंचित् विनोद-चातुरी की भी प्रवृत्ति होती है।

ऐसी जटिल अन्तर्वृत्ति द्वारा प्रेरित उक्ति में विचित्रता आ ही जाती है। ऐसी चित्त-वृत्तियों के अवसर घड़ी-घड़ी नहीं आया करते। सूरदास जी का 'भ्रमरगीत' ऐसी भावप्रेरित वक्र उक्तियों से भरा पड़ा है।

उक्ति की वहीं तक की वचनभंगी या वक्रता के सम्बन्ध में हमसे कुन्तलजी का 'वक्रोक्तिः काव्यजीवितम्' मानते बनता है, जहाँ तक कि वह भावानुमोदित हो या किसी मार्मिक अन्तर्वृत्ति से सम्बद्ध हो; उसके आगे नहीं। कुंतल जी की वक्रता बहुत व्यापक है जिसके अन्तर्गत वे वाक्य-वैचित्र्य की वक्रता और वस्तु-वैचित्र्य की वक्रता दोनों लेते हैं। सालंकृत वक्रता के चमत्कार ही में वे काव्यत्व मानते हैं। योरप में भी आजकल क्रोचे के प्रभाव से एक प्रकार का वक्रोक्तिवाद जोर पर है। विलायती वक्रोक्तिवाद लक्षण-प्रधान है। लाक्षणिक चपलता और प्रगल्भता में ही, उक्ति के अनूठे स्वरूप में ही, बहुत से लोग वहाँ कविता मानने लगे हैं। उक्ति ही काव्य होती है, यह तो सिद्ध बात है। हमारे यहाँ भी व्यंजक वाक्य ही काव्य माना जाता है। अब प्रश्न यह है कि कैसी उक्ति, किस प्रकार की व्यंजना करने वाला वाक्य? वक्रोक्तिवादी कहेंगे कि ऐसी उक्ति जिसमें कुछ वैचित्र्य या चमत्कार हो, व्यंजना चाहे जिसकी हो, या किसी ठीक-ठीक बात की न भी हो पर जैसा कि हम कह चुके हैं, मनोरंजनमात्र काव्य का उद्देश्य न मानने वाले इस बात का समर्थन करने में असमर्थ होंगे। वे किसी लक्षण में उसका प्रयोजन अवश्य ढूँढ़ेंगे।

कविता की भाषा

कविता में कही गयी बात चित्र-रूप में हमारे सामने आनी चाहिए, यह हम पहले कह आये हैं। अतः उसमें गोचर-रूपों का विधान अधिक होता है। वह प्रायः ऐसे रूपों और व्यापारों को ही लेती है जो स्वाभाविक होते हैं और संसार में सबसे अधिक मनुष्यों को सबसे अधिकतर दिखाई पड़ते हैं।

अगोचर बातों या भावनाओं को भी, जहाँ तक हो सकता है, कविता स्थूल गोचर रूप में रखने का प्रयास करती है। इस मूर्ति-विधान के लिए वह भाषा की लक्षणा-शक्ति से काम लेती है। जैसे, "समय बीता जाता है" कहने की अपेक्षा "समय भागा जाता है" कहना वह अधिक पसन्द करेगी। किसी काम से हाथ खींचना, किसी का रुपया खा जाना, कोई बात पी जाना, दिन ढलना या डूबना, मन मारना, मन छूना, शोभा बरसना, उदासी टपकना इत्यादि

ऐसी ही कवि-समय-सिद्ध उक्तियाँ हैं जो बोलचाल में रूढ़ि होकर आ गयी हैं। लक्षणा द्वारा स्पष्ट और सजीव आदान-प्रदान का विधान प्रायः सब देशों के कवि-कर्म में पाया जाता है।

कुछ उदाहरण देखिए–

(क) धन्य भूमि बनपन्थ पहारा। जहँ जहँ नाथ पाँव तुम धारा।–तुलसी

(ख) मनहु उमगि अँग-अँग छबि छलकै।–तुलसी

(ग) चूनरि चारु चुई सी परै।

(घ) बनन में बागन में बगरो बसन्त है।–पद्माकर

(ङ) वृन्दावन बागन पै बसन्त बरसो परै।–पद्माकर

(च) हौं तो श्यामरंग में चोराय, चित्त चोरा-चोरी
बोरत तो बोर्‌यो पै निचोरत बनै नहीं–पद्माकर

(छ) एहो नन्द लाल! ऐसी व्याकुल परी है बाल,
हाल ही चलौ तौ चलौ, जोरे जुरि जायगी।
कहै पद्माकर नहीं तौ ये झकोरे लगे,
औरे लौं अचाका बिनु घोरे घुरि जायगी।
तौ ही लगि चैन जौ लौं चेतिहैं न चन्द्रमुखी,
चेतैगी कहूँ तौ चाँदनी में चुरि जायगी।

इन उदाहरणों से स्पष्ट है कि वस्तु या तथ्य के पूर्ण प्रत्यक्षीकरण तथा भाव या मार्मिक अन्तर्वृत्ति के अनुरूप व्यंजना के लिए लक्षणा का बहुत कुछ सहारा कवि को लेना पड़ता है।

भावना को मूर्त रूप में रखने की आवश्यकता के कारण कविता की भाषा में दूसरी विशेषता यह रहती है कि उसमें जाति संकेत वाले शब्दों की अपेक्षा विशेष-रूप-व्यवहार सूचक शब्द अधिक रहते हैं। बहुत से ऐसे शब्द होते हैं जिनसे किसी एक का नहीं बल्कि बहुत से रूपों का या व्यापारों का एक साथ चलता सा अर्थ ग्रहण हो जाता है। ऐसे शब्दों को हम जाति-संकेत कह सकते हैं। ये मूर्त विधान के प्रयोजन के नहीं होते। किसी ने कहा, "वहाँ बड़ा अत्याचार हो रहा है"। इस अत्याचार शब्द के अन्तर्गत, मारना-पीटना, डाँटना-डपटना, लूटना-पाटना इत्यादि बहुत से व्यापार हो सकते हैं, अतः 'अत्याचार' शब्द सुनने से उन सब व्यापारों की एक मिली-जुली अस्पष्ट भावना थोड़ी देर के लिए मन में आ जाती है; कुछ विशेष व्यापारों का स्पष्ट चित्र या मूर्त रूप नहीं खड़ा होता। इससे ऐसे शब्द कविता के उतने काम

के नहीं। ये तत्त्व-निरूपण, शास्त्रीय विचार आदि में ही अधिक उपयोगी होते हैं। भिन्न-भिन्न शास्त्रों में बहुत से शब्द तो विलक्षण ही अर्थ देते हैं और पारिभाषिक कहलाते हैं। शास्त्र-मीमांसक या तत्त्व-निरूपक को किसी सामान्य तथ्य या तत्त्व तक पहुँचाने की जल्दी रहती है, इससे वह किसी सामान्य धर्म के अन्तर्गत आने वाली बहुत सी बातों को एक मानकर अपना काम चलाता है; प्रत्येक का अलग-अलग दृश्य देखने-दिखाने में नहीं उलझता।

पर कविता कुछ वस्तुओं और व्यापारों को मन के भीतर मूर्त रूप में लाना और प्रभाव उत्पन्न करने के लिए कुछ देर रखना चाहती है। अतः उक्त प्रकार के व्यापक अर्थ-संकेतों से ही उसका काम नहीं चल सकता। इससे जहाँ उसे किसी स्थिति का वर्णन करना रहता है, वहाँ वह उसके अन्तर्गत सबसे अधिक मर्मस्पर्शिनी कुछ वस्तुओं या व्यापारों को लेकर उनका चित्र खड़ा करने का आयोजन करती है। यदि कहीं के घोर अत्याचार का वर्णन करना होगा, तो वह कुछ निरपराध व्यक्तियों के वध, भीषण यन्त्रणा, स्त्री-बच्चों पर निष्ठुर प्रहार आदि क्षोभकारी दृश्य सामने रखेगी। "वहाँ घोर अत्याचार हो रहा है" इस वाक्य द्वारा वह कोई प्रभाव नहीं उत्पन्न कर सकती। अत्याचार शब्द के अन्तर्गत न जाने कितने व्यापार आ सकते हैं, अतः उसे सुनकर या पढ़कर सम्भव है कि भावना में एक भी व्यापार स्पष्ट रूप से न आये या आये भी तो ऐसा जिसमें मर्म को क्षुब्ध करने की शक्ति न हो।

उपर्युक्त विचार से ही किसी व्यवहार या शास्त्र के पारिभाषिक शब्द भी काव्य में लाये जाने योग्य नहीं माने जाते। हमारे यहाँ के आचार्यों ने पारिभाषिक शब्दों के प्रयोग को 'अप्रतीत्व' दोष माना है। पर दोष स्पष्ट होते हुए भी चमत्कार के प्रेमी कब मान सकते हैं? संस्कृत के अनेक कवियों ने वेदान्त, आयुर्वेद, न्याय के पारिभाषिक शब्दों को लेकर बड़े-बड़े चमत्कार खड़े किये हैं या अपनी बहुज्ञता दिखाई है। हिन्दी के किसी मुकदमेबाज कवित्त करने वाले ने 'प्रेम फौजदारी' नाम की एक छोटी सी पुस्तक में शृंगाररस की बातें अदालती कार्रवाइयों पर घटाकर लिखी हैं। 'एकतरफा डिगरी', 'तनकीह' ऐसे-ऐसे शब्द चारों ओर अपनी बहार दिखा रहे हैं, जिन्हें सुनकर कुछ अशिक्षित या भद्दी रुचि वाले वाह-वाह भी कर देते हैं।

शास्त्र के भीतर निरूपित तथ्य को भी जब कोई कवि अपनी रचना के भीतर लेता है, तब वह पारिभाषिक तथा अधिक व्याप्ति वाले जाति-संकेत शब्दों को हटाकर उस तथ्य को व्यंजित करने वाले कुछ विशेष मार्मिक रूपों और व्यापारों का चित्रण करता है। कवि गोचर और मूर्त रूपों के द्वारा ही

अपनी बात कहता है। उदाहरण के लिए, गोस्वामी तुलसीदास जी के ये वचन लीजिए—

जेहि निसि सफल जीव सूतिहिं तब कृपापात्र जन जागै!

इसमें माया में पड़े हुए जीवन की अज्ञान दशा का काव्य-पद्धति पर कथन है। और देखिए, प्राणी आयु भर क्लेश-निवारण और सुख-प्राप्ति का प्रयास करता रह जाता है और कभी वास्तविक सुख-शान्ति प्राप्त नहीं करता; इस बात को गोस्वामी जी यों सामने रखते हैं—

डासत ही गयी बीति निसा सब,
कबहुँ न नाथ! नींद भर सोयो।

भविष्य का अज्ञान अत्यन्त अद्‌भुत और रहस्यमय है जिसके कारण प्राणी आने वाली विपत्ति की कुछ भी भावना न करके अपनी दशा में मग्न रहता है। इस बात को गोस्वामी जी ने 'चरै हरित तृन बलिपशु' इस चित्र द्वारा व्यक्त किया है। अंग्रेज़ कवि पोप ने भी भविष्य के अज्ञान का यही मार्मिक चित्र लिया है, यद्यपि उसने इस अज्ञान को ईश्वर का बड़ा भारी अनुग्रह कहा है—

उस बलिपशु को देख आज जिसका तू रे नर!
अपने रंग में रक्त बहायेगा बेदी पर।
होता उसको ज्ञान कहीं तेरा है जैसा,
क्रीड़ा करता कभी उछलता फिरता ऐसा?
अन्तकाल तक हरा-भरा चारा चभलाता।
हनन हेतु उस उठे हाथ को चाटे जाता॥
आगम का अज्ञान ईश का परम अनुग्रह॥[1]

बातचीत में भी जब किसी को अपने कथन द्वारा कोई मार्मिक प्रभाव उत्पन्न करना होता है, तब वह इसी पद्धति का अवलम्बन करता है। यदि

---

1. The lamp thy riot dooms to bleed today,
Had he the reason, would he skipAnd play ?
Pleased to the last he crops the flow'ry, food,
And licks the hand just raised to shed his blood,
The blindness to the future kindly given.

—Essay on man.

अपनी पत्नी पर अत्याचार करने वाले किसी व्यक्ति को उसे समझाना है तो वह कहेगा कि ''तुमने इसका हाथ पकड़ा है।'' यह न कहेगा कि ''तुमने इसके साथ विवाह किया है''। विवाह शब्द के अन्तर्गत न जाने कितने विधि-विधान हैं जो सब-के-सब एकबारगी मन में आ भी नहीं सकते और उतने व्यंजक या मर्मस्पर्शी भी नहीं होते। अतः कहने वाला उनमें से जो सबसे अधिक व्यंजक और स्वाभाविक व्यापार 'हाथ पकड़ना' है, जिससे सहारा देने का चित्र सामने आता है, उसे भावना में लाता है।

तीसरी विशेषता कविता की भाषा में वर्ण-विन्यास की है। ''शुष्को वृक्षस्तिष्ठत्यग्रे' और 'नीरस तरुरिह बिलसति पुरतः' का भेद हमारी पण्डित मण्डली में बहुत दिनों से प्रसिद्ध चला जाता है। काव्य एक बहुत ही व्यापक कला है। जिस प्रकार मूर्त विधान के लिए कविता चित्र-विद्या की प्रणाली का अनुसरण करती है उसी प्रकार नादसौष्ठव के लिए वह संगीत का कुछ-कुछ सहारा लेती है। श्रुति-कटु मानकर कुछ वर्णों का त्याग, वृत्तिविधान, लय, अन्त्यानुप्रास आदि नाद सौन्दर्य-साधन के लिए ही हैं। नादसौष्ठव के निमित्त निरूपित-वर्ण विशिष्टता को हिन्दी के हमारे कुछ पुराने कवि इतनी दूर तक घसीट ले गये कि उनकी बहुत सी रचना बेडौल और भावशून्य हो गयी। उसमें अनुप्रास की लम्बी लड़ी—वर्ण-विशेष की निरन्तर आवृत्ति—के सिवा और किसी बात पर ध्यान नहीं जाता जो बात भाव या रस की धारा का मन के भीतर अधिक प्रसार करने के लिए थी, वह अलग चमत्कार या तमाशा खड़ा करने के लिए काम में लायी गयी।

नाद-सौन्दर्य से कविता की आयु बढ़ती है। तालपत्र, भोजपत्र, कागज आदि का आश्रय छूट जाने पर भी वह बहुत दिनों तक लोगों की जिह्वा पर नाचती रहती है। बहुत सी उक्तियों को लोग, उनके अर्थ की रमणीयता इत्यादि की ओर ध्यान ले जाने का कष्ट उठाये बिना ही, प्रसन्न-चित्त रहने पर गुनगुनाया करते हैं। अतः नाद-सौन्दर्य का योग भी कविता का पूर्ण स्वरूप खड़ा करने के लिए कुछ-कुछ आवश्यक होता है। इसे हम बिल्कुल हटा नहीं सकते। जो अन्त्यानुप्रास को फालतू समझते हैं, वे छन्द को पकड़े रहते हैं; जो छन्द को भी फालतू समझते हैं, वे लय में लीन होने का प्रयास करते हैं। संस्कृत से सम्बन्ध रखने वाली भाषाओं में नाद-सौन्दर्य के समावेश के लिए बहुत अवकाश रहता है। अतः अंग्रेज़ी आदि अन्य भाषाओं की देखादेखी,

जिनमें इसके लिए कम जगह है, अपनी कविता को हम इस विशेषता से वंचित कैसे कर सकते हैं?

हमारी काव्य भाषा में एक चौथी विशेषता भी है जो संस्कृत से ही आयी है। वह यह है कि कहीं-कहीं व्यक्तियों के नामों के स्थान पर उनके रूप-गुण या कार्यबोधक शब्दों का व्यवहार किया जाता है, ऊपर से देखने में तो पद्य के नपे हुए चरणों में शब्द खपाने के लिए ही ऐसा किया जाता है, पर थोड़ा विचार करने पर इसमें गुरुतर उद्देश्य प्रकट होता है। सच पूछिए तो यह बात कृत्रिमता बचाने के लिए की जाती है। मनुष्यों के नाम यथार्थ में कृत्रिम संकेत है जिनमें कविता की पूर्ण परिपोषकता नहीं होती। अतएव कवि मनुष्यों के नामों के स्थान पर कभी-कभी उनके ऐसे रूप, गुण या व्यापार की ओर इशारा करता है जो स्वाभाविक और अर्थगर्भित होने के कारण सुनने वाले की भावना के निर्माण में योग देते हैं। गिरिधर, मुरारि, त्रिपुरारि, दीनबन्धु, चक्रपाणि, मुरलीधर, सव्यसाची इत्यादि शब्द ऐसे ही हैं।

ऐसे शब्दों को चुनते समय इस बात का ध्यान रखना चाहिए कि वे प्रकरण विरुद्ध या अवसर के प्रतिकूल न हों। जैसे, यदि कोई मनुष्य किसी दुर्धर्ष अत्याचारी के हाथ से छुटकारा पाना चाहता हो तो उसके लिए "हे गोपिकारमण! हे वृन्दावन-बिहारी!" आदि कहकर कृष्ण को पुकारने की अपेक्षा "हे मुरारि! हे कंसनिकंदन!" आदि सम्बोधनों से पुकारना अधिक उपयुक्त है; क्योंकि श्रीकृष्ण के द्वारा कंस आदि दुष्टों का मारा जाना देखकर उसे अपनी रक्षा की आशा होती है, न कि उनका वृन्दावन में गोपियों के साथ विहार करना देखकर। इसी तरह किसी आपत्ति से उद्धार पाने के लिए कृष्ण को 'मुरलीधर' कहकर पुकारने की अपेक्षा 'गिरधर' कहना अधिक अर्थसंगत है।

अलंकार

कविता में भाषा की सब शक्तियों से काम लेना पड़ता है। वस्तु या व्यापार की भावना चटकीली करने और भाव को अधिक उत्कर्ष पर पहुँचाने के लिए कभी किसी वस्तु का आकार या गुण बहुत बढ़ाकर दिखाना पड़ता है, कभी उसके रूप-रंग या गुण की भावना को उसी प्रकार के और रूप-रंग मिलाकर तीव्र करने के लिए समान रूप और धर्मशाली और-और वस्तुओं को सामने लाकर रखना पड़ता है। कभी-कभी बात को भी घुमा-फिराकर कहना पड़ता है। इस तरह के भिन्न-भिन्न विधान और कथन के ढंग अलंकार कहलाते हैं।

इनके सहारे से कविता अपना प्रभाव बहुत कुछ बढ़ाती है। कहीं-कहीं तो इनके बिना काम ही नहीं चल सकता। पर साथ ही यह भी स्पष्ट है कि ये साधन हैं, साध्य नहीं। साध्य को भुलाकर इन्हीं को साध्य मान लेने से कविता का रूप कभी-कभी इतना विकृत हो जाता है कि वह कविता ही नहीं रह जाती। पुरानी कविता में कहीं-कहीं इस बात के उदाहरण मिल जाते हैं।

अलंकार चाहे अप्रस्तुत वस्तु-योजना के रूप में हों (जैसे, उपमा, रूपक, उत्प्रेक्षा इत्यादि में), चाहे वाक्य-वक्रता के रूप में (जैसे, अप्रस्तुत-प्रशंसा, परिसंख्या, ब्याज-स्तुति, विरोध इत्यादि में), चाहे वर्ण-विन्यास के रूप में (जैसे, अनुप्रास में) लाये जाते हैं, वे प्रस्तुत भाव या भावना के उत्कर्ष-साधन के लिए ही। मुख के वर्णन में जो कमल, चन्द्र आदि सामने रखे जाते हैं वह इसीलिए जिनमें इनकी वर्ण-रुचिरता, कोमलता, दीप्ति इत्यादि के योग से सौन्दर्य की भावना और बढ़े। सादृश्य या साधर्म्य दिखाना उपमा, उत्प्रेक्षा इत्यादि का प्रकृत लक्ष्य नहीं है। इस बात को भूलकर कवि-परम्परा में बहुत से ऐसे उपमान चला दिये गये हैं जो प्रस्तुत भावना में सहायता पहुँचाने के स्थान पर बाधा डालते हैं, जैसे, नायिका का अंग-वर्णन सौन्दर्य की भावना प्रतिष्ठित करने के लिए ही किया जाता है। ऐसे वर्णन में यदि कटि का प्रसंग आने पर भिड़ या सिंह की कमर सामने कर दी जायगी तो सौन्दर्य की भावना में क्या वृद्धि होगी? प्रभात के सूर्यबिम्ब के सम्बन्ध में इस कथन से कि, "है शोणित-कलित कपाल यह किल कापालिक काल को" अथवा शिखर की तरह उठे हुए मेघखण्ड के ऊपर उदित होते हुए चन्द्रबिम्ब के सम्बन्ध में इस उक्ति से कि, "मनहुँ क्रमेलक पीठि पै धर्यो गोल घंटा लसत", दूर की सूझ चाहे प्रकट हो, पर प्रस्तुत सौन्दर्य की भावना की कुछ भी पुष्टि नहीं होती।

पर जो लोग चमत्कार ही को काव्य का स्वरूप मानते हैं, वे अलंकार को काव्य का सर्वस्व कहा ही चाहें। चन्द्रालोककार तो कहते हैं—

अंगीकरोति यः काव्यं शब्दार्थवनलंकृति।
असौ न मन्यते कस्मादनुष्ण मनलंकृती॥

भरत मुनि ने रस की प्रधानता की ओर ही संकेत किया था; पर भामह, उद्भट आदि कुछ प्राचीन आचार्यों ने वैचित्र्य का पल्ला पकड़ अलंकार को प्रधानता दी। इनमें बहुतेरे आचार्यों ने अलंकार शब्द का प्रयोग व्यापक अर्थ में—रस, रीति, गुण आदि काव्य में प्रयुक्त होने वाली सारी सामग्री के अर्थ में—किया है।

पर ज्यों-ज्यों शास्त्रीय विचार गम्भीर और सूक्ष्म होता गया त्यों-त्यों साध्य और साधनों को विविक्त करके काव्य के नित्य स्वरूप या मर्म-शरीर के अलग निकालने का प्रयास बढ़ता गया। रुद्रट और मम्मट के समय से ही काव्य का प्रकृत स्वरूप उभरते-उभरते विश्वनाथ महापात्र के साहित्य-दर्पण में साफ ऊपर आ गया।

प्राचीन गड़बड़झाला मिटे बहुत दिन हो गये। वर्ण्य-वस्तु और वर्णन-प्रणाली बहुत दिनों से एक-दूसरे से अलग कर दी गयी है। प्रस्तुत-अप्रस्तुत के भेद ने बहुत सी बातों के विचार और निर्णय के सीधे रास्ते खोल दिये हैं। अब यह स्पष्ट हो गया है कि अलंकार प्रस्तुत-वर्ण्य वस्तु नहीं, बल्कि वर्णन की भिन्न-भिन्न प्रणालियाँ हैं, कहने के खास-खास ढंग हैं। पर प्राचीन अव्यवस्था के स्मारक-स्वरूप कुछ अलंकार ऐसे चले आ रहे हैं, जो वर्ण्य-वस्तु का निर्देश करते हैं, और अलंकार नहीं कहे जा सकते—जैसे, स्वभावोक्ति, उदात्त, अत्युक्ति। स्वभावोक्ति को लेकर कुछ अलंकार-प्रेमी कह बैठते हैं कि प्रकृति का वर्णन भी तो स्वभावोक्ति अलंकार ही है। पर स्वभावोक्ति कोटि में आ ही नहीं सकती। अलंकार वर्णन करने की प्रणाली है। चाहे जिस वस्तु या तथ्य के कथन को हम किसी अलंकार-प्रणाली के अन्तर्गत ला सकते हैं। किसी वस्तु-विशेष से किसी अलंकार प्रणाली का सम्बन्ध नहीं हो सकता। किसी तथ्य तक वह परिमित नहीं रह सकती। वस्तु-निर्देश अलंकार का काम नहीं, रस-व्यवस्था का विषय है। किन-किन वस्तुओं, चेष्टाओं या व्यापारों का वर्णन किन-किन रसों के विभावों और अनुभावों के अन्तर्गत आयेगा, इसकी सूचना रस-निरूपण के अन्तर्गत ही हो सकती है।

अलंकारों के भीतर स्वभावोक्ति का ठीक-ठीक लक्षण-निरूपण हो भी नहीं सकता है। काव्यप्रकाश की कारिका में यह लक्षण दिया गया है—

स्वभावोक्तिस्तु डिंभादेः स्वक्रिया रूप-वर्णनम्

अर्थात् जिसमें बालकादिकों की निज की क्रिया या रूप का वर्णन हो वह स्वभावोक्ति है। प्रथम तो बालकादिक पद का व्याप्ति कहाँ तक है, यही स्पष्ट नहीं। अतः यही समझा जा सकता है कि सृष्टि की वस्तुओं के रूप और व्यापार का वर्णन स्वभावाक्ति है। खैर, बालक की रूपंचेष्टा को लेकर ही स्वभावोक्ति की अलंकारता पर विचार कीजिए। वात्सल्य में बालक के रूप आदि का वर्णन आलम्बन विभाव के अन्तर्गत और उनकी चेष्टाओं का वर्णन

उद्दीपन विभाव के अन्तर्गत होगा। प्रस्तुत वस्तु की रूप-क्रिया आदि के वर्णन को रस-क्षेत्र से घसीटकर अलंकार-क्षेत्र में हम कभी नहीं ले जा सकते। मम्मट ही के ढंग के और आचार्यों के लक्षण भी हैं। अलंकार-सर्वस्वकार राजानक रुय्यक कहते हैं।

सूक्ष्म-वस्तु-स्वभाव-यथावद्वर्णनं स्वभावोक्तिः।

आचार्य दण्डी ने अवस्था की योजना करके यह लक्षण लिखा है—

नानावस्थं पदार्थानां रूपं साक्षाद्विवृण्वती।
स्वभावोक्तिश्च जातिश्चेत्याद्या सालंकृतिर्यथा।

बात यह है कि स्वभावोक्ति अलंकारों के भीतर आ नहीं सकती। वक्रोक्तिवादी कुंतल ने भी इसे अलंकार नहीं माना है।

जिस प्रकार एक कुरूप स्त्री अलंकार लादकर सुन्दर नहीं हो सकती, उसी प्रकार प्रस्तुत या तथ्य की रमणीयता के अभाव में अलंकारों का ढेर काव्य का सजीव स्वरूप नहीं खड़ा कर सकता। केशवदास के पचीसों पद्य ऐसे रखे जा सकते हैं जिनमें यहाँ से वहाँ तक उपमाएँ और उत्प्रेक्षाएँ भरी हैं, शब्दसाम्य के बड़े खेल-तमाशे जुटाये गये हैं, पर उनके द्वारा कोई मार्मिक अनुभूति नहीं उत्पन्न होती। इन्हें सहृदय या भावुक काव्य न कहेगा। आचार्यों ने भी अलंकारों को 'काव्य-शोभाकार', 'शोभातिशायी' आदि ही कहा है। महाराज भोज भी अलंकार को 'अलमर्थमलङ्कर्तुः ही कहते हैं। पहले से सुन्दर अर्थ को ही अलंकार शोभित कर सकता है। सुन्दर अर्थ की शोभा बढ़ाने में जो अलंकार प्रस्तुत नहीं वे काव्यालंकार नहीं। ऐसे ही हैं जैसे शरीर पर से उतार कर किसी अलग कोने में रखा हुआ गहनों का ढेर। किसी भाव या मार्मिक भावना से असंपृक्त अलंकार चमत्मकार या तमाशे हैं। चमत्कार विवेचन पहले हो चुका है।

अलंकार है क्या? सूक्ष्म दृष्टि वालों ने काव्यों के सुन्दर-सुन्दर स्थल चुने और उनकी रमणीयता के कारणों की खोज करने लगे। वर्णन शैली या कथन की पद्धति में ऐसे लोगों को जो-जो विशेषताएँ मालूम होती गयीं, उनका वे नामकरण करते गये। जैसे, 'विकल्प' अलंकार का निरूपण पहले-पहल राजानक रुय्यक ने किया। कौन कह सकता है कि क़ाव्यों में जितने रमणीक स्थल हैं, सब ढूँढ़ डाले गये, वर्णन की जितनी सुन्दर प्रणालियाँ हो सकती हैं सब निरूपित हो गयीं अथवा जो-जो स्थल रमणीय लगे, उनकी रमणीयता का कारण

वर्णन प्रणाली ही थी। आदि काव्य रामायण से लेकर इधर तक के काव्यों में न जाने कितनी विचित्र वर्णन प्रणालियाँ भरी पड़ी हैं जो न निर्दिष्ट की गयी हैं और न जिनके कुछ नाम रखे गये हैं।

कविता पर अत्याचार

कविता पर अत्याचार भी बहुत कुछ हुआ है। लोभियों, स्वार्थियों और खुशामदियों ने उसका गला दबाकर कहीं अपात्रों की आसमान पर चढ़ने वाली स्तुति करायी है, कहीं द्रव्य न देने वालों की निराधार निन्दा। ऐसी तुच्छ वृत्ति वालों का अपवित्र हृदय है। कविता के निवास के योग्य नहीं। कविता देवी के मन्दिर ऊँचे खुले, विस्तृत और पुनीत हृदय हैं। सच्चे कवि राजाओं की सवारी, ऐश्वर्य की सामग्री में ही सौन्दर्य नहीं ढूँढ़ा करते। वे फूस के झोंपड़ों, धूल-मिट्टी में सने किसानों, बच्चों के मुँह में चारा डालते हुए पक्षियों, दौड़ते हुए कुत्तों और चोरी करती हुई बिल्लियों में कभी-कभी सौन्दर्य का दर्शन करते हैं जिसकी छाया भी महलों और दरबारों तक नहीं पहुँच सकती। श्रीमानों के शुभागमन पर पद्य बनाना, बात-बात में उनको बधाई देना, कवि का काम नहीं। जिनके रूप या कर्मकलाप जगत् और जीवन के बीच में उसे सुन्दर लगते हैं, उन्हीं के वर्णन में वह 'स्वान्तः सुखाय' प्रवृत्त होता है।

कविता की आवश्यकता

मनुष्य के लिए कविता प्रयोजनीय वस्तु है कि संसार की सभ्य-असभ्य सभी जातियों में, किसी-न-किसी रूप में पायी जाती है। चाहे इतिहास न हो, विज्ञान न हो, दर्शन न हो, पर कविता का प्रचार अवश्य रहेगा। बात यह है कि मनुष्य अपने ही व्यापारों का ऐसा सघन और जटिल मण्डल बाँधता चला आ रहा है, जिसके भीतर बँध-बँध वह शेष सृष्टि के साथ अपने हृदय का सम्बन्ध भूला-सा रहता है। इस परिस्थिति में मनुष्य को अपनी मनुष्यता खोने का डर बराबर रहता है। इसी की अन्तःप्रकृति में मनुष्यता को समय-समय पर जगाते रहने के लिए कविता मनुष्य जाति के साथ लगी चली आ रही है और चली चलेगी। जानवरों को इसकी जरूरत नहीं।

मलिक मुहम्मद जायसी

सौ वर्ष पूर्व कबीरदास हिन्दू और मुसलमान दोनों के कट्टरपन को फटकार चुके थे। पण्डितों और मुल्लाओं की तो नहीं कह सकते पर साधारण जनता 'राम' और 'रहीम' की एकता मान चुकी थी। साधुओं और फ़क़ीरों को दोनों दीन के लोग आदर और सम्मान की दृष्टि से देखते थे। साधु या फ़क़ीर भी सर्वप्रिय वे ही हो सकते थे जो भेदभाव से परे दिखाई पड़ते थे। बहुत दिनों तक एक साथ रहते-रहते हिन्दू और मुसलमान एक-दूसरे के सामने अपना-अपना हृदय खोलने लग गये थे, जिससे मनुष्यता के सामान्य भावों के प्रवाह में मग्न होने और मग्न करने का समय आ गया था। जनता की प्रवृत्ति भेद से अभेद की ओर हो चली थी। मुसलमान हिन्दुओं की रामकहानी सुनने को तैयार हो गये थे और हिन्दू मुसलमान का दास्तानहमजा। नल और दमयन्ती की कथा मुसलमान जानने लगे थे और लैला-मजनूँ की हिन्दू। ईश्वर तक पहुँचने वाला मार्ग ढूँढ़ने की सलाह भी दोनों कभी-कभी साथ बैठकर करने लगे थे। इधर भक्तिमार्ग के आचार्य और महात्मा भगवत्प्रेम को सर्वोपरि ठहरा चुके थे और उधर सूफी महात्मा मुसलमानों को 'इश्क हकीकी' का सबक पढ़ाते आ रहे थे।

चैतन्य महाप्रभु, वल्लभाचार्य और रामानन्द के प्रभाव से प्रेमप्रधान वैष्णव धर्म का जो प्रवाह बंग देश से गुजरात तक रहा, उसका सबसे अधिक विरोध शाक्त मत और वाममार्ग के साथ दिखाई पड़ा। शाक्तमतविहित पशुहिंसा, मन्त्र, तन्त्र, यक्षिणी आदि की पूजा वेद-विरुद्ध अनाचार के रूप में समझी जाने लगी। हिन्दुओं और मुसलमानों दोनों के बीच 'साधुता' का सामान्य आदर्श प्रतिष्ठित हो गया था। बहुत से मुसलमान फ़क़ीर भी अहिंसा का सिद्धान्त स्वीकार करके मांसभक्षण को बुरा कहने लगे!

ऐसे समय में कुछ भावुक मुसलमान 'प्रेम की पीर' की कहानियाँ लेकर साहित्यक्षेत्र में उतरे। ये कहानियाँ हिन्दुओं के ही घर की थीं। इनकी मधुरता

और कोमलता का अनुभव कर इन कवियों ने दिखा दिया कि एक ही गुप्त तार मनुष्य मात्र के हृदय से होता हुआ गया है जिसे छूते ही मनुष्य सारे बाहरी रूपरंग के भेदों की ओर से ध्यान हटा एकत्व का अनुभव करने लगता है।

अमीर खुसरो ने मुसलमानी राजत्वकाल के आरम्भ में ही हिन्दू जनता के प्रेम और विनोद में योग देकर भावों के परस्पर आदान-प्रदान का सूत्रपात किया था, पर अलाउद्दीन के कट्टरपन और अत्याचार के कारण, जो दोनों जातियाँ एक-दूसरे से खिंची-सी रहीं, उनका हृदय मिल न सका। कबीर की अटपटी वाणी से भी दोनों के दिल साफ़ न हुए। मनुष्य-मनुष्य के बीच रागात्मक सम्बन्ध है, यह उसके द्वारा व्यक्त न हुआ। अपने नित्य के व्यवहार में जिस हृदयसाम्य का अनुभव मनुष्य कभी-कभी किया करता है उसकी अभिव्यंजना उससे न हुई। जिस प्रकार दूसरी जाति या मतवाले के हृदय हैं, उसी प्रकार हमारे भी हैं, जिस प्रकार दूसरे के हृदय में प्रेम की तरंगें उठती हैं, उसी प्रकार हमारे हृदय में भी, प्रिय का वियोग जैसे दूसरे को व्याकुल करता है वैसे ही हमें भी, माता का जो हृदय दूसरे के यहाँ है वही हमारे यहाँ भी, जिन बातों से दूसरों को सुख दुःख का बोध होता है उन्हीं बातों से हमें भी, इस तथ्य का प्रत्यक्षीकरण कुतबन, जायसी आदि प्रेम कहानी के कवियों द्वारा हुआ। अपनी कहानियों द्वारा इन्होंने प्रेम का शुद्ध मार्ग दिखाते हुए उन सामान्य जीवनदशाओं को सामने रखा जिनका मनुष्य मात्र के हृदय पर एक प्रभाव दिखाई पड़ता है। हिन्दू हृदय और मुसलमान हृदय आमने-सामने कर अजनबीपन मिटाने वालों में इन्हीं का नाम लेना पड़ेगा। इन्होंने मुसलमान होकर हिन्दुओं की कहानियाँ हिन्दुओं की ही बोली में पूरी सहृदयता से कहकर उनके जीवन की मर्मस्पर्शिनी अवस्थाओं के साथ अपने उदार हृदय का पूर्ण सामंजस्य दिखा दिया। कबीर ने केवल भिन्न प्रतीत होती हुई परोक्ष सत्ता की एकता का आभास दिया था। प्रत्यक्ष जीवन की एकता का दृश्य सामने रखने की आवश्यकता बनी थी। वह जायसी द्वारा पूरी हुई।

प्रेमगाथा की परम्परा

इस नवीन शैली की प्रेमगाथा का आविर्भाव इस बात के प्रमाणों में से है कि इतिहास में किसी राजा के कार्य सदा लोकप्रवृत्ति के प्रतिबिम्ब नहीं हुआ करते। इसी को ध्यान में रखकर कुछ नवीन पद्धति के इतिहासकार प्रकरणों का विभाग राजाओं के राजत्वकाल के अनुसार न कर लोक की प्रवृत्ति के अनुसार करना

चाहते हैं। एक ओर तो कट्टर और अन्यायी सिकन्दर लोदी मथुरा के मन्दिरों को गिराकर मसजिदें खड़ी कर रहा था और हिन्दुओं पर अनेक प्रकार के अत्याचार कर रहा था, दूसरी ओर पूरब में बंगाल के शासक हुसैनशाह के अनुरोध से, जिसने 'सत्य पीर' की कथा चलायी थी, कुतबन मियाँ एक ऐसी कहानी लेकर जनता के सामने आये जिसके द्वारा उन्होंने मुसलमान होते हुए भी अपने मनुष्य होने का परिचय दिया। इसी मनुष्यत्व को ऊपर करने से हिन्दूपन, मुसलमानपन, ईसाईपन आदि के उस स्वरूप का प्रतिरोध होता है जो विरोध की ओर ले जाता है। हिन्दुओं और मुसलमानों को एक साथ रहते अब इतने दिन हो गये थे कि दोनों का ध्यान मनुष्यता के सामान्य स्वरूप की ओर स्वभावतः जाये।

कुतबन चिश्ती वंश के शेख़ बुरहान के शिष्य थे। उन्होंने 'मृगावती' नाम का एक काव्य सन् 909 हिजरी में लिखा। इसमें चन्द्रनगर के राजा गणपतिदेव के राजकुमार और कंचन-नगर के राजा रूपमुरार की कन्या मृगावती के प्रेम की कथा है।

जायसी ने प्रेमियों के दृष्टान्त देते हुए अपने पूर्व की लिखी कुछ प्रेमकहानियों का उल्लेख किया है—

विक्रम धँसा प्रेम के बारा। सपनावति कहँ गएउ पतारा।।
मधूपाछ मुगुधावति लागी। गगनपूर होइगा बैरागी।।
राजकुँवर कंचनपुर गयऊ। मिरगावति कहँ जोगी भयऊ।।
साधु कुँवर खण्डावत जोगू। मधुमालति कर कीन्ह वियोग।।
प्रेमावति कहँ सुरसरि साधा। ऊषा लगि अनिरुध बर बाधा।।

विक्रमादित्य और ऊषा अनिरुद्ध की प्रसिद्ध कथाओं को छोड़ देने से चार प्रेम कहानियाँ जायसी के पूर्व लिखी हुई पायी जाती हैं। इनमें से 'मृगावती' की एक खण्डित प्रति का पता तो नागरीप्रचारिणी सभा को लग चुका है। 'मधुमालती' की भी फ़ारसी अक्षरों में लिखी हुई एक प्रति मैंने किसी सज्जन के पास देखी थी पर किसके पास, यह स्मरण नहीं। चतुर्भुजदास कृत 'मधुमालती कथा' नागरीप्रचारिणी सभा को मिली है जिसका निर्माणकाल ज्ञात नहीं और जो अत्यन्त भ्रष्ट गद्य में है। 'मुग्धावती' और 'प्रेमावती' का पता अभी तक नहीं लगा है। जायसी के पीछे भी 'प्रेमगाथा' की यह परम्परा कुछ दिनों तक चलती रही। गाजीपुर निवासी शेख़ हुसैन के पुत्र उसमान (मान) ने संवत् 1670 के लगभग चित्रावली लिखी जिसमें नेपाल के राजा धरनीधर के पुत्र सुजान

और रूपनगर के राजा चित्रसेन की कन्या चित्रावली की प्रेमकहानी है। भाषा इसकी अवधी होने पर भी कुछ भोजपुरी लिये है। यह नागरीप्रचारिणी सभा द्वारा प्रकाशित हो चुकी है। दूसरी पुस्तक नूरमुहम्मद की 'इन्द्रावत' है जो संवत् 1796 में लिखी गयी थी। इसे भी उक्त सभा प्रकाशित कर चुकी है। इन प्रेमगाथा काव्यों में पहली बात ध्यान देने की यह है कि इनकी रचना बिल्कुल भारतीय चरितकाव्यों की सर्गबद्ध शैली पर न होकर फ़ारसी की मसनवियों के ढंग पर हुई है, जिसमें कथा सर्गों या अध्यायों में विस्तार के हिसाब से विभक्त नहीं होती, बराबर चली चलती है, केवल स्थान-स्थान पर घटनाओं या प्रसंगों का उल्लेख शीर्षक के रूप में रहता है। मसनवी के लिए साहित्यिक नियम तो केवल इतना ही समझा जाता है कि सारा काव्य एक ही मसनवी छन्द में हो पर परम्परा के अनुसार उसमें कथारम्भ के पहले ईश्वर स्तुति, पैगम्बर की वन्दना और उस समय के राजा (शाहे वक़्त) की प्रशंसा होनी चाहिए। ये बातें पद्मावत, इन्द्रावत, मृगावती आदि सबमें पायी जाती हैं।

दूसरी बात ध्यान देने की यह है कि ये सब प्रेमकहानियाँ पूरबी हिन्दी अर्थात् अवधी भाषा में एक नियमक्रम के साथ केवल चौपाई, दोहे में लिखी गयी हैं। जायसी ने सात चौपाइयों (अर्धालियों) के बाद एक-एक दोहे का क्रम रखा है।

नागमती का विरह वर्णन

नागमती का विरहवर्णन हिन्दी साहित्य में एक अद्वितीय वस्तु है। नागमती उपवनों के पेड़ों के नीचे रात भर रोती फिरती है। इस दशा में पशु, पक्षी, पेड़, पल्लव जो कुछ सामने आता है उसे वह अपना दुखड़ा सुनाती है। वह पुण्यदशा धन्य है जिसमें ये सब अपने सगे लगते हैं और यह जान पड़ने लगता है कि इन्हें दुख सुनाने से भी जी हल्का होगा। सब जीवों का शिरोमणि मनुष्य और मनुष्यों का अधीश्वर राजा! उसकी पटरानी, जो कभी बड़े-बड़े राजाओं और सरदारों की बातों की ओर भी ध्यान न देती थी, वह पक्षियों से अपने हृदय की वेदना कह रही है, उनके सामने अपना हृदय खोल रही है। हृदय की इस उदार और व्यापक दशा का कवियों ने केवल प्रेमदशा के भीतर ही वर्णन किया है, यह बात ध्यान देने योग्य है। मारने के लिए शत्रु का पीछा करता हुआ क्रोधातुर मनुष्य पेड़ों और पक्षियों से यह पूछता हुआ कहीं नहीं कहा गया है कि 'भाई!

किधर गया?' वाल्मीकि, कालिदास आदि से लेकर जायसी, सूर, तुलसी आदि भाषाकवियों तक सब ने इस दशा का सन्निवेश विप्रलम्भ या कहीं-कहीं करुण में ही किया है। वाल्मीकि के राम सीताहरण होने पर वन-वन पूछते फिरते हैं–

'हे कदम्ब! तुम्हारे फूलों से अधिक प्रीति रखने वाली मेरी प्रिया को यदि जानते हो तो बताओ। हे बिल्ववृक्ष! यदि तुमने उस पीतवस्त्रधारिणी को देखा हो तो बताओ। हे मृग! उस मृगनयनी को तुम जानते हो?'

इसी प्रकार तुलसी के राम भी वन के पशु-पक्षियों से पूछते हैं–

हे खग, मृग, हे मधुकर स्रेनी। तुम देखी सीता मृगनैनी?

कालिदास का यक्ष भी चेतनाचेतन भेद इसी प्रेमदशा के ही भीतर भूला है। इससे यह सिद्ध है कि कवि परम्परा के बीच यह एक मान्य परिपाटी है कि इस प्रकार की दशा का वर्णन प्रेमदशा के भीतर ही हो।

इस सम्बन्ध में मामूली तौर पर तो इतना ही कहना काफी समझा जाता है कि 'उन्माद' की व्यंजना के लिए इस प्रकार का आचरण दिखाया जाता है। 'उन्माद' ही सही पर एक ख़ास ढर्रे का है। इसका आविर्भाव प्रेमताप से पिघलकर फैले हृदय में ही होता है। सम्बन्ध का मूल प्रेम है, अतः प्रेमदशा के भीतर ही मनुष्य का हृदय उस सम्बन्ध का आभास पाता है जो पशु, पक्षी, द्रुम, लता आदि के साथ अनादि काल से चला आ रहा है।

नागमती उपवनों में रोती फिरती है। उसके विलाप से घोंसलों में बैठे हुए पक्षियों की नींद हराम हो गयी है–

फिर-फिर रोव, कोइ नहीं डोला। आधी रात विहंगम बोला।।
तू फिर-फिरि दाहै सब पाँखी। केहि दुख रैनि न लावसि आँखी।।

और कवियों ने पशु-पक्षियों को सम्बोधन भर करने का उल्लेख करके बात और आगे नहीं बढ़ाई है जिससे ऊपर से देखने वालों का ध्यान 'उन्माद' की दशा ही तक रह जाता है। पर जायसी ने जिस प्रकार मनुष्य के हृदय में पशु-पक्षियों से सहानुभूति प्राप्त करने की सम्भावना की है, उसी प्रकार पक्षियों के हृदय में सहानुभूति से संचार की भी। उन्होंने सामान्य हृदयतत्त्व की सृष्टिव्यापिनी भावना द्वारा मनुष्य और पशु-पक्षी सबको एक जीवन-सूत्र में बद्ध देखा है। राम के प्रश्न का खग, मृग और मधुकर कुछ जवाब नहीं देते। राजा पुरूरवा कोकिल, हंस आदि को पुकारता ही फिरता पर कोई सहानुभूति प्रकट करता नहीं दिखाई पड़ता (विक्रमोर्वशीय अंक 4) पर नागमती की दशा

पर एक पक्षी को दया आती है—वह उसके दुख का कारण पूछता है। नागमती उस पक्षी से कहती है—

चारिउ चक्र उजार भए, कोई न सँदेसा टेक।
कहौं विरह दुख आपन, बैठि सुनहु दँड एक।

इस पर वह पक्षी सन्देशा ले जाने को तैयार हो जाता है।

पद्मावती से कहने के लिए नागमती ने जो सन्देशा कहा है, वह अत्यन्त मर्मस्पर्शी है। उसमें मान, गर्व आदि से रहित, सुखभोग की लालसा से अलग, अत्यन्त नम्र, शीतल और विशुद्ध प्रेम की झलक पायी जाती है—

पद्मावती सौ कहेहु, बिहंगम। कन्त लोभाइ रही करि संगम।।
तोहि चैन सुख मिलै सरीरा। मो कहँ दिए दुन्द दुख पूरा।।
हमहुँ बिआही संग ओहि पीऊ। आपुहिं पाइ, जानु पर जीऊ।।
मोहि भोग सौं काज न बारी। सौंह दिष्टि कै चाहनहारी।।

मनुष्य के आश्रित, मनुष्य के पाले हुए, पेड़-पौधे किस प्रकार मनुष्य के सुख से सुखी और दुख से दुखी दिखाई देते हैं, यह दृश्य बड़े कौशल और बड़ी सहृदयता से जायसी ने दिखाया है। नागमती की विरहदशा में उसके बाग़-बग़ीचों में उदासी बरस रही थी। पेड़-पौधे सब मुरझाये पड़े थे। उनकी सुध कौन लेता है? पर राजा रत्नसेन के चित्तौर लौटते ही—

पलुही नागमती कै बारी। सोने फूल फूलि फुलवारी।।
जावत पंखि रहे सब दहे। सबै पंखि बोले गहगहे।।

जब पेड़-पौधे सूख रहे थे तब पक्षी भी आश्रय न पाकर ताप से झुलस रहे थे। इस प्रकार नागमती की वियोगदशा का विस्तार केवल मनुष्य जाति तक ही नहीं, पशु-पक्षियों और पेड़-पौधों तक दिखाई पड़ता था। कालिदास ने पाले हुए मृग और पौधों के प्रति शकुन्तला का स्नेह दिखाकर इसी व्यापक और विशद भाव की व्यंजना की है।

विप्रलम्भ शृंगार ही 'पद्मावत' में प्रधान है। विरहदशा के वर्णन में जहाँ कवि ने भारतीय पद्धति का अनुसरण किया है, वहाँ कोई अरुचिकारक बीभत्स दृश्य नहीं आया है। कृशता, ताप, वेदना आदि के वर्णन में भी उन्होंने शृंगार के उपयुक्त वस्तु सामने रखी है, केवल उसके स्वरूप में कुछ अन्तर दिखा दिया है।

जो पद्मावती स्वभावतः पद्मावती के समान विकसित रहा करती थी, वह सूखकर मुरझाई हुई लगती है–

कँवल सूख, पखुरी बेहरानी। गलि-गलि कै मिलि छार हेरानी।।

इस रूप में प्रदर्शित व्यक्ति के प्रति सहानुभूति और दया का पूरा अवसर रहता है। पाठक उसकी दशा व्यंजित करने वाली वस्तु की ओर कुछ देर दृष्टि गड़ाकर देख सकते हैं। मुरझाया फूल भी फूल ही है। अतीत सौन्दर्य के स्मरण से भाव और उद्दीप्त होता है। पर उसके स्थान पर यदि चीरकर हृदय का ख़ून, नसें, हड्डियाँ आदि दिखाई जाएँ तो दया होते हुए भी इन वस्तुओं की ओर दृष्टि जमाते न बनेगा।

विरहदशा के भीतर 'निरवलम्बता' की अनुभूति रह-रहकर विरही को होती है। देखिए, कैसा परिचित और साधारण प्राकृतिक व्यापार सामने रखकर कवि ने इस 'निरवलम्बता' का गोचर प्रत्यक्षीकरण किया है–

आवा पवन बिछोह कर पात परा बेकरार।
तरिवर तजा जो चूरि कै लागै केहि के डार।।

'लाग केहि के डार' मुहावरा भी बहुत अच्छा आया है।

'पद्मावत' में यद्यपि हिन्दू जीवन के परिचायक भावों की ही प्रधानता है, पर बीच-बीच में फ़ारसी साहित्य द्वारा घोषित भावों के भी छींटे कहीं-कहीं मिलते हैं। विदेशीय प्रभाव के कारण वियोगदशा के वर्णन में कहीं-कहीं बीभत्स चित्र सामने आ जाते हैं; जैसे 'कबाबे सीख' वाला यह भाव–

विरह सरागन्हि भूँजै माँसू। गिरि-गिरि परै रकत कै आँसू।।
कटि-कटि माँसु सराग पिरोवा। रकत कै आँसु माँसु सब रोवा।।
खिन एक बार माँसु अस भूँजा। खिनहिं चबाइ सिन्ध अस गूँजा।।

वियोग में इस प्रकार के बीभत्स दृश्य का समावेश जायसी ने जो किया है वह तो किया ही है, संयोग के प्रसंग में भी वे एक स्थान पर ऐसा ही बीभत्स चित्र सामने लाये हैं। बादल जब अपनी नवागत वधू की ओर से दृष्टि फेर लेता है, तब वह सोचती है कि क्या मेरे कटाक्ष तो उसके हृदय को बेधकर पीठ की ओर नहीं जा निकले हैं। यदि ऐसा है तो तूँबी लगाकर मैं उसे खींच लूँ और जब वह पीड़ा से चौंककर मुझे पकड़े तो गहरे रस से उसे धो डालूँ–

मकु पिउ दिस्टि समानेउ सालू। हुलसा पीठि कढ़ावौं सालू।।
कुच तँबी अब पीठि गड़ोवौं। गहै जो हूकि, गाढ़ रस धोवौं।।

कटाक्ष या नेत्रों को 'अनियारे', 'नुकीले' तक कह देना तो ठीक है, पर ऊहात्मक या वस्तुव्यंजनात्मक पद्धति पर इस कल्पना को और आगे बढ़ाकर शरीर पर सचमुच घाव आदि दिखाने लगना काव्य की सीमा के बाहर जाना है, जैसा कि एक कविजी ने किया है–

काजर दे नहिं, एरी सुहागिनि! आँगुरी तेरी कटैगी कटाछन।

यदि कटाक्ष से उँगली कटने का डर है तब तो तरकारी चीरने या फल काटने के लिए छुरी, हँसिया आदि की कोई ज़रूरत न होनी चाहिए। कटाक्ष मन में चुभते हैं न कि प्रत्यक्ष शरीर पर घाव करते हैं।

विरहजन्य कृशता के वर्णन में जायसी ने कवि प्रथानुसार पूरी अत्युक्ति की है, पर उस अत्युक्ति में भी गम्भीरता बनी हुई है, वह खेलवाड़ या मजाक नहीं होने पायी है। बिहारी की नायिका इतनी क्षीण हो गयी है कि जब साँस खींचती है, तब उसके झोंके से चार कदम पीछे हट जाती है और जब साँस निकालती है तब उसके साथ चार कदम आगे बढ़ जाती है। घड़ी के पेंडुलम की सी दशा उसकी रहती है। इसी प्रकार उर्दू के एक शायर साहब ने आशिक को जूँ या खटमल का बच्चा बना डाला–

इन्तहाए लागरी से जब नज़र आया न मैं।
हँस के वो कहने लगे, बिस्तर को झाड़ा चाहिए।।

पर जायसी का यह वर्णन सुन हृदय द्रवीभूत होता है, हँसी नहीं आती–

दहि कोइला भइ कन्त सनेहा। तोला माँसु रहा नहिं देहा।।
रकत न रहा, बिरह तन जरा। रती-रती होइ नैनन्ह ढरा।।

हाड़ भये सब किंगरी, नसै भई सब ताँति।
रोवँ-रोवँ ते धुनि उठै, कहौं बिथा केहि भाँति।।

इसी नागमती के विरहवर्णन के अन्तर्गत वह प्रसिद्ध बारहमासा है जिसमें वेदना का अत्यन्त निर्मल और कोमल स्वरूप, हिन्दू दाम्पत्य जीवन का अत्यन्त मर्मस्पर्शी माधुर्य, अपने चारों ओर की प्राकृतिक वस्तुओं और व्यापारों के साथ विशुद्ध भारतीय हृदय की साहचर्य भावना तथा विषय के अनुसार भाषा का अत्यन्त स्निग्ध, सरल मृदुल और अकृत्रिम प्रवाह देखने योग्य है। पर इन कुछ विशेषताओं की ओर ध्यान जाने पर भी इसके सौन्दर्य का बहुत कुछ हेतु अनिर्वचनीय रह जाता है। इस बारहमासे में वर्ष के बारह महीनों का वर्णन

विप्रलम्भ शृंगार के उद्दीपन की दृष्टि से है जिसमें आनन्दप्रद वस्तुओं का दुःखप्रद होना दिखाया जाता है, जैसा कि मण्डन कवि ने कहा है—

जेइ-जेइ सुखद, दुःखद अब तेइ-तेइ कवि मण्डन बिछुरत जदुपत्ती।

प्रेम में सुख और दुख दोनों की अनुभूति की मात्रा जिस प्रकार बढ़ जाती है उसी प्रकार अनुभूति के विषयों का विस्तार भी। संयोग की अवस्था में जो प्रेम सृष्टि की सब वस्तुओं से आनन्द का संग्रह करता है वही वियोग की दशा में सब वस्तुओं में दुख का संग्रह करने लगता है। इसी दुखद रूप में प्रत्येक मास की उन सामान्य प्राकृतिक वस्तुओं और व्यापारों का वर्णन जायसी ने किया है जिनके साहचर्य का अनुभव मनुष्यमात्र—राजा से लेकर रंक तक करते हैं। अतः इस बारहमासे में मुख्यतः दो बातें देखने की हैं—

(1) प्राकृतिक वस्तुओं और व्यापारों का दिग्दर्शन।
(2) दुख के नाना रूपों और कारणों की उद्‍भावना।

प्रथम के सम्बन्ध में यह जान लेना चाहिए कि प्राचीन संस्कृत कवियों का सा संश्लिष्ट विशद चित्रण उद्दीपन की दृष्टि से किए हुए ऋतुवर्णन में नहीं हुआ करता, केवल वस्तुओं और व्यापारों की अलग-अलग झलक भर दिखाकर प्रेमी के हृदय की अवस्था की व्यंजना हुआ करती है। परिचित प्राकृतिक दृश्यों को साहचर्य द्वारा और कवियों की वाणी द्वारा जो मर्मस्पर्शी प्रभाव प्राप्त है, उसका अनुभव उनकी ओर संकेत करने मात्र से भी सहृदयों को हो जाता है। इस प्रकार बहुत ही सुन्दर संकेत—बहुत ही मनोहर झलक—इस बारहमासे में हम पाते हैं। कुछ उदाहरण लीजिए—

चढ़ा असाढ़, गगन घन गाजा। साजा बिरह, दुन्द बाजा।।
धूम, साम धौरे धन आए। सेत धजा बगपाँति देखाए।।
खड़ग बीजु चमकै चहुँ ओरा। बुंदबान बरिसहिं चहुँ ओरा।।
बाट असूझ अथाह गँभीरी। जिउ बाउर भा फिरै भँभीरी।।
जग जल बूड़ जहाँ लगि ताकी। मोरि नाव खेवक बिनु थाकी।।
जेठ जरै जग चलै लुवारा। उठिहिं बवंडर परहिं अंगारा।।
उठे आणि औ आवै आँधी। नैन न सूझ मरौं दुख बाँधी।।

अपनी भावुकता का बड़ा भारी परिचय जायसी ने इस बात में दिया है कि रानी नागमती विरहदशा में अपना रानीपन बिल्कुल भूल जाती है और अपने

को केवल साधारण स्त्री के रूप में देखती है। इसी सामान्य स्वाभाविक वृत्ति के बल पर उसके विरहवाक्य छोटे-बड़े सबके हृदय को समान रूप में स्पर्श करते हैं। यदि कनकपर्यंक, मखमली सेज, रत्नजटित अलंकार, संगमरमर के महल, खसखाने आदि की बातें होतीं तो वे जनता के एक बड़े भाग के अनुभव से कुछ दूर की होतीं। जायसी ने स्त्री जाति की या कम से कम हिन्दू गृहिणी मात्र की सामान्य स्थिति के भीतर विप्रलम्भ शृंगार के अत्यन्त समुज्ज्वल रूप का विकास दिखाया है। देखिए, चौमासे में स्वामी के न रहने से घर की जो दशा होती है वह किस प्रकार गृहिणी के विरह का उद्दीपन करती है—

पुष्य नखत सिर ऊपर आवा। हौं बिनु नाह, मँदिर को छावा?

इसी प्रकार शरीर का रूपक देकर बरसात आने पर साधारण गृहस्थों की चिन्ता और आयोजना की झलक दिखाई गयी है—

तपै लागि अब जेठ असाढ़ी। मोहि पिउ बिन छाजनि भइ गाढ़ी।।
तन तिनउर भा, झूरौं खरी। भई बरसा, दुख आगरि जरी।।
बंध नाहिं औ कन्ध न कोई। बात न आव, कहौं का रोई?
साँठि नाँठि, जग बात को पूछा। बिनु जिउ फिरै मूँह तनु छूछा।।
भई दुहेली टेक बिहूनी। थाँभ नाहिं, उठि सकै न थूनी।।
बरसै मेह, चुबहिं नैनाहा। छपर-छपर होई रहि बिनु नाहा।।
कोरौ कहाँ, ठाट नव साजा। तुम बिनु कन्त न छाजनि छाजा।।

यह आशिक माशूकों का निर्लज्ज प्रलाप नहीं है; यह हिन्दू गृहिणी की विरहवाणी है। इसका सात्विक मर्यादापूर्ण माधुर्य परम मनोहर है।

महाकवि सूरदास

हिन्दुओं के स्वातन्त्र्य के साथ-ही-साथ वीरगाथाओं की परम्परा भी काल के अँधेरे में जा छिपी। उस हीन दशा के बीच वे अपने पराक्रम के गीत किस मुँह से गाते और किस कानों से सुनते? जनता पर गहरी उदासी छा गयी थी। राम और रहीम को एक बताने वाली बानी मुरछाये मन को हरा न कर सकी; क्योंकि उसके भीतर उस कट्टर एकेश्वरवाद का सुर मिला हुआ था जिसका ध्वंसकारी स्वरूप लोग नित्य अपनी आँखों देख रहे थे। सर्वस्व गँवाकर भी हिन्दू जाति अपनी स्वतन्त्र सत्ता बनाये रखने की वासना नहीं छोड़ सकी थी। इससे उसने अपनी सभ्यता, अपने चिरसंचित संस्कार आदि की रक्षा के लिए राम और कृष्ण का आश्रय लिया और उनकी भक्ति का स्रोत देश के एक कोने से दूसरे कोने तक फैल गया। जिस प्रकार बंग देश में कृष्ण चैतन्य ने उसी प्रकार उत्तर भारत में वल्लभाचार्य जी ने परम भाव की उस आनन्दविधायिनी कला का दर्शन कराकर, जिसे प्रेम कहते हैं, जीवन में सरसता का संचार किया। दिव्य प्रेमसंगीत की धारा में इस लोक का सुखद पक्ष निखर आया और जमती हुई उदासी या खिन्नता बह गयी।

जयदेव की देववाणी की स्निग्ध पीयूषधारा, जो काल की कठोरता में दब गयी थी, अवकाश पाते ही लोकभाषा की सरसता में परिणत होकर मिथिला की अमराइयों में, विद्यापति के कोकिलकण्ठ से प्रकट हुई और आगे चलकर ब्रज के करील कुंजों के बीच फैले मुरझाये मनों को सींचने लगी। आचार्यों की छाप लगी हुई आठ वीणाएँ श्रीकृष्ण की प्रेमलीला का कीर्तन करने उठीं, जिनमें सबसे ऊँची, सुरीली और मधुर झनकार अन्धे कवि सूरदास की वीणा की थी। ये भक्त कवि सगुण उपासना का रास्ता साफ़ करने लगे। निर्गुण उपसना की नीरसता और अग्राह्यता दिखाते हुए ये उपासना का हृदयग्राही स्वरूप सामने लाने में लग गये। इन्होंने भगवान् का प्रेममय रूप ही लिया, इससे हृदय की

कोमल वृत्तियों के ही आश्रय यौर आलंबन खड़े किये। आगे जो इनके अनुयायी कृष्णभक्त हुए वे भी उन्हीं वृत्तियों में लीन रहे। हृदय की अन्य वृत्तियों (उत्साह आदि) के रंजनकारी रूप भी यदि वे चाहते, तो कृष्ण में ही मिल जाते, पर उनकी ओर वे न बढ़े। भगवान् का वह व्यक्त स्वरूप यद्यपि एकदेशीय था केवल प्रेममंय था—पर उस समय नैराश्य के कारण जनता के हृदय में जीवन की ओर से एक प्रकार की जो अरुचि-सी उत्पन्न हो रही थी उसे हटाने में उपयोगी हुआ। मनुष्यता के सौन्दर्यपूर्ण और माधुर्यपूर्ण पक्ष को दिखाकर इन कृष्णोपासक वैष्णव कवियों ने जीवन के प्रति अनुराग जगाया या कम-से-कम जीने की चाह बनी रहने दी।

वाल्यकाल और यौवनकाल कितने मनोहर हैं! उनके बीच नाना मनोरम परिस्थितियों के विशद चित्रण द्वारा सूरदासजी ने जीवन की जो रमणीयता सामने रखी, उससे गिरे हुए हृदय नाच उठे। वात्सल्य और श्रृंगार के क्षेत्रों का जितना अधिक उद्‌घाटन सूर ने अपनी बन्द आँखों से किया, उतना किसी और कवि ने नहीं। इन क्षेत्रों का कोना-कोना वे झाँक आये। उक्त दोनों रसों के प्रवर्तक रतिभाव के भीतर की जितनी मानसिक वृत्तियों और दशाओं का अनुभव और प्रत्यक्षीकरण सूर कर सके उतना और कोई नहीं। हिन्दी साहित्य में श्रृंगार का रसराजत्व यदि किसी ने पूर्ण रूप से दिखाया तो सूर ने।

उनकी उमड़ती हुई वाग्धारा उदाहरण रचने वाले कवियों के समान गिनाये हुए संचारियों से बँधकर चलने वाली न थी। यदि हम सूर के केवल विप्रलम्भ श्रृंगार को ही लें अथवा उनके भ्रमरगीत को ही देखें, तो न जाने कितने प्रकार की मानसिक दशाएँ ऐसी मिलेंगी, जिनके नामकरण तक नहीं हुए हैं। मैं इसी को कवियों की पहुँच कहता हूँ। यदि हम मनुष्य जीवन के सम्पूर्ण क्षेत्र को लेते हैं तो सूरदासजी की दृष्टि परिमित दिखाई पड़ती है। पर यदि उनके चुने हुए क्षेत्रों (श्रृंगार और वात्सल्य) को लेते हैं, तो उनके भीतर उनकी पहुँच का विस्तार बहुत अधिक पाते हैं। उन क्षेत्रों में इतना अन्तर्दृष्टि विस्तार और किसी कवि का नहीं। बात यह है कि सूर को 'गीत काव्य की जो परम्परा (जयदेव और विद्यापति की) मिली, वह श्रृंगार की ही थी। इसी से सूर के संगीत में भी उसी की प्रधानता रही। दूसरी बात है उपासना का स्वरूप। सूरदासजी वल्लभाचार्यजी के शिष्य थे, जिन्होंने भक्तिमार्ग में भगवान् का प्रेममय स्वरूप प्रतिष्ठित कर उसके आकर्षण द्वारा 'सायुज्य मुक्ति' का मार्ग दिखाया था।

भक्ति साधना के इस चरम लक्ष्य या फल (सायुज्य) की ओर सूर ने कहीं-कहीं संकेत भी किया है, जैसे—

सीत उष्न सुख दुख नहि माने हानि भए कछु सोच न राँचै।
जाय समाय सूर वा निधि में बहुरि न उलटि जगत मैं नाचे।।

जिस प्रकार ज्ञान की चरमसीमा ज्ञाता और ज्ञेय की एकता है, उसी प्रकार प्रेमभाव की चरमसीमा आश्रय और प्रलम्बन की एकता है। अतः भगवद्भक्ति की साधना के लिए इसी प्रेमतत्त्व को वल्लभाचार्य ने सामने रखा और उनके अनुयायी कृष्णभक्त कवि इसी को लेकर चले। गोस्वामी तुलसीदासजी की दृष्टि व्यक्तिगत साधना के अतिरिक्त लोकपक्ष पर भी थी; इसी से वे मर्यादा पुरुषोत्तम के चरित्र को लेकर चले और उसमें लोकरक्षा के अनुकूल जीवन की और और वृत्तियों का भी उन्होंने उत्कर्ष दिखाया और अनुरंजन किया।

उक्त प्रेमतत्त्व की पुष्टि में ही सूर की वाणी मुख्यतः प्रयुक्त जान पड़ती है। रतिभाव के तीनों प्रबल और प्रधान रूप—भगवद्विषयक रति, वात्सल्य रति और दाम्पत्य रति-सूर ने लिये हैं। यद्यपि पिछले दोनों प्रकार के रति भाव भी कृष्णोन्मुख होने के कारण तत्त्वतः भगवत्प्रेम के अन्तर्भूत ही हैं, पर निरूपण भेद से और रचना विभाग की दृष्टि से वे अलग रखे गये हैं। इस दृष्टि से विभाग करने से विनय के जितने पद हैं, वे भगवद्विषयक रति के अन्तर्गत आयेंगे, बाललीला के पद वात्सल्य के अन्तर्गत और गोपियों के प्रेम सम्बन्धी पद दाम्पत्य रतिभाव के अन्तर्गत होंगे। हृदय से निकली हुई प्रेम की इन तीनों प्रबल धाराओं से सूर ने बहुत बड़ा सागर भरकर तैयार किया है।

कविकर्म विधान के दो पक्ष होते हैं—विभावपक्ष और भावपक्ष। कवि एक ओर तो ऐसी वस्तुओं का चित्रण करता है, जो मन में कोई भाव उठाने या उठे हुए भाव को और जगाने में समर्थ होती है और दूसरी ओर उन वस्तुओं के अनुरूप भावों के अनेक स्वरूप शब्दों द्वारा व्यक्त करता है। एक विभाव पक्ष है, दूसरा भाव पक्ष कहने की आवश्यकता नहीं कि काव्य में ये दोनों अन्योन्याश्रित हैं, अतः दोनों रहते हैं। जहाँ एक ही पक्ष का वर्णन रहता है, वहाँ भी दूसरा पक्ष अव्यक्त रूप में रहता है। जैसे, नायिका के रूप या नखशिख का कोरा वर्णन लें, तो उसमें भी आश्रय का रति भाव अव्यक्त रूप में वर्तमान रहता है। भाव पक्ष में सूर की पहुँच का उल्लेख ऊपर हो चुका है। सूरदासजी ने श्रृंगार और वात्सल्य ये ही दो रस लिये हैं। अतः विभावपक्ष में भी उनका वर्णन उन्हीं

वस्तुओं तक परिमित है, जो उक्त दोनों रसों के आलम्बन या उद्दीपन के रूप में आ सकती हैं; जैसे राधा और कृष्ण के नाना रूप, वेश और चेष्टाएँ तथा करीलकुंज उपवन, यमुना, पवन, चन्द्र, ऋतु आदि।

विभावपक्ष के अन्तर्गत भी वस्तुएँ दो रूपों में लायी जाती हैं—वस्तु रूप में और अलंकार रूप में; अर्थात् प्रस्तुत रूप में और अप्रस्तुत रूप में। मान लीजिए कि कोई कवि कृष्ण का वर्णन कर रहा है। पहले वह कृष्ण के श्याम या नीलवर्ण शरीर को, उस पर पड़े हुए पीताम्बर को, त्रिभंगी मुद्रा को, स्मित आनन को, हाथ में ली हुई मुरली को, सिर के कुंचित केश, मोर मुकुट आदि को सामने रखता है। यह विन्यास वस्तु रूप में हुआ। इसी प्रकार का विन्यास यमुनातट, निकुंज की लहराती लताओं, चन्द्रिका, कोकिलकूजन आदि का होगा। इनके साथ ही यदि कृष्ण के शोभावर्णन में घन और दामिनी, सनाल कमल आदि उपमान के रूप में वह लाता है, तो यह विन्यास अलंकार रूप में होगा। वर्ण्यविषय की परिमिति के कारण वस्तुविन्यास का जो संकोच सूर की रचना में दिखाई पड़ता है, उसकी बहुत कुछ कसर अलंकार रूप में लाये हुए पदार्थों के प्राचुर्य द्वारा पूरी हो जाती है। कहने का तात्पर्य यह कि प्रस्तुत रूप में लाये हुए पदार्थों की संख्या सूर में कम, पर अलंकार रूप में लाये हुए पदार्थों की संख्या बहुत अधिक है। यह दूसरे प्रकार की (आलंकारिक) रूप योजना या व्यापार योजना किसी और (प्रस्तुत) रूप के प्रभाव को बढ़ाने के लिए ही होती है, अतः इसमें लाये हुए रूप या व्यापार ऐसे ही होने चाहिए, जो प्रभाव में उन प्रस्तुत रूपों या व्यापार के समान हों। सूर अलंकार योजना के लिए अधिकतर ऐसे ही पदार्थ लाये हैं।

सारांश यह कि यदि हम बाह्य सृष्टि से लिये रूपों और व्यापारों के सम्बन्ध में सूर की पहुँच का विचार करते हैं, तो यह बात स्पष्ट देखने में आती है कि प्रस्तुत रूप में लिये हुए पदार्थों और व्यापारों की संख्या परिमित है। उन्होंने कृष्ण और राधा के अंगप्रत्यंग, मुद्राओं और चेष्टाओं, यमुनातट, वंशीवट, निकुंज, गौचारण, वनविहार, बाललीला, चोरी, नट-खटी तथा कवि परिपाटी में परिगणित ऋतुसुलभ वस्तुओं तक ही अपने को रखा है।

इसके कारण दो हैं—पहली बात तो यह है कि इनकी रचना 'गीत-काव्य' है जिसमें मधुर ध्वनिप्रवाह के बीच कुछ चुने हुए पदार्थों और व्यापारों की झलक भर काफी होती है। गोस्वामी तुलसीदासजी के रामचरितमानस के समान सूरसागर प्रबन्ध काव्य नहीं हैं, जिसमें कथाक्रम से अनेक पदार्थों और

व्यापारों की शृंखला जुड़ती चली चलती है। सूरदासजी ने प्रत्येक लीला या प्रसंग पर फुटकर पद कहे हैं, एक पद दूसरे पद से सम्बद्ध नहीं है। प्रत्येक पद स्वतन्त्र है। इसी से किसी एक प्रसंग पर कहे हुए पदों को यदि हम लेते हैं, तो एक ही घटना से सम्बन्ध रखने वाली एक ही बात भिन्न-भिन्न रागिनियों में कुछ फेर-फार के साथ बहुत से पदों में मिलती है, जिससे पढ़ने वाले का जी कभी-कभी ऊब-सा जाता है। यह बात प्रकृत प्रबन्धकाव्य में नहीं होती।

परमिति का दूसरा कारण पहले ही कहा जा चुका है कि सूरदासजी ने जीवन की वास्तव में दो ही वृत्तियाँ ली है—बालवृत्ति और यौवनवृत्ति। इन दोनों के अन्तर्गत आये हुए व्यापार क्रीड़ा, उमंग और उद्रेक के रूप में ही हैं। प्रेम भी घटनापूर्ण नहीं है। उसमें किसी प्रकार का प्रयत्न विस्तार नहीं है जिसके भीतर नयी-नयी वस्तुओं और व्यापारों का सन्निवेश होता चलता है। लोकसंघर्ष से उत्पन्न विविध व्यापारों की योजना सूर का उद्देश्य नहीं है। उनकी रचना जीवन की अनेकरूपता की ओर नहीं गयी है, बालक्रीड़ा प्रेम के रंगरहस्य और उसकी अतृप्त वासना तक ही रह गयी है। जीवन की गम्भीर समस्याओं से तटस्थ रहने के कारण उसमें वह वस्तुगाम्भीर्य नहीं है जो गोस्वामीजी की रचनाओं में है। परिस्थिति की गम्भीरता के प्रभाव से गोपियों के वियोग में भी वह गम्भीरता नहीं दिखाई पड़ती जो सीता के वियोग में है। उनका वियोग खाली बैठे का काम-सा दिखाई पड़ता है। सीता अपने प्रिय से वियुक्त होकर कई सौ कोस दूर दूसरे द्वीप में राक्षसों के बीच पड़ी हुई थीं। गोपियों के गोपाल केवल दो- चार कोस दूर के एक नगर में राजसुख भोग रहे थे। सूर का वियोगवर्णन वियोगवर्णन के लिए ही है, परिस्थिति के अनुरोध से नहीं। कृष्ण गोपियों के साथ क्रीड़ा करते करते कुंज या झाड़ी में जा छिपते हैं या यों कहिए कि थोड़ी देर के लिए अन्तर्धान हो जाते हैं। बस गोपियाँ मूर्च्छित होकर गिर पड़ती हैं। उनकी आँखों से आँसुओं की धारा उमड़ चलती है। पूर्ण वियोगदशा उन्हें आ घेरती है। यदि परिस्थिति का विचार करें तो ऐसा विरहवर्णन असंगत प्रतीत होगा। पर जैसा कहा जा चुका है, सूरसागर प्रबन्ध काव्य नहीं है, जिसमें वर्णन की उपयुक्तता या अनुपयुक्ता के निर्णय में घटना या परिस्थिति के विचार का बहुत कुछ योग रहता है।

पारिवारिक और सामाजिक जीवन के बीच हम सूर के बालकृष्ण को ही थोड़ा बहुत देखते हैं। कृष्ण के केवल बालचरित्र का प्रभाव नन्द यशोदा आदि परिवार के लोगों और पड़ोसियों पर पड़ता दिखाई देता है। सूर का बाललीला

वर्णन ही पारिवारिक जीवन से सम्बद्ध है। कृष्ण के छोटे-छोटे पैरों से चलने, मुँह में मक्खन लिपटाकर भागने या इधर-उधर नटखटी करने पर नन्द बाबा और यशोदा मैया का कभी पुलकित होना, कभी खीझना, कभी पड़ोसियों का प्रेम से उलाहना देना आदि बातें एक छोटे से जनसमूह के भीतर आनन्द का संचार करती दिखाई गयी हैं। इसी बाललीला के भीतर कृष्णचरित का लोकपक्ष अधिकतर आया है; जैसे कंस के भेजे हुए असुरों के उत्पात से गोपों को बचाना, काली नाग को नाथकर लोगों का भय छुड़ाना। इन्द्र के कोप से डूबती हुई बस्ती की रक्षा करने और नन्द को वरुणलोक से लाने का वृत्तान्त यद्यपि प्रेमलीला प्रारम्भ होने के पीछे आया है, पर उससे सम्बद्ध नहीं है। कृष्ण के चरित्र में जो यह थोड़ा बहुत लोक संग्रह दिखाई पड़ता है, उसके स्वरूप में सूर की वृत्ति लीन हुई है। जिस शक्ति से उस बाल्यावस्था में ऐसे प्रबल शत्रुओं का दमन किया गया, उसके उत्कर्ष का अनुरंजनकारी और विस्तृत वर्णन उन्होंने नहीं किया है। जिस ओज और उत्साह से तुलसीदासजी ने मारीच, ताड़का, खरदूषण आदि के निपात का वर्णन किया है उस ओज और उत्साह से सूरदासजी ने बकासुर, अघासुर, कंस आदि के वध और इन्द्र के गर्वमोचन का वर्णन नहीं किया है। कंस और उसके साथी असुर भी कृष्ण के शत्रु के रूप में ही सामने आते हैं, लोकशत्रु या लोकपीड़क के रूप में नहीं। रावण के साथी राक्षसों के समान वे ब्राह्मणों को चबा-चबाकर उनकी हड्डियों का ढेर लगाने वाले या स्त्री चुराने वाले नहीं दिखाई पड़ते। उनके कारण वैसा हाहाकार नहीं सुनाई पड़ता। उनका अत्याचार 'सभ्य अत्याचार' जान पड़ता है। शक्ति, शील और सौन्दर्य, भगवान् की इन विभूतियों में से सूर ने केवल सौन्दर्य तक ही अपने को रखा है, जो प्रेम को आकर्षित करता है। शेष दो विभूतियों को भी लेकर भगवान् के लोकरंजनकारी स्वरूप की पूर्ण प्रतिष्ठा हमारे हिन्दी साहित्य में गोस्वामी तुलसीदास जी ने की।

यहाँ तक तो सूर की रचना की सामान्य दृष्टि से समीक्षा हुई। अब इन महाकवि की उन विशेषताओं का थोड़ा बहुत दिग्दर्शन होना चाहिए जिनके कारण हिन्दी साहित्य में इनका स्थान इतना ऊँचा है। ध्यान देने की सबसे पहली बात यह है कि चलती हुई ब्रजभाषा में सबसे पहली साहित्यिक कृति इन्हीं की मिलती है, जो पूर्णता के कारण आश्चर्य में डाल देती है। पहली साहित्यिक रचना और इतनी प्रचुर, प्रगल्भ और काव्यांगपूर्ण कि अगले कवियों की शृंगार और वात्सल्य की उक्तियाँ इनकी जूठी जान पड़ती हैं। यह बात

हिन्दी साहित्य का इतिहास लिखने वालों को उलझन में डालने वाली होगी। सूरसागर किसी पहले से चली आती हुई परम्परा का चाहे वह मौखिक ही रही हो—पूर्ण विकास-सा जान पड़ता है, चलने वाली परम्परा का मूल रूप नहीं।

यदि भाषा को लेकर देखते हैं, तो वह ब्रज की चलती बोली होने पर भी एक साहित्यिक भाषा के रूप में मिलती है, जो और प्रान्तों से कुछ प्रचलित शब्दों और प्रत्ययों के साथ ही पुरानी काव्यभाषा अपभ्रंश के शब्दों को लिए हुए है। सूर की भाषा बिल्कुल बोलचाल की ब्रजभाषा नहीं है। 'जाकों', 'तासों', 'वाकों, चलती ब्रज भाषा के इन रूपों के समान ही 'जेहि', तेहि' आदि पुराने रूपों का प्रयोग बराबर मिलता है, जो अवधी की बोलचाल में तो अब तक है, पर ब्रज की बोलचाल में सूर के समय में भी नहीं थे। पुराने निश्चयार्थक 'पै' का व्यवहार भी पाया जाता है; जैसे—**जाहि लगै सोई पै जानै, प्रेम बान अनियारो**। 'गोड़', 'आपन', 'हमार' आदि पूरबी प्रयोग भी बराबर पाये जाते हैं। कुछ पंजाबी प्रयोग भी मौजूद हैं; जैसे, महँगी के अर्थ में 'प्यारी' शब्द। ये सब बातें एक व्यापक काव्यभाषा के अस्तित्व की सूचना देती हैं।

अब हम संक्षेप में उन प्रसंगों को लेते हैं, जिनमें सूर की प्रतिभा पूर्णतया लीन हुई है। कृष्णजन्म की आनन्द बधाई के उपरान्त ही बाललीला का आरम्भ हो जाता है। जितने विस्तृत और विशद रूप में बाल्यजीवन का चित्रण इन्होंने किया है, उतने विस्तृत रूप में और किसी कवि ने नहीं किया। शैशव से लेकर कौमार अवस्था तक के क्रम में लगे हुए न जाने कितने चित्र मौजूद हैं। उनमें केवल बाहरी रूपों और चेष्टाओं का ही विस्तृत और सूक्ष्म वर्णन नहीं है; कवि ने बालकों की अन्तःप्रकृति में भी प्रवेश किया है और अनेक बाल्य भावों की सुन्दर स्वाभाविक व्यंजना की है। देखिए, 'स्पर्द्धा' का भाव, जो बालकों में स्वाभाविक होती है, इन वाक्यों से किस प्रकार व्यंजित हो रहा है—

मैया कबहिं बढ़ैगी चोटी?
किती बार मोहि दूध पियत भई, यह अजहूँ है छोटी।
तू जो कहति 'बल' की बेनी ज्यों है है लाँबी मोटी।

बालचेष्टा के स्वाभाविक मनोहर चित्रों का इतना बड़ा भण्डार और कहीं नहीं है, जितना बड़ा सूरसागर में है। दो चार चित्र देखिए—

(1) कत हौ आरि करत मेरे मोहन यों तुम आँगन लोटी?
जो माँगहु सो देहुँ मनोंहर, यहै बात तेरी खोटी।
सूरदास को ठाकुर ठाढ़ो हाथ लकुटि लिये छोटी।।

(2) सोभित कर नवनीत लिए।

घुटुरुन चलत, रेनु तन मण्डित, मुख दधिलेप किये।।

(3) सिखवत चलन जसोदा मैया।

अरबराय करि पानि गहावत, डगमगाय धरनी धरे पैयाँ।।

(4) पाहुनि करि दै तनक मह्यो।

आरि करें मनमोहन मेरो अंचल आनि गह्यो।

व्याकुल मथत मथनियाँ रीती, दधि भ्वैं ढरकि रह्यो।।

हार जीत के खेल में बालकों के 'क्षोभ' के कैसे स्वाभाविक वचन सूर ने रखे हैं—

खेलत में को काको गोसैयाँ।
हरि हारे, जीते श्रीदामा, बरबस ही कत करत रिसैयाँ।।
जाति पाँति हमतें कछु नाहि, न बसत तुम्हारी छैयाँ।
अति अधिकार जनावत यातें अधिक तुम्हारे हैं कछु गैयाँ।

अब यहाँ पर थोड़ा इसका भी निर्णय हो जाना चाहिए कि इन बाल चेष्टाओं का काव्यविधान में क्या स्थान होगा। वात्सल्य रस के अनुसार बालक कृष्ण आलम्बन होंगे और नन्द या यशोदा आश्रय। अतः ये चेष्टाएँ अनुभाव के अन्तर्गत आती हैं। पर आलंबनगत चेष्टाएँ उद्दीपन के ही भीतर आ सकती हैं। इससे यह स्पष्ट है कि ऐसी चेष्टाओं का स्थान भावविधान के ही भीतर है। उन्हें अलंकारविधान के भीतर घसीटकर 'स्वभावोक्ति' अलंकार कहना मेरी समझ में ठीक नहीं।

बाललीला के आगे फिर उस गोचारण का मनोरम दृश्य सामने आता है, जो मनुष्य जाति की अति प्राचीन वृत्ति होने के कारण अनेक देशों में काव्य का प्रिय विषय रहा है। यवन देश (यूनान) के 'पशुचारण काव्य' (पैस्टोरल पोएट्री) का मधुर संस्कार यूरोप की कविता पर अब तक कुछ-न-कुछ चला ही आता है। कवियों को आकर्षित करने वाली गोपीजीवन की सबसे बड़ी विशेषता है प्रकृति के विस्तृत क्षेत्र में विचरने के लिए सबसे अधिक अवकाश। कृषि, वाणिज्य आदि और व्यवसाय जो आगे चलकर निकले, वे अधिक जटिल हुए

उनमें उतनी स्वच्छन्दता न रही। कविश्रेष्ठ कालिदास ने अपने रघुवंश काव्य के प्रारम्भ में दिलीप को नन्दिनी के साथ वन-वन फिराकर इसी मधुर जीवन का आभास दिखाया है। सूरदासजी ने यमुना के कछारों के बीच गोचारण के बड़े सुन्दर दृश्यों का विधान किया है।

वृन्दावन के उसी सुखमय जीवन के हास-परिहास के बीच गोपियों के प्रेम का उदय होता है। गोपियाँ कृष्ण के दिन-दिन खिलते हुए सौन्दर्य और मनोहर चेष्टाओं को देखकर मुग्ध होती चली जाती हैं और कृष्ण कौमार अवस्था की स्वाभाविक चपलतावश उनसे छेड़छाड़ करना प्रारम्भ करते हैं। हास-परिहास और छेड़छाड़ के साथ प्रेम व्यापार का अत्यन्त स्वाभाविक आरम्भ सूर ने दिखाया है। किसी की रूपचर्चा सुन या अकस्मात् किसी की एक झलक पाकर हाय-हाय करते हुए इस प्रेम का प्रारम्भ नहीं हुआ है। नित्य अपने बीच चलते-फिरते, हँसते-बोलते वन में गाय चराते देखते-देखते गोपियाँ कृष्ण में अनुरक्त होती हैं और कृष्ण गोपियों में। इस प्रेम को हम जीवनोत्सव के रूप में पाते हैं; सहसा उठ खड़े हुए तूफ़ान या मानसिक विप्लव के रूप में नहीं, जिससे अनेक प्रकार के प्रतिबन्धों और विघ्नबाधाओं को पार करने की लम्बी-चौड़ी कथा खड़ी होती है। सूर के कृष्ण और गोपियाँ पक्षियों के समान स्वच्छन्द हैं। वे लोकबन्धनों से जकड़े हुए नहीं दिखाये गये हैं। जिस प्रकार के स्वच्छन्द समाज का स्वप्न अंगरेज़ कवि शेली देखा करते थे, उसी प्रकार का यह समाज सूर ने चित्रित किया है।

सूर के प्रेम की उत्पत्ति में रूपलिप्सा और साहचर्य दोनों का योग है। बालक्रीड़ा के सखा-सखी आगे चलकर यौवनक्रीड़ा के सखा-सखी हो जाते हैं। गोपियों ने उद्धव से साफ़ कहा है—**लरिकाई को प्रेम कहौ, अलि कैसे छूटै**। केवल एक साथ रहते-रहते भी दो प्राणियों में स्वभावतः प्रेम हो जाता है। कृष्ण एक तो बाल्यावस्था से ही गोपियों के बीच रहे, दूसरे रूपगुण में भी अद्वितीय थे। अतः गोपियों के प्रेम का क्रमशः विकास दो प्राकृतिक शक्तियों के प्रभाव से होने के कारण बहुत ही स्वाभाविक प्रतीत होता है। बालक्रीड़ा इस प्रकार क्रमशः यौवनक्रीड़ा के रूप में परिणत होती गयी है कि सन्धि का पता ही नहीं चलता। रूप का आकर्षण बाल्यावस्था से ही आरम्भ हो जाता है। राधा और कृष्ण के विशेष प्रेम की उत्पत्ति सूर ने रूप के आकर्षण द्वारा ही कही है—

(क) खेलन हरि निकसे ब्रज खोरी।
गये स्याम रवितनया के तट, अंग लसति चन्दन की खोरी।।
औचक ही देखी तहँ राधा, नैन बिसाल भाल दिये रोरी।
सूर स्याम देखत ही रीझे, नैन नैन मिलि परी ठगोरी।।

(ख) बूझत स्याम, कौन तू गोरी।
'कहाँ रहति, काकी तू बेटी? देखी नहीं कहूँ ब्रज खोरी'।।
'काहे को हम ब्रज तन आवति! खेलति रहति आपनी पौरी।
सुनति रहति श्रवनन नँदढोटा करत रहत माखन दधि चोरी'।।
'तुम्हरो कहा चोरि हम लैहैं? खेलन चलौ संग मिलि जोरी'।।
सूरदास प्रभु रसिक सिरोमनि बातन भुरइ राधिका भोरी।।

इस खेल-ही-खेल में इतनी बड़ी बात पैदा हो गयी है जिसे प्रेम कहते हैं। प्रेम का आरम्भ उभय पक्ष में सम है। आगे चलकर कृष्ण के मथुरा चले जाने पर उसमें कुछ विषमता दिखाई पड़ती है। कृष्ण यद्यपि गोपियों को भूले नहीं हैं, उद्धव के मुख से उनका वृत्तान्त सुनकर वे आँखों में आँसू भर लाते हैं, पर गोपियों ने जैसा वेदनापूर्ण उपालम्भ दिया उससे अनुराग की कमी ही व्यंजित होती है।

पहले कहा जा चुका है कि शृंगार और वात्सल्य के क्षेत्र में सूर की समता को और कोई नहीं पहुंचा है। शृंगार के संयोग और वियोग दोनों पक्षों का इतना प्रचुर विस्तार और किसी कवि में नहीं मिलता। वृन्दावन में कृष्ण और गोपियों का सम्पूर्ण जीवन क्रीड़ामय है और वह सम्पूर्ण क्रीड़ा संयोगपक्ष की है। उसके अन्तर्गत विभावों की परिपूर्णता कृष्ण और राधा के अंग-प्रत्यंग की शोभा के अत्यन्त प्रचुर और चमत्कारपूर्ण वर्णन में तथा वृन्दावन के करील कुजों, लोनी लताओं, हरे भरे कछारों, खिली हुई चाँदनी, कोकिलकूजन आदि में देखी जाती है। अनुभावों और संचारियों का इतना बाहुल्य और कहाँ मिलेगा? सारांश यह कि संयोगसुख के जितने प्रकार के क्रीड़ा विधान हो सकते हैं, वे सब सूर ने लाकर इकट्ठे कर दिये हैं। यहाँ तक कि कुछ ऐसी बातें आ गयी हैं—जैसे, कृष्ण के कन्धे पर चढ़कर फिरने का राधा का आग्रह—जो कम रसिक लोगों को अरुचिकर स्त्रैणता प्रतीत होगी।

सूर का संयोगवर्णन एक क्षणिक घटना नहीं है, प्रेमसंगीतमय जीवन एक गहरी चलती धारा है, जिसमें अवगाहन करने वाले को दिव्य माधुर्य के

अतिरिक्त और कहीं कुछ नहीं दिखाई पड़ता। राधाकृष्ण के रंगरहस्य के इतने प्रकार के चित्र सामने आते हैं कि सूर का हृदय प्रेम की नाना उमंगों का अक्षय भण्डार प्रतीत होता है। प्रेमोदय काल की विनोदवृत्ति और हृदयप्रेरित भावों की छटा चारों ओर छलकी पड़ती है। राधा और कृष्ण का गाय चराते समय वन में भी साथ हो जाता है, एक दूसरे के घर आने-जाने भी लगे हैं, इसलिए ऐसी ऐसी बातें नित्य न जाने कितनी हुआ करती हैं–

(क) करि ल्यो न्यारी, हरि, आपनि गैयाँ।
नहिंन बसात लाल कछु तुमसों, सबै ग्वाल इक ठैयाँ।

(ख) धेनु दुहत अति ही रति बाढ़ी।
एक धार दोहनि पहुँचावत, एक धार जहँ प्यारी ठाढ़ी।
मोहन कर तें धार चलति पथ, मोहनिमुख अतिही छबि बाढ़ी।।

(ग) तुम पै कौन दुहावे गैया।
इत चितवत, उत धार चलावत, एहि सिखयो है मैया?

यशोदा के इस कथन का कि बार-बार तू यहाँ क्यों उत्पात मचाने आती है, राधा जो उत्तर देती है, उसमें प्रेम के आविर्भाव की कैसी सीधी और भोली-भाली व्यंजना है–

बार बार तू ह्याँ जनि आवै।
'मैं कहा करौं सुतहि नहिं बरजति, घर तें मोहिं बुलावै।।
मोसों कहत तोहिं बिनु देखे रहत न मेरो प्रान।
छोह लगत मोकों सुनि बानी, महरि! तिहारी प्रान'।।

कहने का सारांश यह कि प्रेम नाम की मनोवृत्ति का जैसा विस्तृत और पूर्ण परिज्ञान सूर को था, वैसा और किसी कवि को नहीं। इनका सारा संयोगवर्णन लंबी चौड़ी प्रेमचर्या है जिसमें आनन्दोल्लास के न जाने कितने स्वरूपों का विधान है। रासलीला, दानलीला, मानलीला आदि सब उसी के अंतर्भूत है। पीछे देव कवि ने एक 'अष्टयाम' रचकर प्रेमचर्या दिखाने का प्रयत्न किया; पर वह अधिकतर एक घर के भीतर के भोग-विलास की कृत्रिम दिनचर्या के रूप में है। उसमें न तो वह अनेकरूपता है और न प्राकृतिक जीवन की वह उमंग।

गोस्वामी तुलसीदास

गोस्वामीजी के प्रादुर्भाव को हिन्दी काव्य क्षेत्र में एक चमत्कार समझना चाहिए। हिन्दी काव्य की शक्ति का पूर्ण प्रसार इनकी रचनाओं में ही पहले पहल दिखाई पड़ा। वीरगाथाकाल के कवि अपने संकुचित क्षेत्र में काव्यभाषा के पुराने रूप को लेकर एक विशेष शैली की परम्परा निभाते आ रहे थे। चलती भाषा का संस्कार और समुन्नति उनके द्वारा नहीं हुई। भक्तिकाल में आकर भाषा के चलते रूप को समाश्रय मिलने लगा। कबीरदास ने चलती बोली में अपनी वाणी कही। पर वह बोली बेठिकाने की थी। उसका कोई नियत रूप न था। शौरसेनी अपभ्रंश या नागर अपभ्रंश का जो सामान्य रूप साहित्य के लिए स्वीकृत था उससे कबीर का लगाव न था। उन्होंने नाथपन्थियों की 'सधुक्कड़ी भाषा का व्यवहार किया जिसमें खड़ी बोली के बीच राजस्थानी और पंजाबी का मेल था। इसका कारण यह था कि मुसलमानों की बोली पंजाबी या खड़ी बोली हो गयी थी और निर्गुणपन्थी साधुओं का लक्ष्य मुसलमानों पर भी प्रभाव डालने का था। अतः उनकी भाषा में अरबी और फ़ारसी के शब्दों का भी मनमाना प्रयोग मिलता है। उनका कोई साहित्यिक लक्ष्य न था और वे पढ़े लिखे लोगों से दूर ही दूर अपना उपदेश सुनाया करते थे।

साहित्य की भाषा में, जो वीरगाथा काल के कवियों के हाथ में बहुत कुछ अपने पुराने रूप में ही रही, प्रचलित भाषा के संयोग से नया जीवन सगुणोपासक कवियों द्वारा प्राप्त हुआ। भक्तवर सूरदासजी ब्रज की चलती भाषा को परम्परा से चली आती हुई काव्यभाषा के बीच पूर्ण रूप से प्रतिष्ठित कर साहित्यिक भाषा को लोकव्यवहार के मेल में लाये। उन्होंने परम्परा से चली आती हुई काव्यभाषा का तिरस्कार न कर उसे एक नया चलता रूप दिया। सूरसागर को ध्यानपूर्वक देखने से उसमें क्रियाओं के कुछ पुराने रूप, कुछ सर्वनाम (जैसे ज़ासु तासु, जेहि तेहि) तथा कुछ प्राकृत के शब्द पाये जायेंगे।

सारांश यह कि वे परम्परागत काव्यभाषा को बिलकुल अलग कर एकबारगी नयी चलती बोली लेकर नहीं चले। भाषा का एक शिष्ट सामान्य रूप उन्होंने रखा जिसका व्यवहार आगे चलकर बराबर कविता में होता आया। यह तो हुई व्रज भाषा की बात। इसके साथ ही पूरबी बोली या अवधी भी साहित्य निर्माण की ओर अग्रसर हो चुकी थी। जैसा कि पहले कहा जा चुका है, अवधी की सबसे पुरानी रचना ईश्वरदास की 'सत्यवती कथा' है। आगे चलकर 'प्रेममार्गी शाखा' के मुसलमान कवियों ने अपनी कहानियों के लिए अवधी भाषा ही चुनी। इस प्रकार गोस्वामी तुलसीदासजी ने अपने समय में काव्यभाषा के दो रूप प्रचलित पाये—एक व्रज और दूसरी अवधी। दोनों में उन्होंने समान अधिकार के साथ रचनाएँ कीं।

भाषा पद्य के स्वरूप को लेते हैं तो गोस्वामीजी के सामने कई शैलियाँ प्रचलित थीं जिनमें से मुख्य ये हैं—(क) वीरगाथाकाल की छप्पय पद्धति, (ख) विद्यापति और सूरदास की गीत पद्धति, (ग) गंग आदि भाटों की कवित्त सवैया पद्धति, (घ) कबीरदास की नीति सम्बन्धी बानी की दोहा पद्धति जो अपभ्रंश से चली आती थी और (ङ) ईश्वरदास की दोहे, चौपाई वाली प्रबन्ध पद्धति। इस प्रकार काव्यभाषा के दो रूप और रचना की पाँच मुख्य शैलियाँ साहित्य क्षेत्र में गोस्वामीजी को मिलीं। तुलसीदासजी के रचनाविधान की सबसे बड़ी विशेषता यह है कि वे अपनी सर्वतोन्मुखी प्रतिभा के बल से सबके सौन्दर्य की पराकाष्ठा अपनी दिव्य वाणी में दिखाकर साहित्य क्षेत्र में प्रथम पद के अधिकारी हुए। हिन्दी कविता के प्रेमी मात्र जानते हैं कि उनका व्रज और अवधी दोनों भाषाओं पर समान अधिकार था। व्रजभाषा का जो माधुर्य हम सूरसागर में पाते हैं वही माधुर्य और भी संस्कृत रूप में हम गीतावली और कृष्णगीतावली में पाते हैं। ठेठ अवधी की जो मिठास हमें जायसी के पद्मावत में मिलती है, वही जानकीमंगल, पार्वतीमंगल, बरवैरामायण और रामलला नहछू में हम पाते हैं। यह सूचित करने की आवश्यकता नहीं कि न तो सूर का अवधी पर अधिकार था और न जायसी का व्रजभाषा पर।

प्रचलित रचना शैलियों पर भी उनका इसी प्रकार का पूर्ण अधिकार हम पाते हैं।

(क) वीरगाथाकाल की छप्पय पद्धति पर इनकी रचना थोड़ी है पर इनकी निपुणता पूर्ण रूप से प्रदर्शित करती है; जैसे—

कतहुँ विटप भूधर उपारि परसेन बरक्खत।
कतहुँ बाजि सो बाजि मर्दि गजराज करक्खत।।
चरन चोट चटकन चकोट अरि उर सिर बज्जत।
बिकट कटक बिद्दरत बीर वारिद जिमि गज्जत।।

लंगूर लपेटत पटकि भट, 'जयति राम जय' उच्चरत।
तुलसीस पवननन्दन अटल जुद्ध क्रुद्ध कौतुक करत।।

डिगति उर्वि अति गुर्वि, सर्व पब्बै समुद्र सर।
ब्याल बधिर तेहि काल, बिकल दिगपाल चराचर।।
दिग्गयन्द लरखरत, परत दसकण्ठ मुक्ख भर।
सुरविमान हिमभानु, संघटित होत परस्पर।
चौके विरंचि संकर सहित, कोल कमठ अहि कलमल्यौ।
ब्रह्माण्ड खण्ड कियो चण्डधुनि, जबहिं राम सिवधनु दल्यौ।

(ख) विद्यापति और सूरदास की गीत पद्धति पर इन्होंने बहुत विस्तृत और बड़ी सुन्दर रचना की है। सूरदासजी की रचना में संस्कृत की 'कोमलकान्त पदावली' और अनुप्रासों की वह विचित्र योजना नहीं है जो गोस्वामीजी की रचना में है। दोनों भक्त शिरोमणियों की रचना में यह भेद ध्यान देने योग्य है और इस पर ध्यान अवश्य जाता है। गोस्वामीजी की रचना अधिक संस्कृतगर्भित है। पर इसका यह अभिप्राय नहीं है कि इनके पदों में शुद्ध देशभाषा का माधुर्य नहीं है। इन्होंने दोनों प्रकार की मधुरता का बहुत ही अनूठा मिश्रण किया है। 'विनयपत्रिका' के प्रारम्भिक स्तोत्रों में जो संस्कृत पदविन्यास है उसमें गीतगोविन्द के पदविन्यास से इस बात की विशेषता है कि वह विषम है और रस के अनुकूल कहीं कोमल और कहीं-कहीं कर्कश देखने में आता है। हृदय के विविध भावों की व्यंजना गीतावली के मधुर पदों में देखने योग्य है। कौशल्या के सामने भरत अपनी आत्मग्लानि की व्यंजना किन शब्दों में करते हैं, देखिए—

जौ हौं मातुमते महँ ह्वैहौं।
तौ जननी जग में या मुख की कहाँ कालिमा ध्वैहौं?
क्यौं हौं आजु होत सुचि सपथनि, कौन मानिहै साँची?
महिमा मृगी कौन सुकृती की खल बच बिसिषन्ह बाँची?

इसी प्रकार चित्रकूट में राम के सम्मुख जाते हुए भरत की दशा का भी सुन्दर चित्रण है—

बिलोके दूरि तें दोउ वीर।
मन अगहुँड़ तन पुलक सिथिल भयो, नयन नलिन भरे नीर।
गड़त गोड़ मनो सकुच पंक महँ, कढ़त प्रेमबल धीर।।

'गीतावली' की रचना गोस्वामीजी ने सूरदासजी के अनुकरण पर की है। बाललीला के कई एक पद ज्यों के त्यों सूरसागर में भी मिलते हैं, केवल 'राम' 'श्याम' का अन्तर है। लंकाकाण्ड तक तो कथा की अनेकरूपता के अनुसार मार्मिक स्थलों का जो चुनाव हुआ है वह तुलसी के सर्वथा अनुरूप है। पर उत्तरकाण्ड में जाकर सूर पद्धति के अतिशय अनुकरण के कारण उनका गम्भीर व्यक्तित्व तिरोहित सा हो गया है। जिस रूप में राम को उन्होंने सर्वत्र लिया है, उनका भी ध्यान उन्हें नहीं रह गया। 'सूरदास' में जिस प्रकार गोपियों के साथ श्रीकृष्ण हिंडोला झूलते हैं, होली खेलते हैं, वही करते राम भी दिखाये गये हैं। इतना अवश्य है कि सीता की सखियों और पुरनारियों का राम की ओर पूज्यभाव ही प्रकट होता है। राम की नखशिख शोभा का अलंकृत वर्णन भी सूर की शैली पर बहुत से पदों में लगातार चला गया है। सरयूतट के इस आनन्दोत्सव को आगे चलकर रसिक लोग क्या रूप देंगे, इसका ख़याल गोस्वामीजी को न रहा।

(ग) गंग आदि भाटों की कवित्त, सवैया पद्धति पर भी इसी प्रकार सारा रामचरित गोस्वामीजी कह गये हैं जिसमें नाना रसों का सन्निवेश अत्यन्त विशद रूप में और अत्यन्त पुष्ट और स्वच्छ भाषा में मिलता है। नाना रसमयी रामकथा तुलसीदासजी ने अनेक प्रकार की रचनाओं में कही है। कवितावली में रसानुकूल शब्दयोजना बड़ी सुन्दर है। जो तुलसीदासजी ऐसी कोमल भाषा का व्यवहार करते हैं—

राम को रूप निहारत जानकि, कंकन के नग की परछाहीं।
याते सबै सुधि भूलि गयी, कर टेकि रही, पल डारति नाहीं।।

गोरो गरूर गुमान भरो यह, कौसिक, छोटो सो ढोटो है काको?

जल को गये लक्खन, हैं लरिका, परिखौ, पिय छाँह घरीक ह्वै ठाढ़े।
पोंछि पसेउ बयारि करौं, अरु पाँय पखारिहौं भूभुरि डाढ़े।।

वे ही वीर और भयानक के प्रसंग में ऐसी शब्दावली का व्यवहार करते हैं।

प्रबल प्रचण्ड बरिबण्ड बाहुदण्ड वीर,
धाए जातुधान, हनुमान लियो घेरि कै।
महाबल पुंज कुंजरारि ज्यों गरजि भट,
जहाँ तहाँ पटके लंगूर फेरि फेरि कै।
मारे लात, तोरे गात, भागे जात, हाहा खात,
कहैं तुलसीस 'राखि राम की सौं' टेरि कै।
ठहर ठहर परे, कहरि कहरि उठै,
हहरि हहरि हर सिद्ध हँसे हेरि कै।।

बालधी बिसाल विकराल ज्वाल लाल मानौ,
लंक लीलिबे को काल रसना पसारी है।
कैधों व्योम वीथिका भरे हैं भूरि धूमकेतु,
बीररस बीर तरवारि सी उधारी है।।

(घ) नीति के उपदेश की सूक्ति पद्धति पर बहुत से दोहे रामचरितमानस और दोहावली में मिलेंगे जिनमें बड़ी मार्मिकता से और कहीं कहीं बड़े रचनाकौशल से व्यवहार की बातें कही गयी हैं और भक्तिप्रेम की मर्यादा दिखाई गयी है—

रीझि आपनी बूझि पर, खीझि विचार विहीन।
ते उपदेस न मानहीं, मोह महोदधि मीन।
लोगन भलो मनाव जो, भलो होन की आस।
करत गगन को गेंडुआ, सो सठ तुलसीदास।
की तोहि लागहि राम प्रिय, की तु राम प्रिय होहि।
दुइ महँ रुचै जो सुगम सोइ, कीबे तुलसी तोहि।।

(ङ) जिस प्रकार चौपाई, दोहे के क्रम से जायसी ने अपना पद्मावत नाम का प्रबन्धकाव्य लिखा उसी क्रम पर गोस्वामीजी ने अपना परम प्रसिद्ध काव्य रामचरितमानस, जो लोगों के हृदय का हार बनता चला आता है, रचा। भाषा वही अवधी है, केवल पदविन्यास का भेद है। गोस्वामीजी शास्त्रपारंगत विद्वान् थे। अतः उनकी शब्दयोजना साहित्यिक और संस्कृतगर्भित है।

जायसी में केवल ठेठ अवधी का माधुर्य है, पर गोस्वामीजी की रचना में संस्कृत की कोमल पदावली का भी बहुत ही मनोहर मिश्रण है। नीचे दी हुई कुछ चौपाइयों में दोनों की भाषा का भेद स्पष्ट देखा जा सकता है—

जब हुँत कहिगा पंखि सन्देसी। सुनिउँ कि आवा है परदेसी।।
तब हुँत तुम्ह बिन रहे न जीऊ। चातक भयउँ कहत पिउ पीउ।।
भइउँ बिरह जरि कोइलि कारी। डार डार जो कूकि पुकारी।।

—जायसी

अमिय मूरिमय चूरन चारू। समन सकल भवरुज परिवारू।।
सुकृत संभु तनु विमल विभूती। मंजुल मंगल मोद प्रसूती।।
जन मन मंजु मुकुर मल हरनी। किये तिलक गुन गन बस करनी।।

—तुलसी

सारांश यह कि हिन्दी काव्य की सब प्रकार की रचनाशैली के ऊपर गोस्वामीजी ने अपना ऊँचा आसन प्रतिष्ठित किया है। यह उच्चता और किसी को प्राप्त नहीं।

अब हम गोस्वामीजी के वर्णित विषय के विस्तार का विचार करेंगे। यह विचार करेंगे कि मानव जीवन की कितनी अधिक दशाओं का सन्निवेश उनकी कविता में है। इस सम्बन्ध में हम यह पहले ही कह देना चाहते हैं कि अपने दृष्टि विस्तार के कारण ही तुलसीदासजी उत्तरी भारत की समग्र जनता के हृदयमन्दिर में पूर्ण प्रेमप्रतिष्ठा के साथ विराज रहे हैं। भारतीय जनता का प्रतिनिधि कवि यदि किसी को कह सकते हैं तो इन्हीं महानुभाव को। और कवि जीवन का कोई एक पक्ष लेकर चले हैं—जैसे, वीरकाल के कवि उत्साह को; भक्तिकाल के दूसरे कवि प्रेम और ज्ञान को; अलंकारकाल के कवि दाम्पत्य प्रणय या शृंगार को। पर इनकी वाणी की पहुँच मनुष्य के सारे भावों और व्यवहारों तक है। एक ओर तो वह व्यक्तिगत साधना के मार्ग में विरागपूर्ण शुद्ध भगवद्भक्ति का उपदेश करती है, दूसरी ओर लोकपक्ष में आकर पारिवारिक और सामाजिक कर्तव्यों का सौन्दर्य दिखाकर मुग्ध करती है। व्यक्तिगत साधना के साथ-ही-साथ लोकधर्म की अत्यन्त उज्ज्वल छटा उसमें वर्तमान है।

पहले कहा जा चुका है कि निर्गुण धारा के सन्तों की बानी में किस प्रकार लोकधर्म की अवहेलना छिपी हुई थी। सगुण धारा की भारतीय पद्धति के भक्तों में कबीर, दादू आदि के लोकधर्म विरोधी स्वरूप को यदि किसी

ने पहचाना तो गोस्वामीजी ने। उन्होंने देखा कि उनके वचनों से जनता की चित्तवृत्ति में ऐसे घोर विकार की आशंका है जिससे समाज विश्रृंखल हो जाएगा, उसकी मर्यादा नष्ट हो जायेगी। जिस समाज से ज्ञानसम्पन्न शास्त्रज्ञ विद्वानों, अन्याय अत्याचार के दमन में तत्पर वीरों, पारिवारिक कर्तव्यों का पालन करने वाले उच्चाशय व्यक्तियों, पतिप्रेम परायणा सतियों, पितृभक्ति के कारण अपना सुखसर्वस्व त्यागने वाले सत्पुरुषों, स्वामी की सेवा में मर मिटने वाले सच्चे सेवकों, प्रजा का पुत्रवत् पालन करने वाले शासकों आदि के प्रति श्रद्धा और प्रेम का भाव उठ जायेगा उसका कल्याण कदापि नहीं हो सकता।

गोस्वामीजी को निर्गुणपन्थियों की बानी में लोकधर्म की उपेक्षा का भाव स्पष्ट दिखाई पड़ा। साथ ही उन्होंने यह भी देखा कि बहुत से अनधिकारी और अशिक्षित वेदान्त के कुछ चलते शब्दों को लेकर, बिना उनका तात्पर्य समझे, यों ही 'ज्ञानी' बने हुए, मूर्ख जनता को लौकिक कर्तव्यों से विचलित करना चाहते हैं और मूर्खता मिश्रित अहंकार की वृद्धि कर रहे हैं। इसी दशा को लक्ष्य कर उन्होंने इस प्रकार के वचन कहे हैं–

श्रुति सम्मत हरिभक्ति पथ संजुत विरति विवेक।
नहि परिहरहिं विमोहबस कल्पहि पन्थ अनेक।।
साखी सबदी दोहरा कहि कहनी उपखान।
भगति निरूपहिं भगत कलि निन्दहिं वेद पुरान।।
बादहिं शूद्र द्विजन सन हम तुमतें कछु घाटि।
जानहिं ब्रह्म सो बिप्रवर आँखि देखावहिं डाटि।।

इसी प्रकार योगमार्ग से भक्तिमार्ग का पार्थक्य गोस्वामीजी ने बहुत स्पष्ट शब्दों में बताया है। योगमार्ग ईश्वर को अन्तस्थ मानकर अनेक प्रकार की अन्तस्साधनाओं में प्रवृत्त करता है। सगुण भक्तिमार्गी ईश्वर को भीतर और बाहर सर्वत्र मानकर उनकी कला का दर्शन खुले हुए व्यक्त जगत् के बीच करता है। वह ईश्वर को केवल मनुष्य के क्षुद्र घट के भीतर ही नहीं मानता। इसी से गोस्वामीजी कहते हैं–

अन्तर्जामिहु तें बड़ बाहिरजामी हैं राम, जो नाम लिए तें।
पैज परे प्रहलादहु को प्रगटे प्रभु पाहन तें, न हिए तें।।

'घट के भीतर' कहने से गुह्य या रहस्य की धारणा फैलती है जो भक्ति के सीधे स्वाभाविक मार्ग में बाधा डालती है। घट के भीतर साक्षात्कार करने की

बात कहने वाले प्रायः अपने को गूढ़ रहस्यदर्शी प्रगट करने के लिए सीधी-सादी बात को भी रूपक बाँधकर और टेढ़ी पहेली बनाकर कहा करते हैं। पर इस प्रकार के दुराव छिपाव की प्रवृत्ति को गोस्वामीजी भक्ति का विरोधी मानते हैं। सरलता या सीधेपन को वे भक्ति का नित्य लक्षण कहते हैं—मन की सरलता, वचन की सरलता और कर्म की सरलता, तीनों को—

सूधे मन, सूधे बचन, सूधी सब करतूति।
तुलसी सूधी सकल विधि, रघुबर प्रेम प्रसूति।।

वे भक्ति के मार्ग को ऐसा नहीं मानते जिसे **लखै कोई बिरलै**। वे उसे ऐसा सीधा-सादा स्वाभाविक मार्ग बताते हैं जो सबके सामने दिखाई पड़ता है। वह संसार में सबके लिए ऐसा ही सुलभ है। जैसे अन्न और जल—

निगम अगम, साहब सुगम, राम साँचिली चाह।
अम्बु असन अवलोकियत, सुलभ सबहि जग माँह।।

अभिप्राय यह कि जिस हृदय से भक्ति की जाती है वह सबके पास है। हृदय की जिस पद्धति से भक्ति की जाती है, वह भी वही है जिससे माता-पिता की भक्ति, पुत्र कलत्र का प्रेम किया जाता है। इसी से गोस्वामीजी चाहते हैं कि

यहि जग महँ जहँ लगि या तन की प्रीति प्रतीति सगाई।
सो सब तुलसीदास प्रभु ही सों होहु सिमिटि इक ठाई।।

नाथपन्थी रमते जोगियों के प्रभाव से जनता अन्धी भेड़ बनी हुई तरह-तरह की करामातों को साधुता का चिह्न मानने लगी थी और ईश्वरोन्मुख साधना को कुछ बिरले रहस्यदर्शी लोगों का ही काम समझने लगी थी। जो हृदय सबके पास होता है वही अपनी स्वाभाविक वृत्तियों द्वारा भगवान् की ओर लगाया जा सकता है, इस बात पर परदा सा डाल दिया गया था। इससे हृदय रहते भी भक्ति का सच्चा स्वाभाविक मार्ग लोग नहीं देख पाते थे। यह पहले कहा जा चुका है कि नाथपन्थ का हठयोग मार्ग हृदयपक्ष शून्य है। रागात्मिका वृत्ति से उसका कोई लगाव नहीं। अतः रमते जोगियों की रहस्यभरी बानियाँ सुनते सुनते जनता के हृदय में भक्ति की सच्ची भावना दब गयी थी, उठने ही नहीं पाती थी। लोक की इसी दशा को लक्ष्य कर गोस्वामीजी को कहना पड़ा था कि—

गोरख जगायो जोग, भगति भगायो लोग।

गोस्वामीजी की भक्तिपद्धति की सबसे बड़ी विशेषता है उसकी सर्वांगपूर्णता। जीवन के किसी पक्ष को सर्वथा छोड़कर वह नहीं चलती है। सब पक्षों के साथ उसका सामंजस्य है। न उनका कर्म या धर्म से विरोध है, न ज्ञान से। धर्म तो उसका नित्यलक्षण है। तुलसी की भक्ति को धर्म और ज्ञान दोनों की रसानुभूति कह सकते हैं। योग का भी उसमें समन्वय है, पर उतने ही का जितना ध्यान के लिए, चित्त को एकाग्र करने के लिए आवश्यक है।

प्राचीन भारतीय भक्तिमार्ग के भीतर भी उन्होंने बहुत-सी बढ़ती हुई बुराइयों को रोकने का प्रयत्न किया। शैवों और वैष्णवों के बीच बढ़ते हुए विद्वेष को उन्होंने अपनी सामंजस्य व्यवस्था द्वारा बहुत कुछ रोका जिसके कारण उत्तरी भारत में वह वैसा भयंकर रूप न धारण कर सका जैसा उसने दक्षिण में किया। यहीं तक नहीं, जिस प्रकार उन्होंने लोकधर्म और भक्तिसाधना को एक में सम्मिलित कर दिखाया उसी प्रकार कर्म, ज्ञान और उपासना के बीच भी सामंजस्य उपस्थित किया। 'मानस' के बालकाण्ड में सन्त समाज का जो लम्बा रूपक है, वह इस बात को स्पष्ट रूप में सामने लाता है। भक्ति की चरम सीमा पर पहुँचकर भी लोकपक्ष उन्होंने नहीं छोड़ा। लोकसंग्रह का भाव उनकी भक्ति का एक अंग था। कृष्णोपासक भक्तों में इस अंग की कमी थी। उनके बीच उपास्य और उपासक के सम्बन्ध की ही गूढ़ातिगूढ़ व्यंजना हुई, दूसरे प्रकार के लोकव्यापक नाना सम्बन्धों के कल्याणकारी सौन्दर्य की प्रतिष्ठा नहीं हुई। यही कारण है कि इनकी भक्तिरसभरी वाणी जैसी मंगलकारिणी मानी गयी वैसी और किसी की नहीं। आज राजा से रंक तक के घर में गोस्वामीजी का रामचरितमानस विराज रहा है और प्रत्येक प्रसंग पर इनकी चौपाइयाँ कही जाती हैं। अपनी सगुणोपासना का निरूपण गोस्वामीजी ने कई ढंग से किया है। रामचरितमानस में नाम और रूप दोनों को ईश्वर की उपाधि कहकर वे उन्हें उसकी अभिव्यक्ति मानते हैं—

नाम रूप दुइ ईस उपाधी। अकथ अनादि सुसामुझि साधी।।
नाम रूप गति अकथ कहानी। समुझत सुखद न परति बखानी।।
अगुन सगुन बिच नाम सुसाखी। उभय प्रबोधक चतुर दुभाखी।।

दोहावाली में भक्ति की सुगमता बड़े ही मार्मिक ढंग से गोस्वामीजी ने इस दोहे से सूचित की है—

की तोहि लागहिं राम प्रिय, की तु रामप्रिय होहि।
दुई महँ रुचौ जो सुगम सोइ, कीबे तुलसी तोहि।।

इसी प्रकार रामचरितमानस के उत्तरकाण्ड में उन्होंने ज्ञान की अपेक्षा भक्ति को कहीं अधिक सुसाध्य और आशुफलदायिनी कहा है।

रचनाकौशल, प्रबन्धपटुता, सहृदयता आदि सब गुणों का समाहार हमें रामचरितमानस में मिलता है। पहली बात जिस पर ध्यान जाता है, वह है कथाकाव्य के सब अवयवों का उचित समीकरण। कथाकाव्य या प्रबन्धकाव्य के भीतर इतिवृत्त, वस्तु व्यापार वर्णन, भावव्यंजना और संवाद, ये अवयव होते हैं। न तो अयोध्यापुरी की शोभा, बाललीला, नखशिख, जनक की वाटिका, अभिषेकोत्सव आदि के वर्णन बहुत लम्बे होने पाये हैं, न पात्रों के संवाद, न प्रेम, शोक आदि भावों की व्यंजना। इतिवृत्त की शृंखला भी कहीं से टूटती नहीं है।

दूसरी बात है कथा के मार्मिक स्थलों की पहचान। अधिक विस्तार हमें ऐसे ही प्रसंगों का मिलता है जो मनुष्यमात्र के हृदय को स्पर्श करने वाले हैं—जैसे, जनक की वाटिका में राम सीता का परस्पर दर्शन, राम वन गमन, दशरथ मरण, भरत की आत्मग्लानि, वन के मार्ग में स्त्री पुरुषों की सहानुभूति, युद्ध में लक्ष्मण को शक्ति लगना आदि।

तीसरी बात है प्रसंगानुकूल भाषा। रसों के अनुकूल कोमल, कठोर पदों की योजना तो निर्दिष्ट रूढ़ि ही है। उसके अतिरिक्त गोस्वामीजी ने इस बात का भी ध्यान रखा है कि किस स्थल पर विद्वानों या शिक्षितों की संस्कृतमिश्रित भाषा रखनी चाहिए और किस स्थल पर ठेठ बोली। घरेलू प्रसंग समझकर कैकेयी और मन्थरा के संवाद में उन्होंने ठेठ बोली और स्त्रियों में विशेष चलते प्रयोगों का व्यवहार किया है। अनुप्रास की ओर प्रवृत्ति तो सब रचनाओं में स्पष्ट लक्षित होती है।

चौथी बात है शृंगार की शिष्ट मर्यादा के भीतर बहुत ही व्यंजक वर्णन।

जिस धूमधाम से 'मानस' की प्रस्तावना चली है उसे देखते ही ग्रन्थ के महत्त्व का आभास मिल जाता है। उससे साफ़ झलकता है कि तुलसीदासजी अपने ही तक दृष्टि रखने वाले भक्त न थे, संसार को भी दृष्टि फैलाकर देखने वाले भक्त थे। जिस व्यक्त जगत् के बीच उन्हें भगवान् के रामरूप की कला का दर्शन कराना था, पहले चारों ओर दृष्टि दौड़ाकर उसके अनेक रूपात्मक

स्वरूप को उन्होंने सामने रखा है। फिर उसके भले बुरे पक्षों की विषमता देख दिखाकर अपने मन का यह कहकर समाधान किया है—

सुधा सुरा सम साधु असाधू। जनक एक जगजलधि अगाधू।।

इसी प्रस्तावना के भीतर तुलसी ने अपनी उपासना के अनुकूल विशिष्टाद्वैत सिद्धान्त का आभास भी यह कहकर दिया है—

सियाराममय सब जग जानी। करौं प्रनाम जोरि जुग पानी।।

जगत् को केवल राममय न कहकर उन्होंने 'सियाराममय' कहा है। सीता प्रकृतिस्वरूपा हैं और राम ब्रह्म हैं; प्रकृति अचित् पक्ष है और ब्रह्म चित् पक्ष। अतः पारमार्थिक सत्ता चिदचिद्विशिष्ट है, यह स्पष्ट झलकता है। चित् और अचित् वस्तुतः एक ही हैं, इसका निर्देश उन्होंने—

गिरा अर्थ, जल बीचि सम कहियत भिन्न, न भिन्न।
बन्दौ सीताराम पद जिनहि परम प्रिय खिन्न।।

कहकर किया है।

बिहारीलाल

ये माथुर चौबे कहे जाते हैं और इनका जन्म ग्वालियर के पास बसुवा गोविन्दपुर गाँव में संवत् 1660 के लगभग माना जाता है। एक दोहे के अनुसार इनकी बाल्यावस्था बुन्देलखण्ड में बीती और तरुणावस्था में ये अपनी ससुराल मथुरा में आ रहे। अनुमानतः ये संवत् 1720 तक वर्तमान रहे। ये जयपुर के मिर्जा राजा जयसाह (महाराज जयसिंह) के दरबार में रहा करते थे। कहा जाता है कि जिस समय ये कवीश्वर जयपुर पहुँचे उस समय महाराज अपनी छोटी रानी के प्रेम में इतने लीन रहा करते थे कि राजकाज देखने के लिए महलों के बाहर निकलते ही न थे। इस पर सरदारों की सलाह से बिहारी ने यह दोहा किसी प्रकार महाराज के पास भीतर भिजवाया—

नहिं पराग नहिं मधुर मधु नहिं विकास यहि काल।
अली कली ही सों बँध्यो आगे कौन हवाल।।

कहते हैं कि इस पर महाराज बाहर निकले और तभी से बिहारी का मान बहुत अधिक बढ़ गया। महाराज ने बिहारी को इसी प्रकार के सरस दोहे बनाने की आज्ञा दी। बिहारी दोहे बनाकर सुनाने लगे और प्रति दोहे पर एक अशरफी मिलने लगी। इस प्रकार सात सौ दोहे बने, जो संगृहीत होकर 'बिहारी सतसई' के नाम से प्रसिद्ध हुए।

शृंगाररस के ग्रन्थों में जितनी ख्याति और जितना मान 'बिहारी सतसई' का हुआ उतना और किसी का नहीं। इसका एक एक दोहा हिन्दी साहित्य में एक-एक रत्न माना जाता है। इसकी पचासों टीकाएँ रची गयीं। इन टीकाओं में चार-पाँच टीकाएँ तो बहुत प्रसिद्ध हैं—कृष्ण कवि की टीका जो कवित्तों में है, हरिप्रकाश टीका, लल्लूजी लाल की लाल चन्द्रिका, सरदार कवि की टीका और सूरति मिश्र की टीका। इन टीकाओं के अतिरिक्त बिहारी के दोहों के भाव

पल्लवित करने वाले छप्पय, कुण्डलियाँ, सवैया आदि कई कवियों ने रचे। पठान सुलतान की कुण्डलियाँ इन दोहों पर बहुत अच्छी हैं, पर अधूरी हैं। भारतेन्दु हरिश्चन्द्र ने कुछ और कुण्डलियाँ रचकर पूर्ति करनी चाही थी। पं. अम्बिकादत्त व्यास ने अपने 'बिहारी बिहार' में सब दोहों के भावों को पल्लवित कर रोला छन्द लगाये हैं। पं. परमानन्द ने 'शृंगार सप्तशती' के नाम से दोहों का संस्कृत अनुवाद किया है। यहाँ तक कि उर्दू शेरों में भी एक अनुवाद थोड़े दिन हुए बुन्देलखण्ड के मुंशी देवीप्रसाद (प्रीतम) ने लिखा। इस प्रकार बिहारी सम्बन्धी एक अलग साहित्य ही खड़ा हो गया है। इतने से ही इस ग्रन्थ की सर्वप्रियता का अनुमान हो सकता है। बिहारी का सबसे उत्तम और प्रामाणिक संस्करण बड़ी मार्मिक टीका के साथ थोड़े दिन हुए प्रसिद्ध साहित्यमर्मज्ञ और व्रजभाषा के प्रधान आधुनिक कवि बाबू जगन्नाथदास 'रत्नाकर' ने निकाला। जितने श्रम और जितनी सावधानी से यह सम्पादित हुआ है, आज तक हिन्दी का और कोई ग्रन्थ नहीं हुआ।

बिहारी ने इस सतसई के अतिरिक्त और कोई ग्रन्थ नहीं लिखा। यही एक ग्रन्थ उनकी इतनी बड़ी कीर्ति का आधार है। यह बात साहित्य क्षेत्र के इस तथ्य की स्पष्ट घोषणा कर रही है कि किसी कवि का यश उसकी रचनाओं के परिमाण के हिसाब से नहीं होता, गुण के हिसाब से होता है। मुक्तक कविता में जो होना चाहिए वह बिहारी के दोहों में अपने चरम उत्कर्ष को पहुँचा है, इसमें कोई सन्देह नहीं। मुक्तक में प्रबन्ध के समान रस की धारा नहीं रहती जिसमें कथा प्रसंग की परिस्थिति में अपने को भूला हुआ पाठक मग्न हो जाता है और हृदय में एक स्थायी प्रभाव ग्रहण करता है। इसमें तो रस के ऐसे छींटे पड़ते हैं जिनसे हृदयकलिका थोड़ी देर के लिए खिल उठती है। यदि प्रबन्धकाव्य एक विस्तृत वनस्थली है तो मुक्तक एक चुना हुआ गुलदस्ता है। इसी से यह सभा समाजों के लिए अधिक उपयुक्त होता है। उसमें उत्तरोत्तर अनेक दृश्यों द्वारा संगठित पूर्ण जीवन या उसके किसी एक पूर्ण अंग का प्रदर्शन नहीं होता, बल्कि कोई एक रमणीय खण्डदृश्य इस प्रकार सहसा सामने ला दिया जाता है कि पाठक या श्रोता कुछ क्षणों के लिए मन्त्रमुग्ध-सा हो जाता है। इसके लिए कवि को अत्यन्त मनोरम वस्तुओं और व्यापारों का एक छोटा-सा स्तवक कल्पित करके उन्हें अत्यन्त संक्षिप्त और सशक्त भाषा में प्रदर्शित करना पड़ता है। अतः जिस कवि में कल्पना की समाहारशक्ति के साथ भाषा की समाहारशक्ति जितनी अधिक होगी, उतनी ही वह मुक्तक की रचना में सफल होगा।

यह क्षमता बिहारी में पूर्ण रूप से वर्तमान थी। इसी से वे दोहे, ऐसे छोटे छन्द में इतना रस भर सके हैं। इनके दोहे क्या हैं, रस के छोटे छोटे छींटे हैं। इसी से किसी ने कहा है—

सतसैया के दोहरे ज्यों नावक के तीर।
देखत में छोटे लगें बेधैं सकल शरीर।।

बिहारी की रसव्यंजना का पूर्ण वैभव उनके अनुभावों के विधान में दिखाई पड़ता है। अधिक स्थलों पर तो इनकी योजना की निपुणता और उक्तिकौशल के दर्शन होते हैं, पर इस विधान से इनकी कल्पना की मधुरता झलकती है। अनुभावों और हावों की ऐसी सुन्दर योजना कोई शृंगारी कवि नहीं कर सका है। नीचे की हावभरी सजीव मूर्तियाँ देखिए—

बतरस लालच लाल की मुरली धरि लुकाइ।
सौंह करै, भौंहनि हँसे, देन कहै, नटि जाइ।।
नासा मोरि, नचाइ दृग, करी कका की सौंह।
काँटे सी कसकै हिए, गड़ी कँटीली भौंह।
ललन चलनु सुनि पलनु में अँसुवा झलके आइ।
भई लखाइ न सखिनु हूँ, झूठैं ही जमुहाई।।

भावव्यंजना या रसव्यंजना के अतिरिक्त बिहारी ने वस्तुव्यंजना का सहारा भी बहुत लिया है—विशेषतः शोभा या कान्ति, सुकुमारता, विरहताप, विरह की क्षीणता आदि के वर्णन में। कहीं-कहीं वस्तुव्यंजना औचित्य की सीमा का उल्लंघन कर खेलवाड़ के रूप में हो गयी है; जैसे—इन दोहों में—

पत्रा की तिथि पाइयै, वा घर के चहुँ पास।
नित प्रति पून्यौई रहे आनन ओप उजास।।
छाले परिवे के डरनु सकै न हाथ छुवाइ।
झिझकति हियैं गुलाब कैं झवा झवावति पाइ।।
इत आवति चलि जात उत चली छ सातक हाथ।
चढ़ी हिंडोरे सैं रहै लगी उसासन साथ।।
सीरैं जतननि सिसिर ऋतु सहि बिरहिनि तनताप।
बसिबे कौं ग्रीषम दिनन पर्‌यो परोसिनि पाप।
आड़े दै आले बसन जाड़े हूँ की राति।
साहसु ककै सनेहबस, सखी सबै ढिग जाति।।

अनेक स्थानों पर इनके व्यंग्यार्थ को स्फुट करने के लिए बड़ी क्लिष्ट कल्पना अपेक्षित होती है। ऐसे स्थलों पर केवल रीति या रूढ़ि ही पाठक की सहायता करती है और उसे पूरे प्रसंग का आक्षेप करना पड़ता है। ऐसे दोहे बिहारी में हैं, पर यहाँ दो एक उदाहरण ही पर्याप्त होंगे—

ढीठ परोसिनि ईठ ह्वै कहे जु गहे सयान।
सबै सँदेसे कहि कह्यो मुसुकाहट मैं मान।।
नये बिरह बढ़ती बिथा खरी बिकल जिय बाल।
बिलखी देखि परोसिन्यौं हरषि हँसी तिहि काल।।

इन उदाहरणों से यह स्पष्ट है कि बिहारी का 'गागर में सागर' भरने का जो गुण इतना प्रसिद्ध है, वह बहुत कुछ रूढ़ि की स्थापना से ही सम्भव हुआ है। यदि नायिकाभेद की प्रथा इतने जोर-शोर से न चल गयी होती तो बिहारी को इस प्रकार की पहेली बुझाने का साहस न होता।

अलंकारों की योजना भी इस कवि ने बड़ी निपुणता से की है। किसी किसी दोहे में कई अलंकार उलझ पड़े हैं, पर उनके कारण कहीं भद्दापन नहीं आया है। 'असंगति' और 'विरोधाभास' की ये मार्मिक और प्रसिद्ध उक्तियाँ कितनी अनूठी हैं—

दृग अरुझत, टूटत कुटुम, जुरत चतुर चित प्रीति।
परति गाँठ दुरजन हियैं दई, नई यह रीति।।
तन्त्रीनाद कवित्त रस, सरस राग रति रंग।
अनबूड़े बूड़े, तिरे जे बूड़े सब अंग।।

दो-एक जगह व्यंग्य अलंकार भी बड़े अच्छे ढंग से आये हैं। इस दोहे में रूपक व्यंग्य है—

करे चाह सों चुटकि कै खरे उड़ौहैं मैन।
लाज नवाये तरफरत करत खूँद सी नैन।।

शृंगार के संचारी भावों की व्यंजना भी ऐसी मर्मस्पर्शिनी है कि कुछ दोहे सहृदयों के मुँह से बार-बार सुने जाते हैं। इस स्मरण में कैसी गम्भीर तन्मयता है—

सघन कुंज छाया सुखद सीतल सुरभि समीर।
मन ह्वै जात अजौं बहै उहि जमुना के तीर।।

विशुद्ध काव्य के अतिरिक्त बिहारी ने सूक्तियाँ भी बहुत-सी कही हैं जिनमें बहुत-सी नीति सम्बन्धिनी हैं। सूक्तियों में वर्णनवैचित्र्य या शब्दवैचित्र्य ही प्रधान रहता है। अतः उनमें से कुछ एक की ही गणना असल काव्य में हो सकती है। केवल शब्दवैचित्र्य के लिए बिहारी ने बहुत कम दोहे रचे हैं। कुछ दोहे यहाँ दिये जाते हैं–

यद्यपि सुन्दर सुघर पुनि सगुणौ दीपक देह।
तऊ प्रकास करै तितो भरिये जितो सनेह।।
कनक-कनक तें सौ गुनी मादकता अधिकाय।
वह खाये बौराय नर, यह पाये बौराय।
तो पर वारौं उरबसी, सुनि राधिके सुजान।
तू मोहन कैं उर बसी, ह्वै उरबसी समान।।

बिहारी के बहुत से दोहे 'आर्यासप्तशती' और 'गाथासप्तशती' की छाया लेकर बने हैं, इस बात को पं. पद्मसिंह शर्मा ने विस्तार से दिखाया है। पर साथ ही, उन्होंने यह भी स्पष्ट कर दिया है कि बिहारी ने गृहीत भावों को अपनी प्रतिभा के बल से किस प्रकार एक स्वतन्त्र और कहीं-कहीं अधिक सुन्दर रूप दे दिया है। बिहारी की भाषा चलती होने पर भी साहित्यिक है। वाक्यरचना व्यवस्थित है और शब्दों के रूप का व्यवहार एक निश्चित प्रणाली पर है। यह बात बहुत कम कवियों में पायी जाती है। व्रजभाषा के कवियों में शब्दों को तोड़-मरोड़ कर विकृत करने की आदत बहुतों में पायी जाती है। 'भूषण' और 'देव' ने शब्दों का बहुत अंग-भंग किया है और कहीं-कहीं गढ़न्त शब्दों का व्यवहार किया है। बिहारी की भाषा इस दोष से भी बहुत कुछ मुक्त है। दो एक स्थल पर ही 'स्मर' के लिए 'समर' ऐसे कुछ विकृत रूप मिलेंगे। जो यह भी नहीं जानते कि क्रान्ति को 'संक्रमण' (अप. सक्रोन) भी कहते हैं, 'अच्छ' साफ़ के अर्थ में संस्कृत शब्द है, 'रोज' रुलाई के अर्थ में आगरे के आसपास बोला जाता है और कबीर, जायसी आदि द्वारा बराबर व्यवहृत हुआ है, 'सोनजाइ' शब्द 'स्वर्णजाति' से निकला है—जुही से कोई मतलब नहीं, संस्कृत में 'वारि' और 'वार' दोनों शब्द हैं और 'वार्द' का अर्थ भी बादल है, 'मिलान' पड़ाव या मुकाम के अर्थ में पुरानी कविता में भरा पड़ा है, चलती व्रजभाषा में 'पिछानना' रूप ही आता है, 'खटकति' का रूप बहुवचन में भी यही रहेगा, यदि पचासों शब्द उनकी समझ में न आयें तो बेचारे बिहारी का क्या दोष?

बिहारी ने यद्यपि लक्षण ग्रन्थ के रूप में अपनी 'सतसई' नहीं लिखी है, पर 'नखशिख', 'नायिकाभेद', 'षट् ऋतु' के अन्तर्गत उनके सब शृंगारी दोहे आ जाते हैं और कई टीकाकारों ने दोहों को इस प्रकार के साहित्यिक क्रम के साथ रखा भी है। जैसा कि कहा जा चुका है, दोहों को बनाते समय बिहारी का ध्यान लक्षणों पर अवश्य था। इसीलिए हमने बिहारी को रीतिकाल के फुटकल कवियों में न रख, उक्त काल के प्रतिनिधि कवियों में ही रखा है।

बिहारी की कृति का मूल्य जो बहुत अधिक आँका गया है उसे अधिकतर रचना की बारीकी या काव्यांगों के सूक्ष्म विन्यास की निपुणता की ओर ही मुख्यतः दृष्टि रखने वाले पारखियों के पक्ष से समझना चाहिए—उनके पक्षों से समझना चाहिए जो किसी हाथी दाँत के टुकड़े पर महीन बेलबूटे देख घण्टों वाह-वाह किया करते हैं। पर जो हृदय के अन्तस्तल पर मार्मिक प्रभाव चाहते हैं, किसी भाव की स्वच्छ निर्मल धारा में कुछ देर अपना मन मग्न रखना चाहते हैं, उनका सन्तोष बिहारी से नहीं हो सकता। बिहारी का काव्य हृदय में किसी ऐसी लय या संगीत का संचार नहीं करता जिसकी स्वरधारा कुछ काल तक गूँजती रहे। यदि घुले हुए भावों का आभ्यन्तर प्रवाह बिहारी में होता तो वे एक-एक दोहे पर ही सन्तोष न करते। मार्मिक प्रभाव का विचार करें तो देव और पद्‌माकर के कवित्त सवैयों का सा गूँजने वाला प्रभाव बिहारी के दोहों का नहीं पड़ता।

दूसरी बात यह है कि भावों का बहुत उत्कृष्ट और उदात्त स्वरूप बिहारी में नहीं मिलता। कविता उनकी शृंगारी है, पर प्रेम की उच्च भूमि पर नहीं पहुँचती, नीचे ही रह जाती है।

घनआनन्द

ये साक्षात् रस मूर्ति और ब्रजभाषा काव्य के प्रधान स्तम्भों में हैं। इनका जन्म संवत् 1746 के लगभग हुआ था और ये संवत् 1796 में नादिरशाही में मारे गये। ये जाति के कायस्थ और दिल्ली के बादशाह मुहम्मदशाह के मीर मुंशी थे। कहते हैं कि एक दिन दरबार में कुछ कुचक्रियों ने बादशाह से कहा कि मीर मुंशी साहब गाते बहुत अच्छा हैं। बादशाह से इन्होंने बहुत टालमटोल किया। इस पर लोगों ने कहा कि ये इस तरह न गायेंगे, यदि इनकी प्रेमिका सुजान नाम की वेश्या कहे तब गायेंगे। वेश्या बुलायी गयी। इन्होंने उसकी ओर मुँह और बादशाह की ओर पीठ कर ऐसा गाना गाया कि सब लोग तन्मय हो गये। बादशाह इनके गाने पर जितना ख़ुश हुआ उतना ही बेअदबी पर नाराज। उसने इन्हें शहर से निकाल दिया। जब ये चलने लगे तब सुजान से भी साथ चलने को कहा पर वह न गयी। इस पर इन्हें विराग उत्पन्न हो गया और ये वृन्दावन जाकर निंबार्क सम्प्रदाय के वैष्णव हो गये और वहीं पूर्ण विरक्त भाव से रहने लगे। वृन्दावन भूमि का प्रेम इनके इस कवित्त से झलकता है–

गुरनि बतायो, राधा मोहन हू गायो सदा,
सुखद सुहायो वृन्दावन गाढ़े गहि रे।
अद्भुत अभूत महिमण्डन, परे तें परे,
जीवन को लाहु हा हा क्यों न ताहि लहि रे।।
आनन्द को घन छायो रहत निरन्तर ही,
सरस सुदेस सो, पपीहापन बहि रे।
जमुना के तीर केलि कोलाहल भीर ऐसी,
पावन पुलिन पै पतित परि रहि रे।।

संवत् 1796 में जब नादिरशाह की सेना के सिपाही मथुरा तक आ पहुँचे तब कुछ लोगों ने उनसे कह दिया कि वृन्दावन में बादशाह का मीर मुंशी रहता है, उसके पास बहुत कुछ माल होगा। सिपाहियों ने इन्हें आ घेरा और 'जर जर जर' (अर्थात् धन, धन, धन लाओ) चिल्लाने लगे। घन आनन्दजी ने शब्द को उलटकर 'रज रज रज' कह कर तीन मुट्ठी वृन्दावन की धूल उन पर फेंक दी। उनके पास सिवा इसके और था ही क्या? सैनिकों ने क्रोध में आकर इनका हाथ काट डाला। कहते हैं कि मरते समय इन्होंने अपने रक्त से यह कवित्त लिखा था–

बहुत दिनान को अवधि आसपास परे,
खरे अरबरन भरे हैं उठि जान को।
कहि कहि आवन छबीले मनभावन को,
गहि गहि राखति ही दै दै सनमान को।।
झूठी बतियानि को पत्यानि तें उदास स्वै के,
अब ना घिरत घनआनन्द निदान को।
अधर लगे हैं आनि करि कै पयान प्रान,
चाहत चलन ये सँदेसो लै सुजान को।

घन आनन्दजी के इतने ग्रन्थों का पता लगता है–सुजानसागर, विरहलीला, कोकसागर, रसकेलिवल्ली और कृपाकन्द। इसके अतिरिक्त इनके कवित्त सवैयों के फुटकल संग्रह डेढ़ सौ से लेकर सवा चार सौ कवित्तों तक मिलते हैं, कृष्णभक्ति सम्बन्धी इनका एक बहुत बड़ा ग्रन्थ छत्रपुर के राजपुस्तकालय में है जिसमें प्रियाप्रसाद, ब्रजव्यवहार, वियोगवेली, कृपाकन्दनिबन्ध, गिरिगाथा, भावनाप्रकाश, गोकुलविनोद, धामचमत्कार, कृष्णकौमुदी, नाममाधुरी, वृन्दावनमुद्रा, प्रेमपत्रिका, रसबसन्त आदि अनेक विषय वर्णित हैं। इनकी 'विरहलीला' ब्रजभाषा में, पर फ़ारसी के छन्द में है।

इनकी सी विशुद्ध, सरस और शक्तिशालिनी ब्रजभाषा लिखने में और कोई कवि समर्थ नहीं हुआ। विशुद्धता के साथ प्रौढ़ता और माधुर्य भी अपूर्व ही है। विप्रलम्भश्रृंगार ही अधिकतर इन्होंने लिखा है। ये वियोग श्रृंगार के प्रधान मुक्तक कवि हैं। 'प्रेम की पीर' ही को लेकर इनकी वाणी का प्रादुर्भाव हुआ। प्रेममार्ग का ऐसा प्रवीण और धीर पथिक तथा जबाँदानी का ऐसा

दावा रखने वाला ब्रजभाषा का दूसरा कवि नहीं हुआ। अतः इनके सम्बन्ध में निम्नलिखित उक्ति बहुत ही संगत है—

नेही महा, ब्रजभाषाप्रवीन और सुन्दरताहु के भेद को जानै।
योग वियोग की रीति में कोविद, भावना भेद स्वरूप को ठानै।।
चाह के रंग में भीज्यो हियो, बिछुरे मिले प्रीतम साति न मानै।
भाषाप्रवीन, सुछन्द सदा रहै सो घन जू के कबित्त बखाने।।

इन्होंने अपनी कविताओं में बराबर 'सुजान' को सम्बोधन किया है जो शृंगार में नायक के लिए और भक्तिभाव में भगवान् कृष्ण के लिए प्रयुक्त मानना चाहिए। कहते हैं कि इन्हें अपनी पूर्वप्रेयसी 'सुजान' का नाम इतना प्रिय था कि विरक्त होने पर भी इन्होंने उसे नहीं छोड़ा। यद्यपि अपने पिछले जीवन में घनआनन्द विरक्त भक्त के रूप में वृन्दावन जा रहे, पर इनकी अधिकांश कविता भक्तिभाव की कोटि में नहीं आयेगी, शृंगार की ही कही जायेगी। लौकिक प्रेम की दीक्षा पाकर ही ये पीछे भगवत्प्रेम में लीन हुए। कविता इनकी भावपक्ष प्रधान है। कोरे विभावपक्ष का चित्रण इनमें कम मिलता है। जहाँ रूप छटा का वर्णन इन्होंने किया भी है वहाँ उसके प्रभाव का ही वर्णन मुख्य है। इनकी वाणी की प्रवृत्ति अन्तर्वृत्तिनिरूपण की ओर ही विशेष रहने के कारण बाह्यार्थनिरूपक रचना कम मिलती है। होली के उत्सव, मार्ग में नायक नायिका की भेंट, उनकी रमणीय चेष्टाओं आदि के वर्णन के रूप में ही वह पायी जाती है। संयोग का भी कहीं-कहीं बाह्य वर्णन मिलता है, पर उसमें भी प्रधानता बाहरी व्यापारों की चेष्टाओं की नहीं है, हृदय के उल्लास और लीनता की ही है।

प्रेमदशा की व्यंजना ही इनका अपना क्षेत्र है। प्रेम की गूढ़ अन्तर्दशा का उद्घाटन जैसा इनमें है वैसा हिन्दी के अन्य शृंगारी कवि में नहीं। इस दशा का पहला स्वरूप है हृदय या प्रेम का आधिपत्य और बुद्धि का अधीन पद, जैसा कि घनआनन्द ने कहा है—

रीझ सुजान सची पटरानी, बची बुधि बापुरी ह्वै करि दासी।

प्रेमियों की मनोवृत्ति इस प्रकार की होती है कि वे प्रिय की कोई साधारण चेष्टा भी देखकर उसका अपनी ओर झुकाव मान लिया करते हैं और फूले फिरते हैं। इसका कैसा सुन्दर आभास कवि ने नायिका के इस वचन द्वारा दिया है जो मन को सम्बोधन करके कहा गया है—

'रुचि के वे राजा जान प्यारे हैं आनन्दघन,
होत कहा हेरे, रंक ! मानि लीनो मेल सो।।

कवियों की इसी अन्तर्दृष्टि की ओर लक्ष्य कर एक प्रसिद्ध मनस्तत्त्ववेत्ता ने कहा है कि भावों या मनोविकारों के स्वरूप परिचय के लिए कवियों की वाणी का अनुशीलन जितना उपयोगी है उतना मनोविज्ञानियों के निरूपण का नहीं।

प्रेम की अनिर्वचनीयता का आभास घनआनन्द ने विरोधाभासों के द्वारा दिया है। उनके विरोधमूलक वैचित्र्य की प्रवृत्ति का कारण यही समझना चाहिए।

यद्यपि इन्होंने संयोग और वियोग दोनों पक्षों को लिया है, पर वियोग की अन्तर्दशाओं की ओर दृष्टि अधिक है। इसी से इनके वियोग सम्बन्धी पद्य प्रसिद्ध हैं। वियोगवर्णन भी अधिकतर अन्तर्वृत्तिनिरूपक हैं, बाह्यार्थनिरूपक नहीं। घनआनन्द ने न तो बिहारी की तरह विरहताप को बाहरी माप से मापा है, न बाहरी उछलकूद दिखाई है। जो कुछ हलचल है वह भीतर की है—बाहर से यह वियोग प्रशान्त और गम्भीर है, न उसमें करवटें बदलना है, न सेज का आग की तरह तपना है, न उछल-उछल कर भागना है। उनकी 'मौनमधि पुकार' है।

यह निस्संकोच कहा जा सकता है कि भाषा पर जैसा अचूक अधिकार इनका था वैसा और किसी कवि का नहीं। भाषा मानो इनके हृदय के साथ जुड़कर ऐसी वशवर्तिनी हो गयी थी कि ये उसे अपनी अनूठी भावभंगी के साथ-साथ जिस रूप में चाहते थे, उस रूप में मोड़ सकते थे। उनके हृदय का योग पाकर भाषा की नूतन गतिविधि का अभ्यास हुआ और वह पहले से कहीं अधिक बलवती दिखाई पड़ी। जब आवश्यकता होती थी तब ये उसे बँधी प्रणाली पर से हटाकर अपनी नयी प्रणाली पर ले जाते थे। भाषा की पूर्व अर्जित शक्ति से ही काम न चलाकर इन्होंने उसे अपनी ओर से नयी शक्ति प्रदान की है। घनआनन्दजी उन विरले कवियों में हैं जो भाषा की व्यंजकता बढ़ाते हैं। अपनी भावनाओं के अनूठें रूपरंग की व्यंजना के लिए भाषा का ऐसा बेधड़क प्रयोग करने वाला हिन्दी के पुराने कवियों में दूसरा नहीं हुआ। भाषा के लक्षक और व्यंजक बल की सीमा कहाँ तक है, इसकी पूरी परख इन्हीं को थी।

लक्षणा का विस्तृत मैदान खुला रहने पर भी हिन्दी कवियों ने उसके भीतर बहुत ही कम पैर बढ़ाया। एक घनआनन्द ही ऐसे कवि हुए हैं, जिन्होंने इस क्षेत्र में अच्छी दौड़ लगायी। लाक्षणिक मूर्तिमत्ता और प्रयोगवैचित्र्य की जो छटा इनमें दिखाई पड़ी, खेद है कि वह फिर पौने दो सौ वर्ष पीछे जाकर आधुनिककाल के

उत्तरार्द्ध में अर्थात् वर्तमानकाल की नूतन काव्यधारा में ही, 'अभिव्यंजनावाद' के प्रभाव से कुछ विदेशी रंग लिए प्रकट हुई। घनआनन्द का प्रयोग वैचित्र्य दिखाने के लिए कुछ पंक्तियाँ नीचे उद्धृत की जाती हैं–

(क) *अरसानि गही वह बानि* कछू, सरसानि सो आनि निहोरत है

(ख) ह्वै है सोऊ घरी भाग उघरी अनन्दघन सुरस बरसि, लाल! देखिहौ हरी हमें! ('खुले भाग्यवाली घड़ी' में विशेषण–विपर्यय)।

(ग) उघरो जग, छाय रहे घन आनन्द, चातक ज्यों तकिए अब तौ। (उघरो जग=संसार जो चारों ओर घेरे था वह दृष्टि से हट गया)।

(घ) कहिए सु कहा, अब मौन भली, नहिं खोवते जो *हमें पावते* जू। (हमें हमारा हृदय) विरोधमूलक वैचित्र्य भी जगह-जगह बहुत सुन्दर मिलता है, जैसे–

(च) *झूठ की सचाई छाक्यौ, त्यो हित कचई पाक्यो,* ताके गुनगन घन आनन्द कहा गनौ।

(छ) *उजरनि बसी* है हमारी अँखियानि देखो, सुबस सुदेस जहाँ रावरे बसत हो।

(ज) गति सुनि हारी, देखि थकनि मैं चली जाति, थिर चर दसा कैसी ढकी उघरति है।

(झ) तेरे ज्यों न लेखो, मोहि मारत परेखो महा, जान घन आनन्द पे खोयबो लहत हैं।

इन उद्धरणों से कवि की चुभती हुई वचनवक्रता पूरी-पूरी झलकती है। कहने की आवश्यकता नहीं कि कवि की उक्ति ने वक्र पथ हृदय के वेग के कारण पकड़ा है।

भाव का स्रोत जिस प्रकार टकराकर कहीं-कहीं वक्रोक्ति के छींटे फेंकता है उसी प्रकार कहीं-कहीं भाषा के स्निग्ध, सरल और चलते प्रवाह के रूप में भी प्रकट होता है। ऐसे स्थलों पर अत्यन्त चलती और प्रांजल व्रजभाषा की रमणीयता दिखाई पड़ती है–

कान्ह परे बहुतायत में, इकलैन की वेदन जानौ कहा तुम?
हौ मनमोहन, मोहे कहूँ न, बिथा बिमनैन की मानौ कहा तुम?
बौरे बियोगिन्ह आप सुजान है, हाय कछू उर आनौ कहा तुम?
आरतिवन्त पपीहन को घन आनन्द जू! पहिचानो कहा तुम?

कारी कूर कोकिला कहाँ को बैर काढ़ति री,
कूकि-कूकि अबही करेजो किन कोरि लै।
पैंड़ परै पापी ये कलापी निसि द्यौस ज्यों ही,
चातक रे घातक ह्वै तुहू कान फोरि लै।।
आनन्द के घन प्रान जीवन सुजान बिना,
जानि के अकेली सब घेरो दल जोरि लै।
जौ लौं करै आवन विनोद बरसावन वे,
तौ लौं रें डरारे बजमारे घन घोरि लै।।

इस प्रकार की सरल रचनाओं में कहीं-कहीं नादव्यंजना भी बड़ी अनूठी है। एक उदाहरण लीजिए—

ए रे बीर पौन! तेरो सबै ओर गौन, वारि
तो सों और कौन मनै ढरकौं ही बानि दै।
जगत के प्रान, ओछे बड़े को समान, घन
आनन्दनिधान सुखदान दुखियानि दै
जान उजियारे, गुनभारे अति मोहि प्यारे
अब ह्वै अमोही बैठे पीठि पहिचानि दे।
बिरहविथा की मूरि आँखिन में राखौं पूरि,
धूरि तिन्ह पाँयन की हा हा! नैकु आनि दै।।

ऊपर के कवित्त के दूसरे चरण में आये हुए 'आनन्दनिधान सुखदान दुखियानि दै' में मृदंग की ध्वनि का बड़ा ही सुन्दर अनुकरण है।

उक्ति का अर्थगर्भत्व भी घनआनन्द का स्वतन्त्र और स्वावलम्बी होता है, बिहारी के दोहों के समान साहित्य की रूढ़ियों (जैसे—नायिकाभेद) पर आश्रित नहीं रहता। उक्तियों की सांगोपांग योजना या अन्विति इनकी निराली होती है। कुछ उदाहरण लीजिए—

पूरन प्रेम को मन्त्र महा पन जा मधि सोधि सुधारि है लेख्यो।
ताही के चारु चरित्र विचित्रनि यों पचि कै रचि राखि बिसेख्यो।
ऐसो हियो हित पत्र पवित्र जो आन कथा न कहूँ अवरेख्यो।।
सो घन आनन्द जान अजान लौं टूक कियो, पर बाँचि न देख्यो।

आनाकानी आरसी निहारिबो करोगे कौलौं?
कहा मो चकित दसा त्यों न दीठि डोलिहै?
मौन हू सों देखिहों कितेक पन पालिहौ जू,
कूकभरी मूकता बुलाय आप बोलिहै।
जान घनआनन्द यों मोहि तुम्हें पैज परी,
जानियैगो टेक टरें कौन धौं मलोलिहै।
रुई दिए रहोगे कहाँ लौं बहरायबे की?
कबहूँ तो मेरियै पुकार कान खोलि है।।

अन्तर में बासी पै प्रवासी कैसो अन्तर है,
मेरी न सुनत दैया! आपनीयौ ना कहौ।
लोचननि तारे ह्वै सुझायो सब, सूझौ नाँहिं,
बूझि न परति ऐसी सोचनि कहा दहौ।।
हौ तौ जानराय, जाने जाहु न, अजान यातें,
आनन्द के घन छाया छाय उघरे रहौ।
मूरति मया की हा हा! सूरति दिखैये नेकु,
हमें खोय या बिधि हो! कौन धौं लहालहौ।।

मूरति सिंगार की उजारी छबि आछी भाँति,
दीठि लालसा के लोयननि लैलै आँजिहौं।
रतिरसना सवाद पाँवड़े पुनीतकारी पाय,
चूमि चूमि कै कपोलनि सों माँजिहौं।
जान प्यारे प्रान अंग अंग रुचि रंगिन में,
बोरि सब अंगन अनंग दुख भाँजिहौं।
कब घनआनन्द ढरौही बानि देखें,
सुधा हेत मनघट दरकनि सुठि राँजिहौं।।
(राँजना-फूटे बरतन में जोड़ या टाँका लगाना)।

निसि द्यौस खरी उर माँझ अरी छबि रंगभरी मुरि चाहनि की।
तकि मोरनि त्यों चख ढोरि रहें, ढरिगो हिय ढोरनि बाहन की।।
चट दै कटि पै बट प्रान गये गति सों मति में अवगाहनि की।
घन आनन्द जान लख्यो जब तें जक लागियै मोहि कराहनि की।

इस अन्तिम सवैये के प्रथम तीन चरणों में कवि ने बहुत सूक्ष्म कौशल दिखाया है। 'मुरि चाहनि' और 'तकि मोरनि' से यह व्यक्त किया गया है कि एक बार नायक ने नायिका की ओर मुड़कर देखा फिर देखकर मुड़ गये और अपना रास्ता पकड़ा। देखकर जब वे मुड़े तब नायिका का मन उनकी ओर इस प्रकार ढल पड़ा जैसे पानी नारी में ढल जाता है। कटि में बल देकर प्यारे नायिका के मन में डूबने के भय से निकल गये।

घनआनन्द के ये दो सवैये बहुत प्रसिद्ध हैं–

परकारज देह को धारे फिरौ परजन्य! जथारथ ह्वै दरसौ।
निधि नीर सुधा के समान करौ, सबही बिधि सुन्दरता सरसा।।
घन आनन्द जीवनदायक हो, कबौं मेरियौ पीर हिये परसों।
कबहूँ वा बिसासी सुजान के आँगन में अँसुवान को लै बरसो।।

अति सूधो सनेह को मारग है, जहँ नैकु सयानप बाँक नहीं।
तहँ साँचे चलै तजि आपनपौ, झिझकैं कपटी जो निसाँक नहीं।।
घन आनन्द प्यारे सुजान सुनो, इत एक तें दूसरो आँक नहीं।
तुम कौन-सी पाटी पढ़े हौ लला, मन लेहु पै देहु छटाँक नहीं।।

('विरहलीला' से)

सलोने स्याम प्यारे क्यों न आवौ। दरस प्यासी मरैं तिनकौं जिवावी।।
कहाँ हौ जू, कहाँ हौ जू, कहाँ हौ। लगे ये प्रान तुमसों हैं जहाँ हौ।।
रहौ किन प्रान प्यारे नैन आगैं। तिहारे कारनै दिन रात जागैं।।
सजन! हित मान कै ऐसी न कीजै। भई हैं बावरी सुध आय लीजै।।

भारतेन्दु हरिश्चन्द्र

हिन्दी गद्य साहित्य का सूत्रपात करने वाले चार महानुभाव कहे जाते हैं—मुंशी सदासुखलाल, इंशाअल्ला खाँ, लल्लूलाल और सदल मिश्र। ये चारों संवत 1860 के आसपास वर्तमान थे। सच पूछिए तो ये गद्य के नमूने दिखाने वाले ही रहे; अपनी परम्परा प्रतिष्ठित करने का गौरव इनमें से किसी को भी प्राप्त न हुआ। हिन्दी गद्य साहित्य की अखण्ड परम्परा का प्रवर्तन इन चारों लेखकों के 70-72 वर्ष पीछे हुआ। विक्रम की बीसवीं शताब्दी का प्रथम चरण समाप्त हो जाने पर जब भारतेन्दु ने हिन्दी गद्य की भाषा को सुव्यवस्थित और परिमार्जित कर उसका स्वरूप स्थिर कर दिया, तब से गद्य साहित्य की परम्परा लगातार चली। इस दृष्टि से भारतेन्दुजी जिस प्रकार वर्तमान गद्य-भाषा के स्वरूप प्रतिष्ठापक थे, उसी प्रकार वर्तमान साहित्य-परम्परा के प्रवर्तक।

राजा शिवप्रसाद के उर्दू की ओर एकबारगी झुक पड़ने के पहले ही राजा लक्ष्मणसिंह अपने 'शकुन्तला नाटक' द्वारा संवत् 1919 में थोड़ी संस्कृत मिली ठेठ और विशुद्ध हिन्दी सामने रख चुके थे, जिसमें अरबी-फ़ारसी के शब्द नहीं थे। उसका अंश राजा शिवप्रसाद ने अपने 'गुटका' में दाख़िल किया था। पीछे जब वे उर्दू की ओर झुके तब राजा लक्ष्मणसिंह ने अपने 'रघुवंश' के अनुवाद के प्राक्कथन में भाषा के सम्बन्ध में अपना मत इस प्रकार प्रकट किया—

"हमारे मत में हिन्दी और उर्दू दो बोली न्यारी-न्यारी हैं। हिन्दी इस देश के हिन्दू बोलते हैं और उर्दू यहाँ के मुसलमानों और फ़ारसी पढ़े हुए हिन्दुओं की बोलचाल है। हिन्दी में संस्कृत के पद बहुत आते हैं; उर्दू में अरबी-फ़ारसी के। परन्तु कुछ आवश्यक नहीं है कि अरबी-फ़ारसी के शब्दों के बिना हिन्दी न बोली जाये और न हम उस भाषा को हिन्दी कहते हैं जिसमें अरबी-फ़ारसी के शब्द भरे हों।"

ऊपर के अवतरण से स्पष्ट है कि जिस समय राजा लक्ष्मणसिंह और राजा शिवप्रसाद मैदान् में आये थे, उस समय खींचतान बनी थी; भाषा के स्वरूप को स्थिरता नहीं प्राप्त हुई थी। वह भाषा का प्रस्तावकाल था। प्रवर्तनकाल का आरम्भ भारतेन्दु की कुछ रचनाओं के निकल जाने के उपरान्त संवत् 1930 के लगभग हुआ। यद्यपि इसके पहले 'विद्यासुन्दर' (संवत् 1925) तथा और कई नाटक भारतेन्दुजी लिख चुके थे, पर वर्तमान हिन्दी गद्य के उदय का समय उन्होंने 'हरिश्चन्द्र मेगजीन' के निकलने पर अर्थात् संवत् 1930 से माना है।

भारतेन्दु की भाषा में ऐसी क्या विशेषता पायी गयी कि उसका इतना चलन उन्हीं के सामने हो गया, इसका थोड़ा विचार कर लेना चाहिए। संवत् 1860 में खड़ीबोली के गद्य का सूत्रपात करने वालों में मुंशी सदासुख और सदल मिश्र ने ही व्यवहार योग्य चलती भाषा का नमूना तैयार किया था। पर इन दोनों की रचनाओं में सफ़ाई नहीं थी। बहुत कूड़ा-करकट भरा था। मुंशी सदासुख भगवद्भक्त पुरुष थे और पण्डितों और साधु-सन्तों के सत्संग में रहा करते थे। इससे उनके 'सुखसागर' की भाषा में बहुत कुछ पण्डिताऊपन है। उनकी खड़ीबोली उस ढंग की संस्कृत के विद्वान पण्डित काशी, प्रयाग आदि पूरब के नगरों में बोलते थे और अब भी बोलते हैं। यद्यपि मुंशीजी खास दिल्ली के रहने वाले थे और उर्दू के अच्छे कवि और लेखक थे; पर हिन्दी गद्य के लिए उन्होंने पण्डितों की बोली ही ग्रहण की। 'स्वभाव करके वे दैत्य कहलाये', 'उसे दुख होयगा', 'बहकवाने वाले बहुत है'। इस प्रकार के प्रयोग उन्होंने बहुत किये हैं। रहे सदल मिश्र; उनकी भाषा में पूरवीपन बहुत अधिक है 'जो' के स्थान पर 'जौन', 'माँ' के स्थान पर 'मतारी', 'यहाँ' के स्थान पर 'इहा', 'देखूँगी' के स्थान पर 'देखौगी' ऐसे शब्द बराबर मिलते हैं। इसके अतिरिक्त ब्रजभाषा या काव्यभाषा के ऐसे-ऐसे प्रयोग जैसे 'फूलन्ह के', 'चहुँदिशि', 'सुनि' भी लगे रह गये हैं।

इन दोनों के पीछे राजा शिवप्रसाद और लक्ष्मणसिंह का समय आता है। राजा शिवप्रसाद के गद्य में अधिक खटकने वाली बात थी उर्दूपन जो दिन-दिन बढ़ता गया। इसी प्रकार राजा लक्ष्मणसिंह के गद्य में खटकने वाली बात थी आगरे के बोलचाल का पुट। दूसरी बात यह थी कि विशुद्धता का जो आदर्श लेकर राजा लक्ष्मणसिंह चले थे, वह एक चलती व्यावहारिक भाषा के उपयुक्त न था। फ़ारसी अरबी के जो शब्द लोगों की ज़बान पर नाचा करते थे,

उन्हें एक दम छोड़ देना भाषा की संचित शक्ति को घटाना था। हंसी-मजाक के लिए कुछ अरबी-फ़ारसी के चलते शब्द कभी-कभी कितना अच्छा काम देते हैं, यह हम लोग बराबर देखते हैं।

ऊपर लिखी त्रुटियों को ध्यान में रखते हुए जब हम भारतेन्दु की भाषा पर विचार करने बैठते हैं, तब इस बात को समझना कुछ सुगम हो जाता है कि उन्होंने हिन्दी गद्य का क्या संस्कार किया। उनकी भाषा में न तो लल्लूलाल का ब्रजभाषापन आने पाया, न मुंशी सदासुख का पण्डिताऊपन, न सदल मिश्र का पूरबीपन, न राजा शिवप्रसाद का उर्दूपन और न राजा लक्ष्मणसिंह का खालिसपन और आगरापन। इतने 'पनों' से एक साथ पीछा छुड़ाना भाषा के सम्बन्ध में बहुत ही परिष्कृत रुचि का परिचय देता है। संस्कृत शब्दों के रहने पर भी भाषा का सुबोध बना रहना, फ़ारसी-अरबी के शब्द आने पर भी साथ-साथ उर्दूपन न आना, हिन्दी की स्वतन्त्र सत्ता का प्रमाण था। उनका भाषा-संस्कार शब्दों की काट-छाँट तक ही नहीं रहा। वाक्य-विन्यास में भी वे सफ़ाई लाये। उनकी लिखावट में एक साथ न जुड़ सकने वाले वाक्य एक में गुथे हुए प्रायः नहीं पाये जाते। तात्पर्य के उपयुक्त संयोजक अव्ययों का व्यवहार जैसा उन्होंने चलाया, वैसा उनके पहले न था। विराम की परख भी उन्हें राजा लक्ष्मणसिंह और राजा शिवप्रसाद से कहीं अच्छी थी।

चली आती हुई काव्यभाषा के स्वरूप पर भी उनकी दृष्टि गयी। उन्होंने देखा कि बहुत से ऐसे शब्द, जिन्हें बोलचाल से उठे कई सौ वर्ष हो गये थे, कविताओं में बराबर लाये जाते हैं जिसमें वे सर्वसाधारण के लगाव से कुछ दूर पड़ती जाती हैं 'चक्कवै', 'ठायो', 'करसायल', 'ईठ', 'दीह', 'ऊनी', 'लोय' आदि के कारण बहुत से लोग हिन्दी कविता को अपने से कुछ दूर की चीज़ समझने लगे थे। दूसरा दोष जो बढ़ते-बढ़ते बहुत बुरी हद तक पहुँच गया था, वह शब्दों का तोड़-मरोड़ था। जैसे कवियों का स्वभाव 'रूख तोड़ना' तुलसीदास जी ने बताया है, वैसे ही कवियों का स्वभाव शब्द तोड़ना-मरोड़ना हो गया था। भाषा की सफ़ाई पर बहुत कम ध्यान रहता था। बाबू हरिश्चन्द्र द्वारा इन बातों का भी बहुत कुछ सुधार—चाहे जान में या अनजान में—हुआ। इस प्रकार काव्य की ब्रजभाषा के लिए भी उन्होंने बहुत अच्छा रास्ता दिखाया। अपने रसीले कवित्तों और सवैयों में उन्होंने चलती भाषा का व्यवहार किया है। जैसे—

आजु लौं जौ न मिले तो कहा, हम तौ तुम्हरे सब भाँति कहावैं।
मेरो उराहनों है कुछ नाहिं, सबै फल आपने भाग को पावैं।।
जो हरिचन्द भई सो भई, अब प्रान चले चहैं तासों सुनावैं।
प्यारे जू! है जग की यह रीति, बिदा के समय सब कंठ लगावैं।।

इसी कारण उनकी कविता का प्रचार भी देखते-देखते हो गया। लोगों के मुँह से उनके सवैये भी चारों ओर सुनाई देने लगे, उनके बनाये गीत स्त्रियाँ तक घर-घर में गाने लगीं। उनकी रचना लोकप्रिय हुई। उनके समय में जो संग्रह-ग्रन्थ बने, उन सब में उनकी कविताएँ विशेषतः सवैये भी रखे गये। लीक पीटने वालों की पुरानी पड़ी हुई शब्दावली हटा देने से उसकी काव्य-भाषा में भी बड़ी सफ़ाई दिखाई पड़ी।

यह तो हुई भाषा की रूप-प्रतिष्ठा की बात। इससे भी बढ़कर काम उन्होंने हिन्दी साहित्य को एक नये मार्ग पर खड़ा कर किया। वे साहित्य के नये युग के प्रवर्तक हुए। यद्यपि देश में नये-नये विचारों और भावनाओं का संचार हो गया था, पर हिन्दी उनसे दूर थी। लोगों की अभिरुचि बदल चली थी, पर हमारे साहित्य पर उसका कोई प्रभाव नहीं दिखाई पड़ता था। शिक्षित लोगों के विचारों और व्यापारों ने तो दूसरा मार्ग पकड़ लिया था, पर उनका साहित्य उसी पुराने मार्ग पर था। वे लोग समय के साथ आप तो कुछ आगे बढ़ आये थे, पर जल्दी में अपने साहित्य को साथ न ले सके थे। उसका साथ छूट गया था और वह उनके विचार-क्षेत्र और कार्य-क्षेत्र दोनों से अलग पड़ गया था। प्रायः सभी सभ्य जातियों का साहित्य उनके विचारों और व्यापारों से लगा हुआ चलता है। यह नहीं कि उनकी चिन्ताओं और कार्यों का प्रवाह एक ओर जा रहा हो और उनके साहित्य का प्रवाह दूसरी ओर।

फिर यह विचित्र घटना यहाँ कैसे हुई? बात यह थी कि जिन लोगों के मन में नयी शिक्षा के प्रभाव से नये विचार उत्पन्न हो रहे थे, जो अपनी आँखों काल की गति देख रहे थे और देश की आवश्यकताओं को समझ रहे थे, उनमें अधिकांश तो ऐसे थे जिनका कई कारणों से—विशेषतः उर्दू के बीच में पड़ जाने से हिन्दी-साहित्य से लगाव छूट सा गया था और शेष—जिनमें नवीन भावों की कुछ प्रेरणा और विचारों की कुछ स्फूर्ति थी—ऐसे थे जिन्हें हिन्दी-साहित्य का क्षेत्र इतना परिमित दिखाई देता था कि नये-नये विचारों को सन्निविष्ट करने के

लिए स्थान ही नहीं सूझता था। उस समय एक ऐसे सामंजस्य पटु, साहसी और प्रतिभा-सम्पन्न पुरुष की आवश्यकता थी, जो कौशल से इन बढ़ते हुए विचारों का मेल देश के परम्परागत साहित्य से करा देता। ऐसे ही पुरुष के रूप में बाबू हरिश्चन्द्र साहित्य क्षेत्र में उतरे। उन्होंने हमारे जीवन के साथ हमारे साहित्य को फिर से लगा दिया। बड़े भारी विच्छेद से उन्होंने हमें बचाया।

वे सिद्ध-वाणी के अत्यन्त सरस हृदय कवि थे। इससे एक ओर तो उनकी लेखनी से शृंगाररस के ऐसे रसपूर्ण और मर्मस्पर्शी कवित्त-सवैये निकलते थे, जो उनके जीवन काल में ही इधर-उधर लोगों के मुँह से सुनाई पड़ने लगे थे और दूसरी ओर स्वदेश प्रेम से भरे हुए उनके लेख और कविताएँ चारों ओर देश के मंगल का मन्त्र-सा फूँकती थीं। अपनी सर्वतोमुखी प्रतिभा के बल से एक ओर तो वे पद्माकर और द्विजदेव की परम्परा में दिखाई पड़ते थे, दूसरी ओर बंगदेश के मधुसूदनदत्त और हेमचन्द्र की श्रेणी में, एक ओर तो राधा-कृष्ण की भक्ति में झूमते हुए 'नयी भक्तमाल' गूँथते दिखाई देते थे, दूसरी ओर टीकाधारी बगुला भगतों की हँसी उड़ाते तथा स्त्री-शिक्षा, समाज-सुधार आदि पर व्याख्यान देते पाये जाते थे। प्राचीन और नवीन का यही सुन्दर सामंजस्य भारतेन्दु की कला का विशेष माधुर्य है। साहित्य के एक नवीन युग के आदि में प्रवर्तक के रूप में खड़े होकर उन्होंने यह भी प्रदर्शित किया कि नये-नये या बाहरी भावों को पचाकर इस ढंग से मिलाना चाहिए कि वे अपने ही साहित्य के विकसित अंग से लगें। प्राचीन और नवीन के उस सन्धिकाल में जैसी शीतल और मृदुल कला का संचार अपेक्षित था, वैसी ही शीतल और मृदुल कला के साथ भारतेन्दु का उदय हुआ; इसमें सन्देह नहीं।

कविता की नवीन धारा के बीच भारतेन्दु की वाणी का सबसे ऊँचा स्वर देशभक्ति का था। नीलदेवी, भारतदुर्दशा आदि नाटकों में आयी हुई कविताओं में देशदशा की जो मार्मिक व्यंजना है, वह तो है ही; बहुत-सी स्वतन्त्र कविताएँ भी उन्होंने लिखीं जिनमें कहीं देश की अतीत गौरव गाथा का गर्व, कहीं वर्तमान अधोगति की क्षोभ-भरी वेदना, कहीं भविष्य की भावना से जगी हुई चिन्ता आदि अनेक पुनीत भावों का संचार पाया जाता है। 'विजयिनी विजय वैजयन्ती' में जो मिस्र में भारतीय सेना को विजय-प्राप्ति पर लिखी गयी थी, देश-प्रेम-व्यंजक कैसे भिन्न-भिन्न संचारी भावों के उद्‌गार हैं। कहीं गर्व, कहीं क्षोभ, कहीं विषाद। 'सहसन-बरसन सों सुन्यो जो सपने नहिं कान, सो जय-आरज-शब्द' को सुन और 'फरक उठी सबकी भुजा, खरकि उठी तलवार।

क्यों आपुहि ऊँचे भये आर्य मोंछके बार' का कारण जान प्राचीन आर्यगौरव का गर्व कुछ आ ही रहा था कि वर्तमान अधोगति का दृश्य ध्यान में आया और फिर वही 'हाय भारत!' की धुन—

हाय वहै भारत भुव भारी। सबही विधि सों भई दुखारी।
हाय! पंचनद! हा पानीपत ! अजहुँ रहे तुम धरनि विराजत।।
हाय चितौर! निलज तू भारी। अजहु खरो भारतहिं मँझारी।।
तुममें जल नहिं जमुना गंगा। बढ़हु बेगि किन प्रबल तरंगा।।
बोरहु किन झट मथुरा कासी। धोबहु यह कलंक को रासी।।

'चित्तौर', 'पानीपत' इन नामों में ही इतिहास-विज्ञ हिन्दू-हृदय के लिए कितने भावों की व्यंजना भरी है। उनके लिए ये नाम ही काव्य हैं। यदि कोई कवि केवल इन दो-चार नामों को एक साथ ले ले तो वह अपना बहुत कुछ काम कर चुका। ये आप ही कल्पना के कपाट खोल ऐसे-ऐसे दृश्य सामने ला देंगे, जिनसे क्षुब्ध होकर हृदय अनेक गम्भीर भावनाओं में मग्न हो जायेगा।

'भारतदुर्दशा' में आलस्य आदि को लाकर इस कवि ने देशदशा को इस ढंग से झलकाया है कि नये और पुराने दोनों ढाँचों के लोगों का मन लगे। इस कलाकार में बड़ा भारी गुण यह था कि इसने नये और पुराने विचारों को अपनी रचनाओं में इस सफाई से मिलाया कि कहीं से जोड़ मालूम न हुआ। पुराने भावों और आदर्शों को लेकर इन्होंने नये आदर्श खड़े किये।

देखिए, 'नीलदेवी' में एक देवता के मुँह से भारतवर्ष का कैसा मर्मभेदी भविष्य कहलाया—

सब भाँति दैव प्रतिकूल होय एहि नासा।
अब तजहु वीर वर भारत की सब आसा।।
अब सुख-सूरज का उदय नहीं इत ह्वैहै।
मंगलमय भारत-भुव मसान ह्वै जैहै।।

राजा सूरजदेव के मारे जाने पर रानी नीलदेवी ने जिस रीति से भगवान् को पुकारा है, वह कोई नयी बात नहीं। वह वही रीति है जिससे द्रौपदी ने भगवान् को पुकारा था। भेद इतना ही है कि द्रौपदी ने अपनी लज्जा रखने के लिए, अपना संकट हटाने के लिए, पुकार मचायी थी; नीलदेवी ने देश की लज्जा रखने के लिए, देश का संकट दूर करने के लिए पुकारा है—

कहाँ करुनानिधि केसव सोये?
जगत नाहिं, अनेक जतन करि भारतवासी रोये।।

बड़ा भारी काम भारतेन्दु ने यह किया कि स्वदेशाभिमान, स्वजाति-प्रेम, समाज-सुधार आदि की आधुनिक भावनाओं के प्रवाह के लिए हिन्दी को चुना तथा इतिहास, विज्ञान, नाटक, उपन्यास, पुरावृत्त आदि अनेक समयानुकूल विषयों की ओर हिन्दी को दौड़ा दिया।

खण्ड-2

विरुद्धों का सामंजस्य

श्रद्धांजलि

(आचार्य शुक्लजी के प्रति)

—सूर्यकान्त त्रिपाठी 'निराला'

अमा निशा थी समालोचना के अम्बर पर
उदित हुए जब तुम हिन्दी के दिव्य कलाधर।

दीप्ति-द्वितीया हुई लीन खिलने से पहले
किन्तु निशाचर सन्ध्या के अन्तर में दहले।
स्पष्ट तृतीया, खिंची दृष्टि लोगों की सहसा,
छिड़ी सिद्ध साहित्यिक से तुमसे जब वचसा।
मुक्त चतुर्थी, समालोचना वधू ब्याहकर
लाये तुम, पंचमी काव्यवाणी अपने घर।
षष्ठी, छः ऐश्वर्य प्रदर्शित कोष प्राण में;
शिक्षण की सप्तमी,. महार्णव सप्त ज्ञान में।
दिये अष्टमी आठों वसु टीकाओं में भर,
नवमी शान्ति ग्रहों की, दशमी विजित दिगम्बर।
एकादशी रुद्रता, रामा कला द्वादशी,
त्रयोदशी-प्रदोष-गत चतुर्दशी-रत्न शशी।

सम्भावित रचनाकाल : 1941 ई. का पूर्वार्ध। ***अणिमा*** *में संकलित।*

मिथ में बदलता हुआ आदमी

—**मलयज**

आज़मगढ़ में टोंस नदी का किनारा। उस पार के खेतों में गेहूँ पक गया था। सफ़ेदीपन लिये हुए पीले डंठल और लगभग कत्थई पड़ चली बालियाँ झुकी पड़ रही थीं। हवा थी। नदी के दोनों किनारों में खूब घनी वनघासें उगी थीं और पानी के नीचे मोटी काई की हरी-नीली चादर के ऊपर छोटी-छोटी मछलियों की लहर इधर-से-उधर आ-जा रही थी। घाट की सीढ़ियों के पत्थर जगह-जगह से खिसक गये थे।...

घाट से लगे हुए कबीरपन्थियों के बहुत पुराने मठ और उपासनाघर। निर्जन। मठ को चारों ओर से घेरे हुए ऊँचे सघन पेड़ थे, जो उस पूरे इलाके को एक छोटे-मोटे वन की हैसियत प्रदान करते थे। चिड़ियों की आवाजें आ रही थीं। उन आवाज़ों के अन्तराल को हवा कभी सूखे पत्ते खड़काकर तो कभी नदी में मछलियों की एक दुबली-पतली छप् उठाकर भर रही थी। आसमान में सूरज डूबने के पहले की रंगारंग हलचल...

इन सबको छोड़कर आगे बढ़ो तो एक चटियल मैदान था, अपनी रौंदी हुई धूल में चारों खाने चित। उसके बाद से ही शहर का पिछड़ापन शुरू होता था, अपने मक्खी-मच्छर, धुएँ, शोर, स्कूल, कचहरी, हलवाई की दुकानों, अख़बार के स्टॉलों, रंडी और शराब के अड्डों के साथ। इस पिछड़ेपन को शहर के तमाम सारे मुहल्लों में से एक नाम दे दिया गया था। प्रकृति इस पिछड़ेपन के पहले तक थी और जहाँ जाकर हम उस पिछड़ेपन में शामिल हो गये थे, वहाँ वह हमसे छूट गयी थी। और जहाँ ज़्यादातर समय पिछड़ेपन के बीच ही रहना हो, वहाँ प्रकृति उत्तेजित-प्रेरित नहीं करती।

धूल में लस्त-पस्त उस मैदान में खड़े-खड़े—जिसके पीछे थी प्रकृति और आगे था पिछड़ापन—मुझे रामचन्द्र शुक्ल की याद आयी। पिछले कई महीनों से मैं शुक्लजी की 'रस-मीमांसा' पढ़ता रहा था। उससे उलझता, जूझता, उस पर मुग्ध होता, खीजता, झुँझलाता, चकित होता रहा था। इस समय जबकि मैं उस मैदान में खड़ा था, मुझे याद आयीं 'रस-मीमांसा' की वे पक्तियाँ, जिनमें आलोचक रामचन्द्र शुक्ल की कटी-छँटी घनी मूँछ, पतली कमानी का चश्मा, गोल टोपी और मोटी गर्दन से बनने वाली रोबदार मुखाकृति के बावजूद एक सरस, निश्छल और भावुक हृदय के भाव-सत्य हैं। वे भाव-सत्य शुक्लजी के प्रकृति ने मार्मिक तथ्यों को बीनकर उन पर अपनी कल्पना का रंग चढ़ाकर रचे हैं। और इस रचने के कर्म से मानो उनकी कटी-छँटी सघन मूँछें मुस्करा उठी हों, पतली कमानी के चश्मे के नीचे सोच में डूबी आँखें अपने चारों ओर का सौन्दर्य-प्रसार देख एकाएक चमकने लगी हों, मोटी गर्दन प्रकृति के रूप छन्द की ताल पर हौले-हौले हिलने लगी हो। मुझे याद आयीं वे पंक्तियाँ, जिनमें समीक्षा के स्वेद-रक्त-धूल से सने मैदान का अर्थ प्रकृति के स्पर्श से पंखयुत हो उठा है, नये-नये अंकुर फेंकने लगा है। यह पंखयुत अर्थ किसी कविता की परिभाषा के लिए नहीं रचा गया, किसी गूढ़ साहित्य-तत्त्व के शास्त्रीय विवेचन के लिए नहीं अंकुराया गया। यह पंखयुत अर्थ दरअसल उस सामान्य मनुष्य के लिए है जो अपने समय के पिछड़ेपन में घिरा है। शुक्लजी बार-बार उस मनुष्य को गुहारते हैं कि सदा अपने भीतर ही न धँसे रहो, बाहर आओ और देखो, देखो और महसूस करो।

मैंने कहा—आचार्यप्रवर, मैं तो पहले ही बाहर हूँ। मैं आपका बतलाया हुआ वह भावयोग कैसे साधूँ, कि मेरे सामने का यह पिछड़ापन अपने तमाम मक्खी-मच्छर, धुएँ, शोर, स्कूल-कचहरी, हलवाई की दुकानों, अख़बार के स्टालों, रंडी और शराब के अड्डों के साथ सरासर तथ्य न रहकर सत्य में बदल जाये। पिछड़ेपन का यह टुकड़ा देश के पिछड़ेपन के और-और टुकड़ों में मिल जाये, इस पिछड़ेपन में घिरे हुए सब मनुष्य एक हो जायें; एक और अपने से बाहर—किसके रू-ब-रू? किसके खिलाफ़? किसके प्रति समर्पित?

मैं हिन्दी का एक छोटा-सा कवि सोचने लगा कि क्या मुझे इस प्रश्न के उत्तर की अपेक्षा शुक्लजी से करनी चाहिए? शुक्लजी के शब्द याद आये : "सत्य सबकी सामान्य सम्पत्ति होता है; झूठ हर एक का अलग-अलग होता है।" पर वह सत्य कहाँ है? क्या उस प्रकृति में, जिसकी तरफ़ मेरी पीठ है

और जिससे गुज़रकर मैं इस चटियल मैदान तक पहुँचा हूँ? या उस पिछड़ेपन की धमनी में रुँधे, सड़ते, कुलबुलाते मानव-सम्भावनाओं के रूपहीन, नामहीन समूह में जो इस मैदान के आगे है और जहाँ जाकर मुझे—आसमान में घिरते जाते अँधेरे के साथ—मिल जाना है?

शुक्लजी ने कई गर्मियाँ आज़मगढ़ में बितायी थीं। उनके बड़े लड़के आज़मगढ़ में वकील थे और शुक्लजी बनारस हिन्दू विश्वविद्यालय की अपनी प्राध्यापकी के दौरान ग्रीष्मावकाश में वहाँ जाया करते थे। घुमक्कड़ स्वभाव के शुक्लजी ने टोंस का वह किनारा देखा होगा, वह कबीरपन्थी मठ, वह घाट, वे लहरें, बनघासें, वृक्ष-वितान, सब... शहर का रूप तब शायद कुछ और रहा होगा, मुहल्लों के नाम भी शायद दूसरे रहे हों, पर यह पिछड़ापन? बेशक इसमें वह तेज़ाबीपन तब न रहा होगा जोकि आज है। टोंस के पानी को बाँधने वाली हरी-नीली काई की वे जंजीरें भी तब न रही होंगी जोकि आज हैं, पर वे जोंकें तो होंगी ही जो समाज के रुँधे हुए जल में पनपती हैं। वह धुआँ तो होगा ही जो हर भूखे खपड़ैल से उठता है और जीवन के कुल आकाश-अर्थों को चर जाता है। और मनुष्य? वह जो अपने अन्देशे से भी दुबला नहीं होता और वह जिसकी ठठरियों पर जरा मांस नहीं, वह जो अपनी पक्की हवेली में बैठकर हलवा-पूरी खाता है। और वह जो झोंपड़ी में बैठा सूखे चने चबाता है, वह जिसके लड़के दुशाला ओढ़कर निकलें और वह जिसके बच्चे ठण्ड से काँपते रहें—यह वर्ग-भेद तब भी रहा होगा, शायद उतना नंगा और बेबाक और विस्फोटक नहीं जितना कि आज है। शुक्लजी ने वह वर्ग-भेद देखा होगा, देखा और महसूस किया होगा। वे उसकी जड़ तक नहीं गये, क्योंकि उनके समय में प्रकृति और मनुष्य के पिछड़ेपन के बीच वह मैदान न था, वह तपता, धूल-धूसरित, मूल्य-बंजर मैदान।... उस मैदान में खड़े-खड़े मुझे याद आयीं वे पंक्तियाँ, जिनमें अपने परिवेश की चिनगारियों से झुलसता हुआ भी रामचन्द्र शुक्ल का सामान्य मनुष्य कुछ आस्तिक मूल्यों को दृढ़ता से पकड़े हुए चलता चला जा रहा है।

शुक्लजी के कई रूप हैं। एक रूप वह, जिसने हिन्दी साहित्य का इतिहास लिखा और गोया हमें वह झरोखा दिया, जिसमें बैठकर न सिर्फ़ साहित्य के इतिवृत्त का बल्कि उसे सम्भव बनाने वाले हवा-पानी-मिट्टी का भी जायजा लिया जा सके। एक रूप वह, जिसने छायावाद से लोहा लिया। एक वह,

जो 'हृदय का मधुभार' हल्का करने के लिए स्मृतिजीवी कवि बना। एक वह, जिसने हिन्दी की विचार-शक्ति को देसी साँचे में ढालकर समालोचना के नये औजार गढ़े। एक ओर जिसने पूर्व और पश्चिम के द्वन्द्व में अपनी जमीन का विवेक नहीं खोया और उससे बड़ी बात यह कि अपनी भाव-संवेदना के कपाट सदा खुले रखे, पर एक रूप जिसमें शुक्लजी के सभी रूप समाहित हैं, याकि सभी रूप इस एक रूप से निकले हैं, वह है उनका विशिष्ट और विलक्षण के विरुद्ध सामान्य और सर्वानुभूत का पक्षधर रूप। शास्त्रीय खण्डन-मण्डन के तमाम घटाटोप के बावजूद शुक्लजी के व्यक्तित्व का यह मूल रूप छिप नहीं सका है। आश्चर्य है, उनके इस तेजस्वी रूप पर अब तक विश्वविद्यालयों के शोध-पत्रों की गर्द ही झड़ती रही, नये लेखकों ने अपनी जन-प्रतिबद्धता की साख कायम करने के नाम पर भी उसका स्मरण नहीं किया।

धरती शुक्लजी के सामान्य मनुष्य का संस्कार है, आकाश उसका कर्म। अपने संस्कारों से वह धरती की ही तरह ठोस है, अपनी संवेदना में मूर्त और वस्तून्मुखी। अपने कर्म से वह उड़ता है, आदर्श के पक्ष में हाथ उठाता है। उसके कर्म की उड़ान उसे धरती के गोचर रूपाकारों से परे नहीं ले जाती बल्कि उसकी सूक्ष्म रसवत्ता से बाँधे रहती है। उसकी धरती का संस्कार उसे जड़, अतीतोन्मुख, गतिहीन नहीं बनाता बल्कि भाव-क्षेत्र में चीज़ों को मजबूती से पकड़ने और उन्हें उनके सही नामों से पुकारने की ऊर्जा देता है। धरती के सन्दर्भ में जो कुछ इन्द्रियातीत और अमूर्त है, उसे वह सन्दिग्ध मानता है। आकाश के सन्दर्भ में जो कुछ ज्ञानातीत और अलौकिक है उसे वह शक की निगाह से देखता है। प्रत्यक्ष यथार्थ से अलग अध्यात्म उसके लिए एक फ़रेब है, जैसे दूर कहीं धरती और आकाश का मिलन जो जब नज़र आता है तब धुँधलके में ही। यह धुँधलका ही वह छायावाद-रहस्यवाद है जिसके खिलाफ शुक्लजी ने अपनी लड़ाई लड़ी।

शुक्लजी की इस लड़ाई का हीरो उनका वही सामान्य मनुष्य है। इस सामान्य मनुष्य को अपने साहित्य-दर्शन के केन्द्र में स्थापित करने के पहले शुक्लजी ने उसकी अच्छी तरह जाँच-पड़ताल कर ली है, उसे अन्दर-बाहर से खूब ठोक-बजाकर देख और दिखला लिया है। यह काम उन्होंने 1912 से 1918 के दौरान लिखे गये अपने मनोविकार सम्बन्धी लेखों में किया। इसके पहले का शुक्लजी का कृतित्व एक तरह से उनका एप्रेंटिसशिप-काल है, उनकी असली साहित्य-यात्रा इन लेखों से ही शुरू होती है। इन लेखों को पता नहीं

क्यों आलोचक और विद्वान 'मनोवैज्ञानिक लेख' कहते आये हैं जबकि इनमें कोई मनोवैज्ञानिक गुत्थी नहीं सुलझाई गयी। ये लेख दरअसल मानव-राग-विराग का वह ईंट-गारा-लोहा-लक्कड़ हैं जिनसे साहित्य की इमारत का निर्माण होता है। इनमें शुक्लजी ने मानवअस्तित्व के आधारभूत साँचों को पकड़ा है और उनसे साहित्य-रचना के विविध उपकरण और औजार गढ़े हैं। इन लेखों में शुक्लजी मानो यह बतलाना चाहते हैं कि साहित्य के भीतर का मनुष्य और मनुष्य के भीतर का साहित्य, दोनों का मूल एक है– भाव। यह भाव महज एक रागात्मक वृत्ति नहीं, सिर्फ़ सेंटीमेंट नहीं, शुक्लजी का 'तथ्य' है, जिससे वे मनुष्य और साहित्य तथा इनके परस्पर सम्बन्धों का ब्यौरेवार ग्राफ तैयार करते हैं। इसीलिए वे भाव को एकान्त अनुभव की थरथराती उँगलियों से नहीं, विचार की मांसल दृढ़ता से पकड़ते हैं। इस भाव को वे हमेशा लोक-व्यवहार और नैतिक संवेदन की तुला पर तोलते रहते हैं। इससे एक तो भाव को आत्यान्तिक हो जाने की छूट नहीं मिल पाती; दूसरे, उसमें अराजकता के प्रवेश का डर नहीं रहता।

आत्यन्तिकता और अराजकता एक ही सिक्के के दो पहलू हैं और सामान्य मनुष्य के लिए सबसे बड़ा खतरा इन्हीं से है। इसलिए शुक्लजी जहाँ भावदशा की बात करते हैं वहाँ उसे ज्ञानदशा के साथ-साथ रखते हैं, बल्कि इससे भी एक कदम आगे जाकर दोनों को मिलाकर एक नया सर्जनात्मक घोल तैयार करते हैं और उसे 'रसदशा' का नाम देते हैं।

शुक्लजी के इस रसवाद पर दुर्भाग्य से शास्त्रीयता की इतनी मोटी पर्त चढ़ चुकी है कि उसके भीतर छिपे सामान्य मनुष्य के चेहरे को टटोलना एक दुस्साहसिक कार्य ही माना जायेगा। यह एक विचित्र संयोग है कि रसवाद के प्रबल समर्थक और रसवाद के प्रबल विरोधी, दोनों ने ही उस चेहरे की पहचान को धुँधला बनाया है, पर हकीकत यह है कि शास्त्रीयता की इस मोटी पर्त को हटाकर शुक्लजी के रसवाद को जरा उलटिए-पलटिए तो उसमें व्यक्ति और समाज, अन्तर्जगत् और बाह्यजगत, रूप और वस्तु, अनुभूति और विचार जैसी मानव-जीवन की हमारी परिचित द्वन्द्वात्मक इकाइयों को ही एक नये समीकरण में कसने की सर्जनात्मक उठान दिखाई देगी। शुक्लजी के इस समीकरण में एक ओर यदि भारतीय क्लासिक परम्परा से प्राप्त सामग्री है तो दूसरी ओर अपने समय का वह सामाजिक-सांस्कृतिक परिदृश्य भी है, जिसमें परिवर्तन और उथल-पुथल की गूँजें सुनाई पड़ने लगी थीं। यह स्मृति और

घटित का युग्म शुक्लजी के दृश्य पटल के आगे बराबर रहा है। यदि उनका संवेदन स्मृति से रस खींचता है तो उनका विवेक घटित से उस रस को पकाने वाला ताप। इस समीकरण में परम्परा की स्मृति और यथार्थ का घटित चाहे बराबर के जोड़ीदार न हों, एक-दूसरे को आमने-सामने खुलकर चुनौती न देते हों, पर वे एक-दूसरे को दरगुजर भी नहीं करते। उनमें एक संवाद लगातार बना रहता है। यह संवाद जिसे सम्बोधित है, वह है वही सामान्य मनुष्य।

इस सामान्य आदमी की जड़ गाँव है, वृन्त शहर। यही नक्शा स्वंयं शुक्लजी का भी है। भावुकता, प्रकृति-प्रेम, लोकधर्म का मूल्यादर्श, भाषा में ठेठ हिन्दी का ठाठ—यह है गाँव। भाव-वस्तु सम्बन्ध का सिर्फ़ अनुभावन नहीं विश्लेषण, खण्डन-मण्डन, तर्क, कटाक्ष और तेवर—यह है शहर! गाँव में चीज़ें, प्रतीतियाँ और सत्य परस्पर भिने हुए हैं, अचल और शान्त और हृद्य। शहर में संवेदना की नाड़ी तेज चलती है, वहाँ तुर्शी और टकराव और विचलन है। शुक्लजी का शहर उनके गाँव पर रोपा हुआ नहीं है, उससे कल्ले की तरह फूटा हुआ है। जो रोग गाँव में बहता है, वही शहर में विचार बनकर फैलता और फूलता है। शुक्लजी में राग और विचार के मेल से आदमी की जो रंगत उभरती है वह सामान्य का आदर्श है। इसीलिए वह आदमी पास का होता हुआ भी दूर का लगता है, सगा होते हुए भी सौतेला, सच होते हुए भी मिथ। राम में शुक्लजी ने तुलसीदास के सच को नहीं, अपने सामान्य आदमी के उसी मिथ को साकार किया है। इस सामान्य आदमी का एक चित्र 'चिन्तामणि भाग-1' में संकलित 'लोभ और प्रीति' नामक निबन्ध में यों है, "मेरे देखने में तो वही रामभक्त-सा लगता है जो अपने पुत्र-कलत्र, भाई-बहिन, माता-पिता से स्नेह का व्यवहार करता है, रास्ते की चींटियाँ बचाता चलता है, किसी प्राणी का दुःख देख आँसू बहाता हुआ रुक जाता है, किसी दीन पर निष्ठुर अत्याचार होते देख क्रोध से तिलमिलाता हुआ अत्याचारी का हाथ थामने के लिए कूद पड़ता है, बालकों की क्रीड़ा देख विनोद से पूर्ण हो जाता है, लहलहाती हुई हरियाली देख लहलहा उठता है और खिले हुए फूलों को देख खिल जाता है।" एक जमाने में ड्राइंग मास्टर रह चुके समालोचक शुक्लजी राम के जिस लोकरक्षक और लोकरंजक अथवा सौन्दर्य, शक्ति और शील के समन्वित भव्य रूप का बखान करते नहीं थकते, यह चित्र मानो उसी का रफ है। ज़रा गौर से देखिए तो रामभक्त और राम एक ही धातु के बने नज़र आयेंगे। जो साधारण और सर्वानुभूत है वही विशिष्ट और समग्र। इसके बरअक्स जो निरा विशिष्ट है,

वह खण्डित और अपूर्ण। राम दरअसल सामान्य आदमी का ही महाकाव्य रूप है, जीवन के समग्र पक्षों का प्रबन्धात्मक शरीर। इस महाप्रबन्ध में सब जनों के सब भाव हैं। इस महाधारा से जो अलग वह खण्ड-भाव की एक गीति-लहर है, विशिष्ट और सीमित। शुक्लजी अपनी सहानुभूति में उस महाप्रबन्ध की सर्वलौकिकता के साथ हैं, इस लघु लोल लहर की ऐकान्तिक विशिष्ट छवि के साथ नहीं। यहाँ शुक्लजी मात्र एक समालोचक नहीं रह गये हैं, वे स्रष्टा हो गये हैं, क्योंकि वे सच को मिथ में बदल रहे हैं।

और सच क्या है? शायद वह रामभक्त भी शुक्लजी का असली सामान्य आदमी नहीं है। शायद वह रामभक्त भी सामान्य आदमी का रफ मात्र है। तो इस रफ का मूल क्या है? क्या वह शुक्लजी के वर्तमान में कहीं था? अखण्ड और सम्पूर्ण, याकि खण्डित और छिन्न? क्या शुक्लजी ने उसे देखा था? देखा और महसूस किया था? शायद हाँ शायद नहीं। हाँ, इसलिए कि उन्होंने सामान्य आदमी का अखण्डित वर्तमान देखा था। नहीं इसलिए कि उन्होंने सामान्य आदमी का खण्डित भविष्य नहीं देखा था–

–बनारस में अस्सी से गुजरते हुए काशीनाथ सिंह ने सड़क की दूसरी तरफ़ हाथ से इशारा किया। मैंने देखा, बोसीदा कपड़ों में मुख्तसर-सा एक आदमी बैसाखियों पर खड़ा भीख माँग रहा था। वह विक्षिप्त-सा आदमी आचार्य रामचन्द्र शुक्ल का नाती था। उस वक्त मैंने उस आदमी के चेहरे पर क्या कुछ देखा था? करुणा या व्यंग्य या आक्रोश? क्या वही शुक्लजी के सामान्य आदमी का रफ था? खण्डित और छिन्नमूल–

ऐसा क्यों होता है कि साहित्य तक आते-आते आदमी मिथ में बदल जाता है? ऐसा क्यों होता है कि मिथ में बन्द एक सचमुच के खण्डित आदमी की तस्वीर एक झूठमूठ के सम्पूर्ण आदमी की तस्वीर बन जाती है? क्या इस अन्तर्विरोध की नोकें शुक्लजी को भी चुभती थीं?

कोई-कोई रचना अन्तर्विरोधों को बढ़ाने में होती है। शुक्लजी का समय उस रचना का समय नहीं था। तब द्विवेदीकाल के निदाघ में तपे कविता के सूखे उपवन में मानो सशरीर कामदेव की तरह छायावाद अपनी लाक्षणिक बहारें दिखा रहा था, भाषा-विहग को नव-स्वर नव-पर दे रहा था जो कि खड़ा-खड़ा सिकुड़ रहा था एक जगह वह सहसा फैलने लगा था, उड़ने लगा था। इतनी शिद्दत थी उस उड़ने में कि जो कुछ बाहर था वह भी उड़ान थी, जो कुछ

भीतर था वह भी उड़ान थी। ठोस धरती-सा पुष्पों और पंखों के तले दबा हुआ वह जिसकी चमड़ी कड़ी धूप में दरक गयी थी—वह ढहते महाजनी अर्थतंत्र में कसा-बसा किन्हीं स्थिर मूल्यों को हताश थामे हर परिवर्तन को अपनी आशंका में झेलता सामान्य मनुष्य—इस नये व्यक्तित्ववादी भाव- प्रसार में कहीं न था। था महज उसका बिम्ब—कमनीयता में ओझल, कर्म से असम्पृक्त, सूक्ष्म चित्र-सज्जा में जड़ित। छायावाद उस अन्तर्विरोध से निरपेक्ष था जिसका बीज—एक ओर ढहते महाजनी तंत्र तो दूसरी ओर पूँजीवाद-व्यक्तिवाद से फूटती ऊर्जा से प्रभावित—मनुष्य में पड़ चुका था। छायावाद ने उस बीज को उगने, पनपने, बढ़ने देने के योग्य खाद-पानी-मिट्टी का वस्तुवादी आधार देने के बजाय उसे अपने भावोत्तेजित राग में घुला-मिला लिया। इससे जब मनुष्य के सीने से आह फूटती थी तो लामुहाला गान बनकर ही, आग बनकर नहीं। इस रागात्मक घुलावट में क्रमशः वस्तु-व्यापार का अवमूल्यन होता गया। अप्रस्तुत प्रस्तुत पर छाता गया। फिर वह समय भी आया जब कविगण अनुभूति के अगम अगोचर संसार में निर्बन्ध डूबने-उतराने लगे। ऐसे में जो चीज़ साफ-साफ दिख रही हो, निकट की हो वह भी दूर-दूर, रहस्यमय और सांकेतिक नज़र आने लगे तो क्या आश्चर्य! काव्य में जब अव्यक्त और अनिर्वचनीय की धूम हो तब अनुभूति की सही-सही पैमाइश और पड़ताल, उसके तथ्य और ब्यौरों का चुनाव और संघटन, उसकी मार्मिकता का अनुसन्धान और नियोजन क्योंकर जरूरी हो! इस पृष्ठभूमि में जबकि सच्चे काव्य और काव्यस्फीति के बीच फर्क करना मुश्किल था और सब कुछ हृदयमय हो रहा था, शुक्लजी का काव्य में बुद्धि-तत्त्व पर जोर देना लगभग एक क्रान्तिकारी बात थी।

बुद्धि का काम वस्तु को प्रत्यक्ष करना है। अनुभववाद की अतल गहराई में डूबी काव्यार्थ की धरती को महावराह की तरह मूर्त दृश्य-फलक पर सामने लाना है। बुद्धि-प्रसार से ही भाव-प्रसार सम्भव है, क्योंकि बुद्धि ही बाहर का गतिमय एक पूरा संसार प्रस्तुत करती है, भावोत्तेजन के लिए 'तथ्य' जुटाती है। जो लोग यह मानते हैं कि कविता कवि-मन के भीतरी परकोटे में ही निवास करती है, उनके कानों में शुक्लजी जब-तब तुलसी का अपना यह प्रिय पद ठूँस देते हैं—

> अन्तर्जामिहु तें बड़ बाहिरजामी हैं राम, जो नाम लिये तें।
> पैज परे प्रहलाद को प्रगटे प्रभु पाहन तें, न हिये तें ॥

जो भीतर है, वहाँ केवल डुबाना है, भूलभुलैया है, अराजकता है। जो बाहर है असली पुरुषार्थ वही है, क्योंकि अपनी अनुभूति की सच्चाई को मूर्त और प्रत्यक्ष और वास्तविक वहीं किया जा सकता है। बाहर का हाड़-मांसमय वस्तु-संसार आगे, भीतर का तरल अनुभूति-रागमय संसार उसके पीछे। इस बात के मर्म पर उँगली रखते हुए शुक्लजी कहते हैं : "यदि कवि ने ऐसी वस्तुओं और व्यापारों को अपने चित्र द्वारा सामने उपस्थित कर दिया जिससे श्रोता या पाठक के भाव जाग्रत होते हैं, तो वह एक प्रकार से अपना काम कर चुका।" क्या यह बात बोलेगी हम नहीं वाली बात ही नहीं है? पर सोचिए, यह बात शुक्लजी ने तब कही थी जब अनुभूति की साखी स्वयं अनुभूति थी। भाव और शब्द भीतर से उमड़ते थे और बाहर दो-चार पल अपनी चमक और रंगीनी दिखाकर भीतर-ही-भीतर खो जाते थे। शुक्लजी ने भीतर की इस अतर्क्य तानाशाही को चुनौती दी, क्योंकि उन्होंने देखा कि यह भीतरवाद अन्ततः रहस्यवाद और कलावाद की ओर ही ले जाता है।

पर लगता है, उस भीतरवाद के विरोध की झोंक में शुक्लजी कुछ ज़्यादा ही दूर तक निकल गये। 1935 में हिन्दी साहित्य सम्मेलन के इन्दौर अधिवेशन में साहित्य परिषद् के सभापति पद से उन्होंने एक भाषण दिया था। उसमें रहस्यवाद-छायावाद की तार-तार बखिया उधेड़ने के सिलसिले में उनके मुँह से न जाने कैसे एक विस्फोटक वाक्य निकल गया। उस वाक्य का सार यह है कि वाच्यार्थ ही काव्य है, व्यंग्यार्थ नहीं। वाच्यार्थ याने अभिधा, व्यंग्यार्थ याने व्यंजना। इस वाक्य को जब मैंने पढ़ा तो चकराया। चकराया इसलिए नहीं कि शुक्लजी जैसे भाववादी आलोचक के मुँह से यह वाक्य कैसे फूट पड़ा। चकराया इसलिए कि लगभग इसी आशय को व्यक्त करने वाली बात उसके तीन दहाई बाद 'ताजी कविता' के प्रथम नागरिक ने प्रयोगवाद–नयी कविता की तार-तार बखिया उधेड़ने के सिलसिले में कही। मुझे 'क ख ग' (इलाहाबाद से प्रकाशित त्रैमासिक) में छपे लक्ष्मीकान्त वर्मा के 'ताजी कविता : कुछ जोड़ बाकी' शीर्षक निबन्ध की वे पंक्तियाँ याद आयीं, जिसमें उन्होंने छायावाद की भाव-रँगी व्यंजना-पगी काव्यभाषा और प्रयोगवाद–नयी कविता की 'चार्ज्ड भाषा' के मुकाबले मैथिलीशरण गुप्त की ठण्डी सड़क छाप भाषा को आदर्श भाषा माना है–सड़क छाप इसलिए कि उसमें कवि के भाव और शब्द सड़क के बीचों-बीच आगे-पीछे चलते हैं, सड़क की दो अलग-अलग पटरियों पर बीच में फासला रखते हुए नहीं। मतलब कि वह भाषा भाव को उतने ही

तोला-माशा-रत्ती अर्थ के साथ व्यक्त करती है, जितना कि कवि चाहता है कि वह करे। मज़ा यह है कि शुक्लजी ने भी अभिधा में ही काव्य है, यह दिखाने के लिए मैथिलीशरण गुप्त को ही याद किया। गुप्तजी की बस एक पंक्ति 'जी कर हाय पतंग मरे क्या' में उन्होंने क्या-क्या नहीं देख लिया! शायद छायावाद की अन्तर्मुखी लाक्षणिक व्यंजना वाली लतपथ काव्य-भाषा से मुक्त एक सीधी-सादी भाषा के अपने आदर्श का जीता-जागता विकल्प। हमारे अपने समय में भी डॉ. नामवर सिंह की अगुवाई में युवा कविता के अलमबरदारों ने कभी सपाटबयानी के बारे में सह-चिन्तन किया था तो शायद इसीलिए कि ये लोग भी बिम्बों-प्रतीकों के घटाटोप जंगल में घिरी कविता के वास्ते अपने जाने-पहचाने यथार्थ अर्थ की एक पगडण्डी तलाश कर रहे थे। तो क्या शुक्लजी का वाच्यार्थ, लक्ष्मीकान्त की ठण्डी, नंगी भाषा और नये कवियों-आलोचकों की सपाटबयानी कहीं किसी बिन्दु पर मिलते हैं? या इनका नाता सिर्फ़ दूर की कौड़ियों का ही नाता है?

इसकी तफ़सील में हम नहीं जायेंगे। एक बात लेकिन तय है कि शुक्लजी उस तरह सरासर अभिधावादी नहीं हैं, जैसा समझकर उनके विरोधी आलोचक कुपित और उनके प्रिय शिष्य तथा 'रस-मीमांसा' के सम्पादक पण्डित विश्वनाथ प्रसाद मिश्र खिन्न हुए थे। अपने उसी इन्दौर वाले भाषण में एक जगह पर शुक्लजी कहते हैं : "काव्य में योग्य अर्थ होना अवश्य चाहिए—योग्यता चाहे खुली हो या छिपी हो; अत्यन्त अयोग्य और असम्बद्ध प्रलाप के भीतर भी कभी-कभी काव्य के प्रयोजन-भर की योग्यता छिपी रहती है।" इस वाक्य में 'प्रलाप' शब्द पर ध्यान पहले अटकता है, फिर हम यह भी पाते हैं कि 'योग्य' के साथ 'अयोग्य' और 'खुली' के बगल में 'छिपी' भी है यानी अर्थ-प्रस्फुटन की सम्भावना शुक्लजी न सिर्फ़ उसमें देखते हैं, जो सामने हो और पकड़ में हो, बल्कि उसमें भी जो ठीक-ठीक पकड़ में न आता हुआ भी कहीं हो। इसे देखते हुए यह कह सकना आसान नहीं लगता कि शुक्लजी कविता की नाक पकड़कर उसे खुल्लमखुल्ला अभिधा की सपाट ठण्डी सड़क पर चलाना चाहते थे। वे दरअसल कविता में अनुभूति, अप्रस्तुत, अमूर्त इत्यादि की बे-रोकटोक इकतरफ़ा कार्रवाई को समाप्त कर भाव और विचार, अन्तर्जगत् और वस्तुजगत्, व्यक्ति और परिवेश की परस्पर निर्भर और अपेक्षाकृत जटिल एक अधिक उत्तरदायित्वपूर्ण नैतिक कार्रवाई की माँग कर रहे थे।

कविता से इस तरह की माँग उस वक्त के मुलायमपन्थी रुख को देखते हुए एक सख्त और अक्खड़ माँग थी, पर इस माँग में जो चुनौती थी, उसे लगता है शुक्लजी भविष्य की—आज की—कविता के सामने फेंक रहे थे। कविता में वे मूलतः भाव को ही प्रधान मानते थे, पर उनका यह भाव छायावादियों का सिर्फ़ सेंटीमेंट अथवा अनुभूति की सरल एकायामी अवस्था नहीं था। 'रस-मीमांसा' में एक स्थान पर वे कहते हैं : "भाव का अभिप्राय साहित्य में तात्पर्य-बोध मात्र नहीं, बल्कि वह वेगयुक्त और जटिल अवस्था विशेष है, जिसमें शरीर-वृत्ति और मनोवृत्ति, दोनों का योग रहता है।" शुक्लजी के एक कथन ('वाच्यार्थ ही काव्य है, व्यंग्यार्थ नहीं') के आधार पर ही जो लोग यह निष्कर्ष निकाल बैठे कि शुक्लजी अभिधावादी हैं, उपर्युक्त उद्धरण को देखते हुए निश्चय ही वे उनके प्रति अन्याय कर रहे थे। हकीकत यह है कि साहित्य के भावन को मात्र तात्पर्य-बोध तक ही सीमित न रखकर जहाँ शुक्लजी यह बतलाना चाहते थे कि रचना में 'बाहर' की सपाटबयानी ही सर्वोपरि नहीं है, वहाँ यह भी कहना चाहते थे कि भाव की बहुआयामी जटिलता अपने को सम्पूर्णत : 'भीतर' के अन्तःप्रवाह के हवाले करके नहीं हासिल की जा सकती। सच्चे काव्य की सिद्धि वे शरीर-वृत्ति और मनोवृत्ति के योग में देखते थे, जो और कुछ नहीं, वस्तु की भौतिक सत्ता 'बाहर' और वस्तु की भावसत्ता 'भीतर' के ही पर्याय हैं। छायावाद में ये दोनों सत्ताएँ एक-दूसरे को परस्पर ओढ़ती थीं, एक-दूसरे को ओट प्रदान करती थीं और इस तरह एक-दूसरे को अपने लिए प्रयोजनीय बनाती थीं। इधर शुक्लजी कविता के जिस रूप के रसिक थे, उसमें इन सत्ताओं का अपने-अपने तेज-बल के साथ परस्पर एक नये समवाय में मिल जाना अनिवार्य था। इन दो सत्ताओं के बीच टकराव और सतत तनाव की कल्पना शुक्लजी उस समय न कर सकते थे। पर उस समवाय में जिस किस्म की कविता की छवि को उभरते वे देखना और दिखलाना चाहते थे, उसमें सिर्फ़ घुलावट की समरसता न थी, बल्कि सम्भावना की बेचैन गतिशीलता थी। वे वस्तु और भाव के योग में एक नये रचना-क्रम की सुगबुगाहट देखते थे, दोनों का एक-दूसरे में तिरोभाव नहीं।

शुक्लजी ने अपने वस्तुबोध और भाव-संवेदना, दोनों को खूब कसा होगा, एक दृष्टिबिन्दु पर उन्हें एकाग्र साधा होगा और तभी वह रचनात्मक संक्रमण घटित हुआ होगा, जिसमें विचार अपने को तर्क की गुम्फित प्रखरता में नहीं, अनुभूति की पारदर्शी तरलता में व्यक्त करता है। ऐसे क्षणों में सहसा उनके

रचना-विवेक का पथ अपने समय से आगे बहुत दूर तक झलक उठता है। किसी ऐसे ही पारदर्शी क्षण में शुक्लजी ने ये पंक्तियाँ लिखी होंगी : "बहुत सी कविता अनुभूति-दशा में नहीं होती, स्मृति-दशा में होती है। जो यह कहे कि जो कुछ हमारे भीतर था सब हमारी कविता में आ गया है, उसमें काव्यानुभूति का अभाव समझना चाहिए और उसकी कविता को कवियों की वाणी का अनुकरण मात्र।" यह घनीभूत पीड़ा के मस्तक में स्मृति-सी छा जाने वाली बात नहीं है, क्योंकि यहाँ कविता के आँसू बनकर अभिव्यक्त हो जाने की सहूलियत नहीं। यहाँ तो कविता शब्द के ही नहीं, अनुभूति के भी परे उस स्मृति में है जहाँ अनुभूति है और शब्द है और कवि नहीं है। कवि अभिव्यक्ति के क्षण में ही है, न उसके पहले न उसके बाद। अगर है तो एक प्रकार का मूक कवि-अनुभूतियों को जीता हुआ, शब्द से मोहताज। अनुभूति और शब्द के बीच कहीं कोई चीज़ हमेशा छूट जाती है। उस छूटी हुई चीज़ की तलाश के लिए कविता बार-बार अनुभूति और शब्द का नया सिलसिला जोड़ती है और पाने में कुछ छूट जाने की सम्भावना को पुनः-पुनः जन्म देती रहती है। यह काव्यानुभूति को पूरा का पूरा भाषा में निचोड़ न सकना क्या यह साबित नहीं करता कि कविता भाषा के बाहर भी है?

भाषा के भीतर जो अनुभूति है, भाषा के बाहर वही कर्म है। कविता इन दोनों की सन्धि पर है। कविता सच्ची बनती है भाषा के भीतर की अनुभूति से और बड़ी बनती है भाषा के बाहर के कर्म से। बौने जीवन से बड़ी कविता नहीं पैदा होती, पर जीवन बौना कर्म की असिद्धि से नहीं, कर्म-क्षेत्र की विविधता का अनुसन्धान न करने से बनता है। कर्म-विस्तार का हर रेशा एक नयी सम्पृक्ति से जीवन के राग को वस्तु से बाँधता है, जो सिर्फ़ एक बिम्ब है उसे सत्य, जो महज एक चमकता अहसास है, उसे प्रखर किरणों वाला सूर्य बनाता है। कविता सीधा-सीधा कर्म नहीं, पर हमने जीवन में कर्म की जो दिशाएँ खोजी हैं, उनका वह फलक है। कविता की नब्ज़ को छूकर हम महसूस कर सकते हैं कि उसमें हमारा कितना रक्त कितने ताप और दबाव और प्रवाह के साथ दौड़ रहा है?

कर्म की दिशाएँ...दिशाहीन कर्म नहीं...अनुभूति में से ही वे दिशाएँ अपने साथ कर्म को लेकर फूटें, फूटें और अनुभूति की सीमाओं को खोल दें ताकि वह जो स्मृति में बन्द है पिघले, पिघले और बहकर यथार्थ की धरती को चूमे... धरती के अनेक रंग कोमल और कठोर, भीषण और सरस, मृदु और प्रचण्ड,

कटु और मधुर अनुभूति-जल में प्रतिबिम्बित हों, घुले, प्रवाहित हों; जीवन के राग-खण्ड आपस में टकराएँ, छिलें, टूटें, बनें, ढलें। इस अनवरत सिलसिले में जो कविता बनेगी, उसकी घड़न में टूटन के भी खुरदुरे निशान होंगे, उसकी कोमलता के पीछे एक उतना ही कठोर चेहरा सदा रहेगा, उसकी प्रचण्डता एक मृदुता की ओट लिये हुए होगी। इस कविता का सौन्दर्य कर्मभूमि का सौन्दर्य होगा। उसमें सिर्फ़ दीप्ति न होगी, दाह भी होगा, केवल शान्ति ही नहीं कोलाहल भी होगा, प्रबोध ही नहीं, ललकार भी, गूँज ही नहीं, गर्जन भी। वह सौन्दर्य गन्तव्य पर पहुँची हुई कला का सौन्दर्य नहीं, रास्ते के पत्थरों के खिलाफ अपने पाँवों की आजमाइश का सौन्दर्य होगा; अपनी कमाई हुई पूँजी के उपभोग का नहीं, उसे नयी प्रेरणाओं में डालने के प्रयत्न का। यह कविता बड़ी होगी महज अनुभूति की चरितार्थता से नहीं, बल्कि अनुभूति की सम्भावना से। एक तरफ कविता की वह कर्मभूमि, जिसमें आदमी मानो दो पहाड़ों को अपनी कुहनियों से ठेलता आगे बढ़ता चला जाता है और दूसरी तरफ कविता की भोग-भूमि, जिसमें आदमी अपनी अन्तःरागिनी के वैभव में ठिठका, द्वन्द्व से स्थगित है। एक में वह स्मृति को घटित में बदलता है; दूसरे में घटित को स्मृति में। एक में फैलाव है, उमगन और स्फुरण; दूसरे में संकोच और घिराव और केन्द्र का एकान्त सेवन।...

मैं अपने आस-पास निगाह दौड़ाता हूँ—क्या मैं वहाँ खड़ा हूँ जहाँ सौन्दर्य एक जिजीविषा है? या वहाँ जहाँ सौन्दर्य कला का सिर्फ़ एक आयाम? मैं अपने आस-पास देखता हूँ और गोया अपने को समझाते हुए कहता हूँ, उपभोग की कविता का बीजभाव 'व्यक्ति' है और संघर्ष की कविता का 'जन'। पर मेरे आस-पास फिलहाल एक शब्दों का शोर और गर्द है, जो इन दोनों पर पर्दे की तरह टँगा हुआ है और जिसमें इनकी अलग-अलग पहचान धूमिल पड़ गयी है। कभी-कभी लगता है जैसे जनसंघर्ष के तेवर वाली कविता की तनी हुई मुट्ठियाँ लूट में अपने हिस्से की माँग के लिए हैं और व्यक्तिराग के ऐश्वर्य में आकण्ठ डूबी हुई कविता जन-क्रान्ति के मंच से तीन सौ तीन बार नारे लगवा रही है। दोनों ही शब्दों का भोग लगा रहे हैं। अघाई हुई शब्द-चेतना कविता में बहुत बारीक, बहुत नफ़ीस कात रही है। समय की मार से लहूलुहान आत्मा पर शब्दों की पट्टियाँ लगी हैं...नहीं, सजी हैं।

शुक्लजी को कविता में सजावट से सख्त चिढ़ थी। सजावट को वे भोग-सौन्दर्य की ही चित्रसृष्टि मानते थे, जिसे कविता के बैठकखाने में टाँगकर

कवि अपनी असामान्य रुचि का परिचय देता है। सजावट यानी विशिष्ट का भोग। चमक-दमक, शोभा, लालित्य। इनसे घर का वह पिछवाड़ा छिपा रहता है जहाँ ऊबड़-खाबड़पन है, असमानता है, अन्तर्विरोध है। खून-पसीना बहाकर कुछ अर्जित करने के बजाय जैसे अनायास बिना हाथ-पाँव डुलाये कुछ हासिल हो गया हो और कविता में कलँगी सँवारकर और पंख फुलाकर बैठ गया हो। जो कुछ मिला, उसके पीछे न कोई टूटन, न छीजन, न तड़प। बस, एक निठल्ले ऐश्वर्य की बपौती। सजावट है तभी तो शब्द की जड़ें अर्थ के खूब भीतर खामोश उस हाहाकार तक नहीं पहुँच पातीं जो सामान्य जन में है। शब्द, शब्द तक ही रह जाता है। शब्द, शब्द को ही चुनता है, उसे ही बजाता है। यह शब्द-बाजा कब तक बजेगा? क्या यह मैं पूछता हूँ—एक कवि? या वह अर्थ जो जन-जन में है, सबका है, सामान्य है?

मैं अपने आस-पास देखता हूँ। अखबार की एक कतरन पर मेरी निगाह थम जाती है। उसमें छपा है : "पहले के मुकाबले शायद अब ऐसे नागरिक अधिक हैं जिनके लिए उनका समय सिर्फ़ राजनैतिक गतिविधियों, राजनेताओं और आर्थिक उथल-पुथल का नहीं है बल्कि वह ऐसा है जिसमें कुमार गन्धर्व गाते हैं, उस्ताद अली अकबर सरोद बजाते हैं, यामिनी कृष्णमूर्ति 'अन्तरिक्ष को संक्षिप्त अनन्त में ढालते हुए' नाचती हैं, सत्यदेव दुबे या हबीब तनवीर नाट्य करते हैं, डी. जे. जोशी और रुद्र हांज़ी कलाकृतियाँ बनाते हैं और शमशेर, त्रिलोचन और श्रीकान्त वर्मा कविताएँ करते हैं..." तो क्या हम सचमुच ही राजनैतिक रगड़ा-रगड़ी और आर्थिक हाय-हाय के समय को पार कर (या उसे ओट कर?) कलाओं के स्वर्णयुग में प्रवेश कर चुके हैं? शहर-शहर में मुनादी की तरह फिरती हुई इस खबर में कलाओं का स्वाद लेने की जो शैली जिस भाषा में बयान की गयी है, वह क्या मसनद से उठँग कर आँख मूँदकर कला से आनन्दित होने की, या अपने को आनन्दित होने देने की, शैली नहीं है? क्या फुर्सत की कला से अपने जीने को समृद्ध करने के पहले हम जीवन-संघर्ष की आग में पूरा-पूरा दह चुककर, तप चुककर बचे हुए निकले हैं? मैंने सोचा, क्या उस आग में दहने की कविता ही 'जन' की कविता नहीं है? क्योंकि यह दहना ही तो आज के सामान्य आदमी की नियति और शक्ति है, यही खटना और छीजना और इसमें अपनी आदमियत को बचा रख सकने वाली जिजीविषा के कण ढूँढ़ना और पाना। हाँ, हाँ, संघर्ष का भी रस होता है, तरलता और लय, चित्र और संगीत। संघर्ष सिर्फ़ उद्विग्न ही नहीं करता, तल्लीन भी करता है

गो उस उद्विग्नता में महज धुआँ ही नहीं और उस तल्लीनता में भी सिर्फ़ विस्मरण नहीं। आज की रस-मीमांसा कविता की पंक्तियों में लिखी जा रही संघर्ष-मीमांसा है और इसमें सिर्फ़ कवि ही शामिल नहीं, वह 'जन' भी है जिसकी एकमात्र पूँजी उसके बेरोजगार हाथों का जाँगर है। कवि! यदि कुछ कर सकते हो तो कृपया इन बेरोजगार हाथों को सिर्फ़ अपने शब्दों से न थामो।

साहित्य और लोक-जीवन

—रामविलास शर्मा

"मनुष्य लोकबद्ध प्राणी है। उसका अपनी सत्ता का ज्ञान तक लोकबद्ध है। लोक के भीतर ही कविता क्या किसी कला का प्रयोजन और विकास होता है।"

—चिन्तामणि, दूसरा भाग, पृ. 122

"सच्चा कवि वही है जिसे लोक-हृदय की पहचान हो, जो अनेक विशेषताओं और विचित्रताओं के बीच मनुष्य जाति के सामान्य हृदय को देख सके। इसी लोक-हृदय में हृदय के लीन होने की दशा का नाम रसदशा है।"

—चिन्तामणि, पहला भाग, पृ. 227।

"ज्ञानेन्द्रियों से समन्वित मनुष्य-जाति जगत् नामक अपार और अगाध रूप-समुद्र में छोड़ दी गयी है। न जाने कब से वह इसमें बहती चली आ रही है। इसी की रूप-तरंगों से ही उसकी कल्पना का निर्माण और इसी की रूपगति से उसके भीतर विविध भावों या मनोविकारों का विधान हुआ है। ...सुन्दर, मधुर, भीषण या क्रूर लगने वाले रूपों या व्यापारों से भिन्न सौन्दर्य, माधुर्य, भीषणता या क्रूरता कोई पदार्थ नहीं। सौन्दर्य की भावना जगना सुन्दर-सुन्दर वस्तुओं या व्यापारों का मन में आना ही है।"

—रस-मीमांसा, पृ. 256

इधर हिन्दी-साहित्य का नया इतिहास लिखने और हिन्दी में साहित्य-शास्त्र रचने की काफी चर्चा हुई है। इस चर्चा में दिल्ली की 'आलोचना' ने विशेष योग दिया है। हिन्दी-साहित्य के नये इतिहास की आवश्यकता है। सन् 40 के बाद हिन्दी में जो साहित्य रचा गया है, पिछले साहित्य पर जो रिसर्च का काम हुआ है, उस सबको समेटकर हिन्दी-साहित्य का एक भरा-पूरा इतिहास जरूर लिखा जाना चाहिए। आलोचना के सिद्धान्तों के बारे में हमारी जानकारी बढ़े,

उनसे साहित्य को परखने और नया साहित्य रचने में सहायता मिले, यह भी वांछनीय है। लेकिन ये दोनों काम शुक्लजी की विरासत के आधार पर ही हो सकते हैं। इन दोनों क्षेत्रों में शुक्लजी ने उल्लेखनीय कार्य किया है, यह सभी मानते हैं। लेकिन 'आलोचना' के अधिकांश लेखकों को इतिहास-लेखन और शास्त्र-चर्चा दोनों में शुक्लजी एक बहुत बड़ी बाधा के रूप में खड़े दिखाई देते हैं। वे शुक्लजी की विरासत को आधार नहीं बनाते, आधार बनाने की बात भी नहीं करते, वे अपने रास्ते से इस विरासत को हटा देना अपना परम कर्तव्य समझते हैं। इसलिए शुक्लजी के आलोचना-सिद्धान्तों का मूल्यांकन आवश्यक है, उनकी विरासत को पहचानना, उसके विरोधियों के तर्कों की परीक्षा करना एक समयोपयोगी कार्य है।

शुक्लजी पर पहला आरोप यह है कि उनका दृष्टिकोण एकांगी समाजशास्त्रीय है। 'आलोचना' नं. 4 अक्तूबर 1952 में श्री शिवदानसिंह चौहान ने लिखा है :

"शुद्ध कलावादी दृष्टिकोण से तो इतिहास नहीं लिखे गये, लेकिन न्यूनाधिक मात्रा में एकांगी समाजशास्त्रीय दृष्टिकोण आचार्य शुक्लजी से लेकर आज तक अपनाये जाते रहे हैं, चाहे ये समाजशास्त्रीय दृष्टिकोण राष्ट्रीय विचारधारा से प्रेरित हों या मार्क्सवादी विचारधारा से।"

श्री नामवर सिंह ने इसी अंक में ऊपर की बात यों कही हैं : "शुक्लजी के इतिहास में सामाजिक परिस्थितियाँ तथा साहित्यकार साथ-साथ रखे जाने पर भी एक-दूसरे से अलग हैं।" स्वयं शुक्लजी का ऐतिहासिक सम्बन्ध परिस्थितियों से जोड़ते हुए श्री नामवर सिंह ने लिखा है, "राष्ट्रीय आन्दोलन का वह गांधीयुग था जिसमें व्यक्ति और समाज में यथोचित घनिष्ठ सम्बन्ध स्थापित हो सका था।"

'आलोचना' के इसी अंक में श्री रांगेय राघव ने अपना यह मत प्रकट किया है कि, "आचार्य शुक्ल ने इतिहास को शुद्ध ब्राह्मण दृष्टिकोण से देखा है।"

'आलोचना' के एक ही अंक में तीन ऐसे लेखों का छपना, जिनमें शुक्लजी के बारे में एक ही मत का प्रतिपादन हो, आकस्मिक नहीं कहा जा सकता।

जुलाई सन् '53 की 'आलोचना' में डॉ. धीरेन्द्र वर्मा ने आधुनिक हिन्दी-साहित्य-मीमांसा पर अपना यह विचार प्रकट किया है : हिन्दी का आधुनिक साहित्यशास्त्र अथवा समालोचनाशास्त्र सम्बन्धी साहित्य अंग्रेज़ी के चार-छह चुने हुए ग्रन्थों का सार है, न इस विषय के संस्कृत अथवा रीतिकालीन साहित्य से ही इसका सम्बन्ध है और न वास्तविक हिन्दी ललित साहित्य से ही।"

अक्तूबर '53 की 'आलोचना' में श्री शिवनाथ आचार्य शुक्ल की सीमाएँ बतलाते हुए कहते हैं, "जिनसे उनका मत विशेष प्रकार से मिलता है वे प्रायः ईसा की 19वीं सदी के अन्त और बीसवीं सदी के आरम्भ के विचारक हैं। वे प्रायः मध्यवर्गीय और यत्र-तत्र मध्यकालीन संस्कृति के हिमायती हैं। आचार्य शुक्ल की रुचि भी ऐसी ही संस्कृति पर है, यथार्थ विवेचना यह कहने से न हिचकेगी।"

शुक्लजी की विरासत का मूल्यांकन और उसकी रक्षा क्यों महत्वपूर्ण है, यह दिखाने के लिए ऊपर के उद्धरण काफी हैं!

काव्य के बारे में अलंकार, वक्रोक्ति, रीति, ध्वनि और रस—ये चार सम्प्रदाय यहाँ प्रचलित रहे हैं। इनमें से शुक्लजी का सम्बन्ध रस सम्प्रदाय से है। भरत से उन्होंने रस-निष्पत्ति का सिद्धान्त लिया है, लेकिन संस्कृत के आचार्यों की रस-सम्बन्धी व्याख्याएँ उन्हें मान्य नहीं हैं।

रस को आनन्द-स्वरूप कहा गया है। शुक्लजी इस बात का विरोध नहीं करते कि रस आनन्द भी देता है। लेकिन उनका तर्क है कि रस आनन्दस्वरूप है तो काव्य का उद्देश्य क्या है? केवल आनन्द? आनन्द को काव्य का चरम लक्ष्य मानने का अर्थ है, "मार्ग को ही अन्तिम गन्तव्य स्थान" मान लेना। (रस-मीमांसा, पृ. 27)

शुक्लजी का दूसरा तर्क यह है कि साहित्य में क्रोध, शोक, जुगुप्सा आदि भाव अपना सहज रूप छोड़ नहीं देते; इसीलिए जब हम कोई दुःखान्त कथा पढ़ते हैं तो चित्त में खिन्नता बनी रहती है। काव्य से मनुष्य के हृदय में क्रोध, शोक आदि भाव जाग्रत होते हैं। इसलिए लोकोत्तर आनन्द कहने से इसकी व्याख्या नहीं होती। शुक्लजी कहते हैं :

"मेरी समझ में रसास्वादन का प्रकृत स्वरूप 'आनन्द' शब्द से व्यक्त नहीं होता। 'लोकोत्तर', 'अनिर्वचनीय' आदि विशेषणों से न तो उसके वाचकत्व का परिहार होता है, न प्रयोग का प्रायश्चित्त होता है। क्या क्रोध, शोक, जुगुप्सा आदि आनन्द का रूप धारण करके ही श्रोता के हृदय में प्रकट होते हैं, अपने प्रकृत रूप का सर्वथा विसर्जन कर देते हैं, उसे कुछ भी लगा नहीं रहने देते! ...इस आनन्द शब्द ने काव्य के महत्त्व को बहुत कुछ कम कर दिया है—उसे नाच-तमाशे की तरह बना दिया है!" (रस-मीमांसा, पृ. 101)

मानव-जीवन में भावों का प्रकृत रूप साहित्य में आकर बदल नहीं जाता—शुक्लजी के तर्क की यह आधारशिला है। साहित्य के सम्बन्ध में जितनी भाववादी (आइडियलिस्ट) मान्यताएँ हैं, वे साहित्य को जीवन से अलग करके देखती हैं।

शुक्लजी की मौलिक मान्यता यह है कि साहित्य के भावों और जीवन के भावों में बुनियादी अन्तर नहीं है। क्रोध, भय, जुगुप्सा और करुणा की अनुभूति आनन्दमय होती है, वह यह नहीं मानते। वह स्पष्ट कहते हैं कि इनकी अनुभूति दुःखात्मक होती है। जो लोग कहते हैं कि आनन्द में भी आँसू आते हैं यानी करुणरस से सुख के आँसू आते हैं, दुख के नहीं, वे बात टालते हैं। करुणरस प्रधान नाटक के "दर्शक वास्तव में दुःख ही का अनुभव करते हैं।" (उप., पृ. 273)

शुक्लजी ने यहाँ पूर्व और पश्चिम दोनों ओर के भाववादी विचारकों को चुनौती दी है। साहित्य से आनन्द ही मिलता है, यह मानकर वे सब विचारक चले हैं। करुणरस या ट्रैजेडी से भी क्यों आनन्द ही मिलता है, इस पर उन्होंने अलग-अलग मत दिये हैं। लेकिन मूल अनुभूति आनन्द की है, इसमें उन्हें सन्देह नहीं। शुक्लजी जीवन और साहित्य के भावों में बुनियादी अन्तर नहीं मानते, इसलिए वे रस को भी अलौकिक नहीं मानते। इतना ही नहीं, वह रस की स्थिति साहित्य से अलग लौकिक जीवन में भी मानते हैं। यद्यपि जीवन के अनेक व्यापारों में हम नित्य ही नीरसता और सरसता का अनुभव करते रहते हैं, फिर भी भाववादी विचारकों ने रस को साहित्य तक सीमित करके उसे जीवन में अनुभूत रस से एकदम अलग कर दिया था। शुक्लजी की कसौटी यह है कि जब हम क्रोध या भय को "लोक से सम्बद्ध देखेंगे तब हम रसभूमि की सीमा के भीतर पहुँचे रहेंगे।" (उप., पृ. 273)। जीवन और साहित्य के परस्पर अटूट सम्बन्ध का यही परिणाम निकलेगा। रस लौकिक है; लौकिक जीवन में भी रस है। लोक-जीवन की ठोस धरती पर पैर रोपकर आचार्य शुक्ल ने इस सिद्धान्त की घोषणा की कि लोक-हृदय में लीन होने की दशा का नाम रस-दशा है।

इससे स्पष्ट है कि शुक्लजी ने शब्द पुराने लिये हैं लेकिन उनकी स्थापनाएँ उनकी अपनी हैं, मौलिक और क्रान्तिकारी हैं। लोक-हृदय में लीन होने की कसौटी रखकर उन्होंने हर तरह की संकुचित व्यक्तिवादी और भाववादी धारणाओं से साहित्य को मुक्त करके उसे सामाजिक जीवन का एक अंग बना दिया है। इसलिए लोक-हृदय, लोक-मंगल या लोक-हित को दरकिनार करके साहित्यकार आगे नहीं बढ़ सकता। वह किसी भी तरह के भाव प्रकट करके, किसी भी तरह रस-निष्पत्ति करके अपना पीछा नहीं छुड़ा सकता। प्राचीन रसवादियों से शुक्लजी का यह महत्त्वपूर्ण मतभेद है।

भाववादी साहित्यशास्त्रियों की एक विशेषता यह है कि वे भावों को उनके आधार से अलग करके देखते हैं। शुक्लजी भावों को उनके आधार से अलग

करके नहीं देखते; वे साहित्य में उनके आधार के चित्रण को ही सबसे महत्त्वपूर्ण समझते हैं। वे कहते हैं : "भावों के प्रकृत आधार या विषय का कल्पना द्वारा पूर्ण और यथातथ्य प्रत्यक्षीकरण कवि का सबसे पहला और सबसे आवश्यक काम है।" (उप., पृ. 109)

रूढ़िवादी शास्त्र से यह उनका दूसरा महत्त्वपूर्ण मतभेद है। मानव-जीवन से अलग भाव की शाश्वत सत्ता नहीं है; इसलिए मानव जीवन का चित्रण ही मुख्य कर्तव्य है। यहाँ शुक्लजी पश्चिम के उन तमाम भाववादियों का खण्डन करते हैं जो मानव-जीवन से परे एक अव्यक्त सौन्दर्य की सत्ता मानते हैं जिसकी झलक ही कभी-कभी इस संसार में दिखाई देती है। शुक्लजी वस्तुओं से अलग उनके गुणों की कल्पना नहीं करते।

इस लेख के आरम्भ में दिये हुए उद्धरणों से पता चलता है कि वह जगत् को सत्य मानते हैं, मिथ्या नहीं। संसार उनके लिए अपार और अगाध रूप समुद्र है। मनुष्य के भीतर भावों का विधान इसी वस्तुगत यथार्थ से हुआ है। मनुष्य के भाव उसकी निजी सृष्टि नहीं हैं, उनकी अपनी वस्तुगत सत्ता है। इसी तरह संसार के रूपों या व्यापारों से भिन्न सौन्दर्य, माधुर्य की स्थिति नहीं है। यहाँ प्लेटो के पग-चिह्नों पर चलने वाला योरप का तमाम भाववादी साहित्यशास्त्र निरुत्तर हो जाता है, क्योंकि उसकी मूल स्थापना सौन्दर्य की निरपेक्ष सत्ता, रूपमय जगत् से परोक्ष सत्ता की स्वीकृति ही है। लेकिन शुक्लजी मानवसत्ता के ज्ञान को भी लोकबद्ध मानते हैं। उनके लिए ज्ञान इस वास्तविक जगत् ही का होता है, किसी रहस्यमय आध्यात्मिक शक्ति का नहीं। बीसवीं सदी में योरप की देखा-देखी भारत में अध्यात्मवाद की बराबर चर्चा होने पर शुक्लजी ने चिढ़कर कहा था, " 'अध्यात्म' शब्द की मेरी समझ में काव्य या कला के क्षेत्र में कोई जरूरत नहीं है।" (रस-मीमांसा, पृ. 69)

आचार्य शुक्ल रस-दशा को लोक-हृदय में लीन होने की दशा कहते हैं। लेकिन यह कोई निष्क्रिय दशा नहीं है। भावों का काम है—मनुष्य को कर्मों में प्रवृत्त करना। वह उन लोगों का खण्डन करते हैं, जो कहते हैं कि काव्य व्यवहार का बाधक है, उससे अकर्मण्यता पैदा होती है (उप., पृ. 22)। भाव की प्रतिष्ठा से "कर्म क्षेत्र का विस्तार बढ़ गया है।" (उप, पृ. 164)। शुक्लजी ने भाव को कर्म से अलग करके देखा ही नहीं है। उनके अनुसार भाव उस चित्त विकार को कहते हैं "जिसके अन्तर्गत विषय के स्वरूप की धारणा, सुखात्मक या दुःखात्मक

अनुभूति का बोध और प्रवृत्ति के उत्तेजन से विशेष कर्मों की प्रेरणा पूर्वापर सम्बद्ध संघटित हों।" (उप., पृ. 168)

विषय का ज्ञान, सुख-दुख की अनुभूति और कर्म की प्रेरणा—ये सब एक साथ जुड़ी होती हैं। इन क्रियाओं के समुच्चय का नाम ही भाव है। प्राचीन साहित्य-शास्त्री स्थायी भावों को रस रूप में प्रकट करके साहित्यिक प्रक्रिया का अन्त निष्क्रियता में कर देते थे। शुक्लजी ने भाव की मौलिक व्याख्या करके निष्क्रिय रस-निष्पत्ति की जड़ काट दी है।

इधर हिन्दी में कुछ कलावादियों ने ज्ञानहीन, कर्महीन आनन्द के आधार पर पूर्व और पश्चिम की पटरी बिठाने की कोशिश की है। हिन्दी में 'कला कला के लिए' इस घिसे-पिटे नारे को फिर बुलन्द करके वे इस सिद्धान्त को वैज्ञानिक रूप देने का दावा करते हैं। शुक्लजी ने पश्चिम के इन कलावादियों का खण्डन किया है। वह थियोडोर वाट्स डण्टन की तब प्रशंसा करते हैं, जब वह काव्य को शक्ति मानता है। वह उसकी निन्दा करते हैं, जब वह काव्य को शुद्ध कला मानता है (उप., पृ. 57)। योरप में प्रत्यक्ष अनुभूति से काव्य की अनुभूति को अलग किया गया, कल्पना को एक स्वतन्त्र शक्ति मानकर उसे दूसरी सृष्टि रचने वाली कहा गया। शुक्लजी इन धारणाओं का खण्डन करके कहते हैं कि "सारे वर्ण और सारी रूपरेखाएँ जिनसे कल्पित मूर्ति-विधान होता है, बाह्य जगत् के प्रत्यक्ष बोध से प्राप्त हुई हैं।" (उप., पृ. 299)। इस तरह 'कल्पना' मनुष्य के वास्तविक जीवन को प्रतिबिम्बित करती है, वह वास्तविक जीवन से निरपेक्ष एक स्वतन्त्र संसार नहीं रचती।

पश्चिमी कलावादियों की तरह शुक्लजी साहित्य की मनुष्य की क्रीड़ा-वृत्ति (प्ले इम्पल्स) का परिणाम नहीं मानते (उप, पृ. 265)। फ्रायड आदि पश्चिमी मनोविश्लेषण के आचार्यों की काम-वासना और स्वप्न-सम्बन्धी स्थापनाओं को वह नहीं मानते (उप., पृ. 264)। हिन्दी में अनेक आलोचक फ्रायड को पिण्डदान करके काव्य को अतृप्त कामवासना की काल्पनिक पूर्ति बतलाते हैं। उनका विरोध करने के लिए शुक्लजी के विचार आज भी अपनी प्रगतिशील भूमिका पूरी कर रहे हैं।

काव्य आत्मा है, काव्य एक अखण्ड तत्त्व या शक्ति है जिसकी गति अमर है, इस तरह की ब्रैडले, मैकेल आदि की भाववादी स्थापनाओं का उन्होंने खण्डन किया है (उप., पृ. 269)। शुक्लजी ने योरप के अभिव्यंजनावादियों का विरोध किया जो काव्य के वास्तविक आधार को ही अस्वीकार करते थे (उप., पृ. 336)। 'काव्य में अभिव्यंजनावाद' नाम के निबन्ध में उन्होंने विस्तार से इटली

के भाववादी विचारक क्रोचे की मार्मिक समीक्षा की है। क्रोचे 'कल्पना में उठे हुए रूपों की प्रतीति मात्र को' ज्ञान कहता है (चिन्तामणि, दूसरा भाग, पृ. 198)। शुक्लजी कहते हैं कि इस तरह ईसाई सन्तों को भी आध्यात्मिक आभास हुआ करते थे; लेकिन ये आभास, कल्पना की प्रतीतियाँ हैं, ज्ञान नहीं है। वह फ्रांसीसी विचारक बर्गसाँ की ऐसी ही स्थापना का खण्डन करते हैं कि कल्पना-रूपी स्वयं-प्रकाश ज्ञान हमें पारमार्थिक ज्ञान देता है (उप., पृ. 199)। क्रोचे की मुख्य कमजोरी यह है कि वह रूपों को संसार से अलग आत्मा की उपज मानता है। शुक्लजी कहते हैं कि ये सब बाह्य जगत् से ही प्राप्त किये हुए रूप हैं (पृ. 200)। क्रोचे के तमाम तर्कजाल का सार तत्त्व है—कला कला के लिए। शुक्लजी ने उसका वाग्जाल छिन्न-भिन्न करके यह सारतत्व प्रकट कर दिया है। भारतीय साहित्य की तमाम प्रगतिशील परम्पराओं को अपना आधार बनाकर उन्होंने क्रोचे और उसके आगत-अनागत पूवी-पश्चिमी अनुयायियों को ललकारते हुए कहा था :

"काव्य को हम जीवन से अलग नहीं कर सकते। उसे हम जीवन पर मार्मिक प्रभाव डालने वाली वस्तु मानते हैं। 'कला कला ही के लिए' वाली बात को जीर्ण होकर मरे बहुत दिन हुए। एक क्या, कई क्रोचे उसे फिर जिला नहीं सकते।" (उप., पृ. 201)

शुक्लजी ने पूर्व और पश्चिम दोनों ओर के भाववादी साहित्यशास्त्रियों की इन धारणाओं को निर्मूल किया कि काव्य का उद्देश्य केवल आनन्द देना है, उसकी अनुभूति जीवन की अनुभूति से मूलतः भिन्न होती है, कल्पना संसार के रूपों से परे अपना एक नया संसार रचती है। उन्होंने रस को काव्य की आत्मा माना लेकिन लोक-हृदय में लीन होने को रसदशा कहा, ज्ञान को वास्तविक जगत् की सत्ता पर निर्भर जताया, साहित्यशास्त्र से अवैज्ञानिक रहस्यवादी कल्पनाओं को बाहर किया, काव्य के भाव-योग की परिणति लौकिक जीवन के कर्मयोग में की। इस तरह उन्होंने हिन्दी में एक मौलिक साहित्यशास्त्र की नींव डाली, जो प्राचीन रूढ़िवाद और पश्चिमी कलावाद से स्वतन्त्र ही नहीं है, उनका तीव्र विरोधी भी है। शुक्लजी की इन मान्यताओं के आधार पर ही आज की हिन्दी आलोचना प्रगति पथ पर आगे बढ़ सकती है।

आचार्य शुक्ल ने हिन्दी में पहली बार जमकर रीति-ग्रन्थों का विरोध किया, साहित्य पर उनके घातक प्रभाव का उल्लेख किया। कुछ खास तरह के नायकों, नायिकाओं, उद्दीपनों आदि के भीतर साहित्य को बाँध रखने के प्रयास का विरोध करते हुए उन्होंने कहा : "जिस प्रकार बाह्य दृश्यों के अनन्त रूप हैं उसी प्रकार

मनुष्य की मानसिक स्थिति के भी...विविध प्रवृत्तियों के मेल में संघटित जो अनेक स्वभाव के मनुष्य दिखाई पड़ते हैं उनके स्पष्टीकरण के लिए मानव-प्रकृति के अन्वीक्षण की आवश्यकता होती है। यह आवश्यकता उक्त चार प्रकार के ढाँचे तैयार मिलने से पिछले कवियों में न रह गयी।" (रस-मीमांसा, पृ. 95)

रीतिग्रन्थों के विरोध का मूल सूत्र यही है—मानव-प्रकृति की विविधता। शुक्लजी यथार्थवाद की भूमि से रीतिग्रन्थों की कृत्रिमता दिखाते हैं। उनका आग्रह साहित्य को यथार्थ जीवन के निकट लाने के लिए है, उसे सच्चा और स्वाभाविक बनाने के लिए है। जिस तरह 19वीं सदी के आरम्भ में अंग्रेज़ी के रोमांटिक कवियों ने पुराने दरबारी साहित्यशास्त्र का ताना-बाना नष्ट करके अंग्रेज़ी काव्य की आत्मा को मुक्त किया था, उसी तरह आचार्य शुक्ल ने रीतिग्रन्थों के बन्धनों को तोड़कर हिन्दी-साहित्य की आत्मा को मुक्त किया। अन्तर केवल इतना है कि अंग्रेज़ी रीतिग्रन्थों का ताना-बाना बहुत हल्का था और यहाँ के रीतिग्रन्थों का जाल उससे कहीं अधिक जटिल था; उधर अंग्रेज़ी के रोमांटिक कवियों ने अपना आक्रमण बहुधा भाववाद को आधार बनाकर किया था, शुक्लजी ने यह काम मूलतः वस्तुवाद की ठोस धरती से किया।

शुक्लजी ने दिखाया कि नायकों की तरह नायिकाओं के भेद गिनाकर साहित्य में नारी चरित्र के साथ खिलवाड़ किया गया। मौलिकता का ह्रास हुआ। लीक पीटने वालों की संख्या बढ़ती गयी। कविता खुशामद और दिल बहलाव की चीज़ हो गयी। शुक्लजी ने अपने साहित्य-सिद्धान्त हवा में नहीं बनाये, न वे सिद्धान्त केवल निषेधात्मक हैं। उन्होंने भारतवर्ष के चार महाकवियों—वाल्मीकि, कालिदास, भवभूति और तुलसीदास—को अपना आदर्श और आधार बनाया। इनके प्रकृति वर्णन को, इनकी लोक-हृदय में लीन होने की दशा को अपनी कसौटी मानकर वह हिन्दी-संस्कृत के आचार्यों के अवैज्ञानिक सिद्धान्तों और अस्वाभाविक कृतियों की आलोचना करते हैं। साहित्य में सदियों से प्रतिष्ठित शृंगाररस को एक कोने में ठेलते हुए उन्होने 'भावमूर्ति भवभूति' के महामन्त्र 'एको रसः करुण एव' का फिर पाठ किया। भवभूति का जन्म ऐसे समय में हुआ था जब देश में चारों ओर दरबारी साहित्य का बोलबाला था। इसलिए उस महाकवि ने क्षुब्ध होकर कहा था—"जो मेरे काव्य की उपेक्षा करते हैं, करें; वे भी कुछ जानते होंगे, लेकिन उनके लिए मैंने यह नहीं लिखा; काल अनन्त है, पृथ्वी विशाल है, मेरा भी कोई समानधर्मा कहीं होगा या आगे पैदा होगा।"

आलोचना के क्षेत्र में भवभूति के समानधर्मा आचार्य शुक्ल हैं, जैसे काव्य में उनके समानधर्मा महाकवि निराला हैं। शुक्लजी ने साहित्य में वाल्मीकि और भवभूति की परम्परा को फिर जगाया। उन्होंने मंगल का विधान करने वाले दो भाव ठहराये—करुणा और प्रेम। इनमें भी भारतीय महाकाव्यों को देखते हुए करुणा को ही उन्होंने बीजभाव माना। प्रेम की अपेक्षा उन्होंने करुणा को और व्यापक बतलाया। जिससे प्रेम हो, उसी के लिए करुणा जागे, यह आवश्यक नहीं है। करुणा प्रेम से स्वतन्त्र है। "हमारे यहाँ के कवियों ने लोक-रक्षा के विधान में करुणा को ही बीजभाव रखा है।" (रस-मीमांसा, पृ. 79)। शुक्लजी की करुणा निष्क्रिय करुणा नहीं। करुणा के विरोधी भावक्रोध से वह उसका समन्वय करते हैं। यह क्रोध व्यक्तिगत हो तो त्याज्य है। जो क्रोध लोक-रक्षा के लिए किया जाय, वह उचित और आवश्यक है। वह कहते हैं, "क्षमा जहाँ से श्रीहत हो जाती है वहीं से क्रोध में सौन्दर्य का आरम्भ होता है!" (चिन्तामणि, पहला भाग, पृ. 137)। शिशुपालवध के लिए उद्यत कृष्ण और रावण वध के लिए उद्यत राम की मूर्तियों का स्मरण करके वह सक्रिय प्रतिरोध के लिए ललकारते हैं। वाल्मीकि, व्यास, तुलसीदास आदि महाकवियों की इस सच्ची मानवतावादी परम्परा के आधार पर उन्होंने रीतिग्रन्थों में प्रतिपादित करुणा का टाट उलट दिया। करुणा का नाम पुराना है, शुक्लजी ने उसे एक नये अर्थ से दीप्त कर दिया है।

इसी तरह शुक्लजी ने वीर रंस के स्थायी भाव उत्साह का क्षेत्र भी व्यापक कर दिया है। वैज्ञानिक अनुसन्धान, अगम स्थानों की यात्रा, कुरीतियों के विरोध आदि में उन्होंने उत्साह की व्यापकता दिखाकर उसे सामन्ती युद्धों के तथाकथित वीर रस की परिधि से बाहर निकाल लिया है। कर्ममय जीवन में उसका सर्वत्र प्रसार दिखाकर वह कहते हैं, "कर्ममात्र के सम्पादन में जो तत्परतापूर्ण आनन्द देखा जाता है वह भी उत्साह ही कहा जाता है।" (उप., पृ. 9)। इस तरह शुक्लजी ने आनन्दमय क्रियाओं से उत्साह का सम्बन्ध जोड़कर रीतिग्रन्थों के उत्साह का रूप बदल दिया है। हास्य रस में आलस्य और निद्रा को जो संचारी भाव कहा गया था, उसे शुक्लजी की जिन्दादिली स्वीकार न कर सकी। "आलस्य के वर्णन को किसी भाव का संचारी मानना मेरी समझ में ठीक नहीं।" (रस-मीमांसा, पृ. 225)

शुक्लजी ने स्थायी भावों की जो नयी व्याख्या की है, उसका कारण वही नव-जीवन और स्वभाव की विविधता है, उनकी व्याख्या का आधार वही यथार्थ जीवन का प्रेम है। इसी कारण अलंकारवादियों से उनकी नहीं पटती। अलंकार वर्णन की प्रणालियाँ हैं, वर्ण्य विषय नहीं (उप., पृ. 50)। काव्य में उन्हें प्रधानता

नहीं दी जा सकती। जो 'अलंकार' वर्ण्य वस्तु का निर्देश करें, उन्हें अलंकार मानने से उन्होंने इनकार किया। उन्होंने अलंकारों की यह व्याख्या की है : "भावों का उत्कर्ष दिखाने और वस्तुओं के रूप, गुण और क्रिया का अधिकाधिक तीव्र अनुभव कराने में कभी-कभी सहायक होने वाली युक्ति ही अलंकार है।" (उप., पृ. 358)। अलंकारों का प्रयोग कैसे होना चाहिए, इसकी मिसालें उन्होंने कालिदास आदि कवियों से दी हैं। अलंकारों को प्रधानता देने पर किस तरह के चमत्कारवाद का जन्म होता है, उसकी मिसालें उन्होंने रीतिकालीन कवियों से दी हैं। बात कहने के लिए बात कहना, उक्ति-चमत्कार दिखाना, अलंकारों के प्रयोग से लोगों की वाहवाही लूटना शुक्लजी को असह्य है। वह हिन्दी के साथ फ़ारसी, उर्दू और अंग्रेज़ी में भी इस चमत्कारवाद का विरोध करते हैं। प्रकृति-वर्णन में रीतिकालीन कवियों ने जो प्रकृति को उद्दीपन मात्र बनाकर संकीर्णता दिखाई थी, उसकी तीव्र आलोचना शुक्लजी ने विस्तार से की है और वाल्मीकि और भवभूति के प्रकृति-वर्णन को आदर्श रूप में पेश किया है।

शुक्लजी ने अलंकारों को प्रधानता देने वाले शास्त्र पर और चमत्कारों और उक्ति-सौन्दर्य के काव्य पर जो प्रहार किये हैं, वह नये भारत के सांस्कृतिक आन्दोलन का एक महत्त्वपूर्ण अंग है। सदियों से सामन्त वर्ग ने साहित्य को अपने मनोरंजन का साधन बना रखा था, साहित्यकारों को अपना क्रीतदास कर रखा था। मध्यकाल के सन्तकवियों ने इस सामन्ती चाकरी के विरोध में लोक-साहित्य की नींव डाली थी। शुक्लजी ने नये भारत की संस्कृति के उत्थान के लिए सन्त कवियों के जनवादी तत्त्व लिये, उनसे पहले के संस्कृत कवियों से करुणा और सक्रिय प्रतिरोध के भाव लिये। उर्दू, हिन्दी और अंग्रेज़ी, तीनों ही में चमत्कारवाद, शुद्ध कलावाद का विरोध करके और साहित्य की लौकिकता का प्रतिपादन करके उन्होंने भारतीय संस्कृति के जनवादी रूप को प्रतिष्ठित करने में योग दिया। शुक्लजी का दृष्टिकोण सामन्तविरोधी है, इसीलिए वह असहिष्णु हैं। उनकी आलोचना सामन्ती संस्कृति के प्रेमियों के लिए ललकार है। वह जनता का पक्ष लेकर एक नयी संस्कृति के लिए लड़ने वाली आलोचना है। साहित्य में तटस्थता, जनता के प्रति उदासीनता, शुद्ध कला और शुद्ध कल्पना के हामियों को शुक्लजी का यह लड़ाकू रूप पसन्द नहीं। लेकिन इसीलिए वह हमारे साहित्यिक विकास के लिए इतना महत्त्वपूर्ण है।

शुक्लजी ने यही न देखा था कि उनके समय का सामन्ती वर्ग निकम्मा है, उन्होंने यह भी देखा था कि कई सौ वर्ष पहले अपनी ऐतिहासिक भूमिका पूरी

करके यह वर्ग कभी का जर्जर हो चुका था। यह वर्ग देशरक्षा और वीरत्व का ठेका लेता था लेकिन देश की रक्षा करने में असमर्थ रहा था। राजा भोज के बारे में उन्होंने लिखा है : "भोज ऐसे राजा बात बनाने वाले खुशामदियों को कवि कहकर लाखों का पुरस्कार देने लगे। उसी भोज की तारीफों के पुल बाँधने वाले—उसके प्रताप को सूर्य से भी बढ़कर बताने वाले—चारों ओर से आते थे जिसके सामने ही विदेशी इस देश में आकर भारतीयों की इतनी दुर्दशा करने लगे थे।" (रस-मीमांसा, पृ. 99)। रीतिकालीन कवि सामन्तों के हाथ किस तरह बिक गये थे, उसका व्यंग्यपूर्ण चित्र खींचते हुए शुक्लजी ने लिखा है—

"हिन्दी के रीतिकाल के कवि तो मानो राजाओं के यहाँ वासना उत्तेजित करने के लिए ही रखे जाते थे! एक प्रकार के कविराज तो रईसों के मुँह में मकरध्वज का रस झोंकते थे, दूसरे प्रकार के कविराज कान में मकरध्वज की पिचकारी देते थे। पीछे से तो ग्रीष्मोपचार आदि के नुस्खे भी कवि लोग तैयार करने लगे।" (उप., पृ. 28)। शुक्लजी का व्यंग्य तिलमिला देने वाला है क्योंकि उनका दृष्टिकोण राजा-रईसों के प्रति सहानुभूति पर निर्भर नहीं है। वह सामन्ती वर्ग के निठल्लेपन और उसके चाटुकार साहित्यिक वर्ग की मकरध्वजवादी वास्तविकता प्रकट कर देता है।

सामन्तों के हाथों कविता की जो दुर्दशा हुई है, उसके बारे में शुक्लजी क्रोध के साथ लिखते हैं—

"कविता पर अत्याचार भी बहुत कुछ हुआ है। लोभियों, स्वार्थियों और खुशामदियों ने उसका गला दबाकर कहीं अपात्रों की आसमान पर चढ़ाने वाली स्तुति करायी है, कहीं द्रव्य न देने वालों की निन्दा। ऐसी तुच्छ वृत्ति वालों का अपवित्र हृदय कविता के निवास के योग्य नहीं।" (रस-मीमांसा, पृ. 53)

इस तरह वर्ग शब्द का प्रयोग न करके भी शुक्लजी ने बहुत अच्छी तरह रीतिकालीन साहित्य का वर्ग-आधार स्पष्ट कर दिया है। वर्गों से परे उन्होंने शुद्ध कलावाद के आधार पर इस साहित्य का सौन्दर्य निरूपण नहीं किया। यही बात शुद्ध कलावादियों के लिए एकांगी समाजशास्त्रीय दृष्टिकोण है।

शुक्लजी सामन्ती संस्कृति के ही विरुद्ध नहीं हैं, वे यूरोप की बर्जर साम्राज्य-वादी संस्कृति का भी विरोध करते हैं। मध्यकालीन आक्रमणकारियों से यूरोप के व्यापारियों की तुलना करते हुए शुक्लजी ने लिखा है : "पुरानी चढ़ाइयों की लूट-पाट का सिलसिला आक्रमणकाल तक ही, जो बहुत दीर्घ नहीं हुआ करता था, रहता था। पर यूरोप के अर्थोन्मादियों ने ऐसी गूढ़, जटिल और स्थायी

प्रणालियाँ प्रतिष्ठित कीं जिनके द्वारा भूमण्डल की न जाने कितनी जनता का रक्त चुसता चला जा रहा है—न जाने कितने देश चलते-फिरते कंकालों के कारागार हो रहे हैं।" (चिन्तामणि, पहला भाग, पृ. 126)

निःसन्देह आचार्य शुक्ल का हृदय साम्राज्यवादी उत्पीड़न से व्यथित था। इस उत्पीड़न के प्रति वह तटस्थ नहीं थे। प्रेमचन्द के साथ उन्होंने बिना किसी दुविधा के उसकी निन्दा की, उसका जघन्य राक्षसी रूप जनता के सामने प्रकट किया। कांग्रेसी नेता रूस के साम्राज्य-विरोधी साहित्य को सोद्देश्य (टेन्डेंशस) कहकर रेलवे स्टालों से उसका बहिष्कार करा रहे हैं। उन्हें चाहिए कि शुक्लजी की आलोचना से भी ऐसे तमाम सोद्देश्य स्थल निकाल दें क्योंकि उनसे लोगों को याद आयेगा कि भारत आज भी कंकालों का कारागार है और इसका कारण कांग्रेस-राज है, कांग्रेसी नेताओं को उन्हीं व्यापारियों से प्रीति है, जिनकी आचार्य शुक्ल ने रोषपूर्ण शब्दों में निन्दा की थी।

शुक्लजी ने साम्राज्यवादी उत्पीड़न का ही विरोध नहीं किया, उन्होंने पश्चिमी देशों की संस्कृति के मूल सूत्र व्यक्तिवाद को भी पकड़ा और दिखाया कि किस तरह बीसवीं सदी में वह पतन की सीमा तक पहुँच गया है। उन्होंने इसकी शुरुआत रिनैसैंस काल से ही—यानी पूँजीवाद के अभ्युदय काल से ही—दिखलायी है। रोमांटिक आन्दोलन के बाद यानी उन्नीसवीं सदी के उत्तरार्द्ध में यह व्यक्तिवाद की प्रवृत्ति कितनी विकृत हो गयी और साहित्य के साथ कैसा खिलवाड़ करने लगी, यह उन्होंने इन्दौर वाले भाषण में विस्तार के साथ दिखाया है। इस तरह उन्होंने अंग्रेज़ी साहित्य की भोंड़ी और प्रगतिविरोधी प्रवृत्तियों की ओर से हिन्दी-प्रेमियों और लेखकों को सावधान किया है। उन्होंने यूरोप के अबुद्धिवादियों का मजाक बनाया है जो समझते हैं कि अच्छे काव्य न बनने का कारण बुद्धि का बढ़ जाना है।

इस तरह के अबुद्धिवादी हिन्दी-साहित्य में भी हैं। पश्चिमी साहित्य के निराशावादियों से हमें सावधान करते हुए शुक्लजी कहते हैं, "वर्तमान अंग्रेज़ी साहित्य क्षेत्र में उनके नैराश्य में योग देने वाले हैं मि. हाज़मन और इलियट। ये लोग केवल समय-समय पर अपनी कुढ़न और बौखलाहट भर प्रकट कर देते हैं।" (चिन्तामणि, दूसरा भाग, पृ. 227)

शुक्लजी की चेतावनी कितनी सामयिक थी, यह इधर के नये कवियों और कुछ पुराने लेखकों पर इलियट के प्रभाव को देखकर समझा जा सकता है।

अज्ञेय और नये प्रयोगवादी कवियों की विषय-वस्तु उनकी कुढ़न और बौखलाहट ही व्यक्त करती है। कविता के रूप को विकृत करने में तो ये सब इलियट के भी गुरु हैं।

शुक्लजी को अंग्रेज़ी से चिढ़ न थी। अंग्रेज़ी साहित्य की हर बात का विरोध करना प्रतिक्रियावाद की निशानी है। आलोचना में शुक्लजी को रिचर्ड्स का सिद्धान्त पसन्द था कि साहित्य की अनुभूति और प्रत्यक्ष जगत् की अनुभूतियों में मौलिक अन्तर नहीं है। लेकिन उन्होंने रिचर्ड्स के सिद्धान्तों का—जो पूँजीवादी मनोविज्ञान से प्रभावित हैं—समर्थन नहीं किया। यह देखकर प्रसन्नता होती है कि शुक्लजी ने पश्चिमी आलोचकों द्वारा प्रतिपादित शेक्सपियर की तटस्थता और निरपेक्षता का खण्डन किया है। वाट्स डण्टन का हवाला देते हुए उन्होंने कहा है कि हम हैमलेट के बहुत से भाषणों को अपनाते हैं जिसका अर्थ है कि उनमें शेक्सपियर की ही भावनाएँ प्रकट हुई हैं (रस-मीमांसा, पृ. 318)। शेली के लिए उन्होंने लिखा है : "अंग्रेज़ कवि शेली संसार में फैले पाखण्ड, अन्याय और अत्याचार के दमन तथा मनुष्य-मनुष्य के बीच सीधे सरल प्रेमभाव के सार्वभौम संसार का स्वप्न देखने वाले कवि थे।" (उप., पृ. 60)। इससे यह भी पता चलता है कि शुक्लजी को अंग्रेज़ी कविता में किस तरह के भाव विशेष प्रिय थे। वर्ड्सवर्थ की भी उन्होंने प्रशंसा की है।

शुक्लजी ने भारतीय सामन्तवाद और यूरोपीय पूँजीवाद की सांस्कृतिक धाराओं का जहाँ खण्डन किया है, वहीं उन्होंने भारतीय पूँजीवाद की मूल सांस्कृतिक स्थापना—निष्क्रिय प्रतिरोध—का भी खण्डन किया है। पूँजीवादी नेता और लेखक गांधीवाद की भारतीयता का डंका बहुत पीटते हैं लेकिन गांधीवाद की मुख्य स्थापना—निष्क्रिय प्रतिरोध—रूसी लेखक टॉल्सटॉय की देन है। यह स्थापना जनता के क्रान्तिकारी विरोध को रोकने में और साम्राज्यवाद से समझौता करने के काम आती है, इसलिए पूंजीवादी नेता और लेखक उसके विदेशी होने की बात नहीं करते। फिर भी गांधीजी ने अपने विरोध-प्रदर्शन का ढंग टॉल्सटॉय से लिया था, यह उन्हीं की कृतियों से स्पष्ट है। वाल्मीकि, व्यास और तुलसीदास ने अपने चरितनायकों को हमेशा अन्यायी और अत्याचारी का सक्रिय विरोध करते हुए, उसका नाश करते हुए दिखाया। उस परम्परा के उपासक शुक्लजी निष्क्रिय प्रतिरोध का समर्थन कैसे करते? भारतीयता के गांधीवादी ठेकेदार शुक्लजी के इन शब्दों पर ध्यान दें—

"कर्म-सौन्दर्य के जिस स्वरूप पर मुग्ध होना मनुष्य के लिए स्वाभाविक है और जिसका विधान कवि-परम्परा बराबर करती चली आ रही है, उसके प्रति उपेक्षा प्रकट करके और कर्म-सौन्दर्य के एक-दूसरे पक्ष में ही—केवल प्रेम और भ्रातृभाव के प्रदर्शन और आचरण में ही—काव्य का उत्कर्ष मानने का जो एक नया फैशन टॉलस्टॉय के समय से चला है वह एकदेशीय है। दीन और असहाय जनता को निरन्तर पीड़ा पहुँचाते चले जाने वाले क्रूर आततायियों को उपदेश देने, उनसे दया की भिक्षा माँगने और प्रेम जताने तथा उनकी सेवा-शुश्रूषा करने में ही कर्तव्य की सीमा नहीं मानी जा सकती, कर्मक्षेत्र का एकमात्र सौन्दर्य नहीं कहा जा सकता। मनुष्य के शरीर के जैसे दक्षिण और वाम दो पक्ष हैं वैसे ही उसके हृदय के भी कोमल और कठोर, मधुर और तीक्ष्ण दो पक्ष हैं और बराबर रहेंगे। काव्यकला की पूरी रमणीयता इन दोनों के समन्वय के बीच मंगल या सौन्दर्य के विकास में दिखाई पड़ती है।" (रस-मीमांसा, पृ. 64-65)

लोक के प्रति करुणा से प्रेरित होकर रावण पर चढ़ाई करने वाले राम के 'कालाग्निसदृश क्रोध' का उल्लेख करने के बाद शुक्लजी आगे कहते हैं : 'काव्य का उत्कर्ष केवल प्रेमभाव की कोमल व्यंजना में नहीं माना जा सकता जैसा कि टॉलस्टॉय के अनुयायी या कुछ कलावादी कहते हैं। क्रोध आदि उग्र और प्रचण्ड भावों के विधान में भी, यदि उनकी तह में करुण भाव अव्यक्त रूप में स्थित हो, पूर्ण सौन्दर्य का साक्षात्कार होता है।" (उप., पृ. 68)

शेली के काव्य 'दि रिवोल्ट ऑफ़ इस्लाम' का हवाला देते हुए शुक्लजी इसी प्रसंग में कहते हैं : "स्वतन्त्रता के उन्मत्त उपासक, घोर परिवर्तनवादी शेली के महाकाव्य 'दि रिवोल्ट ऑफ़ इस्लाम' के नायक-नायिका अत्याचारियों के पास जाकर उपदेश देने वाले, गिड़गिड़ाने वाले, अपनी साधुता, सहनशीलता और शान्त वृत्ति का चमत्कारपूर्ण प्रदर्शन करने वाले नहीं हैं। वे उत्साह की उमंग में प्रचण्ड वेग से युद्ध क्षेत्र में बढ़ने वाले, पाखण्ड, लोक-पीड़ा और अत्याचार देख पुनीत क्रोध के सात्त्विक तेज से तमतमाने वाले या स्वार्थवश, आततायियों की सेवा स्वीकार करने वालों के प्रति उपेक्षा प्रकट करने वाले हैं।" (उप., पृ. 68-69)

शुक्लजी के इन वाक्यों से प्रकट होगा कि गांधीवाद राजनीति ही में नहीं, साहित्य के लिए भी कितना हानिकर है! यही कारण है कि निष्क्रिय प्रतिरोध को लेकर हिन्दी में एक अच्छी कविता, एक अच्छी कहानी नहीं लिखी गयी। जहाँ के लोग राम और कृष्ण के उपासक हों, जिन्होंने 1857 में आततायी अंग्रेज़ों के रण-भूमि में छक्के छुड़ा दिये हों, उनमें निष्क्रिय प्रतिरोध की जड़ें कितनी

गहरी होंगी? सर्वश्रेष्ठ गांधीवादी साहित्यकार स्वर्गीया सुभद्राकुमारी चौहान की सबसे लोकप्रिय कविता थी—झाँसी की रानी लक्ष्मीबाई पर!

प्रेम द्वारा पाप का नाश किया जाय, इस धारणा को टॉल्सटॉय के उपदेशों की प्रतिध्वनि बतलाते हुए शुक्लजी ने लिखा है : "विचारने की बात है कि दूसरों की निरन्तर बढ़ती हुई पीड़ा को देख-देख अत्याचारियों की शुश्रूषा और उनके साथ प्रेम का व्यवहार करते चले जाने में अधिक सौन्दर्य का विकास है, कि करुणा से आर्द्र और फिर रोष से प्रज्वलित होकर पीड़ितों और अत्याचारियों के बीच उत्साहपूर्वक खड़े होने तथा अपने ऊपर अत्याचार-पीड़ा सहने और प्राण देने के लिए तत्पर होने में। हम तो करुणा और क्रोध के इसी सामंजस्य में मनुष्य के कर्म-सौन्दर्य की पूर्ण अभिव्यक्ति और काव्य की चरम सफलता मानते हैं।" (चिन्तामणि, दूसरा भाग, पृ. 53)

शुक्लजी ने ये शब्द 'काव्य में रहस्यवाद' नाम के निबन्ध में लिखे थे। बीसवीं सदी के भारतीय रहस्यवाद में वही निष्क्रिय प्रतिरोध-भावना छिपी हुई थी। इसी को अध्यात्मवाद भी कहा जाता था। शुक्लजी ने इस रहस्यवाद का रहस्य प्रकट करके देश सेवा का काम किया था। इसी 'अध्यात्म' को उन्होंने साहित्य-संसार से निकाल देने की बात कही थी। आज भी जनता के बढ़ते हुए असन्तोष से भय खाकर पूँजीवादी लेखक 'रूस' और 'भौतिकवाद' को कोसते हुए इस अध्यात्म का स्मरण करते हैं। यह अध्यात्म और निष्क्रिय प्रतिरोध साम्राज्यवाद और भारत के वर्तमान शासक वर्ग के लिए बहुत ही लाभकारी है। वह साम्राज्यवादी हितों और उससे जुड़े देशी निहित स्वार्थों की रक्षा करने में सहायता करता है। इसीलिए शुक्लजी द्वारा रहस्यवाद और इस अध्यात्म की, टॉल्सटॉय-पन्थ की आलोचना का महत्त्व आज भी कम नहीं हुआ।

शुक्लजी कहते हैं : "जब जीवन प्रवाह क्षीण और अशक्त पड़ने लगता है और गहरी विषमता आने लगती है तब नयी शक्ति का प्रवाह फूट पड़ता है जिसके वेग की उच्छृंखलता के सामने बहुत कुछ ध्वंस भी होता है। पर यह उच्छृंखल वेग जीवन या जगत् का नित्य स्वरूप नहीं है।" (रस-मीमांसा, पृ. 19)

ध्वंस-कार्य कुछ समय के लिए ही आवश्यक होता है। उसे जीवन का नित्य नियम होना ही न चाहिए। लेकिन वह क्यों अनिवार्य हो जाता है, यह शुक्लजी ने बहुत स्पष्ट बता दिया है। ध्वंस जब नये निर्माण के लिए आवश्यक होता है, तब उसकी भीषणता भी सुन्दर होती है। शुक्लजी कहते हैं : "लोक की पीड़ा, बाधा, अन्याय, अत्याचार के बीच दबी हुई आनन्द-ज्योति भीषण शक्ति में परिणत

होकर अपना मार्ग निकालती है और फिर लोक-मंगल और लोकरंजन के रूप में अपना प्रकाश करती है।" (उप., पृ. 56)

शुक्लजी उन्हीं कवियों को पूर्ण कवि मानते हैं जो "पीड़ा, बाधा, अन्याय, अत्याचार आदि के दमन में तत्पर शक्ति के संचरण में भी–उत्साह, क्रोध, करुणा, भय, घृणा इत्यादि की गतिविधि में भी–पूरी रमणीयता देखते हैं।" (उप. पृ. 53)

निश्चय ही शुक्लजी की इस क्रान्तिकारी विरासत की ज्यादा जानकारी होनी चाहिए और तत्परता से उसकी रक्षा होनी चाहिए।

आचार्य रामचन्द्र शुक्ल ने रीतिकालीन साहित्यशास्त्र का विरोध किया, साहित्य को धनीवर्ग का सेवक बनने से रोका, उन्होंने सामन्ती संस्कृति और साम्राज्यवादी उत्पीड़न का सच्चा रूप दिखाया, पश्चिमी व्यक्तिवाद और निराशावाद से बचने की चेतावनी दी, निष्क्रिय प्रतिरोध, टॉल्सटॉय-पन्थ, रहस्यवाद और अध्यात्म की पुकार का रहस्य प्रकट किया और अन्याय और अत्याचार के दमन में सौन्दर्य की प्रतिष्ठा की। इस तरह उन्होंने साहित्यकार को जनता का पक्ष लेना सिखाया और नये साहित्य में अपनी ऐतिहासिक भूमिका पूरी की।

शुक्लजी का दार्शनिक दृष्टिकोण मूलतः वस्तुवादी है। यह जगत् सत्य है। शुक्लजी ने संसार को कहीं भी मिथ्या नहीं कहा। वह उसे रूप-समुद्र कहते हैं। मनुष्य को अपनी सत्ता का ज्ञान भी लौकिक जीवन से होता है। इस तरह ज्ञान का आधार अलौकिक नहीं है। शुक्लजी उसकी अलौकिकता का खण्डन करते हैं, यह उनके ज्ञान-सम्बन्धी सिद्धान्त का ही परिणाम है। "आत्मबोध और जगद्बोध के बीच ज्ञानियों ने गहरी खाई खोदी, पर हृदय ने कभी उसकी परवाह न की।" (चिन्तामणि, पहला भाग, पृ. 213)। प्रसादजी की तरह शुक्लजी भी चेतना और प्रकृति में मौलिक भेद नहीं करते। प्रसादजी ने लिखा था : "एक तत्त्व ही की प्रधानता, कहो उसे जड़ या चेतन।" शुक्लजी के लिए सत्ता एक है। "सम्पूर्ण सत्ता, क्या भौतिक क्या आध्यात्मिक, एक ही परम सत्ता या परम भाव के अन्तर्गत है।" (रस-मीमांसा, पृ. 118-119)

फिर भी शुक्लजी का दृष्टिकोण सुसंगत रूप से भौतिकवादी नहीं है। वह यह स्पष्ट नहीं कहते कि विश्व की एकता उसकी भौतिकता में है। वह एक ओर संसार की भौतिकता पर जोर देते हैं और ज्ञान को भौतिक जीवन से ही उत्पन्न मानते हैं; दूसरी ओर वह विश्व आत्मा और भौतिक जगत् में व्यक्त होने वाले ब्रह्म की बात भी करते हैं। उनके विचारों में यह एक असंगति है। फिर भी विश्व-आत्मवाद उनके साहित्यशास्त्र की मूलधारा नहीं है, यह निश्चयपूर्वक

कहा जा सकता है। इसीलिए उनके दार्शनिक दृष्टिकोण को मूलतः वस्तुवादी कहना उचित है।

शुक्लजी की तर्क-पद्धति द्वन्द्वात्मक है। वह वस्तुओं और विचारों की गतिशीलता पर जोर देते हैं, पदार्थों के लिए वह बहुधा 'व्यापार' (प्रोसेस) शब्द का प्रयोग इसीलिए करते हैं। सौन्दर्य और मंगल को वह गत्यात्मक कहते हैं और यह सिद्धान्त सामने रखते हैं कि "गति की यही नित्यता जगत् की नित्यता है।" (चिन्तामणि, दूसरा भाग, पृ. 58)

शुक्लजी की द्वन्द्व-पद्धति विरोधी वस्तुओं की एकता तुरन्त पहचान लेती है। चिन्तामणि (पहला भाग) का पहला वाक्य ही यह है : "अनुभूति के द्वन्द्व ही से प्राणी के जीवन का आरम्भ होता है।"

इस मूल अनुभूति में सुख और दुख जुड़े रहते हैं। भावों की विवेचना में करुणा और क्रोध, भीषणता और माधुर्य आदि का संयोग दिखाने में उन्हें कठिनाई नहीं होती। वह जड़वादी तर्कशास्त्रियों की तरह यह नहीं कहते कि राम ने रावण पर शस्त्र उठाया, इसीलिए हिंसा हो गयी; वह राम के सात्विक क्रोध के मूल में लोक-रंजन की कामना का उद्घाटन करते हैं। साहित्य में केवल असाधारणता की खोज को निंद्य ठहराते हुए वह साधारण और असाधारण की एकता दिखाते हैं। "साधारण के बीच में ही असाधारण की अभिव्यक्ति हो सकती है।" (रस-मीमांसा, पृ. 103)

शुक्लजी सामन्ती समाज व्यवस्था के समर्थक नहीं हैं। राजाओं के हाथों काव्य की जो दुर्दशा हुई, उसे उन्होंने उभारकर जनता के सामने रखा। वह भक्ति-आन्दोलन के प्रबल समर्थक थे लेकिन उन्होंने साहित्य में दासभाव का समर्थन नहीं किया। वर्णों के हिसाब से मानव-धर्म लिया जाय तो वह क्षात्र-धर्म के समर्थक हैं। "कर्म-सौन्दर्य की योजना क्षात्र-जीवन में जितने रूपों में सम्भव है, उतने रूपों में और किसी जीवन में नहीं।...मनुष्य की सम्पूर्ण रागात्मिका वृत्तियों को उत्कर्ष पर ले जाने और विशुद्ध करने की सामर्थ्य उसमें है।" (चिन्तामणि, पहला भाग, पृ. 43)

वह काव्य के भावयोग और लौकिक जीवन के कर्मयोग की एकता मानते हैं, इसलिए निठल्ले, अवकाशभोगी, पैसा कमाऊ वर्गों के लिए वह कविता की आवश्यकता नहीं समझते। ऐसे लोग कविता को व्यर्थ का व्यापार समझते हैं। "अर्थागम से हृष्ट, 'स्वकार्यं साधयेत्' के अनुयायी काशी के ज्योतिषी और कर्म- काण्डी, कानपुर के बनिये और दलाल, कचहरियों के अमले और मुख्तार,

ऐसों को (कवियों को) कार्य-भ्रंशकारी मूर्ख, निरे निठल्ले या खप्त-उल हवास समझ सकते हैं। "(रस-मीमांसा, पृ. 22)

इससे स्पष्ट है कि शुक्लजी का सामाजिक दृष्टिकोण धनीवर्ग के हितों को देखकर नहीं बना, उसका आधार साधारण जनता का जीवन है। धनीवर्ग के देश- प्रेम का मखौल उड़ाते हुए शुक्लजी कहते हैं : "देशप्रेम की दुहाई देने वालों में से कितने अपने किसी थके-माँदे भाई के फटे-पुराने कपड़ों पर रीझकर—या कम-से-कम न खीझकर—बिना मन मैला किये कमरे की फर्श भी मैली होने देंगे? मोटे आदमियो! तुम जरा-सा दुबले हो जाते—अपने अन्देशों से ही—तो न जाने कितनी ठठरियों पर मांस चढ़ जाता।" (उप, पृ. 153)। भारतीयता के ठेकेदार बनने वाले कांग्रेसी नेता इन शब्दों की सच्चाई आज भी सिद्ध कर रहे हैं।

शुक्लजी हिन्दू-मुसलमानों की कट्टरता के विरोधी थे। इन दोनों की धार्मिक कट्टरता का विरोध करने के कारण ही उन्होंने लिखा था : "सौ वर्ष पहले कबीरदास हिन्दू और मुसलमान दोनों के कट्टरपन को फटकार चुके थे। पण्डितों और मुल्लाओं की तो नहीं कह सकते, पर साधारण जनता 'राम और रहीम' की एकता मान चुकी थी।"

शुक्लजी देशभक्त लेखक थे, वह साहित्य में देशभक्ति के हामी थे। उन्होंने देश के मनुष्यों और उसकी प्रकृति को देखने, जानने-पहचानने और प्यार करने पर जोर दिया था। अंग्रेज़ी में जिसे कौस्मोपालिटनिज्म कहा जाता है, यानी हम तो विश्व नागरिक हैं, हमें देशप्रेम और राष्ट्रीय स्वाधीनता से क्या मतलब, उसका शुक्लजी ने विरोध किया है। यह विश्ववाद साम्राज्यवादियों के प्रभुत्व का साधन है। जनता की देशभक्ति, अपनी जातीय संस्कृति से उसका प्रेम उनके साम्राज्यवादी प्रभुत्व में बाधक होता है इसलिए वे विश्ववाद का प्रचार करते हैं। शुक्लजी ने लिखा था—

"इसी देशबद्ध मनुष्यत्व के अनुभव से सच्ची देशभक्ति या देशप्रेम की स्थापना होती है। जो हृदय संसार की जातियों के बीच अपनी जाति की स्वतन्त्र सत्ता को अनुभव नहीं कर सकता वह देशप्रेम का दावा नहीं कर सकता।" (रस-मीमांसा, पृ. 151)

देशभक्ति, जातीयता और जनहित के आधार पर बना हुआ शुक्लजी का दृष्टिकोण साहित्य के कलात्मक सौन्दर्य का पूरा हामी है। "सुन्दर और कुरूप-काव्य में बस ये ही दो पक्ष हैं।" (उप., पृ. 32)। मंगल को वह सुन्दर का ही दूसरा रूप

मानते हैं। अमंगल, असुन्दर ही हो सकता है, सुन्दर नहीं। "कविता में कही गयी बात चित्र रूप में हमारे सामने आती है", कलात्मक सौन्दर्य का आधार साहित्य की यही मूर्तिमत्ता है (उप, पृ. 41)। इसी कारण वह उक्तिचातुरी को ही काव्य नहीं मानते। "काव्य में अर्थग्रहण मात्र से काम नहीं चलता, बिम्बग्रहण अपेक्षित होता है।" (उप., पृ. 167)। इसी आधार पर अंग्रेज़ी के अनेक पतनशील कवियों की उन्होंने तीखी आलोचना की है जो मौलिकता की खोज में कलात्मक सौन्दर्य के मूल नियम की अवहेलना करते थे। रहस्यवादी कविताओं में मूर्ति की अस्पष्टता के लिए उन्होंने अनेक हिन्दी कवियों की भी आलोचना की है। प्राचीन कवियों के चित्र-सौन्दर्य के लिए उन्होंने उनकी प्रशंसा की। "काव्य में बिम्ब-स्थापना (इमेजरी) प्रधान वस्तु है। वाल्मीकि, कालिदास आदि प्राचीन कवियों में यह पूर्णता को प्राप्त है।" (उप., पृ. 358)। जो लोग शुक्लजी के दृष्टिकोण को एकांगी समाजशास्त्रीय कहते हैं, वे वास्तव में किसी और तरह का सौन्दर्य चाहते हैं।

शुक्लजी कलात्मक सौन्दर्य के हामी हैं, इसलिए वह उपदेश देने के विरुद्ध हैं। सूर और तुलसी को कवि न मानकर धर्मोपदेशक मानने वालों से वह कहते हैं : "सूर और तुलसी को हमें उपदेशक के रूप में न देखना चाहिए। उपदेशवाद या तर्क गोस्वामीजी के अनुसार 'वाक्यज्ञान' मात्र कराते हैं, जिससे जीवकल्याण का लक्ष्य पूरा नहीं होता।" (चिन्तामणि, पहला भाग, पृ. 201)

शुक्लजी के निधन पर निरालाजी ने लिखा था—

> अमानिशा थी समालोचना के अंबर पर
> उदित हुए जब तुम हिन्दी के दिव्य कलाधर।

चन्द्रमा की चौदह कलाएँ कैसे एक के बाद एक आयीं और चन्द्र को पूर्णता देती गयीं, इसका वर्णन करते हुए निरालाजी ने कहा है कि द्वितीया आयी—"किन्तु निशाचर सन्ध्या के अन्तर में दहले।" वास्तविकता भी यही है कि निशाचरों ने उन्हें न तो तब क्षमा किया और न अब। शुक्लजी सामन्ती साहित्यशास्त्र का टाट उलटकर हिन्दी का अपना मौलिक शास्त्र रच रहे थे। फिर निहित स्वार्थों के चाकर उनका यह कार्य कैसे सहन करते? आज भी एक वर्ग उनके सिद्धान्तों और साहित्य की आलोचना के बारे में जनता में भ्रम फैलाता है। शुक्लजी ने जो कुछ लिखा, वह उनके गहरे अध्ययन और चिन्तन का परिणाम था। उनके हृदय में जनता और देश के लिए अगाध प्रेम था, इसीलिए वह नये सिरे से

और निर्भीक होकर साहित्य का मूल्यांकन कर सके, नये सिद्धान्त स्थिर कर सके। आज उनके वस्तुवादी दृष्टिकोण, द्वन्द्वात्मक तर्क-पद्धति, वाल्मीकि-भवभूति-तुलसीदास के मूल्यांकन और काव्य में कलात्मक सौन्दर्य के महत्त्व के सिद्धान्त को आत्मसात् करके ही हिन्दी आलोचना और हिन्दी साहित्य आगे बढ़ सकते हैं। आजकल शाश्वत साहित्य रचने, देश की समस्याओं को भुलाकर निर्लिप्त भाव से सौन्दर्य या अध्यात्म की उपासना करने की बात अक्सर सुनने को मिलती है। शुक्लजी सामाजिक प्रश्नों की ओर साहित्यकारों की उदासीनता का घोर विरोध करते हैं। "जाने दो, हमसे क्या मतलब; चलो अपना काम देखें। यह महाभयानक रोग है। इससे मनुष्य आधा मर जाता है।" (रस-मीमांसा, पृ. 24)। साहित्य में तटस्थता की बात करने वाले ऐसे ही अर्धमृत लोग हैं। शुक्लजी साहित्य से राजनीति को बाहर रखने की बात नहीं करते। राजनीति बाहर न रखी जाय, साहित्य में वह आये, लेकिन साहित्य के अपने गुणों की रक्षा करते हुए।

राजनीति और साहित्य के सम्बन्ध पर शुक्लजी के ये वाक्य मनन करने योग्य हैं—

"यदि किसी जन समुदाय के बीच कहा जाय कि अमुक देश तुम्हारा इतना रुपया प्रति वर्ष उठा ले जाता है तो सम्भव है कि उस पर कुछ प्रभाव न पड़े। पर यदि दारिद्र्य और अकाल का भीषण और करुण दृश्य दिखाया जाय, पेट की ज्वाला से जले हुए कंकाल कल्पना के सम्मुख रखे जायें और भूख से तड़पते हुए बालक के पास बैठी हुई माता का आर्त क्रन्दन सुनाया जाय तो बहुत से लोग क्रोध और करुणा से व्याकुल हो उठेंगे और इस दशा को दूर करने का यदि उपाय नहीं तो संकल्प अवश्य करेंगे। पहले ढंग की बात कहना राजनीतिज्ञ या अर्थशास्त्री का काम है और पिछले प्रकार का दृश्य भावना में लाना कवि का।" (उप., पृ. 22)

हिन्दी में अब जनता के वास्तविक जीवन को प्रतिबिम्बित करने वाला उसकी आशाओं और संघर्षों को मूर्त रूप देने वाला साहित्य अधिकाधिक रचा जा रहा है। यही कारण है कि कुछ लोग शुक्लजी की विरासत मिटाने पर तुल गये हैं क्योंकि वह विरासत नये साहित्य के निर्माण के लिए निरन्तर प्रेरणा देती है। इन्दौर वाला भाषण समाप्त करते हुए शुक्लजी ने उन दिनों का स्मरण किया था जब 'थोड़े-से लोग किसी भव्य भविष्य की आशा बाँधे हिन्दी-सेवा कर रहे थे।'

हिन्दी ने जितनी प्रगति की थी, उस पर बधाई देते हुए उन्होंने और भी उज्ज्वल भविष्य के लिए बढ़ने का आह्वान करते हुए कहा था–

"जिन आँखों से मैंने इतना देखा उन्हीं से अब अपने हिन्दी साहित्य को, विश्व की नित्य और अखण्ड विभूति से शक्ति, सौन्दर्य और मंगल का प्रभूत संचय करके एक स्वतन्त्र 'नवनिधि' के रूप में प्रतिष्ठित देखना चाहता हूँ।"

निःसन्देह जनवादी और स्वाधीन भारत में सुखी और शिक्षित जनता के समृद्ध जीवन के आधार पर नये जन-साहित्य के निर्माण द्वारा आचार्य रामचन्द्र शुक्ल की यह पुनीत मनोकामना पूरी होगी।

श्री रामचन्द्र शुक्ल

—नन्ददुलारे वाजपेयी

पण्डित रामचन्द्र शुक्ल का आगमन हिन्दी के द्विवेदी युग की पूर्ण प्रतिष्ठा का निमित्त हुआ। जिस नीतिवाद, व्यवहारवाद अथवा आदर्शात्मक बुद्धिवाद का द्विवेदी युग प्रतीक है, उसे पराकाष्ठा पर पहुँचा देने का श्रेय शुक्लजी को प्राप्त है। शुक्लजी ने अपनी साहित्यिक आलोचनाओं में तो उन्हें अपनाया ही, उनके लिए एक दार्शनिक नींव भी तैयार की, जिससे हिन्दी में नये युग का प्रवेश हुआ। अपने युग की नैतिक, आदर्शात्मक और बौद्धिक प्रगतियों की पुष्टि के लिए शुक्लजी ने गोस्वामी तुलसीदास के 'रामचरितमानस' और जायसी के 'पद्मावत' को चुना, जो दोनों ही वृहत् ग्रन्थ हैं, जिनमें स्वभावतः बाह्य जीवन की परिस्थितियों का बाहुल्य है, जिन्हें आवश्यकतानुसार शुक्लजी अपने उपयोग में लाये हैं। इसके अतिरिक्त शुक्लजी ने हिन्दी के दूसरे महाकवि सूरदास को भी अपनी काव्य मीमांसा के लिए चुना और उनके काव्य को अपने नीतिमूलक आदर्शवादी विचारों के साँचे में ढालना चाहा, किन्तु इस कार्य में उन्हें आंशिक सफलता ही मिल सकी है। इसका कारण स्पष्ट ही यह है कि सूरदास जी न तो कोई कथाकार हैं, जिनमें बाह्य जीवन का वैविध्य देखने को मिले और न वे द्विवेदी युग की नैतिक या बौद्धिक मर्यादा के कायल हैं—प्रेम के तराने अलापने वाला कवि वैसी किसी मर्यादा का कायल हो भी नहीं सकता—आत्म-समर्पण की मर्यादा तो पूर्ण समर्पण में ही है। इसलिए शुक्लजी ने वहाँ ऐसी गौण बातों की जिज्ञासा से ही सन्तोष कर लिया है कि गोपीकृष्ण प्रेम के आविर्भाव की परिस्थितियाँ कैसी हैं, महलोंवाला विलासी प्रेम तो उनका नहीं है, आदि-आदि। अवश्य ही यह द्विवेदी युग की दार्शनिकता के अनुकूल है, किन्तु सूरदास जी के संगीत का माधुर्य इन जिज्ञासाओं से

ही व्यक्त नहीं हो सकता, न वह इनका अपेक्षी ही है। उसकी माप तो उसके स्वरों में ही छिपी है और छिपी है वह हमारे संवेदनशील हृदयों में। भावात्मक अथवा रहस्यात्मक काव्य बाहरी दुनिया की अपेक्षा हृदय की टोह पर ही अधिक अवलम्बित है। अवश्य ही यदि हृदय सच्चा है तो बाहरी दुनिया भी उसकी महत्ता स्वीकार करेगी, यद्यपि मूर्त व्यापारों, परिस्थितियों और व्यवहारों में व्यस्त रहने वाली बुद्धि हृदय की गहराई की थाह और उसके निगूढ़ स्रोतों से उत्सर्जित होने वाले स्वच्छ और विशुद्ध जीवनरस का आस्वाद जरा देर से ही पा सकेगी। यही स्थिति शुक्लजी की भी है। वे एक उच्चकोटि के सहृदय और काव्य-मर्मज्ञ हैं, इसमें तो सन्देह नहीं, पर वे अपने युग की बाह्य, आदर्शवादी नीतिमत्ता के हामी होने के कारण व्यवहारों का जो व्यक्त सौन्दर्य देखना चाहते हैं, वह उतनी प्रचुर मात्रा में न तो सूरदास जी में ही मिलता है और न आधुनिक छायावाद या रहस्यवाद के काव्य में ही। यही कारण है कि वे एक ओर गोस्वामी तुलसीदास और उनके 'मानस' महाकाव्य के सामने सूरदास के भाव भरे पदों को स्थान नहीं देते, और दूसरी ओर नवीन समुन्नत गीतिकाव्य के ऊपर ऐसी साधारण प्रबन्ध-रचनाओं को रखना चाहते हैं, जैसे काव्य में 'नूरजहाँ' या 'हल्दीघाटी' अथवा गद्य में 'शेष स्मृतियाँ'। जायसी बेचारे बीच में पड़ गये हैं। एक ओर तो वे प्रबन्ध-कथानक के रचयिता हैं और दूसरी ओर रहस्यवादी। मैं कह सकता हूँ कि शुक्लजी ने उनकी प्रबन्ध-पटुता की जितनी प्रशंसा की है और बाह्य जीवन-व्यापारों का जितना विवरण दिया है, उसके रहस्यवाद की ओर वे उतने आकृष्ट नहीं हैं। कहा नहीं जा सकता कि जायसी के बदले उन्हें कोई मुक्तककार रहस्यवादी सूफी कवि दे दिया जाय तो वे उसकी कितनी कद्र करेंगे। मेरा अपना अनुमान तो यही है कि हाफ़िज, रूमी या शेख़ सादी जैसे बड़े से बड़े कवि उन्हें नहीं जँचेंगे, क्योंकि वे शुक्लजी की बँधी हुई परिपाटी पर नहीं चले हैं। उनकी रुचि और परख में वे पूरे नहीं उतर सकते।

'रामचरितमानस' के जिस व्यापक आदर्श की ओर शुक्ल जी सबसे अधिक आकृष्ट हैं, वह है लोक-धर्म का आदर्श। समाज में सभी व्यक्ति एक-दूसरे के प्रति किसी-न-किसी सम्बन्ध-सूत्र से बँधे हुए हैं। इन समस्त सम्बन्धों का निर्वाह समाज के सुचारु संचालन के लिए अत्यावश्यक है; किन्तु सुचारु संचालन तभी सम्भव है, जब सभी लोग अपने-अपने कर्तव्य को समझें। इन कर्तव्यों की बड़ी ही सुन्दर और आदर्श प्रतिष्ठा रामचरित में पायी जाती है।

दूसरे शब्दों में लोक-धर्म का बड़ा ही उत्कृष्ट निरूपण उक्त काव्य में किया गया है, अवश्य ही वह निरूपण आदर्शात्मक है, क्योंकि उसमें सर्वत्र कर्तव्य-पक्ष की ही प्रधानता है। किसी को अपने अधिकारों का ध्यान नहीं रखना, सबको कर्तव्य का ही पालन करना है। इसी आदर्शात्मक लोक-धर्म में वृत्ति रम गयी है, इस त्यागमय धर्म को ही वे व्यवहार-धर्म मानने लगे हैं।

इस लोक-धर्म की दो विशाल बाहुएँ हैं—सत् की रक्षा और असत् का दलन। साधुओं का परित्राण और दुष्टों का विनाश। गीता में श्रीकृष्ण ने अपने अवतार का प्रयोजन बताया है। शुक्ल जी इन दोनों पक्षों के पूरे हिमायती हैं। मानव-जीवन का सौन्दर्य इन उभय पक्षों के पूर्ण परिपालन में ही है; किन्तु साथ ही हमें यह नहीं भूलना चाहिए कि 'रामचरितमानस' के लोक-धर्म की नींव एकमात्र कर्तव्यनिष्ठा पर ही अवलम्बित है। इसमें अधिकारों और कर्तव्यों का दोहरा पक्ष नहीं है, जैसा कि मैं कह चुका हूँ, व्यक्ति की दृष्टि से वह पूर्ण त्यागमय धर्म है। दार्शनिक शब्दावली में इसे ही अनासक्त कर्मयोग कहते हैं। स्मरण रखना चाहिए कि यह पाश्चात्य व्यावहारिक दर्शन नहीं है, जिसमें कुछ लेकर कुछ देना पड़ता है, यह है भारतीय कर्म योग जिसमें व्यक्ति के लिए पूर्ण स्वार्थ त्याग (सब कुछ देना) और सर्वस्व समर्पण ही धर्म कहलाता है।

'रामचरितमानस' के इस वैयक्तिक त्यागमय पक्ष का जब तक पूर्णतः उद्घाटन नहीं किया जाता, तब तक कर्तव्य पक्ष को उसकी उचित आभा नहीं मिल सकती। शुक्ल जी ने वैराग्यमूलक निष्क्रिय (!) अध्यात्म के मुकाबले में इस क्रियाशील लोक-धर्म की आवाज़ उठायी है, जो सुनने में बड़ी सुहावनी मालूम होती है किन्तु उन्होंने भारतीय लोक-धर्म की त्यागमूलक भित्ति का यथेष्ट विवरण हमारे सामने नहीं रखा। वे एक प्रकार से इसकी उपेक्षा भी कर गये हैं, जिनके कारण भारतीय प्रवृत्ति-मार्ग और विवृत्ति-मार्ग की एक ही भूमि पर खड़ी हुई दार्शनिक शाखाएँ शुक्लजी द्वारा परस्पर विरोधिनी बना दी गयी हैं। स्वार्थ या आसक्ति का त्याग प्रवृत्ति दर्शन के मूल में भी है और निवृत्ति दर्शन के मूल में भी। दोनों का आधार एक ही है, किन्तु शुक्लजी ने आधार के इस ऐक्य की ओर ध्यान न देकर निवृत्ति और प्रवृत्ति, ज्ञान और कर्म, व्यक्तिगत साधना और लोक-धर्म दोनों को एक-दूसरे का विरोधी बना दिया है। अवश्य ही शुक्लजी का यह दार्शनिक विपर्यय भारतीय अध्यात्मशास्त्र के लिए अन्यायपूर्ण हो गया है।

मैं यह नहीं कहता कि प्रवृत्ति और निवृत्ति के मार्गों में कोई अन्तर ही नहीं है और न यही विश्वास दिलाना चाहता हूँ कि निवृत्ति-मूलक अध्यात्म का हमारी राष्ट्रीय अवनति से कोई सम्बन्ध नहीं (यह तो विषय ही उपस्थित नहीं) मेरा कहना इतना ही है कि प्रवृत्ति और निवृत्ति दोनों ही मार्ग पूर्ण व्यक्तिगत त्याग पर अवलम्बित हैं और दोनों का दार्शनिक समन्वय भारतीय धर्म-ग्रन्थों में उपलब्ध है। 'रामचरितमानस' भी भारतीय धार्मिक परम्परा का ग्रन्थ है। इसलिए वह भी प्रवृत्ति और निवृत्ति में कोई तात्त्विक भेद नहीं मानता। यदि शुक्लजी ने इस परम्परा का यथोचित ध्यान रखा होता, तो वे इन दोनों का वैषम्य इतनी कट्टरता के साथ न दिखा पाते। भारतीय धर्म और विशेषकर मध्यकालीन वैष्णव धर्म, ज्ञान, भक्ति और कर्म को एक ही दार्शनिक भूमि पर प्रतिष्ठित करता है, यद्यपि आचार्य गण रुचि वैभिन्य के कारण एक या दूसरे को प्रमुखता अवश्य देते हैं। शुक्लजी ने उनकी दार्शनिक मान्यता को स्पष्ट करने की चेष्टा नहीं की।

इसी का परिणाम यह हुआ कि सारा मध्यकालीन भक्ति-काव्य शुक्लजी द्वारा दो कठघरों में बन्द कर दिया गया है, उन्हें हम संक्षेप में व्यक्तिगत-साधना और लोक-धर्म के कठघरे कह सकते हैं। (ये उन्हीं के शब्द हैं) आश्चर्य है कि इस प्रकार का वर्गीकरण शुक्लजी ने किया है, जबकि वास्तव में दोनों ही एक-दूसरे से बहुत अंशों तक अनुप्रेरित हैं और दार्शनिक विचारणा में भी एक-दूसरे के समकक्ष हैं। इसका नतीजा यह हुआ कि शुक्लजी का वैष्णव-साहित्य का अध्ययन परम्परा-प्राप्त मान्यताओं के अनुकूल नहीं हुआ। उन्होंने कृत्रिम विभेदों का आग्रह किया है और काव्यालोचना में भी एक वर्ग को व्यर्थ नीचा देखना पड़ा है। मेरा यह विश्वास है कि द्विवेदी-युग की नैतिकता और आदर्शवादिता का ही यह परिणाम है कि शुक्लजी सूर और तुलसी के बीच, जिनमें एक-सी ही महान् प्रेरणाएँ उपलब्ध हैं, एक खाई खींच लेते हैं और यही कारण है कि वे आधुनिक काव्य का भी ऐसा ही वर्गीकरण कर डालते हैं।

अवश्य ही यह अधिकार सबको है कि वह अपनी नयी दृष्टि से प्राचीन वस्तु की परीक्षा करे, किन्तु वह परीक्षा समीक्षा तभी कहलायेगी जब वह निष्पक्ष हो और उस वस्तु की चौहद्दी का ठीक-ठीक, निरूपण करती हो। काव्य की समीक्षा में तो यह कार्य अपेक्षाकृत सरल है, क्योंकि देशकाल के स्थूल बन्धन और आवरण यहाँ कम हैं, किन्तु अन्य पहलुओं का अध्ययन तो बहुत ही सतर्क दृष्टि से करना चाहिए। शुक्लजी ने काव्य-विवेचन में सम्यक्

तटस्थता का परिचय नहीं दिया और न मध्यकालीन वैष्णव धर्म की आधार भूमि को समझने में सहायता पहुँचाई है। अवश्य ही उनके नवीन दर्शन का अपना विशेष महत्त्व हो सकता है, किन्तु हम यह नहीं कह सकते कि उन्होंने प्राचीन काव्य का दार्शनिक अथवा साहित्यिक मूल्य निर्धारण में पक्षपात रहित मनोयोग दिखाया है।

तो शुक्लजी का वह नवीन दर्शन क्या है? सबसे पहले ही हम देखते हैं कि वह नवीन दर्शन है निवृत्ति, और प्रवृत्ति, व्यक्ति-धर्म और लोक-धर्म को परस्पर विपरीत दार्शनिक विचारणा का परिणाम बतलाना और प्रवृत्ति तथा लोक-धर्म के पक्ष में उत्साहपूर्वक आन्दोलन करना। सच पूछिए तो ऐसा करके शुक्लजी ने सम्पूर्ण आध्यात्मिक काव्य की मूल प्रेरक शक्तियों का विघटन कर दिया है। अवश्य ही 'रामचरितमानस' भी उनमें से एक है। यह मानने के लिए हम सभी तैयार होंगे कि महाकाव्य की कर्मण्यता और गीतों की भावमयता में अन्तर होता है और यही अन्तर 'मानस' और 'सूर-सागर' में भी है, किन्तु मानस की क्रिया और सूर-सागर की भावना की प्रेरक शक्तियाँ एक-दूसरे के बहुत निकट हैं—इस पर शुक्लजी ने यथेष्ट विचार नहीं किया। वह प्रेरक शक्ति है आध्यात्मिक इष्ट के प्रति उच्चकोटि का आत्मोसर्ग। यह आत्मोत्सर्ग ही प्रवृत्ति और निवृत्ति दोनों दिशाओं के साधक को ले जाता है। सूर को यह एक ओर ले गया है, तुलसी को दूसरी ओर।

किन्तु शुक्लजी जिस अर्थ में प्रवृत्ति का प्रतिपादन करते हैं, वह है 'स्पिनोजा' की निरन्तर गतिशील प्रवृत्ति। आप जगत् को ब्रह्म की व्यक्त सत्ता बतलाते हैं और इस सत्ता को निरन्तर परिणामशील ठहराते हैं। गति ही शाश्वत है, किन्तु यह गति क्या किसी नियम से परिचालित है? शुक्लजी का लक्ष्य गति या प्रवृत्ति का ही आग्रह करना है, यद्यपि उन्हें मालूम पड़ रहा है कि वे कितनी कच्ची जमीन पर हैं। तभी तो उन्होंने शाश्वत प्रगति के दो भाग कर दिये—प्रवृत्ति और निवृत्ति, और इन दोनों के बीच में एक वृत्ति और स्थापित की—रागात्मिका वृत्ति। यह सारा प्रयास शुक्लजी का अपना निजी है और द्विवेदी-युग की स्थूल नैतिकता को असलियत का जामा पहनाने के लिए है।

क्या मैं पूछ सकता हूँ कि जहाँ एकमात्र प्रगति ही, प्रवृत्ति ही तत्त्व, वहाँ प्रवृत्ति और निवृत्ति के लिए स्थान कहाँ। और यह तीसरा तत्त्व रागात्मिका वृत्ति क्या है? इसका स्वरूप क्या है, क्या यह कोई शाश्वत पदार्थ है? यहाँ हमारा ध्यान नवीन वैज्ञानिक युग के बुद्धिवादी दर्शनों की ओर आकृष्ट होता है,

जो भौतिक प्रगति और मानवीय व्यावहारिक शक्तियों के बीच दार्शनिक अनुक्रम स्थापित करने की चेष्टा करते हैं। किन्तु उनकी योजनाओं और शुक्लजी की योजनाओं में सबसे अधिक उल्लेखनीय अन्तर यह है कि वैज्ञानिक योजनाएँ अपने को व्यावहारिक सत्य कहकर घोषित करती हैं और समय के साथ-साथ नये सांस्कृतिक पहलुओं को ग्रहण करती रहती हैं, जबकि शुक्लजी एक युग विशेष आदर्श को शाश्वत कहकर प्रतिष्ठित करना चाहते हैं। यदि ऐसा न होता तो प्रवृत्ति और निवृत्ति ऐसे दो शाश्वत नैतिक आदर्शों की स्थापना वे न करते और न उन स्थूल विभागों के बीच एक नित्य रागात्मिकता वृत्ति को अधिकार कर लेने देते।

और यदि हम यह मानें कि प्रवृत्ति और निवृत्ति शाश्वत नहीं हैं, और रागात्मिका वृत्ति भी सार्वजनीन नहीं है, अर्थात् वे तीनों ही देश-काल और व्यक्ति के अनुसार विभिन्न रूप और तथ्य धारण कर सकती हैं, तब यह प्रश्न उठ खड़ा होता है कि प्रवृत्ति और निवृत्ति की धारा किन नियमों के अधीन होकर चलती है और रागात्मिका वृत्ति का उनसे किन अवस्थाओं में कैसा सम्बन्ध होता है? दूसरा प्रश्न यह है कि रागात्मिका वृत्ति का परिष्कार और नियमन भी सामाजिक प्रगति के साथ-साथ होता है या नहीं, होना चाहिए या नहीं? जहाँ तक मैं देखता हूँ शुक्लजी ने इन प्रश्नों की बारीकी में घुसने की चेष्टा नहीं की है, जिससे मैं इसी निष्कर्ष पर पहुँचता हूँ कि शुक्लजी ने एक युग-विशेष की प्रवृत्ति और निवृत्ति को ही शाश्वत पैमाने पर देखा है और उनकी अन्तःकरण वृत्ति भी किसी विशिष्ट आधार पर स्थित नहीं है। जिस ओजस्विता के साथ उन्होंने काव्य-विवेचन में अपनी विशिष्ट रुचियों का परिचय दिया है– प्रवृत्ति और निवृत्ति की स्थूल रेखाएँ कायम की हैं, उनसे इस धारणा की पुष्टि होती है।

मैं उनकी प्रवृत्ति और निवृत्ति की रेखाओं को स्थूल इसलिए कहता हूँ कि न तो वे भारतीय आध्यात्मिक दर्शन के अनुसार प्रवृत्ति को उसके वास्तविक निवृत्तिमूलक (त्याग या अनासक्तिमूलक) स्वरूप में उपस्थित करते हैं और न आधुनिक पाश्चात्य भौतिक विज्ञानियों की भाँति प्रवृत्ति का कोई सांस्कृतिक, मनोवैज्ञानिक या व्यावहारिक आधार ही स्थिर करते हैं। अत्याचारी के प्रति रोष से आविष्ट और पीड़ित के प्रति दया से द्रवित होकर लोक-धर्म की जो प्रेरणा कर्तव्य रूप में विकसित होती है, क्या उनका कोई सुव्यवस्थित आधार शुक्लजी ने निरूपित किया है? उदाहरण के लिए, क्या उन्होंने मार्क्स की भाँति

सामाजिक अत्याचार की कोई रूपरेखा निर्धारित की है, अथवा क्या उन्होंने यह बताया है कि सामाजिक और सांस्कृतिक प्रगतियों में अत्याचार की पहचान किस प्रकार की जाय? रावण अत्याचारी था, किन्तु उसके अत्याचार किस प्रकार के थे, और उसका आशय क्या था। वह साधुओं और ऋषि-मुनियों की तपस्या में विघ्न डाला करता था, क्या इतना कह देना ही उसे अत्याचारी सिद्ध कर देता है? ये ऋषि-मुनि किन तपस्याओं में प्रवृत्त होते थे, उन तपस्याओं के विरुद्ध रावण का लक्ष्य क्या था। क्या रावण अनार्य सभ्यता का प्रतीक है, अथवा वह भौतिक ऐश्वर्य और भोगविलास का प्रतीक है? अथवा एक निरुद्देश्य आततायी मात्र है? शुक्लजी रावण को अधर्म का प्रतीक व्यक्ति मात्र मानते हैं, जो स्थूल आचारवादियों का तरीका है। इतना कहकर वे आगे की समस्याओं से छुट्टी पा जाते हैं। अधर्म है क्या, वस्तु? वह क्रियाओं द्वारा पहचाना जाता है या उद्देश्यों द्वारा? क्या किसी देश अथवा काल-विशेष की बहुजनमान्य प्रथा ही धर्म है अथवा धर्म का कोई शाश्वत स्वरूप भी है? इन तफसीलों में जाने की शुक्लजी ने आवश्यकता नहीं समझी। काव्यालोचन के लिए यह सब आवश्यक न भी हो, किन्तु शुक्लजी कोरे काव्यालोचक नहीं हैं। उन्होंने लोक-धर्मवादी दार्शनिक का महत्त्वपूर्ण पद भी अधिकृत किया है। अतः उनसे इन विषयों के विवेचन की आशा की जा सकती थी।

इसी प्रकार शुक्लजी ने यह भी नहीं बताया कि अत्याचारी अत्याचार के लिए क्यों सन्नद्ध होता है? क्या यह उसका सहज गुण है या यह समाज की ही देन है? और अत्याचार की प्रतिक्रिया में क्रोध का क्या स्थान है? क्या यह आवश्यक है? यदि आवश्यक है, तो अत्याचार के प्रति, या अत्याचारी व्यक्ति के प्रति अथवा उस समाज या सिद्धान्त के प्रति, व्यक्ति में जिसकी अभिव्यक्ति हुई है? इन व्यावहारिक प्रश्नों की भी उन्होंने छानबीन नहीं की। इस कारण हम उन्हें लोक-धर्म के आदर्श का पुजारी उसके महाकाव्योचित उदात्त स्वरूप का भक्त भले ही मान लें, लोक-धर्म का दार्शनिक विवेचन उन्हें बहुत ही स्थूल अर्थ में कहा जा सकता है।

'रामचरितमानस' आदर्शप्रधान काव्य है और उसकी राम-राज्य की कल्पना तो एकदम ही स्वर्गीय है। उसमें समाज के व्यावहारिक स्वरूपों और अवश्यम्भावी, परिवर्तनों को कहीं भी स्थान नहीं। राम-राज्य का वर्णन और कलियुग का वर्णन एक साथ पढ़ने पर मध्यकालीन समाज-व्यवस्था के सद्गुणों और दुर्गुणों का औसत लगाया जा सकता है। उससे यह भी पता लगता है कि धर्म और अधर्म

के अन्तर्गत समाज में किस प्रकार की रीतियाँ प्रचलित हो रही थीं। तत्कालीन सामाजिक व्यवस्था के अध्ययन के लिए गोस्वामी जी ने अच्छी सामग्री एकत्र कर दी है। किन्तु शुक्लजी ने राम-राज्य को राम-राज्य (सत्) और कलियुग को कलियुग (असत्) कहकर उन्हें विरोधी शिविरों में स्थान दे दिया है। कोई भी आधुनिक समाजशास्त्री अथवा इतिहास का अध्येता इतनी आसानी से इस सारी सामग्री को किनारे नहीं लगा सकता, जिस आसानी से शुक्लजी ने उसे चलता कर दिया है। इन सब निदर्शनों से मैं जिस निष्कर्ष पर पहुँचता हूँ, वह यह है कि शुक्लजी का विवेचन न तो प्राचीन दार्शनिक पद्धति का अनुसरण करता है और न वे उस प्रकार के सांस्कृतिक और समाजशास्त्री अध्ययन में प्रवृत्त हुए हैं, जो आज की आलोचना का आवश्यक अंग है।

यह तो हुई दार्शनिक, मनोवैज्ञानिक और सांस्कृतिक अध्ययन की बात; जहाँ तक काव्य-विवेचन का प्रश्न है, शुक्लजी ने सर्वथा असंग होकर काव्य को नहीं देखा, व्यक्तिगत आदर्शों और विचारों की छाया से उसे ढक रखा है। मुक्तक काव्य, प्रगीत आदि के प्रति उनके विरोधी संस्कारों का आभास हम ऊपर दे चुके हैं। काव्य के आकार-प्रकार, उसमें निहित मानव-व्यापार के बाह्य स्वरूपों, वर्गीकरणों आदि से पृथक् करके केवल काव्योत्कर्ष की परख उन्होंने नहीं की। ऐसा उनका मन्तव्य है, यह भी प्रकट नहीं होता। इसीलिए उनका दार्शनिक अनुसन्धान, उनका काव्य-विवेचन और उनका सारा विचारात्मक साहित्य उनकी व्यक्तिगत रुचियों और प्रेरणाओं से ऊपर उठकर वैज्ञानिक श्रेणी में नहीं पहुँच सका।

फिर भी अपने युग के लिए शुक्लजी की साहित्यिक देन कितनी ज़बरदस्त है, इसका अनुमान इतने से ही किया जा सकता है कि यद्यपि वे प्राचीन दार्शनिक मान्यताओं के विपरीत निर्देश करते आये हैं, किन्तु आज भी वे उस काल के काव्य के प्रामाणिक विवेचक माने जाते हैं और उनकी देख-रेख में प्राचीन अनुसन्धान का कार्य भी होता रहता है (मेरा मतलब यहाँ प्राचीन काव्य के अनुसन्धान से है)। और यह भी उन्हीं के व्यक्तित्व का परिणाम है कि नवीन समुन्नत काव्य को अपना पैर जमाने के लिए (शुक्लजी के विरोध के बावजूद) लगातार पन्द्रह वर्षों तक अथक उद्योग करना पड़ा है। आज भी स्थिति यह है कि साहित्य और उसके आनुषंगिक विषयों पर अध्ययन के अधिक प्रशस्त रास्ते खुल जाने पर भी अब तक शुक्लजी ही साहित्य के अन्तिम वाक्य माने जाते हैं। यह सब मैं उनकी प्रशंसा में ही कह रहा हूँ। उनकी लिखी हुई पुस्तकें और उनके तैयार किये हुए विद्यार्थी (जिनमें मैं भी एक होने का गर्व करता हूँ)

उनका सन्देश स्कूलों और कालेजों, पत्रों और पत्रिकाओं तथा व्यापक रूप से हिन्दी के क्षेत्र में सुनाया करते हैं। इनमें से बहुत-से तो उनकी प्रतिध्वनि मात्र हैं। शुक्लजी के द्वारा हिन्दी का बड़ा हितसाधन हुआ है। गम्भीर विवेचन का उन्होंने ही सूत्रपात किया। कुछ लोग उनकी बातों को दोहराने में ही उनका सच्चा शिष्यत्व समझते हैं। किन्तु प्रतिध्वनि कभी मूलध्वनि की बराबरी नहीं कर सकती। उनका सच्चा शिष्यत्व तो है उनके किये हुए काम को आगे बढ़ाने में, जिस प्रकार स्वयं उन्होंने पिछले किये हुए काम को आगे बढ़ाया। नयी काव्य-प्रगति को 'ब्लैंक चेक' न देकर शुक्लजी ने उसके परिष्कार के कार्य में और उसके बल-संचय में प्रकारान्तर से सहायता ही पहुँचाई। कोई भी व्यक्ति, जिस पर साहित्य का कुछ उत्तरदायित्व है, प्रत्येक नवागत काव्यधारा में बह जाना पसन्द नहीं कर सकता। शुक्लजी ने भी इस सम्बन्ध में पूर्ण संयम का परिचय दिया। अब आवश्यक यह है कि नयी काव्य-शैलियों और नवीन प्रतिभा के अध्ययन और विवेचन के लिए साहित्य का द्वार खोल दिया जाय, युग-विशेष के बन्धनों और साहित्यिक मान्यताओं को साहित्य की सार्वजनीन माप से बदल दिया जाय; नयी सामाजिक प्रगति, नवीन समस्याओं और प्रश्नों के अनुरूप नये साहित्यिक सृजन और नवीन अध्ययन शैलियों का स्वागत किया जाय। इसमें तो सन्देह ही क्या है कि इस स्वतन्त्रता के साथ-साथ अभीप्सित उच्छृंखलता भी साहित्य में आयेगी और बहुमुखी अध्ययन के साथ बहुत-सा वितण्डावाद भी फैलेगा; किन्तु इसके लिए हमें तैयार रहना होगा। कड़ा पहरा देना होगा, किन्तु द्वार हम नहीं बन्द कर सकते। द्वार बन्द करने का अर्थ तो होगा साहित्य को पुराने वातावरण में घुट-घुटकर मरने देना। ऐसा हम कदापि नहीं कर सकते। साहित्य हमारे जीवन का, हमारे प्राणों का प्रतिनिधि है। उसे नवीन जीवन से, नये वायु-मण्डल से पृथक् नहीं रखा जा सकता। जो मुसीबतें आवें, उन्हें झेलना होगा; किन्तु जीवन की गति अवरुद्ध नहीं की जा सकती। भिक्षुक आयेंगे, इस भय से भोजन बनाना नहीं बन्द किया जा सकता। जानवर चर जायेंगे, इस भय से खेती करना नहीं छोड़ा जाता। ये पुरानी कहावतें हैं और हमारे साहित्य में भी लागू होती हैं।

साहित्य, काव्य अथवा किसी भी कलाकृति की समीक्षा में जो बात हमें सदैव स्मरण रखनी चाहिए, किन्तु जिसे शुक्लजी ने बार-बार भुला दिया है, यह है कि हम किसी पूर्व निश्चित दार्शनिक अथवा साहित्यिक सिद्धान्त को लेकर उसके आधार पर कला की परख नहीं कर सकते। सभी सिद्धान्त सीमित हैं, किन्तु कला के लिए कोई भी सीमा नहीं है, कोई बन्धन नहीं है, जिसके

अन्तर्गत आप उसे बाँधने की चेष्टा करें (सिर्फ सौन्दर्य ही उसकी सीमा या बन्धन है, किन्तु उस सौन्दर्य की परख किन्हीं सुनिश्चित सीमाओं में नहीं की जा सकती)। इसका यह मतलब नहीं कि काव्यालोचक अपनी आलोचना में कुछ निष्कर्षों तक नहीं पहुँच सकता, मतलब यह है कि आलोचक अपनी आलोचना के पहले किसी निष्कर्ष-विशेष का प्रयोग नहीं कर सकता। उसका पहला और प्रमुख कार्य है कला का अध्ययन और उसका सौन्दर्यानुसन्धान। इस कार्य में उसका व्यापक अध्ययन, उसकी सूक्ष्म सौन्दर्य दृष्टि और उसकी सिद्धान्त-निरपेक्षता ही उसका साथ दे सकती है। सिद्धान्त तो उनमें बाधक ही बन सकते हैं। अवश्य प्रत्येक कला वस्तु में सौन्दर्य-सज्जा के अलग-अलग भेद होंगे, उनकी भिन्न-भिन्न कोटियाँ होंगी और सम्भव है, उन कृतियों के भिन्न-भिन्न दार्शनिक आधार भी हों, किन्तु हमारा काम यह नहीं है कि अपनी अलग रुचि और अलग मत बनाकर काव्य-समीक्षा में प्रवृत्त हों; क्योंकि तब तो हम उसका सौन्दर्य न देखकर अपने मन की छाया उसमें देखने लगेंगे। यह कला आलोचना की बहुत बड़ी बाधा है। हमें यह कभी नहीं भूलना होगा कि किसी भी सिद्धान्त के सम्बन्ध में कभी मतैक्य नहीं हो सकता, किन्तु (कलाकृति के) सौन्दर्य के सम्बन्ध में कभी दो रायें नहीं हो सकतीं।

शुक्लजी का पहला ही सिद्धान्त–जगत् अव्यक्त की अभिव्यक्ति है और काव्य उस अभिव्यक्ति की अभिव्यक्ति–कला में स्थूल रूप चित्रण का पृष्ठ पोषक बन गया है। क्या मैं पूछ सकता हूँ कि सारा का सारा सूफी काव्य क्या है? रास आदि अनुपम लीलाओं का वैष्णव कवि-कृत चित्रण क्या है? संसार की सुप्रसिद्ध 'मेडोना' की मूर्ति जिसके प्रतीक, जिसकी मुद्राएँ जिसके रंग सभी आलैकिक तत्त्व का निर्देश करते हैं, क्या हैं? क्या यह अलौकिक तत्त्व उसमें अभिव्यक्ति का विषय नहीं बन सका? संसार का सम्पूर्ण समुन्नत काव्य अलौकिक तत्त्व को व्यंजित करता है। किन्तु शुक्लजी जिस सिद्धान्त-विशेष से आबद्ध हैं, उसमें इन मार्मिक अनुभूतियों के लिए सम्भवतः स्थान ही नहीं है। वहाँ स्थान है महाकाव्य के व्यक्त घटनाक्रम, स्थूल चरित्र सृष्टि और आदर्श निरूपण के लिए। शुक्लजी ने इस प्रकार के काव्य के वृहद् अंश और अत्यन्त उत्कृष्ट अंश को, अपने सिद्धान्त की वेदी पर बलि कर दिया है। मैं यह नहीं कहता कि अव्यक्तवाद ने सदैव उत्कृष्ट कला की ही सृष्टि की है (किसी भी वाद की सब सृष्टियाँ एक सी नहीं होतीं), किन्तु कुछ सर्वोच्च कोटि की सृष्टियाँ अव्यक्त तत्त्व से अनुप्रेरित अवश्य हुई हैं। काव्य और कलाओं के प्रेमी इस तथ्य से अच्छी तरह परिचित हैं।

और उनका दूसरा सिद्धान्त—जीवन की विस्तृत व्यवहार-दशाओं में कला का पूर्ण प्रस्फुटन—यह केवल घटना-परिस्थिति-बहुल महाकाव्य के ही अनुकूल है। किन्तु कथानक काव्य में कितना रस कथा का है और कितना वास्तविक काव्य का, इसकी भी हमें टोह लगानी होगी। प्रायः ऐसा देखा जाता है कि कथा से अथवा कथा-सूत्र से ही भावों को उच्छ्‌वसित करने की प्रथा कविजन पकड़ लेते हैं, किन्तु वास्तविक कविकर्म इतना ही नहीं है। मनोवेगों का जो उत्थान और काव्य चरित्रों का निर्माण केवल कथा या घटना के सहारे होता है, वह उतना समृद्ध नहीं बन सकता, जितना उससे तटस्थ होने पर। चरित्रों का मनोवैज्ञानिक विकास किसी पूर्व निश्चित कथा के आश्रय से नहीं कराया जा सकता। मन एक स्वतन्त्र वस्तु है, उसकी सूक्ष्म गतियों का निरूपण करना भी कवि का ही काम है। किन्तु इस काम को वह कथा को प्रधानता देकर नहीं कर सकता। शुक्लजी ने महाकाव्य के साथ एक और पंख लगा दिया है—नायक में शक्ति, शील और सौन्दर्य की पराकाष्ठा। अवश्य यह परम्परागत महाकाव्य का लक्षण हो सकता है (नायक का धीरोदात्त होना), किन्तु कोई भी काव्य किसी नियम से बाँधा नहीं जा सकता। फ्रांसीसी और रूसी क्रान्ति की प्रेरणाओं से बहुत-सी साहित्य-सृष्टियों के नायक कुरूप और दुःशील हैं, फिर भी उनके प्रति पाठक की परिपूर्ण सहानुभूति प्राप्त होती है। और शक्ति के सम्बन्ध में यह कहना अधिक असंगत न होगा कि केवल सुखान्त काव्यों के नायक शक्ति के पूर्ण स्रोत हुआ करते हैं। शेक्सपियर के दुखान्त महानाटकों की अबला नायिकाएँ अपनी निःशक्तता, अपनी विवशता में ही शक्ति का उत्फुल्ल विकास दिखा देती हैं। उन्हें देखने के बाद कौन कह सकता है कि शक्तिशील और सौन्दर्य की पराकाष्ठा कला का कोई अनिवार्य अंग है। अवश्य 'रामचरितमानस' के नायक में ये तीनों अवयव उपस्थित हैं, किन्तु इसी कारण हम सर्वत्र इन्हीं का अन्वेषण करें, यह भ्रान्ति काव्यालोचना से दूर हो जानी चाहिए।

शुक्लजी का एक तीसरा सिद्धान्त जो इसी से सम्बद्ध है, प्रवृत्ति और निवृत्ति का सिद्धान्त है। उसकी दार्शनिक परीक्षा का प्रयास ऊपर किया जा चुका है। काव्य में इस प्रवृत्ति और निवृत्ति का स्वरूप हमें 'रामचरितमानस' के आदर्शों को लेकर देखने को मिलता है। राम का चरित्र जहाँ तक है, वहाँ तक हमारी प्रवृत्ति है; रावण का चरित्र, जहाँ तक है, वहाँ तक निवृत्ति है। उसे हम छोड़ना चाहते हैं। जो वृत्ति हमें राम की ओर लगाती और रावण से अलग

करती है, वही रागात्मिका वृत्ति है। जहाँ ऐसे दो विरोधी चरित्रों का प्रश्न हो, वहाँ तो इससे काम चल जाता है। किन्तु काव्य में ऐसे भेद सर्वत्र देखने को नहीं मिलते। ऐसे अनेक अवसर आते हैं, जब हम यह निर्णय भी नहीं कर पाते कि दो पात्रों में कौन हमारी सहानुभूति का अधिक अधिकारी है, और रचयिता के लिए तो सभी पात्र एक से महत्त्वपूर्ण हैं। सभी में उसका कौशल व्यक्त हुआ है। ऐसी. अवस्था में प्रवृत्ति और निवृत्ति का रूढ़िबद्ध विभाजन अशेष मानव-जीवन का सीमा निर्धारण करना ही होगा, जिसका समर्थन आज की साहित्य-मीमांसा किसी प्रकार नहीं कर सकती।

काव्य में प्रकृति के चित्रण सम्बन्धी शुक्लजी की धारणा और ग्रियर्सन-अनुयायी उनके मानववादर्शवाद के प्रति दो शब्द कहकर हम इस निबन्ध को समाप्त करेंगे। मानव-जीवन के पुराने सहचर वृक्ष, लता, पगडण्डी, पटपर, लम्बे मैदान, लहराती जलराशि, वर्षा की झड़ी, कोई पालतू या जंगली पशु हमारी सोयी हुई चेतना को जगाने में बहुत समर्थ हैं। अपेक्षाकृत नयी चीज़ें, जैसे आज की इमारतें, पार्क, मिल आदि इस कार्य में उतने ही सबल नहीं सिद्ध हो सकते। शुक्लजी का यह कथन एक स्वतन्त्र रचनाकार की हैसियत से समुचित हो सकता है, किन्तु कला की आलोचना में ऐसा कोई सिद्धान्त लागू नहीं होता। किस रचनाकार ने किन परिस्थितियों से प्रभावित होकर अपनी रचना की है, वह कितनी गहरी सहानुभूति उत्पन्न करती है, इसकी तो वह कृति ही प्रमाण है। इसके सम्बन्ध में न तो हम कोई सीमा पहले से बाँध सकते हैं और न कोई नियम ही बना सकते हैं। अवश्य शुक्लजी की रुचि के अनुकूल प्रकृतिवादियों की एक परम्परा साहित्य में पायी जाती है, किन्तु उसमें भी सभी कलाकार एक श्रेणी के नहीं हुए। प्राकृतिक चित्रणों में शुक्लजी वाल्मीकि को अपना आदर्श मानते हैं। अवश्य ही वाल्मीकि का प्राकृतिक वर्णन हृदयहारिणी है। अवश्य ही यह काव्य की एक उत्तम विभूति है। किन्तु आज का साहित्य-स्रष्टा जिन परिस्थितियों से होकर गुजर रहा है, उसमें यह आशा हमें नहीं दिखाई देती कि वह निकट भविष्य में वन्य प्रकृति की रमणीयता की ओर उसी सहज गति से आकर्षित होगा, जिससे वाल्मीकि हुए हैं। आज की हमारी समस्याएँ और आज का हमारा जीवन हमें उस ओर जाने का अवकाश ही नहीं देता।

ग्रियर्सन साहब ने 'रामचरितमानस' की समीक्षा करते हुए यह कहा है कि मानस में राम जैसे उदात्त पात्र की अपेक्षा लक्ष्मण और कैकेयी जैसे मानवीय

पात्रों का चित्रण आकर्षक हुआ है। शुक्लजी ने भी इस विषय में ग्रियर्सन का साथ दिया है। अवश्य, एक दृष्टि से इसे हम ठीक भी मान सकते हैं, किन्तु तब हमें 'रामचरितमानस' के महाकाव्योचित गौरव की ओर से आँखें हटा लेनी पड़ेंगी और मानवीय चरित्र-चित्रण की दृष्टि से काव्य को देखना पड़ेगा। किन्तु क्या 'रामचरितमानस' का प्रमुख तात्पर्य मानवीय चरित्र का प्रदर्शन करना है? इसे तो कोई भी मानव-समीक्षक स्वीकार न करेगा। गोस्वामी जी ने बहुत ही स्पष्ट शब्दों में स्थान-स्थान पर स्वयं ही अपने काव्य का उद्देश्य राम के अलौकिक चरित्र का निर्माण और उनके गुणों का गान करना बताया है। तो क्या हम उनके इस उद्देश्य की उपेक्षा कर सकते हैं अथवा यह कह सकते हैं कि गोस्वामी जी अपने उद्देश्य में सफल नहीं हुए? मेरे विचार से ऐसा कहना बहुत बड़ी धृष्टता होगी। वैसी अवस्था में हमें ग्रियर्सन की मानवादर्शवादिता को छोड़कर रामचरितमानस काव्य की मुख्य कला-अलौकिक रामचरित के निर्माण के प्रति आस्था नहीं खोनी होगी और उन समस्त कलात्मक सूत्रों को एकत्र करना होगा, जिनसे तुलसी के मानस में अंकित राम का चरित्र अलौकिक पद पर पहुँच सका है—चरित्र की दृष्टि से भी और कला की दृष्टि से भी परिपूर्ण और सर्वोत्तम बन पाया है।

इसके लिए ग्रियर्सन की मानवादर्शवादिता के बदले गोस्वामी जी और वैष्णव-काव्य की आध्यात्मिकता को अपनाना होगा, जो शुक्लजी ने नहीं किया। अन्त में हम फिर कहेंगे कि शुक्लजी की सारी विचारणा द्विवेदी-युग की व्यक्तिगत, भावात्मक और आदर्शोन्मुखी नीतिमत्ता पर स्थित है। 'समाज-शास्त्र, संस्कृति और मनोविज्ञान की वस्तून्मुखी मीमांसा उन्होंने नहीं की है। प्रवृत्ति-विषयक उनकी धारणा भारतीय धार्मिक धारणा की अपेक्षा पाश्चात्य अधिक है। उनका काव्य-विवेचन भी प्रबन्ध-कथानक और जीवन-सौन्दर्य के व्यक्त रूपों का आग्रह करने के कारण सर्वांगीण और तटस्थ नहीं कहा जा सकता। नवीन युग की सामाजिक और सांस्कृतिक जटिलताओं का विवेचन और उनसे होकर बहने वाली काव्यधारा का आकलन हम शुक्लजी में नहीं पाते। यह स्वाभाविक ही है; क्योंकि शुक्लजी जिस युग के प्रतिनिधि हैं, उसे हम पार कर चुके हैं। उसके सारे संस्कार—शैशवकालीन आदर्शवादिता, व्यक्त रूपों का सौन्दर्य, आचारों का दो हिस्सों में विभाजन आदि—हमें शुक्लजी में मिलते हैं। वे हमारी साहित्य-समीक्षा के बालारुण हैं। किन्तु अब दिन चढ़ चुका है और नये प्रकाश तथा नयी ऊष्मा का अनुभव हिन्दी-साहित्य-समीक्षा कर रही है।

आचार्य शुक्ल और हिन्दी नवजागरण

—नामवर सिंह

मैं सबसे पहले बिहार प्रगतिशील लेखक संघ के पदाधिकारियों और सदस्यों के प्रति और उनके साथ ही आप सभी के प्रति अपना आभार व्यक्त करता हूँ जिन्होंने इस सारस्वत समारोह के अवसर पर मुझे अपने बीच आने का मौका दिया। जहाँ तक मेरी जानकारी है, आचार्य रामचन्द्र शुक्ल जन्मशती के उपलक्ष्य में इससे पहले बिहार में दूसरा कोई आयोजन नहीं हुआ। परसों पूर्णिमा को आचार्य रामचन्द्र शुक्ल का जन्मदिन था और इस पूर्णिमा को उनके जन्म के सौ साल पूरे हुए थे। क्या यह आकस्मिक है कि जिन आचार्य रामचन्द्र शुक्ल के लिखे हुए साहित्य के बल पर हिन्दी विभागों का अधिकांश कारोबार चलता है, वे इस दिशा में प्रवृत्त नहीं हुए और जन्मशती के आयोजन की पहल प्रगतिशील लेखकों ने ही की? यही नहीं, बल्कि देश में अन्यत्र अब तक जहाँ-जहाँ इस प्रकार के आयोजन हुए हैं उनकी पहल चाहे वे जनवादी लेखक हों या प्रगतिशील लेखक हों, उन्होंने ही की है। कदाचित् हिन्दी साहित्य के औसत विद्यार्थी के लिए यह कुछ आश्चर्य की बात है। आश्चर्य की बात इसलिए कि स्वयं आचार्य रामचन्द्र शुक्ल की जो प्रतिमा बहुत दिनों तक बनी रही है, वह प्रायः परम्परानुमोदित-सी रही है। वह स्वयं अपने जमाने की नवीन काव्यधारा के, यानी छायावाद के विरोधी के रूप में रही है। लोकधर्म के रूप में आचार्य शुक्ल की प्रतिमा एक विशेष प्रकार की समाज-व्यवस्था से, जो बहुत कुछ वर्णाश्रम धर्म से मिलती-जुलती है, जुड़ी हुई मानी जाती रही है। ऐसे आचार्य रामचन्द्र शुक्ल की जन्मशती मनाने का उपक्रम या उसकी पहल प्रगतिशील लेखक कर रहे हैं, जिन्हें इस बात का पता है कि आचार्य रामचन्द्र शुक्ल ने कहीं-कहीं साम्यवाद के विरोध में भी कुछ कहा है, सोवियत रूस

के विरुद्ध भी कहा है, लेनिन के महात्मापने को लेकर व्यंग्य भी किया है! बावजूद इन तमाम चीज़ों के आचार्य रामचन्द्र शुक्ल की परम्परा को सुरक्षित और विकसित करने का संकल्प प्रगतिशील लेखकों में दिखलाई पड़ता है। ऐसा क्यों? मित्रो, मैं कहना चाहता हूँ कि जिस दौर से हम गुजर रहे हैं, उस दौर में यह घटना आकस्मिक नहीं है। तथाकथित परम्परावादी और रूढ़िवादी अपनी परम्परा के सर्वोत्तम और श्रेष्ठ अंशों को इस समय छोड़ने में प्रवृत्त दिखाई पड़ रहे हैं। उस परम्परा को सुरक्षित रखने और विकसित करने का दायित्व समाज के उन्हीं तत्त्वों पर आ पड़ा है, जो सचमुच ही इस देश को प्रगति के पथ पर ले जाना चाहते हैं, इसका विकास करना चाहते हैं और एक ऐसे सामाजिक न्याय पर अवस्थित समाज-व्यवस्था की स्थापना करना चाहते हैं, जिसमें जनता के अधिकांश भाग का कल्याण हो। इसीलिए आचार्य रामचन्द्र शुक्ल की जन्मशती प्रगतिशील लेखकों द्वारा मनायी जा रही है। यह प्रगतिशील लेखकों की अपनी परम्परा तो है ही, इसका स्वयं इस देश की गहरी परम्परा से नाता है।

आचार्य रामचन्द्र शुक्ल कोरे साहित्य-समालोचक नहीं थे, इसे बहुतों ने स्वीकार किया है। वे गम्भीर अर्थों में साहित्य के समालोचक थे, जहाँ साहित्य के अन्तर्गत जीवन की चिन्ता, समाज की चिन्ता और पूरी संस्कृति की चिन्ता रहती थी। यह हिन्दी आलोचना का सौभाग्य है कि उसकी प्रतिष्ठा एक ऐसे समालोचक द्वारा हुई, जो शुद्ध साहित्यिक आलोचक नहीं था, सिर्फ अलंकार-रस की मीमांसा करने वाला काव्य-विवेचक नहीं था, बल्कि साहित्य को व्यापक सामाजिक सन्दर्भों में देखने वाला और साहित्य की सामाजिक सार्थकता की प्रतिष्ठा करने वाला आलोचक था। दूसरे देशों में जो ऐतिहासिक कार्य आलोचकों ने किया है अगर उसको हम ध्यान में रखें तो आचार्य रामचन्द्र शुक्ल अन्य भाषाओं और अन्य साहित्यों के उन महान आलोचकों के समान ही भारत के इस तरह के पहले गम्भीर समालोचक दिखाई पड़ते हैं। अंग्रेज़ी के आलोचकत्रयी में जब जॉनसन, कॉलरिज और ऑर्नाल्ड का नाम लिया जाता है, तो साहित्य से परिचित लोग भली-भाँति जानते हैं कि डॉ. जॉनसन या कॉलरिज या ऑर्नाल्ड का चिन्तन शुद्ध साहित्य तक ही सीमित नहीं था, बल्कि ये तीनों महान आलोचक बड़े व्यापक अर्थों में संस्कृति के संकट से साहित्य को उबारने वाले तो थे ही, व्यापक सामाजिक चिन्ता से इनका साहित्य-चिन्तन जुड़ा हुआ था। आचार्य रामचन्द्र शुक्ल साहित्य की सामाजिक सार्थकता और साहित्य पर 'लोकमंगल'

(उनका प्रिय शब्द!) के व्यापक सन्दर्भ में विचार करते हैं, तो स्वभावतः उनके उस व्यापक, विराट् व्यक्तित्व की ओर हमारा ध्यान जाना चाहिए। जैसा मैंने अभी आपसे निवेदन किया, आचार्य रामचन्द्र शुक्ल कोरे साहित्य-समालोचक न थे। कभी-कभी किसी जाति के जीवन में ऐसी स्थितियाँ आती हैं कि वह दायित्व, जो अर्थशास्त्रियों को, राजनीतिज्ञों को, समाजसुधारकों को निभाना चाहिए या दूसरे विज्ञान के क्षेत्रों में काम करने वाले लोगों को, साहित्य के समालोचक को निभाना पड़ता है। जरूरी नहीं कि उस ऐतिहासिक क्षण में वह साहित्य-समालोचक या वैसा साहित्य-समालोचक उपस्थित हो ही, जो इस महान् दायित्व का निर्वाह कर सके। यह सौभाग्य की बात है और देखकर आश्चर्य भी होता है, प्रीतिकर आश्चर्य होता है, कि बीसवीं सदी के दूसरे दशक से लेकर 1941 तक हिन्दी में ऐसा समालोचक उपस्थित था, जिसने उस महान् दायित्व का निर्वाह किया। यह कहते समय मेरे सामने और मेरे ध्यान में विचारधारा की दृष्टि से आचार्य शुक्ल से भिन्न, लेकिन उसी प्रकार का दायित्व निभाने वाले अंग्रेज़ी के दूसरे आलोचक एफ.आर. लीविस आते हैं। उन्होंने बीसवीं सदी के चतुर्थ दशक से लेकर पंचम दशक तक स्वयं वहाँ के बुद्धिजीवियों की दृष्टि में लगभग वही भूमिका अदा की, जो समाजविज्ञान के क्षेत्र के किसी दूसरे बौद्धिक ने अदा नहीं की। जब मैं आचार्य रामचन्द्र शुक्ल के लिए इस प्रकार के बड़े दायित्व की बात कर रहा हूँ, तो मेरे सामने आचार्य रामचन्द्र शुक्ल का तथाकथित आलोचनात्मक कृतित्व तो है ही, उसके अतिरिक्त उनका लिखा हुआ और भी कुछ साहित्य है, जिसकी ओर कुछ तो ध्यान दिया गया है, लेकिन कुछ बातें ठीक-ठीक प्रकाश में नहीं आ सकी हैं। यही आज चर्चा के लिए विषय रखा गया है—'हिन्दी नवजागरण'। मैं तो कहूँगा कि राष्ट्रीय जागरण और स्वतन्त्रता संग्राम के बृहत्तर परिदृश्य में आचार्य रामचन्द्र शुक्ल के कृतित्व की परीक्षा की जानी चाहिए और उसका मूल्यांकन किया जाना चाहिए।

मित्रो, आपमें से अधिकांश लोगों को मालूम है कि हमारे यहाँ नवजागरण या पुनर्जागरण के नाम से बहुत दिनों तक हिन्दी भाषा-भाषी क्षेत्र के विद्यार्थी और विद्वान जो कुछ पढ़ते-लिखते और जानते रहे हैं, वह बहुत कुछ बंगाल पुनर्जागरण का ही अखिल भारतीय परिवेश रहा है, जिसमें राजा राममोहन राय, बंकिमचन्द्र चट्टोपाध्याय, रामकृष्ण परमहंस, विवेकानन्द, केशवचन्द्र सेन आदि की विस्तृत चर्चा होती रही है और हिन्दीभाषी क्षेत्र में अगर इसमें योगदान

देने वाले कोई आचार्य दिखाई पड़ते हैं तो वे हैं आर्यसमाज के प्रतिष्ठाता दयानन्द। इस नवजागरण की या भारतीय नवजागरण की एक ऐसी तस्वीर हमारे सामने उपस्थित की जाती रही है, जिसमें सारा-का-सारा योगदान लगभग उस क्षेत्र का माना जाता रहा है, जो किन्हीं ऐतिहासिक कारणों से भारतवर्ष में आधुनिक युग में अग्रदूत की भूमिका निभाता रहा है। लेकिन यह गर्व की बात है (और स्वयं इसका श्रेय प्रगतिशील लेखकों को दिया जाना चाहिए और प्रगतिशील आन्दोलन को) कि पहली बार डॉ. रामविलास शर्मा ने अपने शोधों के द्वारा अपने चिन्तन के क्रम में यह स्थापित करने की कोशिश की है कि भारतीय नवजागरण या भारतीय पुनर्जागरण वही नहीं है, जो केवल राजा राममोहन राय, रामकृष्ण परमहंस, विवेकानन्द आदि से जुड़ा हुआ है, बँधा हुआ है, बल्कि भारतीय नवजागरण की तस्वीर कहीं अधिक व्यापक है और उस व्यापक तस्वीर में महत्त्वपूर्ण भूमिका हिन्दीभाषी प्रदेश ने भी अदा की है, उस हिन्दीभाषी प्रदेश ने, जिसने सन् 1857 में पहली बार स्वाधीनता का संग्राम किया था। इस नवजागरण में 'हिन्दी नवजागरण' नाम का विशेषण लगाकर विशेष रूप से अखिल भारतीय परिवेश में हिन्दी की जातीय विशेषता को रेखांकित करने का कार्य जिस प्रसिद्ध प्रगतिशील और मार्क्सवादी आलोचक ने किया है, निश्चित रूप से और असन्दिग्ध रूप से वह आलोचक डॉ. रामविलास शर्मा हैं। एकमात्र डॉ. रामविलास शर्मा ने इसके लिए प्रयास किया! उन्होंने अपने अनुसन्धानों के द्वारा यह दिखाने का प्रयत्न किया है कि अखिल भारतीय नवजागरण के अन्तर्गत हिन्दी नवजागरण की कुछ अपनी जातीय विशेषताएँ हैं। यह केवल धार्मिक और सामाजिक सुधारकों की देन नहीं है, बल्कि हिन्दी नवजागरण की जो मुख्य विशेषता है, वह यह कि इस नवजागरण में यहाँ के बौद्धिकों और मुख्य रूप से साहित्यकारों और लेखकों ने भूमिका अदा की है, इसमें भारतेन्दु हरिश्चन्द्र और भारतेन्दु-मण्डल के अन्य साहित्यकारों के बाद आचार्य महावीर प्रसाद द्विवेदी, पण्डित चन्द्रधर शर्मा 'गुलेरी' और रामचन्द्र शुक्ल जैसे साहित्यकारों की भूमिका महत्त्वपूर्ण है और नियामक है। इसलिए आचार्य रामचन्द्र शुक्ल का नाम लेते समय हम उन्हें केवल साहित्य के विचारक, विवेचक और आलोचक तक ही सीमित न रखें, बल्कि उनका गहरा सम्बन्ध उस व्यापक हिन्दी नवजागरण से है, जिसने भारतीय जीवन में एक नयी चेतना उत्पन्न की। यह कार्य उल्लेखनीय इसलिए है कि यह समूचे हिन्दीभाषी प्रदेश में उन लोगों ने किया, जो हिन्दी के लेखक हैं, हिन्दी के साहित्यकार हैं,

जिन्होंने हिन्दी की पत्रिकाएँ निकालीं, प्रेस खोला और हिन्दी में लिखा। यह इसलिए उल्लेखनीय है कि कदाचित् अन्य क्षेत्रों में, अन्य भाषा-भाषी क्षेत्रों में अंग्रेज़ी के माध्यम से नवजागरण की भूमिका अदा की गयी थी। हिन्दीभाषी क्षेत्र में जैसा तब था कदाचित् आज भी हिंन्दी के माध्यम से नवजागरण का प्रयत्न जो लोग कर रहे हैं, उनका कृतित्व कहीं अधिक महत्त्वपूर्ण है, उनकी अपेक्षा, जो एक विदेशी और उपनिवेशवादी भाषा के माध्यम से नवजागरण का मन्त्र फूँकते रहे हैं। इस लम्बी कड़ी में भारतेन्दु हरिश्चन्द्र, महावीर प्रसाद द्विवेदी, चन्द्रधर शर्मा 'गुलेरी' और आचार्य रामचन्द्र शुक्ल के नाम हैं। आगे चलकर प्रेमचन्द, जयशंकर प्रसाद, निराला—जैसे साहित्यकारों ने इसी नवजागरण के विभिन्न सोपानों को समृद्ध किया है और उस चेतना को और भी आगे ले जाने की कोशिश की है। इस नवजागरण को आमतौर से समाज-सुधार का रूप देकर प्रायः इसके महत्त्व को कम करने की कोशिश की जाती है, लेकिन जिस प्रकार दूसरे देशों के, अन्यत्र के नवजागरण एक बृहत्तर मानववाद या मानवतावाद के अग्रदूत रहे हैं, उसी प्रकार यह हिन्दी नवजागरण भी उस मानववाद का अग्रदूत रहा है। आधुनिक युग के इस नवजागरण की सबसे बड़ी विशेषता है वह वैज्ञानिक चेतना, जिसके बिना किसी भी नये चिन्तन या नयी जीवन-दृष्टि का विकास नहीं हो सकता।

आप सभी लोगों को मालूम है कि 1955 से पहले आचार्य रामचन्द्र शुक्ल की तमाम पुस्तकों का उल्लेख किया जाता था, यदि उल्लेख नहीं किया जाता था तो उस पुस्तक का, उस पुस्तक की लिखी हुई लगभग एक दूसरी पुस्तक के आधार की भूमिका का, जिसे हम लोग 'विश्व प्रपंच' के नाम से जानते हैं। 1921 में प्रकाशित इस पुस्तक का 1956 तक ही नहीं, बल्कि 1961 तक दूसरा संस्करण नागरी प्रचारिणी सभा ने नहीं निकाला। क्या वजह है कि आचार्य रामचन्द्र शुक्ल के 'हिन्दी-साहित्य का इतिहास', 'तुलसी ग्रन्थावली', 'भ्रमरगीत-सार' और 'चिन्तामणि', 'रसमीमांसा' आदि समस्त ग्रन्थों की चर्चा होती रही, लेकिन 'विश्व प्रपंच' प्रकाशित होकर, मुद्रित होकर लाइब्रेरियों की शोभा बढ़ाता रहा? किसी दूसरे आदमी का ध्यान नहीं गया कि एक ऐसी भी पुस्तक है, जो 'रिड्ल ऑफ़ द यूनिवर्स' के नाम से किसी समय समूचे पश्चिमी जगत् में विवाद के केन्द्र में थी। उस पुस्तक का अनुवाद रामचन्द्र शुक्ल ने किया और अनुवाद ही नहीं किया, बल्कि उसकी लगभग एक सौ पचास पृष्ठों से अधिक की भूमिका लिखी। इस भूमिका की ओर हिन्दी जगत्

का ध्यान सबसे पहले आकृष्ट करने का श्रेय डॉ. रामविलास शर्मा को है। वह भी 'आचार्य रामचन्द्र शुक्ल और हिन्दी आलोचना' नाम की पुस्तक के दूसरे संस्करण में उनका ध्यान जा सका, प्रथम संस्करण में नहीं। जहाँ तक मुझे मालूम है, उसकी ओर, इस पुस्तक की ओर, डॉ. शर्मा का ध्यान हमारे आदरणीय मित्र त्रिलोचन शास्त्री ने बनारस में ही आकृष्ट किया था। उन्होंने उनसे कहा था कि शुक्लजी पर तुमने एक पुस्तक लिखी है, एक और पुस्तक है उनकी 'विश्व प्रपंच', दो भागों में छपी हुई, जिनमें से एक भाग भूमिका है, दूसरा अनुवाद है! अपनी पुस्तक के दूसरे संस्करण में डॉ. रामविलास शर्मा ने 'विश्व प्रपंच' की भूमिका पर अपनी समीक्षा लिखकर समस्त हिन्दी जगत् का ध्यान उसकी ओर आकृष्ट करने की कोशिश की। यह वह पुस्तक है, जो हिन्दी नवजागरण के महत्त्वपूर्ण पहलू की ओर हिन्दी जाति और हिन्दी जनता का ध्यान आकृष्ट करती है। हिन्दी नवजागरण की परम्परा इस देश में भौतिकवादी चिन्तन के प्रसार की परम्परा है। आधुनिक विज्ञान के द्वारा धर्म की पुरानी रूढ़ियों, अन्धविश्वासों और धार्मिक विभेदों और विद्वेषों को समाप्त करने की वैज्ञानिक दृष्टि जो हो सकती थी, जिसकी शुरुआत 'सरस्वती' पत्रिका के माध्यम से स्वयं आचार्य महावीर प्रसाद द्विवेदी ने की थी, इसका सम्बन्ध उससे था। डॉ. रामविलास शर्मा ने 'विश्व प्रपंच' की भूमिका पर लिखने के बाद आगे चलकर 'महावीर प्रसाद द्विवेदी और हिन्दी नवजागरण' के द्वारा दिखाया कि हिन्दी प्रदेश में इस सदी के आरम्भ से ही आचार्य महावीर प्रसाद द्विवेदी लगातार डार्विन के विकासवाद, स्पेन्सर के दर्शन, जॉन स्टुअर्ट मिल की 'लिबर्टी' नाम की पुस्तक (जिसका उन्होंने 'स्वाधीनता' नाम से अनुवाद किया था) के माध्यम से हिन्दीभाषी क्षेत्र में नवजागरण की चेतना फैला रहे थे। जो यूरोप में उस दौर में आधुनिक विज्ञान की दृष्टि से सामाजिक रूढ़ियों पर प्रहार करने वाली थीं, धार्मिक अन्धविश्वासों पर प्रहार करने वाली थीं और जनवादी और जनतान्त्रिक मूल्यों की प्रतिष्ठा करने वाली थीं, ऐसी तमाम पुस्तकों के प्रचार, अनुवाद और उन पर लिखी गयी टिप्पणियों के माध्यम से हिन्दी नवजागरण वैज्ञानिक जीवन-दृष्टि का प्रचार और प्रसार करने के क्रम में स्वयं अपने भारतीय दर्शन की परम्परा को वैज्ञानिक विकास के साथ जोड़ रहा था। आचार्य रामचन्द्र शुक्ल ने 'विश्व प्रपंच' की भूमिका में केवल डार्विन की खोजों और विकासवाद के सिद्धान्तों की स्थापना ही नहीं की है, बल्कि स्वयं इस देश के सांख्य, न्याय, वैशेषिक दर्शनों और चार्वाकों के भौतिकवादी

विचारों से क्रमशः आगे बढ़ते हुए वेदान्त-दर्शन जिस प्रकार भेदों में अभेद की दृष्टि का विकास कर रहा था, सम्पूर्ण दार्शनिक विकास के साथ उनका सम्बन्ध जोड़ा है। इसलिए नवजागरण की प्रवृत्ति के अनुरूप केवल पश्चिम की वैज्ञानिक दृष्टि ही नहीं, बल्कि उस वैज्ञानिक दृष्टि के बीज हमारे यहाँ के स्वयं प्राचीन चिन्तन में जिस रूप में मिलते हैं, उन्होंने उनको उससे जोड़कर दिखाने की कोशिश की थी। मैं नहीं जानता कि उस समय के तत्कालीन भारतीय नवजागरण में स्वयं बंगाल का नवजागरण या पुनर्जागरण किस हद तक वैज्ञानिक था और किस हद तक रहस्यवादी था। इसकी और खोज की जानी चाहिए और जाँच-पड़ताल की जानी चाहिए।

आचार्य रामचन्द्र शुक्ल ने आचार्य महावीर प्रसाद द्विवेदी की उस वैज्ञानिक चिन्तन-परम्परा का विकास करते हुए 'विश्व प्रपंच' की भूमिका के रूप में जो कार्य किया, वह केवल वहीं तक सीमित नहीं है, बल्कि उस ग्रन्थ का गहरा सम्बन्ध उनके सम्पूर्ण साहित्य-चिन्तन, इतिहास-दृष्टि और पूरे मूल्यांकन से है, जिसके ब्योरे में आगे आने वाली अनेक गोष्ठियों में विद्वान जायेंगे। लेकिन यह आकस्मिक नहीं है कि आचार्य रामचन्द्र शुक्ल ने हिन्दू और मुस्लिम इन धर्मों के बीच धार्मिक अन्धविश्वासों और धार्मिक पोथियों के आधार पर जो एक खाई गहरी होती जा रही थी, इस ग्रन्थ के द्वारा उसे दूर करने का प्रयास किया। यह भी आकस्मिक नहीं है कि वे एक ओर तुलसीदास और सूरदास पर समीक्षा लिख सकते थे और दूसरी ओर मुसलमान सूफी कवि मलिक मुहम्मद जायसी को भी उतना ही ऊँचा दर्जा दे सकते थे और दिखा सकते थे कि मुसलमान फ़क़ीरों ने हिन्दू घरों में प्रचलित लोकजीवन की लोकगाथाओं को लेकर जिस प्रेम-संसार की रचना की है, उसमें हिन्दू और मुसलमान सभी थे। इस धारणा के बीच उनके सम्पूर्ण 'हिन्दी-साहित्य का इतिहास' में, चाहे वे रहीम पर लिखते हों, या रसखान पर लिखते हों, या कबीर पर लिखते हों, बिखरे हुए हैं। जिस 'सेक्युलरिज्म' का आज बहुत गुणगान किया जाता है और कभी-कभी विकृत रूप में उसे लागू करने की कोशिश की जाती है, वह उदार दृष्टि धार्मिक अन्धविश्वासों को, रूढ़ियों को हटाकर एक समन्वित जातीय, राष्ट्रीय दृष्टिकोण कैसे हो सकती है इसके बीज आप 'विश्व प्रपंच' की भूमिका में देख सकते हैं, जहाँ शुक्लजी कहते हैं—सृष्टि की उत्पत्ति और विकास के बारे में अब पुरानी पौराणिक और धार्मिक गाथाओं से काम नहीं चलेगा, ईश्वर संस्कृत बोलता है कि अरबी बोलता है, लम्बी दाढ़ी वाला है

कि चोटी वाला है, यह कहने से अब काम नहीं चलेगा। जिसको इस पर बहस करनी है, वह ठोस वैज्ञानिक तथ्यों के आधार पर इस मैदान में आये, खड़ा हो। यह चुनौती देने वाले रामचन्द्र शुक्ल जब यह कार्य कर रहे थे, तो यह ध्यान देने की बात है (और उनकी जन्मशती मनाते समय हम लोग देखेंगे) कि आज के युग में धार्मिक प्रश्नों पर हम लोग 'ज्यादा सेक्युलर' हो गये हैं, इस हद तक कि कभी-कभी भय के कारण, आतंक के कारण ऐसी तमाम चीज़ों पर प्रहार करने का प्रयत्न धीरे-धीरे मन्द से मन्दतर होता जा रहा है। धर्म व्यक्तिगत साधना की चीज़ जरूर है, लेकिन जब वह सामाजिक रूप लेता है और रूढ़ियों और अन्धविश्वासों के आधार पर समाज में अत्याचार या विद्वेष फैलाने की कोशिश करता है, तो उस पर प्रहार करने की जरूरत होती है। हमसे एक पीढ़ी, दो पीढ़ी पहले के लोगों ने, हिन्दी के लेखकों ने, दृढ़ता के साथ जिन धार्मिक रूढ़ियों और अन्धविश्वासों का खण्डन किया था, हिन्दी में उनका खण्डन लगभग बन्द हो गया है। यह स्वयं सोचने की चीज़ है। आचार्य शुक्ल को ब्राह्मणवादी कहते समय हम यह अक्सर भूल जाते हैं कि स्वयं हम कितना जातिवाद के शिकार हुए हैं! आचार्य रामचन्द्र शुक्ल को वेदान्ती कहते समय हम अक्सर भूल जाते हैं कि स्वयं हममें भौतिकवाद का कितना विकास हुआ है! इसलिए इस बीच उस नवजागरण की मुख्य चेतना का स्मरण करते समय बराबर ध्यान रखने की जरूरत है कि हमारे पूर्व-सूरियों ने, आचार्यों ने, आचार्य महावीर प्रसाद द्विवेदी, आचार्य रामचन्द्र शुक्ल जैसे आचार्यों ने बिना लोकनिन्दा की परवाह किये, बिना आक्षेपों की परवाह किये इस हद तक वैज्ञानिक दृष्टि को अपनाया था कि स्वयं आचार्य महावीर प्रसाद द्विवेदी तक को नास्तिक कहा जाता था। उन्होंने एक कविता भी लिखी है कि, 'मैं किस प्रकार नास्तिक हूँ।' स्वयं आचार्य रामचन्द्र शुक्ल के बारे में मेरे गुरुदेव आचार्य हजारी प्रसाद द्विवेदी ने बातचीत के सिलसिले में कहा था कि उनको पढ़कर सन्देह होने लगता है कि वे ईश्वर में विश्वास करते भी थे कि नहीं करते थे। तथ्य क्या है, यह अलग प्रश्न है। लेकिन एक वैज्ञानिक दृष्टिकोण के अनुरूप जिन धार्मिक आडम्बरों, रूढ़ियों, अन्धविश्वासों के खोल को हटाकर उस भेदों में अभेद-दृष्टि की ओर, तात्त्विक दृष्टि की ओर बढ़ने का प्रयास किया जा रहा था, जनता को जो मार्ग दिखाने का प्रयास किया जा रहा था, मैं समझता हूँ कि आज के इस सर्व-सन्तोषवादी 'सेक्युलरिज्म' से

वह कहीं ज्यादा वैज्ञानिक था, अधिक सामाजिक था, अधिक जनवादी कदम था, जिसे हम लोग क्रमशः भूलते चले जा रहे हैं।

इस क्रम में आचार्य रामचन्द्र शुक्ल ने एक और काम किया। वह यह कि उन्होंने उस अध्यात्मवाद पर चोट की, जो अध्यात्मवाद वस्तुतः पश्चिमी उपनिवेशवाद का सबसे बड़ा अस्त्र था, पूर्वी देशों को गुलाम बनाने का। एडवर्ड सईद नामक एक लेखक ने अंग्रेज़ी में अभी 'ओरियंटलिज्म' नाम की एक पुस्तक लिखी है। एडवर्ड सईद अमेरिका में अंग्रेज़ी के प्रोफेसर हैं, पैलेस्टीनियन हैं। इस पुस्तक के द्वारा उन्होंने दिखाने की कोशिश की है कि जिसको 'ओरियंटलिज्म', 'ओरियंटल' और 'ओरियंटलिस्ट स्कॉलर' कहते हैं, वह 'ओरियंटलिज्म' उन्नीसवीं सदी के पश्चिम के साम्राज्यवादी देशों की एक सृष्टि थी। यह एक ऐसी अवधारणा थी, जो केवल अमूर्त नहीं थी, बल्कि इसके नखदन्त भी थे। इस 'ओरियंटलिज्म' के द्वारा पूर्व के देशों की संस्कृति को एक विशेष प्रकार के रोमांटिक प्रभामण्डल से ढँककर रखा जाता था, जिस प्रभामण्डल का निर्माण वे अध्यात्मवाद के द्वारा करते थे। वे कहते थे कि पश्चिम भौतिकवादी है और पूर्व अध्यात्मवादी है। इस अध्यात्मवाद का ढोल पीटते हुए हम लोगों को और पूरब के लोगों को भौतिक स्तर पर गुलाम बनाये रखते थे और हम लोगों को केवल अध्यात्म-चिन्तन में ही रत देखना चाहते थे। आचार्य रामचन्द्र शुक्ल उन पहले क्रान्तदर्शियों में हैं, जिन्होंने इस 'अध्यात्मवाद' को पहचाना था। जहाँ तक मुझे स्मरण है, उस समय पश्चिम द्वारा प्रचारित भारतीय अध्यात्मवाद के आलोचकों में अनेक आचार्यों ने, विद्वानों ने, हिन्दी के विद्वानों ने भूमिका अदा की है, जिनमें पं. रामावतार शर्मा का नाम अग्रणी है। स्वयं पं. चन्द्रधर शर्मा 'गुलेरी' ने इस अध्यात्मवाद का बखिया उधेड़ा है और सबसे ज़बरदस्त, निरन्तर, लगातार प्रहार आचार्य रामचन्द्र शुक्ल ने उस अध्यात्मवाद के विरुद्ध किया है। और यह सारी की सारी चर्चा उपदेश के रूप में नहीं है, बल्कि अध्यात्मवाद स्वयं साहित्य में, काव्य में जहाँ-जहाँ जिस-जिस रूप में मिलता है, आप देखेंगे कि यथाप्रसंग उन्होंने उसका विरोध किया है। यह अध्यात्मवाद उस समय टॉलसटॉय के उपदेशों के माध्यम से, महात्मा गांधी से होते हुए, भारत में अहिंसा-सत्याग्रह के रूप में अद्‌भुत रामधुन के वातावरण में बना हुआ है। यह आकस्मिक नहीं है कि अध्यात्मवाद के उस मूल स्रोत टॉलसटॉयवाद, जिसको लोकादर्शवाद कहा जाता था, जो एक तरह से मानव-प्रेम, मानव-दया पर आधारित था, जो 'ह्युमैनिटैरियनिज्म' या

एक मानवतावाद, जीवदयावाद के रूप में प्रचारित होता था, आचार्य रामचन्द्र शुक्ल ने अध्यात्मवाद के उस रूप पर भी हमला किया, जो लगभग उन्हीं दिनों समकालीन काव्य में 'रहस्यवाद' के रूप में प्रचारित हो रहा था।

वह रहस्यवाद समकालीन काव्य तक ही सीमित नहीं था, बल्कि सम्पूर्ण परम्परा की व्याख्या रहस्यवाद के रूप में की जाती थी। आपको स्मरण होगा कि हिन्दी पर लिखने वाले लोगों में उन दिनों अंग्रेज़ी के अनेक विद्वानों का महत्त्वपूर्ण योगदान हम स्वीकार करते हैं। डॉ. ग्रियर्सन ने पूरे प्राचीन हिन्दी साहित्य का मूल्यांकन उस रहस्यवादी गुणवत्ता के कारण किया है, जिसे उन दिनों 'क्रिस्टोमैथी' कहा करते थे। जिन लोगों ने 'द मॉडर्न वर्नाक्यूलर लिटरेचर ऑफ़ हिन्दुस्तान' नाम की पुस्तक देखी होगी अथवा उसका हिन्दी अनुवाद देखा होगा, उन्होंने देखा होगा कि उसमें विद्यापति भी उसी 'क्रिस्टोमैथी' के प्रभाव में हैं, सूर उसी में हैं, जायसी हैं, तुलसी हैं, सारी-की-सारी परम्परा, रीतिकाल को छोड़कर, उसी में है। संयोग से उनको बिहारीलाल में वह 'मिस्टिसिज्म' नहीं दिखाई पड़ा। यह पूरी की पूरी व्याख्या हमारी परम्परा की उस एक विशेष प्रकार के रहस्यवाद के द्वारा की गयी थी और ग्रियर्सन ने अपने ढंग से दिखाने की कोशिश की थी कि मध्ययुग के सन्तों, भक्तों और कवियों सभी में जिस प्रकार की रहस्य-चेतना दिखाई पड़ती थी, समूचा हिन्दी साहित्य उसी रहस्य-चेतना से व्याप्त है। आचार्य रामचन्द्र शुक्ल ने अध्यात्मवाद के उस काव्यात्मक रूप रहस्यवाद के विरुद्ध पूरी एक पुस्तक 1928 में 'काव्य में रहस्यवाद' के नाम से लिखी और दिखाने की कोशिश की कि किस प्रकार उपनिषदों और तन्त्र से लेकर आज तक रहस्यवाद की कड़ी पूरी की पूरी जोड़ी जाती है। उसके बारे में उनका पक्ष था कि अन्यत्र रही होगी परम्परा, लेकिन काव्य के क्षेत्र में नहीं थी, साधना के क्षेत्र में भले ही रही हो। किन्तु एक दूसरा महत्त्वपूर्ण पहलू है। वह यह कि उस क्रान्तदर्शी आचार्य ने इस रहस्यवाद के राजनीतिक पक्ष को, राजनीतिक उपयोग को पहचाना था, जो दूसरे लोग नहीं पहचान सके थे। इसलिए आचार्य रामचन्द्र शुक्ल की अध्यात्मवाद-सम्बन्धी आलोचना और रहस्यवाद-सम्बन्धी आलोचना इस दृष्टि से महत्त्वपूर्ण है कि उसमें इस अध्यात्मवाद और रहस्यवाद में निहित उस साम्राज्यवादी षड्यन्त्र, उस साम्राज्यवादी दर्शन का उद्‌घाटन करने की कोशिश की गयी है। उसे पहचान कर उन्होंने बताया कि किस प्रकार यह हम लोगों को निरन्तर गुलाम बनाये रखने का, राजनीतिक दृष्टि से, सामाजिक दृष्टि से और यही नहीं, बल्कि सांस्कृतिक दृष्टि से गुलाम

बनाये रखने का एक प्रयास है। इसलिए आचार्य रामचन्द्र शुक्ल की इस स्थापना को याद करते समय हमको फिर यह देखना चाहिए कि शुक्लजी के बाद यह रहस्यवाद कितना बढ़ा है, कितना घटा है; यह अध्यात्मवाद कम हुआ है या अधिक हुआ है; इस अध्यात्मवाद और रहस्यवाद के विरुद्ध संघर्ष हिन्दी में तेज हुआ है या मन्द। स्वयं हमारे भारतीय जीवन में विशेषतया स्वाधीनता के बाद ज्योतिषियों का प्रभाव बढ़ा है। प्रत्येक प्रान्त की ही नहीं, बल्कि देश की राजधानी इनकी चर्चा से भरी रहती है। हिन्दी की पुरानी पत्रिकाओं में, चाहे वे मासिक रही हों या साप्ताहिक रही हों, राशिफल कितना प्रकाशित होता था और अब कितना प्रकाशित होता है, केवल इसी दृष्टि से देखें तो पता लगेगा कि हम लोग कदाचित् 1900 के आसपास उतने ज्योतिषप्रेमी नहीं थे, जितने ज्योतिषप्रेमी 1984 में हैं। उस दौर में यह अन्धविश्वास, यह भाग्यवाद कम था, आज भाग्यवाद बढ़ा है। उन दिनों, बाबा, साईं लोग कम थे, आज ज्यादा हुए हैं। यही नहीं, बल्कि स्वाधीनता के बाद हिन्दी में रहस्यवाद के कई उत्थान हुए हैं, जिन पर हमारा ध्यान जाना चाहिए। स्वाधीनता के बाद नरेन्द्र शर्मा—जैसे प्रगतिशील कवि मुड़े रहस्यवाद की ओर। स्वयं सुमित्रानन्दन पन्त भागवत दर्शन की ओर मुड़े और श्रीअरविन्द की ओर गये। निराला किसी समय 'गीतिका' में एक विशेष प्रकार का वेदान्त लेकर उपस्थित हुए थे, जिसकी रामविलास जी ने बहुत अच्छी व्याख्या की है। स्वाधीनता के बाद 'अर्चना', 'आराधना' और 'गीतगुंज' के उनके गीतों में एक आध्यात्मिक चेतना दिखाई पड़ती है। यह दूसरी बात है कि क्रान्तिकारी निराला की उस भक्ति में भी उस युग की जनता की वेदना व्यक्त हुई है, उसकी पीड़ा व्यक्त हुई है, उसका संघर्ष व्यक्त हुआ है। लेकिन सच्चाई तो यही है कि छायावाद के युग में कहीं अधिक भक्ति उमड़कर निराला के स्वाधीनता के बाद वाले दौर में आयी है। उदयशंकर भट्ट के साथ भी यही बात है, बालकृष्ण शर्मा 'नवीन' के साथ भी। स्वाधीनता का आना था कि हिन्दी साहित्य का एक बहुत बड़ा हिस्सा आध्यात्मिक हो गया। और तो और, दिनकर जी-जैसे राष्ट्रीय कवि ने भी अध्यात्मवाद को अपनाया, भले ही 'काम' को उसके साथ लगाकर।

कभी-कभी लोगों को लगता है कि आचार्य रामचन्द्र शुक्ल रहस्यवाद का विरोध करते हुए जैसे डॉन क्विग्जोट के समान पवनचक्कियों से लड़ने की कोशिश कर रहे हैं, रहस्यवाद का कोई खतरा-वतरा नहीं था। यह बाद में हम देखते हैं कि जिन्हें हम पवनचक्कियाँ समझते हैं, वह रहस्यवाद

आचार्य रामचन्द्र शुक्ल की मृत्यु के बाद, प्रगतिशील आन्दोलन के बाद, 1947 के बाद अध्यात्म-चिन्तन के रूप में व्यक्त हो रहा है। यही नहीं, बल्कि एक जमाने के क्रान्तिकारी, विद्रोही, प्रयोगवाद आदि की धारा बहाने वाले लोग सहसा 1960 के आते-आते भारत-व्याकुल हो उठे। अध्यात्म-चिन्ता अज्ञेय के 'शेखर' में कम है, वह अक्सर नास्तिक के रूप में, विद्रोही के रूप में दिखाई पड़ता है। लेकिन उसी शेखर के वंशज आगे चलकर 'अपने-अपने अजनबी' में पहुँचते हुए मृत्यु की आध्यात्मिक चिन्ता में रत दिखाई पड़ते हैं, वात्स्यायन अध्यात्म की ओर मुड़ते हैं। 'आँगन के पार द्वार' से होते हुए यह अध्यात्मवाद का एक नया रूप है। श्री निर्मल वर्मा नयी कहानी के समर्थ हस्ताक्षरों में से हैं। बाद का कृतित्व उनका जो 'कव्वे और काला पानी' के रूप में अभिव्यक्त हुआ है, उसमें एक बाबा के रूप में एक भाई प्रकट होते हैं और वे पहाड़ की ऊँची सीढ़ियों पर चढ़ते हुए अध्यात्मलोक की लम्बी यात्रा करते दिखाई पड़ते हैं। इसलिए, मित्रो, मैं कहना चाहता हूँ कि यह अध्यात्मवाद, जिसके विरुद्ध नवजागरणकाल और सदी के आरम्भ में आचार्य महावीर प्रसाद द्विवेदी, रामावतार शर्मा, पं. चन्द्रधर शर्मा 'गुलेरी', आचार्य रामचन्द्र शुक्ल और इसी परम्परा में प्रेमचन्द ने संघर्ष किया था, उस परम्परा का आज फिर स्मरण करते हुए हमें अपने कर्तव्य को नहीं भूलना चाहिए कि इसके विरुद्ध संघर्ष समाप्त नहीं हुआ है। रहस्यवाद अध्यात्मवाद का नया रूप धारण कर प्रकट हो रहा है और यह रूप बहुत पोशीदा भी नहीं है। उस जमाने का रहस्यवाद तो कम-से-कम पर्दे के पीछे से आया करता था। महादेवी के प्रियतम पर्दे के पीछे आया करते थे, क्षितिज के पार से ताक-झाँक करते थे, आज का रहस्यवाद तो पर्दा हटाकर, बेनकाब होकर हमारे सामने घूम रहा है! इसको पहचानने के लिए किसी बहुत गहरी वैज्ञानिक दृष्टि की जरूरत नहीं है। इसको पहचानने, समझने के लिए सामाजिक दायित्व-भावना और जनता के प्रति हमारा जो कर्तव्य है, उसके अनुसार एक संकल्प-शक्ति की आवश्यकता है। तभी हम आचार्य शुक्ल के उस नवजागरण कालीन कार्य को आगे बढ़ा सकेंगे और उनकी परम्परा को सुरक्षित ही नहीं रखेंगे, बल्कि विकसित भी करने का प्रयास करेंगे।

इस वैज्ञानिक जीवन-दृष्टि के साथ ही बहुत गहराई से जुड़ा हुआ आचार्य रामचन्द्र शुक्ल का जो दूसरा बड़ा कृतित्व है, जिसकी ओर मैं आपका ध्यान आकृष्ट करना चाहता हूँ, उसकी आमतौर से उपेक्षा की जाती है।

इस नवजागरण का विकास, जैसा कि हम सभी जानते हैं, राष्ट्रीय जागरण के रूप में हुआ, राष्ट्रीय मुक्ति आन्दोलन या जिसे हम स्वाधीनता-संग्राम कहते हैं, उसके दौरान हुआ। हिन्दी के लेखकों को बार-बार यह पढ़ाने और समझाने की कोशिश की जाती है कि यदि इंडियन नेशनल कांग्रेस न होती, तो राष्ट्रीय चेतना हिन्दी लेखकों में आयी ही न होती। इंडियन नेशनल कांग्रेस न होती तो राष्ट्रीय चेतना का क्या रूप होता, इसके लिए फिर मेरा निवेदन है कि स्वाधीनता-संग्राम का इतिहास सचमुच नये सिरे से लिखा जाना चाहिए और देखना चाहिए कि स्वाधीनता-संग्राम में राष्ट्रीय चेतना और स्वाधीनता की चेतना के विकास में देशी भाषाओं के लेखकों और साधारण जनता की क्या भूमिका है, उनकी अपेक्षा, जो अंग्रेज़ी माध्यम से इन तमाम चीज़ों का प्रचार किया करते थे। स्वयं 'हिन्दी साहित्य का इतिहास' में आचार्य रामचन्द्र शुक्ल ने कांग्रेस के आरम्भिक दिनों के बारे में जो टिप्पणी की है, वह दर्शनीय है। उन्होंने लिखा है कि कांग्रेस वर्ष में किसी एक दिन कहीं किसी बड़ी सभा में एकत्र होकर प्रस्ताव पास किया करती थी और स्वाधीनता की माँग याचना से आगे बढ़ती नहीं थी। यह टिप्पणी 1928 में उन्होंने की थी, 'हिन्दी साहित्य का इतिहास' लिखते समय, और यह आकस्मिक नहीं है इस सन्दर्भ में मित्रो, मैं आचार्य रामचन्द्र शुक्ल के दो निबन्धों की ओर आपका ध्यान आकृष्ट करना चाहता हूँ। यह हमारी शोध की दयनीय दशा पर बहुत प्रखर प्रकाश है। हम लोग पुरानी पोथियाँ, सोलहवीं-सत्रहवीं सदी की क्या खोजेंगे, स्वयं बीसवीं सदी की पत्रिकाओं में छपे हुए और छिपे हुए अपने आधुनिक युग के लेखकों की रचनाओं का संग्रह-कार्य भी हम ठीक-ठीक नहीं कर रहे हैं। जैसे यह कार्य हम बाईसवीं सदी के लोगों के लिए छोड़े जा रहे हैं कि जब तक ये पन्ने जर्जर न हो जायें, तब तक इनकी खोज न की जानी चाहिए। आचार्य रामचन्द्र शुक्ल ने 'हिन्दुस्तान रिव्यू' में, जिसका पटने के ही सच्चिदानन्द सिन्हा सम्पादन किया करते थे, 1907 में 'व्हाट हैज इंडिया टुडू?' नाम का एक लेख अंग्रेज़ी में लिखा था। मुझे, बहुतों को, यह लेख नहीं मिला था। मैं भी बहुत दिनों से तलाश में था। मैं अत्यन्त आभार के साथ यह कहना चाहता हूँ, हमारे मित्र डॉ. नन्दकिशोर नवल ने उसे सुलभ कराया, यहीं पटने से ही। 'व्हाट हैज इण्डिया टुडू?' 1907 में, जब स्वदेशी-आन्दोलन चला ही था, ठीक बंग-भंग के बाद का लिखा हुआ लेख है। एक लेख और है। पटने से ही प्रकाशित होने वाले समाचारपत्र 'एक्सप्रेस' में 1921 में आचार्य रामचन्द्र शुक्ल ने एक

दूसरा लेख लिखा था—'नन-कॉपरेशन एंड नन-मर्केन्टाइल क्लासेज' (असहयोग और अव्यापारिक श्रेणियाँ)। अभी तक इस लेख का अंग्रेज़ी रूप मुझे सुलभ नहीं हो सका है। उनकी दौहित्री ने अपने पिता के द्वारा किया इसका हिन्दी अनुवाद स्वयं अपने नाम से 'दस्तावेज' नाम की पत्रिका में छपा लिया है। मूल सुलभ होता तो कदाचित् हम और प्रामाणिकता के साथ आचार्य रामचन्द्र शुक्ल के विचारों की ओर ध्यान दे सकते थे।

'व्हाट हैज इंडिया टुडू?' नाम के लेख में 1907 में आचार्य रामचन्द्र शुक्ल ने एक घोषणा की है। आप देखें कि उनकी दृष्टि किस प्रकार एक समस्त व्यक्तित्व की, एक समन्वित व्यक्तित्व की थी : "...We need social reformers, politicalAgitators, poetsAnd educationalists–allAt oneAndAt the same time." यह है दृष्टि की समग्रता! मैंने कहा कि वे कोरे साहित्य के आलोचक न थे, बल्कि वे जरूरत महसूस करते थे कि सामाजिक सुधारक, राजनीतिक आन्दोलनकर्ता, कवि और शिक्षाशास्त्री ये सभी एक साथ और एक व्यक्ति में हों। इस क्रम में वे एक विशेष प्रकार की शिक्षा का आग्रह करते हैं। वे उस शिक्षा की आवश्यकता बतलाते हैं जिसे उन्होंने स्पष्ट शब्दों में 'राजनीतिक शिक्षा' कहा है। मैं हिन्दी अनुवाद आपके सामने सुना देता हूँ। शुक्लजी ने लिखा है : "प्रत्येक ग्रामवासी को यह जानना चाहिए कि वह इतनी ज्यादा मेहनत करने पर भी इतना कम क्यों कमाता है...। और सचमुच प्रत्येक भारतवासी को यह साफ दिखाई पड़ना चाहिए कि उसका देश दिन पर दिन क्यों गरीब होता जा रहा है। आप चाहें तो इसे राजनीतिक शिक्षा कह सकते हैं। इस प्रकार की शिक्षा के प्रसार के लिए भिन्न पद्धतियों और माध्यमों का सहारा लेना पड़ेगा। स्कूल और कॉलेज ही इस शिक्षा में स्थान नहीं होंगे। सार्वजनिक व्याख्यानों के द्वारा हम लोग बहुत कुछ कर सकते हैं। सुविधाजनक स्थानों पर ऐसे व्याख्यानों का आयोजन किया जाना चाहिए और लोगों को सुदूर देहातों में जाकर भारतीय जनसमूह को उन परिस्थितियों से परिचित कराना चाहिए, जो उन्हें प्रभावित कर रही हैं। यहाँ उन्हें इसके साथ ही कर्म का मार्ग भी बताना चाहिए। यहाँ हम देशी भाषाओं के बढ़ते हुए साहित्य की उस भूमिका को नज़रअन्दाज़ नहीं कर सकते हैं जो भारतीय मनीषा को एक सामंजस्य के स्तर पर लाने का प्रयास करती है।" इस प्रकार जिस राजनीतिक शिक्षा की हिमायत आचार्य रामचन्द्र शुक्ल कर रहे हैं, वह स्कूल-कॉलेजों तक ही सीमित नहीं है। सार्वजनिक व्याख्यानों के द्वारा और सुदूर देहातों में लोगों

को भेजकर लोगों को बताना चाहिए कि इतनी मेहनत करने के बाद भी वे इतना कम क्यों कमाते हैं और हमारा देश क्यों दिन-पर-दिन गरीब होता जा रहा है! और इस पूरी शिक्षा के लिए जरूरत इस बात की है कि हम लोगों को जितने माध्यम सुलभ हैं, उन सबका इस्तेमाल करना चाहिए। चूँकि आचार्य शुक्ल साहित्य के विद्यार्थी ही नहीं, साहित्यकार थे उन्होंने कहा कि देशी भाषाओं के साहित्य की उस भूमिका को नज़रअन्दाज़ नहीं करना चाहिए, जो सचमुच इस कार्य में पहल करती है। यह ध्यान आकृष्ट किया जा रहा था उन राजनीतिक नेताओं का, जो समझते थे कि जनजागरण का श्रेय सिर्फ अंग्रेज़ी में लिखने वालों को ही है। इसका नतीजा हमने बहुत बाद तक देखा। स्वयं गांधीजी को नहीं पता था कि हिन्दी में कौन लोग क्या लिख रहे हैं। निराला को उनसे बहस करनी पड़ी थी। पं. जवाहरलाल नेहरू को नहीं पता था कि वे जो काम कर रहे हैं, वह उनसे बहुत पहले हिन्दी के साहित्यकार कर चुके हैं। इसलिए देशी भाषाओं में लिखे जाने वाले 'वर्नाक्यूलर' साहित्य की भूमिका को हमें नज़रअन्दाज़ नहीं करना चाहिए। यह वह राजनीतिक शिक्षा थी, शुक्लजी 1907 में जिसकी कामना कर रहे हैं। कहना नहीं होगा कि यह राजनीतिक शिक्षा स्वयं शुक्लजी ने अपनी रचनाओं के द्वारा देने की कोशिश की। उनका समूचा कृतित्व केवल सूर, तुलसी एवं जायसी का रसास्वादन नहीं है। सूर, तुलसी, जायसी ही नहीं, आधुनिक हिन्दी साहित्य की आलोचना के द्वारा भी वे जनता को वह राजनीतिक शिक्षा दे रहे थे, जनजागरण का सन्देश दे रहे थे, जिस जनजागरण का सन्देश प्रेमचन्द अपने ढंग से, निराला अपने ढंग से और जयशंकर प्रसाद अपने ढंग से दे रहे थे।

इस क्रम में जो उल्लेखनीय बात है, वह यह कि 1907 में ही शुक्लजी कहते हैं : "अब तक हम जितना देखने में समर्थ हो सके हैं, साम्राज्यवाद ही भारतवर्ष में ब्रिटिश राज की नीति की प्रेरक शक्ति रहा है।" अंग्रेज़ी में उनका कथन है : "So farAs we have beenAble to see, imperialism has been the motive force of the policy of the British in India." इस 'इंपेरियलिज्म' को स्पष्ट ढंग से समझने और स्वराज्य का, स्वाधीनता का स्वरूप स्थिर करने में कांग्रेस को दशक लग गये। वह लाहौर कांग्रेस में जाकर पूर्ण स्वराज्य की घोषणा कर सकी। इसका अर्थ यही है कि उसे 'कोलोनियलिज्म' का उपनिवेशवाद और 'इंपेरियलिज्म' की प्रवृत्ति को समझने में काफी समय लगा। 1907 में आचार्य रामचन्द्र शुक्ल निर्भ्रान्त ढंग से कह सकते थे

कि ब्रिटिश राज की जो भारत में नीति है, वह स्पष्ट है कि 'इंपेरियलिज्म' की है, साम्राज्यवाद की है। मैं नहीं जानता कि इतने स्पष्ट शब्दों में भारतीय शासकों को 'साम्राज्यवादी' नाम देने का काम और उस पर उँगली रखने का काम इससे पहले किसी और लेखक ने किया था। इस पर शोध होना चाहिए। सम्भव है, यह काम हिन्दी के किसी और लेखक ने किया हो। लेकिन मेरी जानकारी में आचार्य रामचन्द्र शुक्ल पहले व्यक्ति हैं, जिन्होंने साम्राज्यवाद पर उँगली रखी, उसकी प्रवृत्ति पर। इसके साथ ही उन्होंने स्वदेशी-आन्दोलन की प्रशंसा की, उसका स्वागत किया। यह वही लेख है, जिसके कारण मिर्जापुर के कलक्टर ने उनके पिता को डाँटा था और जिसके कारण शुक्लजी के लिए सरकारी नौकरी का दरवाजा तो लगभग बन्द ही हो गया था। स्वयं शुक्लजी ने तय कर लिया था कि आजीवन मुझे सरकारी नौकरी नहीं करनी है। इस क्रम में आचार्य रामचन्द्र शुक्ल ने वह दूसरा महत्त्वपूर्ण लेख लिखा, जिसका जिक्र मैंने अभी किया, 1921 में, जब असहयोग-आन्दोलन शुरू हो चुका था, जलियाँवाला बाग की घटना हो चुकी थी, लोकमान्य तिलक की मृत्यु हो चुकी थी और गांधीजी ने राष्ट्रीय आन्दोलन की बागडोर सँभाल ली थी। उस पूरे लेख का विश्लेषण तो थोड़े समय में सम्भव नहीं है। उसका एक अंश हिन्दी अनुवाद के रूप में अब सुलभ है, आप देख सकते हैं वह लेख बहुत महत्त्वपूर्ण है, अनेक दृष्टियों से, खासतौर से उस पूरे लेख में गांधीजी के असहयोग का जो विरोध किया गया है, उस कारण। हम लोग प्रेमचन्द का एक वाक्य अक्सर दुहराया करते हैं। वह वाक्य उनके प्रगतिशील लेखक संघ के प्रथम अधिवेशन (लखनऊ) के अध्यक्ष पद के भाषण का है कि "साहित्य राजनीति के पीछे चलने वाली सचाई भी नहीं, बल्कि उसके आगे मशाल दिखाती हुई चलने वाली सच्चाई है।" इसका निहितार्थ हिन्दी के साहित्यकार और साहित्य के विद्यार्थी के नाते हम लोगों को समझने की जरूरत है। हिन्दी के साहित्यकारों में शुरू से एक स्वाभिमान रहा है। वह विरासत में मिला है। वह कबीर से मिला है, सूर से मिला है, तुलसी से मिला है, वह भारतेन्दु से मिला है, रामचन्द्र शुक्ल से, प्रेमचन्द से, निराला से, मुक्तिबोध से, नागार्जुन से मिला है। वह है पिछलगुआपन का विरोध। बड़ा-से-बड़ा कोई नेता हो, वह चाहे धार्मिक नेता हो, चाहे राजनीतिक नेता हो, चाहे अर्थशास्त्री बनता हो, सत्य का ठेका किसी नेता ने नहीं लिया है या किसी महापुरुष ने नहीं लिया है, इसलिए उसके जिम्मे हम अपनी बुद्धि, अपना स्वतन्त्र चिन्तन गिरवी नहीं रख सकते।

हिन्दी के लेखकों की, साहित्यकारों की यह परम्परा रही है, इसीलिए हिन्दी साहित्य कुछ मौलिक दे सका है, कुछ मूल्यवान दे सका है, स्थायी महत्त्व की चीज़ें दे सका है, जो सचमुच हमारी संस्कृति की अमूल्य निधि हैं। आचार्य रामचन्द्र शुक्ल के दूसरे निबन्ध की बात हो रही थी। गांधीजी उगते हुए सूर्य के समान थे। असहयोग नाम का आन्दोलन चलाकर वे राष्ट्र को, पूरे स्वाधीनता संग्राम को एक नयी दिशा दे रहे थे। इस साहस पर आश्चर्य होता है कि एक युवक ने, हिन्दी के एक युवक ने अंग्रेज़ी लेख के द्वारा महात्मा गांधी के असहयोग-सम्बन्धी विचारों पर टिप्पणी की थी और उसके माध्यम से कहा था कि (कुछ उद्धरण मैं आपके सामने रखना चाहता हूँ) "असहयोग केवल एक सतही विद्रोह है, जिसमें बहुत से परस्पर विरोधी, असन्तुलनीय तत्त्व स्वयं को स्थापित करने का प्रयास कर रहे हैं। मि. गांधी के स्वराज्य-सम्बन्धी विचार कल्पनाविलासी हैं। वह या अन्य कोई भी महात्मा इस प्रकार की परस्पर विरोधी चीज़ों में सामंजस्य लाने का चमत्कार नहीं दिखा सकता।"

पृष्ठभूमि के रूप में स्मरण रखना चाहिए कि इस समय दरअसल रामचन्द्र शुक्ल लोकमान्य तिलक के अनुयायी थे। कर्म-सौन्दर्य का जिक्र जो उनकी रचनाओं में मिलता है, वह 'गीता रहस्य' के कर्मयोग से ही ली गयी प्रेरणा है, जिसे आजकल के कुछ इतिहासकार 'मिलिटेंट नेशनलिज्म' कहते हैं। लोकमान्य तिलक का 'मिलिटेंट नेशनलिज्म' आचार्य रामचन्द्र शुक्ल में अंशतः था, यह वहाँ दिखलाई पड़ता है, जहाँ उन्होंने कहा है कि पंजाब में जलियाँवाला बाग में जो नृशंस अत्याचार हुआ है, उसके कारण सम्पूर्ण जनता में जो सात्त्विक राष्ट्रीय क्रोध है, 'असहयोग' उस क्रोध को एक दूसरी दिशा में मोड़ने की कोशिश कर रहा है। इसीलिए उन्होंने कहा कि वह 'सतही विद्रोह' है। दूसरा कारण यह था कि सम्पूर्ण असहयोग का विश्लेषण कदाचित पहली बार 1921 में उन्होंने वर्ग-दृष्टि से किया, जब 'वर्ग' की चर्चा नहीं होती थी। मार्क्सवाद का प्रचार उतनी दूर तक नहीं हुआ था; लोग 'सोशल क्लासेज' की बात नहीं करते थे। शुक्लजी ने अपने ढंग से उस असहयोग-आन्दोलन का वर्ग-विश्लेषण करने का प्रयत्न किया और उन्होंने कहा कि इस आन्दोलन में एक ओर व्यापारिक वर्ग शामिल है और दूसरी ओर अव्यापारिक वर्ग, अर्थात् कृषि और भूमि से जुड़े हुए लोग हैं, जिनमें जमींदार भी हैं, छोटे काश्तकार भी हैं, खेतों पर काम करने वाले मजदूर भी हैं। ये दो स्पष्ट वर्ग हैं। उन्होंने कहा कि भारत में आरम्भ से ही ये दो वर्ग रहे हैं—व्यापारिक वर्ग और दूसरा नन-मर्केन्टाइल,

भूमि से जुड़ा हुआ वर्ग। व्यापारिक वर्ग में केवल व्यवसाय करने वाले लोग आते थे और भूमि से जुड़े हुए लोगों में ब्राह्मण भी थे, क्षत्रिय भी थे, दूसरी जाति वाले भी थे, गोचारण, गोपालन करने वाले भी थे। असहयोग आन्दोलन में गांधीजी ने यह नारा दिया कि नौकरियाँ छोड़ दो, कचहरियाँ छोड़ दो। शुक्लजी का कहना था कि ये सारे लड़के, जिनसे नौकरियाँ छोड़ने का आग्रह किया जा रहा है, उस वर्ग से आते हैं, जो जमीन से जुड़ा हुआ है, लगा हुआ है। ऐसी स्थिति में असहयोग का अर्थ हुआ कि वे नौकरी छोड़कर बेकार हो जायें; खेत से तो गये ही हैं, नौकरी से भी चले जायें और जो व्यापारी हैं, उनसे एक ओर तो असहयोग करने को नहीं कहा जा रहा है, दूसरी ओर वे उसी साम्राज्यवादी शक्ति के साथ साँठ-गाँठ कर व्यापार कर रहे हैं और अपने पैसे के द्वारा गाँव के खेत, जब वे लगानबन्दी के कारण या और कारणों से बिकने लगते हैं, नीलाम पर चढ़ जाते हैं, खरीद रहे हैं। यही शहर के बनिये किसानों के खेतों को जाकर खरीद रहे हैं। शुक्लजी ने चुनौती दी कि यदि विदेशी सरकार के साथ सहयोग नहीं करना चाहिए और नौकरियाँ छोड़ देनी चाहिए, अदालतें बन्द हो जानी चाहिए, तो स्वयं इस देश के बनियों से भी कहना चाहिए कि तुम भी उसी तरह से 'स्वदेशी' अपनाओ और उनके साथ सहयोग बन्द कर दो और जो पैसा-पूँजी तुम्हारे पास है, उसके द्वारा इन नौकरी छोड़ने वाले लोगों के लिए ऐसी व्यवस्था करो, जिससे उन्हें रोजगार मिल सके और छोटे काश्तकारों के उन खेतों को खरीदना बन्द करो, जो गाँव में नीलाम चढ़ रहे हैं। मित्रो, बड़े स्पष्ट शब्दों में आचार्य रामचन्द्र शुक्ल ने कहा है कि असहयोग-आन्दोलन पक्षधर आन्दोलन है, यह देश के पूँजीपतियों का पक्षधर है। इस आन्दोलन से हित अगर हो रहा है, तो पूँजीपतियों का हो रहा है। उद्धरण मैं दे रहा हूँ। उन्होंने स्पष्ट शब्दों में कहा है : "पश्चिम के राष्ट्र अपने को जिससे मुक्त करने की चेष्टा कर रहे हैं उसी पूँजीवाद की ओर यह (असहयोग) एक बढ़ता कदम है। यह पूँजी बटोरने और समाज में व्यक्तिवादी जीवन-मूल्यों के क्षुद्र अमेरिकी मानदण्ड स्थापित करने का प्रयास भर है।" 1921 में आचार्य रामचन्द्र शुक्ल देख रहे थे कि गांधीजी के नेतृत्व में चलने वाला आन्दोलन इस देश के राष्ट्रीय पूँजीपतियों के उत्थान का आन्दोलन है।

स्वाधीनता ने यह साबित कर दिया कि सचमुच आचार्य रामचन्द्र शुक्ल की यह टिप्पणी सही थी। स्वाधीनता-प्राप्ति के बाद इस देश में तथाकथित उन राष्ट्रीय पूँजीपतियों का ही उत्थान हुआ है, सबसे ज्यादा विकास हुआ है।

सबसे ज्यादा मुनाफा उनको मिला है और अनेक पूँजीपति इजारेदार पूँजीपति की स्थिति को प्राप्त हुए हैं। यही पूँजीपति हैं, जो स्वयं आत्मनिर्भरता के नाम पर विदेशी पूँजी के साथ साँठ-गाँठ भी करते हैं। आचार्य रामचन्द्र शुक्ल ने 1921 में असहयोग आन्दोलन और गांधीजी के द्वारा चलाये जाने वाले उस राष्ट्रीय आन्दोलन का वर्ग-विश्लेषण किया था। महत्त्वपूर्ण क्या है—उनका लेनिन के महात्मापने पर व्यंग्य करना या लेनिन के उसी सिद्धान्त के आधार पर राष्ट्रीय आन्दोलन का वर्ग-विश्लेषण करना? वर्ग-विश्लेषण करने के बाद आचार्य शुक्ल जैसे भविष्यद्रष्टा के शब्दों में कहते हैं 1921 में, कि सम्पूर्ण स्थिति का सर्वाधिक आतंककारी पहलू यह है कि सारा हिन्दी प्रेस व्यापारिक समुदाय के चंगुल में आ गया है। 1921 में यह आचार्य शुक्ल कहते हैं। कहते हैं कि सबसे आतंककारी बात यह है कि हिन्दी प्रेस देश के व्यापारिक वर्ग के चंगुल में आ गया है!! आप कल्पना कर सकते हैं कि आज हिन्दी प्रेस ही नहीं, अंग्रेज़ी प्रेस भी इस देश में big business के कितने चंगुल में है। यह वह दृष्टि है आचार्य रामचन्द्र शुक्ल की, जिससे 1907 के स्वदेशी आन्दोलन के समय साम्राज्यवाद के असली चेहरे को पहचानते हुए उन्होंने कहा था कि देश की जनता को राजनीतिक शिक्षा देने की जरूरत है। उस राजनीतिक शिक्षा का विकास करते हुए 1921 में उन्होंने गांधीजी के लोकव्यापी, अत्यन्त लोकप्रिय, विशाल जनसमर्थन के द्वारा चलाये जाने वाले असहयोग आन्दोलन का वर्ग-विश्लेषण करते हुए बताया कि यह शहराती व्यापारी-वर्ग और पूँजीपतियों का पक्षधर है और इस आन्दोलन से देश की उस कृषक-जनता के हितों को (जिसमें खासतौर से शुक्लजी ने छोटे काश्तकारों का उल्लेख किया है) क्षति पहुँच रही है। मित्रो, स्वाधीनता-आन्दोलन और हिन्दी की इस प्रकृति को पहचानने के लिए यह बहुत जरूरी है कि हम जानें कि हिन्दी साहित्य में स्वाधीनता-आन्दोलन के एक महत्त्वपूर्ण पहलू की ओर हिन्दी लेखकों का ध्यान था, लेकिन उधर राष्ट्रीय नेताओं का ध्यान नहीं था। अपने देश की जनता से जुड़े होने के कारण कबीर, सूर और तुलसी की जनता के निकट होने के कारण हिन्दी लेखक और उसका साहित्य मुख्यतः गाँवों में रहने वाली बहुसंख्यक जनता से जुड़ा हुआ था, उसके हितों और उसकी आकांक्षाओं के साथ जुड़ा हुआ था। हिन्दी लेखकों की यह समझ थी कि राष्ट्रीय आन्दोलन में महत्त्वपूर्ण भूमिका यदि किसान अदा करेंगे तो राष्ट्रीय आन्दोलन का स्वरूप दूसरा होगा, स्वराज्य का आधार ज्यादा लोकव्यापी होगा और हमारी स्वाधीनता

में सामाजिक न्याय की ज्यादा गुंजाइश होगी। यह उन्हें बराबर लगता रहा। आजकल के इतिहासकार मार्क्सवादी दृष्टि से स्वाधीनता-आन्दोलन का इतिहास लिखते हुए राष्ट्रीय पूँजीवाद की हिमायत करते हैं। इस राष्ट्रीय पूँजीवाद की हिमायत इस हद तक है कि 1947 के पहले का इतिहास तो माना ही जाता है कि उसके नेतृत्व में राष्ट्रीय पूँजीवाद था। इस पर चर्चा करने में दशक लग गये और इस पर किसी व्यक्ति का, किसी आदमी का ध्यान नहीं गया कि जिस राष्ट्रीय पूँजीवाद का चरित्र निर्धारित कर रहे हैं, उसकी भूमिका निर्धारित कर रहे हैं, उसके साथ लगे हाथों आप किसानों की भूमिका पर भी थोड़ा विचार करते, कुछ शास्त्रार्थ करते, तो आपका मार्क्सवाद कुछ कलुषित नहीं हो जाता, दूषित नहीं हो जाता। आज यह अच्छी तरह से प्रमाणित है कि यह असहयोग आन्दोलन किस हद तक राष्ट्रीय पूँजीपतियों का पक्षधर था और किसानों का विरोधी था। इसकी ज्वलन्त मिसाल है उत्तर भारत का किसानों का आन्दोलन। अवध के किसानों ने 1918 से लेकर 1920-21 तक ठीक गांधीजी के असहयोग के पहले जमींदारों के खिलाफ सशक्त आन्दोलन किया, जमींदारी प्रथा के खात्मे के लिए, जिसकी थोड़ी गूँज और झलक प्रेमचन्द के 'प्रेमाश्रम' में मिलती है। गांधीजी के नेतृत्व में चलने वाली कांग्रेस ने उस समय कहा था कि किसानों को इस समय आन्दोलन नहीं करना चाहिए था, क्योंकि अंग्रेज़ों के खिलाफ चलने वाला जो राष्ट्रव्यापी संयुक्त मोर्चा है, वह टूट जायेगा। यानी अस्सी प्रतिशत किसानों के हट जाने से पूरा संयुक्त मोर्चा इतना टूट रहा है, इतना कमजोर हो रहा है कि स्वाधीनता की लड़ाई में बाधा पड़ रही है!! मुट्ठीभर जमींदारों, ताल्लुकेदारों और पूँजीपतियों की रक्षा की ज्यादा चिन्ता थी और अस्सी प्रतिशत किसानों की चिन्ता नहीं थी। इस बात को प्रेमचन्द ने देखा था, इसलिए प्रेमचन्द का समूचा साहित्य भारतीय किसान की महागाथा है, राष्ट्रीय पूँजीवाद की गौरवगाथा नहीं। प्रेमचन्द इसीलिए बालज़ाक नहीं हैं, क्योंकि फ्रांसीसी क्रान्ति में उभरता हुआ वर्ग राष्ट्रीय पूँजीपति वर्ग था। प्रेमचन्द यदि आधुनिक मार्क्सवादी भारतीय इतिहासकारों की बात मानते, तो कायदे से उस दौर में उभरता हुआ वर्ग तो राष्ट्रीय पूँजीपति वर्ग था। उन्हें तब राष्ट्रीय पूँजीपति-वर्ग के चरित्रों को लेकर महान उपन्यास लिखने चाहिए थे। मति मारी गयी थी प्रेमचन्द की कि वे इन तमाम राजनीतिक इतिहासकारों के मन्त्र को भूलकर किसानों के संघर्ष की गाथा लिख रहे थे। आचार्य रामचन्द्र

शुक्ल इस मामले में प्रेमचन्द के साथ थे, आचार्य रामचन्द्र शुक्ल इस मामले में महावीर प्रसाद द्विवेदी के साथ थे, आचार्य रामचन्द्र शुक्ल इस मामले में निराला के साथ थे।

इसलिए आचार्य रामचन्द्र शुक्ल के साहित्य पर विचार करते समय पृष्ठभूमि के रूप में आप बराबर यह देखते रहें कि वे जब तुलसी की समीक्षा करते हैं, जायसी की समीक्षा करते हैं, सूर की समीक्षा करते हैं और तारतमिक मूल्यांकन करते हैं, तो बार-बार 'लोक-संग्रह', 'लोकधर्म', 'लोकमंगल' की बात करते हैं। 'लोक' कहते समय वह कौन मनुष्य है, जो आचार्य रामचन्द्र शुक्ल के सामने बार-बार खड़ा रहता है, जिसको ध्यान में रखकर वे तुलसी की प्रशंसा करते हैं और वहीं कदाचित् सूर की आलोचना भी करते हैं, जिसको ध्यान में रखते हुए वे जायसी की प्रशंसा करते हैं और बिहारी की आलोचना करते हैं? यह सही है कि आचार्य रामचन्द्र शुक्ल जनता और 'शिक्षित जनता' का बार-बार नाम लेते हैं। हमारे प्रिय साथी डॉ. मैनेजर पाण्डेय ने अपनी पुस्तक में बहुत अच्छे ढंग से दिखाया है, 'साहित्य की इतिहास दृष्टि' में, कि आचार्य रामचन्द्र शुक्ल के 'इतिहास' के समूचे चिन्तन में 'जनता' और 'शिक्षित जनता' का द्वन्द्व और तनाव बड़ी निर्णायक भूमिका अदा करता है। कभी-कभी लोग इस 'शिक्षित जनता' शब्द को पकड़कर आचार्य रामचन्द्र शुक्ल को 'एलिटिस्ट' साबित करने की कोशिश करते हैं। वे यह भूल जाते हैं कि आचार्य रामचन्द्र शुक्ल की 'शिक्षित जनता' रूह सूँघने वाली नहीं थी और महुए के फूलों को देखकर बिदकने वाली उन लखनवी दोस्तों की मण्डली की नहीं थी, इसलिए आचार्य रामचन्द्र शुक्ल जब 'शिक्षित जनता' कहते हैं, तो उनका मतलब होता है राजनीतिक दृष्टि से शिक्षित जनता, राजनीतिक दृष्टि से जाग्रत और जागरूक जनता। और यही वह साधारण मनुष्य है, यही वह औसत भारतीय किसान, गाँव का रहने वाला मनुष्य है, जो आचार्य शुक्ल का मानदण्ड है। अब दिवंगत हो गये हमारे युवा मित्र मलयज ने दो लेखों के द्वारा बड़े विस्तार के साथ दिखाने की कोशिश की है कि आचार्य रामचन्द्र शुक्ल की लड़ाई का 'हीरो' यही साधारण मनुष्य है। यही वह साधारण मनुष्य है, जिसके द्वारा वे हर तरह की असाधारणता का विरोध करते हैं। इसी साधारण मनुष्य के 'कॉमन सेंस' को, जो गाँव का औसत किसान है, उसी औसत किसान के 'कॉमन सेंस' को लेकर उसी तरह से वे अध्यात्मवाद को ठुकराते हैं, रहस्यवाद को ठुकराते हैं, जैसे डॉ. जॉनसन का 'कॉमन सेंस' एक पत्थर की चट्टान को ठोकर मारकर

देखता है कि यह पत्थर है कि नहीं। यह देहात के किसान का 'कॉमन सेंस' है, जो साधारण पर विश्वास करता है, जिसके पाँव ठोस धरती पर टिके हुए हैं। वह जगत् को सच मानता है, इस जगत् के सुख-दुःख को सच मानता है, उसकी रूप-तरंगों में निरन्तर बहता रहता है। यह लौकिकता-अलौकिकता के विरुद्ध है, धरती आकाश के विरुद्ध है। यह आकस्मिक नहीं है कि जब कवि लोग उन दिनों अन्तरिक्ष के पार झाँका करते थे, उनकी नज़र आसमान के तारों पर टिकी रहा करती थी, अनन्त की ओर देखा करते थे, शुक्लजी कहा करते थे कि "रवीन्द्र बाबू यदि अनन्त की ओर ताका करें, तो यह आवश्यक नहीं कि सबकी टकटकी उसी ओर लगे।" क्षितिज, अनन्त और आसमान के तारों का मजाक शुक्लजी उड़ाते थे, तो कहीं साफ दिखाई पड़ता है कि उनके अन्दर वह खेत जोतने वाला, खेत बोने वाला, खेत काटने वाला गाँव का ठेठ किसान है, जिसके पाँव धरती पर जमे हुए हैं, जो धरती को ज्यादा प्यार करता है और जिसे यह चिन्ता बनी रहती है कि कहीं हमारी आँखें आसमान पर इतनी न टँग जायें कि पाँव के नीचे की धरती ही खो जाये। इसी साधारण मनुष्य के आधार पर आचार्य रामचन्द्र शुक्ल जब कलावाद का विरोध करते हैं, काव्य में चमत्कारवाद का विरोध करते हैं, कारीगरी और बेलबूटे का विरोध करते हैं, तो हर तरह के अलंकारवाद, चमत्कारवाद, कारीगरी, कलावाद, यही नहीं, व्यक्तिवैचित्र्यवाद का विरोध करते हैं। वे वहाँ व्यक्तिवाद का विरोध करते हैं, जहाँ स्पष्ट कहा है कि व्यक्तिवादी मूल्य बढ़ते चले जा रहे हैं। इस व्यक्तिवादी मूल्य का खतरा उन्हें उस समय दिखाई पड़ा, ज़बकि व्यक्तिवाद ने एक समय निश्चित रूप से बड़ी क्रान्तिकारी भूमिका अदा की है। पश्चिम के रोमांटिक कवियों के व्यक्तिवाद ने पुराने सामन्ती मूल्यों के विरुद्ध विद्रोह का काम किया था, जिसे हम शेली, कीट्स, बायरन में, यहाँ तक कि वर्ड्सवर्थ में भी देखते हैं, विलियम ब्लेक में उसका दूसरा उग्र रूप दिखाई पड़ता है। इस व्यक्तिवाद की कड़ी जाँच की जानी चाहिए। इसके बारे में बहुत विश्वास के साथ आदमी नहीं कह सकता है कि इस उखड़े हुए व्यक्तिवाद ने हिन्दी की छायावादी कविता, हिन्दी की अपनी रोमांटिक कविता के उत्थान में कितनी विद्रोही भूमिका अदा की है और कितनी पलायनवादी भूमिका अदा की है। इस व्यक्तिवाद के अन्तर्विरोधों की और कड़ी छानबीन होनी चाहिए। हम आँख मूँदकर केवल यान्त्रिक ढंग से यूरोपीय व्यक्तिवाद के उत्थानशील इतिहास को ध्यान में रखते हुए अपने यहाँ के व्यक्तिवाद की प्रशंसा न किया करें।

इस व्यक्तिवाद की आलोचना रामचन्द्र शुक्ल ने की है जो हमारे यहाँ के पुराने चले आते हुए पारिवारिक जीवन को लोकधर्म कहा करते थे, जिसमें व्यक्तिवाद के लिए बहुत कम गुंजाइश थी। उस 'कम्युनिटी लाइफ' की हिमायत करने वाले आचार्य रामचन्द्र शुक्ल व्यक्तिवाद का विरोध करते हैं और साधारण किसान की बदौलत करते हैं, तो हमें फिर से उस व्यक्तिवाद की ऐतिहासिक भूमिका की जाँच करने की जरूरत है।

मैं यह कह रहा था कि आचार्य रामचन्द्र शुक्ल राजनीति में, स्वाधीनता-संघर्ष में जिस तरह छोटे किसानों की भूमिका, भारतीय किसानों की भूमिका में आस्था रखते थे, उसी आस्था से उनके साहित्य का मानदण्ड पैदा हुआ, जो मानदण्ड-आलोचना का मानदण्ड-आचार्य शुक्ल का अमूर्त नहीं था। वह एक मनुष्य था, साधारण मनुष्य, इस भारत का औसत मनुष्य था, जो यथार्थ का आग्रही था, समग्र जीवन का आग्रही था, जो एक प्रकार के सामुदायिक जीवन का आग्रही था, जो व्यक्तिवाद के विरुद्ध था, चमत्कारवाद और हर तरह के अन्धविश्वास के विरुद्ध था। आचार्य रामचन्द्र शुक्ल का साहित्यिक मानदण्ड यहीं से बना था, जिसके कारण वे सन्तों और भक्तों के साहित्य को उच्च कोटि का कह सकते थे। उन्होंने रीतिवादी कवियों के साहित्य को दरबारी कवियों का साहित्य मानकर उसमें जो अच्छा लिखा गया था, उसकी दाद दी और जो अंश चमत्कारीं था, उसकी कड़ी आलोचना की। इसी दृष्टि से उन्होंने अपने युग के नये साहित्य छायावाद का नीर-क्षीर विवेक किया। उसकी अच्छाइयों की तारीफ की, 'कामायनी' को 'मानवता का रसात्मक इतिहास' भी कहा और दूसरी ओर उसकी 'मधुचर्या' की निन्दा भी की। यह सन्तुलित दृष्टि थी, जिसके आधार पर आचार्य रामचन्द्र शुक्ल एक ही काव्य को 'मानवता का रसात्मक इतिहास' और दूसरी ओर उसे 'मधुचर्या' कह सकते थे। किस हद तक आचार्य रामचन्द्र शुक्ल की यह परम्परा आज हम विकसित कर रहे हैं, समकालीन काव्य-धारा के सन्दर्भ में किस हद तक आज हम साहित्य को मापते हुए, नागार्जुन का, मुक्तिबोध का, रघुवीर सहाय का, कुँवरनारायण का, श्रीकान्त वर्मा का मूल्यांकन कर रहे हैं? हम लोगों को, जो सहित्य की समीक्षा करते हैं, अपने गरेबाँ में झाँककर देखना चाहिए कि वह साधारण मनुष्य कितनी देर तक, अब कितना हमारे सामने रहता है, आलोचना करते हुए हम कितना उसे भूल जाते हैं, स्वयं उसे भूलते हैं और उसके साथ

अपने उस सत्त्व को भूलते हैं और आचार्य रामचन्द्र शुक्ल से पायी हुई पीड़ा को भूलते हैं। मित्रो, इसी पृष्ठभूमि में, मेरा निवेदन है कि आचार्य रामचन्द्र शुक्ल को देखने का प्रयास करना चाहिए।

समय मैंने बहुत लिया। सम्भव है कि मेरे इस सामान्य कथन में कहीं कोई अतिरंजना हो, कोई अन्तर्विरोध हो, असंगति हो, त्रुटियाँ हों, गलतियाँ हों। आगे आने वाली गोष्ठियों में चर्चा होनी चाहिए। हम प्रगतिशील लेखक आत्म-समीक्षा को बहुत महत्त्व देते हैं, बराबर अपने विचारों को सुधारने के लिए, अपने विचारों को सन्तुलित करने के लिए, अपनी भूल को स्वीकार करने के लिए तैयार रहते हैं। इन शब्दों के साथ मैं बिहार प्रगतिशील लेखक संघ को आचार्य रामचन्द्र शुक्ल जन्मशती संगोष्ठी के महत्त्वपूर्ण आयोजन में पहल करने के लिए बधाई देता हूँ, और आप सभी को आमन्त्रित करता हूँ, इस समर्थ आचार्य की परम्परा का मूल्यांकन इस प्रकार करें कि आज भी हमको प्रेरणा मिल सके।

(11 अक्टूबर, 1984 को पटना में आचार्य शुक्ल जन्मशती समारोह के उद्घाटन के रूप में दिया गया व्याख्यान।)

शुक्ल युग की आलोचना

—निर्मला जैन

बीसवीं शती के तीसरे दशक से हिन्दी आलोचना में जो परिवर्तन आया उसे लक्ष्य कर आचार्य शुक्ल ने कहा : 'इस तृतीय उत्थान (सन् 1918 ई.) में समालोचना का आदर्श भी बदला। गुण-दोष के कथन के आगे बढ़कर कवियों की विशेषताओं और अन्तःप्रवृत्ति की छानबीन की ओर भी ध्यान दिया गया।' (हिन्दी साहित्य का इतिहास, पृ. 516) इस कथन में शालीनतावश जिस बात का उल्लेख नहीं किया गया वह यह है कि हिन्दी आलोचना में 'कवियों की विशेषताओं और उनकी अन्तःप्रवृत्ति की छानबीन की ओर' पहले-पहल ध्यान स्वयं शुक्लजी ने ही दिया था। किन्तु आलोचना का आदर्श बदलकर उसे युगानुरूप ढालने की जो आवश्यकता शुक्लजी ने सहज ही अनुभव कर ली थी उसकी पृष्ठभूमि उन परिवर्तनों ने तैयार की थी जो एक बड़े पैमाने पर साहित्य के रंगमंच पर क्रमशः घटित हो रहे थे।

'सरस्वती' के सम्पादकत्व से आचार्य महावीरप्रसाद द्विवेदी का 1920 ई. में संन्यास ग्रहण करना जैसे आलोचना में एक युगान्त का सूचक था। 1916 ई. के आसपास छायावाद का उदय हुआ। प्रेमचन्द ने साहित्य-रचना द्विवेदी जी के समय में ही आरम्भ कर दी थी परन्तु उनकी महत्त्वपूर्ण कृतियों का सिलसिला तीसरा दशक आरम्भ होते ही शुरू हुआ। कथा-साहित्य के क्षेत्र में प्रेमचन्द स्वयं एक प्रवृत्ति थे। अतः कविता और गद्य दोनों में नवीन प्रवृत्तियों के उदय ने जैसे आलोचना के सामने एक चुनौती प्रस्तुत की। यह बात एक बार ही स्पष्ट हो गयी कि इस साहित्य का मूल्यांकन रीतिकालीन मानदण्डों से नहीं किया जा सकता। इस नये साहित्य के माध्यम से आने वाले सवाल नये थे। अतः उनके मूल्यांकन के पैमाने और दृष्टिकोण का भी नया होना

जरूरी था। चूँकि 'नागरी प्रचारिणी पत्रिका' और 'सरस्वती' जैसी पत्रिकाएँ एक खास दृष्टिकोण का प्रतिनिधित्व करती थीं और एक विशेष आवश्यकता को पूरा करती थीं इसलिए साहित्य की बदली हुई अपेक्षाओं की दृष्टि से वे शायद नाकाफी समझी गयीं। इस समय 'माधुरी', 'मर्यादा', 'सुधा', 'इन्दु', 'श्रीशारदा' आदि अनेक पत्र-पत्रिकाओं का प्रकाशनारम्भ आकस्मिक नहीं है। इन पत्रिकाओं ने आलोचना की बदली हुई चेतना का वहन किया। छायावाद की विशेषताओं को स्पष्ट करते हुए मुकुटधर पाण्डेय ने इस विषय पर चार लेखों की पहली लेखमाला 'श्रीशारदा' 1920 ई. में प्रकाशित करायी।

साहित्य के क्षेत्र के अलावा इसी समय शैक्षिक जगत् में भी एक ऐसी महत्त्वपूर्ण घटना घटी जिसने हिन्दी आलोचना को बहुत दूर तक प्रभावित किया। देश में स्वतन्त्रता आन्दोलन का तेजी से प्रचार-प्रसार हो रहा था। जनता और विशेषकर शिक्षित समाज में स्वभाषा और साहित्य के प्रति सजगता निरन्तर बढ़ रही थी। इसी गौरव बोध के परिणामस्वरूप भारत के विश्वविद्यालयों में स्नातकोत्तर स्तर पर हिन्दी के अध्ययन-अध्यापन का सिलसिला आरम्भ हुआ। 1920 ई. के आसपास काशी विश्वविद्यालय में हिन्दी विभाग की स्थापना हुई। शिक्षा का विषय बन जाने के कारण अन्य विषयों की तरह हिन्दी साहित्य के अध्ययन-अध्यापन की सुव्यवस्थित प्रणाली का विकास आवश्यक हो गया। व्यक्तिगत रुचि और राग-द्वेष से मुक्त वातावरण में वाद-विवादों से ऊपर उठकर साहित्य के गम्भीर अध्ययन और मनन की आवश्यकता भी समझी ज़ाने लगी और इसके लिए उपयुक्त अवसर भी उपस्थित हुआ।

इस प्रसंग का एक दूसरा पक्ष भी है। विश्वविद्यालयीय आलोचक के सामने यह खतरा हमेशा बना रहता है कि वह सर्जनात्मक साहित्य से दो कदम पीछे रहने के आग्रह के कारण पिछड़ जाता है और सन्तुलन एवं निष्पक्षता बनाये रखने के फेर में उसकी आलोचना अक्सर निष्प्राण हो जाती है। वह अन्य विषयों की भाँति एक निश्चित अनुशासन से बँधा रहकर विद्यार्थियों की शिक्षा के लिए शिक्षोपयोगी सामग्री जुटाता रहता है। परन्तु इन सारे खतरों के बावजूद खड़ी बोली हिन्दी में गम्भीर रूप से शास्त्रीय चिन्तन का आरम्भ उन्हीं ग्रन्थों से हुआ जो मूल रूप से स्नातकोत्तर स्तर के विद्यार्थियों के पाठ्य-क्रम में रखने के लिए तैयार किये गये थे।

बीसवीं शताब्दी का तीसरा दशक जैसे हिन्दी आलोचना का संक्रमण-काल है। साहित्य में नयी प्रवृत्तियों के उदय ने समसामयिक साहित्य के साथ

आलोचना के जीवन्त सम्पर्क की अनिवार्यता सिद्ध कर दी थी। रीतिकालीन संस्कार भी सर्वथा निःशेष नहीं हुआ था। विश्वविद्यालयों में शिक्षोपयोगी व्यवस्थित और अनुशासित चिन्तन की माँग बढ़ रही थी। प्राचीन और मध्ययुगीन साहित्य से सम्बद्ध प्रश्नों पर पत्रिकाओं में अनेक विवाद चालू थे। पत्र-पत्रिकाओं में शोध-निबन्धों के माध्यम से बहुत सी अप्राप्य सामग्री सामने लायी जा रही थी। सैद्धान्तिक चिन्तन की दिशा में एक ओर तो संस्कृत काव्यशास्त्र की उद्धरणी के प्रयत्नों का क्रम जारी था और दूसरी ओर पाश्चात्य साहित्यालोचन के सिद्धान्तों के आयात का सिलसिला भी चल निकला था। कहीं-कहीं इनके मिले-जुले रूप से हिन्दी में शास्त्रीय चिन्तन की अलग परम्परा का आरम्भ करने का प्रयास भी दिखाई पड़ रहा था।

संक्रमण-काल की इन विविधतापूर्ण प्रवृत्तियों के बीच **आचार्य रामचन्द्र शुक्ल** (1884-1940 ई.) अकेले ऐसे आलोचक हैं जिन्होंने परम्परागत आलोचना शैलियों के प्रति सम्मान का भाव रखकर भी अपने युग की आवश्यकताओं को पहचाना और उनके अनुरूप सही अर्थों में हिन्दी की अपनी आलोचना शैली को जन्म दिया। शुक्लजी ने नागरी प्रचारिणी सभा में **'हिन्दी शब्द-सागर' के सम्पादन से आरम्भ किया** और विश्वविद्यालय में अध्यापन से इति। किन्तु इस यात्रा के बीच वे निरन्तर पत्र-पत्रिकाओं में लिखते रहे। अपने समय के सभी साहित्यिक विवादों के प्रति सजग रहकर उन्होंने उनके बारे में अपनी राय व्यक्त की। 'शब्द-सागर' की भूमिका के रूप में साहित्येतिहास की रचना की। 'पद्मावत' जैसी महत्त्वपूर्ण कृति का सम्पादन ही नहीं किया, व्याख्या द्वारा उसे समझने-समझाने का प्रयास भी किया। हिन्दी के तीन महान कवियों—तुलसी, जायसी, सूर के ग्रन्थों की भूमिकाएँ लिखीं। अपने इतिहास में और बातों के अतिरिक्त साहित्यकारों के कृतित्व के सम्बन्ध में मूल्यांकनपरक मत व्यक्त किये। मूल्यांकन-क्रम में जिन सिद्धान्तों को वे काम में लाते थे, लगे हाथों उन्हें शास्त्र-चिन्तन का रूप भी देते जाते थे। सबसे महत्त्वपूर्ण बात तो यह है कि अन्त में वे स्वयं विश्वविद्यालय के अनुशासन में बँध गये पर उनकी आलोचना शैक्षिक जड़ता से मुक्त रही। गरज़ ये कि आलोचना के इतिहास में शुक्लजी की भूमिका युग-पुरुष की थी।

हिन्दी आलोचना के जिस दौर को शुक्ल-युग कहा गया है वह हिन्दी में वास्तविक आलोचना का प्रस्थान बिन्दु है। यहीं से हिन्दी की आलोचना गुण-दोष-विवेचन, तारतमिक श्रेणी-विभाग या रीति कवियों के बीच श्रेष्ठत्व की

ऊहापोह से आगे बढ़कर सही रूप और सार्थक भूमिका ग्रहण करती दिखाई पड़ती है।

आचार्य शुक्ल के हाथ हिन्दी आलोचना की बागडोर आते ही जो सबसे अधिक महत्त्वपूर्ण बात घटित होती है वह है साहित्यिक रुचि में परिवर्तन। 'देव और बिहारी' और 'बिहारी और देव' के तुलनात्मक अध्ययन से स्थानान्तरित होकर सारा बल भक्तिकालीन साहित्य पर जा टिकता है और इस प्रकार एक बार ही हिन्दी आलोचना का केन्द्र बदल जाता है। केवल तुलना के लिए ही नहीं टीका-व्याख्या के लिए भी अब तक हिन्दी के आलोचक रीतिसाहित्य को ही सर्वाधिक उपयुक्त विषय मानते थे। ऐसी पृष्ठभूमि में अवतरित होकर आचार्य शुक्ल ने पूरी साहित्यिक परम्परा का पुनर्गठन किया। बिना नम्बर दिये भी उन्होंने अपनी व्यावहारिक आलोचना के माध्यम से हिन्दी कवियों का जो तारतमिक मूल्यांकन प्रस्तुत किया, वह उनके समय की बदली रुचि का प्रमाण है और इस रुचि के निर्माण का श्रेय आचार्य शुक्ल को ही दिया जायेगा। पाठक में अच्छे-बुरे के बीच अच्छे साहित्य के चुनाव की पहचान पैदा करने को मिश्रबन्धु आलोचक का प्रमुख दायित्व मानते थे। शुक्लजी ने भी जैसे यही काम किया पर मूल्यांकन की परीक्षा-पद्धति से नहीं (जिसे वे एक बेहूदा बात समझते थे) बल्कि व्याख्या विश्लेषण की पद्धति से।

कोई आलोचक किन साहित्यिक मूल्यों को महत्त्व देता है, इसका प्रमाण उसकी साहित्यिक पसन्द-नापसन्द से मिलता है। अपने आलोचक-कर्म के दौरान वह किस प्रकार के साहित्य को मान्यता देता चलता है, साहित्य में वह किन विशेषताओं को तरजीह देता है और नापसन्दगी की स्थिति में किन बातों की निन्दा करता है, इससे उसके साहित्यिक मूल्य, उसकी जीवन-दृष्टि उभरकर सामने आती है।

आचार्य शुक्ल ने व्यवहार में ही अपनी रुचि भक्तिकालीन साहित्य के प्रति नहीं दिखाई, सिद्धान्त में भी रीति-ग्रन्थों के बुरे प्रभाव की चर्चा की। उनका विश्वास था कि अपने देश की साहित्यिक रुचि को जकड़बन्द करने में रीति-ग्रन्थों का बहुत बड़ा हाथ है। इन्हीं रीति-ग्रन्थों के कारण कवियों की 'दृष्टि संकुचित हो गयी, लक्षणों की कवायद पूरी करके वे अपने कर्तव्य की समाप्ति मानने लगे, काव्य का स्वरूप संघटित करने के स्थान पर वे बाहरी सजावट में अधिक उलझने लगे।' (रस-मीमांसा, पृ. 75)

शुक्लजी का विरोध सजावट से उतना नहीं है जितना 'लक्षणों की कवायद पूरी करने से और काव्य में उनके सापेक्ष महत्त्व से है। सजावट करने वाला व्यक्ति 'कला-निपुण' हो सकता है और शुक्लजी 'कला-निपुणता' और 'सहृदयता' को एक ही वस्तु न मानते हुए कवि के लिए दोनों की अनिवार्यता स्वीकार करते थे। जिसे उन्होंने 'काव्य का स्वरूप संघटित, करना कहा है उसका आधार सहृदयता ही हो सकती है। शुक्लजी का रसवाद इसी अर्थ में रीति-ग्रन्थों के रस-निरूपण से भिन्न था कि वे उसमें 'गिनी-गिनाई बातों की निर्दिष्ट शैली के अनुसार' आँख मूँदकर कह देने की रस्म अदायगी के पक्ष में न थे। उन्होंने अपने रसवाद में अनुभूति को सर्वोपरि महत्त्व देकर उसे लोकमानस के व्यापक धरातल पर प्रतिष्ठित किया था। उनके यहाँ न विषयों की सीमा थी, न उनके स्वरूप की। केवल आवश्यकता थी तो 'मानव-प्रकृति के अन्वीक्षण की।' उन्होंने इसीलिए 'भावों के स्वरूप प्रदर्शन' और 'श्रोता के हृदय में उसके संचार' के बीच भेद किया है। सच्चे काव्य का प्रकृत लक्ष्य वे शास्त्र में गिनी गिनाई बातों का इकट्ठा करना नहीं बल्कि 'पदार्थों के साथ भावों के प्रकृत सम्बन्ध का प्रत्यक्षीकरण-जगत् के साथ हमारी रागात्मिका वृत्ति का सामंजस्य' (वही, पृ. 77) सिद्ध करना मानते थे।

इस प्रकार शुक्लजी के लिए काव्य की रसात्मकता का अभिप्राय था रागात्मकता या अनुभूति-प्रवणता। काव्य में सापेक्षता की दृष्टि से भी वे कल्पना और बुद्धि के ऊपर अनुभूति-तत्त्व को प्राथमिकता देते हुए अनुभूति-प्रधान काव्य को ही उत्तम काव्य समझते थे। परन्तु इस सम्बन्ध में एक बात ध्यान रखने की है, अनुभूति को प्रधानता देकर भी शुक्लजी उसमें ऊँची-नीची भूमि का भेद करते थे। उन्हें 'बिहारी की रसव्यंजना का पूर्ण वैभव' उनके अनुभाव-विधान में दिखाई पड़ा। बिहारी के शृंगार-वर्णन का मूल्यांकन करते हुए उन्होंने कहा कि 'अनुभावों और हावों की ऐसी सुन्दर योजना कोई शृंगारी कवि नहीं कर सका है।' (हिन्दी साहित्य का इतिहास, पृ. 299) इसी प्रकरण में उन्होंने बिहारी के काव्य में संचारी भावों की व्यंजना की मर्मस्पर्शिता की प्रशंसा की पर साथ ही वे यह कहने से न चूके कि 'कविता उनकी शृंगारी है, पर प्रेम की उच्च भूमि पर नहीं पहुँचती, नीचे ही रह जाती है।' (वही, पृ. 303) इस प्रकार वे अनुभूति की एक उच्च भूमि अर्थात् अनुभूति के औदात्य के समर्थक थे।

काव्य में अनुभूति का समर्थन करते हुए भी शुक्लजी को अनुभूति की ऐकान्तिक स्थिति मान्य न थी। इसीलिए उन्हें 'कामायनी' में प्रसाद का

इड़ा-विरोधी श्रद्धावाद समझ में नहीं आया। क्योंकि "प्रत्येक 'भाव' का प्रथम अवयव विषय-बोध ही होता है।" इसलिए बोध-तत्त्व को भावभूमि से खारिज नहीं किया जा सकता। कदाचित् इसी कारण शुक्लजी ने जिसे प्रसाद का एकान्त श्रद्धावाद समझा, उसका विरोध कर उसमें इड़ा पक्ष के समन्वय का समर्थन किया।

शुक्लजी की अनुभूति की अवधारणा एक बात में और विशिष्ट है। अनुभूति को प्रधानता देकर भी उन्होंने काव्य में विषयिप्रधानता को प्रश्रय नहीं दिया। अनुभूति की प्रकृत अभिव्यक्ति को उत्तर-छायावादी काव्य और आलोचना में भी महत्त्व दिया गया परन्तु शुक्लजी ने इन आलोचकों की आत्माभिव्यक्ति-प्रधान अनुभूति से भिन्न जिस रसवाद की प्रतिष्ठा की उसमें व्यक्ति हृदय से आगे बढ़कर लोक-मानस और लोक हृदय के साथ रागात्मक सम्बन्ध को प्रमुखता दी। 'लोक-हृदय में हृदय के लीन होने की दशा का नाम रसदशा है' (रस-मीमांसा, पृ. 207)। उनका यह रसमार्ग अन्तर्मुखी न होकर बहिर्मुखी था। उन्होंने भारतीय रसवाद को जो लोक-सम्पृक्ति का आयाम दिया उसका निर्वाह प्रबन्ध के विस्तृत कलेवर में ही सम्भव था। इसीलिए वे मुक्तक को 'एक चुना हुआ गुलदस्ता' कहकर भी 'विस्तृत वनस्थली' के समान प्रबन्धकाव्य के सौन्दर्य के ही कायल थे। प्रबन्धकार कवि की भावुकता की सबसे बड़ी पहचान वे इस बात में समझते थे कि वह 'किसी आख्यान के अधिक मर्मस्पर्शी स्थलों को पहचान सका है या नहीं' (त्रिवेणी, पृ. 114)। इसीलिए वे एक निश्चित सीमा से आगे न मुक्तक काव्य का समर्थन कर सके न गीतात्मकता का। काव्य में जिस लोक-मंगल की साधना को वे काम्य मानते थे उनके अनुसार उसका निर्वाह जैसा प्रबन्धों में हो सकता था वैसा मुक्तक में नहीं। इसीलिए मुक्तक में भी अन्तर्मुखी गीत-रचना की अपेक्षा वे वस्तून्मुख या लोकोन्मुख स्फुट छन्दों को बेहतर समझते थे।

काव्य और कलाओं के माध्यम से सिद्ध होने वाले भावयोग या अनुभूतियोग को शुक्लजी ज्ञानयोग और कर्मयोग के समकक्ष मानते थे : "मुक्त-हृदय मनुष्य अपनी सत्ता को लोक-सत्ता में लीन किये रहता है। इस अनुभूतियोग के अभ्यास से हमारे मनोविकारों का परिष्कार तथा शेष सृष्टि के साथ हमारे रागात्मक सम्बन्ध की रक्षा और निर्वाह होता है" (रस-मीमांसा, पृ. 6)। अपने भाव-विवेचन में शुक्लजी ने करुणा को जो अत्यधिक महत्त्व दिया है उसका कारण भी यही है कि वे करुणा को ही लोक-सत्ता से व्यष्टि-सत्ता

को मिलाने वाला भाव मानते हैं। यही वह भाव है जो अविलम्ब आश्रय को आलम्बन के साथ जोड़ता है। आत्म-प्रसार का कारण बनता हैं और अन्ततः जीवन में लोक-मंगल का विधान करता है।

शुक्लजी के भाव और मनोविकार सम्बन्धी विवेचन से यह स्पष्ट है कि वे हर विषय का अध्ययन-विश्लेषण सामाजिकता के सन्दर्भ में करते थे। लोकमंगल की अवधारणा से संगति बैठाकर मानव मन की अन्तर्वृत्तियों का जो विवेचन शुक्लजी ने किया है, उससे उनके चिन्तन में व्याप्त एक अन्तरसंगति का स्पष्ट बोध होता है। उनका करुणा और प्रेम का विवेचन इसका प्रमाण है। नन्ददुलारे वाजपेयी ने इसीलिए शुक्लजी की 'काव्य समीक्षा में बड़े समारोह के साथ सामाजिक सम्पर्क का आवाहन' (हिन्दी साहित्य, बीसवीं शताब्दी, पृ. 59) देखा है।

दरअसल शुक्लजी की लोकमंगल की चिन्ता एक ऐसी मानवीय दृष्टि से उद्भूत है जिसके कारण काव्य की भावभूमि को वे न 'लोकोत्तर' बनाना चाहते हैं न 'लोकेतर', वे उसे केवल 'लोक-सामान्य' भर बनाना चाहते हैं। शास्त्र में रसानुभव की जिस लोकोत्तरता की चर्चा की गयी उसकी जो व्याख्या शुक्लजी करते हैं वह ध्यान देने लायक है : "हमारे यहाँ लक्षणग्रन्थों में रसानुभव को जो 'लोकोत्तर' और ब्रह्मानन्द-सहोदर आदि कहा है वह अर्थवाद के रूप में सिद्धान्त रूप में नहीं। उसका तात्पर्य केवल इतना ही है कि रस में व्यक्तित्व का लय हो जाता है।" (हिन्दी साहित्य का इतिहास, पृ. 687) व्यक्तित्व का लय हो जाना मनुष्य के हृदय का 'स्वार्थ सम्बन्धों के संकुचित मण्डल से ऊपर उठकर लोक-सामान्य' भावभूमि पर पहुँच जाना ही है। साहित्य के सन्दर्भ में शुक्लजी की सारी चिन्ता इसी लोक-सामान्य की चिन्ता है। उनकी इसी जनतान्त्रिक दृष्टि से उनका सम्पूर्ण सैद्धान्तिक और व्यावहारिक विवेचन जुड़ा है। इसी कारण उन्हें तुलसी आदर्श कवि प्रतीत होते हैं। इसी दृष्टि को प्रधानता देते हुए वे भाव, विभाव, रस आदि की पुनर्व्याख्या अपनी सुविधा के अनुसार करते हैं। काव्य और कला के क्षेत्र में अध्यात्म शब्द को गैरजरूरी करार देते हैं और साधारणीकरण की पुनः प्रतिष्ठा कर व्यक्ति वैचित्र्य का विरोध करते हैं।

इसका अभिप्राय यह नहीं कि लोकोत्तर स्तर से उतारकर शुक्लजी काव्यानुभूति का अवमूल्यन कर रहे थे। योग, तन्त्र, रसायन आदि को रहस्य-मार्ग मानकर वे

उनकी साधनात्मक महत्ता तो स्वीकार करते थे पर प्रकृत भावभूमि या काव्यभूमि से उनका सम्बन्ध नहीं बिठा पाते थे। इसीलिए उन्होंने कबीर के रहस्यवाद का विरोध किया और छायावादी काव्य में रहस्य-तत्त्व का। रसानुभूति की लोकसिद्ध किन्तु उदात्त भूमि का उन्हें पूरा बोध था। इसलिए उन्होंने पूरे आक्रोश से पश्चिम के कलावाद और भारतीय काव्यशास्त्र के 'आनन्द', 'चमत्कार' आदि शब्दों पर प्रहार किया : "मेरी समझ में रसास्वाद का प्रकृत स्वरूप 'आनन्द' शब्द से व्यक्त नहीं होता।... इस आनन्द शब्द ने काव्य के महत्त्व को बहुत कुछ कम कर दिया...उसे नाच-तमाशे की तरह बना दिया है।" (रस-मीमांसा, पृ. 80) शुक्लजी कविता की भावभूमि की व्याप्ति लोक और जीवन के सभी पक्षों तक मानते थे। काव्य के विभागों की चर्चा करते हुए उन्होंने उसमें जीवन के प्रयत्न-पक्ष और उपभोग-पक्ष-साधनावस्था और सिद्धावस्था—दोनों को समेटकर सर्वोपरि महत्ता साधनावस्था को दी। साधनावस्था के अन्तर्गत उन्होंने 'विरुद्धों के सामंजस्य' में ही 'लोकधर्म का सौन्दर्य' देखा। इस प्रकार सौन्दर्य की परिधि में रूप के साथ कर्म, शील और शक्ति के सौन्दर्य का समाहार हुआ। सौन्दर्य के इस विराट् रूप का विधान उन्होंने प्रधान रूप से अमंगल के विरोध में माना। स्थायी संचारियों की शास्त्रीय सूची में जब उन्हें इस सौन्दर्य को धारण करने वाले नायक की वृत्ति के लिए कोई नाम न मिला तो उन्होंने 'बीज भाव' की कल्पना की और इसी बीज भाव में विरोधी भावों की सामंजस्यपूर्ण स्थिति और उनके स्फुरण की क्षमता स्वीकार की।

प्रकृति के भी कोमल रम्य रूपों की अपेक्षा 'उग्र, कराल या भयंकर' रूपों को उन्होंने अधिक महत्त्व दिया और सच्चे कवि हृदय की पहचान यह बताई कि उसका हृदय प्रकृति के 'इन सब रूपों में लीन होता है।' (चिन्तामणि, भाग 1, पृ. 149)

शुक्लजी ने काव्य के आलम्बन का जो परिधि विस्तार किया उसमें नर-प्रकृति के साथ नरेतर प्रकृति भी समाहित हो गयी। जो शुक्लजी छायावाद के साम्प्रदायिक रहस्यवाद का विरोध करते थे वे ही प्राकृतिक रहस्यवाद के समर्थक थे। छायावादी काव्य और शुक्लजी की आलोचना में जो प्रकृति-प्रेम दिखाई पड़ता है उसकी जड़ें एक ही युग के सामान्य भाव-बोध में निहित हैं। इसका प्रमाण यह है कि शुक्लजी ने वहाँ तक छायावाद को ग्रहण कर लिया जहाँ तक उसका स्वरूप 'स्वच्छन्दतावाद के शुद्ध स्वाभाविक मार्ग' का था।

पल्लव की रहस्यात्मक रचनाएँ उन्हें इसीलिए रास आयीं क्योंकि "पन्तजी की रहस्य-भावना स्वाभाविक है, साम्प्रदायिक (डॉगमैटिक) नहीं। ऐसी रहस्य-भावना इस रहस्यमय जगत् के नाना रूपों को देख प्रत्येक सहृदय व्यक्ति के मन में कभी-कभी उठा करती है। व्यक्त जगत् के नाना रूपों और व्यापारों के भीतर किसी अज्ञात चेतन सत्ता का अनुभव-सा करता हुआ कवि इसे केवल अतृप्त जिज्ञासा के रूप में प्रकट करता है।" (हिन्दी साहित्य का इतिहास, पृ. 842) इस प्रकार हृदय के धरातल पर प्रकृति के अनन्त रमणीय रूपों के प्रति जो स्वाभाविक जिज्ञासा कवि हृदय में उठा करती है उसे वे मान्यता देते थे। नरेतर जगत् के उन आदिम रूपों का जिनका 'हमारे भावों के साथ मूल या सीधा सम्बन्ध है' काव्य के माध्यम से सामने लाया जाना शुक्लजी अनिवार्य समझते थे। सभ्यता के आवरण को पार कर इन आदिम और वन्य रूपों और प्रवृत्तियों के प्रति उनका मोह उनके युग की रोमांटिक चेतना के साथ कहीं न कहीं उनकी आलोचना की संगति बैठाता है। शुक्लजी ने अपनी आलोचना में जहाँ काव्य की लोकमंगल विधायिनी प्रकृति, काव्य के विषय, जगत् और जीवन के नाना रूपों से उसके सम्बन्ध पर विचार किया वहाँ रीति-ग्रन्थों में विहित अभिव्यक्ति की परिपाटी पर भी।

इस सम्बन्ध में ध्यान देने की पहली बात यह है कि आचार्य शुक्ल ने साहित्य की आलोचना और आलोचना के सिद्धान्तों में स्पष्ट अन्तर किया है। पहली को वे 'समालोचना' कहते हैं और दूसरे को 'काव्य-मीमांसा'। इसीलिए 'तृतीय उत्थान' के अन्तर्गत जब वे 'समालोचना और काव्य-मीमांसा' शीर्षक देकर विचार करते हैं तो बाबू श्यामसुन्दरदास के साहित्यालोचन की चर्चा काव्य-मीमांसा के रूप में करते हैं!

उनके सिद्धान्त-विवेचन के बारे में ध्यान देने वाली दूसरी बात यह है कि साहित्य के ग्रन्थों में उपलब्ध लक्षण-नियम आदि को शुक्त जी केवल 'विचार की व्यवस्था के लिए काव्य सम्बन्धी चर्चा के सुबीते के लिए' ही ग्रहण करने पक्ष में थे। वे इस बात से चिन्तित थे कि 'इन लक्षणों और नियमों का उपयोग गहरे और कठोर बन्धन की तरह होने लगा।... जब कोई बात हद से बाहर जाने लगती है तब प्रतिवर्तन (रिएक्शन) का समय आता है।' (हिन्दी साहित्य का इतिहास, पृ. 690) इसलिए 'हमें सामंजस्य बुद्धि से काम लेकर अपना स्वतन्त्र मार्ग निकालना चाहिए।' (वही)

जब शुक्लजी को पश्चिम के कलावाद में और मध्ययुग के अलंकारवाद में बात हद के बाहर होती दिखाई दी तो उन्होंने दोनों प्रवृत्तियों का विरोध भी किया और नयी व्याख्या भी की। पश्चिम के कलावाद और अभिव्यंजनावाद की हिन्दी कविता में भद्दी नकल पर उन्होंने निर्ममता से प्रहार किया पर छायावाद की अभिव्यंजना शैली का विवेचन करते हुए उन्होंने छायावादी कवियों की शैली में अलंकार-प्रयोग की नवीनता को लक्ष्य करके उसकी प्रशंसा भी की।

रीतिकाल में कल्पना का प्रयोग मुख्य रूप से अलंकार-विधान के साधन के रूप में किया जाता था। शुक्लजी ने उसके कर्मक्षेत्र का परिधि विस्तार किया और उसका स्थान अनुभूति के अधीन नियत कर दिया : "काव्य का आभ्यन्तर स्वरूप या आत्मा या भाव या रस है। अलंकार उसके बाह्य स्वरूप हैं। दोनों में कल्पना का काम पड़ता है।... जबकि रस ही काव्य में प्रधान वस्तु है तब उसके संयोजकों में जो कल्पना का प्रयोग होता है वही आवश्यक और प्रधान ठहरा। रस का आधार खड़ा करने वाला जो विभावन व्यापार है कल्पना का प्रधान कर्मक्षेत्र वही है। पर वहाँ उसे अनुभूति या रागात्मिका वृत्ति के आदेश पर कार्य करना पड़ता है।" (रस-मीमांसा, पृ. 83)

शुक्लजी रस का आधार खड़ा करने वाले विभावन-व्यापार को काव्य में सर्वोपरि महत्त्व देते थे। विभावन-व्यापार की प्रतिष्ठा दूसरे शब्दों में काव्य में वस्तु तत्त्व व मूर्त विधान की प्रतिष्ठा है। प्रबन्ध के विस्तृत कलेवर में शुक्लजी ने विभावन-व्यापार को वस्तु-विधान, चारित्र्य और दृश्य-योजना के रूप में देखा है और मुक्तक एवं गीतों में चित्रात्मकता और मूर्त-विधान के रूप में। काव्य की भाषा की विशिष्टता ही इस बात में है कि 'कविता में कही गयी बात चित्र-रूप में हमारे सामने आनी चाहिए' (रस-मीमांसा, पृ. 33) क्योंकि 'काव्य में अर्थग्रहण मात्र से काम नहीं चलता, बिम्बग्रहण अपेक्षित होता है।' (वही, पृ. 134) और वह 'बिम्बग्रहण निर्दिष्ट गोचर और मूर्त विषय का ही हो सकता है।' (वही) इस तरह एक ओर तो विभावन-व्यापार, गोचर और मूर्त विषय की बात कर शुक्लजी ने काव्य में वस्तु-तत्त्व की प्रतिष्ठा की और दूसरी ओर मूर्त-विधान, चित्रात्मकता आदि को शैली के गुणों के रूप में स्वीकार किया। इस सन्दर्भ में उन्होंने काव्य-कला का सम्बन्ध दूसरी ललित कलाओं से जोड़कर देखा : 'जिस प्रकार मूर्त-विधान के लिए कविता चित्रविधा की प्रणाली का अनुसरण करती है उसी प्रकार नाद-सौष्ठव के लिए वह संगीत

का कुछ सहारा लेती है' (रस-मीमांसा, पृ. 37) इसी बात को आगे बढ़ाते हुए शुक्लजी ने नाद-सौन्दर्य पैदा करने की पुरानी परिपाटी के भाव शून्य हो जाने का भी संकेत किया और इस बात पर जोर दिया कि नाद-सौन्दर्य का समावेश मूलतः 'भाव का रस की धारा का मन के भीतर अधिक प्रसार करने के लिए' होना अभीष्ट है। और यह भी कि 'नाद-सौन्दर्य से कविता की आयु बढ़ती है।' (रस मीमांसा, पृ. 38)

शुक्लजी के विवेचन की सबसे बड़ी विशेषता यह थी कि वे किसी भी सिद्धान्त में उसके रूढ़ रूप को छोड़कर मूल मन्तव्य तक पहुँचने का प्रयास किया करते थे। जहाँ परम्परा उनका साथ नहीं देती थी वहाँ वे आवश्यकता और सुविधा के अनुकूल अपनी मौलिक व्याख्याएँ प्रस्तुत करते थे।

इसीलिए शुक्लजी ने 'सौन्दर्य' शब्द की अपनी व्याख्या प्रस्तुत की। योरोपीय कला-समीक्षा और भारतीय अलंकार-शास्त्र दोनों में इस शब्द की अलग-अलग प्रयोग-परम्परा थी। शुक्लजी ने इन दोनों से भिन्न सौन्दर्य की अपनी व्याख्या की। उन्होंने सौन्दर्य को रंग-रूप से आगे बढ़कर कर्म और मनोवृत्ति में खोजा और उसकी कसौटी इन शब्दों में निर्धारित की : 'जिस सौन्दर्य की भावना में मग्न होकर मनुष्य अपनी पृथक् सता की प्रतीति का विसर्जन करता है वह अवश्य एक दिव्य विभूति है।' (वही, पृ. 25)

शुक्लजी के आलोचक व्यक्तित्व की एक बहुत बड़ी विशेषता उनकी व्यापक और सजग दृष्टि थी। अपने समय के हर साहित्यिक विवाद की तरफ उन्होंने ध्यान ही नहीं दिया उस पर राय भी दी। वह चाहे 'पृथ्वीराज रासो' की प्रामाणिकता का प्रश्न हो या विद्यापति की श्रृंगारिकता या भक्ति पर बहस हो। जितनी लगन से वे प्राचीन और मध्ययुगीन काव्य का विवेचन करते थे उतना ही ध्यान आधुनिक साहित्य और विषयों पर भी देते थे। छायावाद और छायावादी कवियों का उनका विवेचन इसका प्रमाण है।

जिस साहित्य में सदियों से कविता की प्रभुता रही हो, उसमें निबन्ध का विवेचन करते हुए यह कहना बहुत-साहस की ही नहीं सूझबूझ की भी बात है कि "यदि गद्य कवियों या लेखकों की कसौटी है तो निबन्ध गद्य की कसौटी। भाषा की पूर्ण शक्ति का विकास निबन्धों में ही सबसे अधिक सम्भव होता है।" (हिन्दी साहित्य का इतिहास, पृ. 605)

उन्होंने अपने समय के गद्य साहित्य की सभी पद्धतियों और प्रवृत्तियों को समझा, परखा और इतिहास में उनका विवेचन किया। छोटी कहानी, उपन्यास,

नाटक, निबन्ध, समालोचना-सभी की मूल विशेषता को वे खूब पहचानते थे प्रेमचन्द के उपन्यासों में यथार्थवादी जीवन-दृष्टि, भारतीयता और सामाजिकता को ही लक्ष्य कर वे उन्हें हिन्दी का सर्वश्रेष्ठ उपन्यासकार घोषित कर गये।

आचार्य शुक्ल के हाथों वस्तुतः हिन्दी की एक निजी प्रौढ़ आलोचना शैली का विकास हो चुका था। यह शैली पश्चिम के कलावाद और हिन्दी के मध्ययुगीन अलंकार-रीतिवाद से भिन्न हिन्दी की अपनी ठेठ मौलिक आलोचना शैली थी। उनकी आलोचना की खास बात यह थी कि उन्होंने शास्त्र की सर्वथा मौलिक व्याख्या कर उसे आधुनिक और समयोपयोगी बनाया। द्विवेदी युग में ही काव्य के प्रति जिस बदली रुचि का आभास मिलने लगा था वह शुक्लजी के समय तक सर्वथा स्पष्ट हो गयी थी। आलोचना के केन्द्र में रीतिकाल के देव, बिहारी और मतिराम आदि कवियों के स्थान पर भक्त कवि तुलसी और सूर प्रतिष्ठित हो गये थे। उनके मूल्यांकन के लिए रीति-अलंकार सिद्धान्त अपर्याप्त था। शुक्लजी ने इसलिए अलंकारवाद के स्थान पर भारतीय रसवाद की पुनः प्रतिष्ठा की और उसे लोक-सम्पृक्ति का विस्तृत आयाम देकर आधुनिक और प्रासंगिक बनाया। उन्होंने प्राचीन भारतीय रसवाद से 'रागात्मक या अनुभूति प्रवणता' तो ली पर उसे अन्तर्मुखी वैयक्तिक साधना न मानकर अनुभूति-योग के नाम से लोक-मानस और लोक-हृदय के साथ रागात्मक सम्बन्ध का रूप दिया। जिन परवर्ती रसवादियों का काव्य-संसार उत्तर-छायावादी काव्य के रोमानवाद से निर्मित हुआ था उनकी आत्मनिष्ठ विषयिपरक रस-व्याख्याओं और शुक्लजी के रसवाद में यही मौलिक अन्तर है कि शुक्लजी ने अपनी रस धारणा का निर्माण सामाजिकता के सन्दर्भ में किया था। उनका रसमार्ग अन्तर्मुख न होकर बहिर्मुख था। उनकी सारी चिन्ता व्यापक लोक-मानस की चिन्ता थी। इसीलिए उन्होंने रस की लोकोत्तरता का विरोध कर उसे लोक भूमि पर उतारा। इसीलिए उन्होंने रूप-सौन्दर्य के समानान्तर कर्म या शील-सौन्दर्य को महत्त्व दिया और मुक्तक एवं प्रगीतों की तुलना में उन प्रबन्ध-काव्यों का समर्थन किया जिनमें जीवन के व्यापक स्तर पर इस कर्म-सौन्दर्य के चित्रण का अवकाश हो। स्थायी भावों में करुणा को सर्वाधिक महत्त्व देने के मूल में भी उनकी यही मानववादी दृष्टि है। आचार्य शुक्ल ने महावीरप्रसाद द्विवेदी के स्थूल नैतिक उपयोगितावाद को भावात्मक मानवतावाद का रूप देकर आलोचना के प्रतिमान के रूप में प्रतिष्ठित किया। उनके हाथों हिन्दी में पहली बार आलोचना को सृजनात्मक साहित्य के समतुल्य गरिमा मिली।

शुक्लजी के बारे में यह शंका व्यक्त की गयी है कि जितने कौशल से वे व्यावहारिक आलोचना करते थे उतनी सिद्धि उन्हें अपने द्वारा प्रयुक्त प्रतिमानों को सूत्रबद्ध करने में प्राप्त नहीं थी। परन्तु शुक्लजी ने ऐसा प्रयास किया हो यह नहीं कहा जा सकता। 'रस-मीमांसा' की रचना आलोचना के अपने प्रतिमानों को सिद्धान्तबद्ध करने का ही प्रयत्न है। पर सवाल दूसरा है– क्या सफल आलोचक इस बात के लिए बाध्य है कि वह अपनी आलोचना पद्धति को सैद्धान्तिक रूप जरूर दे?

विविध गद्य-स्तर

–रामस्वरूप चतुर्वेदी

रामचन्द्र शुक्ल में गद्य के कई रूप हैं, कह लीजिए स्तर हैं। आलोचना-गद्य, चिन्तन या विचार-गद्य, निबन्ध-गद्य बहुत आसानी से परिलक्षित किये जा सकते हैं। ये स्तर अलग-अलग तरह के लेखन में भी हैं और कभी एक ही रचना में द्रष्टव्य हैं। अपने गद्य लेखन में लेखक बहुत सहजता के साथ एक स्तर से दूसरे स्तर तक आता-जाता रहता है शास्त्रीय गायक के सरगम पर आरोह-अवरोह की तरह। कुछ वैसी ही श्रुतियाँ तब उसके गद्य लेखन में आती हैं। अलग-अलग तरह के गद्य-विधान तो जैसा कहा गया, अपनी जगह हैं ही। 'विश्व-प्रपंच' की लम्बी भूमिका में एक अनुच्छेद के अन्तर्गत (पृष्ठ 45) अनात्मवाद की दृष्टि से चैतन्य की सूक्ष्म व्याख्या हुई है, वहीं अगले अनुच्छेद में शरीर-विधान का अत्यन्त स्थूल इतिवृत्तपरक वर्णन है। 'कामायनी' और 'जयद्रथवध' जैसे बग़ल-बग़ल आ गये हों।

आलोचना-गद्य का प्रसार स्पष्ट ही सबसे अधिक है। जायसी ग्रन्थावली, भ्रमरगीत सार की विस्तृत भूमिकाएँ, 'गोस्वामी तुलसीदास', 'चिन्तामणि' भाग-2 के तीन विस्तृत निबन्ध, भाग-1 में 'कविता क्या है?' तथा कई अन्य निबन्ध, और 'हिन्दी साहित्य का इतिहास' का विस्तृत लेखन–यह सब सामग्री आलोचना गद्य का समान श्रेष्ठ रूप प्रस्तुत करती है, जहाँ सैद्धान्तिक-व्यावहारिक, मध्यकालीन-आधुनिक, इतिहास-रचना जैसे आलोचना के विविध रूप सहज द्रष्टव्य हैं। विचार-गद्य का बढ़िया उदाहरण है 'विश्व-प्रपंच' की विस्तृत भूमिका। और निबन्ध-गद्य में मनोविकारों सम्बन्धी निबन्ध-लेखन का रूप आयेगा। रामचन्द्र शुक्ल के व्यक्तित्व में पण्डित-आलोचक-बौद्धिक पक्ष जैसे एक-दूसरे को काटते-छूते-मिलते चलते हैं, उसका उन्मीलन सर्वाधिक उनके विविध गद्य-स्तरों

में द्रष्टव्य है। यहाँ स्पष्ट ही, विचार-गद्य के स्तर को विकसित करना सबसे कठिन था, क्योंकि तब तक के नवप्रवर्तित खड़ीबोली गद्य में इसकी पूर्व परम्परा बहुत हल्की थी। 'विश्व प्रपंच' (जर्मन वैज्ञानिक हैकल कृत ग्रन्थ के अंग्रेज़ी रूप 'रिड्ल आव् द यूनिवर्स' का हिन्दी रूपान्तर) एक साथ ही दर्शन और विज्ञान के आधारभूत सिद्धान्तों का विवेचन करता है; इसके लिए सही भाषा प्रयोग निश्चय ही एक बड़ी चुनौती तब भी थी और किसी क़दर अब भी है। इस रूपान्तर को मूल गद्य के स्तर पर ले आना रामचन्द्र शुक्ल के ही योग्य था। अपने आरम्भिक वक्तव्य में रूपान्तरकार ने संकेत में सही, इसे स्पष्ट भी किया है। लिखा है—"भाषा के सम्बन्ध में इतना कह देना अनुचित न होगा कि उसे केवल हिन्दी या संस्कृत जानने वाले भी अपनी विचार पद्धति के प्रायः अनुरूप पायेंगे। कौन-सा वाक्य किस अंग्रेज़ी वाक्य का अक्षरशः अनुवाद है। इसका पता लगाने की ज़रूरत किसी को न होगी।" लेखक का यहाँ गहरा आत्मविश्वास उसके वैसे ही गहरे वाक्य-विन्यास से पूरी तरह जुड़ा हुआ हैं। भाषा और विचार-पद्धति का इस स्तर पर सूक्ष्म सम्बन्ध अनुवादक ने अनायास ही स्पष्ट कर दिया है।

रचनात्मक स्तर पर काल्पनिक-अकाल्पनिक गद्य के बीच बहुत सही अनुपात रामचन्द्र शुक्ल के यहाँ सधा है चाहे निबन्ध हो, आलोचना या फिर वैचारिक लेखन। अकाल्पनिक गद्य पहली बार यहाँ ऐसा ढलता है कि उससे जो माँगो वह देने में समर्थ है। कहीं यह नहीं लगता कि इस बात को कुछ और अच्छे ढंग से कहा जा सकता था। कविता में निराला, नाटक में प्रसाद और कथा-साहित्य में प्रेमचन्द की जैसी समर्थ भाषा है, निबन्ध-आलोचना में वैसा ही सशक्त गद्य आचार्य शुक्ल का है। तीसरे-चौथे दशक में यह बानाबन्त यों ख़ूब बना है। सबसे बड़ी बात आलोचक के अनुभव और ज्ञान का विस्तार है, जिसके कारण विज्ञान, दर्शन और काव्य का समान रुचि और अधिकार के साथ वह विवेचन करता है। यह जैसे विरुद्धों के सामंजस्य की भाव-भूमि तक पहुँचने के लिए विरुद्धों का पूरकत्व दरसाना है।

रामचन्द्र शुक्ल की आलोचना-सामर्थ्य को ठीक-ठीक परखने के लिए उनके आलोचना-गद्य का विश्लेषण आवश्यक है। आलोचना की भाषा अपने आप में एक कठिन और सुकुमार प्रक्रिया है। अनुभव और अर्थ के जिस संश्लेष को रचनाकार भाषा के अधिकतम सर्जनात्मक रूप के सहारे व्यक्त करता है, उसे अपेक्षया सीधी-सादी भाषा में विश्लेषित और व्याख्यायित करते रहने

का दायित्व समीक्षक का है। आधुनिक दृष्टि में रचना जीवन के अर्थ का विस्तार करती है, तो आलोचना फिर रचना के अर्थ का। आचार्य शुक्ल की आलोचना-भाषा को जाँचते समय देखा जा सकता है कि उनके द्वारा प्रयुक्त शब्दावली विशिष्ट होते हुए भी पारिभाषिक नहीं बनती, अपने को अन्दर से बन्द नहीं करती। तभी वह रचना के अनुभव को नये और सार्थक ढंग से पकड़ पाती है। 'संश्लिष्ट चिन्तन', 'विरुद्धों का सामंजस्य', 'लोकमंगल' उनके कुछ ऐसे ही नये और विशिष्ट प्रयोग हैं।

आलोचना-गद्य के सामान्य विधान में आचार्य शुक्ल की सावधानी समर्थ कवियों की काव्यभाषा का स्मरण दिलाती है। एक अच्छा उदाहरण मिलता है जहाँ उन्होंने आधुनिक शब्द 'जनता' और परम्परित प्रयोग 'लोक' के बीच विवेक किया है। अन्तर नये-पुराने में गहरा है। 'जनता' शब्द के अन्तर्गत समाज के ऊँचे-नीचे विविध वर्ग सिमट आते हैं, 'लोक' से समाज के पिछड़े वर्ग का बोध अधिक होता है। साहित्य की रचना-प्रक्रिया का इतिहास में विवेचन करते समय वे 'जनता' या कभी 'शिक्षित जनता', का योगदान रेखांकित करते हैं ('जबकि प्रत्येक देश का साहित्य वहाँ की जनता की चित्तवृत्ति का संचित प्रतिबिम्ब होता है...'), पर उसके प्रयोजन स्वरूप 'लोक' को सामने रखते हैं ('काव्य में लोकमंगल की साधनावस्था')। इतिहास के प्रवाह की व्याख्या में पाँच पदों से बनी लम्बी संयुक्त क्रिया 'परिवर्तन होता चला जाता है' आलोचना-भाषा में सावधान प्रयोग का एक और अच्छा प्रमाण है।

काव्य में नाद-सौन्दर्य का महत्त्व स्पष्ट करते हुए आचार्य शुक्ल ने लिखा है, 'नाद-सौन्दर्य से कविता की आयु बढ़ती है।' यह वाक्य कविता के वैशिष्ट्य की व्याख्या करते हुए स्वयं आलोचना-भाषा में नाद-सौन्दर्य का एक अच्छा उदाहरण प्रस्तुत करता है। गद्य में शब्दों का चुनाव, आरोह-अवरोह का क्रम, और एक साँस में वाक्य पूरा हो जाने की स्थिति, ये सारे तत्त्व मिलकर इस ऊपर से दिखने वाली उक्ति को एक गहरी अनुभूति में बदल देते हैं। 'कविता की आयु' का लाक्षणिक प्रयोग भी इस प्रक्रिया में सहायक हुआ है। कुल मिलाकर जैसे यहाँ सूक्ष्म नाद-बिम्ब की अवतारणा हुई हो।

रचना के अर्थ-संश्लेष की व्याख्या करते समय आचार्य शुक्ल कई बार ऐसे प्रयोग करते हैं जिन्हें हम आलोचना-बिम्ब कह सकते हैं। इस तरह के प्रयोगों में छायावादी काव्य, विशेषतः प्रसाद का विवेचन करते समय, 'मधुचर्या' शब्द देखने योग्य है, 'इनकी मधुचर्या के मानस प्रसार के लिए रहस्यवाद का

परदा मिल गया...।' यहाँ एक शब्द 'मधुचर्या' के माध्यम से आलोचक ने प्रसाद-काव्य में अलसता, खुमार, सलज्जता के संश्लिष्ट वातावरण को एक साथ उजागर करने का यत्न किया है और दूसरी ओर कवि द्वारा 'मधु' शब्द के व्यापक प्रयोग पर कटाक्ष भी किया है। यह रोचक संयोग है कि स्वयं आलोचक के लिए भी 'मधु' एक प्रिय प्रयोग रहा है, भले कुछ भिन्न अर्थ-छायाओं में। अपनी एक कवित्त-माला को उसने नाम दिया है 'मधुस्रोत', जो फिर बाद में उसके काव्य-संग्रह का ही शीर्षक हो गया। पर यहाँ प्रकृति-सौन्दर्य और ग्राम्य जीवन के आकर्षण में मधुस्रोत विशेषतः देखा गया है।

आलोचना-बिम्बों में एक और विशिष्ट प्रयोग है जहाँ अयोध्याकाण्ड में चित्रकूट की सभा को लेखक ने 'आध्यात्मिक घटना' कहा है। इसी प्रकार सूर द्वारा चित्रित कृष्ण और गोपियों के प्रेम को 'जीवनोत्सव' बताया गया है। भावों और मनोविकारों सम्बन्धी निबन्ध, जो आलोचक के साहित्य-चिन्तन की पुष्ट आधार-भूमि बनाते हैं, समास-शैली और संश्लिष्ट शब्द प्रयोगों से नाना रूपों में सम्पन्न हैं। इस दृष्टि से 'क्रोध' निबन्ध में वैर और क्रोध का अन्तर जिस प्रकार किया गया है वह अविस्मरणीय है—'वैर क्रोध का अचार या मुरब्बा है।' किशोर-पाठ से लेकर विश्वविद्यालय और जीवन के खुले विश्वविद्यालय तक यह वाक्य अपने बिम्ब-विधान के कारण अनेक स्तरों पर खुलता है। इसी टक्कर का विन्यास है—'करुणा सेंत का सौदा नहीं है।' या फिर 'काव्य में रहस्यवाद' जैसे गुरु-गम्भीर विवेचन का यह पर्यवेक्षण—'सत्य सबकी सामान्य सम्पत्ति होता है; झूठ हर एक का अलग-अलग होता है।' तुलना करें 'अन्ना कैरैनिना' के विख्यात आरम्भिक विन्यास से—सभी सुखी परिवार एक जैसे हैं और हर दुखी परिवार अपने ढंग से दुखी है।'

यों रामचन्द्र शुक्ल की आलोचना-भाषा में काव्यभाषा की दो विशिष्ट प्रक्रियाएँ सहज द्रष्टव्य हैं। एक तो नाद-बिम्ब या अनुरणन-बिम्ब और दूसरे आलोचना-बिम्ब। अनुरणन-बिम्ब का एक रोचक उदाहरण 'इतिहास' में आधुनिक काल के आरम्भिक खड़ीबोली कवि नाथूराम शंकर शर्मा के प्रसंग में आता है। वाक्य है—'नाथूराम शंकर शर्मा की पदावली उद्दण्डता लिए रहती है।' यहाँ इस 'उद्दण्डता' प्रयोग से न केवल कवि की खड़ीबोली की कठोर ध्वन्यात्मक प्रकृति आसानी से पता चल जाती है, वरन् उसके स्थूल कथा-विषयों पर भी व्यंजना से प्रकाश पड़ता है। फिर ध्यान देने की बात यह भी है कि आलोचना-भाषा में एक ओर कवि जैसा यह सुचिन्तित विन्यास है, तो दूसरी ओर वैयाकरण

जैसी सूक्ष्म सतर्कता है, जिसका महत्त्वपूर्ण साक्ष्य लेखक द्वारा लम्बी संयुक्त क्रियाओं के प्रयोग में देखा जा सकता है। कहना न होगा, संयुक्त क्रिया का विन्यास व्याकरण के सबसे जटिल अंगों में से है। कवि और वैयाकरण के प्रयोग-पक्षों का यह सहज संयोग आचार्य शुक्ल के गद्य को असाधारण क्षमता से सम्पन्न करता है।

आलोचक के उपर्युक्त बिम्ब-विधाने का बड़ा योगदान है उसकी विशिष्ट समास-शैली के विकास में। यहाँ बल अर्थ-संगुंफन पर है, तो व्यास-शैली में एक-एक बात को खोलकर बताने का अन्दाज़ है, जहाँ लेखक, बहुत कुछ अध्यापकीय लहजे में जैसे बात करता और अपने मन्तव्य को कई रूपों में समझाता चलता है। गद्य के समास और व्यास स्तरों की मिलावट रामचन्द्र शुक्ल के रचनात्मक और अध्यापकीय पक्षों में सहज सामंजस्य विकसित करती है, जो उनके आलोचक व्यक्तित्व की विशिष्ट पहचान कही जा सकती है।

समास-शैली मितकथन की भाषा है तो व्यास-शैली किसी क़दर अतिकथन की। यहाँ आचार्य शुक्ल के प्रिय मुहावरे हैं—'सारांश यह', 'बात यह है', 'तात्पर्य यह', 'मेरा अभिप्राय', 'यह स्पष्ट हो गया होगा'। यहाँ सूत्र और विन्यास का योग ऐसा सन्तुलित रहता है जिससे कई श्रेणी के पाठकों के लिए आशय एक साथ खुलता चलता है। व्यास-शैली के साथ कभी संक्षिप्त विनोदपूर्ण व्यक्तिगत क़िस्से सहज ही जुड़ जाते हैं, जैसे 'क्रोध' निबन्ध में ब्राह्मण देवता का थककर चूल्हे की आग पर पानी डाल देना या 'लोभ और प्रीति' में महुए का नाम लेने पर देहाती समझे जाने का खतरा या फिर 'श्रद्धा-भक्ति' में काशी के ठठेरे के मोल-भाव का ढंग। ये प्रसंग एक ओर आत्मीयता की सृष्टि करके पाठक को जैसे अपने निकट विश्वास में लेते हैं, वहीं इस प्रक्रिया में अपने विवेचन को अधिक विश्वसनीय बनाते हैं। इसके अतिरिक्त निबन्ध शैली में व्यंग्य-विनोद का कुशल प्रयोग तो अपनी जगह है ही। आचार्य का विषय-प्रतिपादन जैसा गुरु-गम्भीर है उसके बीच उनका सूक्ष्म व्यंग्य और तीव्र तथा पैना हो गया है, घनी-बड़ी मूँछों के बीच हल्की मुस्कान की तरह।

जैसा कहा गया, सावधान शब्द प्रयोग, नाद-सौन्दर्य और बिम्ब-विधान-साधारणतः काव्यभाषा के ये गुण रामचन्द्र शुक्ल के आलोचना और निबन्ध-गद्य में पाये जाते हैं। सामान्य आलोचक अपनी प्रभाववादी शैली में कविता की व्याख्या करने का अपर्याप्त यत्न करते रहे, जबकि आचार्य शुक्ल ने अपनी आलोचना-भाषा में काव्यभाषा के महत्त्वपूर्ण तत्त्वों का समर्थ प्रयोग करके रचना के अर्थ को

अधिकाधिक संवर्द्धित किया है। और उनकी भाषा के ही कारण यह सम्भव हुआ है कि आलोचक ने बार-बार बड़े कवियों की रचना में जैसे आत्म-प्रक्षेप किया हो। तुलसीदास को पढ़ते समय अब आचार्य शुक्ल की समीक्षा उस पाठ का अंग हो गयी है। यंह विचित्र बात है कि मध्यकालीन क्षेपककारों के क्षेपक हम सावधानी से बीन कर मूल रचना से अलग कर देते हैं, जबकि बड़े समीक्षक की समीक्षा कालान्तर में अज्ञात भाव से रचना के भीतर समाहित हो जाती है।

रामचन्द्र शुक्ल ने भारतीय और पाश्चात्य दोनों परम्पराओं से विचार-सामग्री ली। पर आक्रान्त या कि आतंकित वे किसी से नहीं हुए। उनके गद्य में परस्पर मिलते-जुलते दो प्रयोग आते हैं—'समन्वय' ('जीवन की पूर्णता कर्म, ज्ञान और भक्ति तीनों के समन्वय में है') और 'विरुद्धों का सामंजस्य' ('विरुद्धों का' यही सामंजस्य कर्मक्षेत्र का सौन्दर्य है')। दोनों आशंसामूलक हैं, पर सन्दर्भ में लेखक दूसरे की महनीयता व्यंजित करता है। इस प्रसंग में कहा जा सकता है कि उनकी आलोचना-प्रक्रिया 'समन्वय-साधना' के बजाय 'विरुद्धों के सामंजस्य' के अधिक निकट है, जिनके बीच विवेक उनके सूक्ष्म सावधान शब्द-प्रयोग का एक और अच्छा साक्ष्य है। इस गद्य-प्रयोग से यह भी सम्भव होता है कि आधुनिक आलोचना की कई महत्त्वपूर्ण अवधारणाएँ—जैसे रचना का महत्त्व, काव्यभाषा का केन्द्रीय आधार और बिम्ब प्रक्रिया की विशिष्ट भूमिका—आचार्य शुक्ल के यहाँ किसी क़दर पूर्वाशित दिखती हैं। साहित्य की प्राचीन परम्परा और नयी सम्भावना को यों रामचन्द्र शुक्ल ने बड़े निर्मल भाव से जोड़ा है।

निबन्ध का गद्य आचार्य शुक्ल ने बड़े ज़तन और वैसे ही आत्मीय भाव में किया है। मनोविकारों के स्वरूप परिचय पर एक अर्थगर्भ टिप्पणी उन्होंने 'इतिहास' में अपने प्रिय कवि घन आनन्द का विवेचन करते हुए दी है। लिखा है, 'कवियों की इसी अन्तर्दृष्टि की ओर लक्ष्य करके एक प्रसिद्ध मनसतत्त्ववेत्ता ने कहा है कि भावों या मनोविकारों के स्वरूप परिचय के लिए कवियों की वाणी का अनुशीलन जितना उपयोगी है उतना मनोविज्ञानियों के निरूपण नहीं।" (पृ. 294) स्वयं 'प्रसिद्ध मनसतत्त्ववेत्ता' की ओर से 'कवियों की वाणी' का यह महत्त्वाख्यान निबन्धकार शुक्ल को बहुत अनुकूल लगा। तभी मनोविकारों सम्बन्धी निबन्ध में उन्होंने पश्चिम के मनोविज्ञान, दैनिक जीवन के पर्यवेक्षण, और विविध प्रकार के काव्य-सन्दर्भों का मेल एक साथ

प्रस्तुत किया है। इसी विधान को सूत्र रूप में उन्होंने कहा है, "यात्रा के लिए निकलती रही है बुद्धि पर हृदय को भी साथ लेकर।" इस संयोजन का ही परिणाम है जिससे अपेक्षया तत्सम शब्दावली का गद्य अपने सम्प्रेषण में इतना निर्मल है; शास्त्रीयता का सन्तुलन सामान्य दैनिक जीवन के पर्यवेक्षणों से हो गया है, विषय और विषयी, औपचारिक-अनौपचारिक के भेद को विलीन करते हुए। आलोचना-गद्य जहाँ शब्दों की सर्जनात्मक सम्भावना को खुला रखता है, चिन्तन-गद्य वहाँ शब्दार्थ की मर्यादा को बाँधकर रखता है। 'गोस्वामी तुलसीदास' में भावुकता का प्रकरण जहाँ पहले प्रकार का उदाहरण है, 'विश्व-प्रपंच' की भूमिका का अधिकांश वहाँ दूसरे प्रकार का। निबन्ध-गद्य इन दोनों स्तरों को एक बिन्दु पर जोड़ता है, जिसका साक्ष्य प्रायः सभी मनोविकार विषयक निबन्ध प्रस्तुत करते हैं।

एक भिन्न यद्यपि कि सम्बद्ध भाषा-प्रक्रिया में लेखक की आलोचना-भाषा उसकी चिन्तन और निबन्ध-भाषा के सम्पर्क में समृद्ध होती चलती है, जो एक तरह से उसकी लेखकीय भाषा का सम कहा जा सकता है। यहीं उसमें कई ओर से वैविध्य की भंगिमाएँ उठती हैं। चिन्तन-गद्य की ओर से जैसे विश्लेषण-क्षमता आती है, निबन्ध-गद्य की ओर से सहज विनोदप्रियता, और आलोचना-गद्य की बुनियादी संवेदनशीलता तो अपनी जगह है ही। 'इतिहास' के काल-विस्तार को देखते हुए यहाँ लेखक का भाषा-सामर्थ्य सबसे अधिक प्रमाणित होता है, तो यह उचित ही है। पर यहीं कहीं शैली का विरल स्खलन भी देखा जा सकता है। नरोत्तमदास के 'सुदामा चरित्र' का विवेचन करते हुए लिखा है, "इसमें घर की दरिद्रता का बहुत ही सुन्दर वर्णन है।" शैली-स्खलन का इसे एक सुन्दर उदाहरण कहना क्या उचित होगा?

विचार-गद्य की प्रकृति का कुछ संक्षिप्त विवेचन अब प्रासंगिक और उपयोगी होगा, जिससे अलग-अलग गद्य-स्तरों की पहचान में सुविधा होगी। विचार-गद्य आचार्य ने मूल और अनूदित दोनों रूपों में प्रस्तुत किया। दर्शन, विज्ञान और इतिहास के कई ग्रन्थों का उन्होंने हिन्दी अनुवाद किया। इनमें से 'रिड्ल ऑव यूनिवर्स' के अनुवाद 'विश्व-प्रपंच' की विस्तृत सारगर्भ भूमिका मौलिक रूप में प्रस्तुत की। यह अध्ययन स्पष्ट ही दर्शन और विज्ञान दोनों क्षेत्रों का स्पर्श करता है, जहाँ एक प्रकार से नवीनतम चिन्तन ने अपने को अवस्थित किया है। इस भूमिका में यह स्वाभाविक था कि वे भारतीय तथा पाश्चात्य दोनों दृष्टियों का समाकलन करते।

ललित निबन्ध और आलोचना के गद्य से विचार-गद्य में अन्तर यह है कि जहाँ निबन्ध या कि आलोचना, अपने आपसे, अथवा मूल रचना के माध्यम से, अनुभव का विस्तार और पुनर्सृजन करते हैं वहाँ विचार गद्य अवधारणाओं और उनके स्थिर विवेचन को प्रस्तुत करता है। विविध सांस्कृतिक प्रकार्यों के अन्तर्गत, दर्शन में विचार का विश्लेषण अभीष्ट है, जबकि दूसरे सिरे पर संगीत है जहाँ अनुभूति का सर्वाधिक सघन रूप है। साहित्य इनके बीच कहीं आता है, विचार और अनुभूति को फेंटकर मिलाता हुआ। कुछ ऐसा ही विस्तार साहित्य का अपना है, जहाँ बीच का क्षेत्र आलोचना का है सर्जनात्मक क्षमता की दृष्टि से। यों, जैसा कहा गया, विचार-गद्य कल्पना को भी एक बिन्दु पर स्थिरीकृत बनाता है, जबकि आलोचना का गद्य अनुभूति के क्षेत्र में उसका विस्तार करता है। विचार-गद्य की विशेषता उसकी निर्देश प्रस्तार-क्षमता है, आलोचना-गद्य की सृजन और वैविध्य-विस्तार।

इस दृष्टि से 'विश्व-प्रपंच' की भूमिका में तत्त्वपरक विभावन और अवधारणा के विविध रूपों में सुस्पष्ट विवेक करते हुए उनका विवेचन और मूल्यांकन हुआ है। इस गद्य का वैशिष्ट्य उपर्युक्त सन्दर्भों में समझा जा सकता है। यहाँ अनुभव का विस्तार नहीं करना, तत्त्व की समझ को संकेन्द्रित करना है। इसके लिए पारिभाषिक शब्दों का आना अनिवार्य है, पर उनके मूल्यांकन में किसी क़दर अनौपचारिक हुआ जा सकता है। इस गद्य का एक प्रसिद्ध उद्धरण यहाँ प्रस्तुत है भूमिका के समापन-अंश से–

अब जिन्हें मैदान में जाना हो वे नाना विज्ञानों से तथ्य संग्रह करके सीधे उस सीमा पर जायें, जहाँ दो पक्ष अड़े हुए हैं–एक ओर आत्मवादी, दूसरी ओर अनात्मवादी, एक ओर जड़वादी, दूसरी ओर नित्य चैतन्यवादी। यदि चैतन्य की नित्य सत्ता सर्वमान्य हो गयीं तो फिर सब मतों की भावना का समर्थन हुआ समझिए, क्योंकि चैतन्य सर्वस्वरूप है। नाना भेदों में अभेद दृष्टि ही सच्ची तत्त्व दृष्टि है। इसी के द्वारा सत्य का अनुभव और मतमतान्तर के रागद्वेष का परिहार हो सकता है।

लयात्मक विन्यास और गद्य-बिम्बों से अलग यह सीधी विवेचन शैली है, जहाँ तत्त्व या कि परम सत्य को समझने की उन कोशिशों का आख्यान तथा मूल्यांकन है, जो दर्शन और विज्ञान के विविध क्षेत्रों में चलती आ रही हैं। विवेचन-विश्लेषण का जैसा निर्मल रूप है यहाँ वैसा ही गहरा आत्मविश्वास लेखक के मन में है; किसी दूसरी ज़मीन पर होने का संकोच या भय कहीं

नहीं। अपने ज्ञान की सीमाओं से वह परिचित है, पर अपनी समझ को लेकर कहीं आश्वस्त भी। आचार्य शुक्ल का यह बहुस्तरीय गद्य अपने में सम्पूर्ण प्रभुत्वसम्पन्न है।

अन्य गद्य-स्तरों की तरह ही विचार-गद्य की गुरु-गम्भीरता के बीचोबीच हल्के विनोद-भाव का खिलना लेखक के चिन्तन को एकबारगी पारदर्शी बना देता है। 'विश्व-प्रपंच' की भूमिका का लगभग अन्तिम अंश है—"इस पैगम्बरी एकेश्वरवाद के पहले संसार में मतसम्बन्धी युद्ध नहीं होते थे। भारतीय आर्य, पारसी, खाल्दी, मिस्री, यूनानी, रोमन इत्यादि जो ज्ञानसमृद्ध और सभ्य बहुदेवोपासक जातियाँ थीं, उनके बीच कभी इसको लेकर युद्ध नहीं हुआ कि हमारा देवता तुम्हारे देवता से बड़ा है, तुम हमारे देवता को मानो।" पिछले उद्धरण में वैचारिक कुरुक्षेत्र का रूपक था तो यहाँ बच्चों की अपने खिलौनों को लेकर होड़ा-होड़ी और लड़ाई-भिड़ाई का बिम्ब है।

इस लेखन में सैद्धान्तिक आलोचना, मनोविकारों सम्बन्धी विवेचन और शास्त्र-चिन्तन की सीमा रेखाएँ जैसे सहज एक-दूसरे में विलीन हो जाती हैं, वैसे ही उनके गद्य-स्तर परस्पर जुड़ जाते हैं। यहाँ एक प्रसंग आलोचक शुक्ल के प्रसिद्ध निबन्ध 'काव्य में लोक-मंगल की साधनावस्था' से ले रहे हैं, जहाँ उन्होंने रस-निष्पत्ति के सन्दर्भ में 'बीजभाव' की एक नयी अवधारणा प्रस्तुत की है। लेखक कहता है, "जिस प्रकार किसी आश्रय के भीतर कोई एक भाव स्थायी रहता है और अनेक भाव तथा अन्तर्दशाएँ उसके संचारी के रूप में आती हैं उसी प्रकार किसी प्रबन्ध काव्य के प्रधान पात्र में कोई मूल प्रेरक भाव या बीजभाव रहता है जिसकी प्रेरणा से घटनाचक्र चलता है और अनेक भावों के स्फुरण के लिए जगह निकलती चलती है। इस बीजभाव को साहित्य ग्रन्थों में निरूपित स्थायी भाव और अंगी भाव दोनों से भिन्न समझना चाहिए... ऐसे बीजभाव की प्रतिष्ठा जिस पात्र में होती है उसके सब भावों के साथ पाठकों की सहानुभूति होती है।" कहना न होगा, यहाँ मूल यत्न है रस-निष्पत्ति के विवेचन को आधुनिक सन्दर्भों के निकट ले आना। इस आलोचना-यत्न के लिए एक निरायास गद्य का प्रयोग आचार्य शुक्ल की क्षमता के सर्वथा योग्य है, जहाँ गद्य के विविध रंग अब जैसे अनपेक्षित हो गये हों। एक सामान्य सरल प्रकथन सब का अन्तर्भाव कर लेता हो। यों रंग अलग-अलग दिखते हैं, और श्वेत प्रकाश में विलीन भी हो जाते हैं।

अपने प्रसिद्ध निबन्ध 'काव्य में लोक-मंगल की साधनावस्था' में आलोचक शुक्ल ने अपनी एक विशिष्ट अवधारणा 'विरुद्धों का सामंजस्य' की व्याख्या

दो स्तरों पर की। एक तो गुरु-गम्भीर विवेचनात्मक रूप में और दूसरे सामान्य दैनन्दिन जीवन के दो दृश्य चित्रों के रूप में। दूसरे स्तर का कुछ अंश यहाँ प्रस्तुत है, ''इस सामंजस्य का और कई रूपों में भी दर्शन होता है। किसी कोट-पतलून-हैटवाले को धारा प्रवाह संस्कृत बोलते अथवा किसी पण्डित वेशधारी सज्जन को अंग्रेज़ी की प्रगल्भ वक्तृता देते सुन व्यक्तित्व का जो एक चमत्कार-सा दिखाई पड़ता है उसकी तह में भी सामंजस्य का यही सौन्दर्य समझना चाहिए।'' प्रस्तुत अध्याय में और इस समग्र विवेचन में, यह अच्छी तरह देखा जा सकता है कि हैटधारी संस्कृत वक्ता और उघारे बदन शिष्ट अंग्रेज़ी बोलने वाले पण्डित के ये दोनों चित्र वस्तुतः आचार्य शुक्ल के व्यक्तित्व में एकमेक हो जाते हैं। 'शैली ही व्यक्ति है', इस उक्ति की चरितार्थता जैसी यहाँ देखने को मिलती है, वैसी अन्यत्र दुर्लभ है।

कलावाद का खण्डन और लोकमंगल की स्थापना

—मैनेजर पाण्डेय

"कोरे शब्द-व्यवसायी केशवदास जी को कमल और चन्द्र को प्रत्यक्ष देखने में आनन्द नहीं आता; केवल काव्यों में उपमा-उत्प्रेक्षा आदि के अन्तर्गत उनका वर्णन या उल्लेख ही भाता था। यही बात यूरोप में भी बढ़ती-बढ़ती बुरी हद को पहुँची। कलागत अनुभूति को वास्तविक या प्रत्यक्ष अनुभूति से एकदम पृथक् और स्वतन्त्र निरूपित करके वह कवि का एक अलग 'काल्पनिक जगत्' कहा जाने लगा।... इस धारणा के प्रचार से, जाने या अनजाने में, कविता का लक्ष्य बहुत नीचा कर दिया गया। कहीं-कहीं तो वह अमीरों के शौक की चीज़ समझी जाने लगी; रसिक और गुण-ग्राहक बनने के लिए जिस प्रकार वह तरह-तरह की नयी-पुरानी, भली-बुरी तसवीरें इकट्ठी करते, कलाकारों का गाना-बजाना सुनते, उसी प्रकार कविता की पुस्तकें भी अपने यहाँ सजाकर रखते और कवियों की चर्चा भी दस आदमियों के बीच बैठकर करते।"

यह लिखते समय आचार्य रामचन्द्र शुक्ल के सामने कवि केशवदास और सौन्दर्यशास्त्री क्रोचे थे। इसे सुनते/पढ़ते हुए, सम्भव है, आपके सामने साहित्य के नये भोपाल गणतन्त्र के रसिक और गुण-ग्राहक अधिकारी अशोक वाजपेयी आ गये हों। अगर ऐसा है तो आप मानेंगे कि आचार्य शुक्ल कलावाद के अतीत और वर्तमान के बारे में ही सजग नहीं थे, उसके भावी रूप के द्रष्टा भी थे। आप यह भी देख सकते हैं कि वे कलावाद के पुराने और नये रूप के गहरे सम्बन्ध को पहचानते थे, इसलिए बार-बार रीतिवाद और कलावाद को एक साथ रखते थे, कलावादी क्रोचे के प्रसंग में अलंकारवादी केशवदास या वक्रोक्तिवादी कुन्तक को याद करते थे और उनकी कला-दृष्टि की बेलाग आलोचना करते थे। यही कारण है कि रीतिवाद और कलावाद के समर्थकों

ने शुक्लजी को कभी माफ नहीं किया। कुछ परम्परा-प्रेम के नाम पर, कुछ कला-प्रेम के बहाने और कुछ रीतिवाद-कलावाद को एक नज़र से देखने के अपराध के लिए शुक्लजी पर आक्रमण करते हैं। लेकिन शुक्लजी रीतिवाद और कलावाद को ही एक साथ नहीं रखते, वे रहस्यवाद, रीतिवाद, कलावाद, सौन्दर्यवाद और कल्पनावाद की समान रूप से आलोचना करते हैं। आखिर क्यों?

आचार्य शुक्ल कविता को जीवन-जगत् के यथार्थ से, मानव जीवन और प्रकृति से, समाज की वास्तविकता और इतिहास-प्रक्रिया से जुड़कर विकसित होते देखना चाहते हैं। कविता के ऐसे विकास के लिए जीवन-जगत् का ज्ञान और अनुभव आवश्यक है, इसलिए वे कहते हैं कि "शब्द-काव्य की सिद्धि के लिए वस्तु-काव्य का अनुशीलन परम आवश्यक है।" आचार्य शुक्ल इस वस्तु-जगत् को ही वस्तु-काव्य कहते हैं। कविता को इस वस्तु-जगत् से, समाज की वास्तविकता और इतिहास-प्रक्रिया से, संघर्ष और कर्ममय जीवन से निरपेक्ष किसी स्वायत्त लोक की वस्तु बनाने वाली प्रत्येक कला-दृष्टि का शुक्लजी विरोध करते हैं। वे जीवन-जगत् को ही कविता की कर्मभूमि मानते हैं। काव्य को जीवन-जगत् के यथार्थ से काटकर उसे कोई स्वायत्त आत्मलोक का वासी बनाये या कोई रहस्यलोक का, उसे कोई स्वप्नलोक का वासी बताये या कोई कल्पनालोक का; यह भी सम्भव है कि कोई साहित्य-लोक की पूर्ण स्वायत्तता की घोषणा करे—यह सब सुनकर शुक्लजी दृढ़ता से कहेंगे कि बात एक ही है। यही नहीं, काव्य को जीवन-जगत् से दूर ले जाने के लिए कोई चाहे जो मार्ग अपनाये, मार्ग और गन्तव्य दोनों पर नज़र रखने वाले शुक्लजी कहेंगे कि कोई फर्क नहीं पड़ता। रीतिवादियों, रहस्यवादियों और कलावादियों को एक ही कतार में खड़ा करने का कारण यही है कि ये सब कविता को अपने-अपने मार्ग से जीवन-जगत् के यथार्थ से दूर ले जाते हैं।

कलावादी, चाहे नये हों या पुराने, जीवन-जगत् के यथार्थ के बोध के बदले उसकी कल्पना में रमना अधिक पसन्द करते हैं। प्रकृति दोनों के लिए सजावट की वस्तु है और सामाजिक वास्तविकता से दोनों का अलगाव अपने-अपने ढंग का। रीतिवादियों का सामाजिक वास्तविकता का दायरा बहुत सीमित था, वे उससे बाहर झाँकना नहीं चाहते थे; लेकिन आज के कलावादी सामाजिक वास्तविकता का सीधा सामना नहीं करना चाहते, क्योंकि कई बार सामाजिक वास्तविकता का बोध अपराध-बोध जगाता है। खासतौर से तब तो और भी जब वास्तविकता भोपाल के गैस काण्ड और मृत्यु के भयानक ताण्डव-जैसी हो

और कलावादी भोपाल के साहित्यिक गणतन्त्र के अधिकारी। 'नकली हृदयों के कारखाने' से निकली मृत्यु पर जीवन की विजय की झूठी कविता भोपाल के कारखाने की गैस से उपजी वास्तविकता का सामना नहीं कर सकती। उनको ऐसी वास्तविकता से बचने का एक ही रास्ता दिखाई देता है कि मृत्यु और नियति पर कविता लिखवायी जाय बहस करायी जाय। कलावाद की इस नयी चाल को देखकर आप मानेंगे कि रास्ते अलग-अलग होते हुए भी नये-पुराने कलावाद का उद्देश्य एक ही है—वास्तविकता से भागकर कल्पना में जीना। इसलिए दोनों को एक साथ रखकर उनकी आलोचना करना गलत कैसे है?

कलावादी काव्यानुभूति को वास्तविक अनुभूति से एकदम निराली अनुभूति मानते हैं। ऐसी स्थिति में अनुभूति के लिए जीवन-जगत् का व्यापक क्षेत्र छोड़कर या तो पहले की कविता का मुँह जोहना पड़ता है या कल्पना के चमत्कार पर निर्भर रहना पड़ता है। इस प्रक्रिया से सच्चे काव्य की जगह या तो काव्याभास पैदा होता है या कल्पना-विलास। रीतिवादी कविता 'बँधी हुई नालियों में बहने' के लिए अभिशप्त होती है और कलावादी कल्पना की क्रीड़ा के लिए कटिबद्ध। काव्यानुभूति और जीवनानुभूति को पूर्णतः पृथक् मानने के कारण कलावादी वस्तुबोध के स्तर पर साधारण के बदले असाधारण को और सामान्य की जगह असामान्य को महत्त्व देते हैं। फिर अनुभूति के स्तर पर वैचित्र्य और अभिव्यक्ति में 'सजावट तथा अनूठेपन' का आग्रह अनिवार्य हो जाता है। आचार्य शुक्ल काव्यानुभूति को जीवनानुभूति पर निर्भर मानते हैं, वे काव्यानुभूति को जीवनानुभूति का ही उदात्त या अवदात्त रूप कहते हैं; इसलिए वे जीवनानुभूति और काव्यानुभूति की पूर्ण पृथकता पर टिकी कलावादी दृष्टि का विरोध करते हैं।

आचार्य शुक्ल कल्पना की सृजनशीलता को पहचानते हैं। उन्होंने वस्तु-बोध से काव्यभाषा के निर्माण तक की पूरी काव्य-प्रक्रिया में कल्पना की सृजनशील भूमिका की बात की है। काव्य में कल्पना का काम प्रकृति और मानव-जीवन के बहुस्तरीय यथार्थ के बोध और पुनःसृजन में मदद पहुँचाना है न कि जीवन-जगत् के यथार्थ से दूर ले जाना। लेकिन रहस्यवादी कविता 'जगत् और जीवन के संघर्ष से कल्पना को भगाकर केवल मनमोदक बाँधने और ख़याली पुलाव पकाने में लगाती है।' ऐसी कल्पना को आचार्य शुक्ल 'कायर कल्पना' कहते हैं। वे 'जगत् की रूपात्मक और क्रियात्मक सत्ता' के बीच कल्पना की क्रियाशीलता पसन्द करते हैं, वस्तु जगत् से निरपेक्ष आत्मलोक में

'नूतन सृष्टिनिर्माण' में लगी कल्पना नहीं। दूसरी ओर कलावादी जीवन और जगत् के जटिल और बहुस्तरीय यथार्थ के बोध के अभाव को कल्पना की क्रीड़ा से भरते हैं। काव्य-रचना में यथार्थ-बोध की जगह कल्पना के चमत्कार को महत्त्व देना कल्पनावाद है। शुक्लजी इस कल्पनावाद की वैसी ही आलोचना करते हैं जैसी अलंकारवाद की। वे कविता में कल्पना और अलंकार को साधन मानते हैं, साध्य नहीं।

आचार्य शुक्ल ने 1904 से जीवन के अन्तिम दिनों तक के लेखन में, न्यू मैन के 'साहित्य' शीर्षक लेख के अनुवाद से 'हिन्दी साहित्य का इतिहास' के अन्तिम संस्करण तक, लगातार रीतिवाद और कलावाद से संघर्ष किया है।

उनका रीतिवाद-विरोधी संघर्ष स्वाधीनता संघर्ष का अंग है। यह हिन्दी साहित्य को स्वाधीनता संघर्ष के साथ चलकर विकसित होते देखने की आकांक्षा का परिणाम भी है। रीतिवाद-विरोधी संघर्ष की शक्ति वे एक ओर भक्तिकाल के लोक-जागरण के काव्य से अर्जित करते हैं और दूसरी ओर भारतेन्दु युग की नयी साहित्यिक चेतना से। स्वाधीनता संघर्ष के काल में रीतिवादी रास्ते पर हिन्दी साहित्य के चलने को वे असभ्यता का लक्षण मानते थे, इसलिए लिखा कि "प्रायः सभी सभ्य जातियों का साहित्य उनके विचारों और व्यापारों से लगा हुआ चलता है। यह नहीं कि उनकी चिन्ताओं और कार्यों का प्रवाह एक ओर जा रहा हो और उनके साहित्य का प्रवाह दूसरी ओर।" सामाजिक जीवन और साहित्य के बीच, भारतीय जनता के विचार तथा कर्म की दिशा और साहित्य की दिशा के बीच रीतिवादी प्रभाव के कारण जो विच्छेद था, उसे भारतेन्दु हरिश्चन्द्र ने दूर किया; इसलिए आचार्य शुक्ल ने भारतेन्दु को एक नये युग का प्रवर्तक कहा। लेकिन भारतेन्दु के इस युग प्रवर्तन के बाद भी रीतिवाद के प्रभाव हिन्दी साहित्य में मौजूद थे, जो उसके स्वाधीनता संघर्ष के साथ चलने में बाधक थे। इन प्रभावों को मिटाने के लिए संघर्ष जरूरी था।

हिन्दी में प्रचलित रीतिवाद का एक स्रोत संस्कृत काव्यशास्त्र था और दूसरा रीतिकालीन काव्य। आचार्य शुक्ल ने दोनों का मूल्यांकन करते हुए रीतिवाद से संघर्ष किया। उन्होंने भारतीय काव्य की कृत्रिमता के मूल में रीतिग्रन्थों का कठोर अनुशासन और अन्ध परम्परानुसरण माना। इन रीतिग्रन्थों के प्रभाव के कारण काव्य जीवन-जगत् के यथार्थ के अनन्त रूपों, मानव हृदय के सहज भावों और मानव चरित्रों की विविधता से कटकर रीतिग्रन्थों में बताये रूपों, भावों और नायक-नायिका भेद तक सीमित हो गया। आचार्य शुक्ल ने

रीतिग्रन्थों के अन्धानुकरण और उससे उपजी कृत्रिमता की कड़ी आलोचना की। उन्होंने अलंकार, रीति, वक्रोक्ति, ध्वनि आदि के रूपवादी पूर्वग्रहों का विरोध किया और रस की लोकोत्तरता, आनन्दमयता आदि का खण्डन करते हुए उसे लोक-हृदय से जोड़ा।

उनके रीतिवाद-विरोध का सबसे प्रभावशाली रूप रीतिवादी काव्य के मूल्यांकन में प्रकट हुआ, जहाँ उन्होंने रीतिकालीन कवियों के आचार्यत्व और कवित्व के नकली स्वरूप को, उनकी कला की दरबारी भूमि और भूमिका को अत्यन्त सूक्ष्म विश्लेषण के साथ खोलकर रख दिया। उनका रीतिवाद विरोध इतना प्रबल था कि कहीं भी कविता के किसी दोष की चर्चा करते समय हमेशा उनके सामने उदाहरण के रूप में रीतिकालीन कवि और उनमें भी खास तौर से केशवदास मौजूद रहते थे। प्रसंग चाहे जायसी का हो या सूरदास का, तुलसी का हो या घनानन्द का, विवेचन विभावन व्यापार का कर रहे हों या अनुभूति का, काव्य में लय क़ा महत्त्व बता रहे हों या काव्यभाषा क़ा स्वरूप, वे किसी तरह रीतिवाद की आलोचना का मौका निकाल ही लेते हैं।

आचार्य शुक्ल रीतिवाद की तीखी आलोचना करते समय दूसरे अतिवादी परिणामों के प्रति भी सावधान दिखाई देते हैं। स्वाधीनता आन्दोलन से प्रेरित और स्वच्छन्दतावाद से प्रभावित आचार्य शुक्ल का साहित्य-विवेक कवि के सृजनशील व्यक्तित्व की स्वतन्त्रता के प्रति सजग था। रीतिवाद कवि के व्यक्तित्व की स्वतन्त्रता का नाश करता है, इसलिए अनुभूति और अभिव्यक्ति, दोनों ही स्तरों पर रीतिवाद के आतंककारी प्रभाव का शुक्लजी विरोध करते हैं। लेकिन कवि के व्यक्तित्व की स्वतन्त्रता परम स्वतन्त्र व्यक्तिवाद का रूप न ले ले, यह भी वे याद रखते हैं। सामन्ती रीतिवाद के फन्दे से छूटकर बुर्जुआ व्यक्तिवाद के जाल में फँसने को वे स्वतन्त्रता नहीं मानते। अंग्रेज़ी साहित्य में स्वच्छन्दतावाद के उत्तरकालीन व्यक्तिवाद की परिणतियों से वे परिचित थे। वे जानते थे कि व्यक्तिवाद अनुभूति में व्यक्ति-वैचित्र्यवाद और अभिव्यक्ति में वाग्-वैचित्र्यवाद बनकर प्रकट होता है। इससे कविता में जो विलक्षणता आती है वह साधारणीकरण और सम्प्रेषण की सारी सम्भावनाएँ नष्ट कर देती है। विलक्षणता का पूर्वग्रह अभिजात कविता की एक खास विशेषता है।

आचार्य शुक्ल के रीतिवाद विरोध का ऐतिहासिक महत्त्व है। हिन्दी में अब भी अगर रीतिवाद के कुछ 'तलछट, मौजूद हैं तो इससे यही साबित होता है कि रीतिवाद को गये बहुत दिन नहीं हुए हैं। लेकिन कलावाद के विरुद्ध

उनके संघर्ष का महत्त्व ऐतिहासिक ही नहीं है—वह आज कलावाद के नये उत्थान के साथ विशेष प्रासंगिक हो उठा है। इस कलावाद के भीतर अगर रहस्यवाद की छाया दिखाई पड़ रही है तो आचार्य शुक्ल के कलावाद विरोध को याद करना और अधिक आवश्यक है; क्योंकि कलावाद से रहस्यवाद के गहरे सम्बन्ध का विवेचन करने वाले थोड़े से आलोचकों में आचार्य शुक्ल एक हैं।

आज हिन्दी में कलावाद का आध्यात्मिकता और रहस्यवाद का सहारा लेना विचित्र होते हुए भी समझ में आने लायक है। क्यों न हो! जिस समाज में पूँजीपति वर्ग सामन्ती तत्त्वों के सहारे लूटतन्त्र की राजनीति चला सकता है उसमें शासक वर्ग के अंग बुद्धिजीवी और साहित्यकार कलावाद और रहस्यवाद का मेल क्यों नहीं करा सकते। वैसे कलावाद और आध्यात्मिकता का यह योग कोई नया संयोग नहीं है। क्रोचे ने अभिव्यंजनावाद का जो सिद्धान्त गढ़ा था उसमें कलावाद और आध्यात्मिकता का पूरा मेल था। आचार्य शुक्ल ने क्रोचे के अभिव्यंजनावाद का इतना विस्तार से खण्डन यों ही नहीं किया था।

कलावाद का अत्यन्त उग्र और अतिवादी रूप क्रोचे के अभिव्यंजनावाद में प्रकट हुआ है, इसलिए शुक्लजी ने उसकी अत्यन्त तीखी और विस्तृत आलोचना की है। अभिव्यंजनावाद की इस आलोचना की आलोचना भी हिन्दी में खूब हुई है। अभिव्यंजनावाद की आलोचना के आलोचकों में शुक्लजी को समझने का प्रयास कम, उनके विरोध का उत्साह ज्यादा और खुद को ज्ञानी बताने का जोश सबसे ज्यादा दिखाई देता है। अब यूरोप की कलाचर्चा के क्षेत्र में क्रोचे का समर्थक शायद ही कोई मिले, लेकिन हिन्दी में जहाँ-तहाँ अभिव्यंजनावाद के स्तूप अब भी दिखाई दे जाते हैं। क्रोचे पर आचार्य शुक्ल की नज़र 1935 के बहुत पहले से थी। 'गोस्वामी तुलसीदास', 'काव्य में रहस्यवाद' और 'हिन्दी साहित्य का इतिहास' में प्रसंगवश क्रोचे और उनके अभिव्यंजनावाद की चर्चा और आलोचना मौजूद है। क्रोचे की विस्तृत और निर्णायक आलोचना 1935 के व्याख्यान में है।

आत्मबोध और जगतबोध के बीच गहरी खाई खोदने वाले क्रोचे ने अभिव्यंजनावाद में कला की सम्पूर्ण प्रक्रिया को जीवन-जगत् के यथार्थ से पूर्णतः अलग करके उसे पूरी तरह आध्यात्मिक प्रक्रिया बनाने का जोरदार तार्किक प्रयास किया। शुक्लजी ने इस अभिव्यंजनावाद में रहस्यवाद, कल्पनावाद और कलावाद की एकता को ठीक-ठीक देखा ही नहीं, दिखाया भी। उन्होंने इस आध्यात्मिक रूपवाद के भाववादी आधार को समझा और समझाया भी।

वैसे काव्य के क्षेत्र में भाववाद की तरह-तरह की परिणतियों से, रहस्यवाद, रूपवाद, कलावाद आदि से शुक्लजी के वस्तुवादी दृष्टिकोण का टकराव उनके सम्पूर्ण आलोचनात्मक लेखन में मौजूद है। अभिव्यंजनावाद में कला आध्यात्मिक क्रिया है, लेकिन क्रोचे इस आध्यात्मिक क्रिया की भौतिक अभिव्यक्ति, रंग-रेखाओं और शब्दों में अभिव्यक्ति की आवश्यकता स्वीकार करता है। क्यों न करता! अगर कला की आध्यात्मिक क्रिया की भौतिक अभिव्यक्ति न होगी तो बाजार में कलाकृति के बदले क्या कलाकार की आत्मा खरीदी-बेची जायेगी! अगर कला की आध्यात्मिक क्रिया की बाह्य अभिव्यक्ति होगी तो दोनों में सम्बन्ध भी होगा। क्रोचे के अनुसार कला-प्रक्रिया में रूप ही सब कुछ है, वस्तु कुछ भी नहीं! इस निपट आध्यात्मिक रूपवाद का भौतिक अभिव्यक्ति में क्या रूप होगा? काव्य के प्रसंग में कहा जा सकता है कि आन्तरिक प्रक्रिया में वस्तुजगत् की जगह आध्यात्मिक रूप का महत्त्व होगा और शाब्दिक अभिव्यक्ति में काव्य-वस्तु की जगह काल्पनिक रूप तथा अन्तर्वस्तु के बदले भाषिक रूप का। निहित को व्यक्त करना अगर अपराध है तो यही अपराध आचार्य शुक्ल ने अभिव्यंजनावाद को वक्रोक्तिवाद से जोड़कर किया है।

अभिव्यंजनावाद के बारे में शुक्लजी की एक आपत्ति यह है कि उसमें विभिन्न कलाओं के स्वरूपगत भेद को भुलाकर सभी कलाओं का एक सार्वभौम तत्त्वदर्शन तैयार करने की कोशिश है। सभी कलाओं में वस्तु और रूप का सम्बन्ध एक तरह का नहीं होता, सभी कलाओं में रूप का महत्त्व समान नहीं होता। रूप का जैसा और जितना महत्त्व संगीत, नृत्य, चित्र और वास्तुकला में होता है वैसा और उतना काव्य में नहीं होता। संगीत, चित्र आदि के माध्यम की प्रकृति और सामाजिकता से कविता के माध्यम (भाषा) की प्रकृति और सामाजिकता के अन्तर के कारण विभिन्न कलाओं में रूप की भूमिका एक-सी नहीं रहती। यह ध्यान देने की बात है कि कविता में रूपवादी प्रवृत्तियाँ प्रायः दूसरी कलाओं से आती रही हैं। सभी कलाओं का एक सार्वभौम तत्वदर्शन तैयार करने के क्रोचे के प्रयास की विडम्बनापूर्ण स्थिति को समझने के लिए हिन्दी में इस दिशा में की गयी कोशिशों के हश्र को देख लेना काफी होगा। निश्चय ही हिन्दी के तत्त्वचिन्तकों से क्रोचे की तुलना क्रोचे का अपमान है, लेकिन हिन्दी में कलात्मक सौन्दर्य के तत्त्व गिनाने, उनके बारे में जिज्ञासा करने या प्रश्न पूछने के जो प्रयत्न हुए हैं, उनसे क्रोचे के तत्त्वदर्शन का अन्तर निकृष्ट और उत्कृष्ट का है, तत्त्व का नहीं।

जिस काल में आचार्य शुक्ल क्रोचे के अभिव्यंजनावाद की आलोचना कर रहे थे, लगभग उसी समय इटली में अन्तोनियो ग्राम्शी भी क्रोचे के कला-दर्शन की आलोचना कर रहे थे। निश्चय ही ग्राम्शी और शुक्लजी की आलोचना में दृष्टिकोण और उद्देश्य सम्बन्धी अनेक अन्तर हैं, लेकिन कुछ बातें समान भी हैं। क्रोचे के कला-दर्शन के तत्त्ववादी, रहस्यवादी, कलावादी, व्यक्तिवादी और अनैतिहासिक रुझानों की आलोचना दोनों ने की है। क्रोचे कला को वस्तु-जगत् से, कर्ममय जीवन से, संघर्षशील समाज से, रचना और बोध के स्तर पर विच्छिन्न आध्यात्मिक क्रिया समझता है। शुक्लजी जीवन और जगत् के कर्म और संघर्ष के बीच कला का सौन्दर्य देखते हैं। वे कर्म-सौन्दर्य से प्रेरित होने और कर्म को प्रेरित करने में काव्य की सार्थकता मानते हैं। आचार्य शुक्ल के अनुसार सौन्दर्य का एक नैतिक आयाम भी है, लेकिन क्रोचे के यहाँ जब कला में समाज के लिए ही कोई जगह नहीं है तब नैतिक चेतना के लिए कैसे जगह हो सकती है?

क्रोचे के कला-दर्शन के राजनीतिक अभिप्राय को ग्राम्शी ने पहचाना और उसे जनतन्त्र-विरोधी कलादृष्टि कहा। व्यक्तिवाद और रहस्यवाद पर निर्भर कलावाद का जनतन्त्र-विरोधी होना आश्चर्य की बात नहीं है। आश्चर्य की बात यह है कि आज हिन्दी के नये कलावादी अपने जनतन्त्र-विरोधी राजनीतिक अभिप्राय को छिपाने के लिए आलोचना के जनतन्त्र की दुहाई दे रहे हैं। पुराने और नये कलावाद में इतना फर्क तो होगा ही। कलावादी क्रोचे ईमानदारी से जनतन्त्र-विरोधी था, साहित्य के भोपाल गणतन्त्र के नये कलावादी बेईमानी से जनतन्त्र समर्थक बन रहे हैं। वे आलोचना-दृष्टियों के बहुलवाद (प्लुरलिज्म) की दुहाई देकर अपनी कलावादी दृष्टि को उचित ठहराना चाहते हैं। इस बहुलवाद के अनुसार किसी साहित्यिक रचना का कोई सामान्य सत्य नहीं होता, रचना के पास जाने वाले हर एक का सत्य अपना-अपना होता है। इस बहुलवाद का खोखलापन खोलने के लिए आचार्य शुक्ल का यह कथन काफी है, "सत्य सबकी सामान्य सम्पत्ति होता है; झूठ हर एक का अलग-अलग होता है। यही बात काव्यगत सत्यासत्य के सम्बन्ध में भी ठीक समझनी चाहिए।"

लोकमंगल की स्थापना के लिए कलावाद का खण्डन जरूरी था। जिस कला में लोक न होगा उससे लोकमंगल कैसे होगा? आचार्य शुक्ल उन लोगों में से नहीं हैं जो समाज या साहित्य में किसी लोक-विरोधी शक्ति या प्रवृत्ति को महज अस्वीकार करके सन्तुष्ट हो जाते हैं। ऐसी शक्तियों और प्रवृत्तियों

का अस्तित्व केवल अस्वीकार से समाप्त नहीं हो जाता, उनके अन्त के लिए अन्त तक निरन्तर संघर्ष जरूरी होता है। आचार्य शुक्ल ने कलावाद को केवल अस्वीकार नहीं किया, उसके विरुद्ध निरन्तर संघर्ष किया। रीतिवाद, रहस्यवाद और कलावाद का इतना बड़ा विरोधी हिन्दी में कोई दूसरा नहीं है।

आचार्य शुक्ल का कलावाद-विरोध केवल सैद्धान्तिक खण्डन तक सीमित नहीं है, वह उनकी आलोचना की दृष्टि और पद्धति में यहाँ से वहाँ तक गहरे स्तर पर मौजूद है। कलावादी कला को समाज की इतिहास-प्रक्रिया से स्वतन्त्र समझते हैं, लेकिन आचार्य शुक्ल साहित्य के विकास को समाज के विकास से जोड़कर देखते हैं, वे साहित्य की सामाजिक भूमि और भूमिका का विश्लेषण करते हैं, वे सामाजिक जीवन के कर्म और संघर्ष की सापेक्षता में साहित्य की सार्थकता पहचानते हैं। आचार्य शुक्ल ने सामाजिक-ऐतिहासिक सन्दर्भ और प्रक्रिया के भीतर रखकर साहित्य की कला का विवेचन और मूल्यांकन किया है। हिन्दी जाति के जातीय जीवन के इतिहास से हिन्दी भाषा और साहित्य के सम्बन्ध-बोध का प्रमाण है उनका 'हिन्दी साहित्य का इतिहास'। यह इतिहास उनके कलावाद विरोधी दृष्टिकोण का भी सबसे बड़ा प्रमाण है।

आचार्य शुक्ल की आलोचना राजनीतिक-सांस्कृतिक स्वाधीनता संघर्ष के युग की प्रतिनिधि आलोचना है, वह कर्म और संघर्ष से विमुख साहित्यिक प्रवृत्तियों के विरुद्ध संघर्ष करने वाली निर्भीक और पक्षधर आलोचना है। वह इतिहास की ऊबड़-खाबड़ भूमि पर चलने वाली आलोचना है, कलावाद की चिकनी सतह पर फिसलने वाली आलोचना नहीं है। वह इतिहास में जीने वाली आलोचना है, सौन्दर्यवाद की शाश्वत धरती पर मरकर अमर होने की कामना वाली आलोचना नहीं है।

आचार्य शुक्ल ने लोकमंगल की स्थापना के लिए कविता के क्षेत्र में कलावाद के प्रसार का खण्डन ही नहीं किया है, उन्होंने विकल्प के रूप में नयी काव्य-दृष्टि की स्थापना भी की है। केवल खण्डन से बात नहीं बनती। लोकमंगल की स्थापना में आचार्य शुक्ल की नयी काव्यदृष्टि की भूमिका पर बात करने से पहले उनके 'लोकमंगल' की संक्षिप्त चर्चा जरूरी है।

आलोचना में 'लोक' शब्द को लोकप्रिय बनाने का श्रेय आचार्य रामचन्द्र शुक्ल को है। उनका 'लोक' बहुत व्यापक है, अर्थ की दृष्टि से लचीला और कुछ-कुछ अनिश्चित भी। उसका अर्थ प्रसंग, सन्दर्भ और सहयोगी पद की मदद से बनता और खुलता है। रहस्यवादियों के प्रसंग में 'लोक' पूरा वस्तुजगत् है

और कलावादियों के सामने कर्ममय मानव जीवन, रीतिवादियों के विरुद्ध 'लोक' आम जनता है और व्यक्तिवादियों के विरुद्ध लोकवाद समाजवाद है (यहाँ समाजवाद का अर्थ सामाजिकता से आगे नहीं जाता)। 'लोक' के पास जब धर्म आ जाता है, तब 'लोक' का वही तेवर नहीं रहता जो 'लोक' से 'वाद' के जुड़ने पर होता है। 'लोकमंगल' और 'लोकधर्म' समानार्थी लगते हुए भी समानार्थी नहीं हैं। 'लोकहृदय' और 'लोकनीति' में 'लोक' की अलग-अलग भूमिकाएँ हैं। आचार्य शुक्ल की लोक-चेतना में अत्याचारी और विलासी सामन्तों के लिए पर्याप्त घृणा है और किसानों से सहानुभूति, उसमें शोषक और सूदखोर महाजनों और महाजनी सभ्यता के विरुद्ध काफी क्रोध है, लेकिन मजदूरों से सहानुभूति नहीं। उनकी लोकदृष्टि में उस समय के भारतीय समाज की वास्तविकताओं की तुलना में सांस्कृतिक समस्याओं की पहचान अधिक सही है, सामाजिक-सांस्कृतिक समस्याओं के समाधान के लिए प्रयत्न और संघर्ष की माँग भी उचित है लेकिन समाधान के लिए जिस 'लोकधर्म' की प्रतिष्ठा का आग्रह है, उसमें प्रेमचन्द के आश्रम, प्रसाद के आनन्दवाद, निराला के 'आराधन का दृढ़ आराधन से दो उत्तर' और गांधी के 'रामराज्य' की तरह अतीत का बोझ वर्तमान के बोध से अधिक भविष्य की कल्पना पर भारी पड़ता दिखाई देता है।

उनकी विश्वदृष्टि में असंगति और विश्वदृष्टि से काव्यदृष्टि के सम्बन्ध में असंगति एक तो वर्तमान के बोध पर अतीत के बोझ और दूसरे समाज के आर्थिक आधार और ऊपरी ढाँचे की विचारधारात्मक परिणतियों के बीच सम्बन्ध की अधूरी पहचान के कारण है। लेकिन आश्चर्य की बात यह है कि इसके बावजूद वे साहित्य में अतीत के बोझ और वर्तमान की विकृतियों से संघर्ष करते हैं, इस संघर्ष में निरन्तरता और संगति है। वे प्रायः साहित्यिक प्रवृत्तियों की सामाजिक भूमि और भूमिका की सही पहचान करते हैं और रीतिवाद, रहस्यवाद, कलावाद से कहीं समझौता नहीं करते; जबकि आज के अनेक मार्क्सवादी, जो समाज के आधार और ऊपरी ढाँचे का सम्बन्ध समझने का दावा करते हैं और मार्क्सवाद की शक्ति से अधिक उसकी सीमाओं को जानते हैं, रहस्यवाद और कलावाद के विरुद्ध संघर्ष में एक कदम आगे और दो कदम पीछे चलते दिखाई देते हैं।

आइए, अब आचार्य शुक्ल की काव्यदृष्टि की ओर लौटें। आचार्य शुक्ल के अनुसार कविता का लक्ष्य है—"शेष सृष्टि के साथ मनुष्य के रागात्मक

सम्बन्धों की रक्षा और निर्वाह।'' कविता का यह लक्ष्य जितना ऊँचा है, उसका दायित्व उतना ही गम्भीर। आज हमें कविता का यह लक्ष्य बहुत सहज लगता है, लेकिन संस्कृत काव्यशास्त्र में बताये गये कविता के लक्ष्य से तुलना कीजिए तो इसकी नवीनता और गम्भीरता जाहिर होगी। आचार्य शुक्ल कविता को भाषिक चमत्कार और लोकोत्तर रस की दुनिया से निकालकर जीवन-जगत् के यथार्थ के बीच ले आये, उसे मनुष्य के अन्तर्जगत और बाह्यजगत् के बीच सम्बन्ध का साधन बनाया। सवाल यह है कि कविता यह गम्भीर दायित्व किस तरह पूरा करती है। शुक्लजी कहते हैं—"कविता मनुष्य के हृदय को स्वार्थ सम्बन्धों के संकुचित मण्डलों से ऊपर उठाकर लोक-सामान्य भावभूमि पर ले जाती है, जहाँ जगत् की नाना गतियों के मार्मिक स्वरूप का साक्षात्कार होता है और शुद्ध अनुभूतियों का संचार होता है।'' यही हृदय की मुक्तावस्था है। इस अवस्था में मनुष्य व्यक्तिबद्धता से ही छुटकारा नहीं पाता, समाज के बारे में उदासीनता के 'महाभयानक रोग' से भी मुक्त होता है; उसमें सामाजिकता का उदय होता है और मनुष्यता का जागरण। हृदय की यह दशा मनुष्य निहित मनुष्यता की अभिव्यक्ति की दशा है। इस तरह कविता मनुष्यता को जाग्रत और जीवित रखने का साधन है और मनुष्यता की अभिव्यक्ति भी। सम्भवतः इसी विशेषता को ध्यान में रखकर मार्क्स ने कविता को मानवता की मातृभाषा कहा है।

आचार्य शुक्ल के अनुसार कविता के माध्यम से मनुष्य की मनुष्यता के जागरण और विकास के दो क्षेत्र हैं—प्रकृति और मानव समाज। आचार्य शुक्ल के लिए कविता में प्रकृति को लाने का अर्थ न तो कविता से मनुष्य को बाहर करना है और न कविता को इतिहास से। हम अपने दैनिक जीवन में कुछ परिचित वस्तुओं और स्थितियों को प्राकृतिक मानकर जिस दूसरी प्रकृति को जीते हैं, यह उसी से निकलकर वास्तविक प्रकृति के निकट जाना है। इस प्रक्रिया में कविता प्रकृति के उस इतिहास से जुड़ती है, जिसका अविभाज्य अंग मनुष्य है। यह कविता में समाज के इतिहास को बृहत्तर इतिहास से जोड़ना है। कविता मनुष्य को प्रकृति में ले जाती है तो मनुष्य अपना सामाजिक इतिहास पूरी तरह पीछे नहीं छोड़ जाता, वह सामाजिक इतिहास से प्राप्त दृष्टि से ही प्रकृति को देखता है। प्राकृतिक सौन्दर्य मनुष्य को व्यक्तिबद्धता के घेरे से बाहर खुले में आने का अवसर देता है। आचार्य शुक्ल की सौन्दर्य दृष्टि प्रकृति की स्वतन्त्र सत्ता, उसके साधारण-असाधारण रूप और स्थिर-गतिशील सौन्दर्य

की प्रत्यक्ष और कविता के माध्यम से अनुभूति को मनुष्य की मनुष्यता जगाने में सक्षम मानती है। उनके इस प्रकृति-प्रेम के पीछे ऐतिहासिक सहृदयता तथा मानवीय संवेदनशीलता है और आगे देशप्रेम तथा मानव-प्रेम। कई बार प्रकृति मनुष्य की स्वतन्त्रता और मानवीयता की अभिव्यक्ति का माध्यम भी बनती है। छायावादी काव्य और आचार्य शुक्ल के काव्य-चिन्तन से यह सिद्ध होता है। कभी-कभी आचार्य शुक्ल परिचित को ही प्राकृतिक मानते प्रतीत होते हैं, इसलिए उनको मशीन चलाते मजदूर खेत में हल चलाते किसान में 'अधिक स्वाभाविक आकर्षण' दिखाई देता है। यहाँ ऐतिहासिक दृष्टि पर प्रकृति-प्रेम हावी है।

मनुष्य की मनुष्यता के निर्माण, विकास और अभिव्यक्ति का वास्तविक क्षेत्र मानव समाज और उसका इतिहास ही है। यहीं कविता की मुक्तिकारी शक्ति की पहचान होती है। आचार्य शुक्ल की काव्यदृष्टि में यही लोकमंगल की साधना की वास्तविक भूमि है। उनकी दृष्टि में मनुष्य की मनुष्यता की रक्षा लोकमंगल की पहली सीढ़ी है। सम्भव है, कुछ लोगों को मनुष्य की मनुष्यता को जीवित और जाग्रत रखने वाली कविता की यह भूमिका आज बहुत महत्त्वपूर्ण न लगे। लेकिन एक ऐसे समाज में, जहाँ व्यवस्था तेजी से मनुष्य-विरोधी हो रही हो और समाज-विरोधी मनुष्य पैदा कर रही हो, वहाँ मनुष्य की मनुष्यता की रक्षा कविता की सार्थकता की पहली शर्त है। कठिनाई तब होती है जब कुछ लोग इसी को आखिरी शर्त समझने लगते हैं।

आज साहित्य जन-मुक्ति की शक्ति बनकर ही लोकमंगल की स्थापना में अपनी भूमिका निभा सकता है। आचार्य शुक्ल की दृष्टि में इस शक्ति का सर्वाधिक प्रभावकारी रूप कविता में होता है। कविता की यह शक्ति भावना के स्तर पर क्रियाशील होती है। लोकमंगल की साधना के लिए यह जरूरी है कि व्यक्ति पहले लोक से जुड़े। कविता व्यक्ति को व्यक्तिबद्धता से छुटकारा दिलाकर उसे लोक-भावभूमि पर ले जाती है। लोक-भावभूमि पर पहुँचा हुआ मनुष्य ही लोक-जीवन की वास्तविकताओं और आकांक्षाओं की पहचान कर सकता है। आचार्य शुक्ल बार-बार जिस 'हृदय की मुक्तावस्था' की बात करते हैं, वह ज्ञान और कर्म में प्रवृत्त कराने वाली अवस्था है। 'ज्ञान क्षेत्र के भीतर भाव का प्रसार होता है' और 'भाव कर्म के प्रेरक होते हैं।'. इस तरह आचार्य शुक्ल के अनुसार कविता हृदय की मुक्ति की शक्ति बनकर ही जनमुक्ति की

शक्ति बन सकती है। इसका आशय यह है कि एक अच्छा मनुष्य ही सच्चा क्रान्तिकारी हो सकता है।

आज के युग में जनता की मुक्ति संगठित राजनीतिक-सांस्कृतिक प्रयत्न से ही सम्भव है। आचार्य शुक्ल की काव्यदृष्टि में सामाजिक यथार्थ के बोध, उस बोध से भावों का जागरण, भावों से निर्मित संकल्प और संकल्प से जुड़े कर्म का आग्रह है। यही कविता से राजनीति की ओर जाने वाला रास्ता है। आचार्य शुक्ल ने राजनीति और कविता के सम्बन्ध पर भी ध्यान दिया है, खासतौर से आधुनिक काल में स्वाधीनता और हिन्दी कविता के सम्बन्ध पर। उन्होंने राजनीतिक आन्दोलन के स्वरूप से कविता के स्वरूप के प्रभावित और परिवर्तित होने पर विचार किया है। वे लोकमंगल की स्थापना के लिए प्रयत्न, कर्म और संघर्ष में सौन्दर्य देखते हैं, कविता में इनके चित्रण का सौन्दर्य खोजते हैं। उनकी मान्यता है कि 'गति में सुन्दरता है और सफलता में भी।' वे आगे यह भी कहते हैं कि 'विफलता में भी एक निराला ही विषण्ण सौन्दर्य होता है।' शुक्लजी का आशय यह है कि समाज में लोकमंगल की स्थापना के लिए चलने वाले प्रयत्न, कर्म, संघर्ष और आन्दोलनों की गति महत्त्वपूर्ण होती है, केवल उनकी सफलता या विफलता नहीं। वे काव्य में ऐसे प्रयत्न, कर्म और आन्दोलनों की गति के चित्रण का आग्रह करते हैं। लोकमंगल की साधना के प्रयत्न की विफलता में निराला विषण्ण सौन्दर्य देखने वाली दृष्टि ट्रेजेडी की रचना की सम्भावना से भरी हुई है।

कभी-कभी राजनीतिक कविता में आशा के जो संकेत होते हैं, उनमें कुछ कला-प्रेमी उपदेशवाद और अस्वाभाविकता की गन्ध सूँघकर नाक-भौं सिकोड़ते हैं। शुक्लजी इस आदत को ठीक नहीं मानते। वे कहते हैं कि 'अस्वाभाविकता तब आयेगी जब बीच का विधान ठीक न होगा।' यहाँ एक ओर राजनीतिक रचनाओं में आशा के संकेत की रक्षा है और दूसरी ओर कला की रक्षा की सावधानी भी।

कविता के लक्ष्य के अनुरूप ही आचार्य शुक्ल की दृष्टि में कविता का स्वरूप भी है। उन्होंने 'गोस्वामी तुलसीदास' नामक पुस्तक में दो प्रकार की कविता का उल्लेख किया है—यथार्थवादी और अतिरंजित। उन्होंने यह भी लिखा है कि 'सच्चे कवि वास्तविकता का आधार नहीं छोड़ते।' और यह भी कि 'भारतीय कवियों की मूल प्रवृत्ति वास्तविकता की ओर रही है।' वे यथार्थवादी कविता को प्रबन्धकाव्य के रूप में पाते हैं और अतिरंजित कविता को प्रगीत

के रूप में। इसी दृष्टि का अधिक विकसित रूप 'काव्य में लोकमंगल' नामक निबन्ध में दिखाई देता है, जिसमें वे लोकमंगल की सिद्धावस्था के काव्य से साधनावस्था के काव्य को, बीजभाव के रूप में प्रेम से अधिक करुणा को, आनन्द के उपभोग-प्रधान काव्य से लोकमंगल के प्रयत्न को, सत्याग्रह से अधिक सत्य के लिए संघर्ष को, अनुभूति और मानव-चरित्र के इकहरेपन से अधिक विविधता तथा जटिलता को और प्रगीत से अधिक प्रबन्ध को महत्त्व देते हैं। इसी निबन्ध में उनकी विश्वदृष्टि और काव्यदृष्टि के स्वरूप की पहचान कराने वाला 'विरुद्धों के सामंजस्य' का प्रसिद्ध सिद्धान्त है। वे समाज में लोक-विरोधी शक्तियों और प्रवृत्तियों को देखते हैं, इसलिए उनके विरुद्ध प्रयत्न, कर्म और संघर्ष आवश्यक मानते हैं, लेकिन अन्त में वे सामंजस्य पर ही जोर देते हैं।

आचार्य शुक्ल की यह काव्यदृष्टि मुख्यतः यथार्थवादी रचनाशीलता के पक्ष में है। उन्होंने इतिहास में लिखा है कि, 'जीवन की सच्ची परिस्थितियों के मार्मिक रूप को ग्रहण करने की शक्ति जिस कवि में होगी वही जनता का प्यारा कवि होगा।' इस कथन में 'जीवन की सच्ची परिस्थितियों' और 'मार्मिक रूप' पर ध्यान देने की जरूरत है। एक में यथार्थवादी रचना के विषय की ओर संकेत है और दूसरे में चयन-दृष्टि की ओर। साथ में कविता का मूल्य भी है; जनता में लोकप्रियता। आज आचार्य शुक्ल की यह यथार्थवादी काव्यदृष्टि ही प्रासंगिक है, साधनावस्था और सिद्धावस्था के विभाजन पर टिका प्रबन्ध और प्रगीत का भेद नहीं। यह यथार्थवादी दृष्टि प्रगीत के ढाँचे में भी व्यक्त होती रही है और लम्बी कविताओं में भी इसलिए अब प्रगीत से प्रबन्ध की श्रेष्ठता के आग्रह का कोई अर्थ नहीं है।

आचार्य शुक्ल की काव्यदृष्टि में स्वच्छन्दतावादी और यथार्थवादी प्रवृत्तियों का सामंजस्य है, लेकिन वह यथार्थवादी रचनाशीलता के पक्ष में अधिक झुकी हुई है। छायावादी काव्य से आचार्य शुक्ल की काव्यदृष्टि के असामंजस्य का सम्भवतः एक कारण उसका यथार्थवाद की ओर झुकाव भी है। आज की कविता मुख्यतः यथार्थवाद की दिशा में आगे बढ़ रही है, इसलिए आचार्य शुक्ल की दृष्टि का यथार्थवादी झुकाव आज विशेष रूप से ध्यान देने लायक है। निश्चय ही आचार्य शुक्ल के यथार्थवाद और आज के यथार्थवाद में अन्तर है। लेकिन महत्त्व की बात यह है कि दोनों की दिशा एक है।

यथार्थवाद के पक्ष में आचार्य शुक्ल की काव्यदृष्टि के झुकाव को आज के भारतीय समाज और काव्य में लोकमंगल की स्थापना के प्रयत्नों से जोड़कर

प्रासंगिक बनाने के लिए उसको विकसित करने की जरूरत है। जहाँ एक ओर उनकी कविता की धारणा में भाव के साथ विचार को रखकर उसे अधिक व्यापक बनाने की जरूरत है, वहीं दूसरी ओर उनके 'लोक' को जन, 'मंगल' को मुक्ति और 'सामंजस्य' को संघर्ष में बदलना आवश्यक है। आचार्य शुक्ल के काव्यचिन्तन में ऐसे विकास की सम्भावनाएँ मौजूद हैं। हम उनके. चिन्तन की शक्ति को पहचानकर उसके विकास का प्रयास करें या उनकी सीमाओं का चक्कर लगाते हुए उन्हें कोसते रहें; यह इतिहास और परम्परा से सम्बन्ध-बोध की हमारी दृष्टि पर निर्भर है।

आचार्य रामचन्द्र शुक्ल
(1884–1941)

—मधुरेश

आचार्य रामचन्द्र शुक्ल की रचनात्मक चेतना का विकास द्विवेदी युग में ही हुआ था और कविता-कहानी की ओर भटककर अन्ततः वे आलोचना की ओर आये थे। आलोचना के लिए अपनी दृष्टि और कार्य-भार उन्होंने भारतेन्दु-युग की उसी सामाजिक-नैतिक चेतना से ग्रहण किया था जिसका विकास एक रीतिवाद विरोधी अभियान के रूप में, महावीर प्रसाद द्विवेदी में दिखाई देता है। एक आलोचक के रूप में शुक्लजी की सबसे महत्त्वपूर्ण और क्रान्तिकारी भूमिका यह थी कि निजी पसन्द-नापसन्द वाली आलोचना को खारिज करके उन्होंने साहित्य के वस्तुवादी दृष्टिकोण का विकास किया और सामाजिक विकास की समानान्तरता में साहित्य को देखने परखने पर बल दिया। अपने आलोचनात्मक प्रतिमानों के निर्माण और निर्धारण के लिए वे सीधे रचना के पास जाते हैं और रचना एवं सामाजिक व्यवहार के आधार पर अपने प्रतिमानों को व्यवस्थित करते दिखाई देते हैं। भारतीय इतिहास के मध्यकाल को उन्होंने विशेषरूप से अपना कर्मक्षेत्र चुना और भक्ति-आन्दोलन की पीठिका को विस्तारपूर्वक देखने-परखने की पहल की। संस्कृत में वाल्मीकि और भवभूति तथा हिन्दी में गोस्वामी तुलसीदास उनके प्रिय कवि हैं। अपने मूल्यांकन के लिए जो प्रतिमान उन्होंने विकसित किये उनका प्रधान उपजीव्य इन कवियों की रचनाएँ ही रही हैं। इन्हीं को आधार बनाकर वे सामन्ती और दरबारी-संस्कृति के विरोध में लोक-संस्कृति की प्रतिष्ठा करते हैं।

तुलसीदास के आदर्श नायक राम के प्रति उनके युग की जनता के अदम्य आकर्षण के कारणों पर उनकी टिप्पणी है, 'जनता ने लोक की रक्षा

करने वाले प्राकृतिक धर्म का मनोहर रूप देखा। उसने धर्म को दया, दाक्षिण्य, नम्रता, सुशीलता, पितृभक्ति, सत्यव्रत, उदारता, प्रजापालन, क्षमा आदि में ही नहीं देखा बल्कि क्रोध, घृणा, शोक, विनाश और ध्वंस आदि में भी उसे देखा। अत्याचारियों पर जो क्रोध प्रकट किया जाता है, असाध्य दुर्जनों के प्रति जो घृणा प्रकट की जाती है, दीन-दुखियों को सताने वालों का जो संहार किया जाता है, कठिन कर्तव्यों के पालन में जो वीरता प्रकट की जाती है, उसमें भी धर्म अपना मनोहर रूप दिखाता है। जिस धर्म की रक्षा से लोक की रक्षा होती है—जिससे समाज चलता है—वह यही व्यापक धर्म है।' (गोस्वामी तुलसीदास, संस्करण 1970, पृ. 20) 'लोकधर्म' की अपनी इस अवधारणा को और स्पष्ट करते हुए वे आगे लिखते हैं, 'संसार जैसा है, वैसा मानकर उसके बीच से एक-एक कोने को स्पर्श करता हुआ धर्म निकलेगा वही लोकधर्म होगा। जीवन के किसी एक अंग मात्र को स्पर्श करने वाला धर्म लोकधर्म नहीं। जो धर्म उपदेश द्वारा न सुधरने वाले दुष्टों और अत्याचारियों को दुष्टता के लिए छोड़ दे, उनके लिए कोई व्यवस्था न करे, वह लोकधर्म नहीं, व्यक्तिगत साधना है। यह साधना मनुष्य की वृत्ति को ऊँचे से ऊँचे ले जा सकती है जहाँ वह लोकधर्म से परे हो जाती है। पर सारा समाज इसका अधिकारी नहीं। जनता की प्रवृत्तियों का औसत निकालने पर धर्म का जो मान निर्धारित होता है, वही लोकधर्म होता है...' (वही, पृ. 21)

लोक मंगल की प्रतिष्ठा वाला अपना आलोचना सिद्धान्त उन्होंने मूलतः इन्हीं तुलसीदास के आधार पर निर्मित किया। सामाजिक और पारिवारिक मर्यादा की दृष्टि से भी तुलसी उनके आदर्श हैं। भले ही आगे चलकर वर्णाश्रम व्यवस्था के समर्थन की खातिर उन पर ब्राह्मणवादी होने का आरोप लगाया गया, रचना में वे कर्म की महत्ता पर विशेष बल देते हैं। राम और कृष्ण उन्हें इसीलिए विशेष प्रिय हैं क्योंकि जीवन के संघर्ष में ही उनके गुणों का विकास होता है। लोक रक्षा के निमित्त शुक्लजी दमन और आतंक के सक्रिय प्रतिरोध की हिमायत बहुत स्पष्ट रूप में करते हैं। तुलसीदास के राम वस्तुतः अपने लोक कल्याणकारी रूप के कारण ही शुक्लजी को इतने प्रिय हैं। दुष्टों के दमन में सक्रिय प्रतिरोध के अभाव में लोकमंगल की स्थापना असम्भव है। 'रामायण' और 'रामचरितमानस' के राम और 'शिशुपाल वध' के कृष्ण उन्हें इसीलिए प्रिय हैं क्योंकि वे सक्रिय प्रतिरोध के द्वारा दमन और आतंक का प्रतिकार करके लोकमंगल की स्थापना में प्रवृत्त होते हैं। इसी आधार पर वे

टॉल्सटॉय और गांधी की प्रतिरोधहीनता की तीखी आलोचना करते हैं क्योंकि उससे अन्ततः प्रभु-वर्ग को ही लाभ पहुँचता है। जनता की क्रान्तिकारी प्रतिरोधी चेतना के दमन में वह अप्रत्यक्ष रूप से सहायक होती है।

शुक्लजी इस प्रतिरोध-चेतना को प्रेम और करुणा से जोड़कर देखते हैं। भारतीय महाकाव्यों के सन्दर्भ में करुणा की व्यापकता स्वतः सिद्ध है। करुणा के विरोधी भाव के रूप में वे क्रोध से उसका सामंजस्य करते हैं। व्यक्तिगत क्रोध को त्याज्य ठहराकर वे उस क्रोध का समर्थन और सराहना करते हैं जो लोकरक्षा और लोकमंगल का निमित्त है। क्षमा जहाँ श्रीहत हो जाती है वहीं क्रोध में सौन्दर्य का आरम्भ होता है। वाल्मीकि के क्रोध के भीतर प्राणिमात्र की सहानुभूति छिपी है। राम के क्रोध के भीतर सम्पूर्ण लोक के दुख का क्षोभ समाया हुआ है। इस पर अलग से कोई टिप्पणी करना जरूरी नहीं होना चाहिए कि साहित्य में लोकमंगल की प्रतिष्ठा का यह सिद्धान्त जातीय सन्दर्भों में उसकी व्यापकता का संकेत अपने इन्हीं सन्दर्भों में एक क्रान्तिकारी सिद्धान्त था। यह भी सम्भव है कि सन् 1902 में 'इंडियन रिव्यू' में प्रकाशित शुक्लजी के निबन्ध 'व्हाट हैज इंडिया टू डू' को देखकर मिर्जापुर के तत्कालीन जिलाधिकारी विंढम की उनके पिता को दी गयी चेतावनी 'तुम्हारा लड़का रिवोल्यूशनरी हो रहा है, हाथ से निकल जायेगा, किसी तरह रोको' इसके मूल में हो।

आचार्य रामचन्द्र शुक्ल के प्रति प्रगतिवादी आलोचना का रवैया शुरू से ही दुविधापूर्ण रहा है। सन् 1950 के आस-पास प्रगतिवादी आलोचकों का एक पर्याप्त बड़ा वर्ग ऐसा था जो शुक्लजी की मान्यताओं को लेकर, किसी न किसी मुद्दे पर उनसे अपना मतभेद प्रकट करता था और उनके नकार एवं स्वीकार की यह बहस खासी दिलचस्प भी थी और तल्ख भी। शिवदान सिंह चौहान, प्रकाशचन्द्र गुप्त, रांगेय राघव, नामवर सिंह आदि आलोचक किसी न किसी रूप में शुक्लजी को भाववादी, ब्राह्मणवादी और वर्णाश्रम व्यवस्था के समर्थक आलोचक मानते थे। उनके इस मतभेद की पृष्ठभूमि में हजारी प्रसाद द्विवेदी की 'कबीर' (1942) की अनुगूँज साफ सुनी जा सकती है। इसी विवाद में हिस्सा लेते हुए 'नयापथ' में दिये गये एक वक्तव्य में यशपाल ने यहाँ तक कह दिया था कि शुक्लजी का महत्त्व केवल छात्रों की दृष्टि से है, वैसे उनमें ऐसा कुछ नहीं है जिससे उन्हें गम्भीरता से लिया जाये! इसी वक्तव्य की प्रतिक्रिया में डॉ. रामविलास शर्मा ने यशपाल को शुक्लजी से मार्क्सवाद पढ़ने की सलाह दी थी। उनकी पुस्तक 'हिन्दी आलोचना और रामचन्द्र शुक्ल'

(1955) वस्तुतः इसी पृष्ठभूमि में लिखी गयी थी जिसमें उन्होंने शुक्लजी के सामन्त विरोधी स्वरूप और सर्वत्र सामाजिक विकास की पृष्ठभूमि में साहित्य के मूल्यांकन की उनकी प्रवृत्ति को उद्घाटित किया। चूँकि डॉ. शर्मा की यह पुस्तक शुक्लजी पर लगाये गये अनेक आरोपों-प्रत्यारोपों के निरस्तीकरण के उद्देश्य से लिखी गयी थी उसमें शुक्लजी के मूल्यांकन और विश्लेषण की जो पद्धति अपनायी गयी थी वह उतनी वस्तुपरक नहीं थी जितनी कि उसे होना चाहिए। डॉ. शर्मा शुक्लजी के अन्तर्विरोधों को जान-बूझकर दबाने की कोशिश करते हैं और आलोचना की विश्वसनीयता का अपना जो तर्क होता है, जब-तब वे उससे विचलित होते दिखाई देते हैं। लेकिन इन सीमाओं के बावजूद इस पुस्तक का एक ऐतिहासिक महत्त्व है। इसी से डॉ. रामविलास शर्मा हिन्दी में शुक्लजी के पहले गम्भीर आलोचक के रूप में प्रतिष्ठित हुए। इस पुस्तक का महत्त्व इस दृष्टि से भी आँका जा सकता है कि इसके बाद प्रगतिवादी आलोचकों ने शुक्लजी के प्रति अपेक्षाकृत अधिक गम्भीर और वस्तुनिष्ठ रुख अपनाया और अनेक लोगों ने उसके सम्बन्ध में अपनी धारणाओं पर पुनर्विचार भी किया। नामवर सिंह द्वारा 'चिन्तामणि' के तीसरे भाग का सम्पादन और शुक्ल-ग्रन्थावली के सम्पादन का उनका असफल प्रयास वस्तुतः इसी पृष्ठभूमि में देखे जाने चाहिए। लेकिन यहाँ नामवर सिंह के अपने अन्तर्विरोध भी छिपे नहीं रहते—एक ओर वे शुक्लजी के स्वीकार का उत्साह दिखाते हैं तो वहीं 'दूसरी परम्परा की खोज' में, हजारी प्रसाद द्विवेदी को सामने रखकर, शुक्लजी के अन्तर्विरोधों के बहाने उनके अवमूल्यन की कोशिश भी करते हैं।

आचार्य रामचन्द्र शुक्ल भौतिकवादी नहीं थे। वे ईश्वर और धर्म में विश्वास रखने वाले एक आस्तिक व्यक्ति थे। रूसी साम्यवाद एवं लेनिन आदि के प्रसंग में उनकी टिप्पणियाँ पर्याप्त हतोत्साहित करने वाली हैं। उन्हें पढ़कर यह धारणा बनती है कि वे उन ऐतिहासिक शक्तियों को नहीं देख और समझ पा रहे थे जो सदियों से शोषित-उत्पीड़ित मनुष्य के लिए संघर्ष और आशा का एक नया सन्देश लेकर आयी थीं। रामविलास शर्मा स्पष्ट ही इन मुद्दों पर लीपा-पोती करने की कोशिश करते हैं।

दूसरी ओर आलोचना और साहित्येतिहासिक के क्षेत्रों में आचार्य रामचन्द्र शुक्ल की उपलब्धियों और योगदान को पूरी तरह नकारते हुए उनकी विश्व-दृष्टि, इतिहास-दर्शन और समूचे आलोचना-कर्म को भाववादी, प्रतिक्रान्तिकारी, साम्राज्यवाद-समर्थक आदि सिद्ध करने वाली अपनी पुस्तक 'रामचन्द्र शुक्ल' को

नीलकान्त 'नया दृष्टिकोण' कहकर प्रस्तुत करते हैं। रामचन्द्र शुक्ल नीलकान्त के स्कूली दिनों से ही उन्हें उबाते थे...'शुक्लजी की रहस्य और अध्यात्म से बोझिल दृष्टि और भाषा उस समय भी ऊब पैदा करती थी जब मैं विद्यालय में पढ़ता था...' (रामचन्द्र शुक्ल, भूमिका, पृ. 8) यह उन शुक्लजी के बारे में लेखक की टिप्पणी है जिन्होंने अत्यन्त दृढ़तापूर्वक कहा था कि साहित्य के क्षेत्र में 'अध्यात्म' शब्द की कोई सार्थकता नहीं है और 'रहस्य' के कारण किंचित अतिवादी हो जाने की चिन्ता किये बिना वे कबीर से लेकर रवीन्द्रनाथ और छायावादी काव्य तक का विरोध करते हैं। जहाँ तक शुक्लजी की भाषा की बोझिलता का सवाल है अनेक मुद्दों पर उनसे घोर असहमति एवं मतभेद रखने वाले हजारी प्रसाद द्विवेदी ने उनकी भाषा पर टिप्पणी करते हुए उनकी स्पष्टता और मितव्यता की सराहना की थी और कहा था कि शुक्लजी के साथ संकोच और दुविधा की स्थिति में नहीं रहा जा सकता—या तो आप उनसे तत्काल सहमत होंगे या असहमत। परवर्ती आलोचकों—हजारी प्रसाद द्विवेदी, नन्ददुलारे वाजपेयी और रामविलास शर्मा—की अपेक्षा शुक्लजी की आलोचना का स्वरूप अधिक शास्त्रीय है। उसकी गम्भीरता के कारण उसे 'बोझिल' बताना अन्ततः अपनी समझ पर ही टिप्पणी करना है।

अपनी पुस्तक के 'दो दृष्टि : (दृष्टियाँ?) दो दिशाएँ', शीर्षक अध्याय के अतिरिक्त आचार्य शुक्ल की विश्व दृष्टि, इतिहास-दर्शन, मृत सौन्दर्य की उपासना, साहित्य का सौन्दर्य शास्त्र आदि सब कहीं नीलकान्त शुक्लजी के अवमूल्यन का प्रयास करते हैं। उन पर लगाये जाते रहे आरोपों को तो वे बहुत अतिरंजित रूप में, बुतशिकन के से उत्साह के साथ, दोहराते ही हैं, इस प्रक्रिया में वे प्रायः ही शुक्लजी के उद्धरणों को सन्दर्भ से अलग और विकृत करके पेश करते हैं। तत्कालीन हिन्दी साहित्य के परिदृश्य में नीलकान्त रचना और आलोचना के क्षेत्रों में, दो परस्पर विरोधी दृष्टियों की चर्चा करते हैं जिनमें से एक का प्रतिनिधित्व प्रेमचन्द कर रहे थे, और दूसरी का रामचन्द्र शुक्ल। यह वस्तुतः रामविलास शर्मा की उस स्थापना के विरोध में दिया गया वक्तव्य है जिसमें वे आलोचना के क्षेत्र में शुक्लजी को वही महत्त्व देने पर बल देते हैं जो उपन्यास के क्षेत्र में प्रेमचन्द और काव्य के क्षेत्र में निराला का है। इस सन्दर्भ में शुक्लजी को विज्ञान की अपेक्षा धर्म में मुक्ति खोजने वाला सिद्ध करने के साथ ही वे उन्हें साम्राज्यवाद का समर्थक, प्रतिक्रियावादी और ऐसा ही बहुत कुछ साबित करना चाहते हैं। उनके 'उत्साह' नामक निबन्ध से वे

एक उद्धरण देते हैं, 'अतः हम कह सकते हैं कि कर्म भावना प्रधान उत्साह ही सच्चा उत्साह है। फल भावना प्रधान उत्साह तो लोभ का ही प्रच्छन्न रूप है...' गीता के निष्काम कर्म की पृष्ठभूमि में स्वाधीनता आन्दोलन के सन्दर्भ में किये गये तात्कालिक परिणाम बहुत उत्साहवर्धक नहीं भी हो सकते हैं क्योंकि वह एक लम्बी और अनिर्णीत लड़ाई होती है। इस सारे सन्दर्भ की उपेक्षा करके 'कर्मफल' में वेतन और मजदूरी का आरोप करके, कर्म की व्याख्या श्रम के रूप में करके, स्वामी-सेवक सम्बन्धों में वर्गविरोध के बचाव के लिए 'निष्काम कर्मयोग की वकालत' जैसी व्याख्या ऐसे ही स्वेच्छाचारी और अनर्गल निष्कर्षों का उदाहरण है। इसी तरह 'चिन्तामणि'-2 में पशु-पक्षियों के प्रति उसकी मानवीय चिन्ता की 'मनुष्य मात्र से घृणा' के रूप में की गयी व्याख्या इस मूल्यांकन का एक और प्रतिनिधि उदाहरण है।

आचार्य शुक्ल की विश्व दृष्टि के सम्बन्ध में नीलकान्त के निष्कर्ष और भी हास्यास्पद हैं। शुक्लजी नवजागरण काल में रामानन्दी सम्प्रदाय की मूल मान्यताओं को स्थापित कर रहे थे, धर्म को दार्शनिक पन्थ के रूप में पेश करने की उनकी कोशिश सत्ताधारी वर्ग की विश्व दृष्टि थी और उसी की आवश्यकता को पूरी करती थी जो 'धर्म की आड़ में उनके शोषण के अधिकार को छिपाने की कोशिश करती थी...' (वही, पृ. 41) कुल मिलाकर वे पन्द्रहवीं शती की भाषा में बोल रहे थे। नीलकान्त का सबसे रोचक निष्कर्ष यह है कि अपनी विश्वदृष्टि के कारण शुक्लजी स्वयं आधुनिक मनुष्य बनने में असफल रह गये।

शुक्लजी की 'करुणा' के मनोवैज्ञानिक आधार को विकृत करके नीलकान्त 'हमारी अर्थात विशिष्ट व्यक्तियों के परिमण्डल की करुणा' (वही पृ. 66) में बदल देते हैं जिसमें अवतारी पुरुष समेत उसके नियुक्त किये हुए सूरमा, सामन्त, महात्मा, आचार्य, सेठ-महाजन और आलोचक भी शामिल हैं। शुक्लजी की 'लोकसत्ता' का अर्थ उनके यहाँ 'वर्णाश्रम व्यवस्था की आदर्श प्रतिलिपि के सिवा और कुछ नहीं है जिसका अधिपति मुकुटधारी राजा होता है...' (वही, पृ. 102) इस तरह नीलकान्त शुक्लजी के सारे आलोचना-विवेक की उपेक्षा करके एकांगी और मनमाने निष्कर्ष निकालते हैं। तुलसीदास के राम जन सम्पर्क और जन सहयोग से सामन्ती और विस्तारवादी मूल्यों के विरुद्ध संघर्ष करते हैं। लोकमंगल की प्रतिष्ठा के माध्यम से शुक्लजी साहित्य में कलावाद के विरुद्ध एक लम्बी और निर्णायक लड़ाई लड़ते हैं, काव्य में प्रकृति और

जनजीवन के चित्रण को अनिवार्य बताकर वे जिन मूल्यों की हिमायत करते हैं जिनके आधार पर वे रीतिकाल के बहुत बड़े भाग को खारिज कर देते हैं और जायसी जैसे विजातीय कवि को प्रतिष्ठित करते हैं—इन सारी बातों की उपेक्षा के कारण ही नीलकान्त का यह प्रयास आचार्य शुक्ल के उच्छेदवाद की व्यर्थता का एक करुण साक्ष्य बनकर रह गया है।

अपनी अपूर्ण और अधूरी पुस्तक 'रामचन्द्र शुक्ल' में मलयज एक 'विवेक-पुरुष' कहकर आचार्य रामचन्द्र शुक्ल का मूल्यांकन करते हैं। यहाँ 'पृष्ठभूमि' में वे शुक्ल को अपने युग-सन्दर्भों की उपज बताते हुए भी उसके उस मौलिक विवेक की ओर संकेत करते हैं जो अन्ततः उन्हें एक इतिहास-पुरुष के रूप में प्रतिष्ठित करता है। उनकी क्रान्तिकारी ऐतिहासिक भूमिका पर टिप्पणी करते हुए मलयज लिखते हैं, 'आज यह खुले मन से कहा जा सकता है कि आचार्य शुक्ल से पहले साहित्य को 'शास्त्र' करके दिखाने वाली आँखें ही थीं, साहित्य को 'मर्म' कहकर बताने वाली आँखें नहीं। शुक्लजी की दृष्टि पुराने और नये तथ्य और भाव, शास्त्र और मर्म के बीच सिर्फ समन्वय या तालमेल की दृष्टि न थी, बल्कि अपने विवेक की तुला पर तौलकर साहित्य और जीवन का एक ऐसा रसायन तैयार करने की थी जो मनुष्य के अर्थ को उसकी तात्कालिकता में भी और उसकी चिरन्तनता में भी दूर तक प्रकाशित कर दें। साहित्य में अभिव्यक्त जीवन के अर्थ की सिर्फ व्याख्या नहीं उसके मूल उत्सों की खोज और पड़ताल उस विवेक की कसौटी है, जिसे सम्भव बनाकर आचार्य शुक्ल ने हिन्दी में पहली बार वास्तविक आलोचना-कर्म को सम्भव बनाया...' (रामचन्द्र शुक्ल, पृ. 23) शुक्लजी के पूर्ववर्ती आलोचकों से उनके कार्य में अन्तर की ओर संकेत करते हुए मलयज आगे लिखते हैं, 'शुक्लजी की पूर्ववर्ती समीक्षा इसी 'विषय' पर केन्द्रित समीक्षा थी जिसमें तथ्य के आवरण में लिपटी परम्परा थी, विचार की ओर खुलती सर्जनात्मकता नहीं...' (वही, पृ. 26) शुक्लजी की रचना में अन्तःसाक्ष्य पर उनके जीवन और उस पर पड़ने वाले प्रभावों एवं संस्कारों की मूर्त्ति मलयज ने कुछ उसी प्रकार गढ़ी और उकेरी है जिसके लिए उन्होंने, एक आलोचक के रूप में, शुक्लजी की प्रशंसा की है। संस्कार निर्माण करने वाली इस 'लय' की बनावट पर टिप्पणी करते हुए मलयज लिखते हैं, 'यह लय बनी थी परम्परा से, वर्ण-व्यवस्था से, अटूट श्रद्धा से, कष्टसहिष्णुता से, परदुखकातरता और धैर्य से। यांत्रिकता की छाँह तक न थी, खेती अभी भी उत्तम मानी जाती थी और सम्मिलित परिवार अभी

भी समाज-रचना की रीढ़ थे। जाति-व्यवस्था मजबूत थी, प्रकृति प्रेम इस प्रकार के जीवन का संस्कार था..' (वही, पृ. 37) एक आलोचना के रूप में शुक्लजी की मुख्य चिन्ता असाधारण और विशिष्ट के विरुद्ध सहज और सामान्य की प्रतिष्ठा है। मलयज उनकी इस चिन्ता को 'मिथ में बदलता आदमी' शीर्षक निबन्ध में बहुत सर्जनात्मक ढंग से रेखांकित करते हैं। वे हिन्दी में कथित रूप से जनवादी लेखकों की इसलिए भर्त्सना भी करते हैं जिन्होंने शुक्लजी के इस पक्ष की ओर उपेक्षा दिखाई है।

मलयज कहीं भी अलग से शुक्लजी की प्रासंगिकता की चर्चा नहीं करते। लेकिन जगह-जगह वे इस सवाल से टकराते दिखाई देते हैं कि यदि आज शुक्लजी होते तो हमारे अपने समय की कविता के प्रति उनका क्या रुख होता? मलयज का अनुमान है कि आज की जनोन्मुख और पक्षधर कविता की शायद वे वैसी ही आलोचना करते जैसी उन्होंने कबीर की कविता की क्योंकि वे कविता में अनुभूति पक्ष पर बल देने के साथ ही उसमें वास्तविक जीवन के चित्रों को महत्त्व देने वाले आलोचक थे। शुक्लजी चूँकि जीवन की समग्रता पर बल देने वाले आलोचक थे इसलिए प्रबन्ध और मुक्तक दो भिन्न काव्य प्रकार उनके लिए दो भिन्न जीवन-मूल्य जैसे थे। मुक्तक की तुलना में प्रबन्ध की उनकी पसन्द चमत्कार और ऊहात्मकता से बचकर जीवन के प्रति उनकी आस्था को ही व्यक्त करती है। शुक्लजी के कुछ बीज-शब्दों की ओर संकेत करके मलयज उनके आलोचनात्मक सरोकारों की तह तक पहुँचने की कोशिश करते हैं। प्रकृत, सामाजिक असली, गृहस्थ, भद्दा, बेधड़क, ठीक-ठाक आदि शब्दों का प्रयोग करके वे कुछ जीवन-मूल्यों के विरोध में एक भिन्न मूल्य-दृष्टि की प्रतिष्ठा पर बल देते हैं और काव्य के मूल्यांकन के लिए यहीं से अपने प्रतिमान भी उठाते और गढ़ते हैं।

रामचन्द्र शुक्ल की आलोचना-दृष्टि की कुछ सीमाएँ आज की आलोचना में कैसे सक्रिय हैं मलयज ने इसकी ओर भी संकेत किया है। छायावाद-रहस्यवाद को शुक्लजी ने ठेठ किसान की नहीं, सामान्य आदमी की दृष्टि से देखा था। इस प्रसंग में मलयज ने नाम भले ही न लिया हो, उनका संकेत स्पष्ट ही रामविलास शर्मा की ओर है जो शुक्लजी की इस छायावाद विरोधी दृष्टि से ही आधुनिकता और नयी कविता का मूल्यांकन करते हैं।... मलयज की इस अधूरी पुस्तक का रामचन्द्र शुक्ल के मूल्यांकन में एक विशेष महत्त्व है। वे न तो नीलकान्त की तरह शुक्लजी के प्रति उच्छेदवादी दृष्टि अपनाते हैं

और न ही डॉ. नगेन्द्र और रामचन्द्र तिवारी की तरह रामचन्द्र शुक्ल को शास्त्रीय और अकादमिक आलोचक के रूप में वरीयता देकर जीवन से आलोचना के सर्जनात्मक रिश्ते का अवमूल्यन करते हैं। वे शुक्लजी जैसे एक बड़े आलोचक को आत्मसात करने की प्रक्रिया में अपनी विनम्र असहमतियों के प्रति भी खुलेपन से काम लेते हैं और अत्यन्त व्यापक रचनात्मक परिदृश्य में चीज़ों को देखने-समझने पर बल देते हैं।

आचार्य रामचन्द्र द्वारा लिखित 'हिन्दी साहित्य का इतिहास' सन् 1929 में प्रकाशित हुआ, जो वस्तुतः हिन्दी शब्द-सागर की भूमिका के रूप में लिखा गया था। फिर उसका दूसरा परिवर्धित और संशोधित संस्करण सन् 1940 में आया। हिन्दी साहित्य के सभी कालों प्रवृत्तियों के रचनात्मक विकास और लेखकों पर यहाँ उनकी टिप्पणियाँ उपलब्ध हैं। उनके निबन्धों के संग्रह 'चिन्तामणि' का प्रथम भाग भी उनके जीवनकाल में, सन् 1939 में, प्रकाशित हो गया था। इसके निबन्धों को उन्होंने स्वयं 'विचारात्मक निबन्ध' कहा है और मनोवैज्ञानिक निनब्धों के अतिरिक्त 'कविता क्या है?' शीर्षक उनके प्रसिद्ध निबन्ध के अतिरिक्त कुछ और निबन्ध भी इस संग्रह में हैं। इन निबन्धों में 'भारतेन्दु हरिश्चन्द्र' के अतिरिक्त 'काव्य में लोक मंगल की साधनावस्था', 'साधारणीकरण और व्यक्ति-वैचित्र्यवाद', 'रसात्मक-बोध के विविध रूप' आदि शामिल हैं। 'चिन्तामणि' का दूसरा भाग उनके निधन के बाद सन् 1945 में, उनकी अन्य मरणोपरान्त प्रकाशित पुस्तकों की तरह ही विश्वनाथ प्रसाद मिश्र के सम्पादन में प्रकाशित हुआ। उसमें उनके तीन लम्बे निबन्ध 'काव्य में प्राकृतिक दृश्य', 'काव्य में रहस्यवाद' और 'काव्य में अभिव्यंजनावाद' शामिल हैं। 'चिन्तामणि' का तीसरा भाग, उनकी शताब्दी सम्बन्धी आयोजन से कुछ पूर्व सन् '83 में डॉ. नामवर सिंह के सम्पादन में प्रकाशित हुआ। व्यवस्थित रूप से उन्होंने केवल तीन कवियों पर लिखा—गोस्वामी तुलसीदास, जायसी और सूरदास, इनमें से 'गोस्वामी तुलसीदास' और 'जायसी ग्रन्थावली' में जायसी पर लिखी गयी लगभग तीन सौ पृष्ठों की उनकी भूमिका ही उनके जीवन काल में प्रकाशित हुईं। सूरदास के 'भ्रमरगीत सार' की भूमिका उन्होंने लिखी थी जो उनके जीवनकाल में ही छपी। 'सूरदास' नामक उनकी पुस्तक, अपने अपूर्ण रूप में सूरदास सम्बन्धी उनके निबन्धों और टिप्पणियों के संकलन की शक्ल में सन् 1943 में विश्वनाथ प्रसाद मिश्र के ही सम्पादन में प्रकाशित हुई। शुक्लजी कविता के आलोचक हैं लेकिन गद्य के विकास, प्रवृत्तियों और लेखकों

पर भी उनकी टिप्पणियाँ बहुत सटीक और सारगर्भित हैं। हिन्दी कथा-साहित्य के मूल्यांकन के सन्दर्भ में भी उनकी कुछ सूक्ष्म अन्तर्दृष्टि सम्पन्न टिप्पणियाँ उल्लेखनीय हैं।

अपने प्रसिद्ध निबन्ध 'कविता क्या है?' में कविता को परिभाषित करते हुए वे लिखते हैं, 'जिस प्रकार आत्मा की मुक्तावस्था ज्ञानदशा कहलाती है, उसी प्रकार हृदय की यह मुक्तावस्था रसदशा कहलाती है। हृदय की इसी मुक्ति की साधना के लिए मनुष्य की वाणी जो शब्द-विधान करती आयी है उसे कविता कहते हैं।...' (चिन्तामणि-1, संस्करण 71, पृ. 113) कविता मनुष्य के हृदय को संकुचित और स्वार्थपूर्ण आग्रहों से मुक्त करती है जहाँ उसकी अपनी सत्ता लोक-सत्ता में विलीन हो जाती है। काव्य में अर्थग्रहण से आगे जाकर वे बिम्बग्रहण की आवश्यकता पर बल देते हैं। कविता बाह्य प्रकृति और मनुष्य की अन्तःप्रकृति के बीच सामंजस्य स्थापित करती है।

अपने काव्य सिद्धान्तों का निर्माण आचार्य शुक्ल इसी लौकिक और वास्तविक जगत् को आधार बनाकर करते हैं। अध्यात्म और रहस्य को वे पूरी तरह कविता से निष्कासित तो नहीं करते लेकिन उसे कविता का सामान्य रूप समझने से इनकार करते हैं। रहस्यवादी काव्य को वे दो श्रेणियों में बाँटते हैं-सच्ची रहस्य-भावना वाला काव्य और वाद-ग्रस्त आडम्बरपूर्ण रहस्यवादी काव्य। मनुष्य के ज्ञान क्षेत्र के भीतर, गोचर अभिव्यक्ति को लेकर चलने वाली कविता ही उनकी दृष्टि में, सच्ची रहस्यभावना से पूर्ण कविता है। ऐसी कविता 'चेतना के कोने से बाहर' न झाँकने जाती है, न जा सकती है। आयरिश कवि येट्स की, उन्हें रवीन्द्रनाथ का मित्र बताकर, वे विलियम ब्लेक की 'साम्प्रदायिक और सिद्धान्ती रहस्यवाद' वाली कविताओं की प्रशंसा के लिए आलोचना करते हैं। इस नाते चाहे कबीर हों या ब्लेक और रवीन्द्रनाथ, वे सबकी तीखी आलोचना करते हैं। रहस्यवाद की सहज और गोचर अभिव्यक्ति के कारण ही वे जायसी की प्रशंसा करते हैं। इसी तरह वे कविता में चमत्कारवाद के विरोधी हैं और कविता की अन्तर्वस्तु एवं अभिव्यक्ति दोनों स्तरों पर सहजता एवं सम्प्रेषणीयता के पक्षपाती हैं। जैसा कि मलयज द्वारा उनके मूल्यांकन के सन्दर्भ में कहा जा चुका है—साधारण मनुष्य की चिन्ता उनके काव्य प्रतिमानों के निर्धारण का मूलाधार है। उनके समय तक भावुकता का आज जैसा अवमूल्यन नहीं हुआ था और सामान्यतः कवि के भावुक होने का अर्थ उसकी अनुभूतिशीलता से जोड़ा जाता था। इससे काव्य में भावसाधना के साथ ही मार्मिक स्थलों की पहचान

में कवि को सहायता मिलती थी। इसी भावुकता को वे कविता के मूल गुण के रूप में रेखांकित करते हैं क्योंकि इसी से अनुभूति की तीव्रता सम्भव होती है। इसी आधार पर वे तुलसी, जायसी और सूरदास के साथ ही हिन्दी की समूची काव्य-परम्परा का आदिकाल से लेकर छायावाद तक मूल्यांकन करते हैं।

वे तुलसीदास की प्रशंसा एक ओर यदि उनके 'लोकधर्म' और 'मंगलाशा' के लिए करते हैं तो दूसरी ओर उनकी इसी भावुकता के लिए जिसके कारण वे 'रामचरितमानस' में मार्मिक स्थलों की अचूक पहचान कर सके हैं। एक सुन्दर राजकुमार के, छोटे भाई और स्त्री को लेकर घर से निकलने और वन-वन भटकने वाले प्रसंग को इसीलिए वे 'मानस' के अतिरिक्त 'कवितावली' और 'गीतावली' में भी दोहराते हैं। सीता और राम के माध्यम से तुलसी द्वारा दाम्पत्य-प्रेम के विभिन्न रूपों के अंकन में मर्यादा और शील के प्रसंग में उनकी टिप्पणी है, 'दाम्पत्य प्रेम का दृश्य भी गोस्वामी जी ने बहुत ही सुन्दर दिया है, पर बड़ी ही मर्यादा के साथ। नायिका भेद वाले कवियों का सा या कृष्ण की रासलीला के रसिकों का सा लोकमर्यादा का उल्लंघन उसमें कहीं नहीं है। सीता राम के परम पुनीत प्रणय की जो प्रतिष्ठा उन्होंने मिथिला में की, उसकी परिपक्वता जीवन की भिन्न-भिन्न दशाओं के बीच पति-पत्नी के सम्बन्ध की उच्चता और रमणीयता संघटित करती दिखाई देती है...' (गोस्वामी तुलसीदास, संस्करण 1970, पृ. 79) दुख की परिस्थिति में छोटे-छोटे सामान्य सुखों की कल्पना के भीतर जीवनयात्रा में श्रांत पथिक को जैसे सुखद छाया की अनुभूति होती है। यह प्रेम कर्मक्षेत्र से अलग नहीं करता उसमें बिखरे हुए काँटों पर फूल बिछाता है...' (वही)

तुलसीदास के मूल्यांकन में यदि एक ओर वे उनकी भक्तिपद्धति का स्वरूप स्पष्ट करते हैं वहीं वे शीलसाधना और ज्ञान से उसके अन्तःसम्बन्धों की व्याख्या भी करते हैं। स्थान-स्थान पर उन्होंने तत्त्वज्ञान का सन्निवेश भले ही किया हो, परन्तु अपने लिए उन्होंने कोई सिद्धान्त स्थिर करने का प्रयत्न नहीं किया है। भक्ति मार्ग का अनुगामी होने के कारण तर्क-वितर्क उन्हें अरुचिकर व्यसन जैसा लगता है। अपना निष्कर्ष प्रस्तुत करते हुए शुक्लजी इसी बात पर बल देते हैं कि तुलसीदास भक्ति मार्गी थे, अतः उनकी वाणी में भक्ति के गूढ़ रहस्यों को ढूँढ़ना ही अधिक फलदायी होगा ज्ञानमार्ग के सिद्धान्तों को वहाँ ढूँढ़ने से कोई लाभ नहीं है।

गोस्वामी तुलसीदास की 'सर्वांगपूर्ण काव्य कुशलता' पर टिप्पणी करते हुए शुक्लजी लिखते हैं, 'उनकी साहित्य मर्मज्ञता, भावुकता और गम्भीरता के सम्बन्ध में इतना और जान लेना भी आवश्यक है कि उन्होंने रचना नैपुण्य का भद्दा प्रदर्शन कहीं नहीं किया है और न शब्द चमत्कार आदि के खेलवाड़ों में वे फँसे हैं। अलंकारों की योजना उन्होंने ऐसे मार्मिक ढंग से की है कि वे सर्वत्र भावों या तथ्यों की व्यंजना को प्रस्फुटित करते हुए पाये जाते हैं, अपनी अलग चमक-दमक दिखाते हुए नहीं। कहीं-कहीं लम्बे-लम्बे सांगरूपक बाँधने में अवश्य उन्होंने एक भद्दी परम्परा का अनुसरण किया है। 'दोहावली' के कुछ दोहों के अतिरिक्त और सर्वत्र भाषा का प्रयोग, उन्होंने भावों और विचारों को स्पष्ट रूप में रखने के लिए किया है कारीगरी दिखाने के लिए नहीं। उनकी सी भाषा की सफाई और किसी कवि में नहीं...' (हिन्दी साहित्य का इतिहास, संस्करण 65, पृ. 141)

तुलसीदास के मूल्यांकन के सन्दर्भ में आचार्य शुक्ल के बीजशब्द 'समन्वय' और 'सर्वांगपूर्णता' हैं। इन्हीं के आधार पर वे तुलसीदास का महत्त्व प्रतिपादित करते हैं। शुक्लजी की दृष्टि में तुलसी की भक्ति पद्धति की सबसे बड़ी विशेषता उनकी यही सर्वांगपूर्णता है। वह जीवन के किसी पक्ष को छोड़कर नहीं चलती। सब पक्षों के सामंजस्य पर ही उनका विशेष बल है। तुलसीदास की भक्ति पद्धति में यदि कर्म और धर्म का महत्त्व है तो वे इसको त्यागने के पक्ष में नहीं हैं। वे भक्ति और ज्ञान का ऐक सर्वस्वीकार्य रसायन तैयार करते हैं। लेकिन उनका ज्ञान भी सूखा और लंठ न होकर रस के छीटों से सिक्त है जिसमें वे एक सीमा तक योग को भी स्वीकार करके चलते हैं।

आचार्य शुक्ल तुलसी सम्बन्धी अपने विवेचन में नाथपन्थी और निर्गुण काव्य को तुलसी की ही दृष्टि से देखते हैं। वे तुलसी के सन्दर्भ में ही उनकी इस दृष्टि का उपयोग नहीं करते, अपने मूल्यांकन के प्रतिमान भी बहुत कुछ उसी पर आधारित करते हैं। तुलसी की तरह उन्हें भी नाथपन्थियों और निर्गुण कवियों में रागात्मिका वृत्ति का अभाव दिखाई देता है। जनता अन्धी भेड़ की तरह उनकी करामातों को साधुता का चिह्न मानकर भ्रमित थी। वह ईश्वरीय साधना को चन्द विरले रहस्यदर्शी लोगों के खाते में डालकर अपने को उससे अलग किये थी। इन काव्य प्रवृत्तियों की सीमा का संकेत करते हुए शुक्लजी लिखते हैं, 'जो हृदय सबके पास होता है वही अपनी स्वाभाविक वृत्तियों द्वारा भगवान की ओर लगाया जा सकता है इस बात पर परदा सा डाल दिया गया था।

इससे हृदय रहते भी भक्ति का सच्चा स्वाभाविक मार्ग लोग देख नहीं पाते थे...' (वही, पृ. 136) तुलसी का महत्त्व यही है कि भारतीय जनता के हृदय से भ्रम का यह परदा उन्होंने उठा दिया और परस्पर विरोधी दृष्टियों और पद्धतियों में भी समन्वय और सामंजस्य के आधार पर एक सर्वांगपूर्ण जीवन-दृष्टि का अन्वेषण किया।

तुलसीदास के बाद शुक्लजी के दूसरे प्रिय कवि जायसी हैं। ऐसा नहीं है कि शुक्लजी से पहले लोग जायसी से अपरिचित थे या प्रेममार्गी निर्गुण कवि के रूप में उनकी प्रतिष्ठा नहीं थी। शुक्लजी ने 'जायसी ग्रन्थावली' का सम्पादन किया और जायसी पर लिखी गयी उसकी लम्बी भूमिका में उनका महत्त्व विस्तारपूर्वक प्रतिपादित किया। शुक्लजी काव्य में रहस्यवाद के साम्प्रदायिक और जटिल रूप के विरोधी थे। इसी आधार पर वे विलियम ब्लेक, कबीर और रवीन्द्रनाथ के रहस्यवादी काव्य की आलोचना करते हैं। लेकिन रवीन्द्रनाथ की 'गीतांजलि' की उन कविताओं को 'रमणीय' मानकर वे अपनी स्वीकृति देते हैं जो 'लोकपक्ष' समन्वित है। वे कविता में गोचर और लौकिक अभिव्यक्ति के हामी थे। इन प्रेम मार्गी कवियों के वैशिष्ट्य को उद्घाटित करते हुए वे लिखते हैं, 'कुतबन, जायसी आदि इन प्रेम कहानी के कवियों ने प्रेम का शुद्ध मार्ग दिखाते हुए उन सामान्य जीवन दशाओं को सामने रखा जिनका मनुष्य मात्र के हृदय पर एक सा प्रभाव दिखाई पड़ता है। हिन्दू हृदय और मुसलमान हृदय आमने-सामने करके अजनबीपन मिटाने वालों में इन्हीं का नाम लेना पड़ेगा। इन्होंने मुसलमान होकर हिन्दुओं की कहानियाँ हिन्दुओं की ही बोली में पूरी सहृदयता से कहकर उनके जीवन की मर्मस्पर्शिनी अवस्थाओं के साथ अपने उदार हृदय का पूर्ण सामंजस्य दिखा दिया। कबीर ने केवल भिन्न प्रतीत होती हुई परोक्ष सत्ता की एकता का आभास दिया था। प्रत्यक्ष जीवन की एकता का दृश्य सामने रखने की आवश्यकता बनी थी। यह जायसी द्वारा पूरी हुई!' (वही, पृ. 101)

शुक्लजी जायसी की अचूक पहचान का साक्ष्य देने पर भी जायसी के 'पद्मावत' को तुलसी के 'रामचरितमानस' के बाद ही स्थान देते हैं। इसका कारण यह है कि काव्य में जीवन की समग्रता के पक्षपाती थे। तुलसी का 'रामचरितमानस' जीवन की व्यापकता को अंकित करता है, जीवन का कोई भी पक्ष उसमें छूटा नहीं है जबकि जायसी का 'पद्मावत' एक प्रेमाख्यान के रूप में, अपनी सारी संश्लिष्टता और सघनता के बावजूद, प्रेमानुभूति को ही

गहराई से चित्रित करता है। लेकिन 'पद्मावत' का सबसे महत्त्वपूर्ण उसका लोकपक्ष है जिसकी शुक्लजी भरपूर सराहना करते हैं। भारतीय तीज-त्योहार, ऋतु परिवर्तन, पर्व, उत्सव और हिन्दू समाज के विभिन्न संस्कार शायद ही कोई पक्ष हो जो जायसी की दृष्टि से छूटा हो। मुसलमान होने पर भी हिन्दू समाज और उसकी संस्कृति का जैसा अन्तरंग चित्र जायसी यहाँ अंकित करते हैं, वह अनेक हिन्दू कवियों के लिए दुर्लभ है। लोकपक्ष और लोक जीवन को इतना महत्त्व देने के कारण ही जायसी नागमती और उसकी सखियों के विभिन्न क्रिया-कलापों और क्रीड़ाओं को इतने जीवन्त और स्वाभाविक रूप में अंकित कर सके हैं। आध्यात्मिक और साधनात्मक दृष्टि से विचार किये जाने पर नागमती ईश्वर की प्राप्ति में एक बाधा के रूप में अंकित होने पर भी एक सामान्य नारी के रूप में उसकी विरह वेदना पर शुक्लजी मुग्ध दिखाई देते हैं। उस पर उनकी टिप्पणी है, 'जायसी के भावुक हृदय ने स्वकीया के पुनीत प्रेम के सौन्दर्य को पहचाना। नागमती का वियोग हिन्दी साहित्य में विप्रलम्भ शृंगार का अत्यन्त उत्कृष्ट निरूपण है'... (जायसी ग्रन्थावली, पृ. 34) इस विरह वेदना की उत्कृष्टता का सबसे बड़ा प्रमाण शुक्लजी यह मानते हैं कि रानी होकर भी वह अपना रानीपन बिल्कुल भूल जाती है और एक साधारण स्त्री की तरह अपनी प्रेम की पीर को व्यक्त करती है। कुछेक स्थलों पर अपनी ऊहात्मक और चमत्कारवादी उक्तियों के बावजूद उसकी वेदना औरों को गहराई से स्पर्श करती है। विप्रलम्भ शृंगार के चित्रण में, तुलसी सहित हिन्दी के समस्त कवियों में वे जायसी को सर्वश्रेष्ठ मानते हैं।

तुलसीदास और जायसी के बाद सूरदास तीसरे कवि हैं जिन पर शुक्लजी ने स्वतन्त्र रूप से लिखा है। शुक्लजी ने सन् 1925 में 'भ्रमर गीत' की अपनी विस्तृत भूमिका में 'महाकवि सूरदास जी' शीर्षक निबन्ध में सूरदास पर अपनी विस्तृत आलोचना की इच्छा व्यक्त की थी। अपनी इस योजना पर बाद में उन्होंने काम भी शुरू किया था परन्तु उसके समाप्त होने के पूर्व ही उनका निधन हो गया। उनकी पुस्तक 'सूरदास' उनके मरणोपरान्त सन् '43 में विश्वनाथ प्रसाद मिश्र के सम्पादन में प्रकाशित हुई। इसके पाँच वर्ष बाद पुस्तक के दूसरे संस्करण के सम्पादकीय वक्तव्य से यह सूचना भी मिलती है कि 'सूरदास' के प्रकाशित होने पर कुछ 'सन्तों' ने उसकी तीव्र आलोचना की थी। एक समीक्षक ने सबसे बड़ी आपत्ति यह उठाई थी कि शुकदेव जी की भक्ति के आवेश को 'रसदशा' कहना केवल अपने पक्ष का समर्थन करने

का आग्रह ही है, वस्तुतः रहस्यादर्शों के 'दर्शन' और भक्ति की तल्लीनता में कोई अन्तर नहीं है। इस आपत्ति के उत्तर में उनकी अपूर्ण 'रसमीमांसा' का हवाला देते हुए विश्वनाथ प्रसाद मिश्र ने लिखा है, जिन्हें सूत्ररूप में रहस्यदशा और रसदशा का पार्थक्य यहीं जानना हो उन्हें जान लेना चाहिए कि पहली व्यक्तिभूमि की अनुभूति है और दूसरी लोकभूमि की। पहली परोक्ष सत्ता को परोक्ष रखकर होती है और दूसरी उसे प्रत्यक्ष करके। शुक्लजी की उक्ति 'प्रलाप' नहीं है, उसका निश्चित और बुद्धिबोधित अर्थ होता है। इतने पर भी जो शंका करे उसे क्या कहा जाये।' (सूरदास, संस्करण 69, पृ. 2)

मुक्तक की अपेक्षा प्रबन्ध काव्य के प्रति शुक्लजी के आग्रह को मलयज जीवन के प्रति दो दृष्टियों के अन्तर के रूप में रेखांकित करते हैं। जीवन में समग्रता का आग्रह ही उन्हें प्रबन्धकाव्य की श्रेष्ठता सम्बन्धी अपने निष्कर्ष की ओर ले जाता है। वीरगाथा काल और रीतिकाल में दरबारी कवियों द्वारा अपने आश्रयदाता राजाओं के प्रति कविता के दुरुपयोग का जो उदाहरण शुक्लजी के सामने था उसे देखते हुए उनका यह आग्रह बहुत गलत भी नहीं था। वैसे मुक्तक काव्य के प्रतिनिधि 'सूरसागर' का न सिर्फ उन्होंने सम्पादन किया था, सूरदास को उन्होंने जयदेव और विद्यापति की परम्परा से जोड़कर भी देखा। लेकिन इसे वे मुख्यतः श्रृंगार की परम्परा के रूप में ही स्वीकार करते हैं। शुक्लजी सूर को वात्सल्य और श्रृंगार का अप्रतिम कवि स्वीकार करते हैं। इस प्रसंग में शुक्लजी लिखते हैं, 'यद्यपि तुलसी के समान सूर का काव्य क्षेत्र इतना व्यापक नहीं कि उसमें जीवन की भिन्न-भिन्न दशाओं का समावेश हो पर जिस परिमित पुण्य भूमि में उनकी वाणी ने संचरण किया उसका कोई कोना अछूता न छूटा। श्रृंगार और वात्सल्य के क्षेत्र में जहाँ तक उनकी दृष्टि पहुँची वहाँ तक और किसी कवि की नहीं। इन दोनों क्षेत्रों में तो इस महाकवि ने मानो औरों के लिए कुछ छोड़ा ही नहीं। गोस्वामी तुलसीदास ने 'गीतावली' में बाललीला को इनकी देखादेखी बहुत अधिक विस्तार दिया सही पर उसमें बालसुलभ भावों और चेष्टाओं की वह प्रचुरता नहीं आयी उसमें रूपवर्णन की ही प्रचुरता रही। बालचेष्टा के स्वाभाविक मनोहर चित्रों का इतना बड़ा भण्डार और कहीं नहीं...' (वही, पृ. 96)

सूरदास में प्रेम के चित्रण के सम्बन्ध में शुक्लजी की टिप्पणी है : 'वृन्दावन के उसी सुखमय जीवन के हास-परिहास के बीच गोपियों के प्रेम का उदय होता है। गोपियाँ कृष्ण के दिन-दिन खिलते हुए सौन्दर्य और मनोहर

चेष्टाओं को देख मुग्ध होती चली आती हैं, और कृष्ण कौमार अवस्था की स्वाभाविक चपलतावश उनसे छेड़छाड़ करना आरम्भ करते हैं। हास-परिहास और छेड़-छाड़ के साथ-साथ प्रेम व्यापार का अत्यन्त स्वाभाविक आरम्भ सूर ने दिखाया है। किसी की रूपचर्चा सुन या अकस्मात किसी की एक झलक पाकर हाय-हाय करते हुए इस प्रेम का आरम्भ नहीं हुआ है। नित्य अपने बीच चलते-फिरते, हँसते-बोलते वन में गाय चराते देखते-देखते गोपियाँ कृष्ण में अनुरक्त होती हैं और कृष्ण गोपियों में। इस प्रेम को हम जीवनोत्सव के रूप में पाते हैं, सहसा उठ खड़े हुए तूफान या मानसिक विप्लव के रूप में नहीं, जिसमें अनेक प्रकार के प्रतिबन्धों और विघ्नबाधाओं को पार करने की लम्बी-चौड़ी कथा खड़ी होती है। सूर कृष्ण और गोपियाँ पक्षियों के समान स्वच्छन्द हैं। वे लोकबन्धनों में जकड़े हुए नहीं दिखाये गये हैं। जिस प्रकार के स्वच्छन्द समाज का स्वप्न अँगरेज कवि शैली देखा करते थे उसी प्रकार का यह समाज सूर ने चित्रित किया।' (वही, 132) यहाँ इस प्रसंग में एक-दो बातों पर ध्यान देने की जरूरत है। पहली तो यह कि यहाँ जायसी की अपेक्षा सूर के प्रेम चित्रण को, ऊहात्मकता और अतिरंजना के विरुद्ध सहज और स्वाभाविक बताकर शुक्लजी सूफी प्रेम-परम्परा की तुलना में भारतीय प्रेमपद्धति को वरीयता देते हैं। दूसरी और भी महत्त्वपूर्ण बात यह है कि सूर द्वारा चित्रित प्रेम को 'जीवनोत्सव' और पक्षियों के समान स्वच्छन्द बताकर वे उस सूत्र की स्थापना करते हैं जिसे आधार बनाकर अनेक परवर्ती आलोचक, सूर और मीरा के प्रसंग में, प्रेमानुभूति को सामन्ती समाज-रचना के विरुद्ध एक सार्थक विद्रोह के रूप में विकसित करते दिखाई देते हैं। आचार्य शुक्ल इस बात के लिए सूर की आलोचना भी करते हैं कि इस प्रेम चित्रण में चुने गये पदार्थों और व्यापारों की पूँजी बहुत सीमित है। राधा और कृष्ण के प्रेम-प्रसंग में उन्होंने उनके अंग-प्रत्यंग, मुद्राओं और चेष्टाओं, यमुनातट, वंशीवट, निकुंज, गोचारण, वन विहार, बाललीला, चोरी, नटखटी तथा कवि परिपाटी में परिगणित ऋतु सुलभ वस्तुओं तक ही अपने को सीमित रखा है। लोकमंगल की प्रतिष्ठा वाले मुद्दे पर भी तुलसीदास की अपेक्षा सूरदास उन्हें कमतर प्रभाव वाले कवि लगते हैं। ऐसा नहीं है कि राम की तरह कृष्ण के ज़ीवन में ऐसे प्रसंगों का अभाव हो। लेकिन सूरदास की वृत्ति उस ओर नहीं है... 'असुरों के अत्याचार से दुखी होकर पृथ्वी की प्रार्थना पर भगवान का कृष्णावतार हुआ, इस बात को उन्होंने केवल एक ही पद में कह डाला है। इसी प्रकार कागासुर, बकासुर, सकटासुर

आदि को हम लोक पीड़कों के रूप में नहीं पाते हैं। केवल प्रलम्ब और कंस के वध पर देवताओं का फूल बरसाना देखकर उक्त कर्म के लोकव्यापी प्रभाव का कुछ आभास मिलता है। पर यह वर्णन विस्तृत नहीं है। सूरदास का मन जितना नन्द के घर की आनन्द बधाई, बालक्रीड़ा, मुरली की मोहनी तान, रासनृत्य, प्रेम के रंग, रहस्य और संयोग-वियोग की नाना दशाओं में लगा है, उतना ऐसे प्रसंगों में नहीं।' (वही, पृ. 128)

शुक्लजी की दृष्टि में सूर का विशेष महत्त्व उनकी भाषा के कारण है। 'सूर सागर' के रूप में शुक्लजी के समय तक, पहली उपलब्ध कृति इन्हीं की थी। अपनी पूर्णता के कारण वह उन्हें आश्चर्य में डालती है। वे लिखते हैं, ''पहली साहित्यिक रचना और इतनी प्रचुर प्रगल्भ और काव्यांगपूर्ण कि अगले कवियों की श्रृंगार और वात्सल्य की उक्तियाँ इनकी जूठी जान पड़ती हैं। यह बात हिन्दी साहित्य का इतिहास लिखने वालों को उलझन में डालने वाली होगी। 'सूर सागर' किसी चली आती हुई परम्परा का चाहे वह मौखिक ही रही हो—पूर्ण विकास सा जान पड़ता है, आगे चलने वाली परम्परा का मूल रूप नहीं'' (वही, पृ. 129) वस्तुतः यही वह सूत्र है जिसके सहारे डॉ. शिवप्रसाद सिंह ने बाद में 'सूर पूर्व ब्रजभाषा और उसका काव्य' शीर्षक अपना शोध प्रबन्ध प्रस्तुत किया।

आचार्य रामचन्द्र शुक्ल का 'हिन्दी साहित्य का इतिहास' आलोचना की पुस्तक न होने पर भी उनकी आलोचना-दृष्टि को समझने की दृष्टि से बहुत महत्त्वपूर्ण है। हिन्दी साहित्य के काल विभाजन, प्रवृत्तियों, सामाजिक-राजनैतिक स्थितियों के विश्लेषण के अतिरिक्त लेखकों पर उनकी संक्षिप्त आलोचनात्मक टिप्पणियाँ साहित्येतिहास होने पर भी आलोचना के रूप में भी उसे उल्लेखनीय बनाने वाली चीजें हैं। इस तरह वह उनकी आलोचना का ही हिस्सा है-उनका विश्लेषण विवेचन यहाँ सम्पूर्णता प्राप्त करता है। जैसा कि उल्लेख किया गया है, इसका पहला संस्करण हिन्दी शब्द सागर की भूमिका के रूप में सन् 1929 में और फिर संशोधित और प्रवर्द्धित संस्करण सन् 40 में प्रकाशित हुआ था। शुक्लजी के जीवनकाल में प्रकाशित यही उसका अन्तिम संस्करण था। इस बीच उसके कई संस्करण पहले के ही पुनः मुद्रित रूप थे। काल विभाजन के सन्दर्भ में 'किसी विशेष ढंग की रचनाओं की प्रचुरता' के तर्क से उन्होंने आदिकाल को वीरगाथा काल नाम दिया था और उसके अन्तर्गत अपभ्रंश और देशभाषा की उपलब्ध कृतियों की चर्चा की। अपभ्रंश में लिखित अनेक पुस्तकों

को जैनधर्म के निरूपण से सम्बन्धित होने के कारण वे साहित्य कोटि में नहीं मानते। उनका उल्लेख वे केवल यह दिखाने के लिए करते हैं कि एक भाषा के रूप में अपभ्रंश का व्यवहार कब से हो रहा था। इस संशोधित संस्करण की भूमिका में वे लिखते हैं, 'आदिकाल के भीतर बज्रयानी सिद्धों और नाथपन्थी योगियों की परम्पराओं का कुछ विस्तार के साथ वर्णन यह दिखाने के लिए करना पड़ा कि कबीर द्वारा प्रवर्तित निर्गुण सन्तमत के प्रचार के लिए किस प्रकार उन्होंने पहले से रास्ता तैयार कर दिया था। दूसरा उद्देश्य यह स्पष्ट करने का भी था कि सिद्धों और योगियों की रचनाएँ साहित्य कोटि में नहीं आतीं और योगधारा काव्य या साहित्य की कोई धारा नहीं मानी जा सकती।' (हिन्दी साहित्य का इतिहास, संस्करण 65 'दो बातें' शीर्षक भूमिका, पृ. 1) वस्तुतः यह शुक्लजी का बहुत विवादास्पद वक्तव्य था और आगे चलकर उन पर वर्णाश्रम के समर्थन और ब्राह्मणवाद के आरोप मुख्यतः इसी आधार पर लगाये गये। शुक्लजी रसवाद और अनुभूति की सघनता को प्रमुख काव्य प्रतिमान के रूप में स्वीकृति देने के कारण निर्गुण सन्त कवियों को भी सहानुभूति से नहीं देख पाते। चूँकि सन्त कवि, और उससे भी पहले नाथ और सिद्ध कवि, जाति-पाँति को नहीं मानते और उनमें अनेक दलित जातियों के लोग भी थे जो वर्णाश्रम व्यवस्था का विरोध करते थे, शुक्लजी की सहानुभूति के केन्द्र में नहीं आते थे, उन्हें वर्णाश्रम व्यवस्था का समर्थक कहा गया और इस तर्क से फिर ब्राह्मणवादी तो वे हो ही गये। तुलसी के उनके मूल्यांकन को इससे जोड़कर देखे जाने से इस तर्क को और भी बल मिलता है।

शुक्लजी का मन सबसे अधिक भक्तिकाल के विवेचन में रमता है और उनके द्वारा लिखी यह स्वतन्त्र पुस्तकें भी तीन प्रमुख भक्त कवियों पर ही हैं। उन्होंने तुलसीदास और जायसी को विशेष महत्त्व दिया। इनकी तुलना में वे कबीर को बड़े हल्के हाथों से पकड़ते हैं। शुक्लजी मानते हैं कि कबीर ने भारतीय ब्रह्मवाद के साथ सूफियों के भावात्मक रहस्यवाद, हठयोगियों के साधनात्मक रहस्यवाद और वैष्णवों के अहिंसावाद तथा प्रपत्तिवाद के मेल से अपना अलग पन्थ खड़ा किया। भाव सघनता के अभाव और अनुभूति की विरलता के कारण वे कबीर को वैसी सहानुभूति से नहीं देखते लेकिन अपने मूल्यांकन में वे कबीर के वैशिष्ट्य को पकड़ने की अपनी क्षमता का परिचय अवश्य देते हैं। वे लिखते हैं... 'ज्ञान मार्ग की बातें कबीर ने हिन्दू, साधु-संन्यासियों से ग्रहण कीं जिनमें सूफियों के सत्संग से उन्होंने 'प्रेमतत्त्व' का

मिश्रण किया और अपना एक अलग पन्थ चलाया। उपासना के बाह्य स्वरूप पर आग्रह करने वाले और कर्मकाण्ड को प्रधानता देने वाले पण्डितों और मुल्लों दोनों को उन्होंने खरी-खरी सुनाई और 'राम रहीम' की एकता समझाकर हृदय को शुद्ध और प्रेममय करने का उद्देश्य दिया। देशांतर और उपासना विधि के कारण मनुष्य में जो भेदभाव उत्पन्न हो जाता है उसे दूर करने का प्रयत्न उनकी वाणी बराबर करती रही। यद्यपि वे पढ़े-लिखे न थे पर उनकी प्रतिभा बड़ी प्रखर थी जिससे उनके मुँह से बड़ी चुटीली और व्यंग्य चमत्कार पूर्ण बातें निकलती थीं। उनकी उक्तियों में विरोध और असम्भव का चमत्कार लोगों को बहुत आकर्षित करता था...' (वही, पृ. 80)

आचार्य शुक्ल की विवेचन-पद्धति की एक सामान्य प्रवृत्ति यह है कि वे जिस लेखक या प्रवृत्ति की चर्चा करते हैं उसके सकारात्मक पक्षों की भी उपेक्षा नहीं करते। ऐसा नहीं है कि एक आलोचक के रूप में उनके पूर्वग्रह न हों, लेकिन अपने विवेचन में वे पर्याप्त वस्तुपरकता का परिचय देते हैं। रीतिकाल विरोधी उनकी आलोचना-दृष्टि अपनी प्रखरता और तेजस्विता के लिए जानी जाती है। केशव को उन्होंने 'कठिन काव्य का प्रेत' कहा और बिहारी सहित अनेक रीति कालीन कवियों की ऊहात्मक उक्तियों की उन्होंने व्यंग्य और कटाक्षपूर्ण आलोचना की है। लेकिन अपने 'हिन्दी साहित्य का इतिहास' में रीतिकाल के सामान्य परिचय के अन्तर्गत रीतिग्रन्थों और उनके रचयिताओं पर वे यह टिप्पणी भी करते हैं, 'इन रीतिग्रन्थों के कर्त्ता भावुक, सहृदय और निपुण कवि थे। उनका उद्देश्य कविता करना था, न कि काव्यांगों का शास्त्रीय पद्धति पर निरूपण करना। अतः उनके द्वारा बड़ा भारी कार्य यह हुआ कि रसों (विशेषतः शृंगार रस) और अलंकारों के बहुत ही सरस और हृदयग्राही उदाहरण अत्यन्त प्रचुर परिमाण में उपस्थित हुए। ऐसे सरस और मनोहर उदाहरण संस्कृत के सारे लक्षण ग्रन्थों से चुनकर इकट्ठे करें तो भी उनकी इतनी अधिक संख्या न होगी। अलंकारों की अपेक्षा नायिका भेद की ओर कुछ अधिक झुकाव रहा। इससे शृंगार रस के अन्तर्गत बहुत सुन्दर मुक्तक रचना हिन्दी में हुई। इस रस का इतना अधिक विस्तार हिन्दी साहित्य में हुआ कि इसके एक-एक अंग को लेकर स्वतन्त्र ग्रन्थ रचे गये। इस रस का सारा वैभव कवियों ने नायिकाभेद के भीतर दिखाया। रस ग्रन्थ वास्तव में नायिका भेद के ही ग्रन्थ हैं जिनमें और दूसरे रस पीछे से संक्षेप में चलते कर दिये गये हैं। नायिका शृंगार रस का आलम्बन है। इस आलम्बन के अंगों का

वर्णन एक स्वतन्त्र विषय हो गया और न जाने कितने ग्रन्थ केवल नखशिख वर्णन के लिए लिखे गये। इसी प्रकार उद्दीपन के रूप में षट्ऋतु वर्णन पर भी कई अलग पुस्तकें लिखी गयीं। विप्रलम्भ सम्बन्धी 'बारह मासे' भी इन कवियों ने लिखे।' (वही, पृ. 229) इस उद्धरण से स्पष्ट है कि शुक्लजी न काव्य मुक्तक के विरोधी थे और न ही शृंगार रस के। प्रबन्ध काव्य की तुलना में मुक्तक पर विचार करते हुए वे सिर्फ मुक्तक की प्रकृतिगत सीमाओं का ही संकेत करते हैं। इसी तरह जीवन की समग्रता और विस्तार की उपेक्षा करके रीतिकाव्य में वे शृंगार के अतिवाद की आलोचना करते हैं। इस काव्य की ऊहात्मक प्रकृति को वे दरबारी-संस्कृति के स्वाभाविक परिणाम के रूप में रेखांकित करते हैं। काव्य में चूँकि वे रस और अनुभूति के पक्षधर थे, कृत्रिमता और अनुभूति विरलता को आधार बनाकर वे केशवदास की तीखी आलोचना करते हैं। रीतिकाव्य में ही वे मतिराम की प्रशंसा उनके काव्य की सरलता और स्वाभाविकता के लिए करते हैं। उनमें न उन्हें भावों के स्तर पर कैसी कृत्रिमता मिलती है, न भाषा के। उनकी प्रशंसा करते हुए वे लिखते हैं, 'भाषा के ही समान मतिराम के न तो भाव कृत्रिम हैं और न उनके व्यंजक व्यापार और चेष्टाएँ। भावों को आसमान पर चढ़ाने और दूर की कौड़ी लाने के फेर में ये नहीं पड़े हैं। नायिका के विरहताप को लेकर बिहारी के समान मजाक इन्होंने नहीं किया है। इनके भाव व्यंजक व्यापारों की शृंखला सीधी और सरल है बिहारी के समान चक्करदार नहीं', (वही, पृ. 244) घनानन्द को वे 'प्रेम की तन्मयता' का उदाहरण बनाकर प्रस्तुत करते हैं और आलम के लिए घनानन्द और रसखान के साथ रखकर देखे जाने की सिफारिश करते हैं। आलम के ही सन्दर्भ में उनकी यह टिप्पणी महत्त्वपूर्ण है, 'शृंगार रस की ऐसी उन्मादमयी उक्तियाँ इनकी रचना में मिलती हैं कि पढ़ने और सुनने वाले लीन हो जाते हैं। यह तन्मयता सच्ची उमंग में ही सम्भव है।' (वही, पृ. 314)

आधुनिक काव्य के सन्दर्भ में छायावाद सम्बन्धी शुक्लजी का अभिमत उसी प्रकार विवाद के केन्द्र में रहा है, मध्यकालीन काव्य में जैसे कबीर सम्बन्धी उनके विचार रहे हैं। उनके जीवनकाल में ही लिखे गये अपने एक निबन्ध में उन्हीं के शिष्य आचार्य नन्द दुलारे वाजपेयी ने उन्हें हिन्दी समीक्षा का 'बालारुण' कहते हुए परवर्ती काव्य-विकास को जो वस्तुतः छायावाद ही था, 'नये प्रकाश तथा नयी ऊष्मा' के रूप में रेखांकित किया था जिसे शुक्लजी का काव्य-विवेक समझ पाने में अक्षम था।

शुक्लजी मानते हैं कि मैथिलीशरण गुप्त, बदरीनाथ भट्ट और मुकुटधर पाण्डेय आदि के द्वारा प्रवर्तित काव्य की स्वच्छन्द नूतन धारा में ही छायावाद का आभास मिलने लगा था। इसी के आस-पास रवीन्द्रनाथ ठाकुर की उन कविताओं की धूम हुई जो अधिकतर पाश्चात्य ढाँचे का आध्यात्मिक रहस्यवाद लेकर चली थीं। उनका मानना है कि पुराने ईसाई सन्तों ने छायाभास (फैंटासभाटा) तथा योरपीय काव्य क्षेत्र में प्रवर्तित आध्यात्मिक प्रतीकवाद (सिंबालिज्म) के अनुकरण पर रची जाने के कारण बंगाल में ऐसी कविताएँ 'छायावाद' कही जाने लगी थीं। शुक्लजी इस काव्य प्रवृत्ति को एक स्वतन्त्र और क्रमशः विकसित उद्‌भावना के रूप में स्वीकृति न देते हुए लिखते हैं, ' 'छायावाद' नाम चल पड़ने का परिणाम यह हुआ कि बहुत से कवि रहस्यात्मकता, अभिव्यंजना के लाक्षणिक वैचित्र्य, वस्तु विन्यास की विश्रृंखलता' चित्रमयी भाषा और मधुमयी कल्पना को ही साध्य मानकर चले। शैली की इन विशेषताओं की दूरारूढ़ साधना में ही लीन हो जाने के कारण अर्थभूमि के विस्तार की ओर उनकी दृष्टि न रही। विभावपक्ष या तो शून्य अथवा अनिर्दिष्ट रह गया। इस प्रकार प्रसरणोन्मुख काव्य क्षेत्र बहुत कुछ संकुचित हो गया। असीम और अज्ञात प्रियतम के प्रति अत्यन्त चित्रमयी भाषा में अनेक प्रकार के प्रेमोद्‌गारों तक ही काव्य की गतिविधि बँध गयी। हृततन्त्री की झंकार, नीरवसन्देश, अभिसार, अनन्त प्रतीक्षा, प्रियतम का दबे पाँव आना, आँख मिचौली, मद में झूमना, विभोर होना इत्यादि के साथ-साथ शराब, प्याला, साकी आदि सूफी कवियों के पुराने सामान भी इकट्ठे किये गये। कुछ हेर-फेर के साथ वही बँधी पदावली, वेदना का वही प्रकाण्ड प्रदर्शन, कुछ विश्रृंखलता के साथ प्रायः सब कविताओं में मिलने लगा।' (वही, पृ. 621/622) काव्य की इस प्रवृत्ति को शुक्लजी अपनी प्रकृति में भारतीय नहीं मानते और न ही उसका कोई सामाजिक आधार उन्हें दिखाई देता है। वे अनेक स्तरों पर इसे रहस्यवाद, प्रतीकवाद, कलावाद और क्रोचे के अभिव्यंजनावाद से जोड़कर इसकी आलोचना करते हैं। इसकी अन्तर्वस्तु के रूप में ऊपर वे जिन प्रतीकों और चिह्नों का उल्लेख करते हैं वे सर्वाधिक मात्रा में जयशंकर प्रसाद के काव्य में उपलब्ध थीं—विशेषकर उनके 'लहर' और 'आँसू' में। सम्भवतः इसीलिए अपने ढंग से प्रसाद ने इन आपत्तियों और आरोपों का उत्तर भी दिया। यह अकारण नहीं है कि कुछ आलोचक यह सुझाव देते हैं कि शुक्लजी की छायावाद सम्बन्धी आपत्तियों को प्रसाद के 'काव्य और कला तथा अन्य निबन्ध' के साथ रखकर देखा-पढ़ा जाना चाहिए।

छायावाद सम्बन्धी शुक्लजी के इस विवेचन में भी एकांगिता नहीं है। वे उसके अनेक सकारात्मक पक्षों की सराहना भी करते हैं। शुक्लजी इस बात पर प्रसन्नता व्यक्त करते हैं कि रहस्यवाद और प्रतीकवाद के प्रभाव में यह काव्य प्रवृत्ति प्रेमगान के सीमित से बाहर आकर अपने अनुभव संसार को व्यापक बना रही है। वे लिखते हैं, 'हर्ष की बात है कि अब कई कवि उस संकीर्ण क्षेत्र से बाहर निकलकर जगत् और जीवन के और मार्मिक पक्षों की ओर भी बढ़ते दिखाई दे रहे हैं। इसी के साथ ही काव्य शैली में प्रतिक्रिया के प्रदर्शन या नयेपन की नुमाइश का शौक भी घट रहा है। अब अपनी शाखा की विशिष्टता को विभिन्नता की हद पर ले जाकर दिखाने की प्रवृत्ति का वेग क्रमशः कम तथा रचनाओं को सुव्यवस्थित और अर्थ गर्भित रूप देने की रुचि क्रमशः अधिक होती दिखाई पड़ती है... (वही, पृ. 626) वे प्रसाद की प्रशंसा करते हैं कि विरहवेदना के नाना सजीले शब्द पथ निकालने तथा लौकिक और अलौकिक प्रणय के मधुगान के बाद 'लहर' में ऐतिहासिक वृत्त लेकर छायावाद की चित्रमयी शैली को विस्तृत अर्थभूमि पर जाने के लिए। इसी प्रकार सुमित्रानन्दन पन्त 'गुंजन' में सौन्दर्य चयन से आगे बढ़ाकर व्यापक जीवन को अपने काव्य की अन्तर्वस्तु बनाते हैं। इन दोनों कवियों की अपेक्षा निराला को शुरू से ही वे काव्य के क्षेत्र विस्तार का श्रेय देते हैं। 'तुम' और 'मैं' के रहस्यवाद एवं 'जूही की कली' और 'शेफालिका' में उन्मद प्रणय चेष्टाओं के बाद उन्होंने 'जागरण वीणा' भी बजाई, विधवा की करुण मूर्ति खड़ी की...और फिर इधर आकर 'इलाहाबाद के पथ पर' एक पत्थर तोड़ती दीन स्त्री के माथे पर श्रम सीकर दिखाये। वे छायावाद को इन तीन प्रमुख कवियों तक ही सीमित कर देने के पक्ष में भी नहीं हैं। वे रामनरेश त्रिपाठी और मुकुटधर पाण्डेय में छायावाद के उत्स की खोज करते हुए सियाराम शरण गुप्त, सुभद्राकुमारी चौहान, ठाकुर गुरुभक्त सिंह, उदयशंकर भट्ट आदि कवियों को विस्तृत अर्थभूमि पर स्वाभाविक स्वच्छन्दता का मर्म पथ ग्रहण करने का श्रेय देते हैं। अपने 'आचार्य शुक्ल और छायावाद' शीर्षक निबन्ध में डॉ. शिवकुमार मिश्र लिखते हैं, 'वे छायावादी, सर्जना को लेकर पूर्वग्रहग्रस्त नहीं हैं। वस्तुतः शुक्लजी की छायावादी कवियों की जिस सर्जना की इस कारण दाद देते हैं कि वह छायावाद के सीमित घेरे के बाहर की सर्जना है, असलियत यह है कि वह सर्जना भी छायावाद के भीतर की ही सर्जना है। फर्क यही है कि शुक्लजी छायावाद को उसके समूचेपन में नहीं देख पाये,

इसी कारण उनके कतिपय निष्कर्ष विवादास्पद बन गये, अन्यथा उनकी काव्य मर्मज्ञता छायावाद के संवेदनामय पक्ष को पकड़ने और व्याख्यायित करने में पूरी तरह सफल रही है।' (साक्षात्कार, आचार्य शुक्ल जन्मशती अंक, अगस्त-नवम्बर 84, पृ. 109)।

आचार्य रामचन्द्र शुक्ल अपनी अभिरुचियों और आग्रहों को छिपाने में कम विश्वास करते थे। उनके अपने समय को देखते हुए उन्हें कदाचित् एक बहुपठित और विश्व साहित्य की गतिविधियों के प्रति अत्यन्त सजग आलोचक भी माना जा सकता है। लेकिन यूरोप में उपन्यास के रूप में, महाकाव्य की समकक्षता में खड़े होने वाले साहित्यरूप को लेकर उनकी ऐसी किसी सजगता का कोई साक्ष्य दुर्भाग्यवश हमें नहीं मिलता है। कथा-साहित्य सम्बन्धी उनकी छिटपुट चर्चा या तो 'हिन्दी साहित्य का इतिहास' में उपलब्ध है या फिर सन् 1910 में 'नागरी प्रचारिणी पत्रिका' में प्रकाशित उनकी एक तीन पृष्ठ की 'उपन्यास' शीर्षक टिप्पणी में, जिसे डॉ. नामवर सिंह ने 'चिन्तामणि' के तीसरे भाग में संकलित किया है। इसके अतिरिक्त 'शशांक' के उनके द्वारा किये गये अनुवाद की भूमिका से भी ऐतिहासिक उपन्यास के महत्त्व और अवधारणा पर कुछ प्रकाश पड़ता है। उनके द्वारा 'शशांक' में किये गये परिवर्तन भी ऐतिहासिक उपन्यास सम्बन्धी उनकी कुछ धारणाओं को खोलने में सहायक हो सकते हैं। कथा-साहित्य पर शुक्लजी की ये टिप्पणियाँ बहुत संक्षिप्त और अपर्याप्त हैं। लेकिन इनके सन्दर्भ में जो बात महत्त्वपूर्ण है वह यह कि ये बहुत जिम्मेदारी के साथ की गयी टिप्पणियाँ हैं जो अपनी विश्वसनीयता एवं प्रामाणिकता के कारण प्रभावित करती हैं। साहित्य के किसी भी इतिहासकार और आलोचक की वस्तुपरकता का इससे बड़ा प्रमाण और कुछ नहीं हो सकता कि प्रायः तीन-चौथाई शताब्दी के बाद भी उनकी तीन-चौथाई स्थापनाएँ और मान्यताएँ झूठी नहीं पड़ी हैं।

कविता के प्रति अपनी केन्द्रीय और अविभक्त चिन्ता के बावजूद शुक्लजी उपन्यास की स्थिति और महत्त्व को लेकर पर्याप्त आश्वस्त दिखाई देते हैं। वे लिखते हैं, 'उपन्यास साहित्य का एक प्रधान अंग है। मानव प्रकृति पर इसका प्रभाव बहुत पड़ता है। अतः अच्छे उपन्यासों से भाषा की बहुत कुछ पूर्ति और समाज का बहुत कुछ कल्याण हो सकता है।' (चिन्तामणि-3, संस्करण '83, पृ. 102) इस टिप्पणी का वास्तविक महत्त्व समझाने के लिए

भारतेन्दु और द्विवेदी युगों में उपन्यास को लेकर प्रचलित उपेक्षा और निन्दा वाले रवैये को ध्यान में रखना जरूरी है। जहाँ शुक्लजी के पूर्ववर्ती और कुछ समकालीन लेखक यह मानकर चलते थे कि उपन्यास युवा पीढ़ी पर बुरा और हानिकर प्रभाव डालता है, शुक्लजी अच्छे उपन्यासों को समाज के लिए कल्याणकारी मानने का साहस दिखाते हैं। इसी टिप्पणी में वे यह भी कहते हैं कि अहंकारपूर्ण कोरे नीति उपदेशकों के बदले उपन्यास मनुष्य के आचरण और सदाचार के सौन्दर्य को कहीं बेहतर ढंग से दिखा सकता है। जहाँ रूखे नीति उपदेशक सामान्य जनता के प्रति उपेक्षा और हिकारत का भाव लेकर चलते हैं, वहीं उपन्यास के साधारण पात्रों के सुख-दुख की कहानी पढ़ने वालों को वह बहुत निजी और आत्मीय-सी लगती है–'अस्तु चाणक्य नीति और स्माइल्स के 'कैरेक्टर' आदि की अपेक्षा उत्तम श्रेणी के उपन्यासों का पढ़ना आचरण पर कहीं बढ़कर प्रभाव डालता है...' (वही, पृ. 104) उपन्यास के महत्त्व पर बात करते हुए शुक्लजी प्रायः हमेशा ही 'अच्छे' और 'उत्तमकोटि' के उपन्यास का उल्लेख करते हैं। अतः यह जरूरी हो जाता है कि अच्छे और उत्तमकोटि के उपन्यासों से शुक्लजी का जो आशय था उसे ठीक से समझा जाये। गद्य के प्रथम उत्थान के अन्तर्गत बंगला के अनूदित उपन्यासों की चर्चा के प्रसंग में उनकी टिप्पणी है, 'इन उपन्यासों में देश के सर्वसामान्य जीवन के बड़े मार्मिक चित्र रहते हैं...' (हिन्दी साहित्य का इतिहास, संस्करण '65, पृ. 434) इसी तरह द्वितीय उत्थान में मौलिक उपन्यासों को लेकर वे शिकायत करते हैं कि शील वैचित्र्य की उद्‌भावना उनमें नहीं के बराबर मिलती है। इस सन्दर्भ में प्रेमचन्द के 'गबन' की प्रशंसा वे खासतौर से करते हैं–'अन्तःप्रकृति या शील के उत्तरोत्तर उद्‌घाटन' के कौशल के लिए। मनोवृत्ति की अस्थिरता का चित्रण वे उपन्यास के लिए जरूरी समझते हैं जिसके अभाव में सत् और असत्, भला और बुरा दो सर्वथा भिन्न वर्ग बताकर पात्र निर्माण की कृत्रिम और अस्वाभाविक प्रक्रिया से बचना असम्भव है। उपन्यास के चरित्र चित्रण में वे मानव-प्रवृत्ति की आत्यन्तिक सीमा की सम्भावनाओं से इनकार नहीं करते, लेकिन औसत सामाजिक व्यवहारों को वरीयता देते हैं। कौतूहल प्रधान घटना वैचित्र्य वाले उपन्यासों के बदले वे चरित्र प्रधान और व्यापक जन-जीवन के चित्रण वाले उपन्यासों को पसन्द करते हैं। अपने समय में प्रचलित वे उन उपन्यासों की निन्दा करते हैं जो यूरोपीय जीवन पद्धति और आचरण को प्रमुखता देकर होस्टल, क्लब, ड्राइंगरूम, टेनिस, मैच और मोटर में हवाखोरी

आदि को ही सामने लाते हैं। वे भारतीय जनता के सामान्य रीति-व्यवहार और रहन-सहन के अंकन पर खास तौर से बल देते हैं—'देश के असली सामाजिक और घरेलू जीवन को दृष्टि से ओझल करना हम अच्छा नहीं समझते...' (वही, पृ. 514) उपन्यास से व्यापक सामाजिक राष्ट्रीय जीवन के अंकन की अपेक्षा करते हुए भी वे किसी संकुचित अर्थ में उसके राजनीतिक उपयोग को तैयार नहीं थे। ऐसा लग सकता है कि 'अच्छे' और 'उत्तमकोटि' के उपन्यासों की उनकी अवधारणा के मूल में प्रेमचन्द के उपन्यास भी किसी न किसी रूप में अवश्य रहे होंगे। लेकिन अपने सारे विवेचन में वे 'गोदान' का एक जगह उल्लेख मात्र करते हैं और अनेक स्थलों पर साहित्यकार से अधिक प्रचारक हो जाने के लिए प्रेमचन्द की निन्दा भी करते हैं।

ऐतिहासिक उपन्यास शुक्लजी को कुछ अधिक प्रिय हैं। ऐतिहासिक उपन्यास के लिए 'कल्पना' और 'अनुमान' जैसे शब्दों को आमने-सामने रखकर वे कल्पना की अपेक्षा अनुमान को अधिक महत्त्व देते हैं क्योंकि उनका विचार है कि कल्पना घटना वैचित्र्य वाले कौतूहलवर्द्धक उपन्यासों के अधिक काम की चीज़ है। चूँकि शुक्लजी ऐसे उपन्यासों को साहित्यिक कोटि में रखने को तैयार नहीं हैं वे कल्पना को ही कुछ घटिया किस्म की चीज़ समझते दिखाई देते हैं। वे लिखते हैं, 'बहुत लोग उपन्यास का आधार शुद्ध कल्पना बतलाते हैं। पर उत्कृष्ट उपन्यासों का आधार अनुमान शक्ति है, न कि केवल कल्पना' और फिर वे अपनी बात को स्पष्ट करते हुए टिप्पणी करते हैं, 'तोता मैना का किस्सा और तिलस्म ऐयारी की कहानियाँ निःसन्देह कल्पना की क्रीड़ा है पर 'स्वर्णलता', 'दुर्गेशनन्दिनी', 'बंगविजेता', 'जीवन-सन्ध्या', 'बड़ा भाई' आदि के ढंग के गार्हस्थ और ऐतिहासिक उपन्यास अनुमान मूलक और सत्य हैं, उच्च श्रेणी के उपन्यासों में वर्णित छोटी-छोटी घटनाओं पर यदि विचार किया जाये तो जान पड़ेगा कि वे यथार्थ में सृष्टि के असंख्य और अपरिमित व्यापारों से छाँटे हुए नमूने हैं...' (चिन्तामणि-3, पृ. 102) वस्तुतः 'अनुमान' और 'कल्पना' को आमने-सामने रखकर शुक्लजी कल्पना के महत्त्व को उतना कम नहीं कर रहे हैं जितना वे उपन्यास के यथार्थवादी स्वरूप को उद्‌घाटित करने पर बल दे रहे हैं। भारतेन्दु-युग में जिस यथार्थवादी उपन्यास-धारा का सूत्रपात हुआ, वे उसे सोत्साह रेखांकित करते हैं।

ऐतिहासिक उपन्यास में, शुक्लजी के अनुसार, इसी अनुमान का सहारा लेकर लेखक सम्बद्ध युग को पुनरुज्जीवित करता है। ऐतिहासिक उपन्यास में

काल्पनिक समझे जाने वाले पात्रों एवं स्थितियों का महत्त्व भी इसीलिए होता है कि वे युग का चित्र खड़ा करने में सहायक होते हैं–'बिना इन बातों का जोड़ लगाये ऐतिहासिक वृत्त स्वाभाविक मानव व्यापार समझ ही नहीं पड़ते। ऐतिहासिक उपन्यासों के बीच जो पात्र और व्यापार ऊपर से लाये जाते हैं वे उस समय की सामाजिक स्थिति के सर्वथा अनुकूल हों तो उन्हें ठीक मान लेना कोई बड़ी भारी भूल नहीं है क्योंकि उनके अनुमान करने का साधन तो हमारे पास है पर खण्डन करने का एक भी नहीं'... (वही, पृ. 103)

ऐतिहासिक उपन्यासकार के अतिरिक्त दायित्व की चर्चा शुक्लजी किंचित विस्तार से करते हैं। इन कल्पित मानी जाने वाली स्थितियों और पात्रों के सन्दर्भ में भी वे स्पष्ट कहते हैं कि ऐतिहासिक उपन्यास कर्ता के इस अधिकार की एक सीमा है... 'यह उन्हीं छोटी-छोटी घटनाओं को ऊपर से ला सकता है जो किसी ऐतिहासिक घटना के अन्तर्गत अनुमान की जा सकें। न वह किसी विख्यात घटना में उलट-फेर कर सकता है और न ऐसी बातों को ठूँस सकता है जिसका अनुमान उस समय की अवस्था को देखते नहीं हो सकता... ऐतिहासिक उपन्यास लिखने के लिए इतिहास के पूरे ज्ञान के साथ परम्परागत रहन-सहन, बोल-चाल की आलोचना शक्ति आदि भी खूब होनी चाहिए...' (वही, पृ. 104) कहने का मतलब यह कि वे ऐतिहासिक उपन्यास को जीवन्त और आत्मीय मानव-व्यवहार के अन्तरंग चित्र के रूप में ही स्वीकार करते हैं जो सम्बद्ध युग के पूरी तरह मेल में हो। इसी कारण वे हिन्दी में ऐतिहासिक उपन्यास की धीमी प्रगति से निराश नहीं दीखते, 'ऐतिहासिक उपन्यास बहुत कम देखने में आ रहे हैं। एक प्रकार से तो यह अच्छा है। जब तक भारतीय इतिहास के भिन्न-भिन्न कालों की सामाजिक स्थिति और संस्कृति का अलग-अलग विशेष रूप से अध्ययन करने वाले और उस सामाजिक स्थिति के सूक्ष्म ब्यौरों की अपनी ऐतिहासिक कल्पना द्वारा उद्‌भावना करने वाले लेखक तैयार न हों तब तक ऐतिहासिक उपन्यासों में हाथ लगाना ठीक नहीं।' (हिन्दी साहित्य का इतिहास, पृ. 514)

ऐतिहासिक उपन्यास की तैयारी के लिए शुक्लजी इतिहास और पुरातत्त्व का गम्भीर अध्ययन और सुविस्तृत जानकारी जरूरी समझते हैं। उस युग के रहन-सहन, आचार-विचार, कला-संस्कृति और दर्शन आदि की प्रामाणिक जानकारी के अभाव में लेखक हास्यास्पद भूलें करेगा और ऐतिहासिक उपन्यास के वास्तविक आशय को ही नष्ट कर देगा। ध्यान देने की बात यह कि ऐतिहासिक उपन्यास

के प्रतिदर्श के रूप में वे यूरोप के विक्टर ह्यूगो या वाल्टर स्कॉट का नाम न लेकर बंगाल के राखालदास बंद्योपाध्याय को सामने रखते हैं। वैसे बंगाल के ही बंकिमचन्द्र और रमेशचन्द्र दत्त आदि के ऐतिहासिक उपन्यासों का उल्लेख वे अवश्य करते हैं लेकिन राखाल बाबू के गम्भीर ऐतिहासिक और पुरातात्त्विक ज्ञान को वे विशेष महत्त्व देते हैं। 'शशांक' की भूमिका में वे उन्हें 'पुरातत्त्व व्यवसायी' कहकर अनुमान के आधार पर उस युग का प्रामाणिक चित्र खड़ा करने के लिए उनकी सराहना करते हैं। 'शशांक' में नयी ऐतिहासिक खोजों को समर्थन देते हुए शुक्लजी लिखते हैं, 'उस समय की स्थिति पर दृष्टि रखते हुए यही कहना पड़ता है कि इस उपन्यास में शशांक जिस रूप में दिखाये गये हैं वह असंगत नहीं है। उपन्यासकार का काम यही है कि वह इतिहास के द्वारा छोड़ी हुई बातों का अपनी कल्पना द्वारा आरोप करके सजीव चित्र खड़ा करें... (शशांक, भूमिका, पृ. 15) राखालदास बंद्योपाध्याय के तीन में से दो उपन्यासों 'करुणा' और 'शशांक' के अनुवाद हिन्दी में हुए हैं जिनमें से 'शशांक' का अनुवाद स्वयं शुक्लजी ने किया है। इसका चुनाव भी उनकी अभिरुचि पर एक टिप्पणी है। 'करुणा' गुप्तकाल के पतन और पराभव का चित्र है जो सारे संघर्ष और प्रतिरोध के बावजूद अन्ततः स्कन्दगुप्त की पराजय और मृत्यु के साथ समाप्त होता है। इसके विपरीत 'शशांक' बौद्धधर्म की राष्ट्रघाती षड्यंत्र प्रिय सिद्धान्तहीनता के उद्घाटन के साथ ही वैष्णवधर्म और वर्ण व्यवस्था की पुनर्स्थापना पर बल देता है। 'शशांक' के अनुवाद में जिन कुछ परिवर्तनों का उल्लेख शुक्लजी ने किया है उनमें से एक शशांक की मृत्यु से उसे दुखान्त न बनाकर, माधवगुप्त के पुत्र आदित्य सेन को शशांक द्वारा नयी आस्था और विश्वास की दीक्षा से उसे समाप्त करना है। इस परिवर्तन के ऐतिहासिक आधार के लिए वे सैन्य भीति के शिलालेख का उल्लेख भी करते हैं जो मूल बंगला उपन्यास के प्रकाशन के बाद मिला था और जो हर्षवर्द्धन से युद्ध में शशांक की मृत्यु को अमान्य सिद्ध करता है। यह ऐतिहासिक उपन्यास-लेखन के लिए ही नहीं, अनुवाद जैसे द्वितीय श्रेणी के माने जाने वाले काम के लिए भी इतिहास और पुरातत्त्व की अद्यतन जानकारी की अपरिहार्यता की ओर संकेत करता है। अपनी राष्ट्रीय अपेक्षाओं के सन्दर्भ में शुक्लजी हताशा और पराभव के बदले आशा और आस्था का उद्घोष आवश्यक समझते हैं। इस अनुवाद में किये गये परिवर्तन से वे सहज ही अपने को स्वाधीनता आन्दोलन के राष्ट्रीय सन्दर्भों से जोड़ लेते हैं।

हिन्दी में किशोरीलाल गोस्वामी के उपन्यासों को साहित्यिक कोटि में शामिल करने की अपनी उदारता के बावजूद वे उन्हें बहुत प्रशंसा की दृष्टि से नहीं देख पाते। अपने युग के आत्मीय और प्रामाणिक चित्रण के बजाय ये उपन्यास 'निम्नकोटि की वासनाएँ प्रकाशित करने वाले' दृश्यों पर अधिक बल देते हैं। उनके 'चपला' की इसी आधार पर वे खासतौर से भर्त्सना करते हैं। उपन्यास के परवर्ती विकास को रेखांकित करते हुए वे वृन्दावनलाल वर्मा के 'गढ़कुंडार' और 'विराटा की पद्मिनी' का उल्लेख खूब उत्साहपूर्वक करते हैं।

आचार्य रामचन्द्र शुक्ल एकदम दुविधाहीन भाव से स्वीकार करते हैं कि उपन्यास और कहानी के ढाँचे हमने पश्चिम से लिए हैं—'इसमें कोई सन्देह नहीं कि उपन्यास और छोटी कहानी दोनों के ढाँचे हमने पश्चिम से लिए हैं। हैं भी ये ढाँचे बड़े सुन्दर..' (हिन्दी साहित्य का इतिहास, पृ. 516) लेकिन इसके साथ ही वे यह भी कहते हैं कि पश्चिम के वर्गीकरण और सिद्धान्त निरूपण को भी हम ज्यों का त्यों स्वीकार कर लें, यह बिल्कुल जरूरी नहीं है। हमें अपने यहाँ के रचनात्मक साहित्य के आधार पर स्वतन्त्र वर्गीकरण और सिद्धान्त निरूपण की पहल करनी चाहिए। जितना और जो भी विकास, इस क्षेत्र में उनके समय तक हुआ था वे उससे विशेष निराश नहीं दीखते और उसी को आधार बनाकर वर्गीकरण एवं सिद्धान्त-निरूपण में प्रवृत्त होते हैं।

गद्य साहित्य के विवेचन के क्रम में वे तीन उत्थानों की चर्चा करते हैं। पहला उत्थान वे सन् 1868 से 1893 तक मानते हैं। इस कालखण्ड में बहुत से अनूदित उपन्यासों के साथ मौलिक उपन्यास भी प्रकाशित हुए। अंग्रेज़ी ढंग का पहला मौलिक उपन्यास वे लाला श्रीनिवास दास के 'परीक्षागुरु' (1882) को ही स्वीकार करते हैं। इसके बाद वे राधाकृष्णदास के 'निःसहाय हिन्दू' और बालकृष्ण भट्ट के 'नूतन ब्रह्मचारी' तथा 'सौ अजान और एक सुजान' का उल्लेख करते हैं। गद्य का द्वितीय उत्थान वे सन् 1893 से 1918 तक मानते हैं। इस काल में उपन्यास के क्षेत्र में जहाँ एक प्रीतिकर वैविध्य के दर्शन होते हैं वहीं कथा-भाषा के निर्माण एवं सुस्थिरता की दृष्टि से भी वे इस काल को महत्त्वपूर्ण मानते हैं। इस काल के प्रमुख उपन्यासकारों में वे देवकीनन्दन खत्री, किशोरीलाल गोस्वामी, पण्डित अयोध्या सिंह उपाध्याय, लज्जाराम मेहता आदि का उल्लेख करते हैं। जैसा कि उल्लेख किया गया है घटना वैचित्र्य और कल्पना के अतिरेक के कारण वे देवकीनन्दन खत्री के उपन्यासों को 'साहित्यिक कोटि' में रखने को तैयार नहीं है। 'चन्द्रकान्ता' और 'चन्द्रकान्ता सन्तति' में

उन्हें रस-संचार, भावविभूति और चरित्र-चित्रण का अभाव खटकता है। फिर भी इनके महत्त्व पर टिप्पणी करते हुए वे लिखते हैं, 'पर हिन्दी साहित्य के इतिहास में बाबू देवकीनन्दन खत्री का स्मरण इस बात के लिए सदा बना रहेगा कि जितने पाठक उन्होंने उत्पन्न किये उतने किसी और ग्रन्थकार ने नहीं....' (वही, पृ. 476) किशोरीलाल गोस्वामी की रचनाओं को साहित्यिक कोटि में रखे जाने का उनका तर्क है, 'इनके उपन्यासों में समाज के कुछ सजीव चित्र, वासनाओं के रूपरंग, चित्ताकर्षक वर्णन और थोड़ा-बहुत चरित्र-चित्रण भी अवश्य पाया जाता है।' (वही, पृ. 477) लेकिन वासनाओं को सहलाने वाले उच्छृंखल वर्णनों और इतिहास के प्रति अराजक रवैये के लिए वे उनकी भर्त्सना भी करते हैं। पण्डित अयोध्या सिंह उपाध्याय के उपन्यासों की एकमात्र विशेषता उनका भाषा-वैचित्र्य है। मनोभावों और मनोविकारों की वेगमती अभिव्यंजना की दृष्टि से वे बाबू ब्रजनन्दन सहाय के 'सौन्दर्योपासक' और 'राधाकान्त' नामक उपन्यासों की विशेष सराहना करते हैं। शुक्लजी की टिप्पणी में यह संकेत स्पष्ट है कि आगे चलकर हिन्दी में मनोवैज्ञानिक उपन्यास का जो विकास हुआ उसके बीज कहीं न कहीं बाबू ब्रजनन्दन सहाय के उपन्यासों में ही खोजे जाने चाहिए।

हिन्दी गद्य के तृतीय उत्थान की शुरुआत आचार्य शुक्ल सन् 1918 से मानतें हैं। 'हिन्दी साहित्य का इतिहास' का प्रथम प्रकाशन सन् '29 में हुआ। अतः इस काल के विवेचन में इस समय तक के उपन्यासों को ही लिया गया होगा। लेकिन 'गबन', 'चित्रलेखा', 'सुनीता', 'विराटा की पद्मिनी' आदि के उल्लेख से यह अनुमान सहज ही लगाया जा सकता है कि बाद के संशोधित और प्रवर्द्धित संस्करण में उन्होंने मोटे तौर पर चौथे दशक के मध्य तक के उपन्यासों को अपने विवेचन में शामिल कर लिया था। लेकिन इनमें से 'गबन' को छोड़कर अन्य किसी उपन्यास से उनके अन्तरंग परिचय का कोई साक्ष्य नहीं मिलता है। 'गोदान' सहित इन उपन्यासों का वे मात्र उल्लेख करके रह जाते हैं। 'गबन' के सन्दर्भ में वे प्रेमचन्द को 'शील वैचित्र्य की उद्भावना' और 'पात्रों' के अनुरूप रंग बदलने वाली भाषा के कारण विशेष महत्त्व देते हैं। प्रेमचन्द के महत्त्व को देखते हुए, उपन्यास के प्रति शुक्लजी की कुण्ठाहीन उदार स्वीकृति के कारण और भी उनका यह विवेचन बेहद संक्षिप्त और अपर्याप्त है। इस काल के अन्य उपन्यासकारों में, प्रेमचन्द के समकालीनों में, वे प्रसाद, कौशिक, चंडी प्रसाद हृदयेश, प्रताप नारायण श्रीवास्तव, राजा राधिकारमण सिंह आदि का उल्लेख करते हैं। ऐतिहासिक उपन्यासकारों में सिर्फ वृन्दावन लाल

वर्मा का उल्लेख वे केवल चार पंक्तियों में करते हैं लेकिन वृन्दावनलाल वर्मा के सारे गुणात्मक मूल्यांकन की दिशा आज भी उससे बहुत भिन्न नहीं है। परवर्ती आलोचना में डॉ. रामविलास शर्मा ने खास तौर से इन संकेत-सूत्रों के आधार पर ही उनके मूल्यांकन की सफल कोशिश की है। प्रेमचन्दोतर उपन्यासकारों में आचार्य शुक्ल भगवती प्रसाद वाजपेयी, जैनेन्द्र कुमार, उग्र, भगवतीचरण वर्मा आदि का उल्लेख करते हैं। इलाचन्द्र जोशी का 'घृणामयी' सन् '29 में निकल चुका था, तत्कालीन औपन्यासिक परिदृश्य में वह एक भिन्न प्रकार का उपन्यास भी था, लेकिन आचार्य शुक्ल उसका कोई उल्लेख नहीं करते। जैनेन्द्र के 'परख' का उल्लेख न करके उनके 'तपोभूमि' और 'सुनीता' की चर्चा वे मनोवैज्ञानिक उपन्यासों के रूप में करके 'अन्तर्वृत्ति अथवा शील-वैचित्र्य और उसका विकास क्रम अंकित करने वाले' उपन्यासों के अन्तर्गत करते हैं। प्रेमचन्द के 'गबन' की चर्चा भी वे इसी क्रम में करते हैं, समाज के पाखण्डपूर्ण पक्षों के उद्घाटन और भाषा की जीवन्तता के लिए वे पाण्डेय बेचन शर्मा 'उग्र' के उपन्यासों का उल्लेख पर्याप्त प्रशंसा-भाव से करते हैं।

उपन्यास सम्बन्धी अपने विवेचन में शुक्लजी उपन्यास के शिल्प की चर्चा के साथ ही उपन्यास में काव्यतत्त्व तथा उपन्यास और राजनीति जैसे विषयों पर भी टिप्पणी करते चलते हैं। प्रकृति-चित्रण के नाम पर अलंकार की प्रवृत्ति से मुक्ति को वे 'यथातथ्यवाद' कहते हैं। उनके विचार से इससे उपन्यास कला की अपनी निज की विशिष्टता उभर कर सामने आती है। घटनाओं और पात्रों के क्रिया-कलाप ही भावों को स्पष्ट कर देते हैं। पात्रों के प्रगल्भ भाषण और लम्बे-लम्बे अलंकृत दृश्य-वर्णनों से सहज ही बचा जा सकता है। यूरोप में उपन्यास और नाटक के काव्यतत्व के इस निष्कासन को वे कलावादी उभार के रूप में विश्लेषित करते हैं। 'फ्रांस और इटली के कलावादियों द्वारा काव्य भी बेलबूटे की नक्काशी की तरह जीवन से सर्वथा पृथक कहा और माना जाने लगा। ऐसी स्थिति में जीवन को ही लेकर चलने वाले नाटक और उपन्यास का उससे सर्वथा पृथक समझा जाना स्वाभाविक था। लेकिन इस अतिवादी दृष्टिकोण को शुक्लजी ठीक नहीं समझते। वे लिखते हैं, 'पर इस अत्यन्त पार्थक्य का आधार प्रमाद के अतिरिक्त और कुछ नहीं' और फिर इसी बात को थोड़ा और आगे बढ़ाते हुए वे स्पष्ट अभिमत देते हैं, 'उपन्यास न जाने कितनी ऐसी परिस्थितियाँ सामने लाते हैं जो काव्यधारा के लिए प्रकृत मार्ग खोलती हैं...' (वही, पृ. 517) उपन्यास को काव्य के निकट रखने वाला कथा का भारतीय ढाँचा, 'कादम्बरी'

और 'हर्षचरित' वाला उन्हें अभी भी पर्याप्त सम्भवानापूर्ण लगता है। गौर करने की बात यह है कि यह बात उन्होंने तब लिखी थी जब उपन्यासकार के रूप में हजारी प्रसाद द्विवेदी का कहीं कोई अस्तित्व न था।

उपन्यास के साथ ही शुक्लजी कहानी पर भी विचार करते हैं। इस मामले में वे अपने परवर्ती आलोचकों एवं इतिहास लेखकों से कहीं अधिक सजगता का परिचय देते हैं। एक सम्भावनाशील विधा के रूप में वे कहानी के महत्त्व और विकास को रेखांकित करते हैं और रचनात्मक स्तर पर स्वयं उससे जुड़ते भी हैं। हिन्दी कहानी का विकास उन्हें पर्याप्त आश्वस्त करता है और उसी के आधार पर वे उसके लिए स्वतन्त्र सिद्धान्त स्थिर करने और उसके भेद-उपभेद निरूपित करने का प्रस्ताव रखते हैं। कहानी के विकास पर टिप्पणी करते हुए वे लिखते हैं, 'छोटी कहानियों का विकास तो हमारे यहाँ और भी विशद और विस्तृत रूप में हुआ और उसमें वर्तमान कवियों का पूरा योग रहा है। उसके इतने रूपरंग हमारे सामने आये हैं कि वे सबके सब अब पाश्चात्य लक्षणों और आदर्शों के भीतर नहीं समा सकते...' (वही, पृ. 519) कहानी के वस्तु-विन्यास में आये वैचित्र्य और वक्रता को वे विशेष उत्साह एवं सराहना के साथ देखते हैं। किसी विशिष्ट और नये ढंग की रचना को बहुत-सीमित संख्या के बावजूद, वे तत्परतापूर्वक रेखांकित करते हैं जैसे लाक्षणिक और किसी 'तथ्य का प्रतीक खड़ा, करने वाली कहानी के रूप में वे 'उग्र' की 'भुनगा' का एक अलग उपभेद बताते हैं।

हिन्दी कहानी का आरम्भ वे द्वितीय उत्थान में मानते हैं। सन् 1900 में प्रकाशित किशोरीलाल गोस्वामी की कहानी 'इन्दुमती' को वे हिन्दी की पहली कहानी मानते हैं। सन् 1901 में 'इन्दु' में प्रकाशित प्रसाद की 'ग्राम' के सन्दर्भ में प्रसाद का उल्लेख वे 'कल्पना और भावुकता के कोश' कहकर करते हैं। अन्य प्रारम्भिक कहानीकारों में वे मास्टर भगवानदास, रामचन्द्र शुक्ल, गिरिजादत्त वाजपेयी, बंग महिला आदि का उल्लेख करते हैं। इन सारे कहानीकारों पर उनकी टिप्पणियाँ बहुत संक्षिप्त हैं लेकिन लेखक के जीवन और रचना प्रवृत्ति सम्बन्धी जो तथ्य उनसे उभरकर आते हैं वे प्रायः बड़े सारगर्भित, प्रामाणिक और सुस्पष्ट होते हैं। इसी द्वितीय उत्थान के अन्य लेखकों में, आगे चलकर, वे विशम्भरनाथ कौशिक, राजा राधिका रमणसिंह और चन्द्रधर शर्मा 'गुलेरी' का नाम खासतौर से लेते हैं। सन् 1915 में 'सरस्वती' में प्रकाशित 'उसने कहा था' के सन्बन्ध में उनकी टिप्पणी द्रष्टव्य है, 'इसमें, पक्के यथार्थवाद के बीच,

सुरुचि की चरम मर्यादा के भीतर, भावुकता का चरम उत्कर्ष अत्यन्त निपुणता के साथ संपुटित है...' (वही, पृ. 519) इस बात का उल्लेख हो चुका है, तुलसीदास की भावुकता प्रसंग में कि शुक्लजी के समय में 'भावुकता' का उल्लेख दुर्बलता के रूप में न होकर रचना की मार्मिकता और संवेदनशीलता के अर्थ में होता था। प्रसाद के सन्दर्भ में उनकी जिस उक्ति का उल्लेख किया गया है, उसमें भी वस्तुतः प्रसाद के कलागत वैशिष्ट्य का प्रतिपादन ही उनका अभीष्ट है। लेकिन वे इसे छिपाते भी नहीं कि अतिशय कल्पना-प्रधान कहानियों की अपेक्षा वे यथार्थवादी कहानियाँ पसन्द करते हैं। घटनाओं और वर्णन की चित्रात्मकता, भाषा और शैली की सजीवता तथा प्रेम के मर्यादित अंकन के कारण 'उसने कहा था' उन्हें बहुत अच्छी लगती है। अपने अत्यन्त निकट के काल-सन्दर्भों से उस कहानी का जुड़ा होना भी सम्भवतः उसके 'पक्के यथार्थवाद' के रूप में उसके उल्लेख का एक कारण रहा हो।

प्रेमचन्द की कहानियाँ सन् 1916 से ही हिन्दी में आने लगी थीं। हिन्दी कहानी का द्वितीय उत्थान शुक्लजी सन् 1918 से ही मानते हैं जिसमें प्रेमचन्द कहानी के विकास के पर्याय बनकर सामने आते हैं। लेकिन प्रेमचन्द की कहानी कला पर शुक्लजी की कोई सुविस्तृत टिप्पणी उपलब्ध नहीं है। वे उनकी कुछ कहानियों का उल्लेख करके ही रह जाते हैं। लेकिन कहानी के 'वस्तु समष्टि के स्वरूप की दृष्टि से' जो नौ भेद शुक्लजी ने किये हैं उनसे कहानी की प्रगति और वैविध्य का संकेत अवश्य मिलता है। 'अतीत के किसी पौराणिक या ऐतिहासिक कालखण्ड के बीच अत्यन्त मार्मिक और रमणीय प्रसंग का अवस्थान करने वाली' कहानियों के तौर पर वे अयोध्या से निकलने वाली 'कथामुखी' में प्रकाशित श्रीबिन्दु ब्रह्मचारी और पं. बालकराम विनायक की कहानियों का उल्लेख करते हैं कि जिनसे बृहत्तर भारत की कल्पना को बल मिलता है। ऐसी कहानियों में 'हेरंभा' और 'बाहुमान' का उल्लेख वे विशेष रूप से करते हैं। प्राचीन संस्कृति सम्बन्धी त्रुटियों का सवाल भी, इनके सन्दर्भ में, शुक्लजी उठाते हैं। लेकिन जो बात महत्त्वपूर्ण है वह यह कि वे दूर तक कहानी की सम्भावनाओं पर दृष्टि रखते हैं और एक आलोचक एवं इतिहासकार के रूप में अपनी असाधारण सजगता का प्रमाण देते हैं। मानव सभ्यता के क्रमिक विकास और बृहत्तर भारत की परिकल्पना के सन्दर्भ में जिन कहानियों का उल्लेख शुक्लजी करते हैं, यह अनुमान सहज ही किया जा सकता है, कि वस्तुतः वे ही आगे चलकर 'सबेरा-संघर्ष-गर्जन', 'वोल्गा से गंगा' और 'महायात्रा' की कहानियों और गाथाओं के लिए मार्ग प्रशस्त करती हैं।

रामचन्द्र शुक्ल की धर्मभूमि

—सुधीश पचौरी

मलयज की किताब रामचन्द्र शुक्ल को पढ़ते हुए दो बातें प्रबल भाव से प्रकट होती हैं : आलोचना को कितने 'पास से' पढ़ा जाना चाहिए और कि क्या आलोचना का भी रचना की तरह एक मर्म-प्रदेश होता है और निज-लोक होता है?

इनमें से पहली बात तो नव्यसमीक्षा की पाठप्रविधि से मेल खाती है, दूसरी बात पाँचवें-छठे दशक में यानी शीतयुद्धकाल में प्रचलित कलावाद बरअक्स लोकवाद के माहौल का परिणाम है जो बताती है कि सामाजिक जनवाद अपने विकासमूलक रूप में लोक की खोज और उसकी संरचना करते हुए उसे उसके मार्मिक क्षण में ही बना पाता है। मलयज अचानक कहते हैं कि शुक्लजी जिस 'आम आदमी' की बात करते हैं वह उन्हें बनारस में दिखा था जो शुक्ल का नाती ही था जो चौराहे पर भीख माँग रहा था (68)। आलोचना में ऐसे सच्चे या कल्पित प्रसंगों का प्रवेश मलयज को और फिर हमको एक नये शुक्ल से बाबस्ता कर देता है। इस 'पर्सनल' की खोज में शुक्ल ड्राइंग मास्टर, प्रकृति-प्रेमी और 'आम आदमी' की संरचना करने वाले बन जाते हैं। मलयज के इस निबन्ध में हम शुक्लजी की आलोचना में सक्रिय सभी महत्त्वपूर्ण व्यंजकों की एक स्पष्ट क्रमवार व्यवस्था पाते हैं और उन व्यंजकों में एक दुर्वह किन्तु भीतरी टकराव पाते हैं जिसे शुक्ल की आलोचना में प्राप्त होने वाले अक्षय 'पूर्वसत्यों' ने छिपा लिया है और वे उघड़ न जायें इस डर से मलयज ने भी छिपा रहने दिया है।

कोई एक सौ बीस पेज में नौ पेज नामवरजी ने लिखे हैं जो सम्पादक की विज्ञप्ति और सम्पादकीय है। मूल किताब छियासी पेज की है। बीस पेज करीब मलयज के डायरीनुमा नोट्स हैं।

सम्पादकीय और मूल किताब दोनों की समान बात यह है कि दोनों ही रामचन्द्र शुक्ल को लेकर कोई भी 'नयी आलोचनात्मक जगह नहीं बनाते। जिस तरह रामचन्द्र शुक्ल के लिए साहित्य में 'लोकधर्म' या 'लोक' एक पूर्वसत्य है इनके लिए भी वह एक मान्य पूर्वसत्य है जिसकी टीका तो की जा सकती है आलोचना नहीं की जा सकती। हिन्दी के सबसे बड़े मान्य आलोचक पर बिना 'क्रिटिकल' हुए लिखे जाने के इस प्रमाण से गुजरते हुए जब आप आलोचना की जगह खोजने चलते हैं तो वह नहीं मिल पाती। यह आलोचना का 'सो' जाना है या रामचन्द्र शुक्ल के प्रति श्रद्धा में, डर में, चुप लगा जाना है या शायद आठवें दशक में दूसरे-तीसरे दशक के 'लोक' को यथावत् स्वीकार करने की रणनीति है...

मलयज रामचन्द्र शुक्ल पर मुग्ध हैं। नामवरजी मलयज पर मुग्ध हैं। अब पाठकर्ता की बारी है कि वह इस सन्देहरहित मुग्ध-भाव से इन दोनों पर एक साथ मुग्ध हो जाये। यह हिन्दी की आठवें दशक की आलोचना-बुद्धि का हाल है कि रामचन्द्र शुक्ल से कोई झगड़ा ही नहीं है। आलोचना की जो स्थिति आज है उसमें यदि शुक्लजी की ऐसी आलोचनाविहीन उपस्थिति है या फिर अन्य आलोचना उनकी दुहरायी जाती टीका भर है। उनसे बहस तो नहीं है।

क्या वाकई रामचन्द्र शुक्ल की आलोचना से हमारा कोई झगड़ा सम्भव नहीं है? रामचन्द्र शुक्ल पर रामविलास, नामवर और मलयज को पढ़ते हुए लगता है कि रामचन्द्र शुक्ल पर किसी विस्तृत 'स्वभावोक्ति' को पढ़ रहे हैं–'स्वभावोक्ति जिसे रामचन्द्र शुक्ल कोई 'अलंकार' तक नहीं मानते।

रामचन्द्र शुक्ल हमारे पास तक एक नीरन्ध्र आलोचक के रूप में जितने आते हैं उतने ही उनकी नीरतान्ध्रता में सन्देह की गुंजाइश बननी चाहिए। सन्देह जो आलोचना का बीज होना चाहिए। शुक्लजी ने 'कविता क्या है' में यह नहीं बताया कि आलोचना क्या है? उनके पूर्वसत्य उनके लिए इतने परम हैं कि उन्हीं की सिद्धि आलोचना की 'सिद्धि' बन जाती है। मजा यह है कि रामचन्द्र शुक्ल जितना 'साधनावस्था' पर जोर देते हैं उतनी ही वे अपने लिए 'सिद्धावस्था' बनाते हैं, इतनी कि आप उन पर शंका नहीं कर सकते। शुक्ल को तथा उन पर उपलब्ध टिप्पणियाँ पढ़ते लगा कि शुक्ल के 'श्रद्धा-भक्ति' का हिन्दी पर खासा असर है। 'नवधा' तो नहीं लेकिन कई प्रकार की भक्ति भावना यहाँ है जिसमें शंका करने वाला चित्त दण्ड का अधिकारी हो सकता है। श्रद्धा-भक्ति में बनने वाली भक्ति के व्यंजक इस कदर सर्वव्याप्त दिखते हैं

कि वे शुक्लोत्तर समीक्षा में सीधे मूल्य की तरह चले आते हैं। रामचन्द्र शुक्ल 'मर्यादा पुरुषोत्तम' राम पर अगाध श्रद्धा रखते हैं और रामविलास, नामवर, मलयज दूसरे राम/रामचन्द्र शुक्ल/पर। 'श्रद्धा' का यह अनवरत हस्तान्तरित व्यंजक आलोचना के कितने अँधेरे कोनों को छिपा दबा देता है यह देखना श्रद्धालुओं और भक्तों के बीच अश्रद्धालु को वही दुर्गति प्रदान करेगा जिसके बारे में तुलसी ने बहुत पहले और बाद में रामचन्द्र शुक्ल ने 'मानस की धर्मभूमि' में कहा है कि–

जाके प्रिय न राम वैदेही
तजिए ताहि कोटि बैरी सम जद्यपि परम सनेही...

अब आप चुन लें : आप 'राम'/श्लेषार्थ-हमारा/की ओर हैं या 'कोटि बैरी सम' हैं? और आपको कौनसी गति मिलती है?

रामचन्द्र शुक्ल की आलोचना एक 'ताकतवर सत्तामूलक विमर्श' भी है और उससे बाहर निकलकर आप व्यर्थ एवं निहायत हाशियाकृत हो सकते हैं। यह डर प्रति विमर्शकार को उनके बाहर नहीं आने देता। रामचन्द्र शुक्ल का विमर्श ऐसा सशर्त, पूर्वसत्यों की ज़बरदस्त उपस्थिति के साथ और 'हिन्दू जाति के अभ्युदय' के लिए बनाया गया विमर्श है और यही हिन्दी आलोचना का वह सत्ता केन्द्र है जो रामचन्द्र शुक्ल को नीरन्ध्र बनाता है और इतना नीरन्ध्र कि प्रगतिशील कहे जाने वालों को भी परम गति प्राप्त होकर रहती है।

रामचन्द्र शुक्ल 'आलोचक' से ज्यादा बड़े 'विमर्शकार' हैं और हिन्दी के एकमात्र 'हिन्दू विमर्शकार' हैं। नये खोजे जा रहे इन 'हिन्दू दिनों' में यदि उनके विमर्श में नीरन्ध्रता मिलती है या आलोचना-विहीनता बनती है तो उसके पीछे 'हिन्दू जाति का विमर्श' है जो सतत रक्षात्मक है। जो शुक्ल के जमाने में भी था और आज भी है। लेकिन रामचन्द्र शुक्ल के ज़बरदस्त विमर्श में सक्रिय 'हिन्दुत्व'/यह इन दिनों की भाजपा का 'हिन्दुत्व' नहीं है लेकिन उस तक आता जरूर है। आना ही चाहिए / और उसमें रहने वाली रक्षात्मक होती जाति के विमर्श को जीने वाला वह जनक्षेत्र बनता है जहाँ अवान्तर बात अपने आप 'राम विरोधी' बन जाती है।

रामचन्द्र शुक्ल के पास 'हिन्दू जाति के मंगल का विधान' करने वाले जितने व्यंजक हैं उतने इन दिनों कथावाचकों यथा आसाराम बापू, मुरारी बापू इत्यादि के यहाँ दैनिक प्रवचनों में आसानी से मिल जाते हैं। रामकथा

और तुलसी उनके बड़े 'प्रदाता' हैं जिस खजाने से वे बार-बार अपने व्यंजकों को जुटाते हैं। 'जाति की रक्षा', 'मंगल विधान', 'अभ्युदय' वे व्यंजक हैं जो पहले के अर्थों को साथ लिए आते हैं। रामचन्द्र शुक्ल उन्हें समकालीन यानी आधुनिक बनाते हैं। अरसे से सब रामचन्द्र शुक्ल की इस कोशिश पर गर्व करते हैं/गर्व करना स्वाभाविक है। यह जाति के निर्माण का भी तो प्रश्न है। लेकिन उस गौरव से बाहर नहीं जा पाते क्योंकि वे व्यंजनाएँ पाठकर्ता को 'हिन्दू' बनाकर हिन्दुत्व में लाकर उसे फिक्स करती हैं। सवाल उठता है : क्या एक पाठकर्ता हिन्दू या मुसलमान या सिख हो सकता है? उत्तर-संरचनावाद की विखण्डनात्मक पाठात्मक रणनीति में ऐसा सम्भव है। हर विमर्श पाठकर्ता को पहले अपनी सत्ता के घेरे में कैद करता है। रामचन्द्र शुक्ल के व्यंजक यही करते हैं कि वे हिन्दू का एक 'भूमिगत' जगाते हैं, उसकी कामनाओं को अनुशासित करते और खोलते हैं, उसे एक केन्द्र देते हैं।

उनके 'लोक' में उनकी 'मंगल भावना' में, उनके संघर्ष में, उनकी 'श्रद्धा-भक्ति' में जो 'हिन्दू' बनता है, उसकी संरचना क्या है?

यदि हम रामचन्द्र शुक्ल के धार्मिक विमर्श की सत्ता को स्वीकार कर पढ़ें तो हमें इसका जवाब मिल जायेगा क्योंकि तब हमें हर बात का मर्म समझाने के लिए सोदाहरण व्याख्या करने वाले विमर्शकार शुक्ल में बहुत से उप-व्यंजक दबे-ढके मिलेंगे। शुक्ल अपने व्यंजकों में बेहद सेलेक्टिव हैं और सतत, सुसंगत, सतर्कित हैं। वे किसी न किसी व्यंजक में अपने मूलभाव को, अपने सत्ता-विमर्श को स्पष्ट कर देते हैं। यह काम कहीं वे बेहद खुल कर करते हैं तो कहीं यह मानकर कि पाठकर्ता उनकी व्यंजना-व्यवस्था को छोड़ेगा नहीं। रामचन्द्र शुक्ल के विमर्श का 'जादू' यही है कि साहित्यिक आलोचना के ज़रिये वह एक सत्ता विमर्श पैदा करते हैं जिसमें सभ्यता के प्रश्न अचानक साहित्यिक और अचानक सामाजिक-धार्मिक बन उठते हैं और वे ही अचानक निजी नैतिक सीख पर उतर आते हैं। लोक के अभ्युदय के लिए ऐसा ही 'गुरु' चाहिए। रामचन्द्र शुक्ल हिन्दी के गुरु और बाबा इसीलिए हैं कि वे तुलसी की तरह पाठकर्ता को जीने के तमाम तरीके सुझाते चलते हैं। उनका साहित्य, जीने की, अभ्युदय की एक सम्पूर्ण तरकीब और योजना है। वह सिर्फ इतिहास-लेखन नहीं, 'इतिहास के विमर्श का निर्माण' है। वह सिर्फ कविता व्याख्या नहीं है। कविता की व्याख्या मानेंगे तो वे व्यंजक अपनी सत्ता को छिपा लेंगे जो वे एक 'जाति के अभ्युदय के लिए' लाते हैं और बार-बार

उनकी व्याख्या करते हैं। उनका सातत्य उनकी सुसंगति और तर्क-सामर्थ्य एक क्षण भी कमजोर नहीं होता। साहित्य को जाति और जाति में भी हरेक के लिए जीने की कला में बदलने का भरोसा वह विमर्श बनाता है जिससे बाहर निकलना 'जाति-बाहर' होना है। यदि आज रामचन्द्र शुक्ल होते तो वे किसी 'उग्र-हिन्दू-जैसे' हो सकते थे। इन हिन्दू-दिनों में वे आश्वस्त करते हैं। हैरत की बात यह नहीं है कि रामचन्द्र शुक्ल के इस हिन्दू-पाठ को रामविलास, नामवर और मलयज छिपा जाते हैं कि उनकी आलोचना पद्धति में इस बात की ख़बर तक नहीं मिली! क्यों?

ऐसा क्यों हुआ? ऐसा क्यों होता है कि शुक्लजी के विमर्श के मुख्य व्यंजक चीख-चीखकर कहते हैं कि उनका बुनियादी सन्दर्भ हिन्दू जाति का अभ्युदय है और वे तथा और बहुत से परवर्ती पाठकर्ता इस आवाज़ को दबा जाते हैं? यह जाति के रक्षात्मक विमर्श की आदत है। अपनी जाति को खोलना रक्षात्मक विमर्श में अपनी सत्ता को कमजोर करना है। यह सेक्यूलर विमर्श की भीतरी समस्या है। शुक्ल के उग्र भाव को गांधी के वैष्णव-भाव से मिलायें तो वे तिलक के नजदीक बैठेंगे / और इन दिनों शिवसेना के/मलयज इसकी खबर हल्के से देते हैं और बिना इससे उलझे देते हैं। बस।

मैं जानता हूँ कि ऐसा लिखकर मैं सही होने पर शंका कर रहा हूँ। मुझे 'तजिए ताहि कोटि बैरी सम' का शिकार होना पड़ सकता है। मैं बेहद छोटा आदमी इतने बड़े, परम्परापुष्ट और स्वीकृत सत्य के सही होने पर शंका कर रहा हूँ। लेकिन क्या करूँ। बिना शंका के शुक्ल के विमर्श में घुस पाना सम्भव ही नहीं है।

अच्छा बताइए कि साहित्य में धर्म का, उसमें भी हिन्दू धर्म का ऐसा ज़बरदस्त प्रवेश कराने के बाद भी साहित्य की रामचन्द्र शुक्लीय व्याख्या 'साम्प्रदायिक' क्यों नहीं कही गयी या कही जाती है जबकि राजनीति में धर्म की वैसी उपस्थिति को 'साम्प्रदायिक' कहा जाता है? ऐसा क्यों और किस तरह सम्भव है कि हम राजनीति को धर्म से मुक्त करने की, सेक्यूलर करने की माँग करें और साहित्य में धर्म के ऐसे 'धार्मिक-मिक्स' को 'साहित्यिक मानक' कहें? यह कौन सा प्रगतिशील विमर्श है? कौन सी आलोचना है? क्या यह 'निहित-हिन्दू-मन' का 'अ-निहित-हिन्दू-मन' को बचा ले जाना नहीं है?

बस एक कसरती जवाब आयेगा : रामचन्द्र शुक्ल के धर्मादि सम्बन्धी व्यंजक वे अर्थ नहीं रखते जो आज हैं कि वे लोक का अर्थ रखते हैं और

लोक में तो सब आ जाते हैं जो और फिर भी सन्तोष नहीं तो कहेंगे कि इस लेखक के इस विखण्डन में पश्चिमवाद, साम्राज्यवादी षड्यन्त्र है जिसे रामचन्द्र शुक्ल ने 'व्यक्तिवैचित्र्यवाद' वाले अपने लेख में बहुत पहले फटकार दिया था... लेकिन इतना सब कहने के बाद बात फिर भी रह जायेगी कि क्या रामचन्द्र शुक्ल का हिन्दू पाठ किया जा सकता है और क्या सिर्फ हिन्दू पाठ किया जा सकता है? क्या रामचन्द्र शुक्ल हमारे मन के उन्मन से 'हिन्दू' को जगाते हैं, उसे बनाते हैं? क्या उनके व्यंजक हिन्दुत्व की सांस्कृतिक स्मृतियों को ज़गाते हैं और क्या ऐसा करके वे एक हिन्दू समीक्षा और विमर्श की नींव रख रहे हैं? रामचन्द्र शुक्ल को 'नीरन्ध्र' मानने के पीछे कहीं उपलब्ध 'उन्मना-हिन्दू-विमर्श' और उनका 'प्रकट विमर्श' कहीं पूरक तो नहीं बन रहा है? विखण्डन की असल रणनीति इस पूरकता को खोलने और उन 'गाँठों' को उन 'अन्धताओं' को देखने में है जिन्हें ऐसी पूरकता 'बनाती' है। नहीं। इसे रामचन्द्र शुक्ल को 'हिन्दू बनाने का प्रयास' मानने की बेवकूफी नहीं कही जा सकती क्योंकि शुक्ल हिन्दू जाति में ही अर्थ पाते हैं, जिस पर वे शर्मिन्दा कतई नही हैं, जबकि रामविलास, नामवर, मलयज शर्मिन्दा हैं। वे वैसा होना छिपा जाते हैं। क्या सेक्यूलर की खातिर टैक्टीकली या स्वयं 'निहित हिन्दू' होने की ख़ातिर?

एक बार फिर श्रद्धा-भक्ति का 'पाठ' करें और भक्ति के उन व्यंजकों को देखें जो शुक्लजी ने जुटाये हैं। ये लेख के अन्तिम चार-पाँच पैरा में मिलते हैं/देखिए चिन्तामणि भाग 1, 1993, संस्करण, पृष्ठ 8-29/ जहाँ रामचन्द्र शुक्ल एक आलोचक से ज्यादा एक विमर्शकार के रूप में सामने आते हैं। वे रामलीला की बात करते हैं, जो 'सामीप्य सिद्धि का विधान' करती है यानी इष्ट के पास ले जाती है। यह भक्ति का समाजशास्त्र है जिसमें मनुष्य को संगठित करने और समाज को बदलने की ताकत है। उत्तर-आधुनिक विमर्श में इसे रामभक्ति के 'मास कल्चर' में बदलने का उद्यम कहा जा सकता है जो मध्यकाल में तुलसी ने शुरू किया जिसे बाद में शुक्लजी ने थियराइज किया/शुक्लजी 'सामीप्य लाभ' को इसी अर्थ में देखते हैं। लेकिन उदाहरण में वे एक पद रसखान का उद्धृत करते हैं कि 'मानुष हों तो वही रसखान।'... इससे अच्छे उदाहरण रामकथा से ही मिल जाते। रसखान का यह उदाहरण कमज़ोर है क्योंकि यह इष्ट के सामीप्य की बात तो करता है लेकिन 'समाज संघटन' की बात नहीं करता। कारण, शुक्लजी को जल्दी ही हिन्दू जाति और

भक्ति की महती भूमिका की अन्तिम दमदार व्याख्या करनी है। रसखान उसकी व्याप्ति का अमोघ तर्क और तथ्य दोनों है। उद्धरण एकदम रणनीतिक है। आगे भक्ति का 'मासकल्चर' वाला विमर्श बनता है :

'रामलीला द्वारा लोग वर्ष में एक बार अपने पूज्य देव की आदर्श मानवलीला का माधुर्य देखते हैं। जिस समय दूर-दूर के गाँवों के लोग एक मैदान में आकर इकट्ठे होते हैं तथा एक ओर जटा मुकुटधारी विजयी रामलक्ष्मण की मधुर मूर्ति देखते हैं दूसरी ओर तीरों से बिंधे रावण का विशाल शरीर जलता देखते हैं उस समय वे धर्म के सौन्दर्य पर लुब्ध और धर्म की घोरता पर क्षुब्ध हो जाते हैं।' यहाँ 'धर्म की घोरता' पर ध्यान दें। यह कुछ नया तत्त्व है। धर्म की घोरता पर क्षुब्ध होना नवधाभक्ति में रहने वाले भक्त से आगे निकल कर 'एक्टिविज्म' में जाना है। सामीप्य लाभ की शिक्षा है सक्रिय होना। धर्म के क्षोभ का प्रदर्शन करना।

उक्तोद्धृत से ऐन आगे शुक्लजी कहते हैं : 'इसी प्रकार जब कृष्ण लीला में जीवन की प्रफुल्लता धर्मरक्षा के अलौकिक बल का विकास देखते हैं, हमारी जीवन धारा की अभिलाषा दूनी-चौगुनी हो जाती है।' शुक्लजी कितने सुसंगत विमर्शकार हैं कि मध्यकाल में आयी 'निराशा' वाला व्यंजक उनके साथ सर्वत्र आता है और वही इतिहास बनाता है और एजेंडा भी वही बनाता है। यहाँ 'जीवन धारणा की अभिलाषा' का पद देखें तो निराशा के ठीक बरअक्स आता है। 'जीवन धारणा' में प्रवृत्त होते हैं रामलीला देखकर। एकदम सुसंगत कहीं झोल नहीं। यही शुक्लजी का विमर्श एक 'कैनन' या कहें 'सूक्त' बनता है क्योंकि वह बार-बार दुहराकर भी विचारों के व्यंजकों की एक भी व्यवस्था को ठोस करता है।

जीवन धारणा को आसान बनाना। सामीप्य लाभ की देन है। किसके लिए?

हिन्दू जाति के लिए :

'हिन्दू जाति इन्हीं के बल से इनकी प्रतिकूल अवस्थाओं के बीच अपना स्वतन्त्र अस्तित्व बचाती चली आयी है—इन्हीं की अद्‌भुत आकर्षण शक्ति से वह इधर-उधर ढलने न पायी है। राम और कृष्ण को बिना आँसू बहाये छोड़ना हिन्दू जाति के लिए सहज नहीं था क्योंकि ये अवतार अलग टीले पर खड़े होकर उपदेश देने वाले नहीं थे, बल्कि मानव जीवन में पूर्ण रूप से सम्मिलित होकर उसके एक-एक अंग की मनोहरता दिखाने वाले थे। मंगल के अवसरों पर उनके गीत गाये जाते हैं।' यहाँ देखें : श्रद्धा जब भक्ति में

बदलती है तो सामीप्य लाभ होता है। सामीप्य लाभ होता है तो जीवन की धारणा की इच्छा विपरीत स्थितियों में भी बलवती होती है और कर्म सौन्दर्य की ओर प्रवृत्त होता है।

'श्रद्धा-भक्ति' के अन्तिम पैरा में वे मानो अब सब कुछ निचोड़कर कह देना चाहते हैं कि हिन्दू जाति का एजेंडा क्या है?

'संसार में तटस्थ रहकर शान्ति सुखपूर्वक लोक व्यवहार सम्बन्धी उपदेश देने वालों का उतना अधिक महत्त्व हिन्दू धर्म में नहीं है जितना संसार के भीतर घुसकर उसके व्यवहारों के बीच सात्विक विभूति जगाने वालों का है। हमारे यहाँ उपदेशक ईश्वर के अवतार नहीं माने गये हैं। अपने जीवन द्वारा कर्म-सौन्दर्य संघटित करने वाले ही अवतार कहे गये हैं। कर्म-सौन्दर्य के योग से उनके स्वरूप में इतना माधुर्य आ गया है कि हमारा हृदय आप ही आप उनकी ओर खिंचा पड़ता है' :

शुक्लजी के यहाँ हम विरुद्धों के जिस 'सामंजस्य' की बात देखते हैं वह सब यहीं से आता जाता है। यही लोक है यही उनका कर्म है, यही धर्मभूमि है।

साहित्य के सेक्यूलर विमर्शों में खासकर 'मार्क्सवादी' विमर्शों में और उनमें भी शुक्ल सम्बन्धी विमर्शों में धर्म की इस शुक्लीय प्रतीति का इतनी उपेक्षा या कहें कि अकथनीयता क्यों है? धर्म को राजनीति से विलग करना सेक्यूलर भाव है लेकिन वही भाव साहित्य से इस धर्म को अलग करने के काम से बेख़बर है? क्यों? क्या इसलिए कि इसमें एक हिन्दू सो रहा होता है? क्या यह हिन्दू विमर्श के 'इतने सहज' होने को दर्शाता है कि वह हमें अलगाने योग्य नहीं लगता? रामविलासजी की पुस्तक में इस बात की ख़बर नहीं मिलेगी। न मलयज को पढ़ेंगे तो न मिलेगी। नामवर की दो भूमिकाएँ पढ़ेंगे। (मलयज के 'रामचन्द्र शुक्ल' की भूमिका और चिन्तामणि भाग तीन की भूमिका) तो भी ऐसा कुछ नहीं मिलेगा।

क्या यह मार्क्सवाद का शुक्लजी के विमर्श द्वारा भक्षण है या इन सबके 'निहित-हिन्दू' द्वारा यह मानकर चलना है कि निहित-हिन्दू होना सेक्यूलर होना है और राजनीति से तो धर्म को अलगाना है लेकिन साहित्य में नहीं अलगाना है? एक सवाल यह भी उठता है कि क्या शुक्लजी के 'केननों' में जाने के बाद ऐसा कुछ बचता है जो इस अलगाव या साहित्य के सेक्यूलराइजेशन के प्रश्नों को सक्रिय करे और शुक्लजी को नये ढंग से खोले?

नवजागरण में धर्म से 'निरपेक्षता' का तत्त्व कितना सक्रिय होना चाहिए इस प्रश्न पर रामविलासजी शुक्लजी के सन्दर्भ में खामोश हैं। वे जितने उत्तेजित

ढंग से रामचन्द्र शुक्ल की छोटे जमींदारों के प्रति कथित ममता को लेकर वीर भारत तलवार पर टूटते हैं। (देखिए शुक्लजी का पुनर्मूल्यांकन और वामपन्थी अवसरवाद, नामक लेख, रामचन्द्र शुक्ल और हिन्दी आलोचना, 210-305) और साम्राज्यवाद विरोधी संयुक्त मोर्चे की बातों में जाते हैं वे बातें शुक्लजी के इस हिन्दू पाठ को छोड़ जाती हैं। क्यों? क्या इसलिए कि रामचन्द्र शुक्ल का लोकमंगल हमें 'सबका मंगल' लगता है। क्या इस सब में हाशिये नहीं दब रहे?

आइए 'श्रद्धा-भक्ति' के दो-तीन पैराग्राफों को और पढ़ें और देखें कि रामचन्द्र शुक्ल जब 'वे' कहते हैं तो उनका इशारा कहाँ होता है? और इस 'अन्य' के निर्माण में वे कैसे हिन्दू का निर्माण करते हैं?

जो कुछ हम करते हैं—खेलना, कूदना, हँसना, बोलना, क्रोध करना, शोक करना, प्रेम करना विनोद करना, उन सब में सौन्दर्य लाते हुए हम जिन्हें देखेंगे उन्हीं की ओर ढल सकते हैं। वे हमें दूर से रास्ता दिखलाने वाले नहीं हैं आप रास्ते में चलकर हमें अपने पीछे लगाने वाले क्या खींचने वाले हैं। जो उसके स्वरूप पर मोहित न हो वह निस्सन्देह जड़ है :

सुनि सीतापति शील सुभाउ
मोद न मन तन पुलक नयन जल सो नर खेहर खाउ! (वही, 28)

जो राम शीलवान हैं सबके लिए सामीप्य भाव की व्यवस्था करते हैं उन्हें देखकर किसी के मन में प्रसन्नता न हुई वह आदमी जड़ है। यह है राम पर मुग्ध न हो पाने वाले 'अन्य' का निर्माण और नियन्त्रण। जो खुश नहीं हुआ वह 'अन्य' हुआ। जो खुश नहीं वह जड़ हुआ। शुक्लजी तुलसी की रामभक्ति में कहीं-कहीं स्पर्धा पैदा करते हैं। ऊँच-नीच पैदा करते हैं। जबकि तुलसी के मानस के राम के व्यंजक धार्मिक-स्पर्धा से परे रहते हैं। विनय पत्रिका में तथा कुछ और छन्दों में वे भी अपनी भक्ति को एक स्पर्धा में लाते हैं लेकिन तुलसी की भक्ति में भक्त के पास स्पर्धा की ऊँच-नीच करने की ज्यादा जगह नहीं है। मानस में तुलसी के राम स्पर्धा और ईर्ष्या, ऊँच-नीच के भाव से परे हैं लेकिन तुलसी भी जब उन्हें अपने 'अन्य' राम वैदेही जिसके प्रिय नहीं है इत्यादि... के सामने खड़ा करते हैं, राम के शील की तुलसीकृत व्याख्या में शुक्लजी की व्याख्या अन्तर्भुक्त है : जिनके मन में मोद नहीं वह नराधम है।

'तुलसी का भक्ति-मार्ग' और 'मानस की धर्म-भूमि'—शुक्लजी के ये दो लघु निबन्ध हमें इस बात को समझने में मदद करते हैं कि तुलसी के राम 'विभक्त राम' हैं। एक वे राम जो माया-मोह पत्थर से परे हैं शील की खान हैं। इस स्वरूप के निर्माण के बाद तुलसी इस राम के स्वरूप को एक 'आइकन' बनाकर अन्य से कहते हैं कि यदि ऐसे राम को देखकर भी मन मुदित न हुआ तो धिक्कार है। शुक्लजी तुलसी के इस राम की संरचना को अधिक स्पर्धात्मक बनाते हैं जबकि तुलसीकृत मानस में राम के व्यापक व्यंजक और रामभक्ति के व्यापक व्यंजक ऐसा करने में संकोच करते हैं। तुलसी के दो राम हैं : एक मानस के हैं और दूसरे विनय पत्रिका के हैं। विनय पत्रिका में स्पर्धा का अंश मिलता है। शुक्लजी इस विभक्ति को बुरी तरह 'मिक्स' करके चलते हैं। यह शुक्लजी की तुलसी के इस राम की विभक्ति के व्यंजकों को विखण्डित करें तो यह 'अन्धता' खुलती है और रामचन्द्र शुक्ल द्वारा बनाये गये तुलसी के 'भक्तिमार्ग' का अन्तर्विरोध भी खुल जाता है। वे तुलसी के शीलवान विनत राम को एक सक्रिय राम में बदलते हैं। 'श्रद्धा-भक्ति' और उक्त दोनों निबन्ध इसी तरफ जाते हैं। यह महत्त्वपूर्ण है। हिन्दू जाति को जो मार्ग चाहिए वह यहीं से होकर जाता है। तुलसी में यह हिन्दू 'भक्त' है जिसे अपने भगवान से ज्यादा मतलब है जिसे स्पर्धा के लिए फुरसत नहीं है बल्कि स्पर्धा सच्ची भक्ति की दुश्मन ही है लेकिन शुक्ल में यह स्पर्धी-हिन्दू बहुत-साफ है। यह भक्त नया है। यह तुलसी से ज्यादा रामचन्द्र शुक्ल का 'पाठ' है।

मगर यह हिन्दू-पाठ अपनी ही गाँठ में फँसता है। एक ओर वे राम को मर्यादा पुरुषोत्तम बनाते हैं जिनमें मत्सर का लेश नहीं है दूसरी ओर इसके भक्त के रूप को स्पर्धा में ले आते हैं कि 'जाके प्रिय न राम वैदेही' या 'सुनि सीतापति शील सुभाउ।' जाके प्रिय न राम वैदेही में भक्तों को सजा दी गयी है : प्रह्लाद का पिता उसे छोड़ देता है। विभीषण को उसका भाई त्याग देता है। गोपियों को उनके पति त्याग देते हैं। यहाँ भक्त नहीं त्यागता। अपने 'अन्य' को 'अन्य' ही सताता है। शुक्लजी के यहाँ लगता है मानो भक्त ने शत्रु-त्याग का चयन किया हो। इस स्पर्धा को शुक्लजी, इस तरह एक तराश देते हैं।

तुलसी के व्यंजक राम हैं। रामचन्द्र शुक्ल के व्यंजक तुलसी और उनके राम हैं। रामविलास शर्मा के व्यंजक रामचन्द्र शुक्ल हैं। मलयज के भी वही हैं और नामवर के भी वही हैं और जनाब इस महिमाक्रम में कोई गहन मतभेद नहीं है ऐसे आइकन हैं रामचन्द्र शुक्ल के उनमें छेद निकालना अपराध है।

राम की व्यंजनाएँ मानो सीधे आगे तक बँट जाती है। यह 'कैननाइजेशन' है हिन्दी का पहला सम्पूर्ण 'हिन्दू कैननाइजेशन'। यह कैनन 'डण्टन' से लेता है 'रिचर्ड्स' से लेता है तो जब तक यह सब धर्म/वही 'लोकमंगल' बराबर 'सामीप्यलाभ' बराबर 'हिन्दू जाति' और धर्म के राम का सामीप्य लाभ को पुष्ट करता है ठीक है उसे अपुष्ट करता है तो त्याज्य है। 'जाके प्रिय न राम वैदेही' एक अमोघ अस्त्र है। तुलसी की मानस के परमेश्वर राम ऐसा कहीं नहीं कहते लेकिन उनके भक्त ऐसा कहते हैं। तुलसी ऐसा कहते हैं, शुक्ल ऐसा कहते हैं। रामविलास ऐसा कहते हैं, नामवर और मलयज ऐसा कहते हैं।

'तुलसी के भक्ति मार्ग' में रामभक्ति एक लोकप्रिय संस्कृति के रूप में लायी गयी है और इस बात की जैसी विशद व्याख्या रामचन्द्र शुक्ल करते हैं कोई और नहीं कर सकता है। राम के स्वरूप की तुलसी की कल्पना में रामभक्ति की 'मास कल्चर' के निर्माण के तमाम तत्त्व है। सभी के भावों का आलम्बन बनने की अन्तर्निहित 'क्षमता वाला होना' लोक में उपलब्ध रहना और सबके लिए न्यूनतम उपलब्ध रहना। लीला का समाजशास्त्र है यह। तुलसी रामभक्ति को मास कल्चर में बदलते हैं। वे एक बड़ा सुधार करते हैं भक्ति पद्धति में। वे 'नामस्मरण मात्र' को काफी कहते हैं। रामचन्द्र शुक्ल नवधाभक्ति का समाजशास्त्र जब बताते हैं तो अन्ततः 'सामीप्य लाभ से समाज संघटना' पर जोर देते हैं। तुलसी 'समाज संघटना' पर जोर नहीं देते बल्कि नामस्मरण और उल्टा नाम जपने तक को मुक्ति का मार्ग बताते हैं। राम के शील के अनुरूप ही है यह कि वे न्यूनतम में प्रसन्न हो जाते हैं। राक्षस भी यदि उनके बाण या उनके वानरादि के हाथों मारे जाते हैं तो वे उन्हें 'अपने धाम' भेजते हैं। इतना आसान। कर्मकाण्ड से इतना दूर कर देते हैं तुलसी राम भक्ति को। 'कलियुग केवल नाम अधारा'।

रामचन्द्र शुक्ल 'धर्मभूमि' में दो उदाहरण देते हैं : भरत और विभीषण के जिन्होंने राम के लिए त्याग किया। प्रश्न यह है कि मानस की धर्मभूमि क्या है? क्या वह 'शर्तरहित' है या शर्तसहित है? तुलसी के यहाँ राम का उल्टा नाम लेने वाला भी परम पद का अधिकारी है। शुक्लजी मानस की धर्म भूमि को स्पर्धात्मक बनाते हैं। भरत माँ को छोड़ देते हैं राम के लिए। विभीषण बन्धु को छोड़ देते हैं राम के लिए। राम के लिए क्या त्यागा जाये क्या नहीं ऐसा भाव मानस कम देती है क्योंकि वहाँ तो उन्हें भी परम पद की गारंटी दी जाती है जो शत्रु हैं रावण पक्ष के हैं और अतिचारी हैं।

एक छोटी-सी शर्त भर है कि बस एक बार नाम भर ले ले उतना काफी है या राम के सैनिकों के हाथों मुक्ति पा जाये तो भी परम पद मिलेगा। भगवान अपने धाम भेजेंगे उसे। रामचन्द्र शुक्ल जैसा लेखक जब मानस की धर्मभूमि लिखता है तो प्रसंग मानस से लेता है भरत और विभीषण के। लेकिन पुष्टि के लिए उदाहरण अन्यत्र से लेता है! यह शुक्ल के विमर्श का ज़बरदस्त छल है कि हम उनके इस हस्तलाघव को नहीं देख पाते। मानस के साथ तुलसी के मानसेतर छन्दों और पदों के साथ इंटर टैक्स्चुअलिटी का यह ढब इसीलिए है कि मानस की धर्मभूमि के केन्द्र राम कोई शर्त लगाते ही नहीं जबकि शुक्लजी उससे एक कोड बनाना चाहते हैं। शुक्ल को कोड देना है तो मिक्सिंग करते हैं और हम मुग्ध होते रहते हैं।

ऐसा नहीं कि शुक्लजी नहीं जानते कि तुलसी का भक्ति मार्ग क्या है? वे कहते हैं 'भक्ति में लेन-देन का भाव नहीं रह जाता।' (चिन्तामणि, भाग-1, पृ. 140) लेकिन 'मानस की धर्मभूमि' तक आते-आते वे 'लेनै-देन' को ही एक शर्त बना देते हैं कि जब तक आप प्यार नहीं करेंगे राम से, खैर नहीं आपकी :

जाके प्रिय न राम वैदेही
तजिए ताहि कोटि बैरी सम जद्यपि परम सनेही
तज्यो पिता प्रहलाद विभीषण बन्धु भरत महतारी...

तुलसी से ज्यादा यहाँ रामचन्द्र शुक्ल एक कोड दे रहे हैं क्योंकि 'जाति' के उद्धार का एजेंडा उनका अपना है। भक्ति का नितान्त निजी मार्ग जिसे तुलसी ने नितान्त लोकप्रिय रूप दिया कि नाम मात्र काफी है और इस तरह राम भक्ति को सबके लिए फ्री कर दिया। रामचन्द्र शुक्ल उसे बाँधते हैं। वे भक्ति का टोटलाइजेशन करते हैं तुलसी उसका सिर्फ राम केन्द्रण करते हैं। शुक्लजी छोटे धर्म को बड़े के लिए 'त्याज्य' कहते हैं/145 /यही नहीं भक्ति की लेन-देन रहित निजता कब निजी धर्म की जगह, 'लोकधर्म के पालन'/145/ में बाँध दी जाती है यह अलग से नज़र नहीं आता। भक्ति को धर्म के साथ मिक्स करने की इस कला में शुक्लजी से आज कोई स्पर्धा कर सकता है तो कथावाचक आसाराम बापू ही कर सकते हैं तुलसी नहीं कर सकते। रामचन्द्र शुक्ल एक हिन्दू कार्यकर्ता की तरह यह सब करते हैं और मज़ा यह है कि रामविलास से लेकर मलयज तक शुक्लजी की इस विचार संहिता को नहीं देख पाते, खोलने की बात तो दूर की हुई।

आइए फिर 'श्रद्धा-भक्ति' नामक निबन्ध के अन्तिम हिस्सों की ओर लौटें और शुक्लजी के लोकधर्म के व्यंजकों को टटोलें क्योंकि मलयज लोक को बहुत महत्त्व देते हैं और रामविलासजी, नामवरजी भी देते हैं। देखें तो कि इस लोक में कैसा लोक है?

भक्ति दरअसल प्रवृत्तिमूलक है 'जो संसार या मनुष्यत्व का सर्वथा त्याग न कर दे उसके लिए शुद्ध सात्विक जीवन का यही मार्ग है।' (वही, 28) इतना कहकर शुक्लजी जनता के लिए व्यापक लोक मंगल भावना के अधिष्ठान की ओर लौटते हैं कि 'जनता के सम्पूर्ण जीवन को स्पर्श करने वाला क्षात्रधर्म है' (वही, 29) कुछ पहले का लोकधर्म यहाँ आकर क्षात्रधर्म बन चलता है। व्यंजकों की ऐसी मिक्सिंग है शुक्लजी में कि उन्हें अलग करनो कई बार कठिन जान पड़ता है। पहली मिक्सिंग अभी हमने 'भक्ति मार्ग और धर्मभूमि, में देखी, मानस और विनय पत्रिका में देखी। अब हम लोकधर्म और क्षात्रधर्म की मिक्सिंग देखें : 'जनता के सम्पूर्ण जीवन को स्पर्श करने वाला क्षात्रधर्म है। क्षात्रधर्म के इसी व्यापकत्व के कारण हमारे मुख्य अवतार राम और कृष्ण क्षत्रिय हैं... मनुष्य की सम्पूर्ण रागात्मिकता वृत्तियों को उत्कर्ष पर ले जाने और विशुद्ध करने की सामर्थ्य उसमें है।' (वही, 29)

अगले पैरा में लोकधर्म साफ क्षात्रधर्म बन जाता है : 'वृत्तियों की भिन्नता के बीच से जो मार्ग निकल सकेगा वही लोक रक्षा का मार्ग होगा वही धर्म का चलता हुआ मार्ग होगा जिसमें शिष्टों के आदर, दीनों पर दया, दुष्टों के दमन आदि जीवन के अनेक रूपों का सौन्दर्य दिखाई पड़ेगा वही सर्वांगपूर्ण लोकधर्म का मार्ग होगा। क्षात्रधर्म पालन की आवश्यकता संसार में सब दिन बनी रहेगी। कोई व्यापार युग उसे हटा न सकेगा।' (वही, 29)

क्षात्रधर्म के प्रति यह अनुराग अकारण नहीं। अनुराग के गहरे कारण हैं। इनमें से एक है 'लोक रक्षा का चलता हुआ धर्म' क्षात्रधर्म ही है। क्षात्र यानी क्षत्रिय धर्म। यहाँ से वर्णाश्रम धर्म का मार्ग खुलता है : शुक्लजी के 'लोक' का निर्माण इसी वर्ण व्यवस्था से होता है।

यह व्यवस्था तुलसी की तरह है दबी हुई कभी-कभी चमकती हुई है। तुलसी जब भी अपने 'रामराज' की बात करते हैं तो वर्णाश्रम धर्म की बात करते हैं। वे ब्राह्मण और गऊ और सन्त की बात करते हैं। अन्यथा वह कथा में सोया रहता है। शुक्लजी के लेख के अन्त में क्षात्रधर्म आता है। अन्त में उनके यहाँ ऐसे प्रसंगों की टोन आदेशात्मक हो जाती है मानो एजेंडे पर आ गये हों। श्रद्धा-भक्ति के अलावा इस क्षात्रधर्म के प्रति शुक्लजी के लोक का

इतना मोह है कि वे अलग से भी एक टिप्पणी लिखते हैं क्षात्रधर्म के बारे में। (देखिए, चिन्तामणि, भाग-3)

'क्षात्रधर्म का सौन्दर्य' नामक यह निबन्ध अनालोचनात्मक ढंग से ही सन्दर्भित है। चिन्तामणि, भाग-3 की भूमिका में (1983) मलयज का तो ध्यान ही नहीं जाता कि यह भी कोई निबन्ध है। शायद इसलिए कि चिन्तामणि उनके बाद छपी है लेकिन नामवर इस पर कोई आलोचनात्मक टिप्पणी नहीं करते। रामविलासजी की आचार्य रामचन्द्र शुक्ल और हिन्दी आलोचना/1987/ चौथा संस्करण/में नये संस्करण तक में इस पर कोई टिप्पणी नहीं है जबकि वीर भारत तलवार के निबन्ध पर लम्बी टिप्पणी है और चिन्तामणि, भाग-3 आ चुकी है। क्षात्रधर्म पर शुक्लजी जितना व्याकुल होकर लिखते हैं उनके आलोचक उतने ही इससे अनभिज्ञ दिखते हैं। क्या यह शुक्लजी के बाद की आलोचना का अपना सेंसर है जो शुक्लजी की आलोचना के एक मानक 'वर्णवाद' को अनदेखा करता है? याकि हिन्दी में यह बाद तक चला आया है? या कहें मार्क्सवाद के नाम पर भी वर्णवाद सुरक्षित रखा गया है उसे अनक्रिटिकली देखा गया है? यह आलोचना में पुराने ब्राह्मनीकल कैनन का दण्ड है।

देखें तो क्षात्रधर्म का सौन्दर्य क्या है और शुक्लजी के लोकधर्म सम्बन्धी तमाम व्यंजकों के लिए उसकी कैसी भूमिका है?

'जिस प्रकार लोकमर्यादा का निरूपण ब्राह्मण धर्म है उसी प्रकार लोक मर्यादा की रक्षा क्षात्रधर्म है।' (चिन्तामणि, भाग-3, 186)

इस क्षात्रधर्म में अहिंसा के प्रति गहरी घृणा है। अहिंसा में सौन्दर्य नहीं जो कर्मक्षेत्र में होता है। संसार से तटस्थ रहकर शान्ति सुखपूर्वक लोक व्यवहार सम्बन्धी उपदेश देने वालों का उतना अधिक महत्त्व हमारे हिन्दू धर्म में नहीं है जितना संसार में घुसकर उसके व्यवहारों के बीच सात्विक सौन्दर्य की ज्योति जगाने वालों का है। (चिन्तामणि, भाग-3, 187)

शुक्लजी का सौन्दर्य और सात्विक क्रोध मूलतः इसी क्षात्रधर्म के पालन में बनता है। 'सात्विक' पद शुक्लजी का प्रिय कोड-पद है लोक मंगल से ज्यादा।

वह क्षात्रधर्म किस युग के बरअक्स है? कोरे उपदेशकों के और व्यापार युग के बरअक्स है। 'इस व्यापार युग में इस वणिक् प्रधान युग में क्षात्रधर्म की चर्चा करना शायद गयी बात का रोना समझा जाये पर आधुनिक व्यापार की अन्याय रक्षा भी शस्त्रों द्वारा ही की जाती है क्षात्र बल का उपयोग कहीं नहीं गया है केवल धर्म के साथ उसका असहयोग हो गया है। आजकल

मनुष्य की सारी बातें धातु के ठीकरों पर ठहरा दी गयी हैं सबकी टकटकी टके की ओर लगी हुई है...राजधर्म, आचार्य, धर्मवीर, धर्म सब पर सोने का पानी फिर गया सब टका धर्म हो गये। धन की पैठ मनुष्य के सब कार्यक्षेत्रों में करा देने से उसके प्रभाव को इतना अधिक विस्तृत कर देने से ब्राह्मण और क्षात्रधर्म का लोप हो गया—केवल वणिक धर्म रह गया व्यापार नीति राजनीति का प्रधान अंग हो गयी। (वही, 187)

पूँजीवाद को लेकर शुक्लजी वैसा ही सोच रहे हैं जैसा तत्कालीन रूढ़िधर्मी सोचा करते होंगे। आधुनिकीकरण की प्रक्रिया यहाँ एक षड्यंत्र ही है क्योंकि वह ब्राह्मण और क्षात्रधर्म का लोप करती है। लोकधर्म यानी क्षात्रधर्म और टकाधर्म में बैर है। क्षात्रधर्म हो तो सात्विक सौन्दर्य हो, साहित्य हो, मार्मिक प्रसंग हो, विरुद्धों का सामंजस्य हो, लोक मंगल हो। शुक्ल में एक अतीत जीवित रहता है और लौटने के लिए व्याकुल होता है। शुक्लजी के कोड और मानक यहीं से आते हैं। उनके क्षात्रधर्म की कंडीशन ही है, उस क्षात्रधर्म को बनाये रखने वाली कंडीशंस का बने रहना। शुक्लजी का क्रिटीक यहीं से आरम्भ होता है। उनके कर्मवीर उनके धर्मवीर इत्यादि सब यहीं बनते-बिगड़ते हैं। पश्चिम से, पूँजी से घृणा का ऐसा सुसंगत तत्त्व है जो कहता है कि यह सब तो कलयुग है। रामचन्द्र शुक्ल की आलोचना को तुलसी की कलिकाल की आलोचना से मिलाइए तो लगेगा कि शुक्लजी के कई कोड तुलसी ने निर्मित किये हैं : शुक्लीय तुलसी ने क्षात्रधर्म की जगह टके का आ जाना एक बड़ी रद्दोबदल है। शुक्लजी की जैसी प्रतिक्रियावादी प्रतिक्रिया है वैसी ही आज के पूँजीवाद को लेकर आज के कथित मार्क्सवादियों की है। लेट-कैपीटलिज्म को लेकर उत्तर-आधुनिकता को लेकर की जा रही इन दिनों के प्रगतिशीलों की प्रतिक्रियाएँ किसी रूढ़िवादी जैसी ही हैं। क्या यही परम्परा हैं कि नये पूँजीवाद की मलाई खा रहे हैं और 'धिक् है' कह रहे हैं! दरअसल ऐसी आलोचना एक पराजित विमर्श है। यह हारते हुए शुक्लीय विमर्श का कोना है। क्षात्रधर्म के हारने पर हम शुक्लजी की व्याकुलता खूब ही पढ़ सकते हैं। यह उनके कोड के निर्माण में उनके संहिता के लिए आवश्यक सामग्री जुटाने में निर्णायक तत्त्व है। इसे अपवाद या सिर्फ एक निबन्ध कहकर नहीं टाला जा सकता। क्षात्रधर्म की बहाली का यह भाव उनके निबन्धों में अनेकशः बिखरा है। कहना चाहिए यही उनके विचारों का स्थायी भाव है। यह 'करुणा' या 'उत्साह' नामक निबन्ध से लेकर 'लोभ और प्रीति' जैसे निबन्धों तक में मिलेगा। हिन्दी आलोचना में

प्रगतिशीलता के नाम पर उग्र प्रतिक्रिया का तत्त्व आरक्षित रहा आया है तो उसमें शुक्लजी के रूढ़िवादी हिन्दू-पाठ का खासा योगदान माना जाना चाहिए। नये युग और पूँजी को लेकर प्रतिक्रिया का रूढ़िवादी भाव मार्क्सवाद के नाम पर रामविलासजी और नामवर दोनों में समान भाव में मिलता है। यहाँ तक कि वे शुक्लजी की ऐसी प्रतिक्रिया की आलोचना तक नहीं कर पाते बल्कि जिस तरह से शुक्लजी सोचते हैं उनके यहाँ भी वैसा ही सोच मिलता है। बाद के दिनों में यदि हिन्दी में ब्राह्मणवाद और हिन्दू तत्त्ववाद मजबूत विमर्श बनकर उभरता है तो उसमें इस अनालोचनात्मकता का भी योगदान कहा जाना चाहिए। 'व्यापार नीति राजनीति का प्रधान अंग बन गयी'—इस वाक्य में धर्म को राजनीति के अंग न रह पाने की व्यथा बहुत-सारी आज की व्यथाओं से जुड़ती है।

मलयज ने व्यापार युग की आलोचना को एक महत्त्वपूर्ण तत्त्व की तरह याद किया है। वे इसमें रैडिकल बात पढ़ते हैं मगर इसके बाद 'क्षात्रधर्म फिर प्रतिष्ठित होगा'—शुक्लजी की यह दावेदारी छिपा दी जाती है।

'जब तक यह व्यापारोन्माद दूर न होगा, पृथ्वी पर सुख-शान्ति न होगी। दूर यह अवश्य होगा। पर जिस प्रकार और सब पागलपन होते हैं उसी प्रकार क्षात्रधर्म की संसार में फिर प्रतिष्ठा होगी। चोरी का बदला डकैती से लिया जायेगा' (वही, 181) कैसा रेडीकल वाक्य है मगर इतिहास को उलटकर चलने के लिए है।

रामचन्द्र शुक्ल एक धार्मिक अभियान चलाये हैं : 'आज संसार के बीच अपनी स्थिति बनाये रखने के लिए जिस युद्ध में हम प्रवृत्त हैं उसमें विजय प्राप्त करने की कामना से हम मर्यादा पुरुषोत्तम की भूभार हारिणी विजय का स्मरण करते हैं और कहते हैं—श्री रामचन्द्र की जय!' (वही, 190)

नामवर ने भूमिका में इस लेख के सन्दर्भ को थोड़ा नरम करने की कोशिश की है तो स्वाभाविक है। मामला क्षात्रधर्म की बहाली है न। मलयज भी क्षात्रधर्म की बहाली के लिए मौन धारण कर लेते हैं। क्षात्रधर्म है न! रामचन्द्र शुक्ल ब्राह्मण और क्षत्रिय दोनों के संयुक्त मोरचे के व्याख्याकार हैं। यह उनकी प्रमुख टैक्स्ट है। नामवर रामविलास मलयज सबकी टैक्स्ट।

तब क्या हिन्दी आलोचना चतुर्वर्ण की संहिता को मजबूत करने वाली आलोचना रही है? शुक्लजी की धर्मभूमि की यह झाँकी लेने के बाद ऐसा कहा जा सकता है। शुक्लजी इसके लिए शर्मिन्दा नहीं हैं, जबकि बाद वाले

शर्मिन्दा लगते हैं। शुक्लजी के कैननाइजेशन में इस वर्णवाद की बड़ी निर्णायक भूमिका है। शुक्ल का सत्ता-विमर्श यहीं से सत्ता प्राप्त करता है और इसी सत्ता को बहाल करता है। इसकी आलोचना करना इससे बहस चलाना या इसका विखण्डन करना सिर तुड़वाने बराबर है। यहाँ तक कि 'रस-मीमांसा' टाइप की अर्थ-शास्त्रीय किताब में आपको इस धर्म की अनुगूँजें मिलेंगी। शुक्लजी एक धार्मिक विमर्शकार हैं। बहुत दूर तक वे एक प्रबल प्रवचनकर्ता हैं। पश्चिम से उनका झगड़ा इसीलिए हिन्दू विवेक से संचालित है जहाँ डण्टन तो स्वीकार्य है क्योंकि वे शुक्लजी वाली प्रोटेस्टेंट नीति के सहारे है, क्रोचे असह्य है क्योंकि वे क्षात्रधर्म को कोई मदद नहीं देते। परम व्यक्तिवाद समाज संघटना के शुक्लीय स्वप्न को चुनौती है।

लेकिन हिन्दी आलोचना का परवर्ती विकास और कहें तो शुक्लजी के वक्त भी विमर्श का दूसरा 'विकास मूलक' दिशा में ही रहा। छायावाद को रहस्यवाद बनाकर शुक्लजी इसीलिए कूटते हैं क्योंकि रहस्यवाद बनाकर छायावाद को एक तर्कहीन विचार बनाने में आसानी है। शुक्लजी के चतुर्वर्ण को थोड़ा तर्कसंगत बनाने का उपक्रम उसे हड़काने के लिए काफी है। वे छायावाद में निहित व्यक्तिवाद से गहरी घृणा करते हैं क्योंकि वह व्यक्तिवाद क्षात्रधर्म को, लोक को, मंगल को चुनौती है। क्षात्रधर्म समर्थित सौन्दर्यशास्त्र को चुनौती है।

यह इतिहास की विकासमूलक गति ही है जो शुक्लजी को छोड़कर छायावाद, नयी कविता के रूप में आगे बढ़ती है और क्रोचे के व्यक्तिवैचित्र्यवाद की दिशा को प्रशस्त करती है। हिन्दी का विकास, हिन्दी रचना का विकास, शुक्लजी से विपरीत दिशा में होता है और आज भी है जबकि आलोचना का विकास आज भी शुक्लजी की मूँछों में अटका है इसीलिए कहा जाता है कि रचना और आलोचना में एक फाँक आज भी है। क्या यह फाँक निहित चतुर्वर्णवाद और आधुनिकता के बीच नहीं है? क्या यह फाँक शुक्लजी के मानकों और जीवन के नये मानकों के बीच नहीं है? क्या यह फाँक उसी फाँक की देन नहीं है जो शुक्लजी में थी? खेद की बात है कि शुक्लजी के योगदान को किसी दैवी वरदान और असन्दिग्घ विमर्श की तरह स्वीकार किया जाता है रामविलास से लेकर मलयज तक यहाँ एक हैं। क्या शुक्लजी के बुनियादी मानकों पर सन्देह करके जीवित रहा जा सकता है? शुक्ल पर सन्देह करना तुलसी के कैनन को ललकारना है। कौन है जो ललकार सकता है? क्या यह डर हिन्दी विमर्श को खत्म कर रहा है?

मलयज के रामचन्द्र शुक्ल को पढ़ते हुए दो बातें साफ होती हैं। पहली कि यह एक मोनोग्राफ-सा है जिसमें परिचयात्मक स्पष्टता है और समग्रता का भाव है। दूसरे कि मलयज एक आलोचक के निजी जीवन और आलोचना सिद्धान्तों की आवाजाही पर ध्यान देकर बताना चाहते हैं कि शुक्लजी कोई हृदयहीन आलोचक नहीं थे बल्कि सचमुच सहृदय आलोचक थे। उन्होंने अपने मानक यथा प्रकृति-प्रेम, लोकमंगल भावना और रस आदि के पक्ष में क्रोचे आदि के विरुद्ध विमर्श उस समय के एक समाज संगत विमर्श के रूप में विकसित किया। एक सुधार यहाँ भी है। मलयज अपने समय के विमर्शों के आलोक में शुक्लजी को देखते हैं। 'लोक' को वे 'आम आदमी' के समकक्ष बताते हैं। यह शीतयुद्ध में चले प्रगतिशीलों और गैर-प्रगतिशीलों के बीच के विमर्श में प्वाइंट जीतने का परिणाम है। इसमें दोनों ही शुक्ल के वर्णवाद को भुला देते हैं। प्रगतिशीलों के लिए 'लोक' का मतलब 'समाज' हो जाता है मलयज के लिए 'आम आदमी' और फिर दोनों एक जगह 'लोकमंगल' का कोरस गाते हैं। लोक का 'कोड पद' इस तरह शुक्लजी की घोषित क्षात्रधर्मी इच्छाओं से 'सैनिटाइज' कर दिया जाता है।

लेकिन मलयज ने बहुत दूर तक शुक्लजी के व्यंजकों को एक उपयोगी क्रम दिया है जिससे होकर हम शुक्लजी की कोड पद्धति का एक कामचलाऊ लोकप्रिय नक्शा बना सकते हैं। जरा देखें तो सही कि यह नक्शा कैसे बनता है?

मलयज कहते हैं कि शुक्लजी के आदर्श और विश्वास भारतीय हैं। शुक्लजी के स्वच्छन्द पथ को विद्वानों ने शक की निगाह से देखा...नयों ने उन्हें अतीतकालीन, प्राचीन व्यवस्था का पोषक कहा (रामचन्द्र शुक्ल, 34) शुक्लजी आदर्श और यथार्थ संस्कार और परिवेश एक-दूसरे पर निछावर नहीं करते। वे दोनों को एक साथ स्वायत्त देखना चाहते हैं (वही, 34) क्या यह सही है? क्या धर्म की दृष्टि में वैसी स्वायत्तता सम्भव है जैसी छूट देते हुए, मलयज मानते हैं? मलयज शुक्ल के अन्तर्विरोध को उनकी समग्रता की ललक का परिणाम मानते हैं। वे समग्रता के समाजशास्त्र को नहीं बताते। समग्रता कहाँ ले जा रही है? वर्णाश्रम धर्म की ओर और यथार्थ कहाँ ले जा रहा है? पश्चिम की ओर। वे वर्णाश्रम में जाते हैं। मलयज यह नहीं देखते। वे पश्चिम विरोध में जाते हैं इसे मलयज पश्चिम को पूरब की आँख से देखना चाहते हैं :

मलयज कहते हैं जो कि एक बेहद भोले वाक्य-सा प्रकट होता है : 'पूरब को पश्चिम की आँख से देखा और पश्चिम को पूरब की आँख से देखा' (वही, 34) इस तरह एक नायाब खमीर पैदा किया। इस 'खमीर' में वर्णाश्रम

धर्म बना सो उन्हें नज़र नहीं आया। लोक हृदय और लोकधर्म में लोक का सार क्षात्रधर्म है। यह मलयज को नहीं दिखता।

मलयज शुक्लजी की समीक्षा को नया नाम देते हैं : प्रकृतवाद। यह शुक्लजी के प्रकृति-प्रेम से आता है। प्रकृति ठेठ उनके 'देहातीपन' में है (वही 45) यह प्रकृति-प्रेम ही देशप्रेम है यही हृदय का विस्तार करता है। इसके ज़रिये ही रूप परिचय होता है/शुक्लजी रूपविधान पर खूब जोर देते हैं तो उन्हें यार लोग रूपवादी नहीं कहते? वही हिन्दू मोह क्षात्रधर्म की मारक मार्मिकता का मोह। प्राकृत भाव, देहातीपन, प्रकृति से निकटता, कृत्रिमता को ठीक नहीं मानती सहजता, वह जो बनावटी अलंकार हो सहज न हो ठीक नहीं। सहजता का तत्त्व यहीं से आता है। कहना हुआ कि सहजता देहाती तत्त्व है जो बनावट यानी पश्चिम/पारसी सज्जा/के विरुद्ध है, यही भारतीय है (वही, 46) इसीलिए समूचा जीवन ही आलम्बन है प्रकृति ही आलम्बन है।

मलयज कहते हैं कि 'विशिष्ट और विलक्षण के विरुद्ध सामान्य और सर्वानुभूत की पक्षधरता' (वही, 52) उनका मौलिक तत्त्व है। शुक्लजी का यह बड़ा ही सेलिब्रेटेड तत्त्व है लेकिन यह सब किधर जाता है? इसका जवाब मलयज नहीं तलाशते और एक गम्भीर किन्तु तर्करहित निष्कर्ष निकालते हैं : गँवईपन देहातीपन प्रकृतपन है यहाँ। अन्तर्विरोध नहीं होता विरुद्धों का सामंजस्य होता है। 'सामाजिक विचारों में महामना के सहनशील हिन्दू आदर्शों के प्रति अनुरक्ति एक तरफ, राजनीति में तिलक की उग्रपन्थी विचारधारा का समर्थन दूसरी तरफ। तथापि वह धर्म और राजनीति को अलग-अलग खानों में ही रखना ही पसन्द करते हैं। उनका घालमेल एक ऐसी पेचीदगी है जो उनकी समझ में नहीं आती।' (वही 46)

मलयज रामचन्द्र के सेक्यूलर पाठ में कहाँ तक गये? धर्म और राजनीति में घालमेल उन्हें पसन्द नहीं। साहित्य और धर्म की मिक्सिंग के बारे में शुक्लजी के क्या ख़याल हैं यह मलयज नहीं देखते। जबकि उनका ज़बरदस्त क्षात्रधर्म और हिन्दूधर्म चिन्तामणि भाग-3 के प्रकाशन से पहले से प्रकाशित है। उद्धरण का अन्तिम वाक्य धर्म और राजनीति के घालमेल की पेचीदगी उनकी समझ में नहीं आती थी—यह वाक्य एक चोर वाक्य है। शुक्लजी से बेहतर कोई नहीं जानता कि साहित्य का मामला धर्म से गहरा जुड़ा है। कहें कि अभिन्न है और जीवन भी धर्म से अभिन्न है। वे समीक्षा के साम्प्रदायिक

पाठ के उज्ज्वल उदाहरण कहे जा सकते हैं। इसे धोकर साफ कर देना कमजोर सेक्यूलरिज्म है। मलयज रामचन्द्र शुक्ल को बचा लेना चाहते हैं।

मलयज की एक स्थापना उपयोगी है जो मूलतः नयी कविता के सामान्य मनुष्यवाद के जरिये शुक्लजी का पाठ ज्यादा है। नयी कवितावादी दृष्टि शुक्लजी को कितना सामयिक बनाये और कितना साफ करे इसे देखना हो तो प्रस्तुत प्रसंग देखने योग्य है : 'शुक्लजी की इस लड़ाई का हीरो सामान्य मनुष्य है' (वही, 52) यह सामान्य मनुष्य अपने समय के पिछड़ेपन से घिरा है। शुक्लजी इसी को बाहर लाना चाहते हैं। मलयज में यह सामान्य मनुष्य मानो मलयज खुद ही हैं जिन्हें शुक्लजी बाहर निकालते हैं। अनभूत सत्य पर जोर देते हैं। 'इस पिछड़ेपन में भावयोग कैसे सधे कि सब पिछड़ेपन वाले एक हो जायें मलयज शुक्ल से एक फैंटेसी प्रसंग गढ़कर पूछते हैं। (वही, 50)

शुक्लजी कहते हैं कि, 'सत्य सबकी सामान्य सम्पत्ति होता है झूठ हरेक का अलग-अलग होता है।' (वही, 50) मलयज इस उत्तर पर मुग्ध हैं।

क्या बहुवचन के इन वास्तविक दिनों में मलयज से पूछा जा सकता है कि क्या बहुवचनता के इन दिनों में सत्य हरेक का अलग-अलग नहीं होता है?

लेकिन मलयज सत्य को सबका मानते हैं/वही आधुनिकतावादी 'एकार्थवादी' स्थिति है। सत्य प्रकृत है/प्रकृति में है (50) जबकि इधर क्या कभी भी सत्य भी मनुष्यकृत ही था प्रकृत भी होना मनुष्यकृत होना है/ लेकिन मलयज प्रकृति को पूर्वसत्य मानते हैं इसलिए उनके लिए शुक्ल एक सत्य के अधिष्ठान हैं। प्रकृति को वे धरती से एकाकार करते हैं। देहातीपन, गँवईपन और धरतीपन ये मलयज के अपने व्यंजक हैं जो वे शुक्लजी के लिए नियोजित करते हैं। 'धरती शुक्लजी के सामान्य मनुष्य का संस्कार है, आकाश उसका कर्म। अपने संस्कारों में वह धरती की ही तरह ठोस है अपनी संवेदना में मूर्त और वस्तून्मुखी अपने कर्म से वह उड़ता है आदर्श के पक्ष में हाथ उठाता है'। (वही, 52)

मानो शुक्लजी के रूप को ऐसे उपरूपकों की जरूरत है! मलयज धरती आकाश का उपरूपक लगाते हैं और उनका सामान्य आदमी शुक्लजी का सहृदय बन जाता है। यह सामान्य आदमी छायावाद के खिलाफ है। इसी के लिए शुक्लजी छायावाद के खिलाफ जाते हैं। मनोविकार सम्बन्धी तमाम विचार इसी से सम्बद्ध हैं इस सामान्य आदमी का भाव केन्द्रीय तत्त्व है। इसीलिए शुक्ल मनोविकारों को, रस को इसके अर्थ में ही पढ़ते हैं। यह आदमी शास्त्र

के विपरीत सहज है यह सामान्य मनुष्य गँवई गाँव का है। 'इस सामान्य आदमी की जड़ गाँव है, वृन्त शहर है। यही नक्शा शुक्लजी का है' (वही, 53) भावुकता, प्रकृति-प्रेम, लोकधर्म का मूल्यादर्श, भाषा में ठेठ हिन्दी का ठाठ–यह है गाँव। भाव-वस्तु सम्बन्ध का सिर्फ अनुभवन नहीं, विश्लेषण, खण्डन-मण्डन, तर्क, कटाक्ष और तेवर। यह है शहर (वही, 53) शुक्लजी तुलसी के जिस राम को खोजते हैं वह यही सामान्य आदमी है (53) मलयज यहाँ फिर इस आदमी की क्षात्रधर्म में शुक्लजी द्वारा की जाती ज़बरदस्त नियुक्ति को नहीं देख पाते।

धरती यानी सामान्य आदमी की बाहरी प्रत्यक्ष दुनिया ही लोक जगत् है काव्य का विभाव है और उसके सामीप्य लाभ से उसे बदलने का जतन है। यह सामान्य आदमी का जगत् है। अभिधा और नाटकीयता इसीलिए शुक्लजी के दो ज़बरदस्त व्यंजक हैं।

मलयज बहुत मेहनत करके सामान्य आदमी को डिफाइन करते हैं राम भक्त जैसा बताते हैं लेकिन फिर उन्हें सन्देह होता है और सामान्य आदमी स्वयं एक मिथ में बदल जाता है। क्षात्रधर्म को बचाते-बचाते वे सामान्य आदमी को खोजकर भी नहीं बचा पाते। मलयज का यह जतन साहस भरी निराशा है। वे शुक्लजी के कोड को बदलना चाहते हैं और उसके रूपकों को लाँघकर अन्योक्ति में उसे युग सत्य कहकर एक ऐतिहासिकता देना चाहते हैं लेकिन लोकधर्म और क्षात्रधर्म जैसे शुक्लजी द्वारा सुव्याख्यायित पदों और उनमें निहित सक्रिय रूपकों को भुलाकर। खुद कि शुक्लजी स्वयं ऐसा नहीं करने देते और करने वाले की चुगली बुरी तरह खाते हैं मलयज के बाद शुक्लजी को पढ़ना इस चुगली को ही पढ़ना है। शुक्लजी अपना धर्म नहीं छिपाते। मलयज उसे ही छिपाते हैं। यह नव्य समीक्षा की सीमा है।

विखण्डन के दिनों में तो व्यंजकों को उलट-पलट कर ही देखा जा सकता है और तब मालूम पड़ता है कि शुक्लजी एक हिन्दू विमर्शकार हैं जो अपने समय के प्रतिबिम्ब तो हैं ही अपने समय को सत्ता के विमर्श में बदलने वाले भी हैं और हिन्दी आलोचना अभी तक उनके विमर्श से बाहर नहीं निकली है जबकि रचना का विकास उनके कहे की ठीक उल्टी दिशा में हुआ है। आज की रचना साधारणीकरण की ओर प्रवृत्त न होकर व्यक्तिवैचित्र्य की ओर ही प्रवृत्त मानी जा सकती है। सत्य की सार्वभौमिकता और साधारणीकरण की सम्प्रेषणीयता आदि पद अब उस तरह नहीं मिलते। दलित, स्त्रीत्व और अल्पसंख्यक अनुभवों की विशिष्टता के इस वक्त में शुक्ल दूर तक काम नहीं आते।

उनका ब्राह्मण-क्षात्रधर्म आज फासिज्म की खुराक बन रहा है और राम के पापूलिस्ट नये भक्त एक विनीत राम को उग्र राम बनाकर लोकजीवन को तहस-नहस करने में लगे हैं। स्वयं शुक्लजी के राम इससे मिलते-जुलते हैं। आश्चर्य है कि शुक्लजी के कोड लोक के नहीं स्पर्धात्मक क्षात्रधर्म के बड़े काम के साबित हो रहे हैं। उनका पश्चिम-विरोध उन्हें जैसा भारतीय बनाता है वैसे भारतीय ग्लोबल में सम्भव न तब थे न अब हैं। उनका पूँजीवाद-विरोध वह तत्त्व है जो उन्हें प्रतिक्रियावाद का औज़ार बनाता है। लेकिन इसकी अनदेखी करने में मलयज तो मामूली जिम्मेदार हैं। असल तो उनका ज़िम्मा है जो खुद को प्रगतिशील कहते हैं? वे शुक्लजी की धर्मभूमि को नहीं खोलते! आलोचना में धर्मभूमि को खोला जाना चाहिए। शुक्लजी की आलोचना धर्म की आलोचना के बिना वाकई सम्भव नहीं है। मलयज की तरह या रामविलास या नामवर की तरह उसे छिपाने से तो हरगिज सम्भव नहीं है। इसका अर्थ न तो यह है कि शुक्लजी का हिन्दू होना अपराध है और न यह कि हमें उनके हिन्दू होने से दिक्कत है। दिक्कत इस तथ्य की सक्रियता और अर्थ निर्माण में इसकी भूमिका को छिपाने से है। विखण्डन इस पहलू को खोलने की सुविधा देता है क्योंकि वह किसी के धार्मिक होने और उससे निःसृत किसी पूर्ण-पूर्व सत्य की, पवित्रता की कोई गारंटी नहीं मानता। देखना ही होता है कि धर्म के उपलब्ध व्यंजकों की लीला क्या है यानी धर्म भूमि क्या है और किस तरह उसमें गाँठें लगी हैं? किस तरह वह अपने अर्थों के छल में कैद है।

शुक्लजी एक सक्रिय राम के निर्माण के अनुरोधों और तुलसी के राम के विनीत विनम्र छवि को बदलने के बीच कहीं फँसे नज़र आते हैं। वे आसानी से एकार्थवादी हिन्दुत्व के औज़ार बनते दिखते हैं। वे बहुवचन को जगह नहीं देते।

ज्ञानीयता आचार्य शुक्ल की

—मंजीत चतुर्वेदी

आचार्य शुक्ल का एक वास्तविक समय है। सन् 1857 की क्रान्ति और उसकी परिणति साम्राज्यवाद के कुछ ही दशक बीते हैं। लगभग पाँच दशक पहले की बात है और अभी हम राष्ट्रीय आन्दोलन के बिल्कुल प्रथम चरण में हैं। शुक्लजी का जो मनोविमर्श है, साहित्य और क्रमिक समय का इतिहास है, उसकी बारीकियों पर तरह-तरह से चर्चा हुई। नाना प्रकार के आक्रमण भी किये गये। भद्रता की सीमा लाँघी गयी। अपनी-अपनी प्रसिद्धि के लिए खेमे गाड़े गये। अब वे शख़्स समालोचक नहीं, तो क्या आक्रान्ता हैं? वास्तविक समय में न्यायप्रिय समीक्षक कौन है? शुक्लजी के सम्पूर्ण विमर्श को कालक्रम पर टिप्पणी ही माना जाये उस वास्तविक समय पर जिसमें समकालीन साहित्य व्यवसाय तथा समाज व्यवस्था क्रम द्वारा औपनिवेशिक छाल से ढकते जा रहे चिन्तन को छीलने के लिए कुल्हाड़ी जरूरी थी, जिसमें परम्परा ज्ञानात्मक थी, उनकी टिप्पणी दरअसल कुल्हाड़ी की ताकत से छाल छीलती है। नये-नये जगे यूरोप के शामिल समाज सुधारक हो रहे थे 'अ'पूर्व। उन्हें ही शक्ति का सिंड्रोम माना जा रहा था। यह टिप्पणी है। यदि शुक्लजी के एक-एक वाक्य और एक-एक अक्षर देखे जायें तो उन्होंने जो टिप्पणी की है वह उन सबको दिखाती है जिनसे रचना-कर्म ही परम्परा बनी है। भाँति-भाँति के नाम दिये गये। परन्तु परम्परा की सर्वमान्य निर्मिति लोकमंगल है। साहित्य का सर्वकालिक लक्ष्य लोकहित है। लक्ष्यभ्रष्ट की बात करके समय नष्ट क्यों करें। बहुत सीधी-सी बात है कि प्रॉक्सीस की बात है। प्रॉक्सीस का मतलब है परिवर्तन के लिए की जाने वाली सामूहिक क्रिया। एकाकी नहीं लोक व्यवहार है साहित्यकर्म। आचार्य शुक्ल का विमर्श साहित्य भी है मनोविज्ञान भी।

साहित्य और मनोविज्ञान—अनुशासनों को राजनीतिक व्यवहार के अभियोग में देखने का प्रयास करते रहते हैं हम। परन्तु ज्ञान का हेतुक है कि अन्त में जाकर व्यक्ति की लोकक्रिया का बहुल ही परिवर्तनकारी प्रक्रिया है।

साहित्य मांगलिक है, तटस्थ नहीं। शुक्लवांग्मय की ज्ञानीयता हिन्दी साहित्य की बहुत बड़ी खोज है। आचार्य शुक्ल की ज्ञानीयता के सृजन में—अतः साहित्य के स्थापत्य और सामाजिक पर्यावरण—इन दोनों के भीतर अन्तःक्रिया है—वह कई जगह गोचर है, औपनिवेशिक छाल-छीलके जमीन पर पड़े दिखाई पड़ते हैं। इतिहास लेखन की जरूरत अभी भी है। आधार ज्ञानीयता का, इतिहास साहित्य का।

वास्तविक समय में स्थापत्य के इतिहासविद् इसके लिए माहिर होते आये हैं लेकिन शुक्लजी के साहित्य में विधि मौजूद है—साहित्य विधि कहिये चाहे इतिहास विधि। आज जब हम उस समय को पुनर्निर्मित करना चाहें तो इतिहास लेखन की जरूरत पड़ती है।

साहित्य-विमर्श में आचार्य शुक्ल कोई एकमात्र उदाहरण नहीं हैं। अभी बहुत से उदाहरण दिये गये और दिये जायेंगे और वस्तुतः रहे हैं। हमको उन सभी साहित्यकारों के (साहित्य की रचना मित्रो शून्य में नहीं होती है वह बहुत पुराना और पिटा हुआ वाक्य है लेकिन सत्य है।) राजनीतिक व्यवहार को जानना है।

स्वाभाविक रूप से ध्यान जाता है कि वे क्या टिप्पणी कर रहे हैं क्या लिख रहे हैं और किसलिए लिख रहे हैं? इन साहित्यकारों, रचनाकारों का एक हिस्सा ज्ञान के कर्तव्य के लिए है। लोक और दूसरा उस लोक के कुछ अग्रणी प्रतिनिधि जिनको हम समाज सुधारक कह सकते हैं उनमें से कुछ क्रान्तिकारी भी थे। मैं उन सामन्तों की चर्चा करूँगा जो क्रान्तिकारी सिपाहियों के कहने से उनके नेता बने। प्रॉक्सीस थी वह अपने वास्तविक समय की।

और जिसे रचना हो, समालोचना करना हो, दृष्टान्त है आचार्य की ज्ञानमीमांसा। इस ज्ञानीयता की खोज से विश्व साहित्य को नवाज़ा गया है। अब हिन्दी की बारी है। 19वीं सदी में सहानुभूति के कारण सम्पत्ति पर निजी अधिकार कम सामूहिक क्रिया का हिस्सा बनना अधिकार है। वो वस्तुतः उन सिपाहियों के उत्साह को देख करके निर्भय होकर क्षात्र धर्म में प्रवृत्त होते हैं। चाहे वो दिल्ली के बहादुरशाह जफर रहे हों चाहे बिठूर के नाना साहब पेशवा रहे हों।

पुनर्स्थापत्य के लिए साहित्य से बढ़कर हमारे पास दूसरी कोई विरासत शायद नहीं है। यह विभिन्न मत है जिसे मैं अवश्य आपके साथ साझा कर रहा हूँ। सामाजिक शील क्या एक आदर्श प्रतिरूप है समाज का या यह केवल पाठ्य-पुस्तकों में मिलता है। क्योंकि एक जगह वह लिखते हैं कि आज समाज की कृत्रिमता से हम लोग लगातार दो-चार हो रहे हैं। मैं भी एक कृत्रिम व्यक्ति हूँ, और मैं नहीं समझता हूँ कि यहाँ कोई भी व्यक्ति पूर्ण रूप से अकृत्रिम होने का दावा कर सकता है। लेकिन यह सौ वर्ष पहले की कृत्रिमता थी। यह समाज के ऊपर उनकी टिप्पणी है। वह कृत्रिमता शिथिल होने लगी थी। जितने उन्होंने उदाहरण दिये हैं तो उसमें ब्राह्मण को पेठा दे दो तो पता नहीं क्या कर बैठेगा या किसी से कुछ भी करा लो। परम लोभी महाजनी सभ्यता है जो उपनिवेश काल में प्रेमचन्द का दुखद समय है। आचार्य शुक्ल किस तरह से प्रीति और लोभ की बात करते हैं। प्रीति जिसमें प्रेमी कभी नही चाहता कि उसमें दूसरा कोई हो, क्या हम उसी की प्रीति को इसमें नहीं जोड़ सकते। जिससे देश बनता है, राज्य बनता है और राष्ट्र का पुनर्निर्माण होता है, सभ्य साहित्य से। सभ्यताओं का इतिहास यही रहा है।

मूल्य के अभाव में कुछ तो जी ही रहे हैं। परिसर से प्रवाहित भागीरथी के बोधि मेघ द्वारा सिंचित मस्तिष्क की सामूहिक स्थिति के साकार स्वरूप का प्रकटीकरण प्रकृति के शून्य को सदा अंक के दायें ओर रखता है। संस्कृत तथा संस्कृत जन्य भाषा में विचार जुड़ते हैं। इन भाषाओं को बायें से दायें लेखन का विज्ञान है। शैली सामान्य अथवा असामान्य जो भी हो संचरण से शून्य के परे भी जाती है। आचार्यप्रवर द्वारा इतिहास की खोज मात्र एक परम्परा नहीं थी, अनेक परम्पराओं का संश्लिष्टीकरण स्पष्टतः आगे बढ़ाती है। भारतीय चिन्तन धारा का मूल 'हिन्दी साहित्य का इतिहास' है, शाखाएँ, प्रशाखाएँ ही नहीं कोमल कोपल की देन भी हैं। आचार्य शुक्ल ने टूट चुकी सूखी टहनियों को भी महत्त्व दिया जिनके बिना साहित्य का इतिहास पूर्ण कैसे होता भला? इतना ही नहीं भारत के अन्य क्षेत्रों में स्वयं गये, पता लगाया उस पुरातत्त्वविद की भाँति जो शताब्दियों से विस्मृत जमींदोज़ इतिहास का खोजी है। शुक्लजी द्वारा खोजे गये साहित्य के आर्टिफैकट्स कतार में रखे नमूनों की नुमाइश न होकर अन्तरबन्धित विचारधारा है जो साहित्य में हिन्दी का विश्लेषणात्मक इतिहास बनकर पढ़ी पढ़ाई जा रही है। आचार्य के परिप्रेक्ष्य को देखिये, सोचिये समुच्चय है परम्पराओं का।

4 अक्टूबर, 1884 को बस्ती जनपद के अगौना ग्राम में जिस शिशु का जन्म हुआ वही 1898 में अंग्रेज़ी साम्राज्य के आँखों की किरकिरी बन गया। 2 फरवरी, 1941 तक उनकी अन्तिम साँस भी इसी तेवर की बनी रही। लोकमंगल उनका ध्येय था। हिन्दी समालोचना ही नहीं, कविता, मनोभाव निबन्ध, पोलेमिक्स, कहानी, अनुवाद, खोज, और हाँ विज्ञान, भारतीय विज्ञान एवं दर्शन की परम्परा आदि विविध क्षेत्र उनके द्वारा समृद्ध किये गये। यह समृद्धता मानव की है, नये विमर्श की है, सम्मिलन की है।

वास्तविक समय की ओर लौटें। प्रॉक्सिस की प्रविधि तयशुदा थी तो हिंसा, अहिंसा, नरम दल, गरम दल इति नहीं आरम्भ थे। समय फौलाद है जिसे फाड़ने के लिए तलवार नाकाफी थी। हौसला कम नहीं, जनसमूह भी दुनिया का विशालतम। देश में कसक थी कि आखिर क्यों आजादी दूर है? अट्ठारह साल की उम्र में मिर्जापुर के नन्दन मिशन स्कूल में दर्जा बारह का विद्यार्थी रामचन्द्र शुक्ल लेख लिखता है 'व्हाट हैज इंडिया टू डू'। यह चोट कलम की है। सीधे लगती है कलक्टर विंढम के अंग्रेज़ी दिमाग पर।

यह है 1902 ईस्वी सन्। पैंतालीस वर्ष हुए भारतीय स्वतन्त्रता संग्राम के लीजेंड बन जनचेतना का अंश बने शहीद 'मंगल पाण्डेय' को। कोई प्रसिद्ध कविता उनके ऊपर मुझे याद नहीं आ रही। कारण, कितना कम पढ़ा-लिखा हूँ मैं। याद आती है सुभद्राकुमारी चौहान की 'खूब लड़ी मर्दानी वह तो, झाँसी वाली रानी थी'। काशी में जाग्रत त्रिकोण बनाता है भूगोल। लंका पार महामना की तपोसृष्टि बीएचयू, घाट अस्सी का जहाँ विष्णुपद पखारती भागीरथी सर्वाधिक सक्रिय हैं। दीवानगी का साक्षात् सबूत उत्तरवाहिनी होना गंगा मैया का रामबोला को इतना भाया कि जन भाषा में रामकथा कह डाली, त्रिकालदर्शी की नृत्य नगरी का तीसरा कोण मैं खोजने वाला कौन? रामबोला ने सिद्ध कर रखा है संकटमोचन। यदि त्रिकोण में तीन ही कोण होते तो इन पंक्तियों के लेखक का कण्ठ अवरुद्ध हो जाता गाते गाते 'को नहीं जानत है जग में कपि, संकट मोचन नाम तिहारो'। बहक गया तो सुधिजन सुरक्षित कर देते मेरी कलम दवात। बहका हूँ नहीं जानबूझ कर बहकी बहकी बात कर रहा हूँ जिससे गणितप्रेमी जरा दूर ही रहें और त्रिकोण का चौथा कोण खोज सकूँ मैं। मिर्जापुर से महामना ले आते हैं एक ड्राइंग मास्टर को बीएचयू में हिन्दी पढ़ाने के लिए। कौन? ड्राइंग पढ़ाने वाले रामचन्द्र शुक्ल हिन्दी विभाग में शिक्षक।

चौथा कोण कैसे? काशी क्षेत्र में कदम रखते ही अस्सी पर किराये का मकान। फिर बीएचयू में जगनाथ प्रसाद शर्मा, सीताराम चतुर्वेदी, विश्वनाथ प्रसाद शर्मा, राम बहोरी शुक्ल, नागप्पा, शिवमंगल सिंह सुमन, करुणापति त्रिपाठी को कभी रसमीमांसा, कभी चिन्तामणि, कभी खंजन नयन सूर, कबीर, तुलसीदास पढ़ाते-पढ़ाते और घर लौट धर्मपत्नी सावित्री (विवाह पूर्व नाम शिवमूर्ति जिन्होंने बांग्ला उपन्यास कलंकिनी और शैलबाला का हिन्दी अनुवाद किया और जिन्हें बच्चे बूढ़े सब भौजी कहते थे) की सेंकी रोटी खाकर इक्का पकड़ मैदागिन पहुँचते हैं नागरी प्रचारणी सभा। 'हिन्दी साहित्य का इतिहास' में आज लिखना है निराला पर। शाम झुक जाती है। अघोर की धरा पर अन्धराक्षस घोर होकर अपनी चादर फैला रहा है। रामचन्द्र हाँफते-हाँफते बेलवरिया लौटते हैं जो अस्सी और संकटमोचन के मध्य छिपा करील का जंगल है जिसे रामचन्द्र शुक्ल ने चुना अपना मकान बनवाने के लिए। उनकी ड्राइंग का शेष जीवित प्रमाण। बचपन से सुनता आया हूँ कि इसका नक्शा प्रमातामह आचार्य शुक्ल ने बनाया था। मथुरा से कदम्ब, मिर्जापुर से जामुन, लमही से निसोढा, विन्ध्याचल से सात गुणे चार के दो बिस्तर नुमा विशाल प्रस्तरखण्ड जो दरअस्ल गर्मियों में सोने के काम आते थे। शाम हुई नहीं कि पत्थर की आँच ठण्डी कर एक मैं पकड़ लेता था। रात में साँप के सरकने की आवाज से तभी जगता था जब मातामह गोकुलचन्द्र शुक्ल (आचार्य शुक्ल के कनिष्ठ पुत्र) की चार या पाँच बिल्लियाँ कान के पास बकती थीं मियाँउ। मातामही चन्द्रावती शुक्ल, राजपरिवार की वंशज, कहती थीं, "मुट्टू अबकी गर्मी में नौतनवा चलना है"। विन्ध्य का प्रस्तर ही बिस्तर है तो क्यों सुनूँ? विन्ध्याचल पर्वत से कभी क्यों लौटूँगा? न लौटा तो क्या घट जायेगा? फक्त एक बंजारा। शहर और बनारस? जनाब, बनारस लुट गया। मधुश्रोत है सोन, जुरासिक युग के सलखन फॉसिल्स असभ्य से नहीं लगे मुझे। कभी यहाँ समुद्र बहता था। क्या अगस्त्य ने समुद्र पीकर खारा नहीं किया। किसका नमक खा रहे हैं हम।

हे विन्ध्य, आचार्यवर ने साहित्य की जटिल स्थापना का उद्देश्य क्या तुम्हें देखकर तुम्हारी गोद में अपनी माँ को पाकर पा लिया था? माँ सौतेली थीं, पिता नवाबी जमाने की फ़ारसी बोलते थे। जंगल की कली खिलती तो माँ मिलती, हाथी पहाड़ पर टकराकर घन गरजते तो पिता की जबान से निस्सरित कम्बख्त, बदबख्त। सदा ज़ंगल सम्भव था नहीं,

शुक्लजी ने प्रेमघन के सम्पर्क में आकर घोर अध्ययन तथा नियमित लेखन आरम्भ किया। आजीविका और कला दोनों ही चित्रकला थी जीवन चलाने के लिए।

हृदय बन्दी है, बन्दी की चेतना आजादी की प्यासी है। हृदय की चरम उन्नति की परख है काव्य। शुक्लजी का विचार है कि हृदय की मुक्तावस्था की ऐन्द्रिक सम्भावना बनी हुई है। कविता रची जा रही है क्योंकि हृदय की मुक्तावस्था ही कविता है।

ऐन्द्रिक सम्भावना? ज्ञानेन्द्रियों से ज्ञान का आदान-प्रदान, कर्मेन्द्रियों से कर्म करना अर्जित ज्ञानयोग तथा कर्मयोग है। आचार्य शुक्ल इनके वजन पर काव्य को भावयोग मानते हैं।

पतंजलि ने योगसूत्र में योग की दिखने में सरल और संक्षिप्त अवधारणा रखी है। परन्तु योग क्या है जानने के लिए सम्भवामि युगे युगे की प्रतीक्षा करते-करते द्वापर के उस पार्थ की एकाकी ज्ञानेन्द्रियों की प्रतीक्षा करनी पड़ती है। पार्थ को निस्संग होना पड़ता है। चित्तवृत्ति से बड़ा दुश्मन कौन? जन्म-जन्म के युद्ध के पश्चात् आत्म पृथक कर पाता है स्व को चित्त की सहज प्रकृति से। बोधिसत्व के जातक अन्यान्य प्राणीरूप के पश्चात् युगों में महापरिनिर्वाण प्राप्त करते हैं। चित्त को सुविधा मिली हुई है, मनुष्य को प्राकृतिक अवस्था में बने रहने देने की। शुक्लजी ने बिम्ब ग्रहण को काव्य शैली की श्रेष्ठता की कसौटी कहा है। भावयोग का अर्थ यहीं खोजा जाये। चित्त को बिम्ब विहीन नहीं किया जा सकता। चैतन्य जगत् की कविता ही कविता है। चैतन्य जगत् लोकातीत नहीं है, उसका सरोकार है जगत्। जगत् भी वह जहाँ मनुष्यों का समाज बसा है। उसकी पीड़ा का स्रोत विषमताओं से भरी निष्ठुर दुनिया हैः बँटी हुई, असमान। लोक पीड़ा का समाधान लोकमंगल है। गौरतलब है शुक्लजी ने अगस्त 1927 की माधुरी में अपनी विशेष कविता 'गोस्वामी जी और हिन्दू जाति' प्रकाशित की। लोकमंगल भावयोग है, साधारणीकरण उसकी प्रक्रिया जो कवि को कवि बनाती है। निराश हुई जाति, भग्न स्वप्न। दिन दिन नये निकलने वाले मत के मतवाले लुभावने अलंकारों से चकाचौंध पैदा कर के समाज को भारती-पाद-पद्म से पृथक कर रहे हैं। सोलहवीं सदी है, तुलसीदास करोड़ों की जनभाषा में रामचरित लिखते हैं—

> इतने में सुन पड़ी अतुल सी तुलसी की बर बानी,
> जिसने भगवत्कला लोक के भीतर की पहचानी।

अतएव परम्परा से ही यथार्थ निकलता है। तुलसी की कविता ने न सामन्तों को पकड़ा और न साधुओं की टोली को, सीधे अर्धनिमीलित समाज की लोकरक्षिणी शक्ति को जगाया। 21वीं सदी की लोकशक्ति अभियानी अभिकरण है।

ध्यान रहे अभी भारत में अंग्रेज़ी राज का सूत्रपात नहीं हुआ था। यद्यपि तुलसीदास के जीवन काल में इंग्लैंड में उस ईस्ट इंडिया कम्पनी की स्थापना हो चुकी थी जो व्यापार के साथ-साथ राजनीति करने भारतभूमि पर अठारहवीं शताब्दी में प्रवेश करके सत्ता हथिया लेती है। और भारत उसे कम्पनी बहादुर कहने लगता है। आचार्य शुक्ल ने ब्रज भाषा में काव्य नाटिका लिखी 'भारत और वसन्तष्'—वसन्त आता है, भारत परतंत्र है, पूछता है—

> "कौन आस धरि, हे वसन्त, अब आज फेरि तुम आये?"
>
> अन्ततः भारत महिषी आकर सबको एकसूत्रबद्ध करती हैं, जन सामान्य उद्घोष करता है—वन्दे मातरम्।
>
> साधारणीकरण को मामूली समझते विद्वज्जन से निवेदन है कि लोक सर्वोपरि है, सम्प्रभु है और कवि व्यक्तिवैशिष्ट्य से जनसामान्य की चेतना की प्रगति का दूत है।

कविता क्या है? क्या लिखूँ? पुनरावृत्ति की लालसा नहीं है। पुच्छ विषाण विहीन होने से बचने का उपागम है। जिज्ञासु बन जाना। अजीब सा सवाल है, पर सवाल तो सवाल। कविता कौन है?

पूछते हैं माधुरी से। अक्टूबर 1925 में कवि रामचन्द्र शुक्ल बताते हैं—

कविता वह! हाथ उठाए हुए
चलिए कविवृन्द! बुलाती वहाँ।।

कहाँ मिलेगी, उसका पता मालूम हो तो भी कवि को ही कविता खोजना पड़ता है। यह उस शायरी से भिन्न है कि ग़ज़ल खुद-ब-खुद अयां होती है। क्या पता है, क्या वहाँ पहुँचकर काव्य की गति पहचानी जा सकेगी। शुक्ल ने खोजी है कविता, मिली है कविता वहाँ जहाँ छटा है कलंब-करंचित कूल, द्रुम-अंकित, दूब भरी, जलखण्ड जड़ी धरती हैं, और जहाँ किसानों के धूल सने श्रम का फल है। किसान की कुटिया आश्रम है। कविता कौन है इस दृश्य में पहचाना? अथवा महानगरीय सन्त्रास भोगते शहर में सम्भव होना है

तो बनेगी कविता या चुकेगी कविता? नेरुदा ने क्यों पाया कविता को हजारों हजार साल प्राचीन माचू पिचू के शिखरों में।

काव्य विशेषताओं से कविता का अस्तित्त्व आकार लेता है। पुनःप्राण प्रतिस्थापना होता है उन वस्तुओं और विचारों का जिनकी अमूर्त शक्ति से भाव कविता बन जाता है।

और फिर कवि समाज की मूल शक्तियों से जुड़ कर कह उठता है

हृदय, क्यों लाद लिया यह भार—
किसी देश की किसी काल की छाया का भण्डार?
कहाँ लिए जाता है मुझको यह जीवन विस्तार?

वहीं जहाँ है कविता और उसके हाथ आमन्त्रण में उठे हुए हैं।

गोचर-अगोचर, व्यक्त-अव्यक्त, ज्ञात-अज्ञात की दुविधा संसार को लम्बे समय तक व्यस्त रखने के लिए पर्याप्त है। रखा भी है। गोचरत्व दृश्य है, दृश्य का विधान चाक्षुस हो न हो शब्दग्राह्य है, बिम्ब ग्रहण होता है जो दृश्य है। काव्य की धारा बहने लगती है। कभी चुपचाप कभी शोर के साथ।

कविता की बात बहुत हो ली, जरूरी थी यह बात। साहित्य की जेनेसिस यदि कविता नहीं तो क्या है? छपना कम होते-होते कहीं कविता श्रुति परम्परा में ही शेष न मिले, यह डर बना हुआ है। सीधे आधुनिक काल। शुक्लजी ने हिन्दी गद्य के उदय को भारतेन्दु जी के पुरीभ्रमण उपरान्त जन्मस्थान काशी के पक्का महाल लौटने से देखा। हरिश्चन्द्र मण्डल में बद्रीनारायण चौधरी प्रेमघन की भाषाई नफासत ने आचार्य शुक्ल की प्रतिभा को घेर लिया। भारतेन्दु हरिश्चन्द्र, प्रेमघन, अयोध्या सिंह उपाध्याय, महावीर प्रसाद द्विवेदी से निस्सरित; ऐयारी और तिलस्म के विशेषज्ञ देवकीनन्दन खत्री की ऋणी हिन्दी भी कोई भाषा है? असगर अली ने कुंद सवाल उठाये। मुकदमा खड़ा किया और स्वयं फैसला लिख दिया कि उर्दू और हिन्दुस्तानी (भूलने वाली बात नहीं कि दोनों का व्यावहारिक रूप उर्दू ही है, सिर्फ उर्दू। लिप्यन्तरण से उर्दू को हिन्दुस्तानी कहना उदारता का तार्रुफ है।) ही हिन्दुस्तानियों की असली मादरी जबान है, भाषा है, बोलचाल ही नहीं ज्ञान के आदान-प्रदान में प्रयुक्त है क्योंकि हिन्दी तीन सौ साल पहले मर चुकी है। महावीर प्रसाद द्विवेदी ने 'सरस्वती' का सम्पादन भार सँभाला और तर्कपूर्ण उत्तर दिया। यह था सन् 1913 और

सरस्वती का अंक जिसमें उनके लेख 'क्या हिन्दी नाम की कोई भाषा ही नहीं' को महत्त्वपूर्ण समझ कर आचार्य शुक्ल ने पूरा अंश उद्धृत किया है।

नाजायज मुकदमे आज कुछ ज्यादा ही हैं। अपने कुतर्क के कारण उनकी बेचारगी पर हँसी आती है। धन्धे में बने रहना है तो बाजार खोजो, बिना पौरोहित्य को समझे, बिना प्रगति की विधि को जाने बढ़िया पैकेजिंग के साथ नकली माल ढकेल दो। बिक जायेगा :

दुकानदार तो मेले में लुट गये यारों
तमाशबीन दुकानें लगाकर बैठ गये।

मजेदार बात यह है कि बिका भी। अभी भी ऑर्डर आ जाता है—शब्द रहे न रहे शुक्लजी के साहित्य पाठ पर कालिख पोत दो। विद्वत्ता और ओछे इल्म के मध्य अन्तर साफ था, है और सदा रहेगा।

खयाल का क्या? खासुलखास खयाल है कि शुक्लजी का प्रमेय वास्तविक समय है हिन्दी के उस साहित्य का जो नवजागरण का परिणाम है और जो निस्सन्देह जनमानस की जागृति का सशक्त कारण भी है। यह स्वैर कल्पना नहीं कि भारतेन्दु जी की रचनाओं से उत्पन्न नवोन्मेष अंग्रेज़ी राज के प्रति व्याप्त होता गुस्सा है। रामचन्द्र शुक्ल के लेख, काव्य नाटिका, प्रेमचन्द का सोजेवतन आदि दस्तावेज है मनोदशा का। इन राष्ट्रीय नैरेटिव ने समान्तर दुनिया की घोषणा कर दी। यह दुनिया थी गैर-उपनिवेशवाद की, आजाद भारत की, पूर्ण स्वराज की जिसका सम्भावना से भरा हिस्सा था स्वतन्त्रता हमारा जन्मसिद्ध अधिकार है। तुम हमें खून दो, हम तुम्हें आजादी देंगे। इस वास्तविक समय में आचार्य शुक्ल खोज रहे हैं हिन्दी क्या है, हिन्दी भाषा क्या है, हिन्दी जाति क्या है। क्या लिखा जा रहा है हिन्दी जाति का साहित्य? चन्द्रधर शर्मा 'गुलेरी' जैसे संस्कृत के महापण्डित जो काशी हिन्दू विश्वविद्यालय के प्राच्य विद्या एवं धर्मशास्त्र के प्रधानाचार्य बने मगर शिक्षित जगत् ने याद किया, उसने कहा था। विशुद्ध प्रेम और त्याग की ऐसी गाथा जो भावयोग की अमर कहानी है। युगों-युगों तक सुनी जायेगी। हिन्दी की मौलिक कहानियाँ कमजोर जुजबन्दी के कारण बिखर न जायें इसके पहले ही शुक्लजी ने उसे विमर्श के लिए खोज निकाला।

1984 में सौ वर्ष हो गये रामचन्द्र शुक्ल के जन्म के। आचार्य पद की मर्यादा के अनुरूप दूरदर्शन ने वृत्तचित्र का निर्माण किया 'आचार्य रामचन्द्र शुक्ल'। निर्देशक आचार्य की प्रपौत्री मुक्ता। मुक्ता स्वयं लब्धप्रतिष्ठ कहानीकार

हैं, उनके द्वारा निर्देशित दूसरा वृत्तचित्र है डॉ. विद्यानिवास मिश्र। किन्तु आन्तरिक कारणों से प्रसिद्ध भारतीय डाक सेवा शायद वर्ष 2034 का इन्तजार कर रही है, शुक्लजी को जनमे 150 वर्ष पूरे हों तो उनके सम्मान में डाक टिकट जारी करे। विशफुल थिंकिंग का परिणाम है मेरा अनुमान, जबकि होना चाहिए कि 'हिन्दी साहित्य का इतिहास' पर स्वतन्त्र डाक टिकट जारी करना चाहिए। राष्ट्र भाषा के साहित्य का प्रथम इतिहास मोहताज नहीं किन्तु कृतज्ञता भी तो कोई चीज़ है। जिसने भी हिन्दी पढ़ी, हाई स्कूल उत्तीर्ण किया तो रामचन्द्र शुक्ल के लेख को अनिवार्यतः पढ़ा।

आचार्य रामचन्द्र शुक्ल की रचना-दृष्टि

(विशेष सन्दर्भ : विश्व प्रपंच)

—अभय कुमार ठाकुर

आचार्य रामचन्द्र शुक्ल का ऐतिहासिक योगदान न केवल आलोचना को इतिवृत्त निरूपण से ऊपर उठाकर मानव जीवन के संचित प्रतिबिम्ब के रूप में स्थापित करने का था बल्कि अर्थपूर्ण प्रत्यक्ष भाषा की खोज का भी था, जो मानव जीवन के भाव और विचार को प्रामाणिक रूप से अभिव्यक्त कर सके। उनका समय भारतीय राजनीति में स्वाधीनता आन्दोलन का समय था तो साहित्य में छायावाद के उत्कर्ष का भी। यह विराट नाटकीयता का युग भी था जिसमें एक ओर पुराना सामन्तवादी ढाँचा चरमरा रहा था, तो दूसरी ओर मध्य वर्ग और आधुनिक मूल्यों का उदय हो रहा था। पारम्परिक और आधुनिक मूल्य व्यवस्था में कशमकश लगातार चल रही थी। लेकिन इस महत्त्वपूर्ण सामाजिक उद्वेलन के समय में हिन्दी आलोचना सामाजिक जीवन से विच्छिन्न महज तथ्य निरूपण में संलग्न थी। ऐसी आलोचना जो जीवन और साहित्य के प्रत्यक्ष सम्बन्ध से कोई वास्ता नहीं रखती थी जो मनुष्य के साहित्य सम्बन्धी विवेक को समृद्ध करने की बजाय साहित्यिक इतिवृत्त में उलझाकर उसे धुँधला करती थी, जीवन के मार्मिक पक्षों की पहचान के बजाय भाषा के आडम्बर को साहित्य विश्लेषण के केन्द्र में रखती थी। ऐसे चुनौतीपूर्ण समय में शुक्लजी ने साहित्य और मानव जीवन के बीच अविच्छिन्न सम्बन्ध को न केवल अपनी रचना दृष्टि का आधार बनाया बल्कि आलोचना के मानदण्ड के रूप में उसे स्थापित कर हिन्दी आलोचना को जीवनोन्मुख बनाने का महत्त्वपूर्ण कार्य किया। उनके इस ऐतिहासिक योगदान का उल्लेख करते हुए मलयज ने लिखा है कि—

"शुक्लजी ने ऐसे संक्रमण के समय अपने ऊपर एक नियामक की जिम्मेदारी ली तथ्य और भाव के बीच टूटती-चिटकती हुई सरणियों और तन्तुओं के बीच एक सामंजस्य, एक अनुशासन स्थापित करने की। शुक्लजी के पहले भाषा के क्षेत्र में कुछ ऐसी ही अनुशासनात्मक कार्रवाई आचार्य महावीर प्रसाद द्विवेदी ने की थी। शुक्लजी का काम ज्यादा मुश्किल था। आचार्य द्विवेदी का रोल बहुत कुछ एक हेडमास्टर का था। अपने शिष्यों और पाठकों को ठीक-ठिकाने की सही व्याकरण सम्मत भाषा की पटरी पर लाना। आचार्य शुक्ल का काम था एक ओर भाषा की वस्तुसत्ता को भाववादी प्रवाह में बह जाने से बचाना तो दूसरी ओर भाषा के ज्ञानकोष में सूक्ष्म भावसत्ता का प्रचार और प्रसार। इस दुहरे काम का माध्यम था—शुक्लजी का समीक्षा-कर्म जिसमें नाश और निर्माण, खण्डन और मण्डन, पुष्टि और प्रतिषेध दोनों के तत्त्व शामिल थे।"[1]

यद्यपि आचार्य शुक्ल की रचनाओं से पहले हिन्दी गद्य की प्रतिष्ठा हो चुकी थी, जो पारम्परिक जीवन मूल्यों को चुनौती देकर नये विचारों को प्रभावशाली तरीके से अभिव्यक्त कर रहा था। इस गद्य के अनेक रूप नाटक, उपन्यास, निबन्ध, समीक्षा आदि विकसित होकर आधुनिक विचारों को आकार दे रहे थे, लेकिन सदियों की काव्य-परम्परा के वर्चस्व के कारण इस गद्य का मिज़ाज भावात्मक ज्यादा था। यही स्थिति समीक्षा-कर्म की भी थी जिसमें तथ्य निरूपण पर जोर बहुत ज्यादा था विचार केन्द्रित सर्जनात्मकता की गुंजाइश बहुत कम। शुक्लजी से पहले समीक्षा-कर्म को आकार देने वाले प्रमुख साहित्यकार थे—आचार्य महावीर प्रसाद द्विवेदी, पद्मसिंह शर्मा एवं मिश्रबन्धु। इनकी आलोचना मूलतः साहित्य के बहिरंग पक्षों पर केन्द्रित थी। साहित्य और मानव जीवन के पारस्परिक अन्तःसम्बन्धों पर विचार के लिए वहाँ कोई स्थान न था। अपनी पूर्ववर्ती समीक्षा के बारे में शुक्लजी ने स्वयं कहा है कि—

"यह सब आलोचना अधिकतर बहिरंग बातों तक ही रही। भाषा के गुण-दोष, रस, अलंकार आदि की समीचीनता इन्हीं परम्परागत विषयों तक पहुँची, स्थायी साहित्य में परिगणित होने वाली आलोचना, जिसमें किसी कवि की अन्तर्वृति का सूक्ष्म व्यवच्छेद होता है उसकी मानसिक प्रवृत्ति की विशेषताएँ दिखाई जाती हैं बहुत ही कम दिखाई पड़ी।"[2]

शुक्लजी का उपर्युक्त वक्तव्य महज पूर्ववर्ती समीक्षा-कर्म का तटस्थ आकलन भर नहीं है बल्कि इसके माध्यम से वह अपनी रचना-दृष्टि को भी उद्घाटित कर रहे हैं। यहाँ इस बात की पड़ताल आवश्यक है कि विचार केन्द्रित वयस्क

समीक्षा-कर्म की व्यवस्थित परम्परा के अभाव के बावजूद उन्होंने मानव जीवन और साहित्य के अन्तःसम्बन्धों को अपने रचना-कर्म के मानदण्ड के रूप में स्थापित किया और इस प्रकार हिन्दी में पहली बार गम्भीर आलोचना कर्म को सम्भव बनाया। यही उनका ऐतिहासिक योगदान है। लेकिन साहित्य के बहिरंग और इतिवृत्त निरूपण पर केन्द्रित हिन्दी आलोचना जो शुक्लजी के पहले घुटनों पर चलती हुई दिखाई पड़ती है, उनके हाथों पड़कर उसका इतना परिष्कृत रूप किस प्रकार सामने आता है? यहाँ यह रेखांकित करना आवश्यक है कि अपने पूरे रचनाकाल में शुक्लजी ने विश्व साहित्य के अनेक महत्त्वपूर्ण लेखों और ग्रन्थों का अनुवाद किया जिन्होंने उनकी रचना-दृष्टि के निर्माण में ऐतिहासिक भूमिका निभायी। इन अनुवादों में अठारहवीं सदी के अंग्रेज़ी निबन्धकार जोसेफ एडिसन के 'प्लेजर्स ऑफ़ इमेजिनेशन' शीर्षक निबन्धमाला का 'कल्पना का आनन्द' के रूप में तथा जर्मनी के विख्यात प्राणितत्त्ववेत्ता हैकल की प्रसिद्ध पुस्तक 'रिडल ऑफ़ द यूनिवर्स' का 'विश्व प्रपंच' नाम से अनुवाद विशेष रूप से उल्लेखनीय हैं। इससे थोड़ी भिन्न स्थिति उनके 'साहित्य' नामक निबन्ध की है जो उन्नीसवीं सदी के प्रसिद्ध अंग्रेज़ विचारक कार्डिनल न्यूमैन के 'Idea of University of Literature' नामक निबन्ध पर आधारित है। यह न्यूमैन के निबन्ध का पूरी तरह अनुवाद नहीं है लेकिन न्यूमैन के विचार इस निबन्ध का मूल आधार है और शुक्लजी ने पूरी रचनात्मक ईमानदारी का निर्वाह करते हुए इसका उल्लेख निबन्ध के अन्त में कर दिया है। यद्यपि बहुत कम लोग अनुवाद को श्रेष्ठ रचनात्मक कार्य मानते हैं, बल्कि इसे सर्जनात्मक कृति का अनुषंगी या दोयम दर्जे का ही स्वीकार करते हैं लेकिन भारतीय जनमानस में नवीन विचारों के प्रसार तथा इसके माध्यम से हिन्दी साहित्य को वयस्क रूप प्रदान करने में अनुवादों की महत्त्वपूर्ण भूमिका है। यह संयोग नहीं है कि हिन्दी साहित्य के आधुनिक काल में न केवल विश्व साहित्य के उल्लेखनीय ग्रन्थों और कृतियों का बल्कि भारत की अन्य भाषाओं की रचनाओं का भी हिन्दी में काफी मात्रा में अनुवाद हुआ। इन अनुवादों के माध्यम से आधुनिक जीवन मूल्यों और विचारों के प्रसार में अभूतपूर्व सहायता मिली। स्वयं शुक्लजी की जीवन-दृष्टि के निर्माण में इन अनुवादों का अप्रतिम योगदान है। यद्यपि इसकी चर्चा हिन्दी साहित्य में कम ही देखने को मिलती है—खासकर 'विश्व प्रपंच' के योगदान को लेकर। डॉ. नामवर सिंह ने चिन्तामणि (तीसरा भाग)

की भूमिका (एक अन्तर्यात्रा के प्रदेश) में हालाँकि 'विश्व प्रपंच' के योगदान का संकेत करते हुए लिखा है कि–

"अक्टूबर 1908 से आचार्य शुक्ल के विकास का दूसरा चरण शुरू होता है जो 1919 के आसपास तक चला। इस बीच वे काशी नागरी प्रचारिणी सभा से सम्बद्ध रहे और मुख्यतः हिन्दी शब्द सागर के निर्माण में रत रहे... इस अवधि के लेखन में मुख्य हैं–'मनोविकारों का विकास' नामक लेखमाला और 'विश्व प्रपंच' नामक अनुवाद तथा उसकी लम्बी भूमिका। एक तरह से ये दोनों ही काम मनोविज्ञान और दर्शन के क्षेत्र के हैं, किन्तु यह वह ठोस भूमि हैं जिस पर आगे चलकर साहित्य चिन्तन का भव्य भवन खड़ा हुआ।"[3]

यहाँ डॉ. नामवर सिंह ने शुक्लजी की रचना-दृष्टि के निर्माण में 'विश्व प्रपंच' के महत्त्वपूर्ण योगदान का संकेत जरूर किया है लेकिन यह केवल संकेत भर है, उसका विस्तार से विश्लेषण नहीं किया गया है जैसा कि न्यूमैन या ऐडिसन के निबन्धों के बारे में किया गया है। दूसरी मुख्य बात यह है कि इस कृति को वे मूलतः मनोविज्ञान और दर्शन के क्षेत्र का मानते हैं, जिसका अप्रत्यक्ष प्रभाव साहित्य चिन्तन क्षेत्र में देखने को मिला। लेकिन स्वयं आचार्य शुक्ल विकासवादी सिद्धान्त के व्यापक प्रभाव से भली-भाँति परिचित थे और 'विश्व प्रपंच' की भूमिका में उन्होंने इसका स्पष्ट उल्लेख भी किया है–

"जगत् की उत्पत्ति, मनोविज्ञान, कर्तव्यशास्त्र, इतिहास, धर्माधर्म, समाजशास्त्र सबकी व्याख्या विकास पद्धति का अवलम्बन करके की गयी है।...आजकल ऐसा कोई ही होगा जो इतिहास लिखने में इस बात का ध्यान न रखता हो कि किसी जाति के बीच ज्ञान, विज्ञान, आचार, सभ्यता इत्यादि का विकास क्रमशः हुआ है।"[4]

उपर्युक्त वक्तव्य इस बात का स्पष्ट संकेत देता है कि आचार्य शुक्ल विकासवाद के वैज्ञानिक एवं तर्कपूर्ण सिद्धान्त से काफी प्रभावित थे और इसे जीवन के विविध क्षेत्रों की सम्यक व्याख्या करने वाली पद्धति के रूप में देखते थे। वे इसे केवल दर्शन के क्षेत्र तक सीमित न मानकर इसका प्रसार ज्ञान, विज्ञान, इतिहास, समाज व्यवस्था एवं धर्म आदि सभी क्षेत्रों तक स्वीकार करते थे तथा विश्व समुदाय पर इस क्रान्तिकारी विचार पद्धति के व्यापक प्रभाव से अवगत थे। उन्हीं के शब्दों में–

"दार्शनिक अनुमान के रूप में तो विकास सिद्धान्त बहुत प्राचीन काल से पूर्व और पश्चिम दोनों ओर चला आ रहा है। एक अव्यक्त मूल प्रकृति से

किस प्रकार क्रमशः जगत् का विकास हुआ है, सांख्य में इसका प्रतिपादन किया गया है। यूनानी तत्त्ववेत्ता भी जगत् का विकास इसी प्रकार मानते थे।...जिस समय डारविन ने प्राणियों की उत्पत्ति के सम्बन्ध में विकास सिद्धान्त को बहुत से प्रत्यक्ष प्रमाणों से पुष्ट करके प्रकाशित किया उस समय बहुत से लोग विशेषतः पादरी लोग उसके विरोध में खड़े हुए। पर साथ ही बहुत से वैज्ञानिक नये-नये प्रमाणों द्वारा उसे पुष्ट करने में तत्पर हुए। जर्मनी के जगत् प्रसिद्ध प्राणिविद्या विशारद अध्यापक हैकल इनमें मुख्य थे।... हैकल ने सूक्ष्मातिसूक्ष्म अणुजीवों से लेकर मनुष्य तक आने वाली शृंखला को उत्पत्तिक्रम में दिखाकर ही सन्तोष नहीं किया, बल्कि विकास के विश्वव्यापक नियम निश्चित करके निर्जीव, सजीव, जड़, चेतन सभी व्यापारों को उसके अन्तर्गत बताया।''[5]

इस प्रकार 'विश्व प्रपंच' के माध्यम से शुक्लजी को विकासवादी सिद्धान्त को समझने की कुंजी मिली और समस्त विश्व के क्रिया-व्यापारों को व्याख्यायित करने की वैज्ञानिक दृष्टि भी। इसने सृष्टि की उत्पत्ति के सम्बन्ध में पौराणिक और ईश्वरवादी अवधारणा का खण्डन किया कि सभी जीव सृष्टि के आरम्भ में एक साथ उत्पन्न हो गये थे और अब तक बिना किसी परिवर्तन के ज्यों-के-त्यों चले आ रहे हैं। विभिन्न धर्मों और सम्प्रदायों की पौराणिक कथाओं में सृष्टि सम्बन्धी इस ईश्वरवादी सिद्धान्त की पुनरावृत्ति की गयी है। लेकिन विकासवाद की अवधारणा इसके सर्वथा विपरीत है, जो विकास के सिद्धान्त को एक विश्वव्यापक नियम के रूप में प्रस्तावित कर इसका प्रसार जड़ जगत् सृष्टि के समस्त क्रिया व्यापारों पर मानती है। विकासवादी सिद्धान्त के अनुसार एक ही प्रकार के सादे ढाँचेवाले जीवों से क्रमशः करोड़ों वर्ष की वंश परम्परा के बीच उनकी अपनी-अपनी स्थिति के अनुसार उनकी शरीर रचना में परिवर्तन होता गया है और इसी से मनुष्य सहित सभी जटिल जीवों की रचना सम्भव हुई है। इसी विकासवादी सिद्धान्त को लेकर हैकल ने अपने प्रकृतिवाद या अनात्मवाद की प्रतिष्ठा की है और 'विश्व प्रपंच' नामक ग्रन्थ इसका उत्कर्ष है। उनके अनुसार सम्पूर्ण सृष्टि का क्रिया व्यापार 'द्रव्य' और 'गति' के निरन्तर घात-प्रतिघात से संचालित होता है। इस प्रकार इस जगत् की सभी गतिविधियाँ दो रूपों में प्रकट होती हैं—भौतिक और मानसिक। हैकल के अनुसार भौतिक और मानसिक एक ही परम तत्त्व के दो रूप हैं—द्रव्य या भौतिक रूप में तथा गतिशक्ति या आत्मा के रूप में। यह द्रव्य और गतिशक्ति दोनों नित्य हैं

और सम्पूर्ण ब्रह्माण्ड में सदा एकरस बने रहते हैं। यही सिद्धान्त हैकल के तत्त्वाद्वैतवाद या अनात्मवाद का सार हैं। उन्हीं के शब्दों में—

"हमारा सिद्धान्त तो यह है कि न तो द्रव्य की स्थिति और क्रिया आत्मा या शक्ति के बिना हो सकती है और न आत्मा की द्रव्य के बिना। द्रव्य या अनन्तव्यापी तत्त्व और आत्मा शक्ति या संविद चेतन तत्त्व दोनों उस विभु परमतत्त्व के दो मूल रूप या गुण हैं।"[6]

उपर्युक्त उद्धरण से स्पष्ट है कि हैकल के अनुसार सम्पूर्ण सृष्टि के क्रिया व्यापार द्रव्य और शक्ति के निरन्तर संघटन एवं संयोजन पर आधारित हैं और ये दोनों एक ही परमतत्त्व के दो रूप हैं। इसके साथ ही उन्होंने इस बात पर भी जोर दिया है कि मनोवृत्तियों का विकास भी जीवों के विकासक्रम से जुड़ा हुआ है। डारविन के अनुसार जीवों की अन्तःप्रवृत्ति का निर्माण और संरक्षण भी उनकी विकास परम्परा पर आधारित होता है। कुछ विशेष जीवों में अन्तःप्रवृत्ति की जो विशेषता परिलक्षित होती है, वह उनकी अवस्था में होने वाले परिवर्तन या स्थिति सामंजस्य के कारण होती है और यही विशेषता वंश परम्परा द्वारा आगे आने वाली पीढ़ियों में स्थानान्तरित होती रहती है। मनोव्यापार या अन्तर्वृत्ति के सम्बन्ध में इस सार्वभौमिक नियम को स्पष्ट करते हुए हैकल ने लिखा है—

"...और प्राकृतिक व्यापारों के समान मनोव्यापार या आत्मव्यापार भी परमतत्त्व या मूल प्रकृति के अटल और सर्वव्यापक नियम के अधीन हैं। एक घटक अणुजीवों तथा दूसरे अत्यन्त क्षुद्र कोटि के जीवों में जो मनोव्यापार देखे जाते हैं— जैसे उनका संक्षोभ, उनकी संवेदना, उनकी प्रतिक्रिया, उनकी आत्मरक्षण प्रवृत्ति इत्यादि वे घटक के भीतर के कलरस की क्रिया के अनुसार अर्थात् वंश परम्परा और स्थिति सामंजस्य द्वारा उपस्थित भौतिक और रासायनिक विकारों के अनुसार ही होते हैं। यही बात मनुष्य तथा दूसरे उन्नत प्राणियों के उन्नत मनोव्यापारों के सम्बन्ध में भी कही जा सकती है, क्योंकि वे ऊपर कहे हुए क्षुद्र मनोव्यापारों से ही क्रमशः स्फुटित हुए हैं। उनमें जो पूर्णता आयी है, वह अधिक मात्रा में समन्वय होने के कारण उन व्यापारों की विशेष संगति और योजना के कारण जो पहले पृथक-पृथक थे। सारांश यह है कि क्षुद्र कोटि के मनोव्यापारों और उन्नतकोटि के मनोव्यापारों में, मनुष्य बुद्धि और पशु बुद्धि में केवल न्यूनाधिक भेद हैं, वस्तुभेद नहीं।"[7]

मनोव्यापारों के सम्बन्ध में हैकल की स्थापना की अनुगूँज शुक्लजी के निबन्धों में स्पष्ट सुनायी पड़ती है। वे भी आत्मरक्षा, प्रतिक्रिया जैसे आदिम भावों की व्याप्ति सभी जीवों में मानते हैं क्षुद्रजीवों से लेकर मनुष्य जैसे जटिल और उन्नत प्राणियों तक। साथ ही मनुष्य जैसे जटिल प्राणियों में उन्नत एवं संश्लिष्ट भावों की उत्पत्ति, स्थिति विशेष में परिवर्तन के कारण होता है। वंश परम्परा द्वारा यह परिवर्तन अगली पीढ़ियों में स्थानांतरित होती है। भावों की उत्पत्ति पर विचार करते हुए शुक्लजी ने लिखा है–

"सुख और दुःख की इन्द्रियज वेदना के अनुसार पहले-पहल राग और द्वेष आदिम प्राणियों में प्रकट हुए जिनसे दीर्घ परम्परा के अभ्यास द्वारा आगे चलकर वासनाओं और प्रवृत्तियों का सूत्रपात हुआ। रति, शोक, क्रोध, भय आदि पहले वासना के रूप में थे, पीछे भावरूप में आये। जात्यंतर परिणाम द्वारा समुन्नत योनियों का विकास और मनोविज्ञानमय कोश का पूर्ण विधान हो जाने पर विविध भावनाओं की नीवों पर रति, हास, शोक, क्रोध इत्यादि भावों की प्रतिष्ठा हुई।"[8]

आगे चलकर शुक्लजी इस बात का भी उल्लेख करते हैं कि सभ्यता के विकास के साथ-साथ मानव जीवन जटिल और संश्लिष्ट होता गया है और इसी क्रम में आदिम भाव धीरे-धीरे ओझल होते गये और उनका स्थान संश्लिष्ट मनोभावों ने ले लिया। प्रारम्भ में भावों के विषय प्रायः मूर्त और प्रत्यक्ष थे जो आगे चलकर अपने मूलरूप से भिन्न रूप धारण करने लगे। कुछ भावों के विषय तो अमूर्त रूप में भी व्यक्त होने लगे जैसे यश या कीर्ति की लालसा–

"सभ्यता की वृद्धि के साथ-साथ ज्यों-त्यों मनुष्य के व्यापार बहुरूपी और जटिल होते गये, त्यों-त्यों उनके मूल रूप आच्छन्न होते गये। भावों के आदिम और सीधे लक्ष्यों के अतिरिक्त और लक्ष्यों की स्थापना होती गयी... जैसे आदि में भय का लक्ष्य अपने शरीर और अपनी सन्तति की रक्षा तक था, पर पीछे गाय, बैल, अन्न आदि की रक्षा आवश्यक हुई। यहाँ तक कि होते-होते धन, मान, अधिकार, प्रभुत्व इत्यादि अनेक बातों की रक्षा की चिन्ता ने घर किया और रक्षा के उपाय भी वासनाजन्य प्रवृत्ति से भिन्न प्रकार के होने लगे। इसी प्रकार क्रोध, घृणा, लोभ आदि अन्य भावों के विषय भी अपने मूल रूपों से भिन्न रूप धारण करने लगे। कुछ भावों के विषय तो 'अमूर्त' तक होने लगे जैसे कीर्ति की लालसा। ऐसे भावों को ही बौद्ध दर्शन में 'अरूपराग' कहते हैं।"

इसी निबन्ध में आगे चलकर शुक्लजी इस बात को स्पष्ट करते हैं कि जहाँ तक आदिम प्रवृत्तियों का सवाल हैं, उसमें मनुष्य और अन्य प्राणियों में खास फर्क नहीं है। उदाहरण के तौर पर क्रोध वृत्ति का हवाला देते हुए उन्होंने कहा है कि कूटरचना के द्वारा किसी व्यक्ति को सम्पत्ति से बेदखल करने की योजना उसे क्रोध से भर देती है। उनकी मान्यता है कि इस व्यक्ति के क्रोध और उस कुत्ते के क्रोध में सिद्धान्ततः कोई भेद नहीं है जिसके सामने का भोजन कोई दूसरा कुत्ता छीन रहा है। भेद केवल रूप परिवर्तन का है और इस रूप परिवर्तन का नाम सभ्यता है। यहाँ शुक्लजी की मान्यता हैकल की मान्यता से काफी मेल खाती हैं, जिसमें उन्होंने आदिम वृत्तियों के मामले में मनुष्य बुद्धि और पशु बुद्धि में भेद न के बराबर माना है। इस प्रकार विकासवादी सिद्धान्त खासकर हैकल की पुस्तक 'विश्व प्रपंच' ने शुक्लजी को न केवल मानव जीवन और उसके नियामक भाव या मनोवृत्तियों के विश्लेषण के लिए वैज्ञानिक दृष्टिकोण प्रदान किया बल्कि इतिहास, समाज विज्ञान, धर्मशास्त्र से लेकर भाषा और साहित्य पर इसके प्रभाव के आकलन का मार्ग भी प्रशस्त किया। इसी वैज्ञानिक दृष्टि का आधार लेकर शुक्लजी 'मनोविकारों' के विश्लेषण में प्रवृत्त होते हैं जिसके चश्मदीद गवाह चिन्तामणि भाग-1 में संकलित उनके निबन्ध हैं। दरअसल मानव मन के आन्तरिक और बाहरी रूपों को एक साथ लेकर वे मानव जीवन के मूल प्रवर्तक मनोविकारों की पड़ताल करते हैं। अतः स्वाभाविक ही है कि उनके साहित्य चिन्तन का पूरा ढाँचा ही इन भावों या मनोविकारों पर खड़ा है। 'भाव या मनोविकार' नामक निबन्ध में उन्होंने लिखा है कि–

''समस्त मानव जीवन के प्रवर्तक भाव या मनोविकार ही होते हैं। मनुष्य की प्रवृत्तियों की तह में अनेक प्रकार के भाव ही प्रेरक के रूप में पाये जाते हैं। शील या चरित्र का मूल भी भावों के विशेष प्रकार के संगठन में ही समझना चाहिए। लोक-रक्षा और लोकरंजन की सारी व्यवस्था का ढाँचा इन्हीं पर ठहराया गया है। धर्मशासन, राजशासन, मत शासन सबमें इनसे पूरा काम लिया गया है। इनका सदुपयोग भी हुआ है और दुरुपयोग भी। जिस प्रकार लोक-कल्याण के व्यापक उद्देश्य की सिद्धि के लिए मनुष्य के मनोविकार काम में लाये गये हैं, उसी प्रकार किसी सम्प्रदाय या संस्था के संकुचित और परिमित विधान की सफलता के लिए भी।''[10]

आचार्य शुक्ल का यह कथन उनकी जीवन-दृष्टि और रचना दृष्टि का सार है जो 'लोकमंगल' के आधार पर खड़ा है। इसी मानदण्ड के आधार पर उनके सम्पूर्ण साहित्य चिन्तन को समझा जा सकता है। भक्तिकाव्य से लेकर रीतिकाव्य तक भारतेन्दु हरिश्चन्द्र से लेकर निराला तक सभी के साहित्य का आकलन शुक्लजी 'लोकमंगल' या लोकजागरण के इसी मानदण्ड पर करते हैं। उनके अनुसार भक्तिकालीन काव्य इसलिए श्रेष्ठ है क्योंकि यह जनता की अभिरुचि को आत्मकल्याण और लोक कल्याण वाले कर्मों की ओर उन्मुख करता है। यह काव्य वास्तव में लोक जागरण का काव्य है। कबीर, जायसी, सूर और तुलसी के विवेचन में शुक्लजी की इस लोकोन्मुखी दृष्टि की पहचान सहज रूप से की जा सकती है। 'कबीर' के बारे में वे लिखते हैं–

''इसमें कोई सन्देह नहीं कि कबीर ने ठीक मौके पर जनता के उस बड़े भाग को सँभाला जो नाथपन्थियों के प्रभाव से प्रेमभाव और भक्तिरस से शून्य और शुष्क पड़ता जा रहा था। उनके द्वारा यह बहुत ही आवश्यक कार्य हुआ। इसके साथ ही मनुष्यत्व की सामान्य भावना को आगे करके निम्न श्रेणी की जनता में उन्होंने आत्म गौरव का भाव जगाया और भक्ति के ऊँचे-से-ऊँचे सोपान की ओर बढ़ने के लिए बढ़ावा दिया।''[11]

यद्यपि कबीर की कई बातों से शुक्लजी सहमत नहीं थे और उन्होंने इसकी बेहिचक आलोचना भी की है लेकिन इसका आधार भी उनकी लोकोन्मुखी दृष्टि ही है। दरअसल कबीर एवं अन्य नाथपन्थियों की हृदयपक्ष शून्य अन्तस्साधना और रहस्यवाद से उनका विरोध था जो जनसामान्य को कर्म की ओर प्रेरित नहीं करती है। लेकिन मनुष्यों के बीच आपसी भेदभाव को दूर कर ईश्वर की एकता का जो ऐतिहासिक कार्य कबीर ने किया उसको शुक्लजी ने खुले मन से स्वीकारा है। इसी प्रकार जायसी के साहित्य के लोकमंगल पक्ष को उद्घाटित करते हुए वे लिखते हैं–

''जिस प्रकार दूसरी जाति या मतवाले के हृदय हैं उसी प्रकार हमारे भी हैं, जिस प्रकार दूसरे के हृदय में प्रेम की तरंगें उठती हैं, उसी प्रकार हमारे हृदय में भी प्रिय का वियोग जैसे दूसरे को व्याकुल करता है, वैसे ही हमें भी माता का जो हृदय दूसरे के यहाँ है वही हमारे यहाँ भी, जिन बातों से दूसरों को सुख-दुःख होता है, उन्हीं बातों से हमें भी इस तथ्य का प्रत्यक्षीकरण कुतुबन जायसी आदि प्रेम कहानी के कवियों द्वारा हुआ... इन्होंने मुसलमान होकर हिन्दुओं की कहानियाँ हिन्दुओं की ही बोली में पूरी सहृदयता से कहकर

उनके जीवन की मर्मस्पर्शिनी अवस्थाओं के साथ अपने उदार हृदय का पूर्ण सामंजस्य दिखा दिया। कबीर ने केवल भिन्न प्रतीत होती हुई परोक्ष सत्ता की एकता का आभास दिया था। प्रत्यक्ष जीवन की एकता का दृश्य सामने रखने की आवश्यकता बनी थी। यह जायसी द्वारा पूरी हुई।''[12]

कृष्णोपासक भक्त कवियों के साहित्य का आकलन भी 'लोकमंगल' के दृष्टिकोण से ही किया गया है। यद्यपि जीवन के केवल माधुर्य पक्ष का उद्घाटन करने के कारण यह साहित्य कैसा सर्वांगपूर्ण नहीं बन पाया है, जैसा कि तुलसी का साहित्य लेकिन तत्कालीन समाज के लिए इसने जीवनदायिनी का काम किया। इसने न केवल जनता के मन में व्याप्त निराशा की भावना को कम किया बल्कि मनुष्यों में उत्कट जिजीविषा की भावना भी जाग्रत की। जीवन के सीमित पक्ष को लेकर चलने के बावजूद इसने लोगों के मन में आशा की किरण को जगाये रखा–

''मनुष्यता के सौन्दर्यपूर्ण और माधुर्यपूर्ण पक्ष को दिखाकर इन कृष्णोपासक वैष्णव कवियों ने जीवन के प्रति अनुराग जगाया या कम-से-कम जीने की चाह बनी रहने दी।''[13]

लेकिन कृष्णभक्ति साहित्य के महत्त्वपूर्ण योगदान को रेखांकित करने के साथ-साथ शुक्लजी उसकी सीमाओं की ओर ध्यान दिलाना नहीं भूलते। यह उनकी विवेक सम्मत तटस्थ वैज्ञानिक दृष्टि ही है, जो उनकी रचनाओं में सर्वत्र व्याप्त दिखाई देती है चाहे वह उनके निबन्ध हों, समीक्षा या अनुवाद। तुलसी और सूर साहित्य के प्रभाव का तुलनात्मक विश्लेषण करते हुए शुक्लजी ने इस बात को स्पष्ट रूप से स्वीकार किया है कि, सीमित क्षेत्रों विशेषकर वात्सल्य और शृंगार को लेकर जितनी गहराई सूरदास के साहित्य में है वह अन्यत्र दुर्लभ है। लेकिन जीवन की व्यापकता का अभाव होने के कारण उनकी रचनाएँ तुलसीदास की रचनाओं की तरह लोकव्यापी नहीं हैं, अतः यह साहित्य तमाम विशेषताओं से युक्त होने के बावजूद उनका आदर्श नहीं है।

''शक्ति, शील और सौन्दर्य, भगवान की इन विभूतियों में से सूर ने केवल सौन्दर्य तक ही अपने को रखा है, जो प्रेम को आकर्षित करता है। शेष दो विभूतियों को भी लेकर भगवान के लोकरंजनकारी स्वरूप की पूर्ण प्रतिष्ठा हमारे हिन्दी साहित्य में गोस्वामी तुलसीदास जी ने की।''[14]

जीवन का सम्पूर्णता के साथ उद्घाटन एवं लोकपक्ष की उद्भावना के कारण ही तुलसी का साहित्य शुक्लजी की दृष्टि में आदर्श साहित्य है।

वीरगाथा काल, भक्तिकाल के अन्य रचनाकारों तथा रीतिकाल के साहित्य का विवेचन करते हुए उन्होंने इस बात को स्पष्ट किया है कि अन्य रचनाएँ जीवन के किसी एक पक्ष को ही लेकर चलती हैं, अतः उसमें लोकजीवन की व्यापकता नहीं है। जाहिर है इनमें से कुछ रचनाएँ साहित्यिक उपकरणों की कसौटी पर उत्कृष्ट कही जा सकती हैं, लेकिन ये मानव जीवन का सच्चा प्रतिनिधित्व नहीं करती हैं। आदर्श साहित्य में सत्य, शिव और सुन्दर तीनों का समाहार आवश्यक है। जार्ज ग्रियर्सन की तरह आचार्य शुक्ल भी तुलसीदास को भारतीय जनमानस का वास्तविक प्रतिनिधि स्वीकार करते हैं। शुक्लजी की इस मान्यता को हम भारतीय लोकजीवन में पूरी तरह चरितार्थ होता हुआ पाते हैं, जब सम्भ्रान्त वर्ग से लेकर हाशिये पर पड़े हुए लोग अपने रोजमर्रा के जीवन में अपनी बात को प्रामाणिक रूप से रखने के लिए तुलसी की कविताई को सुनाते हुए पाये जाते हैं। गोस्वामी तुलसीदास की इसी विशिष्टता का उल्लेख करते हुए शुक्लजी ने लिखा है–

"अपने दृष्टि विस्तार के कारण ही तुलसीदास जी उत्तरी भारत की समग्र जनता के हृदय मन्दिर में प्रेम प्रतिष्ठा के साथ विराज रहे हैं। भारतीय जनता का प्रतिनिधि कवि यदि किसी को कह सकते हैं तो इन्हीं महानुभाव को। और कवि जीवन का कोई एक पक्ष लेकर चले हैं–जैसे, वीरकाल के कवि उत्साह को, भक्तिकाल के दूसरे कवि प्रेम और ज्ञान को, अलंकार काल के कवि दाम्पत्य प्रणय या शृंगार को। पर इनकी वाणी की पहुँच मनुष्य के सारे भावों या व्यवहारों तक है। एक ओर तो वह व्यक्तिगत साधना के मार्ग में विरागपूर्ण शुद्ध भगवद्भक्ति का उपदेश करती है, दूसरी ओर लोकपक्ष में आकर पारिवारिक और सामाजिक कर्तव्यों का सौन्दर्य दिखाकर मुग्ध करती है। व्यक्तिगत साधना के साथ ही साथ लोकधर्म की अत्यन्त उज्ज्वल छटा उसमें वर्तमान है।"[15]

उपर्युक्त कथन न केवल गोस्वामी तुलसीदास के साहित्य की विशिष्टताओं का उद्घाटन करता है, बल्कि शुक्लजी की जीवन दृष्टि और साहित्य दृष्टि को भी प्रखरता के साथ उजागर करता है। उनके अनुसार जो साहित्य लोकधर्मी नहीं है, जो यथार्थ जीवन को समग्र रूप में व्यक्त करने वाला नहीं है, जो जनता को कर्म से विमुख कर सस्ता मनोरंजन का कार्य करता है, वह आदर्श साहित्य नहीं हो सकता। लोकधर्मिता और जीवन के साथ प्रत्यक्ष जुड़ाव ही उनकी साहित्य दृष्टि का मूल आधार है और यह उनकी रचनाधर्मिता में कहीं

भी ओझल नहीं होता चाहे वह वीरगाथा काल से लेकर आधुनिक काल तक का उनका साहित्य विवेचन हो या उनके निबन्ध हों या कोई अन्य रचना। दरअसल उनका रस सिद्धान्त भी इसी लोकधर्मिता पर आधारित संकल्पना है और इस रूप में वह पुराने काव्यशास्त्र की रस सम्बन्धी अवधारणा से नितान्त भिन्न है। 'रस-मीमांसा' में शुक्लजी का सूत्र वाक्य है; ''लोकहृदय में हृदय के लीन होने की दशा का नाम रसदशा है।'' इसी प्रकार साधारणीकरण की व्याख्या करते हुए वह लिखते हैं—''सच्चा कवि वही है जिसे लोक हृदय की पहचान हो।'' रहीम के साहित्य का विश्लेषण करते समय भी वे इसी 'लोकधर्मिता' को दुहराते हैं। ''जीवन की सच्ची परिस्थितियों के मार्मिक रूप को ग्रहण करने की क्षमता जिस कवि में होगी वही जनता का प्यारा कवि होगा।'' (हिन्दी साहित्य का इतिहास, पृ. 183)। इसी कसौटी पर वे तुलसीदास के साहित्य की उन्मुक्त कण्ठ से प्रशंसा करते हैं और रीतिवादी साहित्य की आलोचना। रीतिवादी साहित्य की सीमा का उल्लेख करते हुए वे लिखते हैं—''प्रकृति की अनेकरूपता, जीवन की भिन्न-भिन्न चिन्त्य बातों तथा जगत् के नाना रहस्यों की ओर कवियों की दृष्टि नहीं जाने पायी। वह एक प्रकार से बद्ध और परिमित सी हो गयी। उसका क्षेत्र संकुचित हो गया। वाग्धारा बँधी हुई नालियों में ही प्रवाहित होने लगी जिससे अनुभव के बहुत से गोचर और अगोचर विषय रससिक्त होकर सामने आने से रह गये।'' (वही, पृ. 199)। भारतेन्दु हरिश्चन्द्र के सर्वतोमुखी योगदान का आकलन भी वे इसी आधार पर करते हैं—''बड़ा काम भारतेन्दु ने यह किया कि स्वदेशाभिमान, स्वजाति-प्रेम, समाज-सुधार की आधुनिक भावनाओं के प्रवाह के लिए हिन्दी को चुना तथा इतिहास, विज्ञान, नाटक, उपन्यास, पुरावृत्त आदि अनेक समयानुकूल विषयों की ओर हिन्दी को दौड़ा दिया।'' (भारतेन्दु हरिश्चन्द्र, चिन्तामणि, पहला भाग, पृ. 155)। भारतेन्दु के ऐतिहासिक योगदान का सूत्र रूप में समाहार करते हुए वे लिखते हैं : ''उन्होंने हमारे जीवन के साथ हमारे साहित्य को फिर से लगा दिया।'' (वही, पृ. 153)। छायावादी काव्य से भी शुक्लजी की शिकायत इसीलिए है कि सामाजिक जीवन से प्रत्यक्ष रूप से न जुड़कर यह असीम और अज्ञात प्रियतम की खोज में लीन है—'छायावाद' नाम चल पड़ने का परिणाम यह हुआ कि बहुत से कवि रहस्यात्मकता, अभिव्यंजना के लाक्षणिक वैचित्र्य, वस्तुविन्यास की विशृंखलता, चित्रमयी भाषा और मधुमयी कल्पना को ही साध्य मानकर चले। शैली की इन विशेषताओं की दूरारूढ़ साधना में ही लीन हो जाने

के कारण अर्थभूमि के विस्तार की ओर उनकी दृष्टि न रही। विभावपक्ष या तो शून्य अथवा अनिर्दिष्ट रह गया। (वही, पृ. 518)। दरअसल अज्ञात और अव्यक्त को केन्द्र में रखकर रचा जाने वाला साहित्य शुक्लजी को अभीष्ट न था, चाहे वह नाथपन्थी साहित्य हो या छायावादी। उनके अनुसार ऐसा साहित्य जनता को लोककल्याण विधायक सच्चे कर्मों की ओर प्रेरित नहीं करता है, बल्कि कर्म सौन्दर्य से हटकर लोगों की आस्था चमत्कारवाद पर टिक जाती है। जब छायावादी काव्य रहस्यात्मकता से अलग हटकर व्यापक मानव जीवन के विविध क्रियाव्यापारों को अपना विषय बनाता है, तो शुक्लजी इस साहित्य की प्रशंसा करने से भी नहीं चूकते : ''हर्ष की बात है कि अब कई कवि उस संकीर्ण क्षेत्र से बाहर निकलकर जगत् और जीवन के और मार्मिक पक्षों की ओर भी बढ़ते दिखाई दे रहे हैं।'' (वही, पृ. 522)

दरअसल, 'लोक रक्षा' और 'लोक रंजन' आचार्य शुक्ल की जीवन-दृष्टि की धुरी है। अतः स्वाभाविक ही है कि उनके सम्पूर्ण चिन्तन में इसकी अनुगूँज सुनाई पड़ती है, चाहे वह साहित्य चिन्तन का क्षेत्र हो या धार्मिक और दार्शनिक विवेचन का। वीरगाथा काल से लेकर आधुनिक काल तक की उनकी साहित्य समीक्षा इसी धुरी के इर्द-गिर्द घूमती है। उनके निबन्धों में भी यही सरोकार बार-बार सामने आते हैं। सभी भाव या मनोविकारों—उत्साह, श्रद्धा, भक्ति, करुणा, लज्जा, ग्लानि, लोभ, प्रीति, घृणा, ईर्ष्या, भय, क्रोध इत्यादि का विवेचन उन्होंने इसी लोकधर्मी दृष्टि से किया है। 'उत्साह' नामक भाव का विश्लेषण करते हुए वह कहते हैं—

''उत्साह की गिनती अच्छे गुणों में होती है। किसी भाव के अच्छे या बुरे होने का निश्चय अधिकतर उसकी प्रवृत्ति के शुभ या अशुभ परिणाम के विचार से होता है। वही उत्साह जो कर्तव्य कर्मों के प्रति इतना सुन्दर दिखाई पड़ता है, अकर्तव्य कर्मों की ओर होने पर वैसा श्लाघ्य नहीं प्रतीत होता। आत्मरक्षा, पररक्षा, देशरक्षा आदि के निमित्त साहस की जो उमंग देखी जाती है, उसके सौन्दर्य को पर-पीड़न, डकैती आदि कर्मों का साहस कभी नहीं पहुँच सकता।''[16]

अन्याय या अत्याचार का फल ईश्वर पर छोड़कर उसका प्रतिकार न करना उनकी दृष्टि में लोक विरोधी आचरण है। अतः आत्मोन्नति की दृष्टि से श्रेष्ठ होने के बावजूद यह लोकसंग्रह की दृष्टि से उचित नहीं है। इस बिन्दु पर आचार्य शुक्ल तॉल्सटॉय और गांधी की जीवन-दृष्टि से सहमति नहीं रखते हैं और भारतीय स्वाधीनता सेनानी के स्वर को मुखरित करते हुए

प्रतीत होते हैं। यह महज संयोग नहीं है कि सन् 1919 से 1929 तक का कालखण्ड न केवल भारतीय स्वाधीनता आन्दोलन का अत्यन्त सक्रिय समय है बल्कि शुक्लजी के सृजनात्मक जीवन का सबसे समृद्ध समय भी। उनका यह लोकधर्मी चिन्तन 'श्रद्धा-भक्ति' नामक निबन्ध में इस प्रकार फूट पड़ा है–

''यदि कहीं पाप है, अन्याय है, अत्याचार है तो उनका आशुफल उत्पन्न करना और संसार के समक्ष रखना लोक रक्षा का कार्य है। अपने ऊपर किये जाने वाले अत्याचार और अन्याय का फल ईश्वर के ऊपर छोड़ना व्यक्तिगत आत्मोन्नति के लिए चाहे श्रेष्ठ हो, पर यदि अन्यायी या अत्याचारी अपना हाथ नहीं खींचता है तो लोक-संग्रह की दृष्टि से यह उसी प्रकार आलस्य या कायरता है जिस प्रकार अपने ऊपर किये हुए उपकार का कुछ भी बदला न देना कृतघ्नता है।''[17]

'लोभ' नामक मनोविकार का विश्लेषण भी शुक्लजी सामाजिक परिप्रेक्ष्य में ही करते हैं। आधुनिक समाज व्यवस्था में इसके सर्वव्यापी प्रभाव को उन्होंने बिना किसी लाग-लपेट के अभिव्यक्त किया है–

''जब एक ही को चाहने वाले बहुत से हो गये तब एक की चाह को दूसरे कहाँ तक पसन्द करते हैं? लक्ष्मी की मूर्ति धातुमयी हो गयी, तब उपासक पत्थर के हो गये। धीरे-धीरे यह दशा आयी कि जो बातें पारस्परिक प्रेम की दृष्टि से धर्म की दृष्टि से की जाती थी, वे भी रुपये-पैसे की दृष्टि से होने लगी। आजकल तो बहुत सी बातें धातु के ठीकरों पर ठहरा दी गयी हैं। पैसे से राज-सम्मान की प्राप्ति, विद्या की प्राप्ति और न्याय की प्राप्ति होती है।...राजधर्म, आचार्य धर्म, वीरधर्म सब पर सोने का पानी फिर गया, सब टकाधर्म हो गये।''[18]

शुक्लजी की स्पष्ट मान्यता हैं कि भाव या मनोविकार अपने आप में शुभ या अशुभ नहीं होते हैं। इन भावों के नियोजन के आधार पर इनके परिणाम तय होते हैं। उनके अनुसार भावक्षेत्र अत्यन्त पवित्र क्षेत्र है। अपने निहितार्थों की पूर्ति के लिए मनुष्य जाति इसका उपयोग हमेशा से करती आयी है। जो 'लोभ' सीमित रूप में मानव समाज के लिए कटुता पैदा करने वाली, आपसी सौहार्दपूर्ण सम्बन्धों को नष्ट करने वाली वृत्ति है, वही उदात्त रूप में समाज कल्याण का औजार भी बन सकती है। 'देश प्रेम' को वे 'लोभ' का ही उदात्त रूप मानते हैं–

"जन्मभूमि का प्रेम, स्वदेश प्रेम यदि वास्तव में अन्तःकरण का कोई भाव है तो स्थान के लोभ के अतिरिक्त और कुछ नहीं है। इस लोभ के लक्षणों से शून्य देश प्रेम कोरी बकवाद या फैशन के लिए गढ़ा हुआ शब्द है। यदि किसी को अपने देश से प्रेम है तो उसे अपने देश के मनुष्य, पशु, पक्षी, लता, गुल्म, पेड़, वन, पर्वत, नदी, निर्झर सबसे प्रेम होगा, सबको वह चाहभरी दृष्टि से देखेगा, सबकी सुध करके वह विदेश में आँसू बहायेगा। जो यह भी नहीं जानते कि कोयल किस चिड़िया का नाम है, जो यह भी नहीं सुनते कि चातक कहाँ चिल्लाता है, जो आँख भर यह भी नहीं देखते कि आम प्रणय-सौरभपूर्ण मंजरियों से कैसे लदे हुए हैं, जो यह भी नहीं झाँकते कि किसानों के झोपड़ों के भीतर क्या हो रहा है, वे यदि दस बने-ठने मित्रों के बीच प्रत्येक भारतवासी की औसत आमदनी का परता बताकर देश प्रेम का दावा करें तो उनसे पूछना चाहिए कि भाइयो! बिना परिचय का यह प्रेम कैसा?"[19]

जिस प्रकार 'लोभ' नियोजन के अनुसार सामाजिक दृष्टि से शुभ या अशुभ परिणाम उत्पन्न कर सकता है, वैसी ही स्थिति अन्य मनोभावों की भी है। क्रोध मुख्यतः मनुष्य के आपसी सम्बन्धों को हानि पहुँचाने वाली वृत्ति है। लेकिन हर रूप में यह अशुभ वृत्ति नहीं है। कई बार सामाजिक जीवन में इसकी जरूरत पड़ती है। यदि ऐसा न हो तो अन्यायी एवं अत्याचारी व्यक्तियों का प्रतिकार करने के बारे में कोई नहीं सोचेगा। दण्ड कोप की ही प्रत्यक्ष अभिव्यक्ति है जिसकी आवश्यकता अन्याय और अत्याचार के निवारण में होती है। यह दण्ड जब व्यक्तिगत प्रयोजनों का साधन न होकर बड़े सामाजिक प्रयोजनों का माध्यम बन जाता हैं, तब यह धर्म की मर्यादा से आवेष्टित हो उठता है : "दण्ड कोप का ही एक विधान है। राजदण्ड राजकोप है, जहाँ कोप लोककोप और लोककोप धर्मकोप है। जहाँ राजकोप धर्मकोप से एकदम भिन्न दिखाई पड़े, वहाँ उसे राजकोप न समझकर कुछ विशेष मनुष्यों का कोप समझना चाहिए। ऐसा कोप राजकोप के महत्त्व और पवित्रता का अधिकारी नहीं हो सकता। उसका सम्मान जनता अपने लिए आवश्यक नहीं समझ सकती।"[20]

उपर्युक्त उद्धरण में शुक्लजी न केवल क्रोध नामक मनोविकार की समाज केन्द्रित व्याख्या कर रहे हैं, बल्कि राजसत्ता और धर्म की भी। उनके अनुसार 'धर्म' मानव जीवन से परे कोई अलौकिक सत्ता नहीं है, बल्कि लोकव्यवहार और सामाजिक विकास की दृष्टि से ही उसकी व्याख्या की जा सकती है। आदिम समाज से लेकर आज तक धर्म का स्वरूप एक जैसा नहीं रहा है

बल्कि मानव समाज की उन्नति के साथ-साथ धर्म की अवधारणा में भी लगातार परिवर्तन होता रहा है। 'विश्व प्रपंच' की भूमिका में इस बात को स्पष्ट करते हुए वे लिखते हैं कि–

"तत्त्वज्ञवर हर्बर्ट स्पेंसर ने विकास सिद्धान्त की जो दार्शनिक स्थापना की है, उसमें धर्मतत्त्व की भी विस्तृत मीमांसा है। स्पेंसर ने अणुजीवों से लेकर मनुष्य तक सब प्राणियों का सूक्ष्म निरीक्षण करके अन्त में यही सिद्धान्त स्थिर किया कि परस्पर 'साहाय्य की प्रवृत्ति' धर्म की मूल प्रवृत्ति है जो सजीव सृष्टि के साथ ही व्यक्त हुई और उत्तरोत्तर उत्कर्ष प्राप्त करती गयी। यह प्रवृत्ति आदि में सन्तानोत्पादन और सन्तानपालन के रूप में प्रकट हुई... यही प्रवृत्ति बढ़ते-बढ़ते इस अवस्था को पहुँचती है कि लोग अपनी सन्तति के सहायतार्थ ही नहीं अपने जाति भाइयों के सहायतार्थ भी सुख से स्वार्थ का त्याग करते हैं। अस्तु सब जीवों में श्रेष्ठ मनुष्य को इसी प्रवृत्ति के उत्कर्ष साधन में 'वसुधैव कुटुम्बकम' के भाव की प्राप्ति के प्रयत्न में लगा रहना चाहिए।"[21]

अब तक के विवेचन से यह बात स्पष्ट है कि आचार्य शुक्ल की रचना-दृष्टि उनकी जीवन-दृष्टि से पूरी तरह समन्वित है; गिरा अरथ जल बीचि सम कहियत भिन्न न भिन्न। उनकी इस जीवन-दृष्टि के विकास में विकासवादी सिद्धान्त का महत्त्वपूर्ण योगदान है। जीवन एवं जगत् की उत्पत्ति से लेकर मानवीय मनोवृत्तियों के उद्‌भव एवं विकास के सम्बन्ध में शुक्लजी की मान्यताओं में इस सिद्धान्त की अनुगूँज स्पष्ट सुनायी पड़ती है। जिस प्रकार विकास सिद्धान्त मानव जीवन को एक क्रमिक विकास के रूप में देखता है, वैसे ही मानवीय भावों या वृत्तियों का संघटन भी बाह्य जगत् के नियमों के अनुकूल मानता है। स्वाभाविक तौर पर विकास सिद्धान्त सभी मानवीय क्रिया व्यापारों को सामाजिक व्यवहारों से जोड़कर देखता है। शुक्लजी भी विकास सिद्धान्त की मूल मान्यताओं से काफी हद तक सहमत हैं और मानवीय भावों या मनोविकारों को मानव जीवन के मूल आधार के रूप में स्वीकार करते हैं। उनके अनुसार धर्म, ज्ञान, शील एवं चरित्र इन्हीं मानवीय भावों के विशेष संगठन हैं, जिनका नियोजन मानव-समाज अपनी आवश्यकतानुसार करता आ रहा है। अतः 'लोकरक्षा' और 'लोकरंजन', जो सामाजिक व्यवस्था के मूल आधार हैं, वही शुक्लजी की जीवन-दृष्टि और रचना-दृष्टि का भी। इसी आधार पर वे धर्म, दर्शन, साहित्य सबकी व्याख्या करते हैं। उन्होंने किसी साहित्यिकवाद या साहित्यकार की आलोचना व्यक्ति, वर्ण, धर्म या सम्प्रदाय

के आधार पर कभी नहीं की, बल्कि उनकी प्रशंसा या आलोचना का आधार हमेशा समाज केन्द्रित मानवीय दृष्टि ही रही। निश्चित तौर पर उनकी इस विवेक सम्मत वैज्ञानिक दृष्टि के निर्माण में 'विश्व प्रपंच' की ऐतिहासिक भूमिका रही है, जिसके माध्यम से वह विकास सिद्धान्त की मूल स्थापनाओं और सीमाओं से परिचित हो सके। लेकिन विकास सिद्धान्त का प्रभाव उनके ऊपर प्रभाव के रूप में ही समझना चाहिए अनुकरण के रूप में नहीं। उन्हें इस सिद्धान्त की सीमाओं का भी भली-भाँति ज्ञान था। अतः भारतीय ज्ञान और दर्शन की कसौटी पर कसकर ही उन्होंने इसे अपनी रचना-दृष्टि के रूप में स्वीकार किया। 'विश्व प्रपंच' की विस्तृत एवं विद्वत्तापूर्ण भूमिका इसका प्रत्यक्ष प्रमाण है। अपनी मान्यताओं को पुष्ट करने के लिए आचार्य शुक्ल ने प्राचीन भारतीय दर्शन--खासकर सांख्य, न्याय, वैशेषिक, लोकायत एवं उपनिषदों से अनेक उद्धरण प्रस्तुत किये हैं। उन्होंने खुद स्वीकार किया है कि "एक दार्शनिक अनुमान के रूप में तो विकास सिद्धान्त बहुत प्राचीन काल से पूर्व और पश्चिम दोनों ओर चला आ रहा है। एक अव्यक्त मूल प्रकृति से किस प्रकार क्रमशः जगत् का विकास हुआ है, सांख्य में इसका प्रतिपादन किया गया है।" विकास सिद्धान्त से बहुत पहले भारतीय सांख्य दर्शन पुरुष एवं प्रकृति के संयोग से सृष्टि की उत्पत्ति मानता है–

"प्रकृति अपने दर्शन के लिए पुरुष की अपेक्षा करती है तथा पुरुष को अपने मोक्ष के लिए प्रकृति की आवश्यकता होती है। अन्धे और लंगड़े व्यक्ति की तरह प्रकृति और पुरुष का संयोग होता है, जिससे सृष्टि होती है।"[22]

सांख्य दर्शन के अनुसार पुरुष और प्रकृति का अन्योन्याश्रित सम्बन्ध है : अन्धे और लँगड़े व्यक्ति की तरह। प्रकृति अपने आप में अचेतन है, उसे अपने स्वरूप की अभिव्यक्ति के लिए पुरुष की जरूरत है। उसी प्रकार पुरुष को अपनी मुक्ति के लिए प्रकृति की अपेक्षा होती है और इस प्रकार प्रकृति एवं पुरुष के संयोग से सृष्टि का क्रम अबाध रूप से चलता रहता है। केवल सांख्य ही नहीं, न्याय, वैशेषिक एवं लोकायत दर्शन भी सृष्टि की उत्पत्ति एवं विकास के सम्बन्ध में ईश्वर की अवधारणा का निषेध करते हैं। लोकायत मत के प्रवर्तक चार्वाक की मान्यता है कि जिस प्रकार किण्व आदि मादक द्रव्यों के संयोग से मादक शक्ति उत्पन्न होती है, उसी प्रकार पृथ्वी आदि चार महाभूतों के शरीर रूप में परिणत हो जाने पर चैतन्य शक्ति उत्पन्न होती है और शरीर के क्षय हो जाने पर ये महाभूत अलग-अलग हो जाते हैं और चैतन्य शक्ति नष्ट हो जाती है।[23]

न्याय एवं वैशेषिक दर्शन के अनुसार दो परमाणुओं के संयोग से द्वयणुक तथा तीन द्वयणुक मिलकर एक त्र्यणुक की सृष्टि करते हैं। इन त्र्यणुकों से ही सम्पूर्ण सृष्टि की रचना होती है।

उपर्युक्त विश्लेषण के आधार पर कहा जा सकता है कि जगत् की उत्पत्ति और विकास के सम्बन्ध में विकासवादियों की मान्यता कुछ मायनों में सांख्य, लोकायत आदि प्राचीन भारतीय दर्शनों से मिलती-जुलती हैं। 'आत्मा' के बारे में भी विकासवादियों की मान्यता लोकायत दर्शन के काफी नजदीक जान पड़ती है। 'हैकल' के अनुसार :

''आत्मा की अमरता के जितने प्रमाण दिये जाते हैं, उनमें सत्य के अनुसन्धान का कोई प्रयत्न नहीं पाया जाता, केवल एक प्रकार का राग या मनःप्रवृत्ति पायी जाती है। जैसाकि काण्ट ने कहा है आत्मा का अमरत्व शुद्ध बुद्धि का निरूपण नहीं है व्यवसायात्मिका बुद्धि की धारणा है। पर सत्य के अन्वेषण में हमें शुद्ध बुद्धि को छोड़ और किसी बुद्धि से काम न लेना चाहिए। शरीर विज्ञान से इस बात का पूरा प्रमाण मिलता है कि आत्मा शरीर से स्वतन्त्र कोई अभौतिक सत्ता नहीं है। मस्तिष्क के व्यापारों की समष्टि का नाम ही आत्मा है और ये भाव भी शरीर के और व्यापारों के समान भौतिक और रासायनिक नियमों के अधीन है।[24]

भारतीय लोकायत दर्शन में भी आत्मा की स्वतन्त्र और स्वायत्त सत्ता को स्वीकार नहीं किया गया है। शरीर विज्ञान के आधार पर जिस प्रकार की मान्यता विकास सिद्धान्त के प्रबल समर्थक हैकल की है, दार्शनिक धरातल पर लगभग वैसी ही धारणा लोकायत मत में भी पायी जाती है। चार्वाक के अनुसार ''चैतन्य से विशिष्ट देह ही आत्मा है। चैतन्य विशिष्ट देह से भिन्न आत्मा को मानने का कोई प्रमाण नहीं है।''[25]

अतः स्पष्ट है कि सांख्य एवं लोकायत जैसे प्राचीन भारतीय दर्शन की अनुगूँज विकासवादियों की मूल अवधारणा में सुनायी पड़ती है और आचार्य शुक्ल ने विकासवाद के वैज्ञानिक सिद्धान्तों को भारतीय दर्शन की कसौटी पर जाँचकर एवं ठोक-बजाकर ही स्वीकार किया। इसके साथ ही विकासवाद के सिद्धान्त की सीमाओं से भी वह पूरी तरह परिचित थे और उन्होंने बेबाक ढंग से इसका खुलासा किया है–

''अब प्रश्न यह होता है कि क्या विकासवाद जगत् के समस्त व्यापारों के मूल की सम्यक व्याख्या कर देता है? सच पूछिए तो उसकी पहुँच की भी हद है।

शरीर विकास और आत्मविकास को ही लीजिए। शरीर, व्यापार और मनोव्यापार दोनों में, एक ही प्रकार के नियमों की चरितार्थता दोनों का साथ-साथ उत्तरोत्तर क्रम से विकास दिखाया गया है सही, पर दोनों एक नहीं सिद्ध हो सके हैं। विकासवाद के सारे निरूपण मन या आत्मा की प्रथमोत्पत्ति नहीं समझा सके हैं। और तो जाने दीजिए किस प्रकार संवेदन सूत्र का भौतिक (स्थूल) स्पन्दन संवेदन के रूप में परिणत हो जाता है, यही रहस्य नहीं खुलता।"[26]

उपर्युक्त उदाहरणों से स्पष्ट है कि विकासवादी सिद्धान्त की मूल मान्यताओं को शुक्लजी ने किसी बाहरी दबाव या फैशन के कारण नहीं अपनाया, बल्कि उसमें निहित वैज्ञानिक चिन्तन के कारण उसे अपनी शर्तों पर स्वीकार किया। मनुष्य की उत्पत्ति एवं विकास के साथ-साथ यह मानवीय भावों, मनोविकारों, सामाजिक प्रवृत्तियों एवं धर्मों को समझने के लिए यह एक वैज्ञानिक दृष्टिकोण उपलब्ध कराता है।

इस विज्ञान सम्मत मानववादी दृष्टिकोण के आधार पर विकसित शुक्लजी की रचनाएँ भारतीय समाज को उनका ऐतिहासिक योगदान है। डॉ. रामविलास शर्मा के शब्दों में–

"शुक्लजी का आलोचना कार्य केवल हिन्दी साहित्य को नहीं भारतीय संस्कृति को उनकी अनुपम देन है।"[27]

सन्दर्भ ग्रन्थ सूची

1. मलयज : रामचन्द्र शुक्ल, राजकमल प्रकाशन, नयी दिल्ली, प्रथम संस्करण, 1987, पृ. 29
2. आचार्य रामचन्द्र शुक्ल, हिन्दी साहित्य का इतिहास, वाणी प्रकाशन, नयी दिल्ली, संस्करण, 2015, पृ. 386
3. डॉ. नामवर सिंह, एक अन्तर्यात्रा के प्रदेश (भूमिका) चिन्तामणि : तीसरा भाग, राजकमल प्रकाशन, नयी दिल्ली, द्वितीय संस्करण, 1985, पृ. 19
4. डॉ. नामवर सिंह, आशीष त्रिपाठी (सं.), 'विश्व प्रपंच' भूमिका रामचन्द्र शुक्ल रचनावली, खण्ड-7, राजकमल प्रकाशन, नयी दिल्ली पहला संस्करण, 2016, पृ. 55
5. उपर्युक्त, पृ. 26
6. उपर्युक्त, पृ. 94
7. उपर्युक्त, पृ. 122
8. आचार्य रामचन्द्र शुक्ल, रस-मीमांसा (सं. विश्वनाथ प्रसाद मिश्र), नागरी प्रचारिणी सभा, काशी, पंचम संस्करण, 2039, पृ. 115
9. उपर्युक्त, पृ. 117 118

10. आचार्य रामचन्द्र शुक्ल, चिन्तामणि (पहला भाग), इंडियन प्रेस (पब्लिकेशंस) प्राइवेट लिमिटेड, इलाहाबाद, 1977, पृ. 3
11. आचार्य रामचन्द्र शुक्ल, हिन्दी साहित्य का इतिहास, पृ. 63
12. आचार्य रामचन्द्र शुक्ल, जायसी ग्रन्थावली, वाणी प्रकाशन, नयी दिल्ली, 2015, पृ. 18
13. आचार्य रामचन्द्र शुक्ल (सं.), भ्रमरगीत सार, नागरी प्रचारिणी सभा, वाराणसी, संवत् 2045, पृ. 2
14. उपर्युक्त, पृ. 6-7
15. आचार्य रामचन्द्र शुक्ल, हिन्दी साहित्य का इतिहास, पृ. 120-121
16. 'उत्साह', चिन्तामणि (पहला भाग), पृ. 7
17. श्रद्धा भक्ति, उपर्युक्त, पृ. 29-30
18. लोभ और प्रीति, उपर्युक्त, पृ. 58-59
19. उपर्युक्त, पृ. 60-61
20. 'क्रोध', उपर्युक्त, पृ. 110
21. विश्व प्रपंच की भूमिका, पृ. 58
22. पुरुषस्य दर्शनार्थं कैवल्यार्थं प्रधानस्य।
    पङ्ग्वन्धबदुभयोऽपि संयोग तत्कृतः सर्गः।।
    ईश्वर कृष्ण कृत, सांख्यकारिका : 21
23. तत्र पृथिव्यादीनि भूतानि चत्वारि तत्त्वानि। तेभ्य एव देहाकार परिणतेभ्यः किण्वादिभ्यः मदशक्तिवत् चैतन्यमुपजायते। विनष्टेषु सत्सु स्वयं विनश्यति।
    डॉ॰ माधव जनार्दन रटाटे, सर्वदर्शनसंग्रह, भारतीय विद्या प्रकाशन, वाराणसी, प्रथम संस्करण, पृ. 2
24. विश्व प्रपंच (अनु. आचार्य रामचन्द्र शुक्ल), रामचन्द्र शुक्ल रचनावली-7, राजकमल प्रकाशन, पहला संस्करण 2016, पृ. 166-167
25. 'तच्चैतन्यविशिष्टदेह एवात्मा। देहातिरिक्ते आत्मनि प्रमाणाभावात्। सर्वदर्शनसंग्रह, पृ. 2
26. विश्व प्रपंच की भूमिका, पृ. 65
27. डॉ. रामविलास शर्मा, लोकजागरण और हिन्दी साहित्य, भूमिका, वाणी प्रकाशन, नयी दिल्ली, प्रथम संस्करण, 2018, पृ. 17